Arthur Schopenhauer

索·恩·人物档案馆

006

回首一个逝去的世界,
在那里哲学之花最后一次绽放!

SCHOPENHAUER UND DIE WILDEN
JAHRE DER PHILOSOPHIE

Rüdiger Safranski
Schopenhauer und die wilden Jahre der Philosophie
©1987,Carl Hanser Verlag GmbH & Co. KG,München
Chinese language edition arranged through HERCULES Business & Culture GmbH,Germany

叔本华
及哲学的狂野年代

Rüdiger Safranski

〔德〕吕迪格尔·萨弗兰斯基 著　钦文 译

社会科学文献出版社
SOCIAL SCIENCES ACADEMIC PRESS (CHINA)

THORN BIRD
索·邱
忘掉地平线
Beyond
the horizon

前　言 / *001*

第一部

第一章 / *003*

但泽——阿图尔出生前的故事——得不到疼爱的孩子——对哲学的首次核心体验——仓库岛：黑暗的心脏

第二章 / *020*

汉堡——人生的第一本读物：勒阿弗尔——与安蒂姆的友谊——阿图尔的学商之途

第三章 / *047*

艰难的选择：走向世界还是进入书本？——漫长的欧洲之旅是与魔鬼的契约：再次阅读生活之书以及随之而来的诅咒——山上的经历与跌入账房——谁能登临而一语不发？

第四章 / *076*

父亲的权威挥之不去，超越生死——抑郁的阿图尔找寻没有父亲的彼岸——青春期的神正之辨难题——通过马蒂亚斯·克劳狄乌斯投向浪漫派——第一个哲学场景：浪漫派的夜幕升天之旅——阿图尔对坠落的恐惧："哦，情欲；哦，地狱。"

第五章 / 101

魏玛——政治上的灾难和母亲在社交上的成功——处于困境之中的歌

第六章 / 126

告别汉堡和安蒂姆——对友谊的剖析——哥达，再一次坐在课堂上——招人讨厌的阿图尔——母子之间的口角——阿图尔在魏玛：一个不速之客——母亲之道——无法回避的歌德——阿图尔的恋爱——假面舞会

第七章 / 154

哥廷根——钻研自然科学——父亲的阴影：对坚实感的爱好——徘徊在柏拉图和康德、渴望迷醉和怀疑之间——第二个哲学场景：从笛卡儿到康德，从神性的理性到神圣的理性，从形而上学到德性——"自在之物"的平步青云——地狱譬喻中的阿图尔

第八章 / 185

柏林的生活——学术暴动——施莱尔马赫与费希特之争——第三个哲学场景：费希特，革命浪漫派以及成为自我的乐趣："在人类那里，没有什么东西是不可能的"——发现内心之中的荒野——阿图尔期待着费希特的"电击"

第九章 / 205

阿图尔手稿本中的秘密哲学："优良意识"——圣灵降临——没有阿波罗和狄奥尼索斯加入的心醉神迷状态

第十章 / 218

阿图尔听费希特讲课——解放战争中的柏林——政治的无上权威——武器中的哲学——阿图尔的逃亡

第二部

第十一章 / 235

没有舞台施展才华的思想家——阿图尔在鲁道尔施塔特——第一个哲学避难所——博士论文：《充足理由律的四重根》——论理由本身和诸多具体的理由——理性的界限——阿图尔有意遮掩

第十二章 / 253

回到魏玛——与母亲反目成仇——夹缝之中的阿黛拉——阿黛拉隐秘的浪漫插曲

第十三章 / 275

非凡聚首：歌德与叔本华——两位与黑暗的强势进行斗争的色彩学家——一段棘手关系的来龙去脉——歌德："最终不免分道扬镳"

第十四章 / 297

德累斯顿——阿图尔不与同行交往——"非凡构思"的时代——女管家:"您真是芬芳吐艳,博士先生"——稿本中的哲学独语——阿图尔为"优良意识"找到一种语言——发现了作为"自在之物"的意识

第十五章 / 324

《作为意志和表象的世界》——阿图尔的没有天国的形而上学——认识论批判的弯路之必要性——不是对世界的解释,而是对世界的理解——对存有的阐释——接近真理——万物归一——敌对的统一体——出路——艺术——以静观沉思的生活对抗劳作有为的世界精神

第十六章 / 345

《作为意志和表象的世界》——身体的哲学:愉悦在此止步——自我实现与自我消解——利己主义的力量——国家与法——财产——同情之神奇统一——大大的"不"——音乐——否定的旁观者视角——次后和最后

第十七章 / 368

与布罗克豪斯的激烈争执——首次意大利之行——艳遇——格雷科咖啡馆内的争吵:"让我们把这家伙扔出去!"——返回德国——财务危机,家庭内的争吵——阿图尔和阿黛拉

第十八章 / *387*

在柏林当讲师——"复仇者"，没有人愿意听他的——第四个哲学场景：黑格尔的一系列胜利和毕德迈耶尔精神——阿图尔为何没有成功

第十九章 / *410*

对抗失望的哲学策略——对手稿本的修订——情人卡罗琳娜·梅冬——玛尔奎事件——再度游历意大利——患病——迷途——返回柏林——闹剧收场

第二十章 / *434*

从柏林出逃——叔本华敲打家具——法兰克福——对抗恐惧的仪式——生活方式与语言风格——母亲之死和阿黛拉的悲剧命运

第二十一章 / *452*

《论自然中的意志》——确认存在和忘却存在——第五个哲学场景：实践哲学——创造的哲学和现实的现实性哲学——三月革命前的时代精神：从黑格尔到马克思——竞相揭露

第二十二章 / *474*

第六个哲学场景：自由之神秘及这一神秘的由来——伦理学的两个基本问题：个体化之痛苦和罪责——四八年革命期间的叔本华：食利者的命运

第二十三章 / *504*

大山向先知走来——门徒、传播福音者、广大的听众——叔本华"献给世界的哲学"：《人生智慧箴言》——唯实论的精神——"似乎"——为"不彻底"唱赞歌——第七个哲学场景：叔本华及其后果

第二十四章 / *533*

"人类从我这里学到了一些他们将永世不忘的东西"——风烛残年——成名之喜剧——死亡：尼罗河流到了开罗

作品版本、参考文献、缩略语凡例 / *540*

注　释 / *550*

年　表 / *564*

索　引 / *568*

前　言

本书是对哲学表达爱意的告白。曾经有过的是：满怀热情地思考着上帝和这个世界。大吃一惊的是：总有某物存在着，虚无是不存在的。本书要回首的就是那样一个逝去了的世界，在那里哲学再一次，或许是最后一次绽放出绚丽的花朵。这是一个"哲学的狂野年代"：康德、费希特、谢林、浪漫派哲学、黑格尔、费尔巴哈、青年马克思，从来没有一个时代曾经如此激情洋溢地进行着思考。究其原因就在于"自我"的发现，自我在精神、道德、自然、身体、无产阶级等诸多领域的充分展示足以使人兴奋不已，足以催生诸多最离奇夸张的希望。人们就此又重新取回那些"被贱卖到天上去的宝藏"，结果发现，这些竟都是自家的创造。无论去多么遥远的地方，人可以自己做主了。这着实让人兴奋了一阵子，可随后而来的却是失望。人们在形而上学的旧宝藏里发现了自家创造的东西，于是它们所具有的魔法也就随之消失殆尽，随之丧失的还有它们所孕育的希望，因而它们变得那么缺乏说服力和平庸无奇。再也没有人知道，什么是"存在"，虽然随处都在说着"存在决定意识"这样的话。怎么办？如果是一个创造者，那他就必须尽量多地创造。人们在疲于奔命的不断积累之中找寻着未来。认识所带来的幸福感正在消失，剩下的只是纯粹的功用。真理仅仅只是为了"实现"而存在的，这种观念催生了一种关于进步和增长的世俗化宗教。于是这样一个时代到来了：人们感觉到，这些创造出来的东西正在包围着他们，于是开始怀念自然形成的东西。在这个时代里，获得本属于自己的东西成了问题，在自己创造出的世界里出现了异化现象，创造者们无法左右自己所创造的东西。于是想象力发现了一个新的乌托邦：这些创造出来的东西可以被控制。当这一乌托邦也失去其效力的时候，一种新的恐惧开始蔓延开来，即人们对自己创造的历史产生了恐惧。于是我们进入了当代。对当下的局面，"哲学的狂野年代"并非毫无过失。因此，虽然这篇爱的宣言发表在多年之后，但在表达爱意的同时也必定对它的过错耿耿于怀。大大有助于检讨这个时代的恰恰是本书的另一个主题：叔本华。

他属于这个"哲学的狂野年代"，然而他恰恰以一种最激烈顽固的方式与之为敌。他对世俗化的理性宗教颇不以为然，对于他这个曾经学过做生意的人来说，理性就像是店铺里的毛头小伙计，它在"意志"这个掌柜的差遣下东奔西跑。"意志"既不是精神，也不是道德，同样不是什么历史理性。"意志"是一种充满活力，同时又孕育着灾难的东西，与之俱来的是死亡、不幸和无尽的仇视。在那个时代里，叔本华特立独行，他心中充满的并非创造的乐趣，而是消减的艺术。叔本华是"非理性哲学家中最理性的一个"（托马斯·曼语），他开创了一个阻滞行动的哲学，这种哲学深深地触动着人们的灵魂深处。他的梦想是这样一个世界，在这里，世界又回归到了音乐的"毫无利益纠缠"的游戏之中。这是某种对和解的梦想，只是它被众多棘手的问题所掩盖，而也正是和解这一主题使后来者阿多诺和维特根斯坦为之魂牵梦萦。当叔本华做梦的时候，他就要自我保护使自己免受现实的袭扰，现实对于他而言已经成为噩梦。他保护自己的方式就是把这个噩梦纳入其哲学的心灵深处。在他的生命临近终结的时候，他曾在一次谈话中对人说："在某种哲学中，如果你听不到哭泣、号叫、咬牙切齿以及对立的双方之间在相互残杀时发出的可怕的撕心裂肺的呼吼，那么这样的哲学就根本不是什么哲学。"

关于法国大革命，康德，这位"哲学狂野年代"的助产师曾经写道："如此的现象在人类的历史上是不会被遗忘的，因为它揭示了人的向善的本性中的一种禀赋和能力，而古往今来没有哪一个政治家能够敏锐地察觉到这一点。"

而在我们这个年代，不会被遗忘的事件发生在奥斯威辛①、古拉格群岛②、广岛。那么从这些事件当中显现出了些什么呢？当今的哲学应该表现出自己能够应对这样的问题。要了解我们今天这个时代，我们恐怕还是要追溯到叔本华。不仅仅是叔本华的悲观主义，还有他那具有强烈停顿和拒绝倾向的哲学推动着思想的发展。

叔本华是一位19世纪早期的哲学家，人们往往很容易忘记这一点，因为他的思想直到很晚才产生了影响。

他1788年生于但泽③，童年在汉堡度过。在跟随父母的长途旅行之中，叔本华认识了欧洲。作为富商的父亲一心想把儿子培养成一名商人，而叔本华日后成为哲学家还得益于父亲的早逝，当然也亏得日后反目成仇的母亲的帮助。叔本华对哲学的激情来源于他对世界的惊奇，而众所周知的是，这种惊奇正是哲学最初的冲动。由于继承了不薄的遗产，叔本华可以为哲学而生，而不必靠哲学谋生。在专业的哲学圈子里，他得不到机会，最终他也放弃了去找寻这种机会的努力。对于他而言，这倒是件好事情。是生存的痛苦促使他进行哲学思考，可越是思考，这种痛苦越是挥之不去。于是他洞察秋毫，看见在德国教席上端坐的国王们竟然是那般赤裸④，透过他们精心编织的系

---

① 奥斯威辛在波兰境内，二战期间，纳粹在这里建立了规模最大的集中营，据最新考证，有80万~160万人在此遇害，其中绝大多数是犹太人。（如无特别说明，本书脚注皆为译者注）

② 苏联在20世纪30年代建立的劳改营，其为世人所知是通过作家索尔仁尼琴的三卷本纪实文学巨著《古拉格群岛》。

③ 即今天波兰境内的格但斯克市，从1793年第二次瓜分波兰至1945年二战结束，但泽一直是普鲁士重要的港口和商业城市，两度成为西普鲁士省的首府。

④ 此处当是以"皇帝的新装"作比。

统之网，显现出来的是他们的勃勃野心、标新立异和占有欲。

他的主要著作《作为意志和表象的世界》在1814~1818年间产生。当他生命中的这一阶段告一段落之时，他意识到平生真正的任务就此完成了。随即他来到观众面前，却不得不震惊地发现，竟然没有一个人来聆听。他还没有正式上场，就已经隐退了，作为哲学家，他连在舞台上施展才华的机会都没有得到。然而他并没有混淆真理与光彩照人的自我表演这两者之间的区别，在他那里，哲学的假面表演是不存在的。对于他来说，有这样一个假面就够了：不请自到的哲学看客，并以此身份光临有时候近乎残酷的生命狂欢节。虽然他自己不肯轻易承认，然而他确实在等待着回应。他过于自尊，不会为自己寻找甚至去赢得观众，而在心底他却抱有一线希望：观众能够去找寻他。他想要体现的是一种寻求摆脱的真理。在他生命终结之际，人们真的找到了他，在回首往事的时候，他将自己长久以来默默无闻的生命旅程解释为通向真理的漫长之路。

只是叔本华必须有耐心，一生的耐心。而此时外界的历史进程正在加速，在1848年革命期间，"哲学的狂野年代"到达了巅峰。

"哲学的狂野年代"忽略了这位"号叫着并咬牙切齿"的哲学家，他崇尚遥远年代的沉思冥想、归于宁静的生活艺术。这个年代忽略了一位走在时代之前的哲学家，他对人类的狂妄自大进行了全盘、彻底的挖苦，涉及三个方面。宇宙空间方面：我们的世界只是无尽空间中不计其数的星球中的一个，在这个星球上"生长着一层霉菌，它造就了一群生活着的、认识着的生命"；生物学方面：人只是动物中的一种，他缺乏本能，自身存在缺陷，很难适应生存环境，因此人类的智力只不过是对这种缺陷的补偿而已；心理学方面：控制着我们自身的并不是那个有意识的自我。

在此我斗胆对哲学进行思考，我所尝试的方式是讲述它，正如我讲述叔本华的一生以及他所处的文化历史氛围一样。所有的问题古人在当时都已经思考过了，虽然他们人已经死了，但他们的思想还活着。这本身已经构成了足够的理由，让这些超越了它们主人生命的思想粉墨登场。

第一部

第一章

但泽——阿图尔出生前的故事——得不到疼爱的孩子——对哲学的首次核心体验——仓库岛：黑暗的心脏

阿图尔·叔本华差一点儿就出生在英国。这是父亲的意愿，母亲也就顺从了。之前父母二人已经来到英国，孩子本该就在伦敦出世的。父亲对英国的生活方式赞叹不已，因而指望生个儿子，并借此使这个孩子获得英国的国籍。在浓雾弥漫、等待分娩的日子里，父亲突然害怕起来，于是拖着身怀六甲的妻子一路颠簸回到了但泽。就在1788年2月22日，阿图尔来到了人间。

对于公众而言，作为哲学家的阿图尔·叔本华的的确确是在英国诞生的。在他64岁的时候——此时他早就完成了平生的杰作，却一直为公众所漠视——就在那一年（1853年）的4月，一家英国报纸《威斯敏斯特及域外观察季刊》（*Westminster and Foreign Quarterly Review*）终于将这位德国哲学界的卡斯帕尔·豪泽尔[1]推到了公众面前。

德国人对哲学思辨的狂热在英国的公众看来简直是咄咄怪事。对于叔本华这样一位至今籍籍无名的哲学家，这篇报道作了如下介绍："我们英国的读者中只有极少数的人知道叔本华这个名字，或许知道以下这点的人就更少了：就是这样一个

---

[1] 此处是作者的一个借喻，将叔本华从不为人知到突然成名的传奇经历与19世纪上半叶德国家喻户晓的奇人卡斯帕尔·豪泽尔（Kaspar Hauser, 1812？~1833）相比。后者是一个弃婴，他自称从小独自在一间暗室里长大，智力发展受到阻碍，后来被人收养照顾，1833年死于刺伤，他的出现在当时德国引起了巨大的轰动，并曾有传闻说他是被阴谋废黜的巴登国王储（此事经1996年的基因测试被推翻）。他的故事日后成为德国文学、戏剧、影视作品中惯见的素材。

神秘的人物，他正在颠覆自康德去世以来由大学教授们建构起来的整个德国哲学体系。他的经历正是声学定律（根据这一定律，炮弹离膛之后许久才能发出巨响）的一个奇怪证明，这位神秘人物直到现在才为人所知。"[1]

这篇文章发出的巨响立即有了回音，德国的《福斯报》刊载了这篇文章的译文。从海峡彼岸的岛国传来的赞美之词简直过于刺耳："只有极少的人知道，叔本华是世界上最别具一格、最值得阅读的作家之一。他是一位伟大的理论家，学识渊博，具有无限的洞察力、骇人的辨析能力、不容分辩的逻辑推断力。他的这些特征令人为之心仪，当然对手们除外，因为他们被无情地击中了要害。"[2] 正是这篇来自英伦的文章导致了一出被叔本华尖刻地称为"成名之喜剧"的上演，随之而来的是络绎不绝的拜访者涌向他在法兰克福的居所，而他的谢客之词是："尼罗河流到了开罗。"[3]

现在让我们从法兰克福和尼罗河入海口回到伦敦。此时，阿图尔还没有出世，父母还在等待着。

1787年的施洗约翰节①那天，阿图尔的父母起程离开但泽。

海因里希·弗洛里斯·叔本华（Heinrich Floris Schopenhauer）此行含有双重目的。他要带着比他年轻20岁、从未见过世面的年轻妻子出门散散心。两年前，他迎娶了约翰娜·特罗西纳（Johanna Trosiener），这是一桩理智的婚姻，他们至今还没有孩子。无论是在但泽城中的华屋高檐之下，还是在奥利瓦②

---

① 欧洲的传统宗教节日，施洗约翰册封为圣徒的纪念日，6月24日，这一天也正是民间的夏至，老百姓举行社火、舞蹈等欢庆这一节日。

② 奥利瓦（Oliva）是位于但泽海湾附近的小城，1926年以后划归但泽，成为城市的一部分。

乡间的田园景致之中，约翰娜都无法排遣百无聊赖的心绪，本就有限的新婚宴尔之乐正渐渐被愁绪和伤感蒙上阴影。对于约翰娜而言，这次旅行不啻天赐的礼物。约翰娜在她的回忆录中这样写道："我要旅行，旅行！亲睹英国！……我因为兴奋而晕眩，当我的丈夫将这一打算告诉我的时候，我简直以为自己是在做梦，这份幸福是想也没有想到过的。"[4]

海因里希·弗洛里斯所想的不仅仅是给妻子一个礼物，他心里正盘算着移居英国，所以此行的目的还包括了解与移民有关的情况。经营大宗贸易的叔本华家族定居但泽已数代之久，在本地享有很高的声望，然而这座城市已今非昔比。

在17世纪，但泽是老汉萨同盟①中的重要贸易城市，波罗的海贸易总额中的60%是在但泽进行交易的。在波兰的保护下，但泽保持了自己在政治上的独立。然而波兰王国在18世纪逐渐衰落，沦为哈布斯堡皇朝、俄国、普鲁士之间利益角逐的玩物，随之但泽的独立地位也岌岌可危。虽也有其他的邻国表示愿意充当保护伞，然而但泽人心里明白，得到的不会是什么保护，等待他们的只是敲诈。但泽人不得不面对并逐渐接受这个事实：这座历史悠久、人们引以为豪的贸易城市现如今已经成为欧洲列强之间做交易的商品。还在几十年以前，那时阿图尔尚未出世，但泽市政府在递交给荷兰国会的求援书中还曾经表示过独立自强的意愿："我们就如同海中的沙洲，海水在四周咆哮翻滚，我们眼睁睁地看着海浪在转瞬之间就要向我们袭来，将我们无情地埋葬。"[5] 即将埋葬但泽人的海浪已经迫在眉睫，但泽人用不着等太久了。借着1772年第一次瓜分波兰，

---

① 汉萨同盟（Hanse）是从中世纪起，由德国北部的一些城市结成的松散的贸易联盟，结盟的目的是以同盟的力量和当时强盛的斯堪的纳维亚统治者对抗，从事北海和波罗的海的对外贸易。极盛时有200多个城市加入，核心成员有70个，最著名的有吕贝克、汉堡、不来梅、但泽等，直到17世纪末逐渐名存实亡。

普鲁士就来到了家门口,扼住了但泽的咽喉。普鲁士的军队占领了但泽四周的波兰领土,饮马维斯拉河口[①]。但泽城中的某些大户在乡间的地产实际上已经处于普鲁士的领地之内了。从维斯拉河上游来的俄国和波兰的运粮船队在经过普鲁士所设立的关卡时必须缴纳关税。腓特烈大帝手下的密探居然在但泽城中露面,其中的一个被群情激愤的百姓抓个正着,活活打死。

这件事发生的时候,约翰娜还是个小姑娘。一天早上,大街小巷热闹非凡,与往日不同。船员、手工业者、仆佣们聚在一起,大声、激烈地辩论着,其间也夹杂着一些穿着丝质长袜的体面市民[②]。左邻右舍的女眷们则站在自家的平台上,身上还穿着睡袍和拖鞋,交头接耳、议论纷纷。小约翰娜便向来自克什本[③]的保姆打听,究竟发生了什么事情。"'当然是祸事,而且是大祸,'她答道,'你们小孩子哪里懂得,一夜之间普鲁士人就来了——乖乖的,听话'。"[6]

可是海因里希·弗洛里斯此时的举动一点儿也不安分。他崇尚市民自治的共和主义,读了不少卢梭和伏尔泰的书,还订阅了伦敦的《泰晤士报》。叔本华家族世代定居于但泽市,他深受自由市[④]传统的熏陶,这也使他与普鲁士强权势不两立。他甚至有幸曾与腓特烈大帝平起平坐,这事发生在1773年。长途旅行的归途之中,海因里希·弗洛里斯在柏林逗留了几

[①] 维斯拉河是波兰境内的主要河流之一,全长1047公里,在但泽海湾入海。

[②] 在欧洲近代,有身份的人都穿至膝的中裤(Strumpfhose)为时尚,其下着与裤脚相连的长袜,而平民则穿着长裤,因而法语中有"Sansculotte"一词,意谓"无至膝中裤",大革命期间成为对出身小资产阶级和无产阶级革命者的贬称。

[③] 克什本(Kaschuben)是西斯拉夫民族的一支,生活在波兰的西北部。

[④] 自由市(freie Städte)形成于中世纪主教管辖的城市基础上,随着市民力量的崛起,通过反抗和赎买,这些城市脱离了教会的控制,获得自治。与帝国辖市(Reichsstädte)相比,它们拥有一定的自由,如免兵役、年捐等,故而得名。随着普鲁士的扩张,许多自由市相继被纳入其势力范围。

日。在一次阅兵仪式上，国王在人群之中发现了他，因为他那典雅而自得的举止颇为引人注目。于是国王召见了他，在此期间国王要求这位来自但泽的商人在普鲁士定居，因为——国王向他暗示——但泽的自由也许没有什么前途了。"这就是但泽的不幸"，[7]国王指着挂在房间一隅的地图不无嘲弄地说道。而海因里希·弗洛里斯并不领情，他就是这么个独立的人，从来不会对强权感恩戴德。

此事在但泽口口相传，除此之外，人们还添上了些其他的逸事，这些都被待字闺中的约翰娜一一听在耳里。例如以下的这个故事：1783年，在普鲁士封锁但泽城期间，阿图尔的祖父正居住在城外乡间的别墅中，不得已只能接纳普鲁士军队驻扎在自家的庄园里。为了感谢他的盛情款待（虽说这是强迫之下的无奈之举），普鲁士将军给予他某种优惠，准许东道主的儿子，就是那位海因里希·弗洛里斯，免缴进口草料关税。这位家藏良驹的少主人干脆利落地让人捎回话说："非常感谢普鲁士将军的美意，我的马厩里草料充足，如果储存的饲料消耗殆尽，我就让人把马匹一一刺死。"[8]

在但泽，这位固执的共和派分子被人们视作城市自治的化身。这位年届不惑的古怪单身汉已经不再仅仅满足于养马这一嗜好了。海因里希·弗洛里斯要找一位妻子，他相中了约翰娜·特罗西纳，而此时的她对这桩疑团重重的幸事仍一无所知。与这位尽人皆知的富商接触时，约翰娜既满怀敬意，但又保持一定的距离。然而终于有一天当他向约翰娜的父母表露心意（这是当时的通例）时，她还是大吃一惊。特罗西纳一家受宠若惊，因为与叔本华家族不同，他们家并非城中大户。一个星期天的早上，这一消息传来时，多半有些突然，也带着点尴尬——不过这是一桩收益颇丰的婚事。这一点约翰娜心里明白，不过她不太清楚的是，这桩婚事中隐含着某种棘手的政治分歧。要知道，约翰娜的父亲克里斯蒂安·海因里希·特罗西纳远不是那种但泽自治的积极拥护者，而海因里希·弗洛里斯则是这一理念的化身。克里斯蒂安·海因里希·特罗西纳也算是个见过世面的人，只不过没有叔本华家那么富有，在经营一家中等代理机构，属于但泽城中所谓的"第三等级"。第三等级不满于城市贵族统治，与之针锋相对，有时甚至很激烈，出于自身的共同利益，他们对捍卫但泽市的独立地位并不热衷。

在 18 世纪中叶，为了与城市贵族统治进行对抗，这一城市内部的反对派力量（在其内部也是等级森严）甚至借助了波兰国王的势力。其结果是，中等阶级的某些经济利益（例如限制国外商人进入本地经营，恪守手工业行规）虽然得到了满足，然而城市却丧失了在港口和军事管理方面的主权。1761 年进行了宪法改革，这使第三等级的成员得以进入市政委员会。没过多久，作为反对派领军人物的克里斯蒂安·海因里希·特罗西纳晋升为市政委员。在普鲁士封锁但泽期间，中等阶级被视作不可靠分子，人们怀疑他们是亲普鲁士的力量，而约翰娜的父亲恰恰是其中的一员。即使在 50 年之后，约翰娜在她的回忆录中对这一棘手的问题仍是含糊其词。在她的童年记忆中，记得就在"普鲁士人来了"的那一天，家中的账房先生突然放肆起来。"M 先生……还说了许多，为此母亲和他争执起来……他说着什么关于父亲的事情，而对此母亲却不愿意承认……我真想知道，为什么当 M 先生……说父亲大衣支在两肩上穿①的时候，母亲会如此大发雷霆，不这样穿衣裳还能怎样呢？"⁹ 事实上也正是如此。在 80 年代，有那么一股势力正致力于与普鲁士结盟，而克里斯蒂安·海因里希·特罗西纳正是这一势力的首脑。1788 年 1 月 24 日，在一个名叫"民源"的联谊会的

---

① 此处是一个惯用语，相当于中文中的"脚踏两只船"。

支持下,他提出一项动议:"如果我们的生存只能依赖于与普鲁士臣民的贸易往来,那么我们就不得不寻求也成为普鲁士的臣民,如果别无他途……那我们就只能走摆在面前的这条路,成为某个君主的子民——乍一看来,这或许会激怒我们的共和派们——在这个君主的庇护之下,我们的邻居们日子过得比我们强。"[10]

这次攻势失败了,克里斯蒂安·海因里希·特罗西纳在劫难逃,不得不辞去市政委员一职,解散了自家的商号,于1789年退居乡间,在市属的斯图特霍夫田庄租赁了一块土地居住下来。1797年克里斯蒂安·海因里希·特罗西纳过世后,家境日趋贫寒,全家不得不靠叔本华家族接济度日。

当克里斯蒂安·海因里希·特罗西纳在家乡试图向普鲁士投桃报李的时候,海因里希·弗洛里斯·叔本华正与他的约翰娜(特罗西纳家的千金)在英国小住,并盘算着要是"普鲁士人来了",哪里才是最好的退路。

约翰娜确切是在什么时候发觉自己怀孕的,这在她的自传中并未提及。在他们起程之时,她已经有孕在身,然而她此时对此一无所知,这一点确定无疑。在那个年代,市民阶层的女性大多在懵懂无知的情况下就生下了第一个孩子。由此可以作出如下推测:未来的父亲首先察觉到了怀孕的迹象,在不告诉妻子实情的情况下,冒险让她承受旅途的颠簸,从加莱跨海至多佛,为的是能够让期待之中的孩子成为"英国人"。当约翰娜也明白自己怀孕以后,夫妻之间发生了冲突。约翰娜写道:"作为商人,我的丈夫希望我们未出世的孩子获得这个对于生意人而言至关重要的特权(英国国籍。——作者注),而且天赐如此良机,使他用尽一切手段,带着我一路马不停蹄,好让我在伦敦生产,这一切顺理成章。可是任何一个女人都不会因此而怪罪我,如果我坦白地说,这次我实在是难以顺从他的心愿。经过与自己的激烈交锋，而这一切得由我独自承受，我终于战胜了内心里百般的不情愿，战胜了我对安宁的渴望，战胜了我对慈母的思念，而在那一痛苦时刻逐渐临近之时，这种渴望和思念却又被恐惧笼罩着。终于在无奈之下，我乖乖地顺从了丈夫的意愿，而且对于我而言，我也实在找不出什么奏效的对策。起初，我的心情十分沉重，但情势所迫，不由自主，往后心中倒也宽慰了许多。"[11]读者在阅读这些（包括随后还要不断引用的）出自约翰娜·叔本华手笔的回忆录（写于1837年）中的相关段落之时一定要十分仔细，虽然约翰娜的笔触含蓄而隐晦（这是她从歌德那里学来的），但仍然能让人感受到她那戏剧性的婚姻，而这对阿图尔·叔本华的一生产生了深远的影响。

约翰娜写道，海因里希·弗洛里斯的计划是"理智"的，甚至是"顺理成章"的，无可厚非。可是这一计划却丝毫也不合她的意愿。她情愿在自己的娘家把孩子带到人世。

在这些语句中，读者还是能够微微地感觉到约翰娜事后仍难以平抑的余怒：她不但屈服于丈夫的意志，而且在男性强权下，还要承认他们作出的决定是明智的、顺理成章的。唯一值得骄傲的是，在与自我的"激烈交锋"并最终向男性屈服的过程中，她是"独自承受"的。然而这里的忧愤是显而易见的：没有人帮助我，我必须独自承受并消解自己的痛苦。这个男人为了摆脱自己的恐惧，拖着我穿越了半个欧洲。约翰娜虽然以某种方式向这个男人屈服了，但是留下的是怨恨，恨的是迫使自己屈服的强权，恨的是自己的屈服举动。"终于在无奈之下，我乖乖地顺从了丈夫的意愿……"，在她承受了这一切以后，出乎意料的幸运降临在她的头上：在伦敦她结识了许多友善的人，他们对她照顾有加。她生平第一次体会到，原来自己也可以成为众人瞩目的焦点，这使她日后非常看重这一点。"各方的人都来劝解宽慰我……四面八方的朋友围绕在我的周围,我渐渐看到了未来。"¹² 这就是约翰娜,她善于借助自己的社交天赋度过人生中一次又一次的低谷,寻求平衡。而第一次展露才华、获得成功就是在1787年深秋的伦敦。对于她而言,这是一次炫目的自我发现。

然而阴郁的11月到来了,伦敦陷入迷雾之中,从早到晚点着灯。此时此刻,我们将要和约翰娜一起认识一个与往日迥异的海因里希·弗洛里斯·叔本华。以往约翰娜总是赞叹夫君的"无所畏惧的坦诚直率"。而他此刻的表现使我们能够理解阿图尔·叔本华在秘不示人的随笔《写给自己》(*Eis Eauton*)中记下的这段文字:"我从父亲那里彻头彻尾地继承了他的恐惧感,我诅咒它……并竭尽全力地与之抗争。"(HN Ⅳ, 2, 120)

这种恐惧感在这个时候显现了出来。约翰娜写道:"此时我的丈夫陷入了某种忧惧之中,为了我而忧心忡忡,而这种忧惧正是我刚刚摆脱了的。"¹³

约翰娜的话并不准确:这并非同一种恐惧。她先前所害怕的是在远离母亲的情况下,必须在异乡应对分娩之痛。然而海因里希·弗洛里斯害怕的又是什么呢?为约翰娜担惊受怕无从谈起,因为她此时已经在伦敦受到了友人们"母亲般的呵护",这也正是她愿意留下来的原因。为未出世的孩子担惊受怕也可以排除,因为暂住于此是稳妥的,无论是对胎儿还是对约翰娜来说,风霜颠簸的返乡之途充满危险。约翰娜试图对丈夫的行为作出解释,然而这种暗示却很隐晦:"我默默屈从了丈夫的意志,这在他的心中留下了极深的印迹,而且比他起初在我面前表露出来的还要深。我在这里无处不受到众人的深切关心,这使他产生了某种担忧,以为我待在伦敦于他而言是一件危险的事情,这最终促使他放弃了为未出世的孩子所做的一切谋划。"¹⁴

对约翰娜受到的无处不在的"深切关心"激起了怎样的"担忧"？难道这种"深切关心"不正可以化解所有的担忧吗？在阿图尔的父亲的生命深处潜藏着某种说不清道不明的恐惧之源，也正是这种恐惧后来导致了他从汉堡家中后院的仓库里出来走向不归之路。在伦敦，这种恐惧看来是比较确定的，那就是忌妒。

显而易见，总想成为生活中心的海因里希·弗洛里斯·叔本华根本无法忍受：由于妻子的社交魔力，他沦落到了边缘地带。

阿图尔·叔本华能够设身处地地理解父亲，却无法理解母亲的心境，这在多年以后他对父亲之死的回忆中可见一斑。他认为父亲有充分的理由因为妒忌而担忧："我的父亲久病不愈，十分可怜，整日里坐在病椅上无法起身。他被独自撇在家中，身边连一个能恪尽职守照顾他的老仆人都没有。当母亲举办沙龙时，父亲却沉浸在孤独之中；当母亲欢娱享乐之时，父亲却痛苦不堪。"（G，152）

对于激起丈夫的妒忌之心并借此来折磨他这一点，约翰娜在回忆录中予以明确否认，并强调，她没有任何理由要使丈夫受妒忌的折磨。然而在她的自传之中却能找到一些奇怪的暗示："我的丈夫就不会通过直接表达他的妒忌之心来败坏我的兴致……他从不提及彼此之间在年龄上的巨大差异，然而当他看到我与年轻的同龄人在一起追逐嬉闹之时，我能够察觉到，他对此并不十分高兴。他曾亲手把法国小说递到我手中让我读，正是这些小说使我明白，年届不惑的他在那个国家里必定经历了某些东西，这些经历不足以使得他对我产生敬意。我感觉到，如果我不对自己明白无误地说，我们两个人此刻与日后的幸福完全取决于他对我持续不断的满意……偶尔也会有一丝不快袭来，然而环顾四周绝佳的景致，一切也就烟消云散了。"[15]

在享受但泽城外奥利瓦的乡间别墅周边"绝佳景致"的时候，约翰娜得严格地约束着自己，不给夫君任何理由产生不信任感。"丈夫不在的时候，我绝不会到邻家做客。只有到不远处去散心的时候，我才会乘坐配给我的马车，而且从不在外逗留，径直回家。如果想稍稍走远一点儿，那么在出了自家广袤的庄园之后，我总是选择远离大路的乡间小径、草地、田野和树林作为我散步的地方。出于对自己的关爱，在我的内心中总有那么一种声音在指导着我的一言一行，我准备终生都遵循它的指教，因为仅有那么几次我违背了它，事后总是追悔莫及。"[16]

这一切都表明，这一对夫妻之间的关系多么错综复杂，只有费尽心思才能保持平衡。这里根本谈不上什么爱情，对此约翰娜在她的回忆录中倒是直言不讳："我从不虚情假意地表明我对他的爱是多么的炽热，而他对此也没有什么要求。"[17]

当年突如其来的求婚让18岁的约翰娜·特罗西纳惊讶万分，可是她究竟为什么当即就同意了呢？在自传中她还不无自得地提到，当时人家给了时间让她考虑周详，而她却根本用不着考虑。

她写道，在"从最初的爱恋中生出的柔弱花朵"[18]被命运践踏之后，她心灰意冷。"我原以为，生命就此终结了。每个人在年轻时经历了初次苦痛之后都会轻易而心甘情愿地为这种迷妄所左右。"[19]

约翰娜在这里暗示了某种内心故事的大致轮廓，在她多年以后创作的多部小说中，这一故事主题往往贯穿始终。虽然歌德对她的小说赞赏有加，但同时代的批评家在谈起这些"叔本华的温暾水式的断念小说"时却少有善意。

在这些小说中充满了这样的女性人物，她们在年轻时曾轰轰烈烈地爱过，却并不幸福，于是她们将失去踪影的恋人紧紧锁在心中。此时受理性和阴谋的驱使，她们成为别人的妻子，在这些婚姻中，男性一般不是什么好角色，有时候甚至是蒙昧无知的家伙。这些女性忠实于自己神圣的初恋，不为毫无尊严的丈夫生育一儿半女〔例如在小说《嘉布里埃拉》(Gabriele)中那样〕，这些男人有幸成为她们的丈夫完全得益于她们的现实考虑。即便她们生儿育女，那么孩子往往是婚姻破裂的非现实化身（故事的模型源于歌德的《亲和力》）。所幸的是，约翰娜·叔本华本人在日后的生活中并没有像自己小说中的女主角那样心如枯井。

涉及自身时，她从来没有承认过自己有如下的见解，然而却将其安在了周围女性的身上。"对于年轻的、娇宠惯了的、天真烂漫的女孩子来说，光耀、地位、头衔是那么充满诱惑力，这足以诱使涉世不深的人缔结婚约，今天仍有如此多的人这样做。这是失策之举，人们要终生为此忍受最严酷的惩罚，即使是在今天也很少有人能够幸免于此。"[20]

在与海因里希·弗洛里斯结婚的问题上，约翰娜或许也受到了类似的诱惑。然而关于这个问题，她只是谈及了自己父母的态度："以海因里希·弗洛里斯·叔本华在城里的地位，我的父母，包括所有的亲戚都坚信，我与这么个重要人物成婚是件非常幸福的事情。"[21]

对于约翰娜本人来说，直到丈夫死后，这桩婚事的"幸福"才显现出来。因为继承到的遗产使她可以在魏玛过着独立自主的生活，这使潜藏在她身上的众多才华尽数展现了出来。不过此时我们仍在伦敦，阿图尔尚未出世。

11月底，叔本华夫妇起程返乡。海因里希·弗洛里斯心中明白归途充满艰辛，而他却让妻子冒险，为了做些补偿，他显得格外体贴，好像要驱散良心上所受到的谴责似的。例如在横渡多佛海峡的时候，他让怀孕的妻子坐在靠椅上叫人吊上渡船。当时正是半夜时分，人们打着灯照明。海因里希·弗洛里斯支付了一笔数目可观的小费,让人把他先吊上船,以检验吊索是否安全。而此情此景却让她觉得好笑。

在深秋时节,乘坐马车行驶在崎岖泥泞的归途上,一路的艰辛可想而知,与此相比,此刻小心翼翼的吊运之举简直显得滑稽可笑。一路上马车时常陷在泥泞之中,有一次甚至翻了车。此外也没有什么有效的方法可以抵御风雨和严寒。有时一行人晚上就凑合着找一个地方过夜,比如在威斯特伐利亚①简陋的农舍外露天的灶台旁宿营。有时候,约翰娜冷得全身发颤,几近昏厥。而此时阿图尔还没有来到人间,在娘胎里的他也在瑟瑟发抖,忍受痛苦。可以想象,约翰娜对丈夫的恐惧和固执是多么恼火,她是多么不情愿离开伦敦的友人们,而此刻的她不得不强压怒火。仓皇的回乡之旅使夫妻俩不堪重负。抵达但泽9个星期之后,1788年2月22日,阿图尔出生了,出生时并非吉星高照。

"和所有年轻的母亲一样,我多了一个新的玩偶,"[22]约翰娜如是写道。

于是,孩子理所当然地立即成为约翰娜的玩具,用以驱散开始向她袭来的无聊和寂寞。暮春到初秋之间,海因里希·弗洛里斯把妻儿送到自家在奥利瓦的庄园,那是一个有着浓郁田园诗氛围的地方,在回忆录中有这样的描述:"美丽的花园外观就像是露台,其间遍布花朵和果实,喷泉汩汩,色彩斑斓的小舟横在巨大的池沼之中。"[23]整整一周,她独自与孩子在那里度过,有时海因里希·弗洛里斯会在周末时邀请客人来此小住,而到了周一,一切又恢复寂静,对她而言,这是一种令人难以忍受的寂静。

她童年时代的良师益友、英国教会的牧师杰姆逊博士,先

---

① 在今天德国的中西部地区。

前还常来奥利瓦探望她,而此刻也从她的生活中消失了。1789年,杰姆逊返回故乡苏格兰。约翰娜这样写道:"杰姆逊见证了这里往日的富庶,然而不亲身体验,他是无法看到它停滞不前的一面的。可以想见他此刻的心境,他仿佛能够感觉得到一个慢慢死去的人的痛苦之处。"[24]

在普鲁士的封锁之下,但泽的经济江河日下,在这样的情势下,一些与叔本华家族有交往的大户人家纷纷离开这座城市,"在生活的转变中"他们也留下了"某些空白"。[25]

约翰娜感觉自己陷入一种"似是而非的生活"而无法自拔,"这样的生活掩盖了内心深处的沉沦,浮光掠影的一瞥是无法洞悉这一切的"。[26]

一年一次,大多是在5月间,约翰娜可以带着孩子去探望住在市属斯图特霍夫田庄的父母。看着农民辛勤劳作的生活,约翰娜觉得神清气爽。然而人们劳动的欢愉和忙碌的景象仍然无法掩饰败落所留下的印记。毕竟她的父亲克里斯蒂安·海因里希·特罗西纳现在已经沦为田庄的租户,因为他亲普鲁士的政治攻势归于失败,他的生意也陷于停顿。

只有在奥利瓦附近的海边静观永无休止的海潮时,约翰娜才能得到慰藉。"无论是在晚照还是晨曦之中,潮水从最深处被激起,海面在阳光照耀之下显得分外耀眼,时而阴云袭来……此刻顿然黯淡无光,在一天的风云变幻之中,永无休止的大海于我而言就是一出好看的戏,它永远不会让我感到困倦。"[27]

远方,跳动的生活如此诱人,约翰娜觉得自己被束缚在局促的空间里,被孩子紧紧拴住了手脚。孩子作为玩具的吸引力已经逐渐消退,而且对于她所作出的牺牲而言,孩子的补偿作用也显得越来越小。阿图尔几乎只有周末才能感受到父亲的存在,而母亲则被这个一天天长大的孩子束缚住了手脚,她渴望摆脱这种生活。父母间的这一关系构成了阿图尔本人的核心体验，而这一体验正是他日后的哲学的生长原点。

在20岁的时候，阿图尔将如下思考写进了自己的日记之中："每个人在心灵深处都确信，就像他本人能够意识自身的存在一样，自身之外的某种东西也会意识到自己的存在。一个劲儿地去揣度对立面，这本身就是一个糟糕的念头，且不说它根本无法度量。"（HN Ⅰ, 8）阿图尔日后将穷究这一命题，因为他很早就不得不学会放弃这种确信。

阿图尔从来就不知道什么叫泰然处之，从来不会满足于自己的不确信。然而在他的性格中却找不到屈从、畏惧和缺乏自信。显而易见，他的父亲是富商巨贾，充满自信，想法实际，见多识广，对于上帝虔诚而不迷信：上帝总是站在成功者一边。父亲克服意志消沉的办法就是以坚定的举止出现在世人面前，他把这一点也传授给了自己的儿子，并且教导他要毫不妥协地履行自己人生中应尽的义务。在1804年10月23日的信中，这是父亲临终前写给儿子的最后几封信之一，他这样写道："无论是在伏案书写之时，还是推而广之在人一生的行事之中，端庄的姿态十分必要。因为如果在餐厅里见到一个驼背哈腰的人，那人们就会断定他是一个乔装改扮了的鞋匠或裁缝。"[28]

阿图尔从父亲那里继承了勇气、自重和清醒。冷峻的、极度的自信也源于他父亲。

阿图尔超强的自我意识是不可能博得别人欢心的，因为约翰娜不得不为此强迫自己付出母爱。对她来说，这个儿子就意味着她要放弃自己的生活，而她却对生活充满渴望。愿不得偿，因此为人母的职责每天都在提醒着她无法得到的东西。对她来说，阿图尔的降生意味着落入一个圈套。

如果一个人没有得到最初的母爱，那么他往往会对最本质的东西丧失兴趣，对自身的生命无动于衷。如果一个人对最本质的生命都缺乏肯定，却充满了自尊自信，那么他（正如叔本华那样）就注定要用异样的目光审视所有的生命，而哲学正是从这一异样的目光中诞生：对生命的存在感到惊讶。常人总是用肯定的态度去看待自身与其他所有生命体所构成的统一体，而只有那些对此抱有疑问的人才会觉得那些归属于自己的东西是如此的陌生：身体、呼吸、意志。某种离奇的意志丧失（Absence）让年轻的阿图尔深感惊讶，而与此同时让他产生畏惧的还有某种生命意志（Wille zum Leben），我们无法逃避它，因为我们就是由这一意志的质料（Rohstoff）造就的。如果惊讶于此，那就不应该对此产生畏惧。阿图尔之所以畏惧，那是因为从最初那一刻他就注定无法体验到生命是某种温暖的东西。他体验到的生命是另一番模样：那是一股在他体内游走的寒流，他任由其摆布。最贴近的现实之物莫过于人的身体，然而对于他而言，这一最贴近的现实之物恰恰是最遥远、最陌生的东西，以至于成为某种神秘之物，对他来说，哲学的神秘就在于此。他把这种身体的现实存在称为"意志"，这也正是他的哲学核心所在。对于他而言，对自身生命的体验是某种令人惊讶的东西，正是基于这一体验，在日后他试图揭开一个秘密，那就是康德敬而远之的"自在之物"（Ding an sich）——这是一个独立的世界，它不依赖于我们对它的想象。在这里，叔本华恰恰要使这个再遥远不过的东西成为最贴近的事物。"自在之物"——它就是我们自己，我们可以从自身内部体验到它。"自在之物"是一种意志，在这一意志尚未把握其自身之前，它已经存在了。这个世界是意志的世界，而自我意志（Eigenwille）对于这个世界而言则是跳动的心脏。我们从来就是整体（das Ganze），而整体则是荒野、抗争、焦虑。最关键的是：整体没有意义，没有目的。叔本华切身体会到了这一点。

这个在母亲"计划之外的"孩子从很早起就对这个世界了如指掌，在他看来，这个世界似乎并不是建立在"更高的目的"、"更高的意图"的基础之上,在这个世界的中心有一种捉摸不透的力量在左右着万物的运动。

在但泽期间,与母亲散步之时,幼小的阿图尔就独具慧眼、洞察秋毫,获得了某种感悟:世界的中心充满活力(对于这个小孩子来说,但泽就是世界),而与此同时,中心地带也正是黑暗的心脏,神秘莫测,充满危险。

离家不远的地方,在但泽城的中心有一座仓库岛,莫特劳河环绕四周。在岛上储藏着全城可以用船装走的财富:谷物、毛皮、纺织品、调味品。人们终日劳作,不断积累,它关乎全城的生计,城市的灵魂在这里劳作。夜幕降临之时,岛上所有的门户关闭。夜间人们将猎犬从牢笼中放出,要是有谁斗胆滞留岛上,那他就会被它们撕咬成碎片。

在这个恐怖的情境中,年幼的叔本华对音乐的神奇魔力也有了初步的认识。母亲给他讲过一个故事:曾经有一个著名的大提琴演奏家借着酒劲儿壮胆要和这些畜牲较量一番。还没有越过仓库大门半步,一群猎狗便向他扑来。他背靠着围墙,将弓搭在弦上拉起了琴,狗群顿时停下脚步。于是他胆子更大了一些,随后便开始演奏起萨拉班德舞曲、波兰舞曲、小步舞曲,而此时的猎犬则在他的四周伏下身子,安静地聆听演奏。这就是音乐的力量,在叔本华日后的哲学中将再次论及这一话题,他认为,音乐在表达生命体的焦虑(这种焦虑折磨着人,充满危险)的同时,也可以平息这一焦虑。

对于阿图尔而言,但泽的仓库岛就是一个舞台,这里上演着一出神秘莫测的戏,在这出戏里,生命意志与音乐相互交织在一起。

第二章

汉堡——人生的第一本读物；勒阿弗尔——与安蒂姆的友谊——阿图尔的学商之途

海因里希·弗洛里斯·叔本华早就担心的事情（这也正是他在英国掂量是否移民的原因）终于在1793年春天发生了：普鲁士与俄国就进一步瓜分波兰领土达成一致。迄今为止在名义上受波兰保护的自由市但泽和托伦①划归普鲁士国王名下。劳默将军（就是上文中那个向海因里希·弗洛里斯·叔本华示好却遭到强硬回绝的那位将军）正负责实施兼并计划，取缔这座城市数百年来所享有的自由市特权。1793年3月11日，市政委员会和市议会一致通过决议，但泽市就此归属于普鲁士国王治下。决议一经通过，叔本华不甘坐等普鲁士军队入城，于是举家出走。这与其说是移居他乡，还不如说是一次逃亡。海因里希·弗洛里斯·叔本华并非无所畏惧，冒犯普鲁士将军一节尚历历在目。

与叔本华家族一起出逃的还有城中的不少大户，他们此前也是以"普鲁士之敌"著称的。可城市中的中层市民的想法却有所不同，对于他们而言，并入普鲁士版图意味着经济发展。最下层的普通民众，例如帮工、短工、水手却掀起了公开的反抗运动。那些业已做好移交准备的军官被普通士兵缴了械，士兵们将炮口对准了迫近的普鲁士军队。这些士兵完全有理由为自己的命运担忧，在城市移交之后，他们很有可能被整编到普

---

① 托伦（德语Thorn；波兰语Toruń）位于今天的波兰境内，维斯拉河畔。13世纪由德国骑士团所建立，其后成为汉萨同盟成员。15世纪中叶后，波兰成为其宗主国，与但泽市一样，享有多项特权。1793年后归普鲁士所有（1807~1815年归华沙公国），1920年划归波兰，二战期间被德国占领，战后重新归波兰所有。

鲁士军队之中，而此时普军正与法国革命军在战场上厮杀。骚乱和战斗一直延续到1793年的4月。一些房屋被炮火摧毁，城中出现了抢劫事件，人也死了不少。而就在这一切发生的时候，叔本华一家已经处于安全之中，他们已经落脚汉堡。

叔本华一家最终为什么没有移居英国呢？个中缘由不得而知。可为什么选择了汉堡？

对于从事海上贸易的海因里希·弗洛里斯·叔本华来说，只有港口城市在他的考虑范围之内。他与汉堡的商人保持着良好的生意往来，除此而外，面对普鲁士，这座非凡的城市（亦属于汉萨同盟）似乎能够最好地保持住自己的独立地位。终有那么一天，这座城市也丧失了其城市共和国的主权（法国抢先普鲁士一步得到了汉堡），不过海因里希·弗洛里斯·叔本华在此之前就已经谢世了。

1793年春天，当叔本华一家抵达汉堡时，这座城市正处于史无前例的经济繁荣期。

在整个18世纪，无论对于法国和荷兰的殖民地商品，还是对于英国的工业产品来说，汉堡都是重要的转运站。1663年英国国王给予这座城市特权，允许汉堡的船只进入英国的港口城市，自此以后，在对英贸易方面，汉堡把欧洲其他所有的竞争对手都远远地甩在了身后。中欧内陆地区的出口产品也要经过汉堡转运，例如梅克伦堡[①]、俄国南部和波兰的粮食，萨克森森林[②]的造船用木材，俄国的硝石等。汉堡本地的出口工业品有玻璃陶瓷、粗纺面料、木器。对于转口贸易来

[①] 梅克伦堡（Mecklenburg）位于今天德国的东北部，14世纪以后成为公国，历史上屡次成为欧洲诸强争夺的目标，18世纪初分裂为梅克伦堡-什未林（Mecklenburg-Schwe-rin）和梅克伦堡-施特莱利茨两个公国（Mecklenburg-Strelitz）。

[②] 位于汉堡以东，为混合林，出产多种木材。

说，重要的商品有焦油、俄罗斯皮革①、毛皮、北欧国家出产的鱼油。从荷兰、法国和英国进口的商品有调味品、茶叶、咖啡、烟草、纺织品、贵重金属。汉堡拥有欧洲最大的堆货场，这些商品就暂时存放在这里。从1788年到1799年，汉堡本地船只的数量翻了一番。1795年一年间，驶入汉堡港的船只就超过2000艘，这在当时堪称欧洲纪录。

西哀士神父②在1798年写给拿破仑的一份备忘录中将汉堡称作"地球上最重要的部分"。[1]这当然不无夸张之处，不过汉堡人倒是喜欢听这样的话，而且他们也没少往自己脸上贴金。"无论是在红海、恒河岸边、中国，还是在墨西哥、秘鲁水域；无论是在北美，还是在东、西印度的荷属、法属殖民地，到处都能看到汉堡的旗帜随风飘扬，它们在世界各地受到普遍的尊敬。我们运回东、西印度的宝藏，而其他国家毫无妒忌之心，因为这对它们也有好处。"[2]这番话写于1806年，出自商人约翰·E.F.威斯特法伦之口，他在此描述了18世纪后半叶贸易的巨大发展。

不过语调中仍不免有些哀伤，因为1806年正处在"欧陆大封锁"③时期，好日子过去了。在拿破仑将汉堡置于自己治下之前，这座城市还是从战争和法国的领土兼并中捞到了不少实

---

① 一种精致、柔软、不透水的优质皮革，多用于制作皮鞋。特别之处在于，为了防止渗水在皮革加工过程中让皮革浸渍在从桦木焦油中提炼出来的香料中，使这种皮革有一种特殊的气味。

② 西哀士神父（Abbé Sieyès）（1748~1836），法国革命家和政治家，他所作的《论何为第三等级》成为法国革命期间最有影响的一篇论文。曾参与拿破仑执政，拿破仑倒台后，遭驱逐。

③ 1806年拿破仑对英国实施封锁政策，作为还击，1807年英国也阻止中立国家的船只进入法国港口，无论对于英国还是欧洲的经济都产生了消极的影响，虽然欧陆的一些行业（例如纺织业、制糖业）由于失去英国的竞争而得到了很好的发展，但总体而言，欧洲经济严重受挫。由于俄国1810年起抵制封锁，最终导致1812年法国入侵俄国。

患。1795年法国占领荷兰,这导致众多法国和荷兰的公司搬迁到了汉堡。战局的不稳定阻断了莱茵河航路,于是西部德国和瑞士的交通转移到了易北河下游。作为美洲商品在欧洲大陆上的进口港以及荷兰的东印度、东地中海贸易的枢纽,汉堡取代了阿姆斯特丹和安特卫普的地位。

随着贸易和船运的繁荣,金融业也得到了发展,汉堡成为当时欧洲最重要的金融市场。城内百业兴旺,居民人数骤增,18、19世纪之交,全市人口达到了13万。

从但泽出逃的海因里希·弗洛里斯·叔本华虽然损失了十分之一的财产,但来到汉堡后,他在生意上很快就站稳了脚跟。对英贸易和对法贸易此时正蓬勃发展,而与这两个国家做生意正是他在但泽期间的老本行。

叔本华一家起先住在老城的新街76号。经济的全面繁荣促使叔本华家族属下店铺的生意蒸蒸日上。1796年复活节期间,全家搬到了新万特拉姆街92号,较之先前的住处,这座宅第气派多了。汉堡各大商号,例如耶尼诗、哥德弗罗耶斯、威斯特法伦、希维京等家族的商号都云集于此。家居和商用合二为一的居住形式在当时很普遍,后宅和中宅主要用作库房、账房和储窖,院子后面紧邻一条运河,运货的船只可以在此停泊。宽敞的内庭被木结构的雕花回廊所环抱,前厅的过道里铺着大理石面砖。迎街的房子是居住空间,共有大小不等的大房间10间,小房间4间,此外还有一个大厅,天花板四周用价格不菲的石膏雕花装饰,墙壁用木板贴面,就连窗户玻璃也是精心加工和装饰过的。叔本华一家就在这所能够容纳百人的宅第里举办晚间的聚会,日后阿黛拉(阿图尔的妹妹)回忆道,聚会的来宾中"云集了三教九流的人物"。[3]

就凭这座豪华的宅邸,叔本华家族也定然可以跻身汉堡的精英之列了。宅院虽大,然而渐渐长大的阿图尔在这里却找不到什么故乡的感觉。纵然是在多年以后，他也几乎很少回想起居住在这里的时光。

无论是出于生意上的考虑，还是基于叔本华家族固有的市民共治的观念，在汉堡定居都可谓适得其所。

在数次近乎内战的骚乱之后，汉堡于1712年颁布了新的宪法，这部宪法确保了城市贵族和中层市民之间的权利平衡。由城市贵族构成的市政委员会和由市民把持的市议会分别行使行政和立法权力。当然市民要想参与决定城市的政治生活还得有一笔财产才行，不过对收入要求的底线已经下移了许多。更为重要的是，这部宪法体现了英国《人身保护法》①的精神，确保了人身自由权，市民对这项政治举措非常自豪。"这部宪法既非彻底贯彻贵族统治，也非完全体现民主，也不是完全具有代表性，但却是这三者的结合体，"一位当时的人写道，"由于这部宪法的颁布，派别之间的争斗有所克制，取而代之的是一种宁静、安全和自由的气氛，或许没有一个国家可以企及。"[4]

"宁静、安全和自由"，这正是海因里希·弗洛里斯·叔本华要寻找的，如今他在汉堡找到了。对于他来说，尤其重要的是可以摆脱普鲁士，至少眼前在汉堡这不成问题。腓特烈大帝虽说对这座繁荣的商业都市觊觎已久，但是出于自身自由贸易的利益，英国、法国和荷兰支持这座城市的独立要求。目前普鲁士还有求于那些经验丰富的汉堡商人，请他们为自己写各种贸易往来上所需要的鉴定书。但是这些商人并非发自内心地为普鲁士的重商主义经济政策效劳。"自由是必然的酬劳"，汉堡的特派团在文书中写道。柏林对此的答复是：鉴定写得很巧

---

① 《人身保护法》是英国于1679年颁布的一部保障人身自由的法律，基本精神是未经法院的审核和同意不得随意拘捕和关押公民，只有当涉嫌危害公共安全时，经过议会的批准，才能够暂时废除此项规定。

妙，可是没有什么用处。

在汉堡也能找到法国大革命的积极拥护者。当年法国大革命爆发之初，海因里希·弗洛里斯·叔本华从自己在但泽的办公室匆匆赶往奥利瓦乡间农庄，兴冲冲地把这个消息告诉自己的妻子。就连举足轻重的市政委员，人称"汉堡的罗特希尔德"[①]的格奥尔格·海因里希·希维京（Georg Heinrich Sieveking）也是法国大革命的拥护者之一。在其他人看来，希维京最初的热衷程度简直"有失汉萨人的风范"。他在那篇名为《告全城同胞书》的檄文中为自己申辩。就在希维京的乡间庄园里举办的某次集会上，克洛卜施托克[②]首次朗诵了他创作的《法国革命颂》。《汉堡通讯》和《汉堡新报》是当时全德国地区最好的报纸，它们也因为那些发自巴黎的详尽报道而闻名遐迩。与其说汉堡人高呼法国革命万岁，还不如说他们是在自我赞赏。他们把1790年攻陷巴士底狱一周年与商业特派团的周年庆典联系在了一起，并且高歌道："三祝我们的故乡福寿绵长／它赐予我们和平与自由／远离诸强。"[5] 当法国革命进入雅各宾专政时期，汉堡人开始保持距离，不过生意往来自然不能中断。面对那些蛮干的行径和自由狂热病，汉堡人自觉高人一筹。《汉堡通讯》这样写道："虽然汉堡没有什么人身保护法值得夸耀，立法者们也不会在聚会的大厅里悬挂什么镌刻着人权的招牌，可是在这里，没有人剥夺我们的人身自由，人权得到伸张。"[6] 一封读者来信中有这样的话："我们离政治福

[①] 罗特希尔德（Rothschild），又译作"罗斯柴尔德"，是国际知名的家族银行企业，创立于1766年，维也纳和会（1815）后，它控制了欧洲各大负债国的信贷业务，影响巨大，几经沉浮，位于伦敦和苏黎世的两家罗特希尔德银行至今仍在家族控制之中。

[②] 克洛卜施托克（Friedrich Gottlieb Klopstock，1724~1803），德国著名诗人，尤其以颂歌体诗作著称于世，1780年以后在汉堡定居。

祉的理想如此之近而不晕眩；我们自由而平等，却没有罗伯斯庇尔和那帮激进的共和派；我们珍视古老、和平的传统，而在其他地方，人们却用革命的暴行玷污理性的革新成果——这难道不是我们的万幸吗？……今天在法国看来是新鲜的、矛盾的东西，在这里早已成为我们恪守的政治信条。"[7]

可是汉堡人的"信条"却不愿意得罪任何人，还是保全自己要紧。当时汉堡与法国革命政府间的贸易往来欣欣向荣，城中的莘莘学子也要诵读克洛卜施托克创作的颂歌，但与此同时，汉堡人也接纳了不少来此避难的贵族，跟着他们一同到来的还有那些穿着五彩斑斓的随从们。

迄今为止，城中的外国人主要以英国人为主，如今又多了法国人，这些法国流亡者举止优雅，别具风情，使人为之倾倒。说起来，约翰娜·叔本华也算作法国革命的同情者，然而如果有出身高贵的法国移民，例如斯泰尔－霍尔施泰因男爵（闻名遐迩的斯泰尔夫人①的丈夫）这样的人物光临她在家中主办的晚会，那她还是颇为自豪的。

这些流亡者及其随从、亲友们的生活方式也在改变着汉堡市民循规蹈矩的僵化习俗。较之以往，汉堡人舞跳得多了，酒也喝得多了，游乐活动也渐渐频繁。青楼门庭若市，就连米歇尔教堂的神职人员都混迹其中，当然城中也散布着有关法国花柳病的传言。

一位逃亡的法国上校（据说他的厨艺比打仗的本事高明）在易北河畔的高地上开了一家酒馆，外出散心的游人可以在此休憩，没过多久，这里很快成为反革命者们的聚会场所。

---

① 斯泰尔夫人（Madame de Staël，1766~1817），瑞士裔法国女作家，是当时著名的沙龙女主人，1797年后，她在巴黎的沙龙逐渐成为拿破仑反对派的言论中心，于是她在1803年遭拿破仑驱逐，流亡德国，其代表作《论德国》对法国日后的浪漫主义运动产生了深远的影响。

一位当时的人写道:"人们对这家酒馆啧啧称叹,毫无疑问,德国的美食家们在这里得到了精心的款待,法国的烹饪艺术具有十足的威力,简直让人大快朵颐。"[8] 此外法式咖啡馆也在汉堡落户。1794年法国剧院开张,汉堡人也见识了什么叫轻歌舞剧①,什么是杂耍剧②,而青年男性则为那些法国女演员如痴如狂,舍瓦利耶夫人就是其中的一位明星。莱玛鲁斯夫人(就是那位《沃尔芬比特散叶》的作者赫尔曼·萨姆埃尔·莱玛鲁斯③的儿媳妇)忿忿不平地说:"舍瓦利耶夫人颇让我们这里的一些年轻人神魂颠倒,而且她也正赶上我们这些年轻商人挥金如土的好时候。"[9] 这其中当然不包括阿图尔,他才12岁,还太小,然而他的母亲却为这位光彩照人的天使成为她的座上客而感到颇为自豪。只是没过多久,这些法国移民就坐吃山空了,他们不得不变换角色:成为舞蹈教师、击剑教练或给人上法语课。日后与阿图尔打交道的主要也就是这些人。

法国的轻松生活方式在这里不过是昙花一现,只是汉堡历史上的小插曲。阿图尔去后十年,海涅也在汉堡生活了一段时间,他就对这股法国风的一去不复返颇感惋惜。人们很快又返回原有的正派刻板的生活方式之中,对于海涅而言,这一转变实在是太快了。"天空起先还湛蓝无比,可一下子便昏暗下来,"海涅在《施纳贝勒沃普斯基先生忆语》中写道,"那是一

---

① 轻歌舞剧(Revue),由歌唱、舞蹈、杂耍等不同场景片段构成,结构松散。
② 杂耍剧(Vaudeville),流行于民间的轻快活泼、带有讽刺色彩的歌曲,后来发展为一种类似轻喜剧的表演形式,是日后法国轻喜歌剧的前身。
③ 赫尔曼·萨姆埃尔·莱玛鲁斯(Hermann Samuel Reimarus, 1697~1768),神学家和哲学家,一生大多数时间在汉堡度过,以对《圣经》和教会的激烈批判而著称于世。其代表作《一位上帝的真正敬仰者的辩护词》后来以节选的形式在1774~1788年间由莱辛发表,并取名为《沃尔芬比特散叶》,其中对新约中的上帝复活情节提出质疑,认为这是耶稣的使徒们精心编制的"谎言",这部著作堪称日后耶稣生平研究的先行者。

个星期天，下午 5 点光景，这正是大家要填饱肚子的时分，马车碾过街道，先生、女士们从车上下来，僵硬的笑容凝在饥饿的嘴唇边……"[10] 汉堡人的商人本性故态复萌，他们很快就抛弃了装扮出的优雅举止，重又以赤裸裸的本来面目示人。海涅接着写道："当我仔细观察来来往往的人群时，觉得这些人与数目字无异，就是些阿拉伯数字。此时此地，一个跛着脚的'2'在路上行走，身边傍着一个痛苦的'3'，这个腹中怀胎的大胸脯的妇人正是他的妻子。走在他们身后的男人是一个拄着拐杖的'4'……"[11] 计较得失、盘算利益的习气又回来了，但也正是这样的习气使作为贸易城市的汉堡发展壮大，然而也正由于此，作为文化城市的汉堡仍然默默无闻。日后，约翰娜定居魏玛，参加了当地的社交聚会，这样的聚会有时不免逢场作戏，此时的她回忆起当年在汉堡的经历时不免觉得陌生："如果哪位市府委员或市长看见我和迈耶尔一起拼接粘贴碎纸片儿，而此时歌德和其他诸位站在一旁并一个劲儿地出谋划策，那他一定会表示出基督徒所特有的怜悯，同情我们这些可怜幼稚的人儿。"[12]

汉堡最重要的文化机构是"汉堡手工艺品、艺术和实用行业促进协会"，这一点也很能说明汉堡的城市精神。在这个联合会中，每个会员都是看重名誉的人，而且还要有必要的收入。如果哪个"身份不配的人"也混迹其中，那么此事就会在全城体面人的圈子里成为大家的谈资。而且这样的事情如此之重要，以至于阿图尔·叔本华周游欧洲（1803~1804）期间暂住法国南部的时候，他的朋友都会不远千里写信给他通报此事。莱辛①的朋友莱玛鲁斯是这个协会的创始人之一，"艺术"也在协会纲领之中，不过"艺术"必须受到"实用性"的考

---

① 莱辛（Gotthold Ephraim Lessing，1729~1781），德国启蒙时期著名的文学家、剧作家，以剧作《智者那旦》和美学著作《拉奥孔》著称于世。

验。虽然协会也给那些身无分文的画家们资助，向剧院提供补贴，举办音乐会，但是它赞助更多的却是一些具体的项目，诸如如何改进饲料作物种植，组织承办果木种植竞赛，以及如何"清除对船体有害的昆虫"的研究项目等。通过这些资助，城里相继建起了公共浴室、公共图书馆，创设了孕妇咨询处，举办游泳培训班。这项无所不包的改进计划的非比寻常的"现实性"追求想必让纯艺术感到无地自容。

在当时，人们对于这种做法的抱怨就不少。当地颇有声望的神学家和教育家约翰·安东·法伦克吕格尔在1811年撰写了一篇名为《试论汉堡的风俗》（Versucheines Sittengemäldes Von Hambug）的文章，我们可以读到其中这么一段话："对于那些无法赢得公众的注意、不愿迎合寻常趣味的所谓学识、科学、艺术，人们往往不屑一顾。除非科学研究能够带来实实在在的好处，否则汉堡人是无法理解学者们从纯粹科学中所获得的乐趣的。如果说思维的训练仅仅是为了拓展人们的精神、纠正普遍的观念，那么汉堡人也不会对此表示赞叹。他们只会称赞那些能够给他本人、他的城市以及具体的行业带来实惠的举动……商人的身份决定了人们的价值观和现存的事物。这就是一个彻头彻尾的汉堡人。"[13] 在汉堡，"实用性"本身就是高超的艺术，它具有无与伦比的影响力，简直所向披靡。人们肆无忌惮地拆掉了众多为人称道、富于艺术魅力的建筑。修缮老的主教教堂花费太多，于是人们在1805年干脆把它拆了。许多中世纪的修道院建筑也遭受了同样的命运。几座壮观的城门以及城防工事也被夷为平地。同样消失的还有玛丽亚·马格德雷娜教堂和以文艺复兴立面而著称的英吉利之家。此外，市政厅里的画廊也无法和实用精神相对抗，人们贱价甩卖了藏品，这其中不乏鲁本斯和伦勃朗的作品。

叔本华的前辈莱辛也干过吃力不讨好的傻事，当时他偏偏想在汉堡催生全新的戏剧艺术。

1766年，有那么几个商人——其中多数是投机商和破产的商人——凑在了一起，共同投资一个剧院，还煞有其事地称之为"德意志民族剧院"。他们向莱辛提供800塔勒①的年薪，于是莱辛来了，他在这里什么都干：戏剧顾问、剧评家、编剧、导演。其中最有品位的一项计划就是出版一份戏剧评论报，这些文章日后结集成为著名的《汉堡剧评》。莱辛在《预告》中写道，这份报纸应该"以批判的态度记录下在这里上演的所有剧目，忠实地记录下剧作家和演员们所呈现的艺术的每一步脚印"。[14] 可是一开始演员们就不愿让莱辛伴随他们的脚步，然后就是观众们的不满，他们根本不愿听一个不打招呼就从柏林来到此地的脾气暴躁的小子的喋喋说教。说起来莱辛的胆子真是不小，居然同时与前排的观众和楼层包厢里的看客交锋。他写道："包厢里的看客自然喜爱演员们扯开喉咙大叫大嚷，对于那些肺活量了得的演员，他们在大多数情况下总是报以热烈的掌声。至于那些坐在前排的德国观众，他们的品位也不过如此而已……"[15] 没过多久，莱辛就退居幕后，集中精力分析具体的剧作，撰写鼓吹莎士比亚的文章……但最终还是汉堡人的欣赏趣味决定了演出的剧目。即便如此，这桩事情最终还是在一年之后宣告破产，深受路德教义熏染的市民当局对这样的结局倒是颇为高兴。一位当时的人记下了当局对于戏剧的看法："如果有一个喜剧剧团带着证明其良好业绩的文书来此登记备案，虽则市政委员会同意他们在本地登台演出，但我敢担保，要是哪一天这家剧团离开此地，无论是严肃的教会还是正统的市政当局都会感到高兴的……"[16]

两年前，莱辛意气风发地准备大干一场，而如今他也只得

---

① 塔勒（Taler）是当时德国地区通用的主要货币单位，一直沿用至18世纪中叶。

改投他处了。"我现在很乐意撤出手来,正如当初我很乐意参与其中一样,"日后回想起此事时,莱辛仍颇为恼火,"当初在汉堡建立民族剧院的美梦如今破灭了。据我对这个地方的了解,如果这样一个美梦终于有一天可以成真的话,那么汉堡或许是最后一个能圆此梦的城市。"[17]

对于艺术憧憬来说,汉堡不是什么好地方,从汉堡歌剧院的命运上可见一斑。说起来,作为固定的演出场所,汉堡歌剧院还是全德国第一家。在这里,年轻的亨德尔[①]作为第二小提琴的末座结束了自己的学业。1678年歌剧院建立,半个世纪之后它就开始走下坡路了。汉堡的观众开始厌倦意大利的咏叹调,人们要求本地的口味,于是台上出现了用低地德语[②]演唱的歌曲,而那些先前从意大利花大价钱引进的歌剧明星如今有的沦落为女佣、农家汉,有的改行成为胸前晃荡着长长的怀表链的商人,还有的摇身一变成为脖子上卡着硬领的新教牧师。一位同时代人写道:"人们更愿意以滑稽的方式歌唱那些身边的人,要是歌唱那些衣冠楚楚的风流人物的话,那么多半是为了打赌。"[18]那些真正的歌剧爱好者只好自认生不逢时,他们中一个人这样写道:"要本地人接受歌剧简直就有悖于他们的天性,一言以蔽之,歌剧是帝王公侯们的消遣,不是商人们要的东西!"[19]

到了叔本华生活的那个时代,已经没有人再为日暮穷途的歌剧感到痛惜了,如今人们正在从新引进的法国音乐剧中找到乐趣。身兼戏剧顾问、导演和演员的弗里德里希·路德维希·施罗德[③]在

[①] 亨德尔(Georg Friedrich Händel,1685~1759),第一个享有世界声誉的德国音乐家,以管风琴作品和巴洛克歌剧著称于世,早年在汉堡学艺。
[②] 低地德语(Plattdeutsch)是北部德国地区的方言,汉堡话也属于这一方言系统。
[③] 施罗德(Friedrich Ludwig Schröder,1744~1816),著名的演员和剧团组织者,他将莎士比亚的戏剧搬上了德国舞台,也亲自创作了众多的消遣剧目,此外他对共济会运动有重要的影响。

戏剧界可谓如日中天，他就比莱辛懂得掌握分寸，他既能讨好观众，又能为艺术效劳。日后，歌德在《威廉·麦斯特的求学时代》中为这位技艺高超的折中派人物树碑立传，他就是书中剧院经理塞尔罗的原型。

一切野性的、出格的、刺激的事物在汉堡都很难存活。不仅仅是狂飙突进时期的年轻才俊，就连下一代的浪漫派人物也都感受到了这一点。生活在汉堡本地的文坛巨匠则是另一番光景。例如巴尔托德·海因里希·布洛克斯[①]就是其中之一，他有过司法界的经历，经过商，当过议员，但同时也是一位作家。对于汉堡人来说，他简直就是这座城市良好精神的化身。在他的作品中，自得其乐的生活孕育出诗意，没有人能够像他那样把简洁实用的精神贯穿到如此可爱的诗句之中。他的好几卷诗歌结集为《上帝之中的尘世欢愉》，上帝为了帮助人们创造了这个世界，这些作品共同构成了一首对这个上帝一手缔造的世界的独一无二的颂歌。这些充满质朴天性和成功潜质的作品理所当然地在汉堡受到欢迎。如何才能既是诗人，又不失汉堡人本色，在这方面布洛克斯为市民树立了榜样。一位市民就赞叹道："他将这些宗教诗歌的创作变成了自己周日必做的功课。"[20]

在叔本华生活的那个年代，布洛克斯已经过世半个世纪了，然而他的这一文学创作观念仍然充满生命力。在马蒂亚斯·克劳狄乌斯[②]的《万茨贝克信使》[③]中可以看出，这一观念一直延

[①] 布洛克斯（Barthold Heinrich Brockes，1680~1747），德国作家、翻译家、社会活动家。

[②] 克劳狄乌斯（Matthias Claudius，1740~1815），德国著名诗人，他在创作的抒情诗中融入了民歌的情韵，别具一格，为人所称道。

[③] 《万茨贝克信使》（Der Wandsbecker Bothe）是由席美尔曼（Heinrich Carl von Schimmelmann）在万茨贝克创办的日报，1771~1775 年间由克劳狄乌斯任主编，该报通过书评积极推介当代文学作品，莱辛、赫尔德、歌德等人都曾参与编务。

续到 18 世纪末。在克劳狄乌斯的作品中同样具有《上帝之中的尘世欢愉》中所蕴含的对现世生活的自得其乐，只是它进一步融入了虔信派①的神秘主义思想之中，日后的叔本华对此深有同感。

第三位受到汉堡人青睐推崇的诗人是克洛卜施托克。他在 1770 年定居于此，那时的他已经久负盛名，不久后汉堡人对他也推崇备至。"无论他出现在哪里，都会受到称赞，甚至是顶礼膜拜。"[21] 大商人卡斯帕尔·福格特在说这番话时没有丝毫的妒意。虽然克洛卜施托克受到众人的追捧，可是却没有几个人读过他的作品。诗人那种澎湃的激情对于汉堡人来说仍然是陌生的，但是当这位创作《弥赛亚》的诗人于 1803 年去世的时候，他却享受到了只有公侯才会享有的哀荣，那天全城钟声大作，送葬的人群中有市政委员、学者、商人、外交官，当然还有黑压压的一大片群众（大概得有 1 万人左右吧），遗体最后安葬于奥藤森公墓的"克洛卜施托克菩提树"下。

叔本华的父母还结识过克洛卜施托克本人，究竟是在自家举办的社交晚会上还是在其他的什么场合，具体情况已经说不清楚了。只要被接纳进入汉堡的上层交际圈内，谁都会在这样的场合中见到那位戴着一顶丝绒帽子的老先生，他总是怡然自得地吸着烟斗。要知道，克洛卜施托克已经成为沙龙中的点缀，总是被主人轮番介绍给众位宾客。在希维京、福格特、巴特尔的家中，人们常能遇见他。

约翰娜·叔本华尽情享受着汉堡繁忙的社交生活。她不仅很乐意受到别人的邀请，而且还有自己远大的抱负：使自己

---

① 虔信派（Pietismus）是 17~18 世纪德国信教的一个教派，创立者是施贝纳（Philipp Jacob Spener, 1635~1705）。这一教派强调应该依据《圣经》建立一种新的具有实践精神的基督教，在日常生活中培养对上帝的虔诚信仰，实践博爱的精神，并在勤奋研读《圣经》中获得个体的再生（皈依）。

的家也升格为社交聚会的场所。她的自传只写了移居汉堡之前的经历，但是从保存至今的手稿中可以看出，她的这一宏愿显然得到了满足。在她列举到的汉堡时期的相识中，我们可以看到以下这些熠熠生辉的名字：克洛卜施托克、威廉·蒂施拜因①（画家、歌德意大利之行的旅伴）、莱玛鲁斯博士（莱辛之友，《沃尔芬比特散叶》的作者赫尔曼·萨姆埃尔·莱玛鲁斯之子）、斯泰尔-霍尔施泰因男爵（瑞典外交官、斯泰尔夫人的丈夫）、法国剧院的舍瓦利耶夫人、莱茵哈特伯爵（一位通晓多国文字的、来自施瓦本地区的法国外交官）、麦斯纳教授（作家，创作了众多格调不高的、描写风流韵事的小说）、劳伦茨·麦耶尔（主教大教堂咨议会成员、全市闻名的艺术赞助人、"爱国者协会"的理事）。

在坐落于新万特拉姆街的大宅院中，约翰娜也试图依据韩馨·希维京（希维京家的女主人）的名言行事："上层的人们有这样一种感受，那就是大家在一起共同为有这样的生活而感到高兴，并且以正当的方式去享受生活，没有什么别的事情比此事更为重要。"[22]

年幼的阿图尔无法参与到这种享受之中。每当叔本华回忆起早年汉堡的生活，几乎总是提到"遗弃""恐惧"这样的字眼。在这所敞开的宅邸中，宾客们来来往往，然而对于这样一个交给保姆和女佣照顾的小男孩来说，他似乎很寂寞。"在我6岁那年，一天晚上散步回来的父母发现我陷于极端的绝望之中，因为我固执地认为他们永远地将我抛弃了。"（HN Ⅳ，2，121）资产阶级家庭的父亲们总是要到孩子进入"可塑期"的时候才会关注他们，而一般认为，孩子要到8岁左右才进入"可

---

① 蒂施拜因（Johann Heinrich Wilhelm Tischbein，1751~1829），德国著名画家，擅长历史画、田园画、人物画、静物画。

塑期"。只有到了这个时候，孩子们才会感觉到父亲的存在。也正是这个时候，这位一直隐身在幕后的上帝突然走向台前，向孩子们宣布决定他们命运的裁定。海因里希·弗洛里斯·叔本华作出的裁定也毫不含糊。在那份柏林大学要求他写的《简历》（*Lebenslanf*）中，阿图尔·叔本华写道："对于我，他（父亲。——作者注）所作的决定是，我将成为一名勤奋的商人，做一个有世界胸襟和良好教养的人。"（B，648）

1797 年的夏天，阿黛拉出世之后，父亲觉得上第一课的时机到了，该让孩子了解一下什么是商人应有的世界胸襟了。于是他带着儿子转道巴黎去勒阿弗尔，父亲把阿图尔交给一位生意伙伴照看，这一住就是两年。阿图尔跟着格雷瓜尔·德·布莱希玛（Grégoires de Blésimaire）学习法语，学习社交规范，最关键的是"阅读世界这本书"，这是父亲常挂在嘴边自我表白的一句话。

阿图尔将会在格雷瓜尔家度过他童年岁月中这段"最欢乐的时光"（B，649），至少他在追忆往昔时有这样的感受。只是关于这两年的情形，我们所知甚少。阿图尔童年的书信没有保存下来，不过远离父母，在"那座位于塞纳河出海处的亲切的海滨城市"（B，649）里生活，这种生活充满了魔力，让他深深着迷。这一点可以从他人的反应中察觉出来。主人家的儿子安蒂姆与阿图尔同年，他们成了好朋友，他在多年后（1805年9月7日）给阿图尔的信中这样写道："你总是怀念那段在勒阿弗尔度过的岁月。"[23] 阿图尔日后与父母环游欧洲，于1803年重访勒阿弗尔，他在旅游日记中写下这样一段话："在此期间，我浮想联翩，回忆起城里城外的那些地方，我当时在这里是如此快乐。可是我找不到一个人可以向他倾诉这些，因而所有的这一切仿佛只是我幻想出的图景。当然，在同样的地点，周遭还是同样的景物，这真是一种非常奇妙的感觉。我简直无法使自己相信，我真的又来到了勒阿弗尔。那些我离开这里以后再也没有想起过的人和物现在又以一种奇妙的方式重新回到了我的记忆之中，这些景物，这些面孔，我都能一一辨认出来。没过多久，我就感觉到自己似乎就从来没有离开过这里。"（RT，95）

在这座位于塞纳河入海处的小城里，人们能够感觉到的不仅仅是大海的潮起潮落，同样也能感觉到世界历史的沉浮。在这里，一个10岁男孩的想象力可以得到很好的发挥。这个来自汉堡的孩子自然对大海再熟悉不过，当然对以下的情景也同样不会感到陌生：腐殖质和海藻发出的气味；海风；港口里那些装满了货物的船只随着起伏的海水左摇右晃；海鸥发出阵阵哀鸣。

在最初的一段时间内，汉堡以其中立的姿态与拿破仑时代的风起云涌保持了一定的距离，然而在勒阿弗尔则有所不同，这里的一切都无法在这个动荡的时代中幸免。

父亲看准了这段政治上风平浪静的短暂空隙，于是就选择这个时候前往勒阿弗尔。老的欧洲列强们针对法国革命的第一次同盟战争于1797年告一段落。普鲁士放弃了对莱茵河左岸领土的要求，并且提前从战事中脱身，于是整个北部德国宣告中立。

人们也因此可以旅行，只是这样的旅行依然前途未卜，不啻是一种冒险，这完全不符合汉萨人的稳妥风格。在法国当政的仍然是五人执政内阁，不过此时的拿破仑已经借着国内的混乱局势冉冉升起。根据警察总署的秘密报告，在全国86个行政区中，有45个行政区内存在骚乱或内战。到了服役期的人用暴力对抗征兵机构的征召行动；众多监狱遭到进攻；许多警察被谋杀；征税员遭遇抢劫；散兵游勇组成的匪帮在全国流窜，他们有一段时间自给自足，有时候也接受保皇党的钱。对于托克维尔①来说，法国在这些年里"简直就是激愤的奴仆全体作乱"。²⁴ 他写道："看到自己的影子在运动，国家真是瑟瑟发抖……许多人都害怕显示出自己的害怕。"在勒阿弗尔也出现了骚乱，骚乱人群把整个地区的那些拒绝诅咒王室和拒绝宣誓效忠共和国的神父们通通驱赶出来，把他们关在市政厅的地下室里。那些虔诚的诺曼底人自然不能容忍这一行为，他们白天在教堂里唱效忠王室的歌曲，夜里把神父们都放跑了。一群臭名昭著的强盗团伙就在勒阿弗尔附近活动，他们胆大包天到居然有一天到下城区的商人聚居区里入室行窃。他们离开时，城中的一些富户就瘦了一圈。格雷瓜尔家似乎逃过了这一劫，不过也吃惊不小。勒阿弗尔周边地区打家劫舍之举和海盗活动日益猖獗，这是之前人们没有预料到的，背后的根源居然是国家的操控。1797年，海军部长将法国的战舰出租给那些训练有素、经验丰富的冒险家，他们是享有特权的海盗，专门对付英国的商船，然后和国家分赃。为了避免让人产生国家参与的嫌疑，这些船只不从布雷斯特、洛里昂或罗什福尔等大的军用港口出海，而是从勒阿弗尔出发。这些行动似乎不是十分成功，因为根据英国1801年的统计，在7万名法国俘虏中，这些海盗船只的船员占据了多数。1798年，勒阿弗尔一度成为"正式战事"的焦点。在政变前一年，波拿巴将军迫不及待要和英国再度开战。他接管了一支拥有15万人之多的军队的指挥权，仔细勘察了诺曼底海岸，随后交给勒阿弗尔造船厂一笔订单，建造众多装配大炮的运兵舰。于是城里的人忙活了起来，可随后这笔订单取消了，据说波拿巴要挥师汉堡，目的在于阻击英国与中欧的贸易。格雷瓜尔家大概告诉小阿图尔，这位人们不

---

① 托克维尔（Charles Alexis Henri Clérel de Tocqueville，1805~1859），法国著名的历史学家和政治家，以其著作《论美国的民主》《旧制度和大革命》著称于世。

久前还可以在勒阿弗尔港口遇见的既可怕又迷人的将军将要去汉堡拜访阿图尔的父母了。但之后一直没有什么动静，直到有一天令人震惊的消息传来：波拿巴在埃及登陆。安蒂姆和阿图尔在地图上找寻这个遥远的地方，他们还一起研究了金字塔的图片。

对于阿图尔来说，何止是金字塔，其实在勒阿弗尔城里城外发生的所有事情都是画册中的世界。这一切近在咫尺，然而却没什么危险可言；一切是那么真实，可却又是那么奇幻。在格雷瓜尔家的日子里，阿图尔有人照管和呵护，那些所谓的危险只是从这个孩子的头顶掠过，就仿佛掠过诺曼底上空的阴云。格雷瓜尔一家完完全全地接纳了阿图尔。他和安蒂姆一同接受教育，在短时间内就掌握了法语，他的法语如此之好，以至于在回到德国的时候连德语都不会说了。阿图尔在《简历》中写道："我那亲爱的父亲听我聊天，仿佛就是个法国人在说话，对此他欣喜万分。可是我的母语却丢得差不多了，其他人要费很大的劲儿才能让我明白他们要表达的意思。"（B，649）

在格雷瓜尔一家那里，阿图尔找到了所谓的父爱和母爱。关于这位格雷瓜尔先生，他日后写道："这位温存的好心人待我就像是对待自己的第二个儿子。"（B，649）而且在格雷瓜尔家，他觉得比在自家的时候更加了解自己的优点和性格。日后回到汉堡后，格雷瓜尔在给他的信中说："不用多久你就会成为一个有魅力的男人，你要保持住那颗富有感情的心灵……我们经常谈起你。"[25]

阿图尔必定在从法国寄回家的书信中兴高采烈地向父母谈起自己在格雷瓜尔家获得的关爱，于是约翰娜·叔本华不得不在回信中言之凿凿地为父亲对他的关心竭力辩护。她写道："你的父亲允许你购买价值一个金路易的象牙短笛，我希望你能明白他对你有多好。"[26]可是，她紧接着又毫不含糊地发出忠告："他要求你努力背熟两位数乘法表，你也要证明给他看，你是多么乐意做他所期望的事情。"

父母教导阿图尔要定期给家里写信，这属于资产阶级教育方针的一个部分。阿图尔很乐意履行这一义务，他在给父母的信件中还附上了给汉堡的玩伴哥特弗里德·耶尼什的书信。他必然向这位朋友也绘声绘色地描述了在法国的幸福时光，因为哥特弗里德在1799年2月21日的回信中不无忧伤地写道："我听说了……你这个冬天过得非常愉快。我却不然，我的喉咙里生了类似溃疡的东西，我为此受了不少罪。"[27] 阿图尔充满安慰的回信再也无法到达朋友的手中了。1799年4月8日，约翰娜·叔本华告知自己的儿子："我的阿图尔，我不得不告诉你一个定会让你伤心的消息，你的好朋友哥特弗里德病情再次加重，他在病床上躺了14天……他几乎再也无法恢复知觉……他已经比我们大家都幸运①整整8天了，也就是说他已经死了。我亲爱的儿子，你写给他的信到达时，他已过世两天了。你也因而不得不从此失去这位亲密的玩伴。"[28] 没过多久，阿图尔就把这位夭折的朋友抛到了九霄云外。可是在1831年的新年之夜，哥特弗里德在他的梦中出现：在一个陌生的国度里，身材修长、比以前长高了许多的他站在一群人当中，正在热烈欢迎阿图尔。叔本华从惊悚中醒来。多年以后，当1831年流行性霍乱侵袭柏林时，他有所触动，立即离开了柏林。

梦中哥特弗里德的回归让他感到了死神的威胁。

在1799年的春天，与朋友之死的消息相比，父母敦促他回汉堡更让他感到忧伤。父母有些担心，因为种种迹象表明，整个欧洲又要变成战场。英国成功地使奥地利、俄国和那不勒斯成为自己的盟友，共同对付法国。在意大利、瑞士

---

① 当时的人认为，人死后进入天堂是一件幸福的事情，所以此处有"幸运"之说。

战火重燃。经陆路回汉堡已经不再安全，看来只有走水路了。对这次没有任何人陪伴的远洋冒险经历阿图尔颇为自得，他日后甚至在那份写于1819年的学术简历中提到："经过两年多在法国的逗留之后，未满12岁，我就独自一人乘船返回汉堡。"（B，649）

在这次充满危险的旅程期间——要知道英法的军舰和北海的海盗船只在海上纵横游弋——小阿图尔似乎异常冷静，他甚至对沿途所见做了怪诞奇特的观察。他一回到汉堡就不断写信给安蒂姆，安蒂姆在回信中写道："你说的关于那个留着八字胡的夫人的故事可把我笑坏了，你应该向库克船长那样在航海时为她画一张肖像……那个穿着短裙的领航员一定十分滑稽，尤其是他的脑袋。"[29]

对于阿图尔来说，这两年的时光就是一本令人愉悦万分的"生活之书"，然而在合上书后，他就不得不开始接受父亲为他指定好了的课程，这些课程就没那么令人愉悦了。1799年夏天，一回到汉堡，阿图尔就被送进了约翰·海因里希·克里斯蒂安·隆格（Johann Heinrich Christian Runge）创办的私学[①]里读书。他在这里度过了4年，每星期有26节课。隆格的这所学校就是专门培养未来的商人的，在当时享有很高的声誉。汉堡城中上等人家的子弟都在这里接受教育。

叔本华在他的《简历》中写道，人们在这里学习"对商人有用的知识，有教养的人应该具有的规范"。（B，649）按照这个标准，既实用又恰如其分的课程莫过于地理、历史和宗教。至于诸如拉丁语这些知识只是泛泛学学而已，只要能用它来装点有教养的人的门面就行了。

[①] 私学（Erziehungsanstalt）在当时颇为盛行，许多人不满于人文中学（Gymnasium）的教育模式，希望按照自己的教育理念培养学生，于是创办了各种各样的私学。

阿图尔日后对隆格博士赞不绝口。这位"杰出人士"在汉堡堪称教育界的大师级人物,这一点也很能说明当时的情况。在汉堡那场方兴未艾的革新热潮中恰恰涌现出了一大批优秀的教育家:约翰·伯恩哈特·巴泽多夫①(日后成为著名的德绍私学,即"博爱之家"的创立者)曾经在阿尔托纳②的人文中学里任教;约翰·海因里希·坎普(青年读物的催生者)也是在汉堡发现了自己的教育才华。隆格原本是学习神学的,他在哈勒大学毕业,而当时的哈勒正是虔信派的大本营。他的原籍是汉堡,1790年他重返故里,原指望当牧师,结果没有得到职位,于是他就创办了一所私立学校。不久他就获得了巨大的成功,原因之一就是他和汉堡的上层圈子保持了良好的关系。与这座城市的精神相适应,他的虔信主义也受到实用理性的影响,于是变得世俗化了。隆格的感召力和创新在于,在汉堡他是第一个寻求学校和家长之间合作的人,并且将这一理念付诸实践。启蒙运动,尤其是巴泽多夫的著作对当时教育的黑暗面,诸如体罚和机械的填鸭式教育等都有所揭露。隆格很愿意与他的学生们交朋友,因此也就经常家访,与那些富裕的家长们友好往来,但他这样做并不是为了自己的前程。在当时颇为开明的汉堡出现了一本有关教育的奠基之作,这就是隆格出版于1800年的小册子《家庭教育指南——论家长教育孩子的责任》。这位教师娓娓道来的长篇演讲给叔本华留下了深刻的印象。1811年,隆格死于膑痉挛,年仅42岁。

---

① 巴泽多夫(Johann Bernhard Basedow, 1724~1790),教育家,博爱主义(Philanthropismus)的代表人物,1774年在德绍(Dessau)创立了私学"博爱之家"(Philanthropin)。本着启蒙思想,他在学校教育中引入游戏式学习,强调教学和实际生活结合,培养学生的实践技能,宗教课超越具体宗教界限,培养学生的仁爱之心,服务于大众。

② 阿尔托纳(Altona),在渔村的基础上日益发展起来,1640年归属丹麦,1664年获得城市权,1867年归属普鲁士后,扩建港口与汉堡抗衡,现为汉堡市的一个城区。

从阿图尔的同学洛伦茨·麦耶尔的日记中我们可以对当时的授课形式和内容有个大致的印象。老师念着自己的讲义，学生则老老实实做笔记，之后学生可以提问。有时候也会有激烈的辩论，因为在座的学生都充满自信，他们对自己所拥有的社会特权有很清楚的意识，在他们眼里，那些教书匠只不过是些寒酸的可怜人。也正是由于这个原因，经常出现课堂纪律难以控制的问题。只有隆格一个人为众人所接受，他不得不经常出面为那些囊中羞涩的同事们说话。"这时候，隆格就会讲上那么一段，"洛伦茨·麦耶尔在1802年1月16日的日记中写道，"在演讲中，他会对轻视他人的行为（就像我们对待霍普特曼先生的所作所为那样）表示谴责，他希望我们能够爱戴霍普特曼先生，并在他的课上表现得好些。"[30]

在隆格的这所学校里，在数学课上，学生学习如何在各种货币间进行换算。在地理课上，学生要了解交通要道、贸易中心所在地、土地的收成、各行业的生产力状况。学生学习几门现代外语①，只要能够达到起草商业信函的水平就可以了。令人吃惊的是，宗教课还是占了绝大的比重。只不过在这所学校里，宗教课不宣扬神秘主义，不强调冥思默想，也不灌输神学教条，不谈天启论，也不讲复活学说，取而代之的是一种自然神论的、站得住脚的道德教育。隆格的道德演讲必定十分引人入胜，因为叔本华在晚年经常回忆起上课时的情景。洛伦茨·麦耶尔在他的日记中也记下了每次演讲的主题，而其他课程的内容在日记中就付之阙如了。例如日记中有一段关于"情急之下的谎言"的记述："这是不允许的……否则人们也同样可以

---

① 现代外语（moderne Fremdsprachen），相对于一般人文中学里学习古希腊语、拉丁语等古代语言而言，在隆格的私学中强调实用技能，所以学习那些对于日后的商人能用得上的"现代外语"，例如英语、法语等。

说……情急之下的偷窃……这样一来，人们就可以用情急之下这一借口原谅那些极大的罪责了。"[31] 幸好隆格的学生们很少会遇到"情急之下"的状况，因此这种不道德的行为也就很少出现。相形之下，严重得多的问题是"妄自尊大"，于是隆格在另一节课上讲到了"如何与人为善；不少年轻人在商社的驻外机构中经常违反这一原则，在别人面前自吹自擂"。[32] 这些教谕贴近实际生活，对于这些富家子弟来说，还要警戒他们不要"试图通过有伤风化的行为去勾引他人；例如我要求别人跟我一起去享乐，可是人家的钱却不够"。[33] 在课堂上他褒扬"宽待下属和善待普通人"的品德，批评"饶舌"的毛病，此外还谈到了"如何在例行的生意往来中也能对人有所帮助"。[34] 有一天的题目是"友谊"和"仁爱"，可是那天对于训导来说却不是个合适的时机，因为就在当天下午，违反军规的士兵被罚赤裸上身跑步，穿越大街小巷，身后还有执罚者鞭打他们的身体，于是乎学生们都跑去看热闹了。

这种决疑论①式的道德教育似乎很有趣，却不震撼人心；虽然很理性，却对人启发不大；很明了，却不神秘；乐观向上，一点儿不沉痛。学生在此学会了轻松愉快地肯定生活。在隆格的课上，阿图尔·叔本华尚未提出什么反对意见。或许还是有些微词？洛伦茨·麦耶尔在1802年11月20日的日记中写道："隆格先生对叔本华很生气。"[35]

学校位于高尚住宅区，选址在卡塔琳娜教堂广场44号。除了星期三和星期六下午，学生们每天都去那里上学。上午9~12点，下午15~17点是上课时间。如果是下雨天，就会有

---

① 决疑论（Kasuistik）是（哲学伦理学和天主教道德神学的）道德学说的一部分，强调参照戒律或理论，并根据实际社会风俗习惯和具体的情况来判断一个行为是否恰当。

人派马车来接学生回家，或者派一个仆人撑着雨伞带孩子走回去。这些学生虽都是些少爷，但他们有时候也会相互扭打在一起，洛伦茨·麦耶尔就曾几次提到阿图尔勇猛的身手。他们也玩蒙上眼睛逮人的游戏，可是到了晚上，他们就会去参加舞会或社交聚会，在那里与大家闺秀们周旋。恰恰是这样的晚间游乐活动，洛伦茨·麦耶尔在日记中一笔笔记得一清二楚："今天晚上参加了伯尔家的舞会。我玩得很开心，要是再多跳几支舞，我就更开心了。第一支快二我是和多丽丝跳的，第二、第三支我跟玛尔馨·伯尔跳。接下来就是三步，第一支跟玛丽亚娜，第二支跟贝·弗洛尔……我们在深夜两点前后回家。原本第二支快二该是我跟叔本华女士跳的，可是伯尔女士却横插一杠子。"[36] 他毫不掩饰地记下了他和阿图尔的母亲跳舞的愉快经历，要知道这位洛伦茨·麦耶尔当时只有15岁。他和阿图尔众多的同学一样，他们都在利用这样的机会找寻自己未来的妻子。而阿图尔则不然，虽然他也热衷于跳舞。他一定写信给勒阿弗尔的朋友安蒂姆透露了点什么，因为后者在回信中提到，阿图尔应该把肚子收起来，这对优雅的举止有碍。还有一次他称阿图尔"风度翩翩"。

过去的一个星期里没有什么大型的游艺活动。"今天晚上参加了施罗德家在水边举行的聚会，"洛伦茨·麦耶尔写道，"玩得非常开心，大概有150~200位来宾出席，有12个乐手，其中包括鼓手和号手。"[37] 鼓号声中，阿图尔在同伴中往来穿梭。几年后他所说的"优良意识"（besseres Bewuβtsein）现如今还处于蒙蔽之中，或者可以这样说，他在这样的环境中将这种"优良意识"维持在蒙蔽状态。即使如此，从他的两个同学，洛伦茨·麦耶尔和卡尔·戈德弗洛伊（Karl Godeffroy）保存下来的信件中还是可以看出他们对阿图尔颇有些敬意。戈德弗洛伊和麦耶尔之间相互妒忌，原因就是阿图尔给其中一位写的信比给另一位的信要长。同时他们也颇能接受阿图尔对他俩的训斥。卡尔·戈德弗洛伊在1803年12月26日写信给正外出旅行的阿图尔，信中说："洛伦茨·麦耶尔跟我说，你写给他一封信，深深伤害了他，我当然没有读过这封信，但是我非常了解阿图尔，所以我知道，他是不可能竭力做伤害朋友的事情。"尤其是卡尔·戈德弗洛伊在信中经常流露出一种担心，他唯恐这位信写得如此之好的朋友会觉得他的信淡而无味。事实上也是如此，卡尔·戈德弗洛伊和洛伦茨·麦耶尔写的信也确实贫乏得很。从这里也可以透露出这三个人之间的友谊究竟是怎么回事，这里并不是什么心有灵犀的盟约，处于这一时期的孩子们往往会把这种关系附上一种心心相印的浪漫色彩。

阿图尔在给朋友们的信中都写了些什么，我们已经无从得知了。反正卡尔·戈德弗洛伊和洛伦茨·麦耶尔在书信中谈到的是逃跑的汇票作伪者、不成功的舞会、周日下午的枪击事件、"爱国者协会"的新成员，当然反复提及的就是"百无聊赖"。在这些信中丝毫没有狂热的恋情，没有青春期独有的感时伤世，没有青少年出于自尊对成人世界的蔑视，没有对"小市民"的嘲弄，没有胡闹。

这只是一种泛泛之交，可是在这些年中，阿图尔与其他人也没有什么更深的友谊。当他1807年离开汉堡的时候，卡尔·戈德弗洛伊和洛伦茨·麦耶尔也就从此从他的生命中消失了。这两个人日后都成就了一番事业：戈德弗洛伊进入外交界，起先任汉萨同盟诸城驻圣彼得堡的使节，日后又转驻柏林。他的生活十分富足，社会交际广泛，晚年还写过一本书，题为《贫穷或匮乏之理论——一篇论述财产分配的论文》。真是凑巧，在这段同窗时光过去半个世纪之后，叔本华的第一批狂热追随者中的一个，尤里乌斯·弗劳恩施泰特[①]被戈德弗洛伊家聘为家庭教师。

洛伦茨·麦耶尔继承了父亲的商号，取得了成功，富上加富，跻身汉堡政界，娶了城里的一位富家千金，日后当了市政委员，以高龄去世。

父亲也为阿图尔·叔本华设计了一条这样的生活道路。然而还在与卡尔·戈德弗洛伊和洛伦茨·麦耶尔交往之时，阿图尔就对此产生了怀疑，难道这就是自己想要的生活吗？

[①] 弗劳恩施泰特（Christian Martin Julius Frauenstädt, 1813~1879），哲学家，以介绍推广叔本华的哲学思想著称于世，编选出版了叔本华的遗稿，并且主编了叔本华的第一部《全集》。

第三章

> 艰难的选择：走向世界还是进入书本？——漫长的欧洲之旅是与魔鬼的契约；再次阅读生活之书以及随之而来的诅咒——山上的经历与跌入账房——谁能登临而一语不发？

叔本华在隆格的学校里念书，还在和同学们扭打，晚间照例参加舞会和聚会，而母亲正在举办社交聚会，父亲则埋头于生意上的事情。就在这个时候，汉堡的一场政治暴风雨即将来临。人们低估了危险，因为政治上的中立使他们相信自己可以免遭危难。汉堡就是如此信心百倍地放眼未来，为了显示和平的姿态，汉堡人居然把外围的城防设施拆除了，同意让一位园艺家把城墙改建为林荫道和花园。

汉堡人相信各方力量的均衡。原先的保护者德意志神圣罗马帝国现在只是个幌子罢了，面对虎视眈眈的普鲁士，它已经无法提供任何保障。可是如今普鲁士被法国缚住了手脚，可同样野心勃勃的拿破仑治下的法国又受到英国的牵制。汉堡人相信，英国绝对不会允许这座重要的贸易城市、这个重要的贸易伙伴失去自由。当然要巧妙周旋才能渡过难关，于是汉堡人向各个方面（巴黎、柏林、伦敦）发出自己表现良好的讯息。这段时间的贸易形势很好，这也是要保持安定的原因之一。尤其是和英国的友好关系维持得不错，这也自有其传统。汉堡人把自己看作虚心向英国学习的好学生，学习他们适度的民主体制以及英国的生活方式。汉堡资产阶级穿着的大多是英国的流行式样，就连下午茶也是从英伦模仿来的。英国文学也是通过汉堡流传到欧洲大陆的。劳伦斯·斯特恩①的《特·项狄的生平与见解》在汉堡取得了巨大的成功。此外，理查逊②的劝世小说在大陆的一路凯歌也是从汉堡开始奏响的。英国领事一方面是汉堡歌剧院最重要的赞助人，另一方面却又从心底里厌恶歌剧。汉堡本地的《道德周刊》③也是从英国人那里获得的灵感，模仿的是英国的类似刊物。在汉堡，就连雨伞和礼帽都是英国式的。

这种对英国的过度效仿简直再明显不过了，赫尔德④在过访这座城市后留下的印象是："除了万能之主上帝以外，他们（汉堡人。——作者注）再也找不到哪个人比英国的勋爵更仁慈，比英国的女士更温柔，就连英国的小姐也胜过天使。"[1]

郎才女貌的海军上将尼尔森⑤和汉密尔顿太太途经汉堡稍作停留，汉堡人简直把他们的光临看作天仙下凡。1800年10月23日的《阿尔托纳通讯》是这样报道的："昨日著名的尼尔

---

① 劳伦斯·斯特恩（Laurence Sterne，1713~1768），英国小说家，感伤主义小说的代表人物，代表作是《特·项狄的生平与见解》（又译作《项狄传》）和《伤感的旅程》，流布甚广，对欧洲大陆文学影响深远。

② 理查逊（Samuel Richardson，1689~1761），英国小说家，被认为是现代小说的奠基人，代表作是《帕美勒，又名美德受到了奖赏》和《克拉丽莎，又名一位青年妇女的故事》，对18世纪欧洲文学影响巨大。

③ 《道德周刊》（*Moralische Wochenschriften*）起源于18世纪的英国，是新兴资产阶级批判贵族文化和生活方式的刊物。在启蒙时期，德国各地纷纷效仿出版各种《道德周刊》，据统计，在18世纪的德国各地有500多种类似的刊物，撰稿人大多是当时的资产阶级中的有识之士。刊物中的文章以日常生活中的话题为切入点，传播启蒙思想，探讨道德、宗教、文学、美学等问题，也兼有对时政的批评。这些报刊对于德国资产阶级文化的发展起到了非常大的作用。

④ 赫尔德（Johann Gottfried Herder，1744~1803），德国作家、神学家、哲学家，主要著作有《1769年行记》《批评之林》《论近代德国文学》《对人类历史哲学的思考》等。

⑤ 尼尔森勋爵（Horatio Lord Nelson，1758~1805），英国海军上将，曾在美国独立战争中指挥英国军队，日后在对法作战中多次击败法国舰队，保证了英国在海上的优势地位，他也就此成为英国人心目中的民族英雄。

森勋爵和特使汉密尔顿及其夫人……抵达此地。晚间尼尔森在此间的法国剧院露面,观众热烈鼓掌向他表示欢迎。"[2]这样的掌声颇令人诧异,要知道这位在战争中失去右眼和右臂的老水兵刚刚从那不勒斯回来,在那里他可没干什么光彩的事情。那不勒斯发生了共和党人的起义,而尼尔森正是去保卫当地王室的,阴险、毒辣、残忍的事情他可一点没少做。他先是答应给予共和党人的领袖人身自由且保证不伤害他,可是事后却将其悬吊在军舰的桅杆之上。对于汉堡这个以共和为荣的城市来说,这可不是什么好的范例。而且汉密尔顿夫人的老底也颇令人难堪,这个厨娘出身的女人凭着自己的姿色和精明跻身英国贵胄之家,身为特使夫人的她却同时是那位海军上将的情妇,而且一年以后她还为他生下一子。向来恪守道德规范的汉堡人此时却不以为意,要知道英国的贷款可是沉甸甸的。就连约翰娜·叔本华也把对共和的效忠抛诸脑后,颇为自豪地记下了她与这对光彩照人的伴侣会面时的情景。赞美法国自由的颂歌余音未了,老克洛卜施托克又为这位漂亮的女士和她那位伤残的情人写了一首颂歌,并取名为《清白无辜的人们》,随后汉堡的各大报纸在头版刊登了这首诗。

  汉堡在政治上的风平浪静是短暂的,这种局面随着1801年丹麦军队的入侵宣告结束。丹麦是法国的盟友,公开的说法是,为了抵御英国的进攻,保卫北海沿岸的安全。而事实上,丹麦利用当前的国际局势,意图通过获取这座富庶的城市为自身增加筹码,在迫在眉睫的欧洲政治格局重组进程中保全自己,况且数百年来丹麦不断地在争夺汉堡的所有权,却一直无功而返。不过汉堡人对欧洲列强实力均衡的信心再一次得到了验证。普鲁士对丹麦显示出威胁的姿态,英国也是一样。尼尔森上将报答汉堡人热情好客的机会到了:炮轰哥本哈根结束了丹麦对汉堡的短暂占领。

和平虽然再一次得以重建，然而从此以后却时时受到威胁。这也体现在经济上，货物流通量明显下降，许多商号不得不关闭。经济繁荣的时代结束了，为了生存下去，公司之间开始了残酷的竞争。一个不认命的商人恰恰就应该在这个时候坚守阵地，然而海因里希·弗洛里斯·叔本华却在盘算着畅游欧洲。对这位父亲当时的心理状态我们所知甚少，可是从这次的旅行计划中却可以看出些端倪：他对生意已经不是那么全身心投入了，他觉得应该为比自己年轻20岁的妻子做些什么，以便能够拴得住她，因为他觉得自己越来越老了。

儿子也让海因里希·弗洛里斯·叔本华颇为操心，阿图尔现在总是在他的耳边念叨着要转学到人文中学念书。很明显，这意味着他不想成为商人，他想从家庭的传统中挣脱出来，这种传统正让他感到恐惧。他不愿意到"账房"里当学徒。当时学做买卖究竟是怎么回事，我们可以从阿图尔的同窗洛伦茨·麦耶尔的学徒契约中得知一二，洛伦茨·麦耶尔把这份契约仔细复制了一份，并把它夹在了自己的日记本当中。根据这份契约，麦耶尔要在一家公司里学徒七年，然后当三年的帮工。他必须住在老板家里，"夜间不能离开，力所能及地帮助老板处理礼仪、贷款、收益方面的事务，但不可从中为自己谋利"。[3]只有七年学徒期满后才能领到一份薪水，在此期间的穿戴由父母管，伙食则由老板提供。如果学徒违约，那么其父母得支付一笔罚金。

类似的前程也摆在阿图尔的面前。要是按照父亲的意愿，15岁的阿图尔从隆格的学校毕业之后，就要进入久负盛名的大商人兼市政委员马丁·约翰·耶尼诗的商号中学徒。

隆格学校里的学生大都注定要成为生意人，然而他们中的反叛情绪也很普遍，许多人对日后要"服苦役"感到不满。对于阿图尔的另一位同窗卡尔·戈德弗洛伊而言，学徒简直就是一段"恐怖的经历",最好还是不要去想它为好。阿图尔的排斥情绪则更加坚定和强烈,因为他知道自己想要什么:成为学者,学习拉丁语、希腊语、文学、哲学。各门学科他都有所涉猎,这些学问让他着迷。有着教育家敏锐眼光的隆格也十分支持这位学童本人的意愿,因此他还试图对孩子的父亲施加影响。在学校里,阿图尔好学不倦,出类拔萃;在家中,他遍阅父亲的藏书。就连那些秘不示人的宝藏他也设法弄到了手,父亲把那些描写风流韵事的小说珍藏起来都锁在柜子里,其中包括让-巴蒂斯特·卢韦·德·库夫雷的《福布拉骑士的艳遇》(六卷),羊皮精装本。这是一本充斥着男欢女爱幻想的洛可可风格的小说,就在阿图尔夜里躲在床上尽兴阅读的时候,被父亲逮个正着。与此同时,对于那些出自法国大家,诸如伏尔泰或卢梭等人笔下的那些深刻的、感性成分明显减少的文学作品,阿图尔也颇为熟悉。只要是能够接触到的,他无所不读,当然其中最主要的还是那些高品位的作品。就连对精美文艺作品颇有好感的母亲都劝诫孩子不要贪得无厌。在苏格兰旅行期间,她于1803年8月4日写信给留在温布尔顿的阿图尔,信中写道:"我所希望的是,你暂时将那些作家搁在一边,无一例外……你如此草率地对待艺术,把所有的时光都消磨在这上面,如果年纪轻轻就养成了这样的习惯,那么这对你而言将是难以承受的。你现在才15岁,却已经读过并钻研了那些最杰出的德国、法国以及部分英国作家的作品。"[4]

父亲却一点儿也不赞同儿子的意愿。可是显而易见的是,没过多久,就在1802年,他似乎暂时作出了让步。因为就在这一年,他和汉堡的主教座堂教士团谈一桩交易,为儿子谋求一个受俸牧师的职位。阿图尔日后在那篇《学术简历》中写道:"充满父爱的他心中还是处处为我着想,在他看来,学者生涯是和贫困密不可分的,因此他首先想到的是,必须未雨绸

缪。所以他决定让我成为主教大教堂咨议会的成员，为了满足所需的各种条件，他开始着手操办此事。"（B，649）

与主教座堂教士团的谈判旷日持久。购买一个受俸神职的花费十分高昂，接近20000帝国塔勒，对于叔本华一家来说，这似乎太多了，他们还得考虑到阿黛拉的抚养费用呢。

父母原本想在1802年就起程，然而他们不得不推迟了行期。时局过于动荡，还得等待交战各方之间缔结和约才行。1802年3月，英国和法国之间达成一致，然而这也只是暂时的。不过对于汉堡而言，各行各业似乎有了些起色。在1803年2月签署的帝国代表团决议①中，法国保证了汉萨同盟诸城市的独立地位。不过如果有谁在这年头还相信这样的保证，那他就不免太幼稚了。海因里希·弗洛里斯·叔本华可没那么幼稚，不过此刻他所想的是赶快上路。约翰娜催得紧，而他自己也想摆脱生意上的重负。于是起程的日期确定为1803年5月初。几天后，战争再度爆发，并给汉堡带来了灾难性的后果。

在阿图尔的问题上，最终的决定迟迟没有作出。就在这时，父亲有了一个主意，这个主意简直异乎寻常的理智。他把两条路放在儿子的面前，一条是寻求自由的冒险之旅，另一条是对自己负责的坦途，儿子必须在这两条道路间作出抉择。阿图尔要么留在汉堡并且马上到教授拉丁语的人文中学念书，日后进入大学学习，然后……；要么他可以陪伴父母踏上为期数年的漫漫欧洲之旅，但是回来后必须进入耶尼诗的商号充当

---

① 帝国代表团决议（Reichsdeputationshauptschuluss）是一个由美茵茨、波希米亚（奥地利）、萨克森、勃兰登堡（普鲁士）、符腾堡等诸侯国所组成的帝国非正式代表团就莱茵河左岸地区割让给法国（1801年）后对遭受损失的诸侯国作出相应补偿问题所达成的一个协议。此后，帝国的主权丧失殆尽，各诸侯国的领土和势力日益增强。不过不来梅、法兰克福、汉堡、吕贝克、纽伦堡等帝国直辖市的地位仍然得到了一定的保障。

学徒。

在父亲的逼迫之下,阿图尔进入了存在主义的非此即彼学说之中。现在到了阿图尔为自己"谋划"的关键时刻了,他自以为知道自己想要的是什么,现在必须作出决定。只有在作出这个决定的时候,他才会明白自己究竟想要什么,自己究竟是个什么样的人。他不愿意面对这样一种情况,那就是别人向他昭示,他想要什么。以下的情形总是最惬意的,那就是在做一件事的时候想的却是,其实自己想要做的倒是另一件事情。这样,在力所不能及的情况下,就可以把责任推给别人。选择的自由使我们与自身展开交锋,当作出决定的时候,我们就必须承担责任。只有在选择之中,我们才无法逃避自我。在作出选择之后,我们才明白自己是怎样的人。

作出任何决定就意味着接纳一种可能,而将另一种排除在外。确切地说,任意一个决定都会将其余的千百万种可能性拒之门外。阿图尔的肯定性回答中蕴含了满腹的否定,之所以这样做,那都是为了能够贯彻自我。阿图尔日后在他的《道德形而上学》中这样教导我们:"我们在地球上实际走过的道路总是一条线,而不是一个面,同理,在人生之中,当我们意图把握和占有某物之时,必须将左右身边无数个其他的事物放在一边,忍痛舍弃。如果我们无法作出抉择,就像集市上的孩子那样什么吸引他们就伸手抓什么,那么这就是某种意图将线变成面的错误尝试,这样的话,我们的道路就变得曲曲折折,徒劳往返,最终一无所有。什么都想要的人最终一事无成。"(VMS,103)

阿图尔只能抓住一头,而不得不忍痛放弃另一头,这是父亲策划的,这样的安排可谓厉害。要想成为学者就意味着放弃游历;享受旅行就意味着卖身为商。

在父亲的策划下,每一种选择都与所付出的代价紧密相连,不过他的安排还不仅限于此。就连父亲本人也充分意识到,他还策划了一个意味深长的游戏,这在阿图尔的心中留下一个无法磨灭的范式。这种刻意安排的选择情境让这个孩子懂得,想成为学者就意味着要放弃当下的享受。潜心学习的人就必须能够使自身获得升华;想带着脑袋去旅行,就必须把躯干留在家中。日后成为学者是幸福的,但作为代价,放弃感官享受是不幸的。如果当真是一块当学者的材料,那就应该有舍弃的勇气。任凭他人如何行走,我自稳坐家中,心中抱定一个信念,日后定会有别样的旅程。

或者正好相反:现在无法割舍旅行的乐趣,那就意味着他是一个不善舍弃、不耐等待的人,那么他也就无力获得精神上的升华并从中获得享受。只能把握并利用眼前的机会的人可以成为商人,而无法成为学者。叔本华的两难是:认识世界意味着违背自己的头脑;充实自己的头脑意味着放弃了解世界。严酷之处恰恰在于父亲将两种不同方式的运动——精神的运动和躯体的运动——硬生生地割裂开来,并让他在两者中作出非此即彼的抉择。他很清楚自己所策划的这个游戏意味深长,只是他并不清楚这个游戏所造成的影响究竟有多大。正如所有的游戏一样,一旦游戏者参与其中,游戏就会演变为一出悲喜剧,其中既有胜利者也有失败者。

如果阿图尔作出拒绝旅行的决定,那么他的确是一块当"书斋学者"的材料,但绝不是真正的学者。即使如此,决定旅行还是会让他羞愧万分。这正是此种抉择的残忍之处:选择当前,他必然会将旅行视为对自己理想的背叛。无法隐瞒的一点是,他确实背叛了自己的理想。只是在父亲的逼迫之下,他还无法估计到自己成为学者的愿望有多么强烈。他将要踏上旅途,可是自我意识已经遭到了挫伤。不仅如此:在旅途中,他时时刻刻感到,为了发现这个世界他出卖了自己的灵魂。确切地说：匆匆游历世界之后等待着他的将是魔鬼，这个魔鬼就是汉堡巨商耶尼诗。

这出戏的潜在影响不可低估。叔本华对于历史总是愤愤不平，正是在这一点上他与同时代的人有着本质的区别，其根源恰在于此。与魔鬼订约的结果是，未来变成某种灾难，危机四伏，好似一个黑洞。凭借历史理性思考的人哪怕是在私底下也必然会对未来有所期许，没有哪一种历史性思考中不含有对未来的期望。此次周游欧洲就如同监狱中的放风，跑上几圈，接下来就要回到洞中。

但是在阿图尔的心中，认识世界的好奇心要强于任何背叛。幸运的是人不可能一辈子逃避自我，顶多会走些弯路，况且未到达终点就已经死去也说不定。在《道德形而上学》中，叔本华写道："从局部上而言，屡试屡败确实使个性遭受创伤，但就总体而言，它最终不得不向个性屈服。"（VMS，103）

不得不学商的事实使阿图尔认识世界的好奇心"遭受创伤"，然而它并不能动摇这种好奇心。他将带着它上路，它也将成为阿图尔的秘密旅伴。

那么这是一种什么样的好奇心呢？

它并非意味着与世界拥抱在一起，这份好奇心显得有些矜持，它并不愿与所触所及融合在一处，而是与它们保持一定的距离。它意味着独立而非融合，这是一种落落寡合的享受，与兼收并蓄毫不相干。在这个孩子的身上，我们可以看到某种隐蔽着的隔离主义形而上学在起作用，这正是缺少关爱的童年在他身上留下的伤痕。然而自尊遮盖了这些伤痕，就连这份自尊也是遗传的结果，它既得自父亲，也来自周围的环境。阿图尔对于竖直的事物有特别的感觉，因为它能够把他向上弹射，只有从空中俯瞰的时候，水平面才会保持平稳。因此阿图尔一生酷爱登山，尤其是在日出的时候，这简直是心醉神迷的瞬间，对此阿图尔在旅行日记中屡有记述。脚下仍是黢黑一片,万物仍在沉睡之中,而此时的他却已看见东升的旭日,就在他与群星之首秘密幽会之时,山谷之中的人们仍然一无所知。在群山之巅,他对万物产生了兴趣。此刻的他就是狄奥尼索斯①,不同之处在于,他是俯瞰一切而非向上仰望。

既然是俯瞰,那当然保持着距离。在冰天雪地的冬日清晨,在山间行走的阿图尔身上却热气腾腾,心潮起伏,陡峭的岩壁使他神清气爽。他的语言也是如此。这种语言并非涓涓细流,而是如同一个人昂首阔步,有力、明白、坚定,可是却不那么悦耳,它始终保持着距离。阿图尔本人也希望自己是这样,既然不招人喜爱,那他人也休想碰我,冷峻和尖利是最好的保护。这个孩子身上有些碰不得的地方,这一点他的同学也感觉到了,对此他们也不无怨言。他的母亲也不止一次地告诫他对身边的人要迁就些。在给15岁的儿子的信中,母亲写道:"由于生硬的……个性我也未见得讨人喜欢,虽然自己如此,我还是无法忍受那些只图自己满意不顾他人的家伙和他们的行径……你并非天生就有如此不好的个性。"[5] 同样,父亲在他的最后一封信(1804年11月20日)中也对儿子提出忠告:"我希望你能学会让人感到舒服。"[6]

阿图尔一辈子也不会学。他认识世界的好奇心也正是他自我疏离的手段,这种姿态产生出某种后坐力,使他与世界保持距离,却使他与自身更加贴近。他对事物采取普遍的敌视态度,在冥冥之中,这种顾影自怜正是根源所在。他如何点石成金,并由此成为一个哲学天才,我们拭目以待。

此刻,孩子坐在马车里,他的旅伴就是那份拒人千里的好奇心。

---

① 狄奥尼索斯是古希腊神话中的农神和酒神。

目力所及之处他都仔细观察，却不愿让自己被沿途所见征服。他在搜集证据。显然，在游历这个世界的过程中，他试图凭借经验（既有正在经历的，也有处于寻找之中的）开创一种方法，一种与这个世界相抗衡的方法。我们不要忘记，在他看来，这个世界就是即将向他关闭的未来，就是监狱里用于放风的庭院。

阿图尔在旅行之时正值青春期，多愁善感是情理之中的事情，然而这种渗入了冷峻观察的多愁善感却是独一无二的。阿图尔沿着伏尔泰小说中的"老实人"的足迹旅行，在这位老实人看来，人们最好断绝与这个世界的联系。这部小说① 也是阿图尔在父亲的书橱里找到的。

叔本华在日后总结这次旅行的时候把自己比作释迦牟尼，在1832年的手稿《霍乱书》中他写道："在17岁那年——此时的我尚未经过系统正规的教育——人生的苦难深深震撼了我的心灵，恰如释迦牟尼在青年时代洞见人世间的生老病死时所感受到的震撼一样。从这个世界中传达出来的真理如此响亮明白，它随即战胜了同样对我影响颇深的犹太教学说，我由此得出的结论是，这个世界绝不可能是某个仁慈的主所创造的，或许它乃是魔鬼所造，这个魔鬼把自己所创造的生灵带到人世，为的就是欣赏他们所受的苦难，以此为乐。"（HN Ⅳ, 1, 96）与此相对，他在《简历》中对于这次旅行的描述只有极少的自我粉饰的成分在内。在这份《简历》中，他写道："在青春萌动之年，一个人的心灵最容易受到各种印象的侵袭……通常会凭借空洞的言辞去描述所见所闻……从而消磨了原本敏锐的智性，使之退化，而此时的我则有所不同，通过对事物的冷静直

---

① 《老实人或乐观主义》(1759)是伏尔泰的哲理小说，在小说中，作者以讽刺的手法批驳了莱布尼茨的乐观主义学说。

观,我的精神得到了滋养,受到了真正的教益……尤其使我感到愉悦的是,此次旅行对我而言不啻是一次教育,它使我很早就养成一个习惯,那就是不要仅仅满足于事物的名称,而是要观察和研究事物本身,并坚决地将从这种直观中得出的认识置于名称之前。正是由于这个原因,在日后凡是要对事物发表见解之时我从来也没有陷入过窘境之中。"(B,650)

暂不说阿图尔旅行之后思考了些什么,他在旅行期间的所思所想都写在了旅行日记之中。三个本子记得满满的,字迹工整,这也正是父亲的要求。而母亲则希望稍稍培养儿子的文学修养,她希望儿子学会如何将沿途所经所历付诸文字,并培养判断力,练习剪裁、归纳的技巧。一言以蔽之:旅行日记并非秘不示人的流水账簿,阿图尔在这里面记录下的只是那些可以给父母过目的东西。阿图尔的记述有始有终,没有敷衍了事之处。母亲在日后写游记的时候,这些记录还派上了用场。

在当时,人们通常把旅行当作无法重复的人生经历,因此对此极端重视,对异国风物人情的点滴印象被视若珍宝,每个看重自己声誉的人在旅行的时候都会记日记,于是这些日记便成为收藏珍宝的封套。当这些日记积攒到一定数量,人们便对自己的见闻颇为自得,于是就踌躇满志地把它交给出版商,而出版商们也十分乐意把这些精心描绘的风俗画付印出来,因为那些足不出户的人大多乐于阅读这些文字。正是通过写作游记,母亲接近了文坛的奥林匹斯山,不过儿子阿图尔此时还没有这份勃勃的雄心。

1803年5月3日,叔本华一家乘坐自家的马车,带着仆从终于起程了。阿黛拉这一年6岁,父母把她托付给亲戚,由保姆照看。旅行路线是经过仔细斟酌后确定的,每一个细节都考虑到了。在欧洲各地(不来梅、阿姆斯特丹、鹿特丹、伦敦、巴黎、波尔多、苏黎世、维也纳)都有他们的商界朋友和熟人的熟人,一家子可以在他们那里投宿歇脚。通过朋友和熟人的介绍信,他们又可以叩开新的门户,建立起新的联系。因此这次旅行好比一次参观考察,借此他们进入欧洲的上流社会,在这个圈子里,人们要么通过他人引见,要么彼此之间就已经相识。在旅行之前,一家人已经对沿途要参观的名胜古迹有了一定的了解,那时候就有相关的旅行手册了。比如在旅行的第一站不来梅,叔本华一家刚到那里便直奔著名的铅窖,在参观了陈列在那里的风干后保存完好的尸体后啧啧称叹。参观完毕,晚间他们又出入剧院或受邀参加当地的聚会。在威斯特法伦,叔本华一家乘坐的马车第一次陷入深深的泥沼之中,此时天色灰暗,雨下个不停。阿图尔在日记中写下了"黑色的荒原"几个字。在这种情形下,根本谈不上什么饮食,一家子只好把随身携带的干粮酥皮馅饼和法国葡萄酒拿来充饥。附近的村庄肮脏不堪,乞讨的人闻风而来。到了荷兰后,一家子才算长出了一口气。这里不少道路的路面是用炼砖铺就的,路旁两侧是整洁的房屋和珠宝店。这里简直所有的一切都一尘不染,百姓安静而谦恭。晚间他们在一家乡间客栈投宿:"与寻常夜间投宿的乡间旅店有所不同,这里没有人唱歌和喧哗,也没有人吵架和咒骂。店里的众人简直就是不折不扣的荷兰庄稼汉,他们就静静地坐在那里喝咖啡,眼前所见与人们通常在荷兰风景画上看到的场景别无二致。"(RT,22)一家子在店堂里坐了一会儿,随后便回卧房就寝。阿图尔却无法入睡,他拿起了身边的笛子。"我们回房还不到一个小时,突然8个农夫进了我们的房间,三下五除二便脱了衣服,爬到三张床上,在我的笛声中,他们安详地睡着了,出于感激之情,不久后他们就用自己的鼾声为我伴奏。"(RT,22)在阿默斯福特①,叔本华一家了解到英法之间战火重燃,交战正酣。那么现在究竟是否渡

---

① 位于荷兰境内。

海去英国呢？听传言说，加莱的航路被阻断了。5月11日，他们一行到达阿姆斯特丹。"阿姆斯特丹远远超出了我的期望，马路十分宽阔，因此与汉萨同盟各大城市中让人不快的人来车往相比，此处的车水马龙倒并不那么让人反感……房屋虽不那么摩登，看上去却都是新的，所有的房屋都按照老式的营造方法在屋顶上建造了高高的山墙，它们之所以看上去那么新，这是因为人们无时无刻不在打扫清洁，还经常给它们粉刷装饰，目之所及皆是如此。"（RT，29）在一家瓷器店里，阿图尔与他心目中的圣人首次见面。在橱窗里，他发现了许多菩萨的塑像，"哪怕是在心情烦躁情况下，若看见了这些对着你微笑的塑像，你一定也会笑出声来"。（RT，25）一家子还参观了老市政厅，对于阿图尔而言，这引发了他关于"崇高"的第一次反思。在这些房间里，人一下子变得如此渺小而微不足道，人声变得如此微弱，在富丽堂皇的厅堂中，人的眼睛根本无法把握全局。这是一件由人创造的杰作，而人却被它镇住了。由石头筑成的记忆显得如此宏大，而众多的血肉之躯却显得无能为力。阿图尔在一位荷兰海军上将的肖像前停住了脚步："在这幅肖像的旁边陈列着与其生平有关的物件：他的佩剑，他的酒杯，佩戴在他身上的勋章，还有一颗最终使这一切都归于无益的子弹。"（RT，27）

在这段蕴含着怀疑的简洁描述中体现出阿图尔与所见刻意保持着距离，这种距离使他不至于陷入礼俗之中，于是在他的目光中始终保持着某种诙谐，其实这并非他所愿。在与宗教有关的事物上，这种距离意识体现得尤为明显。在阿姆斯特丹参观了一次犹太教礼拜活动后，阿图尔写道："拉比[①]高高地仰着

[①] 拉比（Rabbi）是对犹太教内负责执行教规、教律和主持宗教仪式的神职人员的称呼。

脑袋,把嘴张得硕大无比,唱起赞歌来没完没了,所有参加礼拜的人唧唧喳喳,仿佛置身于谷物交易市场。拉比一曲终了,所有的人齐声跟着他唱希伯来经文上同一句词,最终算是给他的赞歌画上了句号。就在这个万众一声的时候,站在我身边的两个小男孩也仰着脑袋,张大了嘴巴冲着我大喊大叫,差一点使我失去了自控,有几次我真是感到有些毛骨悚然。"(RT,27)这并不是什么恶毒尖刻的排犹主义情绪,因为在描写新教教徒唱赞美诗时,阿图尔同样没有表现出丝毫的敬意。在参观了一座新教教堂之后,他写道:"众人刺耳的歌唱吵得我耳朵都疼了,一个个张着大嘴号叫的教徒让人忍俊不禁。"(RT,34)这是一个置身事外的旁观者所作出的尖锐评论,这是一种冷眼旁观、使自己不牵扯其中的本领,哪怕是在与那些有地位、有身份的人接触的时候,他同样保持着这样的姿态。

接近世界上有权有势的人物也是此次旅行中的成功收获之一,走进创造世界历史的大小作坊中瞧一瞧也是旅行计划中的一个环节。在伦敦,叔本华一家得以进入王宫的客厅,在这里他们亲眼见证了全体贵族聚在一起等待陛下召见时的场景。阿图尔在日记中写道:"她们就像是一群改扮了装束的农家女子。"(RT,44)在温莎城堡①的花园中,阿图尔观察着正在这里散步的国王夫妇。在他看来,他们和寻常的市侩们没什么不同:"国王是一个相貌堂堂的老人,王后很丑,一点儿也不体面。"(RT,58)在维也纳,他也亲眼见到了从霍夫堡②驾幸出游的奥地利皇帝夫妇:"皇帝从里面走出来,在皇后前面引路。然后他坐在皇后身旁,亲自驾驭马车。两人的衣着十分时髦。皇帝身形瘦削,他那张脸实在太傻,这张脸搁在一个裁缝的身

---

① 温莎城堡(Windsor Castle)是英国王室位于温莎的城堡。
② 霍夫堡(Hofburg)是奥地利皇帝位于维也纳的宫殿。

上比搁在皇帝的身上更为合适。皇后并不漂亮,不过看上去要聪明些。"(RT,258)

巴黎城中的拿破仑毕竟有些不同,在他的面前,阿图尔无法保持冷静。有一次,他在法国剧院中见识了拿破仑的风采,面对观众们的如雷掌声,拿破仑欠身致意然后就座。此时的阿图尔就不再留心舞台上的情形了,毕竟当今世界舞台上充满魅力的主角就坐在包厢里隐蔽的一角中,"他身着普通的军装"(RT,81)。没过多久,阿图尔在一次阅兵仪式上又一次见到了拿破仑:"他相貌非凡,我一眼就能从众人之中将这位执政官认出来,只是距离太远,无法辨认出他的五官相貌。他胯下一匹白色的骏马,身边簇拥着始终伴随左右的忠实随从。"(RT,108)

不过,对于那些创造世界历史的英雄们叔本华总是充满怀疑。他的目光很犀利,他总在问自己,这些英雄在显赫一时之后又留下些什么呢?一片废墟,然后一切都归于腐朽。他想,只有那些杰出的头脑才能够给后世留下经久不衰的东西。参观了威斯敏斯特大教堂里陈列的塑像之后,阿图尔在思考:"国王们在此放下王冠和权杖,英雄们留下自己的武器……然而那些杰出的英才,他们的熠熠光辉并非得自于外物,而是来源于自身,他们仍旧带着自己的光辉投身彼世,他们在此世所有的一切都可以统统带走。"(RT,51)

对于此时此刻而言,"国王们"和"英雄们"正在制造着巨大的灾难。就在1803年5月24日叔本华一家抵达加莱之时,重新点燃的战火差一点儿让他们渡海赴英国的计划泡汤。他们恰好登上了最后一班船,其他的旅行者就没有那么好的运气了。阿图尔写道:"三只人力小船向我们驶来,坐在里面的那些人原本是法国邮船上的乘客。原来正当我们离开之时,开战的消息传到加莱,于是那艘法国邮船便无法离港了。这些可怜的游客连自己的行李都无法一起带上,女士们带着孩子惊恐狼狈地爬到我们这艘摇晃个不停的船上来。我看得明白,每个人都得给划船送他们来的水手两个畿尼①。上了我们的船后,他们还得掏钱。我猜想,他们一定也向那艘法国邮船付了钱。"(RT,35)

幸运地在英国登陆后,下一站当然是伦敦。对于一个来自大陆的欧洲人来说,如果他在晚间到达伦敦,那么他一定会认为这时正逢盛大的节日,因为这座城市在他看来简直就是一片灯的海洋。就连阿图尔也得明白一件事,这种绚丽的灯光在此只是家常便饭而已。虽说是灯火通明,但还是得提防盗匪出没,众多的小偷混迹于熙攘的人群之中。市中心一片繁忙,给人的印象是,"如果出现险情,全城上下都会随之动起来",约翰娜在自己的游记中如是写道。阿图尔居然敢于独自行走在川流不息的人群之中。他在这里获得的印象超越了原先的想象,仿佛自己置身于一次通向未来的旅程之中。

在尚未完全陷入这种乱糟糟的状态之前,全家已经开始按照原先的计划继续拜访、参观了。值得一看的东西实在是太多了,诸如闻名遐迩的腹语表演者费茨-詹姆斯,刚从彼得堡演出归来的哑剧团等。此外他们还参观了收治海战伤残军人的医院,里面住满了战斗英雄,他们的脚上穿着家常舒适的鞋袜。世界上最大的家具仓库当然不可不看。在伦敦,每个礼拜都可以看到处决行刑的场面。这里还有几家规模可观的剧院。在科芬园剧院,家喻户晓的库克步履蹒跚地登上舞台,剧院经理站在台前对观众说:"库克病了",而此时台下大声喊道:"不,不,他喝醉了。"在位于干草市场的剧场里,在某次演出过程中,一位坐在楼上的观众居然放声歌唱,一时间全场哗然,可是随后就任由他自便,等他唱完了,台上才又继续演出。这就是英国式的自由。在上演莎

---

① 畿尼(Guinea)是旧英国的金币,最初是用几内亚的黄金铸造,因此得名,1816年后英国政府宣布其退出流通货币行列。

士比亚戏剧的幕间休息时，剧院会安排角笛舞演出。此外演出过程中，隐身台下的负责提示台词的人嗓门实在是太大了。阿图尔还见识了国王的寿诞盛典，数以千计装饰华丽的马车在宫殿门前恭候陛下，礼炮声震耳欲聋。结果阿图尔还是乐于去静谧的温布尔顿，回到由雷弗伦特·兰彻斯特主持的寄宿学校去，在父母游历苏格兰期间，他要在此学习英语。父母之所以为他选择了这所学校，原因是霍德根·尼尔森[1]就是将他的侄儿送进这所学校里接受教育的，这个理由胜似其他任何推荐意见，阿图尔必须接受这个选择。学生每天在学校里做的第一件事和最后一件事就是祈祷，祈祷的内容可谓丰富，涵盖一切可能的事情：王室的成员、身怀有孕的未来母亲、婴儿、胎儿、社会各界的杰出人士都可能成为祈福的对象。管教学生的方式符合数学方法，惩罚具备力学的精密，体罚严格按照规定执行。学校的伙食让人倒胃。清早学生被赶到洗脸池旁洗漱，然而手巾却没有几块。星期天一个礼拜仪式接着另一个礼拜仪式，当牧师预演布道之时，学生们得在一旁侍奉，在他正式布道的时候，学生们还得再洗耳恭听一遍。晚上是第三次的礼拜仪式，简直没完没了。天气寒冷，夜里实在难以入睡。

阿图尔从温布尔顿写信给同学洛伦茨·麦耶尔，他一定在信中没少诅咒，因为从麦耶尔的回信中可以读到以下的话："在英国的短暂逗留使得你对整个这个民族产生了仇恨，对此我深感遗憾。"[8]

阿图尔也向自己的父母言辞激烈地表达了他对这种"过分的宗教狂热"的强烈不满，而父母对此只是表示出有限的理解。在寄往苏格兰的信中，阿图尔发出了深深的叹息："假如真理的火光能够烧透笼罩在伦敦上空的埃及的黑暗[2]。"（B，1）

---

[1] 此处指的就是前文中提到的英国的海军上将尼尔森勋爵。
[2] 埃及的黑暗，上帝为了解放以色列而对埃及降下的十大灾难之一。

在回信中，母亲首先轻描淡写地指出了修辞上的纰漏："你怎么能奢望真理做这样的事呢？黑暗可以……被照亮，可是真理却无论如何也无法……燃烧黑暗。"接下来她又写道："可爱的基督没少让你受罪……可是我又不得不有些笑话你，你还记得以前我常……和你发生争执，就是因为你在星期天或者是节假日里什么正经事情也不干，因为对你而言那是'静休日'。现在你受够了星期天的'静休'了吧？"9

在温布尔顿，阿图尔没有和什么人交上朋友。如果有可能的话，他尽量躲在一边吹笛子、画画、读书或是散步。三个月过去之后，他感到筋疲力尽。1803年9月底，他终于可以回到伦敦，此时父母也已经旅行归来。

叔本华一家在伦敦又住了一月有余，阿图尔也感到待够了。1803年11月，全家渡海回到欧洲大陆。海上风浪很大，阿图尔病了。

11月末，叔本华一家抵达巴黎。伦敦过于炫目，阿图尔丝毫也感觉不到自己此时此刻置身于19世纪的首都。他把在这里看到和遇到的一切都拿来和伦敦作比较：林荫大道、宫殿、花园、街上的人和物。在他看来，伦敦这个英国的大都市更具大城市风范。在巴黎，晚间离开了大街走到小街小巷之中，周围的一切都漆黑一片、肮脏不堪。小路没有砾石铺面，房屋迎街的一面灰蒙蒙的，没有任何装饰。这里也不像伦敦那样随处都可以看到熙攘的人群。市中心只是巴掌大的一块地方，周围是穷乡僻壤。领着叔本华一家在巴黎观光的是著名的梅西耶①，就是那位《巴黎风物画》的作者。没有哪个人比他对巴黎更了

---

① 梅西耶（Louis-Sébastien Mercier，1740~1814），法国作家，在创作上与古典主义针锋相对，代表作有戏剧《醋商的推车》（1769）、乌托邦小说《2440年》（1771）和极具文化史价值的散文作品《巴黎风物画》（12卷）（1781~1788）及《革命前夜的巴黎》等。

如指掌了，对现代掌故的考证是他的癖好。他领着叔本华一家沿着法国大革命的足迹游览：这里曾是架设断头台的地方，那里是巴士底狱；这里曾是福利委员会①召开会议的地方，那里是罗伯斯庇尔就寝的地方；这家妓院是丹东的首选……他们在卢浮宫中徜徉数日，拿破仑从欧洲各地掠夺来的艺术珍品在这里随处可见。拿破仑从埃及的金字塔归来不久，埃及正是时下流行的风尚。在大歌剧院中正上演莫扎特的《魔笛》，布景就使用了埃及风格的装饰。某些有身份的人近来也爱在头上戴上一顶红色的菲斯帽②，巴黎最新的时尚总是显得那么格格不入。不过除了时尚以外，这里的人也在追求不朽。先贤祠就要竣工，让-雅克-卢梭将成为第一个迁入其中的人物。

全家逗留巴黎期间，阿图尔只身一人前往勒阿弗尔，在那里待了一周。他拜访了格雷瓜尔一家，还有他儿时的好友安蒂姆，除此以外，在日记中没有更多的记述。与安蒂姆的重逢究竟发生了什么故事，这还是不要让父母知道的好。

1804年1月底，叔本华一家离开巴黎前往波尔多。这是一次穿越历史的旅程，沿途所见还是法国过去的模样，所到之处很少能够见到大革命留下的印记。雨下个不停，路面泥泞。父子二人常常得帮着扫清路上的石头，有一次车轮折断了，大家不得不步行数里寻求援助。每到一个驿站，因为缺少可以更换的马匹，一家人要等上很长的时间。一路上，他们总是遭到"一群让人难以忍受的卖刀的女人们"（RT，116）的骚扰，刀倒是有了一大把，可是饮食却捉襟见肘。放在马车里的随身干粮被人偷走，据说在从普瓦捷到昂古莱姆的路上还有强人出

---

① 法国大革命后，罗伯斯庇尔建立了福利委员会（1793~1795），它是附属于国民议会的最高执行机构，是雅各宾派实行专政的机关。

② 菲斯帽（Fes）是一种北非和近东阿拉伯男性惯常戴的一种红色毡帽，呈圆锥形，顶上有缨，它得名于摩洛哥城市菲斯，据推测菲斯或许是这种帽子的最早产地。

没。熟悉当地情况的人劝他们不要乘坐某些特定的马车以免招眼，不过他们不知道，这是不是一个陷阱。他们沿途还经过一些风景如画的小村庄，村舍就紧贴着峭壁。阿图尔写道："这些房子仿佛是从岩石中生出来的一般。"（RT，116）1804年2月5日，叔本华一家终于安然无恙地抵达波尔多，阿图尔在日记中将之称为"法国最美的城市"。（RT，122）

在两年前，还有一个人也有同样的感受，那就是弗里德里希·荷尔德林①。他于1802年1月28日到达波尔多，此后的一段时间在葡萄酒商人兼汉堡总领事丹尼尔·克里斯托夫·迈耶尔府上充任家庭教师，此公正是阿图尔同窗好友洛伦茨·麦耶尔的叔父。两年前荷尔德林出于不为人知的原因离开了这里，而如今叔本华一家就住在他曾经居住过的那所房子里。对研究者来说，这一直是个谜，为什么在此仅仅待了短短三个月之后荷尔德林就匆匆离开了麦耶尔家。诗人在这里一直感觉非常好，而两年后叔本华一家也有相同的感受。荷尔德林在给母亲的信中写道："我在这里住得很好，简直有些好得过分……领事在接待我的时候说：'您一定会很幸福的。'我觉得他的话很有道理。"[10]是发生在当地的一段恋情使他颜面受损，还是从法兰克福传来的有关苏塞特·康塔德②去世的消息，又或许是精神失常导致了荷尔德林的离开，对此我们不甚明了。不过叔本华一家或许会从麦耶尔一家口中了解到个中缘由，麦耶尔如同当初接待荷尔德林一样盛情款待叔本华一家。只是当年的荷尔德林在文坛上还不是什么知名人物，因此阿图尔在日记中对此只字未提。

---

① 荷尔德林（Friedrich Höderlin，1770~1843），德国杰出的诗人，以仿照古代颂歌韵律创作的抒情诗著名，其他的代表作品还有书信体小说《许佩里翁》（1797~1799）和戏剧《恩佩多克勒斯之死》（未完成）等。

② 荷尔德林曾受聘于法兰克福的银行家康塔德充当家庭教师，在此期间他与女主人苏塞特建立了深厚的友情（也有人说是恋情）。

叔本华一家在波尔多待了将近两个月。他们体验了狂欢节最后几天的盛况。人们戴着面具拥挤在林荫大道上，人声鼎沸，人们装扮成小丑，衣着五颜六色，口哨声、鼓声混成一团，就算是在夜里也不得安宁。其间夹杂着暴力和情色的成分，这正是南方人的生活情趣，整个城市淹没在这种无拘无束的氛围之中。狂欢节消除了人与人之间的贵贱之分，与叔本华一家往来的这些上等人家也被平民百姓淹没。阿图尔在日记中写道，在晚间的社交舞会上弥漫着大蒜味儿，就算是剧院里也散发着菜市场上才有的种种气味。当晚间凉意袭来之际，人们便在壁炉里点燃掺和了迷迭香的柴火。狂欢节告一段落，紧接其后是为期三天的庆典，以纪念宗教的复兴。天主教治下的法国南部终于长长出了一口气，人们不必再屈服于严厉而寒酸的理性之神。这是大革命之后举行的第一次宗教游行，它随即变成了一次疯狂的节日，市民们倾巢而出。就像传递奖杯那样，人们抬着圣体匣走遍大街小巷，街道里弥漫着熏香的气息，游行队伍之中有衣着华丽的轻骑兵和士官生，主教区修道院的修士们唱着歌，一群神父身着红、白、黑三色礼服，胸前挂着银色十字架。走在游行队伍前列的是身穿紫色盛装的高官显贵们，他们周围簇拥着充满惊奇的孩童。树上悬着灯笼，门上窗边挂着用枝叶扎成的饰物。圣歌、集市上的喧哗、乐手们嘈杂的演奏不绝于耳。在这个本该充满虔诚气氛的节日里，狂欢节似乎仍在继续。在这样一个不同寻常的混乱嘈杂氛围之中有某种感性形而上学的存在，阿图尔尽情沉醉其中。春天接踵而至，和风煦暖，百花盛开，朵朵白云点缀在蓝天之上。这就是波尔多的春天，荷尔德林在诗中写道：

假日里
皮肤黝黑的妇人们

> 走在丝一般细腻的土地上
> 三月时节
> 无论是白天还是黑夜
> 阵阵暖风拂过一条条小路
> 带着沉甸甸的金色梦想
> 熏人入睡 [11]

春分时节，欢愉的人们点燃篝火。三天之后，叔本华一家离开了波尔多。阿图尔在日记中写道："那一天春光明媚。"（RT，129）

旅行的下一站是图卢兹，途经朗贡、阿让、蒙托邦。"这是世间最迷人的地方"（RT，130），一路上桃花盛开，路旁不时可以见到废弃的宫室、毁坏的城堡、残垣断壁的修道院，这就是大革命留下的痕迹。在位于圣费里奥尔的朗格多克运河水库边，阿图尔经历了地下船闸开启时的壮观景象。"此时此刻就仿佛毁灭的力量从天而降，要屠灭万物，水流的咆哮令人惊骇不已，这种摄人心魄的怒吼简直无以比拟。"（RT，131）阿图尔·叔本华在日后有关"崇高论"的美学讲座上提及了他此刻的印象，并对此进行了细致入微的解释。在课堂上，他这样说道："要凭空想象这种骇人不已的声响是件不可能的事情，它的轰鸣比莱茵瀑布还要巨大，因为它发生在封闭的空间之内。在这里，要想通过别的什么东西发出更大的声响，这几乎不可能。在如此骇人的咆哮面前，整个人就感觉被摧毁了。即使如此，置身其中之人知道自己处境安全，他毫发无损地感受着此情此景，于是一种最大的崇高感油然而生。"（MVSch，107）

这一次的经历始终让他着迷，作为个体的人在统摄一切的自然力面前消失殆尽，而且也消失在同样伟力无边的时间维度面前。在尼姆，叔本华一家参观了保存尚好的古代竞技场。几乎是在两千年前，观众们在石头上留下了自己的名字，或许甚至将自己的爱情表白也镌刻其上。阿图尔在日记中写道："这些遗迹将人的思绪立即带回到了已成枯骨的前人那里。"（RT，140）在波尔多，人群摩肩接踵；在朗格多克，运河水声轰鸣；在尼姆，时间像石头一般沉默。在这些地方，作为个体的人的意义完全丧失了。

叔本华一家在马赛盘桓了十日。阿图尔信步走在港口岸边，好几次他驻足于所谓的"喊话楼"之前。这座建筑之所以得此名称，是因为人们站在楼上的走廊里对着那些从抵港的船只上下来的苦力们喊话，双方讨价还价，原因是那里为了防止疫病流行而决定暂时封港。自打上一次（100年前）瘟疫之后，人们便定下了这条每遇疫病流行便封港40天的规矩。这所房子的每个角落都散发着浓烈的醋味儿，凡是从封锁区来的信件都要泡在醋里消毒。即使是在阳光灿烂的日子里，对死亡的恐惧依然徘徊在马赛城中。对于热衷于"冥思苦想人间苦难"（母亲不以为然地作出了这样的评价）的阿图尔来说，这又是一件值得注意的事情。

在前往土伦的途中，他们参观了那座臭名昭著的堡垒，路易十四将一个国家公敌关押在那里数年之久，也就是那位神秘的铁面人。对于阿图尔而言，这次参观不啻一次铺垫，为他后来参观土伦军械库（那些在橹舰上服苦役的囚犯就集中在此住宿）预先做了心理上的准备。在这里，游客仿佛置身动物园之中，囚犯们被铁链拴在一起，人们看着他们就如同在参观展品。每一个到这里的人都震惊不已。母亲在游记中对此进行了生动描述，并想象着一旦奴隶们越狱将会是怎样的情形，"与他们比邻真是恐怖"。阿图尔的想法则有所不同，引发他思考的并非对幸福世界的忧心忡忡，他的想象力来源于对尘世间苦难的震惊。阿图尔在1804年4月8日的日记中写道："他们（这些划橹桨的苦囚们。——作者注）被分为三个等级：一等人是那些罪行较轻的囚犯，或者是些逃跑或投敌的士兵，或者是不服从上级指挥的士卒等，他们在这里不会待多久，只是戴着脚镣，可以自由行走，当然这也只限于在营房之中，进城是绝对不允许的。第二等人是那些犯罪情节较重的人，他们在干活的时候被重铐两两拴在一起。第三等人是那些罪行最为严重的人，他们的脚铐被死死铸在长凳上，一刻也不会松开。他们只能坐在那里干活儿。在我看来，这些不幸的人所受的苦比死刑更为残酷。光看这些橹舰的外观就可以想象得出来，上面一定肮脏无比，令人作呕。这些舰只不再出海了，这些老旧的船只再也无法修复了。对于这些被铐镣锁在长凳上的囚犯来说，这些长凳就是他们的牢狱。他们的饮食只是水和面包而已，令我不解的是，这些饮食简陋、饱受痛苦的人如何能够承受这样的重活还挺得下去。要知道这些遭受奴役的人简直被人当作牲口一样对待。这真是糟糕透顶，试想这些可怜的奴隶过的是怎样一种生活，这意味着一生的苦痛。而对于那些已经受了25年的痛苦仍然不知目的何在的人来说，这情形真是令人绝望。此时的感受简直太可怕了，不幸的人被牢牢钉在暗无天日的橹舰上，除了死神之外，别无他物可以让他从中解脱。对于某些人来说，由于他们不得不与那些锁在一起的其他囚犯相邻为伴，因而更加痛苦。十年或十二年间，他们每日里长吁短叹，陷于绝望之中，却仍寄希望于有朝一日能够摆脱奴役。如果这一时刻终于到来，他们会变成怎样呢？他们将回到人间，然而对于人间而言，他们在10年前就已经死去了。退回10年，年轻时拥有的憧憬已经不复存在了。没有人愿意接受这些从橹舰上服苦役回来的人，即使是10年的惩罚也无法洗刷他们在一瞬间里所犯下的罪行。他们不得不再次成为罪犯，在绞刑架下终结

自己的生命。当听说这里有6000名苦役的时候,我震惊无比。这些人的脸可以为面相学提供充足的素材。"(RT,155)

阿图尔不仅将这些印象与面相学观察联系在了一起,而且在土伦军械库的所见所闻为他日后的哲学思考提供了足够的素材,他借此阐释了个体存在与理性被束缚在匿名的生命意志之上这一观点。在所有的理性发挥效力之前,我们已经被维护自我的强烈愿望紧紧束缚住了。我们竭力挣脱锁链,然而它却将我们与周围的人联系在一起。我们的一举一动最终都只能给他人带来疼痛而已。

阿图尔置身于外体验着土伦军械库里的关押场面,这不啻一出戏,通过观察可以接近剧情。可是如果从广义上去理解囚禁的话,那么观察的立场又何在呢?在哪里才能置身事外?这种无处不在的囚徒境遇又是怎样成为活剧的呢?在日后,阿图尔将对这一十分棘手的问题作出解答。答案是用一种主体哲学的语言进行表述的,答案中融合了佛教、虔信派神秘主义思想和柏拉图主义的观念:存在某种先验的内在性;存在超越尘世的高度,其上却不是天空;存在某种具有神性的销魂之感,然而却没有神的存在。由纯粹认识所产生的心醉神迷是一件可能的事情,意志可以与自身相向而行。意志焚毁了自身,它完完全全地成为眼睛:意志不复存在,它只是在观察。

旅行给了年幼的阿图尔诸多这样的机会,为日后有关高度的形而上学思考提供了各种各样的体验。这些经历是一种不折不扣的与高度有关的体验。

在这次旅行过程中,阿图尔有三次登山的经历。第一次是在沙莫尼山谷附近的沙波峰,第二次是皮拉图斯峰,第三次是克尔科诺谢山脉的斯涅日卡峰。关于这几次登山,阿图尔在行记中都有详尽的记述,而且从文笔上看,每一次的记录也堪称登顶之作。往日的游记有时候只是出于尽义务,不免有些学究气，然而在有关登山的记述中，那种压倒一切的体验扣人心弦，同时也赋予文章以力量和光彩。

最先攀登的是沙波峰。途中经过冰川地带，沟壑纵横，其间溪流不断，时不时发出冰块落入深渊时的巨响。"这真是一出戏，眼见着巨大的冰块，耳听着冰块滚落发出的轰鸣，流水潺潺，水从岩石四周落下形成瀑布，头顶上的山峰被皑皑白雪覆盖，飘忽不定。所有的这一切无法形容，令人称奇不已。人在这里所见到的是自然的力量，硕大无比，大自然在这里所展示的已经不是往常的风貌，它已经挣脱了所有的限制，在这里人们可以感到正在与自然接近。"（RT，186）

这里所表明的是一种足以令人自豪的与大自然的亲近之感，在群山之巅，具有同样气质禀赋的人与物彼此相聚，而山下只是些寻常之人物而已。登顶的人是在寻找大自然最好的一面，但这同时也是它最无情的一面，它拒绝这一切有人情味儿的东西。"明眼人都能看见，与崇山峻岭针锋相对的是深不见底的山谷所发出的笑声！"（RT，186）在这上面没有什么可以令人发笑的，人在这里消失了，而大自然却挣脱自己的"局限"粉墨登场。要与之抗衡，人必须承受英雄的寂寞，证明自己的实力。

这里所记述的一切当然不免夸张，其实这样的山间漫步并没有什么危险可言。要努力攀登的高度并没有什么了不起，只是对于生活在平原的人而言才显得颇为可观。不过，在这里现实主义的描写并不重要，阿图尔所体验的山对于他而言具有特殊的含义。某个场景给予他某种体验，而他的体验本身也要为自己寻找一个特定的场景：高度。

三周之后，1804年6月3日，阿图尔与向导共同攀登皮拉图斯峰。"矗立在眼前的大山填充了周遭的空间，当我第一眼见到它的时候简直头晕目眩……我以为，看到如此巨大的山体极大地拓宽了人们的想象和理解。它的外观与众不同,如果不是亲眼所见,简直无法清晰地把握住它的形貌。所有的小东西随之消失,只有大事物才能保持自己的形体。所有的事物最终汇流到一起,你中有我,人们所见到的不是由微小的、格格不入的事物组成的集合体,而是一幅硕大的、五彩斑斓的、熠熠生辉的画面,目光为之怡然。"(RT,219)

阿图尔眼中所见的是那些让他得意的东西。小东西消失并彼此融合在一起,形成某种活动着的群体。人不再是其中的一分子。只有大事物才能保持自己的形体。因此,只有识得大事物并从小东西中摆脱出来的人,才是大人物。此时,人不再为那些"格格不入的事物"所束缚,这时他只是"眼睛",一只注视着"五彩斑斓的、熠熠生辉的画面"的眼睛。日后,叔本华将这种远眺的乐趣称为"阅世之眼"(Weltauge)。

1804年6月30日,在旅行接近尾声之时,阿图尔最后攀登了斯涅日卡峰,徒步走了两天。阿图尔和向导夜宿在顶峰脚下的一座小木屋里:"我们走进小屋,里面住满了酒气熏天的仆役……真是难以忍受,他们身上散发出的动物般的热气……简直让人燥热不已。"(RT,265)这些人彼此拥在一起,"散发出动物般的热气",这个场面在叔本华日后的著作中转变为另一幅画面:为了抵御寒冷和恐惧,一群豪猪挤成一团。

终于摆脱了令人不快的与他人的近距离接触,阿图尔在日出之时登上了山顶。"与仰望时不同,此时太阳的光辉收敛了许多,它如同一只透明的圆球浮将上来,将最初那一刻的光辉射向我们。在我们愉悦的目光中,太阳见到了自己的倒影。我们脚下的德国全境仍处于黑夜之中。正如我们所见,随着太阳越升越高,黑夜渐渐退去,并最终在它的身下完全躲开。"(RT,266)

当下面还是漆黑一片之时,此处已在阳光照耀之下。"可以看到脚下的世界处于混沌之中",而上面所有的事物则亮堂明白。当太阳坠入山谷时,它并不是要覆盖秀丽含笑的谷地,而是在展示"永久的轮回,高山和峡谷、森林和草地、城市和乡村间的永久变换"。(RT,266)

那么现在为什么还要费力下山呢?毕竟山上还是太冷了。山坡上的木屋里放着一本留言簿,漫游者们在此题名以期不朽。在这里我们看到了阿图尔的题字:

> 谁能登临而
> 一语不发?
> 来自汉堡的阿图尔·叔本华

第四章

父亲的权威挥之不去，超越生死——抑郁的阿图尔找寻没有父亲的彼岸——青春期的神正之辨难题——通过马蒂亚斯·克劳狄乌斯投向浪漫派——<u>第一个哲学场景：浪漫派的夜幕升天之旅</u>——阿图尔对坠落的恐惧："哦，情欲；哦，地狱。"

在享受了高处的心醉神迷之后，接下来平地上的劳作正在发出呼唤。在旅程行将结束之际，进入账房的厄运日益逼近。阿图尔周游了世界，然而账房中的魔鬼正翘首以待。这魔鬼的化身起先是但泽的大商人卡布隆（从1804年9月至12月间），然后是位居汉堡市政委员的耶尼诗。

灰暗的前景已经可以预见，最后几个星期的旅行被蒙上了阴影，这一点可以从日记的风格中觉察出来。除了有关在里森山的登山记录外，其余的描述只是浮光掠影，毫无兴致，例行公事而已。最后一篇日记写于1804年8月25日，文字如下："天上一片寂静，万物于世间终结。"

父亲自柏林返回汉堡，而阿图尔则和母亲一起前往但泽。约翰娜去那里探望亲友，而阿图尔则要在出生地接受坚信礼，并在卡布隆那里学习最基本的商业知识。

阿图尔的世界一下子缩约为账簿和往来信函。在这么几间狭小的房间里，在如此干燥的空气中，该如何处置脑海里的冒险和眼眸中的好奇呢？在这里，处于这样的桎梏之中，人的姿态会发生变形。虽说是父亲强行将儿子送到那里，可他毕竟不愿意看见自己的儿子成为弯腰驼背的人。他拐弯抹角地指责儿子："我相信，同时我也恳请你像其他人那样挺直了腰杆走路，否则你会驼背的，那可太难看了。无论是在伏案书写之时，还是推而广之在人一生的行事之中，端庄的姿态十分必要。因为如果在餐厅里见到一个驼背哈腰的人，那人们就会断定他是一个乔装改扮了的鞋匠或裁缝。"[1] 在1804年11月20日的最后一封信中，他再次警告儿子："关于行走和坐姿端正这件事，我将请求任何一个与你交往的人给你一下子，如果你不把这件大事情放在心上的话。那些公侯子弟就领教过，为了避免一辈子当浑球，一时之痛就不可免。"[2]

父亲或许也预料到，儿子的弯腰驼背与所受的苦不无关联，而这一痛苦正是由于他将某种义务（学做生意）强加在儿子身上造成的。作为补偿，他建议儿子骑马和跳舞。在这两件事上，阿图尔不需要父亲再说第二遍，他参加这两项活动过于频繁，以至于父亲责备道："经商的人无法靠跳舞和骑马过活。商人的信函要写得漂亮，要让人读得下去，有时我在你的信中发现大写字母写得简直不像个样子。"[3]

糟糕的心情使阿图尔落落寡合，父亲不免有所责备："我希望你能学会让人感到舒服，如果这样，与卡布隆先生一起用餐时，你就会让他有多一些的话题可谈。"[4]

父亲远在汉堡却了解阿图尔的言行举动，并且对此提出批评，这皆是因为母亲在信中（这些信件已经散佚了）的抱怨所致。但泽的那帮亲戚也没少对阿图尔提出批评。"尤尔馨"姨妈（母亲的妹妹）简直用同样的口吻对他提出忠告："你应该接受身边的人，他们是怎么样的就是怎么样的。待人不要过于苛刻。只有这样，你才能够赢得别人多一点儿好感，于你自己而言，这也定要愉快得多。"[5] 1804年12月中旬，母亲带着儿子返回汉堡，于是阿图尔换了一个地方继续服苦役，这次是在耶尼诗家当学徒。

这正是历史特有的讽刺：正当儿子进入父亲的世界中苦苦挣扎之时，父亲自己却正在渐渐从中淡出。就在这个时候，他的精神和身体全面崩溃的最初征兆出现了。在给儿子的最后几封信中,那种斤斤计较、怒气冲冲的言辞就是表征。

在某些瞬间,父亲会失去记忆。父亲在伦敦期间,一位朋友曾经帮了他的忙。这位全家的朋友1804年底来看望海因里希·弗洛里斯·叔本华,可是却遭遇这样的接待:"我不认识您!这儿来过不少人,他们都说,我是某某某——我不想知道您的任何事情。"[6]店里的一位活计赶紧追上了这位愤然离去的朋友,并向他赔罪。

1804年冬天,海因里希·弗洛里斯得了黄疸病,虚弱的他坐在靠椅中度日。生意上的事情也让他操心,大陆封锁政策让他的生意蒙受损失。此外,由于旅行长期离开商界也让生意雪上加霜。他翻看着账目和收支情况,充满疑虑。在但泽的那些日子,助他获得成功的那种商人的实干精神现在已经一去不复返了。一个原先身强体壮的人衰老得竟如此之快,这让汉堡的那些熟人们震惊不已。显然,前不久的旅行消耗了他太多的精力。他太累了,可与此成鲜明对比的是,他却感到了妻子干劲十足,对于他而言,这简直是双重的负担。旅行期间,约翰娜不止一次在信中抱怨过丈夫的行动迟缓。两人间年龄的差距此时尤为显著,可是他们之间没有什么爱情可言,无法抵消这一负担。1803年,约翰娜在一封给儿子(他暂留在温布尔顿)的信中写道:"你知道,父亲不爱与人结交,因此除了我的那些友人外,他再也没有与什么别的人有所往来。"[7]她在另一封信中又写道:"你也知道,即使没有什么可以担忧的事情,他也会忧心忡忡⋯⋯我老老实实地待在家里,因为我不知道该去哪里,于是口中念着常挂在嘴边的那句话,我无聊,你也无聊⋯⋯。"[8]写这番话的时候,约翰娜身在苏格兰。如今回到了汉堡,她知道该"去哪儿",如何打发无聊的时光了。45年以后,阿图尔·叔本华对她的行为作出如下评判:"我知道女人是什么。她们把婚姻当作为自己提供吃穿的补给站。我的父亲久病不愈,十分可怜,整日坐在病椅上无法起身。他被独自撇在家中,身边连一个能恪尽职守照顾他的老仆人都没有。当母亲举办沙龙时,父亲却沉浸在孤独之中;当母亲欢娱享乐之时,父亲却痛苦不堪。这就是女人的爱。"(G,152)

这番话是在日后与母亲交恶之后说出的,这样的评判肯定有欠公平。除了拒绝牺牲自己的生活乐趣之外,约翰娜还能有什么别的事可以做呢?丈夫正陷入消沉的旋涡之中,她可不愿被卷入其中。她要将生活、消遣、忙碌带进家中。她这样做既是为了自己,也是希望借此让丈夫欢喜,使其获得某种依靠。

阿图尔之所以饱含指责地看待母亲的行为,或许是出于忌妒。与母亲的我行我素不同,阿图尔为了父亲的意愿而牺牲了自己的生活。虽然他对自己的牺牲颇为自豪,然而这样的自豪感却被对自身的怀疑掏空了。由于盲从他走了一条就连自己也认为是错误的道路,难道在这样的盲从之中不正隐藏着自己的弱点吗?阿图尔无法反抗父亲的世界,他只能借助某种双重生活的幻象勉强应付。他最终只能在私底下做一些事情寻求解脱。他将书藏在商号的办公室里,在没有人监视的时候看上几眼。当著名的颅相学家加尔在汉堡讲授颅相学[①]之时,他情急之中不得不撒谎,为的是能够请假去听讲座。"从来……还没有哪一个人像我这样殷勤肯干"(B,651),叔本华在日后回忆时这样写道。这样的双重生活不但让他自己变得"不驯服,也让他人难受"。也有其他的不少人在早年被迫过着双重生活,他们最终变成了赌徒和懂得享

[①] 颅相学(Phrenologie)由德国医生加尔(Franz Joseph Gall,1785~1828)创立,根据这一学说,由人的头骨和面部构造可以推断出其禀赋和性格。

受生活的人，例如E.T.A.霍夫曼①。可是阿图尔却不是这样，他在内心中已经接受了父亲的强大权威。从这一"错误的人生道路"中的一丝一毫的挣脱都会被视为对父亲的背叛和欺骗。私底下的想法、幻想、阅读的经历，伴随着这一切的是罪恶感。

1805年4月20日，人们在海因里希·弗洛里斯·叔本华家的仓库后的运河内发现了他的尸体。按理说，这位病人不该在这样的时刻待在仓库里并随后落水，诸多迹象表明这是自杀。不过这也不太可能。在正式的讣告上，遗孀约翰娜·叔本华只是这样写道："我在此履行这一悲痛万分的义务，向诸位亲友通告……家夫因不幸的意外事件辞世，谢绝一切吊唁，这只会加剧我的痛苦。"[9] 在15年之后撰写的《简历》中，阿图尔也同样写得很含糊："突如其来的意外之死将亲爱的慈父从我的身边夺走了。"（B，651）即便是在母亲和儿子之间，父亲的死因也是一个禁忌话题。然而当1819年母子最终决裂之际，这一难堪棘手的话题又被提了出来，母子都因此深受伤害。在一封信中，阿图尔公开指控母亲对父亲的自杀负有罪责。妹妹阿黛拉在日记中写道："她（母亲。——作者注）发现了这封信并读了下去，毫无心理准备，接下来便是一场大乱。她对我说起了父亲的事情——我这才对这件可怕的事情有所了解，之前我对此事只是有所猜测罢了。她完全无法控制住自己。"[10] 阿黛拉震惊不已，简直要从窗口跳下楼，但在最后一刻还是恢复了理智。

阿图尔·叔本华一生都没有与外人确切地谈及父亲之死。

---

① 霍夫曼（Ernst Theodor Amadeus Hoffmann，1776~1822），德国作家、音乐家，文学创作受浪漫派的影响，作品具有神秘怪诞的色彩，对德国和欧洲文学产生了巨大影响，代表作为短篇小说集《谢拉皮翁兄弟》、长篇小说《魔鬼的迷魂汤》《公猫穆尔的生活观》、童话《金罐》《胡桃夹子和老鼠国王》等。

只是在1855年，他在仰慕自己的罗伯特·封·霍恩施泰因的面前似乎毫不掩饰地谈起此事。"他将父亲的自杀归罪于母亲"，霍恩施泰因在笔记中这样写道。

毋庸置疑的是，父亲之死对于约翰娜来说最终是一种解脱，其实对于阿图尔也是如此，可是他始终不肯承认这一点。他写信给在勒阿弗尔的安蒂姆（一年以前他也失去了父亲），信中言语间充满痛苦。安蒂姆在安慰他的同时也小心翼翼地劝他要有所节制。安蒂姆在1805年5月15日的信中写道："在如此残酷的事件面前，人要有勇气，但也要耐心地承受不幸，去想一想除了自己以外世上还有更不幸的人和事存在。"[11] 4个月以后，阿图尔显然还无法宽慰自己，因为安蒂姆在信中写道："每个好儿子都应当追念自己的慈父，而我的愿望是，在你合乎情理地哀挽之后痛苦能够有所减轻，并且开始明智地对待自己的痛苦。"[12]

在阿图尔对父亲的哀悼之中还隐藏着一种颇为尴尬的复杂情感。他究竟爱不爱自己的父亲？可以肯定的是，他自己对此深信不疑，可日后他却承认："当然，由于父亲的严厉，在教育过程中，我吃了不少苦头。"（G，131）其中最糟糕的莫过于父亲逼迫他去当学徒，而他却痛恨学做买卖。就因为这件事情，阿图尔本该有理由憎恨自己的父亲。要是父亲还活着的话，阿图尔或许就不可能步入哲学人生了。父亲的威慑力居然如此之强，以至于在他死去之后仍能暂时阻挠阿图尔进入这一领域。阿图尔仍然留在耶尼诗的商号里，比以往任何时候都绝望。一方面他承受着失去父亲的痛苦，另一方面父亲的权威依然持续发挥着影响使他陷于绝望，这两者彼此交织在一起。在1819年撰写的简历中有这样的话："虽然某种程度上我已经可以自己做主了，母亲也无法阻止我做什么，可我还是继续在商号当学徒，一方面是因为巨大的悲恸阻碍了我的心智；另一方

面是因为我不愿在父亲尸骨未寒之际便放弃他的决定,继而受良心的谴责。"(B,651)

母亲非但不"阻止"他,甚至还间接地鼓励儿子重新规划自己的人生。这一间接的方式就是,她毅然决然地改变了自己的生活。这说明,与儿子相比,她更具有自由精神。在海因里希·弗洛里斯·叔本华去世4个月之后,她变卖了位于新万特拉姆街的豪宅,并着手处理关闭商号事宜。这一决定影响重大,它卸去了压在阿图尔身上的重负,因为只有在继承家族传统、接手父亲的商号的前提下,阿图尔继续从商(虽然他并不喜欢)才有现实意义。商号不存在了,阿图尔也就可以解脱了。以这样的方式,母亲与往日告别并从中解脱,而与此同时,她也解开了阿图尔身上的束缚,至少是外在的束缚,而在内心之中,阿图尔依然慑于父亲的权威。

约翰娜一步一步地实施着计划,干劲十足,犹如重生。她在城市的另一端租了一套寓所,这只是权宜之计,她想在关闭商号这件事处理完毕之后离开汉堡。1806年5月,她去了魏玛,盘算将新家安在那里。为什么偏偏是魏玛呢?约翰娜想接近那些文化精英,她想在奥林匹斯山上一试自己的社交才华。她一下子就被这里迷住了,仅仅到了这里10天,她就写信给待在汉堡、尚处于悲伤之中的儿子:"我觉得,这里的人际交往令人愉快,而且花销一点儿也不大。费不了大事,更用不着花多少钱,我就可以轻而易举地每周办一次茶会,让魏玛,或许是全德国的头面人物在此聚会。总的来说,在这里可以非常愉快地生活。"[13]

约翰娜计划着征服一个新的世界,而此时的阿图尔仍深深地陷在父亲强迫他进入的旧世界之中。

阿图尔在回顾父亲去世后的这段经历时写道:"由于这种痛苦,我的悲伤与日俱增,简直与实实在在的抑郁相去不远

了。"（B，651）

要对这一抑郁状态作一番剖析却十分复杂。从本质上说，这是一种在内部世界和外部世界之间无法调和的分裂状态。外在的状态是，阿图尔正履行着父亲为他定下的职责。而为了能够守住自己的内在愿望，他就要蔑视父亲世界的规范，虽然他此刻不得不在这个世界中登台表演。可是他必须学会摆脱父亲。康德（此时的阿图尔还没有读过他的著作）对抑郁的评判是："基于合理的厌倦而满怀忧伤地远离世界的喧嚣，这是一种高尚的行为。"[14]阿图尔在内心中远离父亲世界的"喧嚣"或许是满怀忧伤的，然而他却不会认为这是一种"高尚的行为"。关闭商号只是从外部将他与父亲的生意断绝开来，可是他无法接纳这一事实，无法将其视作某种更高层次的现实。那样的话就意味着对父亲的桀骜不驯，是一种不孝。在这种情形下，对于他而言，某种特定的三合一的精神状态更容易让他亲近：沉思默想，质疑尘世，忠于父命而屈服。阿图尔开始阅读马蒂亚斯·克劳狄乌斯的作品。克劳狄乌斯对自我和世界进行了阐释，其好处在于，它恰好反映了阿图尔深感痛苦的内外对立的二元状态。而且这又是父亲的意愿，因为这本书正是海因里希·弗洛里斯·叔本华当年赠与儿子的，阿图尔至死都珍藏着这本书，并经常阅读。这就是那本1799年出版的小册子《写给我的儿子》。克劳狄乌斯将自己对儿子的忠告公之于世而无所顾虑，在当年感伤派① 文人当中，袒露自己的心灵是一桩公共事务。海因里希·弗洛里斯·叔本华心存感激地利用这一契机，隐身于书后对孩子施加影响。在父亲去世以后，阿

---

① 感伤派（Empfindsamkeit）是德国启蒙运动（18世纪下半叶）内部的一个文学流派，深受英法作家（例如理查逊、斯特恩、卢梭）的影响，克洛卜施托克的诗歌和歌德的《少年维特之烦恼》堪称德国感伤文学的巅峰之作。

图尔将这本书视作父亲的遗言时时捧读。克劳狄乌斯在书中写道:"离别的时刻渐渐到来,我得上路了,这是一条不归之路。我无法带着你一起走,我将你留在这个世界上,在此提出的忠告并非多余无益。"[15] 克劳狄乌斯的忠告针对的正是那些将自己视为异类的人,他们并非发自内心地生活在现实之中,只是恪尽职守而已。阿图尔感到了共鸣。正如克劳狄乌斯写的那样:"这里不是人的家园。"[16] 如果人在这个世界上觉得自己是异类,那么原因并不在于人因为内心世界的丰富而产生了自负。如果内心世界自以为是地与外部世界对抗,那么它只能是狂妄自大的。无一例外,我们都是罪孽深重的人,这样的二元对立正是自负虚荣的渊薮。按照克劳狄乌斯的观点,我们之所以在这个世界上是异类,就是因为这个世界并非我们的归宿,我们的归宿是一个高于此世的地方。然而这个更高的所在不是我们辛劳所得,而是人可以感觉得到的某种恩赐。如果内心虔诚,我们就摆脱了由尘世间的欲望所带来的难堪的重负。这样的虔诚在平地的搏斗之中,向下俯瞰这个世界并非我们要做的事情,我们必须要做的是赎罪。

早期虔信派所倡导的超越尘世的观念不时折磨着人的心灵,使人局促不安,在马蒂亚斯·克劳狄乌斯那里,这一观念已经缓和为另一种态度,即一方面人在内心中保持距离,另一方面有限地参与。去拥有,就当没有;人不可以有逃避这个世界的愿望,却不可以全心全意投入这个世界。这个"一身清白的男孩"(赫尔德曾这样称呼克劳狄乌斯)的言语中充满怀疑,简直就和那些出色的法国道德哲学家别无二致,而叔本华日后正是从这些人那里获取了不少灵感。"真诚地对待每一个人,不要轻易对人吐露心怀","不要相信手势动作,举手投足最好笨拙而得体","不要把知道的事情都说出来,但要知道你正在说什么","不要依附于大人物"等,这些话都出自克劳狄乌斯之口。[17]人必须与现实达成妥协，有了妥协，现实世界就不会对人提出非分的要求。在外部世界，人小心谨慎、不可避免地有所投入，然而在内心世界中，人私底下属于另一个世界，在这里"街巷里的喧嚣"归于沉寂。这个精心呵护的内心世界变成了一堵"墙，事物的阴影在此暂时留下印迹"。听上去仿佛是在说，阿图尔在商号账房里的痛苦只是一出影子戏？克劳狄乌斯解释了人生重负的发展进程，这一思想化解了人由于二元对立的痛苦而有可能产生的一切反叛情绪。他提供了一种从内在超越尘世的模式，经过这样的超越人可以享受上帝的赐福，而对于此时此刻的阿图尔来说，更为重要的是，可以领受父亲的亡灵所赐的福祉。

对于阿图尔而言，对人生现实进行阐释至关重要，这种阐释可以帮助他承受此刻正在经历的内与外、义务与旨趣之间的二元对立冲突。然而他还要花费很长时间去探寻，不管原因是什么，他始终无法全盘规划自己的人生并使之成为现实。马蒂亚斯·克劳狄乌斯对尘世的怀疑态度来源于某种力量，这一力量产生于含有宗教和感伤意味的沉思默想之中，而这种怀疑论正有可能是阿图尔所需要的那种阐释。然而阿图尔所经历的二元对立中的内外两项都被父亲的世界所占据。与之针锋相对的外在现实就是父亲一手造成的；至于克劳狄乌斯所谈及的那个上帝，对于阿图尔而言，他在内心中所体会和感受到的上帝就是对父亲世界所持的保留态度，尽管这种保留态度仍然带着父亲的影子。参与就意味着必须对抗父亲，而通过宗教和冥思加以约束的有限参与就意味着采取为父亲所许可的那种保持距离的方式。即便有了马蒂亚斯·克劳狄乌斯，阿图尔仍旧是父亲的俘虏。

此时的阿图尔无力改变自己的生活（虽然母亲已经给他做了示范），他只能寻找某种从内在超越此世的方式。在马蒂亚斯·克劳狄乌斯那里，他找到了某种转化人生重负的方式，然而要想使其达到目的，那就必须相信父亲之上帝。克劳狄乌斯写道："如果你能看得见，看着它，使用你的眼睛，至于那些看不见的和永恒之物，那就遵照上帝的旨意。"[18]

阿图尔使用了自己的眼睛（尤其是在旅行期间），他所见到的事物根本无法使他确信有一个制定秩序的、公正无私的、具有爱心的上帝的存在。伫立山巅的感觉让他迷醉，这并不是由于站在那里可以更加接近上帝，而是因为在那里可以远离纷扰的人群。他寻找的并不是对上帝的爱和顺从，而是那种从世界的上方掠过时的自由无羁的状态。

阿图尔在回首往事的时候说，他把马蒂亚斯·克劳狄乌斯的书视作父亲的遗愿，在阅读的时候，他对上帝的信仰已经破灭了。"在我尚未完全成年之时，我总是很抑郁，我那时大概18岁左右吧，有一次我暗自想，居然那么年轻就在想这个问题：这个世界是上帝创造的吗？不，难道是魔鬼不成？"（G，131）

这正是有关神正之辨①的古老难题，阿图尔·叔本华自称在18岁的时候，这一命题就曾困扰着他。莱布尼茨②曾经十分透辟地阐述了这一问题，并认为已经将这一难题解决。在这个世界上存在恶以及如此繁多的灾难，这难道还不是上帝不存在的明证吗？提出这样的问题，这本身就说明了某种思想在起作

---

① 神正之辨（Theodizee）是神学和哲学上的难题：既然有万能而仁慈的神的存在，那么何以有世间的痛苦、灾难、罪恶？神正之辨正是试图对这一对矛盾作出合理的解释。莱布尼茨的《神正论》（1710）是对此问题进行全面阐释的一次尝试，他认为恶的存在正说明了善的缺失，是上帝在造物之际用于考验的一种手段，为的是最终从恶之中生出善。

② 莱布尼茨（Gottfried Wilhelm Leibniz，1646~1716），德国哲学家和数学家，百科全书式的学者。哲学代表作为《人类理智新论》《单子论》，他还被视为数理逻辑的开创者，他关于"二进制"的阐述对于后世影响巨大。

用，那就是认定上帝是否存在必须依赖于理性或者是经验的证明。因此，莱布尼茨在"解决"这一问题的时候仍是使用他的数理世界模式：每一个元素本身是不完备的，可是却具有使自身完备的能力，也就是说，将各种元素进行一番巧妙的组合之后，它们便构成了一个完备的功能关联体。世界中的恶就好比表芯内起拉扯和紧绷作用的弹簧，没有阻力也就没有进步，没有阴影也就没有光。然而无论出于怎样的初衷，伏尔泰和其他的人却无法从断送了数万人性命的里斯本地震中看到什么"深义"。他们使神正之辨这一极端话题变得更加极端，并且将严格的方法论带入了经验之中，于是被人们想象为建筑师和世界舵手的上帝陷入了越来越尴尬的窘境之中。世俗化的进程势不可当。就在年轻的阿图尔·叔本华正在阅读克劳狄乌斯的时候，这一进程难道在他的身上又一次加速完成了吗？抑或是在回顾往事的时候，叔本华将他自己心灵发展的历程刻意拔高到了西方精神发展史上重大的、划时代的命题的高度？

我们确实在他很早的笔记中就找到了有关神正之辨的详尽阐述。"要么是这样一种情况：万物皆完备，无论是大的还是小的事物……那么每一种痛苦、每一个错误、每一种恐惧……都实实在在是一种直接的、唯一公正的、最好的手段……或者是另一种局面：（可是鉴于当下这个世界，谁又能够坚持以上的推断呢？）只有两种其他的情形是有可能的：如果我们不是从坏处推断一切事物的话，那么除了善的意志以外，我们必须承认恶的意志的存在，它具有某种暴力可以迫使善的意志走弯路；或者我们必须把这种暴力归结为偶然，即秩序或权力中的不完善的罪魁祸首是那个起支配作用的意志。"（HN Ⅰ，9）

在尚未研究莱布尼茨哲学之时，叔本华就已经摒弃了前者关于"一切可能的世界中最好的世界"的原理。这种情况之所以有可能发生，原因在于时代精神早已把伟大的莱布尼茨视作明日黄花，因此一位尚未成年的商行学徒就能够轻易超越他。

不过叔本华同样摒弃那种与莱布尼茨针锋相对的魔鬼说，根据这一学说，魔鬼是一种对立的神，他使万物皆变为恶。在神正论的反思中，陷入自身二元对立处境中而痛苦不堪的叔本华推崇的是一种二元的解决方案，这一点不足为奇。他的解答就是：存在某种对立冲突，对立的双方分别是善的世界意志和恶的世界意志，善要战胜恶只能走弯路；或者对立的双方分别是善的世界意志和偶然，这是前一种情况的变体，因为"偶然"是一种没有面目和形体的恶，是对秩序的否定。

神正论从一开始就试图借助理智的思考对狂热宗教感的消失做出某种补偿。神正之辨背后所潜藏的情绪其实就是恐惧。理性要做的就是将人们正要失去的东西重新拉回来。在当时有些人就觉得这是歧途一条，例如帕斯卡尔就感觉到，理性不自量力，不是将上帝呼来唤去为己所用就是将他驱逐出这个世界，然而潜藏在理性这一辉煌外表之下的却是一个充满恐惧的内心世界。帕斯卡尔认为，在理性话语中是不应该出现上帝的，他要求将信仰和知识严格分开，因为在他看来，两者来源不同，各自所涉及的领域也无共通之处。他认为，将两者掺和在一起只会败坏它们，也就是说，让知识变得晦涩不清，扰乱"心中的秩序"（信仰的真正堡垒）。或者将出现另一种局面：由于支撑宗教体验的力量消失殆尽，于是知识变得狂妄自大。

不过，帕斯卡尔本人也置身于世俗化的洪流之中。他的信仰就是对信仰的信仰，是一种获取信仰的意志。在理性和经验的包围中，人经受着无家可归的痛苦，帕斯卡尔的信仰正是来源于这一痛苦。

从某种世界模式的结构之中推演出上帝（或者正好相反），借助类似的模式否认上帝的存在并没有触及宗教性的生命问题的核心，年轻的阿图尔·叔本华也不例外，他在反思中通过某种二元论的结构（上帝不得不与恶或者偶然性纠缠在一起）瓦解了上帝的力量，然而这与他本人的实际感受并不相符。上帝若能够提供关怀和支撑，阿图尔还是愿意信仰他的，因此对于阿图尔而言，马蒂亚斯·克劳狄乌斯孩童般的信仰不仅意味着父亲设下的牢狱，同时也是某种诱惑。

可是那种天真的对父亲的信仰已经一去不复返了。阿图尔也发现了潜藏在神正之辨之后的不再是一种信仰，而是一种获取信仰的意志。他写道："人在内心深处相信，除了他本人，还有一个外物对他了如指掌。除了无法度量外，设想相反的情形是一种可怕的想法。"（HN 1., 8）"相反的情形"用不着他设想，他已经亲身经历过了，不过它起先并不是什么崇高的、形而上学式的孤寂状态，而是一个缺少关爱的孩子所经历的寂寞无助。在叔本华晚年秘不示人的笔记《写给自己》中，我们可以读到以下的话："在我 6 岁那年，一天晚上散步回来的父母发现我陷于极端的绝望之中，因为我固执地认为他们永远地将我抛弃了。"（HN Ⅳ.2，121）

就在叔本华反思神正论、阅读克劳狄乌斯、为获取信仰的意志而绞尽脑汁之时，他写了一首诗，诗中有两种声音在相互交错：一个被遗弃的孩子的"小小"恐惧；形而上学的无家可归状态所引起的"巨大"恐惧。

> 深夜里，狂风大作
> 巨大的恐惧使我惊醒
> 耳畔的风呼号阵阵
> 穿过庭院、厅堂与塔楼擦身而过
> ……
> 没有一点亮、没有一束光
> 可以穿越沉沉黑夜

> 夜色如此顽固，无法穿透
> 仿佛任何一个星球都不会让它却步
> 我以为，白昼再不会来临
> 我惊恐万分
> 感到如此害怕，如此孤单，如此寂寞
> （HN Ⅰ，5）

阿图尔·叔本华这首啪啪作响的诗大致写于《守夜人波纳文图拉》[①]发表之际。后者问世之初默默无闻，作品既突出体现了浪漫派运动中的虚无主义潜流，可同时又对其进行了滑稽讽刺式的模仿。在这一时期，恐惧、对夜间万物的预言正方兴未艾。在对黑夜的恐惧中，黑暗代表着意义和方向的缺失。让·保尔[②]的《死去的基督在宇宙中发表关于上帝不存在的演讲》中出现的噩梦片段当然也正体现着这一主题，而荷尔德林的所有诗作则都是围绕着"众神降临之夜"展开的。

在《守夜人波纳文图拉》中有这样的话："夜寂静得简直可怕，冷酷的死神就潜藏其中，就像一个看不见的魂灵，他将终结之后的生命紧紧攥在手中。不时就会从教堂顶上坠下一只冻死的乌鸦……"

迄今为止，只有旧的信仰或是新的理性发出的光辉能够帮助人们抵御黑夜。就在叔本华写下这首有关黑夜的诗的时候，距离浪漫派的崛起刚刚过去十年。面对黑夜，浪漫派不只是充

[①] 《守夜人波纳文图拉》匿名发表于1804年，究竟作者是谁，至今众说纷纭。作品中的叙事者是一位守夜人，内容为他在值夜时对各种问题的冥想和评论。作品的结构也很奇特，小说无头无尾，在叙事中插入了诗歌、评论、书信等众多体裁，堪称浪漫派"综合文艺作品"（Universalpoesie）的范本。

[②] 让·保尔（Jean Paul，1763~1825），德国作家，代表作为小说《巨神提坦》《少不更事的岁月》《看不见的共济会》等，其作品以情节曲折、语言幽默著称于世。此外文艺理论著作《美学入门》影响也很大。

满恐惧，同时也陶醉其中。他们找到了新的光源：音乐和诗。只有这两者可以与黑夜和解，因为从音乐和诗中可以生出某种看得见的特殊的黑暗。

阿图尔·叔本华也接收到了从这一"发现"中传达出的讯息。于是为了使自己能够承受痛苦和不幸，他不仅阅读克劳狄乌斯，而且还读了威廉·海因里希·瓦肯罗德尔[①]的作品（由路德维希·蒂克[②]于1797~1799年间编辑出版）。

瓦肯罗德尔是浪漫派艺术宗教中的一颗彗星，是他将闪耀的魔幻、黑夜的绚烂传播开来，却又随即将其熄灭。当蒂克为其编辑文集并将之出版时，瓦肯罗德尔已经谢世，去世时年仅26岁。与十年后年轻的阿图尔·叔本华面临的问题类似，瓦肯罗德尔以及浪漫派运动在一开始就面临着一个问题：浪漫派的这一辈人自身已经不属于旧的宗教，可是他们又不满于理性，在改天换地的法国大革命的激励下具有大胆的想象力，因而他们不满于循规蹈矩，他们感到从父辈那里继承了一笔沉重的遗产，父辈中有些人是理性的，有些人对宗教很虔诚，也有些人懦弱且毫无想象力。这些年轻人在逃避着资产阶级日常生活中咯吱作响的重负，他们在找寻避难之所，最终找到了款款而来的艺术之神。瓦肯罗德尔也是这样一位寻求避难的人。他的父亲是柏林掌管司法的市长和军机顾问，是一位受人尊敬的公务人员，他希望把儿子也培养成同样的人。而儿子却和朋友蒂克一起沉湎于对艺术的幻想，即便如此，还是陷入二元对立

[①] 瓦肯罗德尔（Wilhelm Heinrich Wackenroder，1773~1798），德国早期浪漫派代表作家，主要作品有长篇小说《一个热爱艺术的僧侣的心曲倾诉》及续集《关于艺术的幻想》，其作品对其他浪漫派作家影响深远。

[②] 蒂克（Johann Ludwig Tieck，1773~1853），德国早期浪漫派的代表作家，代表作为长篇小说《威廉·洛弗尔先生的生平》《弗兰茨·斯特恩巴德的漫游》（与瓦肯罗德尔共同构思，蒂克执笔）及童话小说《金发的埃克贝尔特》和童话剧《穿靴子的公猫》，此外还翻译了《堂吉诃德》和莎士比亚的作品。

的冲突之中。他当不了"无用人"①,一位同时代的人是这样描述他的:"就仿佛他已经隐约地感觉到,这个内心的世界需要一个来自外部的平衡力。当他不愿完全走进内心世界的时候,他就怀着恐惧依附于某种秩序。一旦这种秩序对他来说成为习惯的时候,他就不再放弃这一秩序。在这样的情形下,人们会觉得他冷静甚至迂腐。此时,父亲的资产阶级本性似乎占了上风……总的来说,音乐贯穿了他的整个生命。在音乐中积蓄着某种负载着电能的物质,它只等待着适当的接触方式,随后四射出的电光让人目眩。"[19]

而年轻的叔本华本人也怀着恐惧依附于"某种秩序",在浪漫派的艺术和音乐幻想的流星雨中流连忘返。在众多的幻想中,最为著名的莫过于《一篇来自东方的关于某位赤身圣徒的奇妙童话》②了,人们认为它比喻了浪漫派对获得救赎的渴望,这部小说已成为一个"经典的"譬喻。直到晚年,阿图尔·叔本华还从这个故事中汲取素材。这篇童话中的"圣徒"总是听到"旋转着的时间之轮在吱吱作响",因此他必须干最重的活儿,似乎要把"一个巨大的轮盘转动起来"。在一个夏夜里,一对情侣的歌声使他获得拯救。"随着音乐和歌声发出第一串音符,纠缠着赤身圣徒的时间之轮不再轰鸣。"[20]对于新一代而言,音乐、诗和爱情是天赐的力量,它们将人们从干巴巴的日常生活的"转轮"中解脱出来,从空虚的时代的"单调的、一板一眼的持续轰鸣"中拯救出来。在叔本华日后的哲学中出现了"意志的转轮"这一概念,我们被捆绑其上,随着它

---

① 此处的"无用人"(Taugenichts)来源于德国浪漫派作家艾辛多夫(Joseph Freiherr von Eichendorff, 1788~1857)的小说《一个无用人的生涯》(1826),其中的主人公具有音乐才华,四处游荡,怀才不遇,又不愿随波逐流,在一般人的眼中就是一个"无用人",在他的身上体现了浪漫派"艺术人生"的理想。

② 该作品出自《关于艺术的幻想》(瓦肯罗德尔)第二编。

转动。当我们沉浸于艺术作品之中的时候，转动的轮子会戛然而止。

在这一时期，年轻的阿图尔·叔本华阅读着浪漫派的作品，他在日记中写道："如果我们从生活中将宗教、艺术和纯粹的爱情这仅有的几个瞬间提取出来，那么除了一些低级乏味的念头外还能剩下些什么呢？"（HN Ⅰ，10）

宗教在这里还是某种救赎的力量，可是在浪漫派那里，宗教是和"艺术"与"爱情"联系在一起的，于是这种宗教便和父辈们的宗教有所不同了。例如马蒂亚斯·克劳狄乌斯就强烈反对将艺术和宗教相提并论，因此他将浪漫派的崛起视为新一轮的偶像崇拜并加以抵制。从他的立场（"遵照上帝的旨意"）出发，这位正人君子的话还是颇有道理的。因为浪漫派所理解的宗教并非俯身屈从、信仰神启的宗教，而是一种授予自身全权的宗教，是挣脱了束缚的想象力的众多表现形式之一。如果要理解阿图尔·叔本华如何以及为何沉浸其中，那么就必须理解浪漫派宗教的内在活力所在：恰恰是对艺术的狂热造就了这一宗教。

如果有人像叔本华那样陷在父亲的此岸世界之中，那么至关重要的就在于，他至少就要从父亲的彼岸世界（马蒂亚斯·克劳狄乌斯）中超越出来。浪漫派的宗教和艺术宗教（至少是瓦肯罗德尔的音乐形而上学）为年轻的叔本华开辟了道路。他随着这一潮流前行，于是就从父亲的宗教中稍稍解放出来。由此，他摆脱了父亲认可的世界超越方式，从而进入了被父亲禁止的世界超越方式之中。作为个体，他理解了一个划时代的精神运动的命运，这一精神运动将开创（我称之为）"哲学的狂野年代"，这个时代已经一去不复返了。

这个时代的起点是康德的革命，这一革命破除了传统形而上学的神话，掏空了传统的信仰，务实地赋予主体以全权，将对"自在之世界"（Welt an sich）的好奇转变为"自为之世界"（Welt für sich）的生产形式。旧的"物的秩序"（福柯）随着康德而瓦解，催生了现代性。虽然现代性已经丧失了其魔力，但是我们始终无法从中摆脱。

虽然叔本华要到日后才会接触到这场与康德的名字紧密相连的革命，但是他此时已经被笼罩在了这场变革的气氛之中。在与浪漫派的接触过程中，他已经感受到了这场变革的划时代影响。从某种程度上说，当叔本华准备参与其中之时，这场变革的剧情已经进入第二幕或第三幕了。这是颇具意味的一件事。通过浪漫派，叔本华回溯到康德那里。后来的哲学家对康德表示不满，然而叔本华正是试图对此作出修正。在佛教和神秘主义的推动下，跨越了费希特、黑格尔和马克思，叔本华一头扎进某种没有天际的超验之中，进入了刨根问底的"对有限性的分析"（福柯）之中。这种分析所造就的艺术作品不会背弃形而上学。

在汉堡的最后两年里，叔本华还是不断地阅读浪漫派的作品，感受其中的勃勃生机。然而在浪漫派艺术的无限之中缺少某种根底，也就是马蒂亚斯·克劳狄乌斯和父亲所信仰的"客观的"启示。浪漫派的无限是彻头彻尾主观的东西，人们将自己献身于某种无限之中，这种无限或者是人创造出来的，或者人们在接纳它的时候至少觉得自己能够创造这种无限。依据浪漫派的时代精神，世上没有什么东西不可以借助挣脱了束缚的想象力创造出来。

浪漫派相信，透视自身的秘密就可以窥探世界的秘密。如果人在自己那里找到了咒语，世界就会放声歌唱。人会下坠不止，然而这种下坠乃是真正的升腾，下沉之势将人们带进磁力场的中心，在这里步履跟跄的理性学着翩翩起舞。在这里原本潜藏着我们心中那些不可言说的东西，而此刻我们却与世如此亲密地接触。这里充满了浪漫派对语言的怀疑，对于瓦肯罗德尔而言，语言是"内心狂热的坟墓"。[21]在语言中，无法言说的东西轻易地变得不可言传。语言跟不上情感的河流，它只能将那些同时发生的感受捻成细细的丝线而由前至后地一一道来。对于诺瓦利斯①而言，现代的原罪就肇始于路德的《圣经》翻译，随着这一译本的出现，字符横行霸道的时代开始了。在字符的监护下，想象力和内在的意义被剥夺了，它们由此失去了天马行空的本领。正像瓦肯罗德尔一样，诺瓦利斯称颂"神圣的音乐"。[22]在音乐中，万物仍可以自由回旋，借助音乐人们可以学习悬浮的形而上学。如果说瓦肯罗德尔还只是小试身手探索通过音乐拯救个体的话，那么诺瓦利斯则将其推而广之，试图借助"神圣的音乐"将欧洲从敌对和平庸中拯救出来。贝多芬具有和诺瓦利斯一样的勃勃雄心，他在波拿巴将军的身上找到了自己的影子，却发现作为皇帝的拿破仑背叛了自己。不只是瓦格纳，在他之前的贝多芬就感觉到了自己是宗教的某种赞助人，对于他而言，音乐是"传达神性的东西，是一种高于一切智慧和哲学的启示"。[23]在下文关于叔本华音乐哲学的段落中，我们将再次提及音乐所具有的浪漫的高空迷醉感。

根据浪漫派的精神，通向我们心中无可言说之物并借此通向世界秘密的途径首先在于音乐和宗教。它们同样是最根本的东西。这在半个世纪以前还是一种亵渎神明的说法，可是世俗化的进程和获得解放并自我授权的主体击碎了旧的天空，音乐仰视着这片天空，宗教从这里获得启示。现在这两者（音乐和

---

① 诺瓦利斯（Novalis, 1772~1801），原名 Georg Philipp Friedrich Freiherr von Hardenberg，德国早期浪漫派代表作家。代表作为《海因里希·封·奥弗特丁根》（未完成）、组诗《夜之颂歌》、诗歌集《宗教诗》和论文《是基督教还是欧罗巴》。

宗教）是我们自身想象力的产物，正因为想象力来自不可言说之物，所以它展现了某种神力。这是来自下层的神性。同时代的哲学家雅各比对此不以为然，他目光敏锐地揭示道："要么上帝存在于我的体外，充满生机，为自身而存；要么我就是上帝。"[24] 浪漫派选择了他们自己的神性。施莱尔马赫①写道："并非信仰《圣经》的人，而是不需要《圣经》并且能够自己创造《圣经》的人才拥有宗教。"[25]

这种从纵情感伤中流淌出来的令人沉醉的宗教深深吸引着叔本华，因为这种宗教所展现的不是父亲的启示和道德规范，而是展示了一种体验自我和世界的方式，这种方式还可以给人以审美享受。在母亲移居魏玛之后，叔本华住在保险商维林克开办的旅店中。就在这里，他沉醉于浪漫派升天之旅的氛围之中，而此时此刻，浪漫派的代言人却已经"连翻三个跟头跳入深渊之中祈求上帝的怜悯"（弗里德里希·施莱格尔②语）。[26] 当下的趋势是回归教会信仰，而叔本华正试图摆脱它。他在瓦肯罗德尔那里读到这样的话："我们的生命被消解成碎片布满废墟之上，可是我们必须凭借勇敢的臂膀披荆斩棘穿越这片废墟，紧紧依靠艺术，依靠伟大的、恒久的事物，只有它们才能超越一切并抵达永恒。永恒从天上向我们伸出熠熠生辉的手，于是我们便可以大胆地悬浮于可怕的深渊之上，盘旋于天地之间！"[27] 叔本华写信给远在魏玛的母亲，信中写道："在我们这块坚硬的土地上，必然性和缺陷在争夺着每一寸领土。天上的

---

① 施莱尔马赫（Friedrich Daniel Ernst Schleiermacher，1768~1834），德国新教神学家、哲学家、教育家，与柏林浪漫派交往甚密，哲学代表作为《辩证法》，是现代阐释学的奠基人，对后世影响巨大。

② 施莱格尔（Karl Wilhelm Friedrich von Schlegel，1772~1829），德国浪漫派作家、文艺理论家，代表作为论文集《断片》和长篇小说《卢琴德》，他的文艺理论思想被认为是德国浪漫派文艺理论的集大成之作，对后世影响深远。

种子怎样才能在此找到容身之所？我们被原始精神所放逐，不能用力向上接近它……可是一个充满怜悯之心的天使为我们祈得了天上的花朵，这朵花在空中异彩纷呈，最终在这方充满苦难的土地上扎根。神圣音乐的脉搏没有停止跳动，它们穿越了几个世纪的蛮荒，它们激起的永恒的回响留在了花朵之中，所有的感官都能感受得到，其自身也超越一切的重负和德性。"（B，2）

第一眼看上去，艺术和宗教之间的和谐对于两者都有好处。作为艺术的宗教使自己从教条中解放出来，并成为内心的启示；而作为宗教的艺术则赋予这些"启示"以超世俗的庄重。艺术宗教使我们得以"大胆地悬浮于可怕的深渊之上，盘旋于天地之间"。陷身于生意买卖之中的叔本华将希望寄托于这种艺术宗教，他试图"轻轻迈开脚步／穿越丑陋的尘世生活／不让双脚陷入尘土之中……"。（HN Ⅰ，2）

在父亲的信仰中，对世界的超越是踏踏实实的、值得信赖的一笔存款。而与此相对，浪漫派的艺术宗教（即使按照其对自身的理解）好比一桩充满风险的买卖。年轻的蒂克在他的小说《威廉·洛弗尔》（年轻的叔本华曾读过好几遍）中写道："如果这样一个生灵一旦感到自己的双翼失去了力量……那么他就会不顾一切地向下坠，他的翅膀就会摔得粉碎，从今以后他不得不永远爬行。"[28]

浪漫派的狂热所带来的轻微震颤其实来源于潜在的恐惧，他们害怕恢复清醒，害怕失去梦游中的安全感。在最义无反顾的时刻，浪漫派知道，他们的天国音乐的回响空间如此虚空，令人胆寒。瓦肯罗德尔写道："在我看来，不久以后音乐将完全成为我们生活的写照，成为感人而短暂的愉悦（这种愉悦或起或伏，它来自虚无并最终消失于虚无，没有人知道为什么会这样），成为令人欣喜的小小绿洲（它漂浮在黑暗而捉摸不透的大洋之上，阳光明媚，充满歌声和旋律）。"[29]

在众神覆灭之后，某些人想通过自己的力量再度托起他们心目中的神明，这些人陷入了某种进退两难的境地：他们要信仰那些他们一手造就的东西，他们还要将这些自造出来的东西当作感受到的东西加以体验。他们要从这种"创造"中达成自身心灵和神的统一（unio mystica），可是这种统一只能维持现状。他们想在台前观赏大戏，可同时又置身台上，他们自任导演想让自己的表演出彩。浪漫派的艺术信仰想做的是那些不可能的事情：通过精巧达到素朴，替换旧的成分，代之以镜像般的双重存在。结果是：感觉之感觉，信仰之信仰，想法之想法。根据情绪的变化，人的所感所受也有所不同，要么是因物态千变万化而欣喜，要么是由于无物可依而痛苦。正如让·保尔所说："唉，如果每个人都是自己的父亲和造物主的话，那么他难道不也同样可以是自己的死亡天使吗？"

浪漫派的这种内心冲动异常危险，而它恰恰使叔本华精神振奋。但是坠落的恐惧对于他来说并不陌生。那么叔本华时刻担心有可能将其抛向尘埃的究竟是什么力量呢？

这就是在迟到的青春期里所爆发出的感性体验，正是后者阻碍了他，使他无法任意飞翔。性欲，也就是肉体让他坠落尘寰。就在他处于浪漫主义的振奋情绪之中的时候，他写了一首意味深长的诗献给"死亡天使"："哦，情欲，哦，地狱／哦，感官，哦，爱情／无法令人满足／从高天之上／你将我拖下／将我摔下／我躺在尘土里／浑身绑缚。"（HN Ⅰ，1）

"情欲"和"爱情"，对于年轻的阿图尔而言，这二者意味着什么呢？

首先一点：在父亲去世、母亲出远门以后，尚未年满20岁的叔本华独自生活，没有家人照看。在此期间安蒂姆来到了汉堡，一来他可以结束在勒阿弗尔的那种"百无聊赖"的生活，二来在此学商。安蒂姆在信中写道，他想在朋友的身边。在此期间，这两个年轻人做了不少"放荡不羁的事情"，这在当时市民阶层中倒也司空见惯。

每逢周末，居住在奥米勒的安蒂姆就来到汉堡。他要"亲身体验些东西"，而阿图尔则充当向导。二人相互鼓动对方，与女演员和合唱女歌手们在一起厮混，如果在她们那里讨不到什么便宜的话，两人就在"一个风尘女子的怀抱里"（安蒂姆信中的原话）[30]寻求安慰。安蒂姆那种在女人面前大献殷勤的媚态有时候也让阿图尔颇为厌烦，对此他不无嘲讽，而且显出不快，安蒂姆由此受到了伤害。不过很快双方又和解了。阿图尔还给安蒂姆弄了些不正经的读物，看来这正中安蒂姆的下怀，因为后者在信中谢道："这些日子里心情好极了，常有些男欢女爱的念头。"[31]

"男欢女爱的念头"两人都有，不过阿图尔总是满怀疑虑地压抑着这些想法。在某个夏日里，两人前往位于霍尔施泰因的特里陶郊游。两个人就躺在树荫下的草地上休息，安蒂姆动了寻欢作乐的念头，而此时的阿图尔却扫他的兴，说道："人生如此短促，且充满疑团，因此费劲做事徒劳无益。"（G，15）

还没有什么男女之事值得阿图尔费什么大劲儿，他的问题在于：肉体的需求羞辱着大脑，这些需求可以在他本人面前炫耀胜利，然而却无法战胜女人。于是，他无法宽恕这些肉体上的需求，同时也无法宽恕女性。在多年以后的一次谈话中，阿图尔·叔本华说："至于说到女人，我对她们总是彬彬有礼。如果她们想得到我该多好。"（G，239）既然女人们都不想得到他，那么对于叔本华来说，她们必然就成为暗中渴望的对象，因此他也就将涉及肉体之事看作某种威胁。"情欲、地狱、感官、爱情"，这一切对于他来说都是一样东西："弱点的枷锁"。正是由于这一枷锁，一切"向上的追求"归于失败。性欲总是给他带来失败或者只是一些小的胜利，因此他体验到的性只是屈辱而已。由于安蒂姆只是两人共同学步时的同伴而已，所以不久他就疏远了阿图尔。在情场上较为得意的安蒂姆根本无法理解阿图尔"不要深陷到肉体之中"的愿望。

阿图尔整日里坐在耶尼诗家店铺的账房里，而晚上则待在旅店里，虽说偶尔和安蒂姆一起去寻欢作乐，却了无兴致。对于阿图尔而言，"外界"再糟糕不过了。可是他却没有试图去改变这种情况，而是梦想着"精神上的巫山云雨"。"少数的那几个杰出人物只是出于偶然才不像其他众人那样被如此稳固地安置在躯体之中。为什么又偏偏是他们受到千难万阻而不得不彼此分离，以至于他们无法听到对方的声音，无法辨认对方的模样，无法经历那一刻精神上的巫山云雨？为什么像这样一个人不得不……顶多只能在艺术作品之中……偶尔地感受到相似的生灵存在，而随后徒增思慕之苦？他此时在荒野之中独自忍受，在这片荒野之中，一大群没精打采的半人半兽的怪物（它们就像撒哈拉沙漠中的沙子那么多）映入他的眼帘。"叔本华如同生活在撒哈拉沙漠之中，这种生活持续了一段时间，直到1807年的夏天。身在魏玛的约翰娜再也受不了来自汉堡的这些哀诉了，她要采取行动解放阿图尔，因为他无法凭借自身的力量解放自己。是母亲让他获得了重生，她将阿图尔从汉堡拉了出来。按理说他应该感谢母亲才是，这是他欠母亲的一笔债，但或许这正是他无法原谅她的原因。

第五章

魏玛——政治上的灾难和母亲在社交上的成功——处于困境之中的歌

阿图尔独自在汉堡生活了几乎一年之久。然而按照资产阶级家庭观念和继承法的解释,他还没有完全成年。不过自从移居魏玛之后,母亲一直把他当作成年人看待。十分明显的是,她在信中使用的是一种新的口吻。和阿图尔交谈之时,她不像是一个母亲,而像是一位年长的朋友或是姐姐。在出发的那一天,她想逃避那种惯常的告别仪式。1806年9月21日的清晨,阿图尔收到了一封信,那是母亲在夜里写就的,信中说道:"你刚刚走,我还能闻到你的雪茄留下的气味。我知道,在很长的一段时间里,我将无法见到你。今天晚上,我们在一起相处得颇为愉快,就把这当作辞行吧。保重,我亲爱的阿图尔!当你收到这封信的时候,或许我已经不在这里了。就算我还没走,你也不要来找我,我无法忍受告别的时刻。只要我们愿意,就一定还能再见。我希望,这根本用不了多长时间,到时候理智会让我们彼此都愿意再见的。保重,这是我第一次欺骗了你。我六点半就预订了马匹。我希望你不会因为我欺骗了你而难受,我是为了自己才这样做的,因为我知道自己在这样的时刻是如何的脆弱,每一次感动都会深深地搅乱我的心。"[1]

这封信的重要之处在于其细节部分,例如信中提到他们共度的最后一夜留下的雪茄烟味。她不想把阿图尔当作儿子,而是想把他当作一个男人留在记忆之中。她略施小计躲过了伤感的离别一幕,她无法承受这一场面。她的心中充满了对新生活的愉快憧憬。"我是为了自己才这样做的",正是凭借这一逻辑约翰娜将自己从寻常的母亲的职责中解脱了出来。

她设计了新的人生蓝图，这违背了上等人家的规矩，对于这一点她心里大概很清楚。这正给了她某种足以让人自豪的自信：她不会心存恐惧地瞻前顾后，从而使自己的生活受到妨碍。她曾经在一封给阿图尔的信中写道，她"下定决心，太想在两条路中间选择看上去最好的那一条路。就像我在做出何处栖身的决定时那样，我没有选择返回故乡回到亲戚朋友那里（每个女人在我眼下的处境中都会这么做），而是选择了对于我来说完全陌生的魏玛"（1807年4月28日）。[2]

在丈夫去世后，她与那帮亲戚的关系比较疏远，她万分庆幸终于摆脱了他们。针对但泽亲戚之间的争吵，她当着阿图尔的面发表了如下评论："感谢上帝，我还算聪明，得以从一切类似的亲戚关系中脱身而出。我可以从远处静观这些是是非非，我越发感到，所有这些鸡毛蒜皮的琐事只会败坏我那原本良好的生活。"（1807年1月30日）[3]在魏玛，约翰娜完全沉浸在全新的、"良好的生活"之中，因此在这一时期写给阿图尔的许多书信中，她只顾写自己和身边的人和事情，而没有（当然除了起初的几封信外）仔细回复阿图尔信中的内容。这一时期阿图尔写给她的信也难以计数，这些信日后都被她销毁了。在他俩之间，不存在用书信方式进行的对话。约翰娜本人几次在信中请求阿图尔的原谅，其实她只是想让阿图尔分享她的世界，她写道："可是我总是想跟你说些什么，我有这样的习惯，参加聚会归来总要给孩子们带些糖果回来。"（1806年12月8日）[4]这番话从母亲的口中说出来未免有些炫耀之意了。对于阿图尔在汉堡的生活，她没有表现出什么特别的好奇心。不过她倒是利用了阿图尔留在汉堡这一契机，不时交给他一些小差事，为她在魏玛的那些朋友跑腿。例如他要将魏玛公爵的母亲的一封信递送到罗斯托克；歌德的朋友们需要画笔和刺绣的花样用于临摹；好友费尔诺夫想要一本书，可在魏玛却买不到；而母亲则需要一顶草帽。所有这些东西阿图尔都要仔细装箱，而帽子则要先戴在头上试一试，因为"别忘了，我的脑瓜和你的一样大，这顶帽子一定要你戴了合适才行，否则我也没法儿戴"（1807年3月10日）[5]，母亲在信中这样写道。只有在这样的情况下，共同的大脑瓜①才显得有些好处。如果阿图尔一切都采办齐全的话，母亲会大加赞赏："亲爱的朋友阿图尔，我赠给歌德、费尔诺夫、麦耶尔一人一支粉笔，他们对此深表谢意。"[6]歌德让母亲代为致意，并为收到了粉笔表示感谢，阿图尔就此抓住了"先知长袍"②的一角。在为神奇的魏玛奔走当差的过程中，阿图尔也稍稍感受到了太阳的温暖。

在当时，如果有谁能够和魏玛这个精神的世界稍稍攀上些关系，那么他在进入魏玛之时都会满怀敬意。在文化之家的上下两层高朋满座，德国的其他任何地方都难以企及。楼上住着赫尔德、席勒、维兰德③，当然还有歌德；而楼下则聚集着那些风行一时的人物，例如奥古斯都·封·科策比④、斯特凡·许策⑤、乌尔皮乌斯⑥。毫不奇怪，就连那位不甚恭敬的同代人让·保尔在初次来到这座位于图林根的小城时也不禁赞叹道："终于……我推开了天门，现在正站在魏玛的中心。"[7]不过，没几

---

① "大脑瓜"（Dickkopf）在德语中意为"固执的人"，因而此处是一语双关。
② 参见下文对此的解释。
③ 维兰德（Christoph Martin Wieland，1733~1813），德国著名小说家、诗人，代表作是小说《阿伽通的故事》《阿布德拉的市民们》和童话史诗《奥伯龙》，此外他还翻译了大量的国外文学作品，其中包括莎士比亚的22部剧本。
④ 科策比（August von Kotzbue，1761~1819），戏剧家，所创作的戏剧作品在当时十分流行。他曾供职于俄国政府，后任俄国驻德国使团文化专员和政治观察员。
⑤ 许策（Stefan Schütze，1771~1839），自由作家，与魏玛文艺界交往密切，是歌德和约翰娜·叔本华府上的常客。
⑥ 乌尔皮乌斯（Christian August Vulpius，1762~1827），作家，歌德妻子克里斯蒂安娜的兄长，曾供职于魏玛的剧院和图书馆，以撰写通俗作品（绿林故事、恐怖小说等）著称于世。

个星期他就在一封写给兄弟的信中抱怨道:"你根本想象不到,为了能够栖身在公爵的伞盖下,大家你争我夺,推推搡搡,争吵不休。"

如果一个人没有为魏玛投射出的艺术光辉所迷惑的话,那么无论他来自哪个方向,一旦向魏玛方向进发,他就会气急败坏地发现,便于行驶的重要主干道都不通向这座城市。无论是从法兰克福(美茵河畔)途经埃尔福特通往莱比锡的东西干道,还是由艾斯莱本经过鲁道尔施塔特前往纽伦堡的南北干道,它们都不经过魏玛,这座有实无名的德国文化首都位于交通上的死角。距离魏玛最近的一段干道的路况实在糟糕透顶。自1799年起,歌德主管魏玛公国的公路修建事务,他试图改变这一状况,然而无功而返。于是他干脆放弃了这一想法,只身前往意大利旅行去了。魏玛四周的道路十分危险。1816年夏天歌德前往法兰克福,马车刚刚出了魏玛还没有走几里路就翻倒在路旁。身为枢密顾问的歌德身上多处擦伤,从马车下面爬了出来。自此以后,他放弃了一切较大规模的出行计划。

魏玛城中的道路还算不错。同时也主管市政道路建设的歌德在这方面发挥了不小的作用。最重要的马路、街道和广场都铺上了砾石路面。令魏玛人自豪的是,所有来这里的游客和外国人都要为此交纳专门的砾石路面税。当局还下令要求人们爱惜使用路面,因为这是魏玛城市文化的珍品。为此当局还制定了限制速度的规定,马匹车辆只能中速行驶,马路上禁止吸烟。

"前来朝圣的艺术青年、狂热的文艺爱好者走进这座城市,他们似乎由一位女魔术师领队参观,"一位同时代人的游记中有这样的记述,"在他们看来,魏玛简直太美妙了,就像是缪斯女神的美丽天国……不过……建筑样式、房屋、街道和各种装饰与天国并不相干,这只是魏玛的外表;而他们在心目中所看到的是魏玛的诗意。"[8]

同期的许多记述都可以证明,"魏玛的外表"确实不怎么样。一位名叫沃尔夫林的人在1796年参观了魏玛以后写道:"眺望全城的最佳地点在高地对面的山上。可无论你怎么仔细端详,它终究是一个其貌不扬的地方。无论从街巷的规划和整洁程度,还是从建筑的样式方面讲,魏玛都无法与整洁宽敞的哥达相提并论。这里的房屋大多非常矮小而简陋,在我看来,这简直是一副简陋的小城市的模样。离开主干道不远就能够看到坑坑洼洼的地方,这更印证了我的判断。在这座城里找不到一块地方可以让人看得出这里有国都的气象。"[9]

在1800年前后,魏玛的人口大概在7500人。虽然这座城市文化名人荟萃,可是人口的确没有什么明显的增长。相对于同期德国全境的人口增长率,魏玛还落后于其他地方。从歌德抵达魏玛的那一年(1775)到世纪之交(1800)这一段时间,城中只新建了20幢房子。老城中心狭小,形状也不规则。在1800年前后,城中共有700幢房屋,都拥挤不堪地围绕在雅各布教堂周围。1760年起,当局开始拆除城防工事,于是在城市外围获得了新的空间。几座老城门也给拆了,不过用于征收往来车辆税收的关卡还保留着。在新开辟的土地上兴建了公园、苗圃和林荫道,而且还给务农的居民(Ackerbürger)① 兴建了新住宅区。魏玛还远远没有脱离小城市的风貌,虽然此时已经比歌德刚来的时候要强一些了。那时候猪满街乱窜,奶牛就在公墓的草坪上吃草,当时公爵颁布的清洁令中有这样一些司空见惯的条款:"城中的粪便由粪车运送出城。如果没有车辆,就应在集市之外的日子里将粪便处理到僻巷之中,周日

---

① 这些居住在城市里的居民拥有自己的土地并亲自耕种,从中世纪到18世纪,欧洲城市中的大部分居民都是这样的农业人口。

或节假日里不许把粪便留在路面上不管。"¹⁰ 18 世纪中叶，魏玛几乎一半的人口是农民，直到世纪之交前后尚有 10% 左右。不过有些小手工业者、车行主、饭店老板以及一些宫廷侍从也拥有小块的耕地，因此家门前常堆积着充当肥料的粪便，这仍然是城市里常见的景象。夏日里，这些肥料总是会招惹来不少蚊子和飞蝇，因此在这段时间内，那些体面人就会逃离到邻近的温泉浴场去。

这些"体面的人"都聚集在公爵的宫廷里，在魏玛没有拥有自己产业的大资产阶级。虽然这里行业众多、门类也不少，可都是由一般的小市民经营。据 1820 年的统计，这里共有 485 家手工业作坊，其中的 280 家作坊没有帮工，117 家各自只有一名帮工。城中共有 62 名鞋匠、43 位裁缝、23 个屠夫、22 位木匠、20 个面包师、20 名麻纺工、12 个铁匠、11 位钳工、10 名箍桶匠、10 个皮匠在行会中注册，借此可以规范彼此之间的竞争，具体措施就是谁也不得大规模扩张经营。工业化时代的触角几乎还没有延伸到魏玛。不过，在歌德的文学创作陷入枯竭的那段时期，他曾试图改变这一局面。由于新宫殿的建设进度缓慢，于是在 1797 年，他呼吁宫殿营造委员会建立一个"大木工作坊"，论据是："至少有一部分活计应该采取工厂化的生产方式完成，采用机器或多人共同协同工作具有很多优势，否则该工程将遥遥无期。"¹¹ 可是歌德的同僚福格特却持反对意见，他认为："还是应该考虑到行会方面的问题……众所周知，此地的木匠作坊里的帮工已经卷入了令人不快的滋事事件之中，因此这一行业的生产能力受到了极大的限制。如果建立一家不受行会控制的木器厂的话，那么不满的情绪只会增强。"¹² 魏玛当局不愿看见无产阶级的出现。

魏玛城中唯一有些气派的"工业家"当推弗里德里希·尤斯廷·贝尔图赫（Friedrich Johann Justin Bertuch），他早年学习法律，爱好文艺，身兼商人、出版商，同时还替公爵掌管私人财产。贝尔图赫是靠创办一家生产人造花的工厂起家的，这也正符合这座小城的文艺氛围。歌德的情人、日后的妻子克里斯蒂安娜·乌尔皮乌斯就在这家工厂里工作。此外贝尔图赫创立了一家出版社，出版了几份报纸杂志，其中有著名的《耶拿文学汇报》和《奢华与时尚》。1791年，他将所有与出版和工艺品加工有关的业务合并在一起，成立了"国家工业社"。当然此处的"工业"还不是现代意义上的工业，同时代的人对这个夸大其词的招牌有所评议："虽说贝尔图赫先生称自己的公司为工业社有些日子了，如果此地有什么工业的话，那么也就只有这么一家而已。"[13]

可是在魏玛的周边地区，新的时代已经来临了，虽说进展还有些迟缓。在阿普尔达已经有了一家生产长筒袜的工场。一架纺车每周可以生产10双长筒袜，这似乎还算不得什么。可当地一家水管厂的名声就显赫多了，因为它是全德国境内第一家。

1820年前后，魏玛就业人口中的26%直接或间接地依附于宫廷。公务人员、警察、宫廷侍从、宫廷乐队和剧院的成员、神职人员、教师、医生、药剂师、律师等自觉高人一等，与那些手工业者和雇佣劳动者划清界限，后者在很大程度上也依靠宫廷交办的差事过活。无论社会等级如何森严，对于那些满怀憧憬踏入这座著名城市的外来人而言，这里仅仅是一座充满市侩气的小城市。那位沃尔夫林先生写道："住在城里的大部分……居民是一群小城市里惯常的市侩，在他们的身上，你既感觉不到宫廷的精致也体会不到特别的富足。"[14] 一位习惯完全不同的英国人写道："想在魏玛寻找国都里常见的欢乐的人群、嘈杂而感性的欢愉场面，这是完全徒劳的。这里很少有人喜爱闲适的生活，而且有钱的人也太少，因此没有闲情逸致游艺享乐。

由于这座城市本身就很小,而且居民的生活按部就班,因此不需要警察,更无须秘密警察,每个居民就已经处于宫廷的特别监视之下了……如果一个人来到此地就是为了消遣娱乐的话,那么他一定会觉得魏玛是一个令人伤心之所。上午是工作的时间,就连那几个无所事事的古怪家伙也羞于被人当作闲人……六点钟每个人都赶往剧院,人们称之为大家庭的聚会……大约九点前后演出结束。可以断定,十点前后每家的主人都已经进入沉沉的梦乡,或者至少彻夜静静地躺在床帏之中。"[15]

如果谁想在剧院之外寻找其他的娱乐场所,那么他一定会失望的。沃尔夫林写道:"若是走进一家咖啡馆,您就会看见里面空无一人,店中的伙计无聊地搓着手。他甜言蜜语地跟在你身后简直要把你逼近墙脚,因为您的光顾使他幸福无比。到了晚上,您会在这里撞见一帮文书,这些人吞云吐雾简直要使人窒息。"[16]

定期举行的集市让魏玛这座都城毫无遮掩地回到了其本原状态(乡村),只有在这个时候,城市里的公共生活才活跃起来。每年秋天举行的洋葱集市是一次真正的民间节日。人们将自家的房子用树枝和树叶装扮起来。葡萄酒要多少有多少,人们在街上跳舞,到处可以闻到大葱和芹菜的气味,一派欢庆丰收的氛围。同样热闹的还有每年举行两次的规模盛大的原木集市,荷兰造船业的富商们居然也来赶集。而猪市也是每个月举行一次,就在雅各布教堂前的广场上,这令居住在附近的赫尔德大为光火,他此时是教会监理会的高级成员。

除了这些定期举行的乡间节日,在其余的日子里,从近处观察这座城市,魏玛就是一个"蜗牛壳里的世界",席勒来到魏玛后大失所望地下了这个断语。出于自己的身份,贵族们只是在自己的圈子里交往,而小市民们也是如此。直到1848年,魏玛剧院内楼上的观众席还被分成两块,贵族的包厢和市民的包厢泾渭分明。就连歌德有时也能感受到贵族们的傲慢无礼。自认为代表魏玛社会最上层的16个家族仍然对歌德的爱情生活耿耿于怀，曾经在贝尔图赫的人造花工厂里干活的克里斯蒂安娜·乌尔皮乌斯是他们绝对"无法接纳"的。在一次化装舞会上，一位贵族出身的高级林业官员居然向枢密顾问歌德发出挑衅："把你的人（克里斯蒂安娜。——作者注）送回家去！我把她灌醉了！"[17]这一回他确实把克里斯蒂安娜送回家了，可是总的看来，这件事并没有使他产生动摇。日后成为公爵的情妇并暗中与歌德较劲儿的女演员卡罗琳娜·亚格曼①在回忆录中写道："当我从曼海姆来的时候，这层关系已经确定了。乌尔皮乌斯住在歌德家中，对于这座小城来说，这简直是一件令人羞耻的事情。这是他平生第一次也是唯一一次敢作敢为，无所畏惧地蔑视公众的意见。人们觉得此事尤伤体面之处在于，大家认为歌德在滥用特权，而从某种程度上来说，这种特权保障正是他与公爵的交情。"[18]随着歌德与乌尔皮乌斯产下一子（奥古斯都）并使其合法化，人们觉得受到了莫大的羞辱。当然歌德仍然继续与宫廷维持联系，他的官方职责要求他这样做。他在贵族的核心圈子内也有通风报信的人，那就是封·斯泰因夫人②。但是只要有可能，他就会避免那些只有贵族参加的社交活动。在自己位于弗劳恩普兰并不宽敞的家中，他试图营造一种兼容各个阶层的氛围，当然这里也受着严谨的礼仪规范的束缚。招待宾客的主人是枢密顾问先生，而不是瓦普几司之

---

① 亚格曼（Karoline Jagemann，1777~1848），歌唱家、戏剧演员，是魏玛宫廷图书馆馆长克里斯蒂安·约瑟夫·亚格曼的女儿，先后在曼海姆民族剧院和魏玛宫廷剧院从事表演，是当时全德国地区最著名的演员，一度执掌魏玛歌剧院，公爵死后离开魏玛。

② 斯泰因夫人（Charlotte von Stein，1742~1827）是魏玛宫廷中的常客，歌德曾追求过她，在一段时间内（1775~1788）两人是很好的朋友，有频繁的书信往来，她曾对歌德的文学创作影响很大。

夜[①]盛会上的诗人。

小市民缺少自信，他们只是待在自己的圈子里，他们巴望着因为表现良好或驯服而获得从天而降的嘉奖。没有哪一个地方的人像魏玛市民那样热衷于获得封号和拥有参事这样徒有其名的头衔。一位来魏玛旅游的人写道："尤其引起我注意的一件事是，我总是听到人们在谈内廷参事维兰德、枢密顾问歌德、副主席赫尔德。人们在提起他们的时候总是加上头衔……在社交聚会上，除我一人而外，可能无人没有头衔，就连在场那几个商人也不例外。"[19]

约翰娜也顺应形势，急忙翻出了丈夫所拥有的波兰内廷参事的头衔，而他本人生前从来没有使用过。此后，在魏玛人们只称呼她为"内廷参事夫人叔本华"。吕克尔特[②]也发现了此地追逐头衔的风气，对此他解释道："就像在每一座都城里一样，市民阶层受到贵族的压迫，他们的发展受到后者的阻碍……由此他们在心中就很重视那些小小的荣誉，他们必须显示这些荣誉，然而别人却不以为意……在他们充满妒忌的眼中，那些被视作货真价实的荣誉的东西其实只是些礼仪形式而已，在理智的人看来简直不值一提。"[20]

在魏玛这两个阶层的夹缝之中存在着所谓的精神世界，后者本身也是一个"蜗牛壳里的世界"。吕克尔特写道："介乎两者（小市民和贵族。——作者注）之间的是学者和艺术家，他们是无害的一类人，不过两者对他们都没什么兴趣，因为后者

---

① 根据民间信仰，在5月1日的前夜，女巫们会飞至布洛肯山（Brockenberg）上聚集在一起跳舞。于是人们在这一夜举行仪式，呼唤瓦尔普几斯（Walpurgis）的名字，希望她能够阻止女巫们施展魔术，因此这一晚就被称为瓦尔普几斯之夜（Walpurgisnacht）。

② 吕克尔特（Friedrich Rückert，1788~1866）是德国著名的诗人，代表作是诗歌集《爱情的春天》和《婆罗门的智慧》，同时他还是一名杰出的东方语文学家，曾翻译过古代印度和中国的文学作品。

不适合他们各自的圈子。这些人一方面避免和贵族打交道,另一方面又蔑视小市民,因此他们虽然与两者只有咫尺之遥却又疏远对方,他们似乎就生活在一座无法接近的孤岛之上。"[21]

就连这个精神世界内部也存在着隔阂,这里竖立着不同的旗帜,忠于某个领袖的人们聚集在各自的旗帜周围。维兰德和歌德分别是两个阵营的领袖,他们彼此避免接触。赫尔德与歌德的关系也同样如此,在赫尔德对歌德的戏剧《私生女》发表了刻薄的评论之后,两人间过去的友情就彻底破灭了,他的原话是这样的:"相对于你的私生女,我更喜欢你的私生子。"[22] 公爵的母亲阿玛丽亚的"缪斯聚会之所"与歌德的圈子呈对立之势。想赢得众人青睐的科策比施展各种阴谋诡计,最终与所有人都交恶。

席勒在一封写给威廉·封·洪堡的信中(这是他生前最后的几封信之一)抱怨这里的生活处于"糟糕的停滞状态"。他惊讶于歌德何以在魏玛忍受如此之长的时间。席勒在信中写道:"如果有什么别的地方还过得去的话,我就离开这里。"[23] 而两年以后,约翰娜·叔本华满怀着憧憬于1806年9月28日抵达魏玛。

来到这座城市还不到三个星期,她就写信给阿图尔:"我在这里的生活一定会很舒适,这里的人十天之内就了解我是怎样的人了,在别处花上十年时间也未必如此。"[24] 刚到魏玛才几天,约翰娜·叔本华就觉得,"与在汉堡相比",在这里她"更像是本地人"。[25]

她此番来魏玛手中握有汉堡熟人的推荐信,推荐人之一就是画家威廉·蒂施拜因,他曾陪伴歌德一同游历意大利。她还经人介绍认识了宫廷总管里德尔博士,他曾经担任过魏玛储君的老师。这位里德尔先生原籍汉堡,约翰娜就是在汉堡与他结识的。他的妻子娘家姓布夫,她的一位姐妹就是那位家住韦茨拉尔、众人皆知的夏洛特·布夫，即《少年维特之烦恼》中绿蒂的原型。

不管这些举荐能帮上多大的忙，可要想在此站稳脚跟，光靠这些帮助可不成。约翰娜一方面是汉萨富商的遗孀，另一方面又拥有波兰内廷参事夫人的头衔，然而这些象征社会地位的东西虽然可以激起人们的好奇心，能够帮助她敲开各家的大门，然而仅仅依靠这些东西是不足以让她成为本地人的。起决定作用的是别的东西：约翰娜的幸运来自不幸的战争，就在约翰娜从汉堡出发前几天战争爆发了，而高潮就发生在距离魏玛数里之遥的耶拿和奥尔施泰特，紧张激烈的战役就在此进行。魏玛也受到了这种激情的感染。约翰娜在给阿图尔的信（1806年10月19日）中写道："今天歌德说，我受到战火的洗礼成了一个魏玛人。"[26]那么究竟发生了什么事情呢？

自从法国大革命，尤其是拿破仑专政以来战事连年，约翰娜都已经习惯了，她觉得普鲁士与法国之间冲突的激化并不一定妨碍她从汉堡移居魏玛。而且萨克森－魏玛公国难道就不能像汉堡那样一直都置身于战事之外吗？在穿越普鲁士的途中，她就已经因为军事运输而受到拦阻。到魏玛以后她立刻明白了，这座公国也不保险。可是大家都相信战事不会波及魏玛，于是约翰娜也就跟着大家一起相信。1806年9月29日，她在给阿图尔的信中写道："这里的气氛很好，部队不久就要向前进发。接下来会发生什么事情当然还不清楚，可是一切进展良好，不过战争是难免的，虽然如此，大家依然情绪饱满，万物生机勃勃。"[27]

十年以来，普鲁士成功地使自己远离欧洲的战事。这得归功于它的"中立地位"，不过它还是偏向于拿破仑一边。为了确保普鲁士不加入奥地利—英国—俄国联盟，拿破仑于1806年初逼迫普鲁士加入其针对英国的同盟。普鲁士国王弗里德里希·威廉三世为了确保自身的安全,背着新盟友拿破仑与沙皇缔结了一份协约。拿破仑放弃制服普鲁士的想法,意欲让其充当自己的小兄弟,可当他听说了普鲁士这一另寻新欢之举后便出兵威胁图林根。普鲁士随即进行战前动员,并发出最后通牒要求法国部队立即撤退。拿破仑无法容忍这一大胆之举,他命令部队向前开拔。而正是在这一紧要关头,约翰娜抵达魏玛。虽然准备仓促,但是普鲁士已经无法退后了。三个月之前还是拿破仑盟友的普鲁士于1806年10月9日对法国宣战。当时的德国没有几个诸侯如此敢于参加针对拿破仑的大胆行动,而萨克森-魏玛的大公卡尔·奥古斯都就是其中之一。歌德急忙予以劝阻,他写道:"虽然战火燃遍了世界的每个角落,欧洲变成了另一副模样,陆地上的城市、海上的战船都变成了灰烬,但是德国的中部和北部仍然享受着某种匪夷所思的和平局面,即使这种安定局面问题重重,我们也要全力争取。"[28] 歌德希望这种局面可以保持下去,然而没人听他的话。

在经受住了几轮风暴之后,在10月18日以及随后的几天里,约翰娜写了一封长信,四开的纸写了整整20页。在这封信中,她生动详尽地描写了在过去几天里发生的事情。这其实是一封供大家传阅的信,阿图尔看完后应该把它转交给住在汉堡和但泽的亲戚们。日后她为了写回忆录甚至从阿图尔那里索回了这封信。通过这封信,我们可以比较清晰地了解到在那几天里魏玛究竟发生了些什么事情。在10月的第一个星期,普鲁士和萨克森的军队在魏玛周边会合。在埃尔福特和埃特斯贝尔格之间,紧挨着魏玛建起了一座巨大的营盘,十多万士兵在此驻扎,军官们则住在魏玛城中。普鲁士国王夫妇和不伦瑞克大公在此聚首。人们已经可以听见远处法军的炮声。"人们万分焦虑,每个人的心都跳成了一团。"[29] 陆军元帅封·卡尔克罗伊特(Von Kalckreuth)也出现在了众位将领之中,约翰娜在汉堡的一次晚会上见过他。此时约翰娜正想带着女儿阿黛拉逃离危机四伏的魏玛，她希望能够得到他的帮助。这位年迈的军官在1792年镇压了美茵茨共和国，而此时却对约翰娜怜香惜玉起来。在他伴着战鼓和军号指挥军队进入战场之前（此次战役的失利与他的错误决策不无关系），他还能忙里偷闲地给了约翰娜一个衷心的拥抱，然而他却无法向约翰娜提供用于出逃的马匹。他答应可以带着约翰娜和阿黛拉两人一同出城，然而那些仆从必须留在家中。约翰娜却不愿撇下自己宝贵的手下将他们置于危险之中。"第三通战鼓敲响，他飞奔而去。眼见着这位可爱的老人如此离去，这真让我心痛。"[30]

约翰娜仍在试图寻找出逃的可能性。1806年10月13日，她去拜见封·格施豪森小姐，后者是公爵母亲的宫女。在宫殿的台阶上，约翰娜遇见了公爵的母亲，封·格施豪森小姐做了引荐，其实这次见面也是事先安排好的。在外面人喊马嘶的情况下，约翰娜居然和安娜·阿玛丽亚闲聊了半个小时。后者也做好了出逃的准备，并表示愿意带上约翰娜和阿黛拉，可是却无法为她们准备马匹。约翰娜留在了魏玛，日后她不禁感到后悔，因为横行霸道的法国士兵在那些人去楼空的房子里尤其胡作非为。

一直到夜幕降临的时候，出征时的人喊马嘶仍然不绝于耳。随后万籁俱寂，这是一种既令人不安，又让人充满期待的寂静。即便如此，或许正是由于这个原因，当晚剧院里有演出举行，上演的是欢快的小歌剧《琴女芳红》[①]。约翰娜让侍女苏菲带着阿黛拉去观看演出。

第二天早上9点前后，人们听到隆隆的炮声正逐渐逼近。约翰娜把首饰都缝在了紧身胸衣里，精美的锦缎衣物藏在木堆

[①] 德国作曲家席默尔（Friedrich Heinrich Himmel, 1765~1814）最知名的歌剧作品。

下面，其他值钱的物品埋在地窖里。她还把100金路易缝在了一个类似腰带的东西里面，让侍女苏菲把它系在小腹上。葡萄酒都从地窖里取了上来，方便那些士兵取用，如果奏效的话，可以借此安抚那些抢劫者。约翰娜之所以事先做了这些准备，原因在于她不相信频频传来的捷报。她从来就看不上普鲁士。

中午时分街上突然传来可怕的叫喊声："法国人来了。"最先入城的是仓皇逃窜的普鲁士士兵，衣服破破烂烂，浑身污秽不堪，还负着伤，他们一股脑儿拥进魏玛城中的大街小巷。"此时炮声更加急促，大地在震颤，窗户咯咯作响。哦，上帝，死神离我们如此之近。爆炸声响成了一片，耳畔是枪炮发射的嗒嗒声和子弹、炮弹刺耳的呼啸声。这些子弹和炮弹掠过我们的房顶，就在距离50步的地方落在房中和地上，还好没有造成什么损失。上帝派来的天使就在我们的头顶上，我的心顿时平静了下来，充满欣喜。我把阿黛拉抱到怀里，坐到沙发上。我想，一旦某颗子弹将我们射杀，那么至少我们两人中的一个不会因为失去了另一个而哭泣。从来没有什么时候对死亡的想法比现在更加切近，我还从来没有像现在这样对死无所畏惧。"[31]

这时响起了咚咚的砸门声，法国轻骑兵要求进屋。他们的举止还算文雅，让人端上鸡和葡萄酒供他们吃喝，随后让人指引睡觉的地方。跟着轻骑兵之后拥进城中的是臭名昭著的"勺子卫队"，他们是拿破仑军队中的渣滓。为了惩罚魏玛为普鲁士帮兵助阵，拿破仑撒出了这批强盗。两个妇女闯进约翰娜的家中，她俩刚刚从那些企图施暴的匪兵的魔掌中逃脱出来。还有几个魏玛城中的头面人物，他们损失惨重，也来到约翰娜家中寻求庇护。众人因为害怕而瑟瑟发抖，可又不时相互鼓劲儿，大家坐在一起喝着热腾腾的肉汤，饮着葡萄酒。房间里只点着一根蜡烛，窗帘紧闭，透出一丝光线都会招致破坏行径的发生。在这样的时刻，一个大的共同体诞生了。约翰娜写道：

"困境消灭了狭隘的利益之争,使我们了解到彼此之间是如此的亲近。"[32]在恐惧的笼罩之下,在这个平素死板而拘泥于礼节的社会中产生出一种特殊的舒适氛围。那些往日里或许彼此争斗的人如今抱成了一团。陌生感和距离感不可思议地消失了,共同面临的威胁使每个人走出了自己设下的森严壁垒,脱去了伪装。

深夜里,再次响起了砸门的声音,这次来的是"勺子卫队"的士兵。"你可以想象得出,他们面目狰狞,沾着血迹的军刀闪闪发亮,白色的军服上也溅满了鲜血,他们在这种情形下穿着这么一身装束,他们粗野地说说笑笑,双手也被鲜血染成了红色。"[33] 9岁的阿黛拉向着他们走去。这个小姑娘"很可爱地跟他们(士兵。——作者注)说话,并请求他们离开,因为她睡不着觉"。[34]看来这一举动确实让士兵们平静了下来,在酒足饭饱之后,他们撤离了。约翰娜的运气好得实在是令人难以置信:魏玛城中只有为数不多的几处房宅幸免于抢劫和破坏,她家就是其中之一,而且在接下来的一天里也安然无事。

在10月14日至15日的那天夜里,魏玛近郊起火,可是法国人禁止救火行动。多亏没有起风才使内城幸免化为灰烬。熊熊烈火把天都照亮了,人们纷纷逃到四周的森林里。到了第二天,最糟糕的局面过去了,城中开始流传各种荒诞不经的故事,比如某人和另一个人发生了什么事情等。在麦耶尔艺术品店的门前,一辆火药车停了整整一夜。法国士兵在赫尔德遗孀的家中将赫尔德留下的手稿撕得粉碎。里德尔一家子就坐在那个五斗柜上,这是劫后仅存的一件东西,事后他们还找到了一只银制的茶壶。屈恩一家在花园里挖了一个洞,躲藏在里面。终日疑心自己有病的内库主管,这位老人守着钱箱不合眼,可是钱箱终究还是遭劫,抢劫者还把象征着老人一生井井有条的账簿撕得粉碎。歌德对约翰娜讲:"他还没有见到过比这更加痛苦的场景。这位老人的房间里空空如也,身边到处是撕碎的旧纸片,他自己就坐在地上,浑身冰冷,木雕泥塑一般……他看上去就像是李尔王,只不过戏剧中是李尔王疯了,而此时此刻是世界陷入了疯癫。"[35]

拿破仑与独自留在城中的公爵夫人进行了一次会谈,此外,一位魏玛的鞋匠当场下跪之举也促使他最终决定中止军队的疯狂行径。随后城里建起了一座条件简陋的野战医院。约翰娜在给阿图尔的信中写道:"我可以说很多事情给你听,一定会让你毛骨悚然。可是我不愿这样做,因为我深深知道,你总爱苦苦思索人的痛苦。你还不知道,我的儿子,我们在这里所见到的一切没有一件事情不处于这一痛苦的深渊。"[36]

约翰娜尽其所能地帮助别人。她把麻布送给伤员包扎伤口,看望受伤的人,沽卖葡萄酒、茶水、马德拉酒,烧肉汤。她还自豪地写道,她的这一举动还为其他人所效仿,也包括歌德在内,他打开了自家的葡萄酒窖。人们已经无法再为伤员安置住处了,因此那些没有可能存活下来的伤者如果很快死去的话倒是件让人高兴的事情。这样就腾出了地方,"死神帮了极大的忙"。[37] 现在面临着瘟疫的威胁,幸好野战医院及时清空了伤号。"当我听到4500个已经不成人形的伤员被运送到城外的消息时真是十分欣喜。而同样是我,若是在几个星期以前,我会让那个在我们门口折断手臂的小男孩立即离开,而不会费力救治他。"[38] 这真是磨炼心灵的时刻。

风暴过去了。人们在危险之中以种种方式彼此温暖着对方,他们不愿这么快就失去它。好运气加上对他人的关怀照顾,约翰娜迅速在魏玛赢得了声望,歌德向她走来并对她说:"现在,因为冬天比任何时候都充满阴霾,因此我们必须聚在一起,让我们彼此慰藉,使阴郁的日子变得晴朗起来。"[39]

在这样一个时刻,日后远近闻名的约翰娜·叔本华家的茶会就此诞生了。

在战乱发生前几天,歌德第一次上门拜访约翰娜,那是10月12日的事情。"家人告诉我有一位陌生人来访。我走进前厅,看见一位英俊而严肃的男士,他身着黑衣,很优雅地深深鞠了一躬,对我说:'请允许我向您介绍枢密顾问歌德。'我环顾四周寻找歌德在哪里,因为根据别人的死板描述,我根本无法从这个人身上辨认出他就是歌德。"[40]

在"战火的洗礼之后",歌德成为晚间约翰娜·叔本华家中的常客,毫无疑问,他是一块吸引其他客人的磁石。

不过歌德(尤其在最初的几年中)如此频繁地在叔本华的沙龙中露面,这里还有一个特别的原因。

对于歌德来说,在这些不幸的日子里,他赖以生存的基础第一次发生了动摇。迄今为止他一直成功地为自己创造了一个均质的空间,他本人的人格魅力使得这个空间成为属于他自己的世界。对于那些陌生的、可能会打破和谐气氛的、引起混乱的人与事,他要么敬而远之,要么将其同化到自己的世界之中。"歌德享受着自己整个的生命,在这方面没有什么东西可以打扰他",[41]亨丽埃特·封·克内贝尔(Henriette von Knebel)在1802年的一封信中这样写道。魏玛附近的战役,城中的劫掠,魏玛公国遭受的灾难,这一切都是对他的"打扰",而这位"打扰者"正是另一位普罗米修斯——拿破仑。对于这种"打扰",自命为普罗米修斯的歌德却无法反抗,虽然他曾写过这样的诗句:"可别动我的土地……我就坐在这里,虔诚的人们/按照我的模样造人吧。"[42]在这些日子与斯特凡·许策的一次谈话中,歌德说道:"想置身事外,却无事外可言。"[43]

歌德还是幸运的。由于妻子克里斯蒂安娜的挺身而出,最糟糕的事情算是避过去了。当时的场面颇为滑稽,"勺子卫队"的一群士兵闯进歌德家中,喝着葡萄酒,吵嚷着要见这家的主人。歌德的秘书里默尔写道："他此时已经脱了外衣,只穿着一件宽敞的睡袍(他通常玩笑着称之为'先知的长袍')下楼来向他们走去,询问唤他何事……他的外表庄重而尊严,他的表情中充满了智慧,士兵似乎由此对他产生了敬意。"[44] 可是这种情况并没有持续多久,深夜里他们抽出刺刀闯进卧室。歌德吓呆了,克里斯蒂安娜大叫一声,并与他们交起手来,这时那些在歌德家中避难的人也来助阵,见此情形那些匪兵才退去。正是克里斯蒂安娜组织和指挥了这场战斗,保卫了位于弗劳恩普兰的宅子。此外,封锁厨房和地窖抵御兵痞的抢劫,这也是她的功劳。歌德在日记中写道："纵火、劫掠,这是一个可怕的夜晚……能够保住我们的房子全靠着坚定果敢和幸运。"幸运的是歌德,而坚定果敢当属克里斯蒂安娜。歌德之子奥古斯都的家庭教师海因里希·福斯①写道,"在这些悲伤的日子里",他对歌德"深表同情","我看见他的泪水涟涟,他呼喊道,谁能接手我的房屋和庭院,这样我就可以远走他乡了"。[45] 的确如此,他在宫廷的终身职位现在也处于危险之中,因为现在整个公国的前途也命悬一线。拿破仑正在权衡,究竟是完全消灭它,还是将其并入莱茵同盟。"我对什么都不在意",这是歌德在这些日子写的一首诗的开头一句话。已经与他一起生活了18年的克里斯蒂安娜在支撑着他。他让人请来宫廷牧师,在宫廷教堂用于存放法器的侧室里,在一片寂静之中举行了婚礼,见证人是秘书里默尔和儿子奥古斯都。歌德让人在结婚戒指上刻下的日期是10月14日,正是耶拿会战的当天。他对约翰娜·叔本华说:"在和平的日子里人们或许可以避开规则,

---

① 福斯(Johann Heinrich Voβ, 1751~1826),德国诗人和翻译家,是"哥廷根林苑派"(Göttinger Hain)的成员,以田园诗著称于世。此外他还翻译了大量的古希腊和古罗马文学作品,其中《荷马史诗》的德文译本至今仍是德国最受读者欢迎的译本。

可是在我们现在这个时候就必须敬重这些规则。"⁴⁶

魏玛受到了侮辱,报纸杂志冷嘲热讽。在歌德的出版商科塔①所办的一份报纸中有这样的话:"在从战场传来的隆隆炮声中,歌德与他多年的女管家乌尔皮乌斯举行了婚礼。在几千张彩票中,她算是抽中了大奖。"⁴⁷

一位来魏玛的女游客惊讶地发现,歌德"坚持在公开场合中对他的妻子表示敬意,并且坦承自己对她的爱恋"。⁴⁸歌德对约翰娜·叔本华给予了高度的评价,因为在魏玛的上流社会中,她是第一个、起初也是唯一一个接纳这对"新婚夫妇"的人。在给阿图尔的信中,她谈及此事时是这样说的:"当天晚上,他事先让人通报,然后向我引见了他的妻子。我接待了她,做出全然不知底细的样子,我想如果歌德让她冠以他自己的姓氏,那么我们给她喝一杯茶还是可以的。我看得很清楚,我的举动使他颇为高兴。家中还有其他几位女士,她们起先刻板而拘泥于礼节,后来一举一动也照着我的样子。歌德待了将近两个小时,谈兴十足,友好亲切,大家已有多年没见他有如此的兴致了。他还从来没有把她带到人前,他如此信任我,这是因为我不是本地人,而且来自大城市,我会用恰如其分的方式对待他的妻子。事实上她起先很不自在,可是不一会儿我就帮助她消除了这种情绪。以我目前的地位以及在短时间内赢得的声望和爱戴,我可以为她融入社交生活打开方便之门。这是歌德心中的愿望,他信任我,我当然不能辜负他,明天我要去回访。"⁴⁹

约翰娜·叔本华接纳乌尔皮乌斯之举为她带来了巨大的收

---

① 科塔(Joahnn Friedrich Cotta Freiherr von Cottendorf,1764~1832),科塔出版社的创始人,是19世纪德国最著名的出版家之一,借助与歌德、席勒良好的个人关系出版了大量当代德国文学作品,并创办了著名的《汇报》(*Allgemeine Zeitung*)。

获。为了表示感谢,歌德经常登门拜访,结果其他的名流也随后蜂拥而至,约翰娜一举成功。11月28日,也就是到达魏玛两个月以后,她在给阿图尔的信中写道:"每周日和周四围坐在我身旁的这些人,在全德国的任何一个地方都找不到如此阵容。要是我能够变戏法把你变出来就好了。"[50]

她所谓的"变戏法"是当真的吗?约翰娜很清楚,她现在的惬意生活(阿黛拉日后将之称为"精神上的第二个春天")应该归功于她把自己从过去之中解放了出来,从与海因里希·弗洛里斯·叔本华的婚姻中解脱了出来。在这个她新征服的生活空间之中没有阿图尔的位置,此时的阿图尔还是父亲的儿子,虽然不无抱怨,但身在汉堡的他仍然踩着父亲的足迹。就算是在平时,儿子也总能让她想起自己的丈夫,以及他那种钻牛角尖的方式,那种生硬的方式,那种对任何人、任何事情都胡乱批评的态度。当阿图尔于1807年底移居魏玛时,约翰娜还真有些担心,不过她仍会充满自信地抵御儿子的干涉从而捍卫自己的空间。

阿图尔对于自己不得不学商的不幸遭遇充满抱怨,他对一般生活的反思染上了黯淡的色彩,约翰娜起初不愿让自己受到这种情绪的感染。可是在1807年2月她终于表态了,她在信中写道:"你对自己的处境一点儿也不满意,这一点我早就知晓,可是对此我并不十分在意。你知道,我将你的不快乐归结于什么原因。此外我十分明白,你青年时代的那种活泼的个性现在已经所剩无几了,现在你从你父亲那里继承了可悲的遗产——愁苦冥想的习惯。我经常担心的就是这一点,可是对此我无法改变,因此我不得不宽慰自己,只希望时间可以改变很多事情,或许时间也愿意在这方面使你发生改变。"[51]

不过,约翰娜·叔本华有随机应变的本领,她在权衡是否要从根本上改变阿图尔的生存状况。对于她而言,父亲为儿子阿图尔规划的人生道路并非不可染指的禁区。可对于阿图尔而言，倒确实是这样，他虽然抱怨，却无所作为，不去试图改变这一局面。在一封1807年3月10日给阿图尔的信中，约翰娜心情愉快地讲述了自己的交际往来，除此之外还有这样的段落："我经常在想，要是你来到我这里该多好。费尔诺夫和许策告诉我，他们也是很晚才得以上大学，而两人今天都有所成就，这时候我的脑子里就有了一个打算。当然他们俩凭借在学校里学到的以及通过艰难的自学而获得的知识终于得以进入大学，你目前还欠缺这些知识。虽然你所获得的教育非常之好，可是这也仅仅是我们这样的人家所必须接受的教育而已。这两个人都出生在一个小地方，家境也不过勉强中等而已，他们无法享受那些你今后肯定可以享受到的东西，他们顶多也只能是想想而已。因此你必须沿着现在的人生道路向前走，这曾是你自己做出的决定。这里没有什么有钱人，因此他们对一切事物的看法也不同。在你们那里，所有的人都追逐金钱，这里没有人想着钱，他们所想的只是活着。"[52]

改变阿图尔境况的考虑戛然而止，他还是应该走现在的路。也许他就不适合走另一条路。汉堡这座优雅而散发魔力的城市是金钱的世界，这是阿图尔的选择；而在魏玛只有简单贫乏的外在生活，但生活中不乏精神的愉悦。在汉堡有的是"拥有"（Haben），在魏玛有的是"存在"（Sein）。可是在母亲看来，阿图尔对于"存在"的爱好还不足以使他可以放弃"拥有"。阿图尔认为必须履行对父亲的承诺，他死守着这一观念。而母亲却不这么看，这种对死者的忠诚不是她做人的方式。恰恰相反，她事后可没少对丈夫自作主张的决定提出批评："当时围绕着你的前途所作的决定，我的意见不起作用。"[53]在写这句话的时候，她仍然能够感到自己所受到的伤害。字里行间的意思是：对于你现在的糟糕处境，你应该感谢的不是我，而是你的父亲，如此受你敬仰的父亲……在这封写于1807年3月10日的信中，母亲还描述了与维兰德见面时的情景，"他说了很多，谈到了自己、自己的童年、自己的天赋。他说'没有一个人了解或理解我……'，接着他又说，他并不是生下来就注定当作家的，只是情势……使然，他无法实现自己想要的人生，他本该学习哲学"。[54] 阿图尔对此颇有感触。

这封信，尤其是维兰德的自白似乎又一次激起了阿图尔的绝望情绪，他感到自己目前的人生道路是错误的。不久母亲收到了一封"严肃认真的长信"，约翰娜写道："对这封信也应该作出严肃认真的答复。这封信让我颇费思量，也让我有些担忧，我究竟能否以及如何来帮助你。"[55]

约翰娜给了自己两周的时间考虑这个问题，并且把阿图尔的这封信拿给费尔诺夫看。她现在和这位古典学研究者交上了朋友。约翰娜很看重他对此事的评判。4月28日，她写了一封很长的信，这封信以及费尔诺夫的鉴定意见使阿图尔的一生发生了转折。

从信中可以看出，约翰娜经过了多少思想斗争才提笔给阿图尔写了这封信。她苦于阿图尔的"犹豫不决"，此外让她为难的是，她不得不为现已成年的儿子承担起责任。她多次对儿子强调，没有人可以替他承担这一责任，阿图尔应该倾听自己内心的声音。她请求儿子（这位未来的意志哲学家）也探究一下自己的意志，并遵从这一意志。"我眼中含着泪水恳求你，你不要欺骗自己，认真、诚实地面对自己，你一生的幸福才是最重要的事情。"[56] 约翰娜要求阿图尔鼓足勇气争取自由，唤起他获取幸福的意志。她如此尊重儿子自主的生命权利，难道有别的母亲会比她做得更好吗？

这是事关选择正确人生道路的问题，这也唤起了约翰娜自己在这方面的痛苦想法和回忆。她对儿子谈到了自己的婚姻，约翰娜还从来没有如此明确地表明这段婚姻是她人生中的一段错误:"我知道,过一种内心里不情愿的生活将意味着什么,我想……让你免去这一痛苦。"[57]

她再一次将两种可能的选择放在儿子的面前。要么是做商人,"生活在大城市里,希望自己有朝一日成为富人,或许还可以受人尊敬"[58];要么当学者,"过着一种平凡而充满劳作的生活,生活在寂静之中没有荣耀可言,或许默默无闻,只有通过追求和获取更高层次的东西使自己快乐"[59]。约翰娜不会知道,她的这番话如此准确地切中了阿图尔日后的人生。

如果阿图尔决定不做商人,那么她希望儿子学一门"能够养活自己的专业","为的是让你有一个确定的、可以为之奋斗的目标,因为只有坚定的使命感才能让人获得幸福"。[60]

无论阿图尔选择哪条路,母亲都一定会为儿子把路铺平。她在信中写道:"你下了决心就告诉我,可是你必须独自作出决定,我不愿也不会提供什么建议。"[61]

费尔诺夫也无法在鉴定意见中提出什么建议,但是他直言不讳地说,如果阿图尔意志坚定的话,转而接受一种全新的教育并不晚。关于人生规划中的基本问题,关于认识自我的困难,费尔诺夫发表了不少充满智慧的见解,在日后叔本华的《关于人生智慧的格言》中,这些见解几乎一字不差地得到了再现。费尔诺夫写道:"在作出这样一个对一生至关重要的决定之前,必须对自身作出更加认真严肃的考察。或者欲求必须如此的强大和坚定,以至于人可以把自己交给它去处置,就像人可以听从真正的本性一样。后者无疑是最可信的和最好的,因为这恰恰表明了你内心的呼唤。仅仅出于对某种使命的不满而使自己委身于另一个使命,这只能带来烦恼,因为后一种使命只是凭借其外在的魅力吸引着我们,而我们却不知道,它是否会迟早引起我们同样的厌倦和不满。这样不但一段宝贵的时光就此逝去，无法挽回，而且由于这样的错误判断，人就会对自己产生怀疑，从而失去制定和遵循新的人生计划的勇气和力量。"[62]

这番鼓舞人回归自我的话语最终给予了阿图尔作出决定的力量。阿图尔在晚年坦白道："当读完这封信的时候，我泪如泉涌。"（G，382）他立即辞掉了在耶尼诗店铺中的那份学徒的差事，他要上大学，将父亲的世界抛诸身后。给予他自由的是母亲，而他自己却没有去争取。

第六章

告别汉堡和安蒂姆——对友谊的剖析——哥达,再一次坐在课堂上——招人讨厌的阿图尔——母子之间的口角——阿图尔在魏玛:一个不速之客——母亲之道——无法回避的歌德——阿图尔的恋爱——假面舞会

对于这封将他拯救出苦海的信,阿图尔立即做了回复。平素里犹豫不决的儿子此刻作出了如此迅速的决定,这增强了母亲的信心。"你一反常态如此迅速地下定了决心。如果换了别人,我一定会感到不安,会害怕这一过快的决定。可是你作出这一决定却让我感到宽慰,因为我从中看到了本性的力量,是它在推动着你。"[1](1807年5月14日)阿图尔现在要证明自己的恒心,要集中所有的力量,要甘心放弃作为一个大商人将来会拥有的体面的富足生活,现在再后悔已经太晚了。约翰娜写道:"只有你现在不动摇,将来才会幸福。"[2] 阿图尔现在要承诺接受条件,因为她不想今后受到这样的指责:"我不让你做自己愿意做的事情。"[3] 约翰娜履行了自己的承诺,为儿子开辟了道路。她还写信给阿图尔的师傅和他的房东,张罗迁居的事情,并且为儿子在魏玛附近的哥达准备了安身之所。

哥达的"卓越人文中学"享有盛誉,几乎堪与大学比肩。例如在那里执教的古典语文学家弗里德里希·雅各布斯(Friedrich Jacobs)在文学和学术圈里众人皆知,他的脱颖而出主要还得归功于他所翻译的德摩斯梯尼①的演说词。其中的一

---

① 德摩斯梯尼(Demosthenes,公元前383~前332年)是古希腊著名的演说家和政治家,曾面对马其顿帝国的强权争取希腊的独立,后遭诬陷受审不得不流亡域外,亚历山大死后荣归故里,却又遭到亚历山大手下将领 Antipater 的迫害不得不再次流亡,最终自杀身亡。在传世的60篇演说词中,有若干篇被认定为伪作。

篇题目是《针对外族压迫者的演说》，这篇演说词在向往自由的人士中流传甚广。除此之外，他还尝试过对基督教进行独到的阐释，他将基督教称为"自由和平等的宗教"。他在浪漫派圈中颇受欢迎，结交了阿尔尼姆[①]和布伦塔诺[②]。此外他还与让·保尔有书信往来，与约翰娜的好友费尔诺夫也保持着联系。而阿图尔上这所中学也正是费尔诺夫的建议。

约翰娜为儿子找了住处，食宿全包。阿图尔就住在该中学的一位教师家中，他就是卡尔·戈特霍尔德·伦茨[③]（他的一位兄弟是魏玛的中学校长）。她还为阿图尔办理了入学手续，并为他聘请了一名私人教师。这一切对于母亲来说易如反掌，她掌握着主动权。在有关居住地、学校和老师的问题上，她没有征询阿图尔的意愿。阿图尔原本也可以在魏玛补修中学课程，但约翰娜从来没有考虑过这一可能性。阿图尔对于生活出现转折满心欢喜，似乎毫无抵抗地就同意了母亲的安排。

他于1807年5月辞别汉堡，这对于他来说不是什么难事。他在汉堡没有什么特别值得牵挂的人，不过安蒂姆·格雷瓜尔除外，在最近几个月里，他和阿图尔一同住在维林克的家庭旅馆中。可是他与安蒂姆的关系只是建立在过去的基础之上，建立在对勒阿弗尔的童年幸福时光的回忆之上。如果彼此分开的话，这点共同之处或许还可以维持得更好，因为这样梦境和对往昔的憧憬就不会受到损害和利用，也不会变成现实，因此也就永远美

[①] 阿尔尼姆（Ludwig Joachim Achim von Arnim，1781~1831），德国后期浪漫派作家，代表作为中篇小说《埃及的伊莎贝拉》，与布伦塔诺合编的民歌集《儿童的神奇号角》对后世的文学创作影响深远。

[②] 布伦塔诺（Clemens Brentano，1778~1842），德国后期浪漫派作家，代表作为中篇小说《正直的卡斯帕尔和美丽的安奈尔的故事》和叙事谣曲《罗累莱》。

[③] 卡尔·戈特霍尔德·伦茨（Karl Gotthold Lenz，1763~1809），除了在中学任教外，他还撰写了大量古典语文学和文化史方面的论文，在当时颇有影响。

丽。至少对于阿图尔而言，时间一长，彼此的相处颇令他失望。虽然注定成为商人，安蒂姆对此并不全身心投入，不过他对文学艺术和哲学也没有什么兴趣。与阿图尔不同，他不会心血来潮地放弃做商人，因为他的出身决定了这条人生道路。为了朋友，他会在精神世界里短暂做客。他竭力遵照阿图尔开具的书单阅读，其中包括歌德、席勒、让·保尔、蒂克等人的作品。十年以后，安蒂姆在给朋友的信中写道："我现在过着真正的商人的生活，如果不是以前还学了点什么的话，我今天或许是这个世界上最无知的生灵。"[4]

只有在风月场上，安蒂姆才感到自己可以和朋友平分秋色或者略胜一筹，也只有在这方面，阿图尔才会感到来自朋友的挑战。1814~1818年在德累斯顿期间，阿图尔似乎感觉到了朋友想在自己面前炫耀风流韵事的愿望，这一点可以在安蒂姆答复阿图尔的一封信（1817年6月1日）中看得出来："作为一个情场老手，我不得不直言相告，我很难相信你那位美人的忠诚能持续多久，因而对此你不要抱什么幻想。"[5]

在阿图尔离开之后，两人间的友谊很快就冷淡了下来。在1807年底，安蒂姆也离开汉堡回到法国。他在回乡的途中经过埃尔福特，两人还想再聚一次，可是在最后一刻安蒂姆还是放弃了。因为安蒂姆想省下这笔钱，为的是到巴黎去消费，对于他来说，这更为重要。而对于没有如约再见，阿图尔好像也没有感到悲哀。直到1817年，双方还保持着若有若无的书信往来。安蒂姆在勒阿弗尔颇为成功地经营着自己的商号，不过他在一封信中写道，自己"对此没有多少兴趣，只是屈就而已"。他享受着"生活的欢愉……马匹、车辆、仆役"。[6]几乎过了20年，在1836年9月17日，安蒂姆又写了一封信。他在一份报纸上读到了一则有关约翰娜·叔本华的小说《姨母》的广告，这使他想起了自己的老朋友。这封信通过阿黛拉转交到了阿图尔的手中，阿图尔在回信中详尽地描述了自己一生走过的道路。没过多久，重新激活的书信往来就紧紧围绕着与钱有关的话题展开，显然这是目前能够将彼此联系起来的唯一因素。阿图尔征询安蒂姆的意见，询问自己是否可以投资巴黎的一家人寿保险公司。可是当安蒂姆提出叔本华可以将自己的一部分财产交给他管理时，阿图尔马上产生了怀疑。他在安蒂姆这封信的背面写下了格拉西恩①的第144条规则："以为人效劳的面目出现，做的却是自家的事情。"[7]

关系再一次中断了。自汉堡一别几乎40年以后，1845年他们最后一次见面。此时已经两度丧偶的安蒂姆来到法兰克福拜访了阿图尔·叔本华，对于后者而言，这次重逢令人失望。当着第三者的面，阿图尔将这位青年时的伙伴称作"一个令人难以忍受的老人"并由此得出结论："年龄越老，人与人之间的分歧就越大。人最终形单影只。"（G，264）

当阿图尔·叔本华从个人的危机中逃脱出来的那一刻，汉堡正面临着迄今为止最大的一场经济和政治危机，或许阿图尔的商人生涯也会因此以另一种方式结束。因为自从法国于1806年11月19日占领这座城市并强化了旨在针对英国的大陆封锁政策之后，汉堡的大宗贸易几乎被全面摧毁了。在短短的几周之内，超过180家商号停止偿还货款，300艘海船拆除了索具停泊在港口之中。高额的税收、强制公债和军需征用使有钱人家的财产化为乌有，这场严重的危机也是促使安蒂姆提前回法国的原因。然而经济上的破产还只是第一步，这座城市还将遭受更多的痛苦。在1813~1814年的解放战争中，汉堡成为最后几场殊死较量的战场。市郊烈焰滚滚，法国军队扬言宁愿将汉

---

① 格拉西恩（Baltasar Graciány Morales，1601~1658），西班牙作家和哲学家，叔本华曾翻译过他的有关处世智慧的《处世预言》。

堡化为灰烬也不让它落入俄国—普鲁士联军的手中。在这样的威胁之下,汉堡城瑟瑟发抖。此时瘟疫也传播开来。无法给围城之中的法军提供干粮的人将遭到驱逐。死亡和贫困统治着这座城市。阿图尔于1807年5月底起身前往哥达,他此时离开的是一艘正在沉没的船。

和魏玛一样,哥达是一座小型都城。城市坐落在巨大的宫殿脚下,就是在引申意义上也是如此。老城中有1297座房屋。这座小城的日常生活就在一个直径1200步①的空间里展开,所有的建筑都挤在一起:几座教堂、一个兵营、一所监狱、几家可以打台球和读报的俱乐部、一家孤儿院、一所剧院、几家零沽啤酒的铺子和客栈。城市边缘的宫殿花园在指定的日子里对公众开放,公园里洋溢着洛可可式的优雅和轻快风格,在某处避暑行宫的门楣上镌刻着"Vive la joie——欢乐常驻"的字样。哥达的宫廷生活以其宽松的方式著称于世。18世纪启蒙运动中享乐派唯物主义的领袖人物达朗贝尔②和爱尔维修③就曾经是哥达宫廷餐会上的座上宾,没过几年,公爵夫人不但用巴黎革命者的胸像点缀她的沙龙,而且小小的宫廷乐队还演奏起了"长裤汉"们的进行曲④。

在山脚下的城市里可以见到一些稀奇古怪的人。在这里一

---

① 步(Schritt)是旧制长度单位,一步相当于今天的70~80厘米。

② 达朗贝尔(Jean-Baptiste le Rond d'Alembert,1717~1783),法国数学家、哲学家、物理学家,曾和狄德罗一起编纂了《百科全书》的前七卷,他基于经验分析的认识论为后来的实证主义奠定了基础。他对微积分和复变函数论贡献巨大,他的《动力学》是力学方面的一部奠基性著作。

③ 爱尔维修(Claude Adrien Helvétius,1715~1771),法国唯物主义哲学家,主要哲学著作是《论精神》和《论人的理智能力和教育》,他的唯物主义经验论和"合理利己主义"的伦理思想对后世影响颇大。

④ 长裤汉(Sansculotte)是大革命期间贵族对小资产阶级和无产阶级革命者的蔑称(参见第一章相关脚注),此处的进行曲当指《马赛进行曲》。

般的百姓遵循虔信派的严谨精神，而那些上等的市民在共济会里则可以偷偷穿过完美道德的过滤网。这座城市以自己的人文中学为自豪，就读的学生从远道而来。在当地有几家好的书店、一家图书馆[①]，只是未婚女性不能光顾。此外哥达的油煎香肠很有名，阿图尔不时得给母亲寄一些过去。在夏日的晚上，学校的合唱团会在公园里放声歌唱。在德高望重的士绅们的寿诞或就职周年大庆之际，人们会穿着学院里的礼服（穿黑袍、戴三角帽）组织小型的游行表示庆贺。城中的大部分居民是手工业者、小商贩、自耕农、宫廷侍从仆役，他们过着小城市里的生活，就像在任何时代、任何地方的小城市里一样。他们对大大小小的神都充满敬意，对彼此之间微小的社会地位差别都心怀妒忌，追求某种安全感，对所有超越常规的事情都怀恨在心。在到达哥达几个星期以后，阿图尔写了一首诗，通过描写"哥达的小市民"把握住了这个小世界，当然在诗中不乏居高临下的快感：

> 他们在窥探、在偷听、在注意
> 所有发生的事情
> 每个人在干什么、做什么
> 每个人在说什么，无论是高声还是低语
> 他们什么也不会放过
> 他们窥探的目光穿透窗户
> 他们将耳朵贴在门边偷听
> 没有什么事情可以人不知、鬼不觉
> 就连猫儿也别在房顶上行走

[①] 此处所指的并非现代意义上的公共图书馆。除了教会、皇家和诸侯自家的图书馆外，在18、19世纪为了适应资产阶级的文化需求，欧洲各地建成了一批民间的图书馆，主要收藏消遣文学作品和实用的书籍，借阅图书需要付租金，这类图书馆被称为Leihbibliothek或者Leihbücherei。

没有什么事情他们会不知道

人的精神、思想、价值

这些东西不会让他们竖起耳朵

某先生每年花费多少

他位居名流士绅之列

这是否名副其实

是否应该首先问候他

应该称他为"封·某某先生"还是"阁下"

他位居参事或只是充当文书

是路德教徒还是忠实于罗马教廷

已婚还是单身

他的房子有多大，他的衣着是否考究

所有的一切他们都仔细衡量

可是：这位先生对我们有什么用处？

一旦考虑这个问题，无论是深究还是泛泛

人们都会觉得这样的考虑太浅薄

他们的问题却是，他如何看待我们

对我们有什么想法，关于我们会说些什么

于是他们去找张三李四打听

对这位先生所说的话字斟句酌

探寻之后看见的是一张张面孔

（HN Ⅰ，3）

阿图尔带着某种大城市的优越感，同时也怀着飞向新生活的喜悦之情来到这里，然而他并不愿屈尊混迹于这个小天地之中。他满腔热情地投入到学习之中，雅各布斯教授[①]对他的

---

① 在当时，人文中学的教师也被称为教授。

德语作文大加赞赏，校长德林也称赞他在古代语言①方面取得的进步。在给安蒂姆和母亲的信中，阿图尔似乎也没少对自己大唱赞歌，因为安蒂姆在回信中写道："我对你所取得的巨大进步一点儿也不感到吃惊，因为我了解你的非凡能力。我觉得你有这个能力，可以学习所有你想学习的东西。"8（1807年9月4日）而母亲的反应则相对克制，她在1807年7月29日的回信中写道："你在学习方面的良好状态并没有超出我的期待。"阿图尔不应该由于德林的褒奖而过分骄傲，因为这位校长有个"缺点"，那就是"大肆吹嘘自己的学生"。此外，阿图尔也不应该因为在德语作文方面的成功而误以为可以提前与"美的科学"为伴，"由此而获得的奖誉给人带来了巨大的快乐，以至于人情愿全身投入其中。可是如果想要超越每个理发店学徒都具有的业余水准，并且想从中得到些真正的东西，那么就必须首先认真、全面地学习"。9

在学习上的进步并不是阿图尔唯一可以向朋友和母亲炫耀的东西，此外他还颇为自豪地讲述了自己在贵族圈子里寻找并找到的消遣娱乐。他可以借此在安蒂姆那里显示一下，后者在回信（1807年9月4日）中写道："我真羡慕你，尤其是在图林根森林里的美妙郊游，我们的先生和公主们在一起跳舞，这是多么愉快的事情。"10 与此相反，母亲对这些从哥达传来的社交捷报不以为然，她写道："我不喜欢你和这些伯爵家的千金小姐和男爵们纠缠在一起。在我们这个阶层中难道就没有一个让你感兴趣的人吗？那些人和你不一样，他们生下来就不用去争取什么，自以为高人一等。他们的观点和前途与我们不同，与他们交往会导致更大的支出，而且还会搅乱我们的视线。你属于市民阶层，你也最好待在这个世界里。好好想

---

① 此处指古希腊语和古代拉丁语。

想，你曾向我保证，你愿意放弃一切的荣耀。与追逐浮华和表象相比，如果你能够献身科学，这会给你带来更多的荣誉。"[11]（1807年8月12日）

约翰娜反对阿图尔与贵族交往不仅是出于市民的自尊，而且这里还牵涉令人不快的话题——"钱"，正是这一话题日后完全毁了母子之情。母亲教育儿子要节俭，这并非毫无原因，因为阿图尔的花销确实不小。在5个星期内，他花的钱就超过了160帝国塔勒，这相当于中级公务员一个月的收入。他有一次和那帮贵族朋友去利本斯泰因郊游，在一天之中就花了10个帝国塔勒，这相当于一个手工业者的月收入。母亲给儿子算了一笔账，据说内廷参事卢德库斯夫人花了同样多的钱，却在一个地方住了差不多一个星期。阿图尔租赁马匹骑乘，食不厌精，母亲估计他想显示自己"作为汉堡富人的慷慨大方"。[12] 从财产继承法的角度来看，阿图尔尚未成年，母亲掌管着他应得的那部分遗产。她定期汇给阿图尔的钱就是属于他自己的那笔钱。母亲何必要求他厉行节俭呢？又何必处处监督阿图尔的花费，让他不快呢？

约翰娜的担心并非杞人忧天。在学问上的雄心壮志确实可以使阿图尔得到满足，然而他却无法以此养活自己。而且如果想让自己保持独立，那么他就必须依靠自己的那部分财产勤俭持家。如果阿图尔以后建立一个家庭（目前约翰娜还没有对此产生疑虑），那么他还得用这笔财产养家糊口。约翰娜还希望，阿图尔日后能够让她的晚年也"变得美好"，正如她所写的那样："我的余生将在你家中与你的孩子们一同度过，就像每个老祖母都会做的那样。"[13] 此外她还指望能够安心地将女儿阿黛拉托付给儿子，"如果我死了，她能得到供养"。[14] 为了能够完成这些市民阶级应尽的义务，阿图尔必须从现在起，即在读书期间就要厉行节约。一方面要生活得好，另一方面也要能放弃汉堡"气派"。

另外，阿图尔也振振有词地肆意批评母亲的用度，越是这样约翰娜就越觉得在金钱方面自己有权监督儿子的行为。显而易见的是，约翰娜经常说，自己的那些消遣、采购、旅行等"花销不大"，还特别指出魏玛的生活很便宜。此外她还强调，维持自己的沙龙花费如何之少，她只用茶水和涂上黄油的面包来招待客人，而客人们都颇为满意。她写道："如果……亲眼见到这里的生活，那么你一定觉得这一切（支出。——作者注）只是小市民过的日子，你也会为此而感到羞愧。"[15] 这些评论总有些弦外之音，那就是她要在儿子面前证明自己的生活方式是适度的。她强调指出，"我……这里的客人很多，这没花我什么钱"，[16] "我自己也避免一切不必要的开支"。[17]

阿图尔之所以对母亲的经济状况表示怀疑，原因在于他担心在遗产分割之前，母亲就会因为开销过大而将一部分财产消耗光了。自从作出决定一辈子当学者之后，他就充满忧虑地关注着这笔共同的家产，因为他也知道，也许日后他就仗着这笔遗产过活。而且对于母亲在父亲死后表现出来的人生乐趣，阿图尔怀着一种不可名状的恐惧。他担心母亲有可能重新嫁人。于是约翰娜不得不安慰他，她解释道，好友费尔诺夫已是不惑之年，且有病在身，也不漂亮，而且他已经结婚了。在另一封信中她又写道："追求者虽然也不少，可是你不必害怕。"[18]（1807年3月23日）

可是这一切都不合阿图尔的心意，因为在母亲面前，他自觉是父亲的代言人。如果约翰娜过着一种平静、退隐的生活，将全身心都奉献给死去的丈夫并对他忠心不二，而且尽自己的义务照顾孩子的话，阿图尔就不会对她有所指责了。

尽管如此，母亲在与儿子的交谈中还是充满关切的，而儿子也希望得到母亲的认可。可是不信任感已经逐渐加深，只是最初表现在钱的问题上。在母子间相隔遥远的时候，母亲的信息是很亲切，儿子备受鼓舞，向母亲倾诉心中的痛苦。随着阿图尔移居哥达，两人之间的距离拉近了，可是彼此间惹恼刺激对方的情况越来越多。当阿图尔仅仅五个月之后就不得不离开哥达并准备移居魏玛闯入母亲的地盘时，真相大白的时刻到来了。

按照母亲的话来说，阿图尔不久就成了学校里的"名人"。[19]他在学业上的进步显而易见，只有在用德语讲授的课程上他才算是学校里的一员，因为只有在这方面他才需要补些课，而也就是在这几门课上他大放异彩。他年长于其他同学，他神奇的广泛交游使他鹤立鸡群，他的开销完全超出了一个学生应有的水准。同学们非常佩服他，留心倾听他的那些玄妙高深的言辞，乐于听从他的调遣，处处模仿他，簇拥在他的左右，这其中包括卡尔·约翰（Carl John）和恩斯特·阿诺尔德·莱瓦尔特（Arnold Lewald）。前者日后成为歌德晚年的秘书，之后又担任过普鲁士书刊检查专员（法恩哈根·封·恩泽①将他称为"杀戮思想的屠夫"），后者日后成为海德堡著名的语文学家。

由于觉得在智识和社会地位上高人一等（面对某些老师也是如此），他常开些"危险的玩笑"。他在朋友圈子里朗诵了一首诗，诗中挖苦了一位哥达的教书匠，这位老师曾公开责难年长的学生对年幼的学生为所欲为的行径。可是除此而外，这位克里斯蒂安·费迪南德·舒尔策先生是一个温和的人，只不过难免带着些小城市士绅所特有的虚荣。诗中这样写道：

---

① 法恩哈根·封·恩泽（Karl August Varnhagen von Ense，1785~1858），德国作家、文学评论家、出版家。除了自己创作作品之外，还撰写了不少传记和回忆录，成为记录当时社会的宝贵史料。其妻子主办的文学沙龙成为当时著名作家和学者聚会与交往的中心，推动了当时文艺的繁荣。

> 讲台上的饰品，教席的欢愉
> 城里的小说家，共济会的代言人
> 彻头彻尾的基督徒，彻头彻尾的犹太人、异教徒
> 他早上拿着书本，而晚上则扛着抽屉
> 里面装着所有师傅的七种自由技艺
> 这位先生无所不能、无所不知
> 他是所有文艺爱好者的菁华和冠冕
> 他有成千上万的朋友，并能一一道出他们的名姓
> （HN Ⅰ，4）

果真如此，这位"讲台上的饰品"的众位"朋友们"成为阿图尔即将面临的灾难。全体教师听到了这首讽刺诗的风声，他们可不懂得什么叫作玩笑，出于同事之间的团结，校长德林宣布停止为阿图尔进行课外辅导。正如他日后在《简历》中写道的那样，虽然他有继续留在这所中学里的可能，可是德林的惩戒措施却伤害了他的自尊心。失去了权威人士的好感犹如在头顶上浇了一盆冷水，他无法像日后那样固执地进行抵抗。他写信告诉母亲想离开哥达，约翰娜警觉起来，因为阿图尔在信中暗示愿意来魏玛。

这一情形对约翰娜是一种挑战，如果阿图尔到魏玛来，就会打破她幸福生活中的平衡。她必须向自己提出一连串的问题：她对阿图尔的感受如何？她是否愿意他生活在自己的身边？她的愿望究竟是什么，对于人生有什么期待？她在道德上有哪些义务，这些义务和她自己的实际想法之间究竟是一种怎样的关系？

阿图尔对那位教师出言不逊是这件事情的直接导火线，约翰娜对此倒是不甚在意，她埋怨阿图尔缺少应有的沉稳自信，因为就应该把傻子当作傻子来对待，可是现在他自己却成为傻

子们愤怒的牺牲品。谁招惹傻子发怒，谁自己就是一个笨蛋。招致这件愚蠢的事情发生的深层原因是阿图尔的"绝顶聪明"、自以为是、自高自大。深受刺激的约翰娜竭力准确地为儿子描绘一幅画像，这幅画像虽然不免稍有美化之嫌，却也恰如其分。约翰娜虽然没有斥责他，却毫不留情地在他的面前放了一面无情的镜子："你人不坏，也不是没有思想和教养。你拥有一切必需的素质，可以使你为人类社会增光添彩。我了解你的性情，我知道没有几个人能够比得上你。尽管如此，你还是令人十分厌烦，让人难以忍受，我觉得和你生活在一起是一件十分辛苦的事情。你的绝顶聪明使你所有的优良品质变得黯淡无光，对于这个世界而言，这些品质因此变得毫无用处，这仅仅是由于你无法控制自己的愤怒，想处处高人一等，到处找别人的错处而将自己排除在外，想事事改进、样样精通。于是你激怒了身边的人，没有人愿意以如此激烈的方式改善自己、使自己顿悟，至少没有人愿意接受像你这样一个无足轻重的人的点拨，没有人能够承受这一点。而且你自己还有那么多缺陷可以让人挑剔，他们尤其不能忍受的是你那种轻蔑的态度，你以一种近乎占卜的口吻说，某事就是这么回事儿，自己却预料不到会遭到他人的指责。假设你没有这么聪明，那么你就会成为别人的笑料，可是你现在这个样子却十分招人恨。如果不是受人挑唆，人总的说来并不坏。假使你默默地走你自己的路，也让别人安心地走他们自己的路，那么你原本还是可以像其他千百个人一样在哥达平静地生活和学习，在一般规则允许的范围内，你也能拥有所有个人的自由。可是你不愿意这样做，于是你被赶了出去……你乐意充当某种游走的文学刊物，这很无聊而且遭人恨，因为人们无法像对待印刷的报纸那样略过某些版面或干脆将这堆废纸扔到火炉的背后。"[20]

约翰娜在此间接地表达了自己充满怀疑论调的人生信条：

人生活在社会之中，无法从中逃脱。人要让每个人走各自的路，并且注意自己在走路的时候不会受到阻碍，只有这样人们才能够在社会中找到自己的路径。从上述这段话中已经能听得出，约翰娜就此下定决心，也不让儿子阻碍她走自己的路。因此哥达的这一事件引起了她的不安，因为阿图尔的性格从这件事中显现了出来，她担心这一性格会侵犯她自己的生活空间。阿图尔来魏玛探望过母亲几次，他已经让人尝到了他那喜怒无常的批评欲。因此有一次在他来访之前，母亲警告儿子："带上你的良好幽默感，把你的争辩欲丢在家里，这样我就不必每天晚上和你在一起为文学或皇帝的胡子发生争执了。"① 21 可是现在却不是拜访那么简单，而是事关儿子迁居魏玛。她先是稳住阿图尔，她需要时间来考虑这件事。此外还让她担心的是，阿图尔在哥达所干的蠢事引起的不满还记忆犹新，立即迁居会导致"激烈场面" 22 的出现。而且如果让儿子暂时待在哥达经受炼狱之火，这也不是什么坏事，毕竟他得为自己的行为独自承担后果。

一个月以后，就在1807年11月底，约翰娜做出了决定。她建议阿图尔去邻近的阿尔滕堡市，在那里的人文中学就读，在万不得已的情况下，她仍然会同意儿子移居魏玛。不过在这种情况下必须要定下一些规矩，为的是谁也不要插手对方的事情，"不要损害双方的自由"。23

关于她与儿子之间的关系约翰娜还从来没有说得如此一清二楚："我觉得最好还是不要拐弯抹角，我现在告诉你我的愿望和心中的想法，为的是我们彼此明白对方的想法。我真的喜欢你，对此你不会怀疑。我已经向你证明过这一点，只要我还

---

① "为皇帝的胡子而争吵"（um des Kaisers Bart streiten）在德语中意为"为一些鸡毛蒜皮的事情发生争执"。

活着，今后也会继续证明给你看。我的幸福就是知道你生活得幸福，这对我来说是必要的，可是不必成为你幸福生活的见证人。我对你说过多次，与你生活在一起会很困难……我不想对你隐瞒，只要你还是现在这个样子，我会作出所有的牺牲，我很难作出决定。我不隐讳你的优点，让我感到害怕使我退缩的不是你的……内心，而是你的个性、你的言论、你的观点、你的评判、你的习惯，总而言之，在事关外部世界的问题上，我与你在任何方面都无法达成一致。而且你的闷闷不乐不但让我感到压抑，而且也败坏了我那欢快的幽默情绪，而这对你也没有丝毫帮助。瞧，亲爱的阿图尔，你来这儿看我也就那么几天，可每次都会有激烈的场面出现，可都只是为了些琐碎的事情。只有当你走了以后，我才能自由地呼吸。你在场的时候总是对那些不可避免的事物抱怨不休，你那阴沉的表情，你那些荒诞不经的判断，这些判断就像卜辞那样从你的口中说出来，不容他人对此提出异议，这一切都让我感到压抑。其实我多么想对此提出异议，而每次我都必须强烈按捺住内心的抗争，只是为了不引起新的争吵。我现在的生活很平静，这一年以来我都没有经历过如此不愉快的时刻，这还得感谢你。为了自己，我保持沉默，没有人反驳我，我也不反驳任何人，在我的家中听不到大声喧哗。所有的一切周而复始地运转，我也走着自己的路。无论在哪里，人们都不会发现谁发号施令、谁俯首帖耳，每个人都安心做着自己的事情。日子在一天天地过，可我不知道它的轨迹。这就是我最真实的存在，如果你还愿意让我在余生继续拥有这份安宁和幸福的话，那么就让它继续下去吧。亲爱的阿图尔，如果你再长几岁，对某些事情再看得透一些，那么我们彼此之间会更和谐。"[24]

在高大榜样歌德的影响之下，母亲在魏玛学会了泰然处之的态度（"日子在一天天地过"）。此时她感受到了来自阿图尔的威胁，于是她不得不自卫，但无法做到那么泰然。万事顺其自然，于人于己方便，不妄加评判，少攻击他人和发号施令——这就是在魏玛的生存之道，由此约翰娜现在找到了内心的平静。其实这也正是阿图尔思慕已久的东西，只是对于这位登山爱好者而言，这种泰然处之的态度只有在那些崇高的地方才能找得到。从这些地方人们可以"心平气和、超然物外地注视"，"此时我们身上属于躯体世界的那部分受到巨大的震撼"。（HN Ⅰ，8）在音乐和文学之中，同样在他的第一次哲学漫游之中，阿图尔找到了这种崇高感。"置身于"熙攘的人群之中，同时却要保持安宁，这是一种泰然的参与方式，可是阿图尔做不到这一点。在阿图尔这一时期写给母亲的信中只有几份残片存世，他在其中一封信中写道："这真是让人无法理解，永恒的灵魂被放逐到了躯体之中，它怎么就会一下子被扯了出来，脱离了原先崇高的超然物外状态呢？永恒的灵魂被从上拽下，进入尘世的渺小之中，躯体和躯体的世界将其打散，它渐渐失去了迄今为止的状态，置身于原先看来是如此渺小的尘世并使自己融入其中，这样一来它将自己的全部生命局限在此并在如此局促的空间内填充生命。"（B，2）

他不得不被拽入"渺小"的"尘世"之中，这并非他自己所愿。好奇、自尊、年轻的血肉之躯所萌发的愿望、获取体验的渴望，这一切都缠绕着阿图尔。他虽然可以保持距离，然而在这种距离之中充满了挣扎。这位19岁的少年感受自身的方式不是听凭一切顺其自然，而是主动地与外物划清界限。他必须批评、评判、判决，只有这样他才能够守住自己的空间。他已经过了或者还没有到可以任由自己随意行走的年龄，一种时刻警醒着的不信任感使他始终无法放松。他无法跟着别人一起走，因为他缺乏那种最基本的信任。可保持沉默对他来说却又很难，他必须参与发表意见，他不会轻易认可那些异质的、与他不合的事物。在总结儿子为数不多的几次魏玛之行时,母亲将阿图尔称为某种"游走的文学刊物",并对他在文学问题上的争强好斗表示不满。不难想象这个粗暴好斗的家伙究竟在争辩什么问题。我们知道,阿图尔在汉堡期间发现了浪漫派,包括瓦肯罗德尔、蒂克……他们的"过激状态"在歌德治下的魏玛,因而在约翰娜·叔本华的沙龙里也并不特别受欢迎。而阿图尔则与爱好文艺的母亲展开斗争,既为自己也为了浪漫派的细腻体验。父亲对女人持传统的看法,儿子阿图尔也没有把母亲的智识放在眼里,他在母亲的见解中不仅听见了魏玛呼吁节制的回响,而且还觉察到了一种全新的生活节奏,母亲"最真实的存在",正如她在信中所写的那样。阿图尔明白这一点吗?我们不知道,就连母亲也不知道。因此为了保护自己的生存空间,她不指望阿图尔能理解,她要建立一种全新的、精确定义的母子关系,这样至少可以从外部保证彼此间互不干涉。"你好好听着,我想如何与你相处:在你自己家里你是主人,在我这里你是客人,就像结婚以后我在自己父母家中也是客人一样。一位受欢迎的可爱客人总是受到亲切的款待,可是他不应干涉主人的家事。你也不要管我的家事,有关阿黛拉的教育、健康以及佣人的事情也根本用不着你操心,迄今为止没有你我也料理得很好,今后也会是如此。我绝不容忍别人反驳,因为这只会引起我的不快而且也于事无补。你每天中午1点来待到3点钟,在其他时间里我不想看见你,我主办聚会的那两天除外,只要你愿意就可以来,在那两天晚上你可以留下在我这里用餐,前提是你能忍得住不挑起让人讨厌的辩论,这总是让我心烦意乱,此外也收起你对愚蠢世界和人类痛苦的那些抱怨,因为每每听了这些,接下来便是一个糟糕的夜晚,我总是做噩梦,而我多么想好好睡一觉。关于你的事情,如果我必须知道,你可以在中午的时候一一对我说,其他的时间里你必须自己安排。我不会为了哄你开心而让自己受罪,哪怕不是这样,我早已习惯独处,我已经无法改变这个习惯。我请你不要反驳,我无论如何也不会改变这个打算,你的晚餐我会让厨娘每天晚上给你送过去,茶你家里应该有,必要的餐具我会给你一些,如果你愿意的话,我还可以给你一个茶叶罐子……每周有三场戏剧演出、两次聚会,你在这里有足够的机会消除疲劳,而且不久你就会认识一些年轻的朋友。假设我不在这里的话,那会是怎样的情形呢?说得够多了,你现在知道了我的心愿,我希望你能够严格按照我的心愿行事。母亲不但关心和爱护你,并且很快遂了你的心愿,我不希望你用抗命来让我伤心,这不仅对你毫无帮助,而且只会让一切变得更加糟糕。"25

1807年11月23日,阿图尔·叔本华抵达魏玛,他接受了母亲的条件。他搬进一间小套房,房东是一位做帽子的手艺人。他通过自学准备考大学,他的私人授课教师是仅比他年长几岁的人文中学教授弗兰茨·路德维希·帕索①。阿图尔埋头学习,在即将离开魏玛的时候(1809),他已经能够出色地驾驭古代语言,并且对古典文学中的重要作品了如指掌。他在进入哥廷根大学之时由于高人一筹而踌躇满志,就所掌握的知识来说,他的同学,甚至某些教授都无法与之相比。可是在这两年中,阿图尔过得并不幸福。在哥达期间他处于中心地带,而在魏玛只是个不速之客。尤里乌斯·弗劳恩施泰特于1863年写道:"叔本华还对我说,面对他的母亲和她那些友人,他总觉得自己是陌生人而且很孤独,所以在魏玛人们也对他不满意。"(G,130)

---

① 帕索(Franz Ludwig Karl Friedrich Passow,1786~1833),古典语文学家,后任布雷斯劳大学教授。他曾整理和译介了大量古典作家的作品,他最重要的成就在于修订了约翰·戈特利布·施奈德编写的希腊语词典,影响甚大。

母亲下定了决心而且有能力不折不扣地处理好与儿子的关系，可是与母亲不同的是，阿图尔心中充满了矛盾冲突可又不愿承认。在母亲面前，他宣布了自己独立自主的意志，可私下里却又指望母亲能够给他提供一个充满关爱的家。约翰娜觉察到了他的这一奢望，于是在他到来之前就已经在一封信中明白无误地指出："你举出了众多决定你选择魏玛的理由，然而我只看到了一条理由促使你愿意住在魏玛：你在魏玛有自己的家。这和你迄今为止在别的地方没有什么两样，你是否在这里会有更多在家的感觉，那让我们走着瞧。我会听凭你自便，这是我一贯的做法。"[26]母亲给予他自由，可是阿图尔显然觉得有些招架不住。可是他的自尊不容许他承认这一点。母亲在社交上取得了很大的成功，阿图尔见证了这一点，可是却无法分享母亲的成功，其结果就是忌妒。几乎在60年以后，在阿图尔·叔本华的谈话之中仍能听出忌妒的余音。弗劳恩施泰特写道："他谈及母亲的时候……口吻颇为不敬。他告诉我，他的母亲过着美妙的生活，在魏玛有不少文艺爱好者簇拥在她的周围大献殷勤。"（G，130）可这些人又何止是"文艺爱好者"呢？就连歌德也常常出入约翰娜家的门庭，在两年里他没有和阿图尔说上一句话。这使他颇受伤害，根据同时代人的一致记述，歌德在约翰娜家里比其他任何地方都显得轻松、亲切、没有架子。可是阿图尔应该感到高兴了，至少他得以作为观众亲身经历歌德（他本身就是一个非同寻常的自然现象）的登台表演。

歌德通常在晚间7点前后到达，手里提着灯笼。有时在回家的时候得有人给他点燃新的蜡烛。他很爱和苏菲（约翰娜的女佣）闲聊。他也会走进10岁的阿黛拉的房间看看，阿黛拉会向他展示自己的玩具，而他则摆弄着牵线木偶让它跳舞。据约翰娜说，歌德刚进来的时候"总是有些沉默，似乎有点局促不安……直到他看清楚聚会的阵容并知道有谁到场之后才舒缓下来。随后他总是紧挨着我坐下,并稍稍向后挪,这样他就可以将肘部支撑在我的座椅的靠背上。然后我就先与他开始交谈,慢慢他变得活跃起来,可爱得让人难以形容。在我所认识的人中他最完美,而且外表也是如此,身形高挑漂亮,他的腰板挺直,穿着极为整洁,衣服总是黑色或深蓝色的,头发无论是梳理还是扑粉都颇有品位,而且也符合他的年龄。他的面容熠熠生辉,生着一双明亮的棕色眼睛,目光温和,但同时也具有穿透力,当他说话的时候,他显得更加英俊,令人难以置信"。[27]

约翰娜认为,歌德从来不会因为自己了不得而"压制"别人。恰恰是由于他的存在,别人受到了鼓舞而回到了自己的自然状态。不过别人的体验可不是这样。斯特凡·许策写道:"如果他情绪不佳地走进沙龙,从房间的一角走到另一角,这时候真是让人有些害怕。如果他不说话,别人就不知道这时候该由谁张口说话。"[28]在这种情况下,约翰娜就会准备一张小桌子,桌上摆着些用来作画的物件。情绪不佳的歌德在桌子旁坐下,通常他都会通过画素描或者水彩画使自己的心情变得愉快起来。如果约翰娜不事先将这些画作妥善保管起来,那么其他的客人就会从歌德的手中把它们抢走。即使在心情好的时候,歌德也会表现得很专横。许策写道,某天晚上在约翰娜的家里,歌德带来了苏格兰的叙事谣曲,并准备"亲自朗诵其中比较长的一首。在诗中有某个句子反复出现,他约定每当它出现的时候,女士们就要齐声朗诵这个句子。于是激情澎湃的朗诵开始了,女士们时刻做好准备,在恰当的时刻同时放开嗓门。第一遍顺利通过,可是当第二、第三遍重复这句话的时候,赖因贝克教授夫人禁不住发出了笑声。于是歌德停了下来,放下手中的书盯着大家看,这是朱庇特大发雷霆时的眼神。他简短地说:'那我就不念了。'人们吃惊不小,可是约翰娜代表大家恳求歌德,发誓一定服从他的旨意,并替其余的人担保。看在上帝的份上又重新开始了。果真如此！所有的女士都服从命令，每个人的下巴都有节奏地同时上下移动，这场面真有些滑稽，歌德的无上权威就在于此，他能够让所有参加聚会的人保持着规定好的庄重严肃的表情"。[29]

歌德本人并没有注意到这个滑稽的场面，虽说这不是故意为之，但毕竟是他一手造成的。在他的《日日年年》①中，歌德对此事有所评论："Hilla，Lilla，一首苏格兰的叙事谣曲，颇有连祷②的意味，在我们这里颇受欢迎。我用美妙的声音朗诵了这首诗，参加聚会的诸位齐声重复着叠句中的钟鸣之声。"[30]

如果歌德在讲述或朗诵，那么上演的就是一出变形记。从表情和声音中可以看（听）得出他已经变成了故事中的人物，这时他在椅子上也坐不住了，声音变得很高，此时住在约翰娜楼上的内廷参事卢德库斯的夫人便会使劲地用脚跺着地板。

歌德很喜欢聊一些家常的事儿，比如他说中午自己突然感觉特别饿，于是就把原本准备好用来晚上招待客人的鹅肝酱独自吃得精光，就这么一件事情他抱怨了足足一个小时。在聚会的谈话中，他避免激烈的辩论，正如他自己常说的那样，他对年青一代的那种批判精神厌烦至极。如果有哪个人想从他那里听到确定的意见和评判的话，他有时候就会报以嘲讽，具体的做法是，他先发表一通确定的意见，可是末了却得出了相反的观点。在约翰娜的沙龙里，人们经常会听到他说这么一句话："人们还以为我在魏玛，此时我已经到了埃尔福特。"[31]阿图尔发表批评意见时出语伤人，还喜好臧否人物，就凭这两点他就会让歌德感到讨厌。好在歌德在场的时候，此时的阿图尔还能够克制住自己。可是日

---

① 《日日年年》（*Tages-und Jahresheften*）是歌德的私人秘书克洛伊特（Theodor David Kräuter，1790~1856）从歌德历年的手稿中整理辑录出来的与生平有关的自述性文字，它是记录歌德1749~1822年间活动的重要史料。

② 连祷（Litanai）是一种祈祷的方式，由牧师领祷，信徒按照一定的程式回答。

后他再次迁居魏玛，那时的情况就发生了变化。

在心情好的时候，什么事情歌德都会同意，就连拉方丹①的肤浅小说和科策比的感伤剧（这些剧作经常在魏玛剧院里上演）都可以谈。在约翰娜的沙龙里，他向女士们发出忠告，唯一起决定作用的是欣赏的技艺，他在说这话的时候不无影射。人们容忍歌德的一切所作所为，阿图尔也是如此，只要是歌德报名参加，阿图尔总会出现在母亲的聚会上。

阿图尔经常出现在晚间的聚会上，母亲坐在茶炉后面，以她那谨慎周到的方式维持着谈话的顺畅进行。因为歌德的存在吸引了某些贵客光临，他们在各自的回忆录或信件中回忆了在内廷参事叔本华夫人家中的那些夜晚。可是他们中没有任何一个人，无论是贝蒂娜②和克莱门斯·布伦塔诺兄妹、阿希姆·封·阿尔尼姆，还是洪堡兄弟③注意过阿图尔。在那几年中，这些人都是约翰娜府上的常客。似乎只有扎哈里亚斯·维尔纳（Zacharias Werner）（当时戏剧界的一颗流星）在魏玛居住期间与阿图尔有过一段交往。在维尔纳的日记中能够找到对此事的简短交代，而阿图尔·叔本华在晚年时仍然提到过这段交

---

① 拉方丹（August Heinrich Julius Lafontaine，1758~1831），德国小说家，代表作为《爱的威力》和《克拉拉·迪普莱西与克莱兰特——一个法国移民的家族史》，他是当时最成功的自由作家，作品多次再版并翻译成多国文字。
② 贝蒂娜（Bettina von Arnim，1785~1859），德国浪漫派女作家，布伦塔诺的妹妹，后嫁给其兄长的好友阿尔尼姆，因处女作《歌德与一个孩子的通信》而在文坛成名。
③ 指的是威廉·洪堡（Wilhem Freiherr von Humboldt，1767~1835）和亚历山大·洪堡（Alexander Freiherr von Humboldt，1769~1859）兄弟二人。前者是著名学者，在哲学、美学和史学方面都有所著述，最主要的学术成就在语言学方面，代表作为《论人类语言构造的差异及其对人类精神发展的影响》和《论爪哇岛的卡维语》，曾任普鲁士外交官和内政部主管文教的官员，创建了柏林大学，其研究型大学的理念影响深远。后者是博物学家、地理学家，早年在南美洲探险考察，获得了大量的原始资料，在此基础上他撰写了卷帙浩繁的《新大陆赤道地区行记》（30卷），开创了现代自然科学中的诸多新学科，他最著名的作品是《宇宙》，对现代地理学发展影响深远。

往，并对这位神奇的人物赞不绝口。

歌德在1808年圣诞节将扎哈里亚斯·维尔纳从耶拿领到魏玛，这正是维尔纳名声最为显赫之时。有关路德的剧作《力量之尊严》在1806年柏林公演期间大获成功，阿图尔在汉堡期间读过这本剧作，并为其充满魔力的情节和激情澎湃的语言所折服。

扎哈里亚斯·维尔纳来自柯尼希堡，他与年长8岁的E.T.A.霍夫曼在同一所房子里长大。歇斯底里的母亲认为儿子是基督的肉身，扎哈里亚斯倒也乐得如此，日后他改了行成为诗神。他闻听席勒的死讯时幸灾乐祸地说："如今空出了怎样的一个位子啊！"就连其他的人，例如伊夫兰德[①]和斯泰尔夫人都相信维尔纳会成为席勒的接班人。歌德最初曾嘲笑过《力量之尊严》，认为剧中充满了"浓烈的薰香气息"[②]。可是后来扎哈里亚斯·维尔纳在耶拿期间拼凑了一系列美妙的十四行诗献给明娜·赫茨利普[③]，歌德颇受感动，于是便将这位恋歌诗人[④]带到了魏玛。不过歌德与他之间的关系极具讽刺意味。在魏玛剧院上演了维尔纳的《万德拉》之后，歌德在一次宴会上取下席上一顶用来装饰猪头的桂冠并把它戴在了维尔纳的头上。不久以后，维尔纳成为魏玛城中一位丑闻缠身的人物：有一次他答应参加某个晚会却迟迟不来，于是主人便派了

[①] 伊夫兰德（August Wilhelm Iffland，1759~1814），德国戏剧演员、剧作家，曾在歌德、席勒的多部喜剧中担任主要角色，是当时德国最著名的演员之一，创作过60多部剧作，晚年曾担任普鲁士王家剧院经理。

[②] 此处的香气指的是教会在举行供奉上帝的仪式中点燃的特制薰香所发出的气味（Weihrauch）。

[③] 明娜·赫茨利普（Minna Herzlieb，1789~1865），歌德晚年曾经爱恋过的一位年轻女子，后来以这段经历为素材创作了小说《亲和力》，她也就成为作品中女主人公奥蒂莉娥的原型。

[④] 恋歌（Minnesang）或译作"宫廷抒情诗"，德国中世纪宫廷文学的体裁之一，主要是表达骑士对女主人的"贤德"和"美貌"的爱慕之情，作者多为下层贵族，也有市民和行吟诗人。

一位女仆去找他，可这位女仆却叫喊着跑了回来，原来维尔纳企图强暴她。维尔纳到了晚年变得十分虔诚，1814年他被任命为天主教神父，在维也纳布道劝人赎罪，颇有鞭笞派①的作风，对象为上层社会的家庭成员。

阿图尔在哥达的时候就结识了维尔纳，因为结识了这位贵人而备感荣幸。在魏玛期间，阿图尔在他的影响下对戏剧如痴如醉。

经常光顾剧院在魏玛完全是件司空见惯的事情，因为这里除了看戏之外很少有什么别的消遣。阿图尔也不例外，可是对于他来说，戏剧不仅仅是晚上用来打发时间的方式。我们注意到，阿图尔早期的哲学反思恰恰是由戏剧（特别是悲剧）所引发的。例如在谈及索福克勒斯的时候，他萌发了某种关于不幸的柏拉图式理念。他问自己，如果现实中的不幸不是现实的，而只是"存在于永恒之中的现实痛苦"的"图像"（HN Ⅰ，9），那么这会怎样呢？我们并不是将现实的苦难投射到了天上，而是恰恰相反，我们将上天的痛苦投射到了我们的现实之中，于是我们把所有事情弄得更糟。最直接的现实痛苦难道只是幻象吗？勇敢地审视形而上的痛苦就意味着摆脱当下的痛苦吗？这位帽子匠人家中的房客、宫廷参事叔本华夫人沙龙中的不速之客此时正在权衡，以寻求某种泰然处之的方式，这是一种通过形而上的超越彰显现实痛苦的策略。阿图尔进一步地对这一策略进行精打细磨，可是在约翰娜的晚间聚会上谈论这一话题显然不合适。

约翰娜在社交上的成功促使忌妒者们行动起来。阿图尔也陷入忌妒者的行列之中，这似乎并不是他的本意，而只是巧合而已。例如帕索就是一位对此心怀忌妒的人。约翰娜交给他的

---

① 鞭笞派（Flagellantum），中世纪的一种具有宗教性质的兄弟会，信徒们通过用皮鞭自笞忏悔赎罪。

任务是为阿图尔补习功课。歌德在1807年将这位胸怀大志的年轻语文学家从哈勒延请到魏玛中学任教。帕索过分热心地高度评价歌德那些针对当代文学的论战文章,他甚至还批评了席勒。忠于亡友的歌德随即做出暗示,他不愿在自己参加的聚会上见到帕索。尴尬的约翰娜不得不屈服,收回对儿子家庭教师发出的邀请,帕索当然受到了深深的伤害。可是他无法与歌德发生冲突,于是便将怒气撒在了约翰娜的身上。在给一位熟人的信中他写道:"您大概知道,随机应变、喋喋不休的叔本华夫人每年冬天都会举办无聊透顶的茶会……那些自命为有教养的人蜂拥而来,因为在这里能够经常见到歌德。"[32]

可以想象阿图尔会从帕索那里听到些什么关于母亲的事情,要知道他很钦佩帕索的专业知识,而且他偶尔还住在帕索家中。帕索是一个有怨必报的人,他不但把自己锁闭在古代王国之中并借此保护自己,而且他还从这座堡垒里向那些"文艺爱好者"们射出毁谤的毒箭。在聚会中他总是一言不发,可是人们觉得在他的缄默中蕴含着傲慢,而且其中似乎打着什么埋伏。甚至连歌德的思路都因此发生混乱,根据里默尔的记述,甚至会出现这样的局面:"本该是充满智慧和幽默的谈话结果却变得枯燥和乏味。"[33]

那些与约翰娜交往的人通常被帕索称为"碌碌之辈"。[34]除了语文方面的知识外,阿图尔还从这位坏脾气的老师那里学会了这个字眼,日后阿图尔还会把这个词用在更多的人身上。

此外与阿图尔往来的还有另外一位在魏玛备受瞩目的人物,他就是约翰内斯·丹尼尔·法尔克[①],他与约翰娜·叔本华

[①] 法尔克(Johannes Daniel Falk,1768~1826),作家、教育家、社会活动家。他在哲学-世界观上接近于赫尔德,在文学创作上倾向于歌德,代表作是《写给笑话和讽刺爱好者看的书》和戏剧诗《普罗米修斯》。

的关系也颇为紧张。

法尔克是一位作家，1806年以后他一跃成为公使馆参赞（此前他是以拿破仑的反对者的面目出现的！）。他在魏玛筹建了一座孤儿院并参与工作，是国内布道团①的先驱者之一，做了不少造福生民的事情。他的社会抱负很大，这既是他的癖好也是他的弱点。同时代人对这个人的评价却不怎么样。里默尔将他称作"无法忍受的夸夸其谈者"，只有当上司出现在地平线而他则不得不拍着翅膀飞过去的时候，他那番长篇大论才会中止。否则的话，"在他那滔滔不绝的演讲中连个插针的地方都没有"（里默尔）。[35] 约翰娜也嘲笑这位自命不凡的先生。说起来他还差不多是约翰娜来到魏玛以后第一个结交的人，因为他本人也是但泽人。在一封给阿图尔的信中，约翰娜写道："事实上，他那种自命高雅的言行举止不但令人难以忍受，而且这么做也不聪明，因为这样所有的人都会觉得他很讨厌，而最终所有市民阶层的人家都会闭门谢绝他的光顾，而他很难在宫廷里找到类似的社交机会。"[36] 另外，法尔克也没有说过约翰娜什么好话，因为这位来自但泽的内廷参事夫人打乱了魏玛原有的等级划分。在法尔克的《亲历歌德》中多次提及他本人与歌德的谈话，虽然这些谈话都是在约翰娜家中进行的，然而他却故意绝口不提谈话的地点。

阿图尔和法尔克交往颇为密切。1808年9月，法尔克前往埃尔福特参加诸侯会议时带上了阿图尔。歌德也应召前往，拿破仑想见他并与之交谈。法尔克、阿图尔和另外几个人构成

---

① 国内布道团（Innere Mission）是19世纪以后由新教徒在独立的协会和机构中建立起来的处理公益事务的组织或团体，1849年在维歇恩（Johann Hinrich Wichern，1808~1881）的倡议筹划下，新成立的德国新教国内布道团中央委员会（Centralausschuß für Innere Mission der deutschen evangelischen Kirche）统一协调这些组织的工作。

了明亮的彗尾。应庇护者的征召，新老王朝在此隆重聚会。阿图尔并没有觉得这事有什么了不起，在法尔克的面前，他"对那些宫廷贵妇们""表现出了厌恶之情"，"在喜剧开场之前，她们还将这位各族人民的压迫者称作凶神恶煞，然而在散场之后却宣称他是世界上最可爱的人"。（G，21）

阿图尔在魏玛的生活就要接近尾声了，帕索写鉴定证明他在学习上取得了长足的进步，1809年秋季他便可以进入大学了。1809年2月22日，阿图尔庆祝了自己21岁的生日。他现在已经成年了，母亲将他应得的那部分遗产移交给了他，数额接近20000帝国塔勒，仅利息一年就有差不多1000塔勒进账，靠这笔钱就能过上不错的日子。不过最好的生日礼物却是参加盛大的化装舞会。这次盛大的假面舞会是歌德和法尔克倡议举办的，在市政厅大楼里举行。舞会如此吸引人的原因在于卡罗琳娜·亚格曼也将出席，她是魏玛城中的戏剧和歌剧明星，公爵的情人，歌德的对手。全德国都为她的美貌所倾倒，阿图尔对她也如痴如醉。在舞会上，阿图尔就在她的附近。卡罗琳娜装扮成一位圣女，而阿图尔则是一位渔夫，然而圣女没有在意渔夫。亚格曼佩戴了公爵赠送给她的所有首饰，她如此出众的装扮完全是针对公爵夫人的，那么公爵夫人会作何反应呢？公爵夫人对亚格曼的首饰视而不见，亚格曼对阿图尔·叔本华也是视而不见。叔本华将自己的心意写进了诗中，这是他第一次也是最后一次尝试做恋歌诗人，诗中写道："我的痛苦成为我的欢乐／你向窗外望去……帷幔掩住了纱窗，你在枕上进入梦乡……帷幔掩住了太阳／我的命运被乌云遮挡。"（HN Ⅰ，6）这种状况还要持续一段时间，因为爱情诗的威力毕竟有限。他向母亲坦白："假使我在乡间路旁砸石头时遇见她，我一定会将她带回家去。"可是卡罗琳娜脚下的路并不会将她引到砸石工的身旁，公爵将她册封为封·海根多尔夫女伯爵，阿图尔的机会落入了无底深渊。

　　1809年夏天，阿图尔和母亲再次一同前往耶拿，他们拜访了歌德。歌德在日记中记下了约翰娜的来访情况，却只字不提阿图尔。约翰娜请求歌德为阿图尔写一封推荐信，此时阿图尔已经决定去哥廷根上大学了。无法确定的是，歌德究竟是忘了这件事还是拒绝了这一请求。总之，1809年10月7日，阿图尔是在无人举荐的情况下启程前往哥廷根的。

第七章

哥廷根——钻研自然科学——父亲的阴影：对坚实感的爱好——徘徊在柏拉图和康德、渴望迷醉和怀疑之间——第二个哲学场景：从笛卡儿到康德，从神性的理性到神圣的理性，从形而上学到德性——"自在之物"的平步青云——地狱譬喻中的阿图尔

为什么会选择哥廷根？耶拿就在附近。在魏玛生活了两年之后，阿图尔或许想让自己和母亲的世界再一次保持更大的距离。而且如今的耶拿已不复往日的风光了，18世纪末费希特、谢林、施莱格尔[①]兄弟、席勒等人都在此学习或执教，那时候这座城市曾经是现代教育的辉煌中心。

耶拿大学璀璨一时，而哥廷根大学则是德国大学中的一颗恒星。1734年，英国国王乔治二世创建了哥廷根大学，没过多久这所新大学便在学术上赢得盛誉。在这所大学里，新时代的精神不必首先从神学的包围[②]之中巧妙地解脱出来，因此在这里自然科学（一种新的思辨性经验）从一开始就占据了主导地位。在18世纪中叶，阿尔布莱希特·封·哈勒[③]就是代表了

[①] 指的是弗里德里希·施莱格尔（Karl Wilhelm Friedrich von Schlegel）（参见第四章脚注）和奥古斯都·威廉·施莱格尔（August Wilhelm Schlegel，1767~1845）弟兄二人。奥古斯都·威廉·施莱格尔是德国浪漫派作家、文艺理论家、语言学家、翻译家，在文学理论方面的代表作是《论文学和艺术》和《论戏剧艺术和文学》，此外他对于东方语文的研究推动了德国东方学和比较语言学、比较文学的发展。作为翻译家译介了大量的国外文学作品，其中以诗体翻译的《莎士比亚戏剧集》堪称莎剧德语翻译的典范之作，至今为人所称道。

[②] 传统的欧洲大学起初都是从神学研究起家的，只是到了近代以后才开始逐渐增加了新的学科。

[③] 哈勒（Albrecht von Haller，1708~1777），瑞士医生、作家，被公认为实验生理学的奠基人。文学上的代表作是长诗《阿尔卑斯山》，晚年还创作了一系列政治小说。

哥廷根这种新精神导向的教育家。他在此教授医学、植物学、外科学。他还创作了具有教育意义的政治小说，这些作品具有贵族共和统治的倾向。此外他还创建了所谓的"解剖剧院"，其实这是一个展览馆，陈列着被分解的人体的各个部分。这位精力旺盛的启蒙者还倡议建立了植物园和产科医院，他在生理学方面作出的贡献至今发挥着影响。哈勒凭借着其影响力使哥廷根成为"现代"自然科学的重镇。同样在哥廷根大学执掌教鞭的还有著名的讽刺和格言体作家格奥尔格·克里斯托弗·利希滕贝格[①]，他教授物理学和数学。卡尔·弗里德里希·高斯[②]掌管着哥廷根天文台，并讲授数学。学术界的名流、解剖学家和人类学家约翰·弗里德里希·布卢门巴赫[③]也在哥廷根，阿图尔·叔本华有幸聆听过这位一代宗师的讲座。哥廷根大学在自然科学方面享有盛誉，这也恰恰是奥古斯都·威廉·施莱格尔极力推荐这所大学的原因，他认为如果打算钻研文艺和思辨材料的话最好首先打好经验知识方面的坚实基础。施莱格尔将哥廷根大学称为"德意志学术的中心"，在这里人们可以"与科学方面的所有进展保持同步"。[1] 站在当代科学的高峰上，这也是阿图尔的抱负，虽然他较晚才感知到这一使命，但也正因此而更加雄心勃勃。从另一个角度来观察，哥廷根大学依然站

[①] 利希滕贝格（Georg Christoph Lichtenberg，1742~1799），德国物理学家和作家，代表作格言体的《稿本》，以讽刺的笔触点评各种社会、学术、文艺问题，节录本《箴言录》奠定了他作为启蒙作家的地位。

[②] 高斯（Carl Friedrich Gauß，1777~1855），德国数学家和天文学家，在天体物理学、数论、微分几何学、物理学、光学、大地测量学等众多领域进行了开创性的研究，对后世这些学科的发展起到了奠基作用。

[③] 布卢门巴赫（Johann Friedrich Blumenbach，1752~1840），医学家、人类学家，代表作是《自然历史手册》和《比较解剖学手册》，此外他还是众多新兴学科（例如矿物学、古生物学）的倡议和建构者，他的自然观和人类学理论对于当时的德国文艺界和人文科学界（例如浪漫派作家、歌德、海涅、叔本华等人）产生了较大的影响。

在时代的高峰。这所大学具有某种与众不同的魅力,贵族和上等市民愿意将子弟送到这里学习,除了自然科学以外,受到英国的启发,大学还增加了政治、社会科学方面的专业课程。如果谁通过了路德维希·施勒策[①]或约翰·斯特凡·皮特[②]的考试,那么摆在他面前的就是一条宽阔的仕途,因此这就为学生的趾高气扬提供了特殊的温床。市政府着手限制牲畜的数量,因为学生觉得那些奶牛有碍观瞻,与此相反,工匠的帮工们倒是能够和奶牛们和平共处,可是就是和这些大学生们无法搞好关系。于是就会经常出现骚动,冲突的焦点在于"排水沟权",也就是说走在马路上谁该给谁让路的问题。冲突逐渐升级,由个别的推推搡搡逐渐发展成群殴,双方经常成群结队地进入对方的驻地(帮工的居住区和同乡会的会馆)滋事斗殴。那些年轻的先生们虽然佩戴着刀剑,可是有时仍不免在帮工们(在当时的一本学生社团编印的大学生歌曲选本中,这些帮工被称为"一块没有思想、智慧和理智的肉"[2])的面前败下阵来,于是他们就演上一出"搬家"的闹剧。大学生撤离城市,这样一来市民便担心失去一笔获利颇丰的财源,于是他们便不得不邀请这些雅士们搬回城里居住。学生们便提出无理的赔偿要求,于是那些帮工们便受到惩戒,其中那些颇有文采的帮工甚至还写诗赔礼道歉。为了庆祝学生们的归来,饭店酒馆提供免费的吃喝,学生们可以彻夜喧哗。

大学生们在哥廷根放荡不羁,海涅对此记忆犹新。他在

[①] 施勒策(August Ludwig von Schlözer, 1735~1809),德国历史学家,撰写了大量有关俄国、北欧、世界历史以及政治学、法学方面的著作,是启蒙时期的重要政论家。

[②] 皮特(Joahnn Stephan Pütter, 1725~1807),德国法学家。在法学观点上他介于理性法和历史学派之间,代表作是《法律百科全书稿》和《当今德意志帝国国家宪法的历史发展》。

《哈尔茨山游记》中写道:"有些人甚至以为,这座城市是在民族大迁徙时代建筑起来的,每个日耳曼民族的支派当时在这座城里都遗留下一份他们同族的放荡不羁的模型,从中分支出汪达尔人、弗里斯人、施瓦本人、条顿人、萨克森人、图林根人等,如今他们还是在哥廷根成群结伙,根据便帽和烟管穗子上各种不同的颜色彼此区分,走过魏恩德大街,在草场磨房、决斗酒店和包登村流血的战场上格斗不休,风俗习惯依然如同民族大迁徙时代。"[3]

当地的大学生是一种包含多种元素的混合体:寻衅滋事、自命不凡、风度翩翩、好斗成性。只有他们中的那些精英才对阿图尔·叔本华具有吸引力。他远离喧闹和事端,他的手枪仅仅是挂在床边的墙上而已。他的好斗只体现在辩论方面,在小范围的朋友圈子里辩论时,他的词锋尖酸刻薄。他当年的同学、日后成为普鲁士驻罗马教廷代表的卡尔·约西亚斯·封·布森(Karl Josias von Bunsen)写道:"他的辩论方式粗暴而棱角分明,他的语调和他那独一无二的额头一样倔强。他那慷慨激昂的论断和奇谈怪论真是可怕。"[4]

哥廷根这座城市本身并没有什么特别的吸引力,海涅觉得"从背面端详"时这座城市最美。他写道:"这个由于香肠和大学而闻名的哥廷根城隶属于汉诺威国王,它有九百九十九个炉灶、各种各样的礼拜堂、一所助产院、一座天文台、一个大学生拘禁室、一座图书馆、一个市政厅的地窖酒店,那里的啤酒很好。"[5]

阿图尔将在这座城市里度过两年的时光。关于他这段生活的外部状况我们知之甚少。自第二学期起,他搬入施拉德教授在植物园的工作住房里居住,阿图尔一直到晚年都保持不变的作息规律就是在这里形成的。清早的时光用来从事高要求的脑力劳动,他通过吹笛子使自己获得放松;下午他去散步,行程颇远；晚上去剧院看戏或参加朋友间的聚会。在此期间与阿图尔保持往来的有他在哥达时期的两位旧相识弗里德里希·奥扎恩（Friedrich Qsann）和莱瓦尔特，还有卡尔·尤利乌斯·封·布森、威廉·巴克豪斯·阿斯托尔（他的父亲约翰·雅各布·阿斯托尔是一位移民美国的肥得流油的皮草商人）。此外阿图尔在这里还结识了日后成为著名古典语文学家的卡尔·拉赫曼[1]和年仅十岁就进入大学的神童卡尔·维特[2]。不过这些人都谈不上是知心的朋友，在阿图尔离开哥廷根之后，彼此之间也就断了联系。不过日后他们还会见面，但这些会面或多或少地含有偶然因素。

在这个圈子里，阿图尔是无可争议的中心人物。与在母亲家中的情形不同，众人都会倾听他的"卜辞"，他的"辩论精神"在这里丝毫不受限制，他总是正确的。或许正是由于这个原因，他对这些交往的评价不高。在1819年撰写的《简历》中，他写道："在哥廷根度过的两年中，我依然保持着那种已经习惯了的勤奋状态，献身于科学研究，这些研究并没有因为与其他学生的交往而受到丝毫阻碍或让我分心。因为我已经成熟，经验日益丰富，我的秉性与众不同，这些因素使我每时每刻都处于隔绝和寂寞之中"。（B，653）

起初，他将全部的勤奋都倾注于自然科学的学习。他在医学专业注册学习，这难道是为了迎合母亲的心愿吗？母亲希望

---

[1] 拉赫曼（Karl Lachmann，1793~1851）是德国近代著名的古典研究大家，对中世纪德国文学的研究和整理贡献巨大。他运用现代的校勘学方法整理德国古籍，成为后世的典范，此外他突破了只为古典作家出考证版全集的定例，校订出版了《莱辛全集》，开创了为近现代作家出版校注版全集的先河。

[2] 维特（Karl Witte，1800~1883），在父亲（Karl Heinrich Gottfried Witte，1767~1845）的悉心教育下，少年时代便有神童之誉，日后成为法学家和但丁研究专家。父亲日后根据自己教育儿子的经历写成了《卡尔·维特或一段有关其教养和教育的故事》，此书问世后在当时影响巨大。

他学一门将来"能够养活自己的专业"。

从他早年的笔记中就可以看出叔本华对哲学的偏好。不过学习医学根本不需要阿图尔舍弃这一爱好，康德本人就曾经将医学视作与哲学为邻的学科。在体验躯体的过程中，一位具有思辨精神的人可以学会他更加应该摒弃什么东西。在人体之中也可以很好地研究宇宙中的两个基本力：斥力和引力。为精神提供养料（这是一种实践的哲学）和为躯体提供养料，这两者之间具有密切的联系。这是康德的看法，他将医学提升到了哲学的尊贵地位。叔本华也曾听过身兼自然科学家和医生的布卢门巴赫的讲座，例如自然史、矿物学和比较解剖学，后者在从事自己的职业时也同样带着这样的赫赫尊严。布卢门巴赫自认为是一名"地方医院的医生"，他并不接受传统形而上学的强力话语。他过分地赋予自己从事的这门科学（医学）以某种能力，即它可以解决所谓的"终极问题"，因此他的物理学也意图满足人们在形而上学方面的好奇心。他将"生命的胚胎"归结为材料间的机械关联，借助对史前化石的观察，他与那种认为人类是世界之中心的看法进行着斗争。他是第一个通过研究化石得出地球具有久远漫长历史这一结论的人。他教育人们要谦虚，但更多的不是在上帝面前，而是在所经历的自然面前。他大不敬地将人称为"所有家畜中最完美的动物"。[6] 阿图尔师从布卢门巴赫学习了生理学，日后他将这门学科称作"全部自然科学的顶峰"[7]，他在老师那里学到了一个概念："形成驱力"（Bildungstrieb）。

布卢门巴赫将"形成驱力"理解为某种"有机的生命潜力"，它从力学的众多概念中摆脱出来，康德曾经称颂过形成驱力理论，谢林将其称作"在机械自然哲学内部跨出的勇敢一步"。[8] 歌德也深以为然，他认为在这样一个概念之中，事物之谜得以解开。

布卢门巴赫在事实的坚实土壤下面出色地埋下了自然哲学的元素。因此叔本华不必在此隐藏自己对哲学的爱好。日后自然哲学和精确的自然科学之间存在着天壤之别,然而在当时,布卢门巴赫的讲座和课后读物——谢林的《论世界之灵魂》之间并没有那么大的分别。只是从第三个学期开始,叔本华才完全攻读哲学。他在《简历》中写道:"在对自己,同时也对哲学……有了一定的认识以后,我改变了自己的打算,放弃了医学,完全献身于哲学。"那么他在自己身上究竟"认识"到了些什么呢?是什么让他"完全"投身于哲学之中的呢?

在汉堡期间他就对哲学和文艺产生了爱好,而这正是他为了逃避父亲为他定下的人生道路所采取的一种手段。随着中断学商他跨出了实际对抗父亲的第一步。他以前不得不借助精神世界来平衡父亲强加给他的生命职责,现在的精神世界已经与前者不同了。阿图尔已经转变了阵地,他勇敢地从父亲的世界中逃脱出来。可是父亲的阴影仍然尾随着他,阿图尔虽已逃脱,但从中却能看到父亲的影响。在精神的世界中,阿图尔不太赞同逃避,而是倾向于某种坚实的、精确的东西。正是出于这个原因,他才专注于自然科学并勤奋学习古代语言和研读经典作品。凭借着这股子商人的认真仔细劲儿,他首先想积累教育的原始资本,之后才能进行大胆的行动。因此在三个学期之后他才允许自己再次逃脱。他做出了献身哲学这一决定,以一种极端的方式放弃了市民阶层的惯常做法,即在目的和收益之间作出种种权衡。

在此期间,他也回过几次魏玛。在与年迈的维兰德的某次谈话中,他明确而生硬地亮出了自己的观点:将自己对哲学的爱好从市民阶层维持生存的目的中解放出来。维兰德警告他不要学习那种像哲学一样的"不实际的专业",对此阿图尔答道:"生命是一件不愉快的事情,我下定决心,用思考生命的方式

度过一生。"(G，22)

维兰德本人更倾向于某种幸福哲学，可是他也容许哲学思辨采取怀疑的态度抑制过分的生命力。当叔本华表明心迹的时候，他的这份决心还是给维兰德留下了深刻的印象。这位老人说道："是的，现在我觉得您是对的……年轻人，我现在了解您的天性了。您就待在哲学的世界里吧。"(G，22)生命是一件不愉快的事情，他要思索生命，不受任何干扰，不受生命的种种纠缠，这就是阿图尔的盘算。他不断追求的仍然是那种站在高山之巅的体验。1811年离开哥廷根之前，他在某次漫游哈尔茨山时写下了这样的话："哲学就是阿尔卑斯山脉中一条高峻的山路，只有一条崎岖的羊肠小径能够通向这条路，可是中间必须经过尖利的山石和刺人的荆棘才能抵达。这条小径孤孤单单，越往上走越显荒凉。走这条路的人不应有恐惧，他必须将一切都抛在身后，在冰雪中放心地开辟自己的道路。他常常突然面临深渊，向下望去是绿色的山谷，晕眩感一个劲儿地把人往下拽，此时他必须稳住自己，要将自己的血抹在脚底，让脚粘在岩石上。这样他就能看到脚下的世界发生了变化：沙漠和沼泽消失了，不平坦的地方变得平坦了，不和谐的声音无法渗透上来，世界展现出圆润的轮廓。而他本人则一直站在阿尔卑斯山上呼吸着纯净、凉爽的空气，此时他已经看到了太阳，而脚下的世界仍沉睡在黑夜之中。"(HN Ⅰ，14)

叔本华迎接到的是怎样的光辉？对于当年的他而言，在哲学的天空中升起的是哪一颗恒星呢？他的第一位哲学老师，那位对康德哲学提出怀疑的戈特洛布·恩斯特·舒尔策[①]向他指出了两颗恒星：柏拉图和康德。舒尔策是一位知识渊博而狡猾

[①] 舒尔策（Gottlob Ernst Schulze，1761~1833），德国哲学家，在其代表作《埃内希德穆斯》中对康德的哲学提出了批判。

的人，他善于带着某种怀疑的态度建立对立各方之间的平衡。在柏拉图那里可以找到传统的、充满自信的形而上学；而在康德那里，人们随处可以看到他对形而上学的越界行为所持的保留态度。

的确如此，这个时代的哲学精神就徘徊在柏拉图和康德这两极之间，人们在超越康德的同时追求一种焕然一新的形而上学。这种新的形而上学想按照法则建构整体（上帝和世界），而人们在主体之中发现这些法则正是凭借了康德的帮助。

康德是洛可可和虔信派的某种混合体，他让那些尊贵的哲学真理（灵魂之不朽、自由、上帝之存在、世界的肇始和终结）在一个圆滑的尖顶上跳舞：这些真理既有效又无效。康德教导我们，形而上学的问题是无法解决的。如果我们必须不断地抛出这些问题的话，那么最好的办法是，对于那些问题的答案我们不要太较真。如果这个答案可以大致让人满意的话，那么人们便可以把这个答案视为"似乎"有效的。这就是康德学说中的洛可可式成分，同时也具有伊壁鸠鲁式的滑头。

这样的平衡建立在模棱两可的"似乎"之上，真理在这样一种平衡中无法支撑很久，它们必然跌落下来，于是不得不再次严肃对待它们。费希特、谢林、黑格尔无法容忍这种"似乎"，于是他们便带着"绝对"（das Absolute）所具有的某种全新的自我确定性重新进行哲学思考。然而这种绝对性仍然是主体的绝对性，这里可以看出，康德仍继续发挥着影响。

在阿图尔学会服膺康德之前，他在与所谓的终极问题打交道的时候就已经具有了康德的精明和圆滑。叔本华在1810年写过这样一句批语："伊壁鸠鲁是实践哲学领域内的康德，正如同康德是思辨哲学领域内的伊壁鸠鲁一样。"（HN Ⅰ，12）

众所周知，伊壁鸠鲁对神祇的存在置之不理，将实践的德性从上天的职责和承诺中解脱了出来，与此同时，他将现世中对幸福的追求和躲避痛苦推向了实用主义人生智慧的中心。他只承认绝对价值"似乎"具有某种效力。如果这些绝对价值可以在谋求幸福的过程中效劳的话,那么人们便可以运用这些价值。因此这些价值只是对生活有益的虚构物而已,这些价值成为现实的前提是,它们必须为展现幸福做出自己的贡献。

叔本华将康德称作思辨哲学领域内的伊壁鸠鲁,这同时表明,阿图尔已经理解了康德的某些东西。康德以为"自在之物"不可知,这与伊壁鸠鲁认为神祇不可知颇为相似,这位古代的享乐主义者情愿对众神置之不理。

康德哲学是18世纪末的重大事件,康德出现之后在西方思想领域所有的一切都不复以前的模样。他自己也深知这一点,对此他写道:"向来人们都认为,我们的一切知识都必须依靠对象……因此我们不妨试试,当我们假定对象必须依靠我们的知识时,我们是否会有更好的进展……这里的情况与哥白尼最初的观点是同样的,他在假定全部星体围绕观测者旋转时,对天体运动的解释已无法顺利进行下去了。于是他试着让观测者自己旋转,反倒让星体停留在静止之中,看看这样是否有可能取得更好的成绩。"9

康德的研究是按照传统形而上学的风格开始的,他试图捕捉思想中的那些先天的元素,即在一切经验(物理的)之前便赋予了思想的某些确定性元素,有了这些元素便可以像以往那样建立一种形而上学(元-物理学)。康德找到了这样一些先于一切经验的确定性元素,可是他又指出,这些元素只对经验有效,它们无法建构任何的形而上学。这不啻为晴天霹雳,"先天性"一下子从云端坠落,它无法再充当维系天地间垂直关联的固定点,它现在只能在平面上提供向导。

伴随着康德的出现,现代性和世俗化的进程又重新得到贯彻。为了能够准确估量这一进程,我们必须回顾一下笛卡儿的哲学。

在笛卡儿那里，理性昂起了骄傲的头颅。随着神秘面纱的揭开，上帝失去了力量，人们不得不帮助他。从理性的自我反思出发，笛卡儿试图证明为什么一定存在这样一个上帝，就像为什么一定存在这样一个世界一样。同样从理性的自我反思出发，康德试图证明为什么一定存在关于上帝的虚构。这点分歧就是存在于两人之间的一道鸿沟。笛卡儿虽然将上帝从云端拽了下来，可是在他看来，上帝无论如何还是可以用理性来证明的生灵。而到了康德那里，上帝又一次极度萎缩，它仅仅是一个具有"调节作用"的理念。

早在康德之前，笛卡儿就已经认识到，寻觅形而上学的最终确定性必须从理性的自我反思开始，但这也必将在此终结。在笛卡儿那里，现代性的精神已经开始发挥作用。对于他而言，世界并没有变得可疑（这只是他的假托而已），可疑的只是上帝的存在。因此从他那句有名的"我思故我在"中得出的并非完全是证明世界存在的证据，而是对上帝存在的证明。笛卡儿用理性证明上帝的存在，这使他陷入了危险的境地，因为随着研究的展开，分析方法的自主精神便被释放了出来，正是这种自主精神最终瓦解了最强大的综合体：上帝。然而做到这一步的并非笛卡儿本人，而是他的后继者们。

笛卡儿本人是普罗米修斯式的人物，是现代性的先驱，他的分析方法具有瓦解力，他的数学结构神奇莫测。笛卡儿在荷兰流亡20年，他每天坐在壁炉旁向窗外望去，窗外寒来暑往，春去秋来。他就这样观看外界生活中的风俗画卷：戴着大帽子的行人走在积雪的路面上；海鸥在花园的围墙上歇脚；夏日雨后孩子们在玩耍，积水中映出湛蓝的天空；秋日里的集市；窗下走过的姑娘们发出咯咯的笑声；晚上壁炉里的柴火发出噼噼啪啪的声响。在如此安宁的生活中，笛卡儿一直在沉思。这是静谧中的沉思，这种沉思是被动的、顺其自然的，这种独一无二的沉思化解了由创造和统治所带来的峻急狂躁。火山的心脏所在总是宁静的，这次也不例外。

笛卡儿在隐退和宁静之中找到了阿基米德的立足点[①]，笛卡儿主义（理性的宇宙）由此诞生。虽然还时常谈及演绎方法和秩序的"科学"[②]，可是笛卡儿的理性的自我确定性已经被纳入了沉思的无穷的磨砺之中。在现代合理性中，理性这一概念业已枯瘦萎缩，因此将这一理性概念与笛卡儿的"我思"完全等同起来是一种愚蠢的做法。笛卡儿的沉思确确实实是一次与上帝的对话。笛卡儿的观点是：借助理性我可以辨认出上帝，也正是这一理性使我成为上帝的财产。并不是我借助自己的理性捕获了上帝，恰恰相反，由于我的理性上帝将我俘获。然而这层关系处于摇摇欲坠的状态，只要有一个轻微的动作，所有的一切都会变样：建立在理性证明基础上的上帝一下子变成了神圣的理性。

一方面是笛卡儿的"万有科学"（同样在宁静之中进行着沉思的斯宾诺莎将其更向前推进了一步），另一方面是以洛克和休谟为代表的英国经验主义对体验的渴求，这两者将理性的劳作和入世与感性的自我维持一同送上轨道，此时此刻，骄傲的理性暂时还没有陷入形而上学的无家可归境地。

蒙田和帕斯卡尔那些怀疑论或灵性论式的疑虑此刻尚无

[①] 此处借用了阿基米德的那句名言："给我一个可以立足之处，我便可以（用我的杠杆）撬动地球。"

[②] 此处的科学（Mathesis）不是一般意义上的科学，而是将数学与科学等同，运用数学推演的方法描述世界，莱布尼茨和笛卡儿等哲学家便是这方面的代表。例如他们就曾提出过"万有科学"（mathesis universalis）这一概念，将通常彼此间区分开来的逻辑学、算术、几何和力学整合为一个统一体，用它来涵盖所有的形式科学。从词源上看，mathesis起源于古希腊语中的máthema，这个词有"学习""知识""科学"的意思，数学（mathematike）便是从这一词衍生而来的。

法阻止理性的辉煌进程。在莱布尼茨以及稍后的沃尔夫的哲学中，上帝和世界被再一次完美地铸为一个整体。他们跨越了所有世界中最好的那个世界与上天之间的界限，实现了两者间伟大的交流，无论他们采取的是归纳还是演绎的方法，这种跨越似乎都不成问题。万物都是连续统一体，自然不会造就跳跃，负责过渡的是perceptions petites（无意识的知觉）和微积分。正是这样：莱布尼茨教导他那个世纪的人要考虑"无穷"（das Unendliche），在这方面他获得了约翰·塞巴斯蒂安·巴赫（Johann Sebastian Bach）的支持，这位天才的音乐数学大师将"万有科学"升华为用音乐表现出来的对上帝的祈祷。

康德以传统形而上学的风格找寻思想中那些先天的元素，没有任何一位前人有他如此之多的收获。他向人们展示出一套完整的先天元素：空间和时间的直观形式、一个由知性各范畴构成的复杂机制、一个真正的由统觉操纵的磨盘（它将经验材料碾成碎块，于是我们最终就可以感知和从概念上把握这些材料）。所有的这些先天元素都是些具有确定功能的装置，在经验材料进入我们内部之前，作为主体的我们就已经装备了这些装置。康德指出，这些先天元素不再将我们与上天联系在一起，它们的存在先于一切经验，可是它们并不在经验的彼岸，而是在经验的此岸。因此它们所涉及的并非超验（transzendent）之物，它们仅仅是先验（transzendental）之物而已。它们是条件，是每个可能经验的纯粹形式，因此从形而上学的角度看来它们无足轻重。如果我们着手处理这些先天的材料，那么我们就会跨越经验的界限考虑这些经验的可能性条件，也就是说这是横向的，而非纵向的思考方式。从某种意义上说，康德所说的"先验"恰恰是"超验"的对立面，因为先验的分析恰恰依存于对以下问题的证明：我们何以无法获得对超验之物的认识。没有一条可以从先验通向超验的路径，其中一例就是：我们的知性按照因果关系的原则对经验材料进行整理。感觉论者大卫·休谟从经验中推导出作为或然性假定的因果关系，即设置了后天的（aposteriori）元素。与休谟相对，康德证明，并不是我们从经验中赢得了因果关系，而是我们借助因果关系接近经验，也就说在我们经验的对象中加入了先天的元素。根据康德的看法，因果关系不是外部世界的图式，而是在我们脑中产生的关于外部世界的图式。因果性先天元素仅仅是为了经验领域而存在。借助因果关系的原则意欲将作为第一责任者的上帝解脱出来，这就意味着跨越一切可能经验的领域，意味着错误地使用一种知性范畴。随着康德的这一证明结果，两个世纪以来一直紧密衔接在一起的用理性证明上帝存在的论证链条一下子被扯断了。康德摧毁了传统的形而上学，建立了现代的认识论。他将思维带入了认识论中，并机智敏锐地估算着思维的能力：思维在什么情况下、受到什么刺激的误导会放肆地超越通常的界限而进入它不该来的天堂乐土。在早期关于世界生成的著作中，康德同样致力于思辨，然而现在他却将思辨的乐趣转移给了那些轻浮不可靠的生意人，要知道后者同样会透支自己账户上的钱以期获得成功。康德或许是受到了瑞典通神论者斯维登堡①的神奇阐释的刺激这才划定了区域，他写道，他愿意耐心地等待，苦苦思考，"直到诸位先生们从梦中醒来"，然后手牵着他们进入隐蔽的作坊，他们就是在这个作坊里生产着幻象。在与斯维登堡这位受人欢迎的通灵者的交锋之中，康德意识到了某件事的迫切性，它"与其说事关对象，不如说事关对相关对象的认识方式"。[10]针对披露超验之物的谵妄之举，康德要确立的是先验之物的审慎态度。

---

① 斯维登堡（Emanuel Swedenborg, 1688~1772），瑞典自然科学家、哲学家，涉猎广泛，钻研解剖学、结晶学、天体演化论等，还研制了多种机械装置。

在写作宏大的《纯粹理性批判》的这段时间里，康德还撰写了另外一篇即兴之作《论脑疾》，题目本身就寓意颇深。这篇论文针对的是另外一位失去控制的形而上学家，他就是被人称作"山羊预言家"的扬·科马尔尼茨基（Jan Komarnicki）。当年他在柯尼希堡干着自己的营生，在14头牛、20只绵羊、46只山羊的簇拥下，他光着脚，身上裹着兽皮御寒，喋喋不休地发布着有关上帝和世界的预言。

康德不怕麻烦，他要将神奇的东西降格为古怪的东西。那部划时代的著作《纯粹理性批判》就是从这场格斗中产生出来的。

阿图尔在哥廷根期间开始阅读康德的著作，他此时还比较容易接受形而上学的种种预言，因此他起初认为这位柯尼希堡的哲学家只是形而上学中的搅局者而已。他在1810年的一则眉批中写道："某人编造了一个谎言，另一个知道真相的人说，那是骗人的，这里才是真相。第三个人虽不知道真相但很聪慧，他指出了那个谎言之中的矛盾之处和一些不可能的断言。生命就是这个谎言，康德只不过是这个聪慧的人而已，而真理却是另一些人带来的，比如说柏拉图。"（HN Ⅰ, 13）

不过康德现在已经决定做更多的事情，不仅仅是树立起一块警示牌，也不仅仅是监督理性的运营情况并阻止或揭露那种高估自己能力的僭望（谎言）。同时代的人已经明白了那些"更多的事情"是什么，只是此刻的阿图尔·叔本华还沉浸在柏拉图的学说之中，因此还没有或者尚不愿意注意这一点。

康德用洛可可的手法制造了一只与我们的知觉和认识能力相关的八音盒，直觉和认识能力有四种不同的判断类型，而在每种判断类型上又加装了各自包含三个范畴的机械手，例如与质的判断相关的三个范畴是"实在性、否定性、限制性"，诸如此类（康德甚至想在这只八音盒中安装更加精细的齿轮组,他说他可以根据自己的意愿"完整地描绘出纯粹知性的谱系")。这个八音盒是一套完整的机械装置,而完全不是什么"树形结构"。这个装置要运转起来并可以研磨和重新组合经验材料,就需要有效的能量。确定这种能量就是康德哲学的核心所在,他将之称为"生产性的想象力"。[11]今天那些认为康德是机器论者①的人们必定会对此感到惊讶。康德写道:"想象力是知觉本身的一个必要的成分,这一点倒还没有一个心理学家想到过。"[12]

为想象力加冕并非仅仅是狂飙突进运动或浪漫派的功绩,康德本人就已经预先提出了这一观点。如果考虑到他在公众中的声誉的话,那么在所有将想象力扶上宝座的人当中,康德或许是影响最为深远的一位。不过康德也得到过他人的点拨,这个人就是卢梭,当康德阅读《爱弥儿》的时候,他甚至放弃了每天必须散步的习惯。

卢梭在这部教育小说的第四章中插入了一篇哲学散文《萨瓦省的一位代理牧师的信仰告白》,在这篇文章中他试图在由众多观点构成的汪洋大海中确定观测点,这些观测点对于他来说是不言自明的。卢梭反对英国感觉论者们的认识论纲领,照他看来,这些感觉论者只是将知觉着的人理解为被动的载体,那些感觉印象以各自的方式将自己摹写到这个载体之中。与此相对,卢梭发展了自己的一套有关自发性的观点,即肯定认识和知觉的积极一面,这些观点产生了深远的影响。从对判断能力的分析出发,卢梭以精湛的手法剥丝抽茧,突出了自我在认识中的功绩。

---

① 机器论(Maschinismus)是哲学上一种将生命体比喻或等同于机器的论点,这可以追溯到笛卡儿将动物视作没有灵魂的机器(自动装置)的看法,这方面的代表作是法国哲学家拉美特里的《人是机器》。

卢梭指出，一个纯粹接受刺激的人是无法将他此刻同时所看到和触摸到的东西统一起来的，他会认为所看见的东西和所触摸到的东西是两个不同的对象。只有"自我"才会将两者合二为一，也就是说，自我的统一性保证了外界对象的统一性。

卢梭走得更远。他在"自我－情感"[①]和对外部世界的感觉之间进行了比较并得出结论：只有当感觉进入自我－情感之时，"我"才能够"拥有"感觉。既然感觉秘密地告知"我"外界的存在，而感觉存在于自我－情感的载体之中，因此没有自我－情感就没有存在。或者反过来：自我－情感使存在显现出来。自我－情感就是不折不扣的确定性："我在"（Ich bin）。在这一点上，卢梭同时也反对笛卡儿，他将笛卡儿的经典名句"我思故我在"颠倒了过来。卢梭宣告："我在故我思。"想法不可能自己进行思考。即使两个表象之间的逻辑关系要求一个有说服力的关联，"我"也必须愿意建立这一关联，只有这样这个关联才能产生。在两点之间不存在线，除非"我"在两点之间连一条线。

对于笛卡儿而言，意志是谬误的源泉，只有那种不受意志影响自发的思考才是"纯粹的"思考。卢梭指出，那些哪怕是最基本的思考行为也只有借助存在着的，因而自愿的自我才能得以进行。

这个由卢梭发现的最根本的能动因素被康德称为"想象力"，有了它知觉和认识才真正被激活了。对于自我的这个基本功能，康德还找到了更加晦涩的概念，他一点儿也不怕这些词佶屈聱牙，例如"统觉的先天综合"，或者简单一点的"纯粹的

---

① 自我－情感（Ich-Gefühl）在一般语境下译作"自我感觉"似更为妥帖，但此处译作"情感"是为了与"感觉"（empfindung）相区别，较之"感觉"，"情感"具有更强的主观性，与心灵的总体结构及其极性（polarität）（例如：愉快－不愉快）密切相关。

自我意识",他将之称为"是我们必须把一切知性运用,甚至全部逻辑以及按照逻辑把先验哲学都附着于其上的最高点"。[13]

今人一定会觉得很奇怪,"我在"这个表面看上去最不言而喻的东西在当时要那么绞尽脑汁,费那么多的心神才能够萃取出来。

当"自我意识"作为一个哲学概念诞生之际,它是从怎样的一种困境之中奋力挣脱出来的,而它的诞生又伴随着多少欣喜若狂之感,今天的人真正要去理解这一点一定也会感觉很奇怪。具有建构世界能力的"自我"被发现,与这一发现紧密相连的是乐趣、紧张、活力,人们在现今流行的理性批判中经常会忘记这一事实。简单的东西是如此困难,在人回到自身之前不得不走很长的路。只有设身处地地想象新时代到来之前的那种自我遮蔽状态,人们才能够体会新时代到来那一刻的欣喜若狂。福柯教导我们,思想、信仰、感觉在当时处于不同的地带。思想消失在所思之中,感觉消失在所感之中,意志消失在欲求之中,信仰消失在所信之中。使一切归于消失的复仇女神将主体引诱进了主体自身的产物之中并将主体紧紧攥住,而现在局面发生了颠倒,如今生产者从自己的产物中脱身而出,说道:你们看,这个东西是我做的!

在最初的那一刻(这是属于卢梭和康德的时代),这种新局面在当时不亚于"旭日东升",因而人们理所当然地对它抱有巨大的希望。

人在此之前一直觉得自己只是看戏的观众而已,而现在却发现自己是这出戏的导演,于是他一下子就重新获得了之前被贱卖到天上去的宝藏。他现在攥在手里的东西都是自己创造出来的,这着实让他兴奋了一阵子,可是随后他就失望了。他们在形而上学的旧宝藏中找到的原来是自己创造出来的东西,于是这些东西也就失去了自身的魔力和它们所孕育的希望,因而变得那么缺乏说服力和平庸无奇。出路就是：既然人就是创造者，那么他就必须尽量创造更多的东西，于是人就注定要在疲于奔命的不断积累中找寻自己的未来。那些真理摆在那里只是为了让人们去"实现"它们，由此产生了一种关于进步和增长的世俗化宗教。最终这样一个时刻到来了，这时人们感到自己被创造出的东西包围住了，于是开始怀念自然形成的东西。在这个时代里，获得本属于自己的东西成了问题，在自己创造出的世界里出现了异化现象，创造者们无法左右这些自己创造出来的东西。于是想象力发现了一个新的乌托邦：这些创造出来的东西可以被控制。当这一乌托邦也失去其效力的时候，一种新的恐惧开始蔓延开来，即人们对自己创造的历史产生了恐惧。

对于所有的这一切，人们在一开始当然无法想象和预见得到。当时可以预见得到的至多是征服领土时的那份欣喜若狂之情。在迷失和不确定性的汪洋之中，康德赞美自我得以确立和证实的过程。"纯粹知性的领地是……一个岛屿，它本身被大自然包围在不可改变的疆界中。这就是真理的领地……在它的周围是广阔而波涛汹涌的海洋。"[14]

康德建立了一个据点将自己牢牢固定住，在这里他可以相对平心静气地环顾那个异常陌生的事物。

他给这个"陌生之物"取了一个滑稽的名字："自在之物。"

本就陌生的"自在之物"现在只是以一种更加极端的方式让人觉得陌生，它现在"还没有"为人所知。"自在之物"是一个陌生之物的名字，这仿佛是一个悖论：为了让我们自己熟悉一个陌生的事物，我们这才创造了这么一个陌生的东西。这是我们投下的阴影。我们只有在为我所用的事物之中才能把握一切，而那些"自在"之物必然会从我们眼前溜走，因为"自在之物"一方面不依赖于我们的感官,而另一方面我们又要借助感官才能想象"自在之物"。存在是"表象的存在",随着自在之物的发现,在地平线上出现了一种与迄今为止完全不同的"超验",它不是停留在旧彼岸的超验,这种超验不多不少恰恰是一切表象那总是无法洞察的背面。

康德本人顺其自然地对我们身外这一具有认识论意义的"自在之物"置之不理。我们的表象之外的那个世界是怎样的,对这一问题的好奇心起初也折磨着康德,可是通过对我们的理性中的矛盾("二律背反")进行机智的分析之后,他终于将这一好奇心按捺下去。

康德《纯粹理性批判》的前言是这样开始的:"人类的理性……具有特殊的命运,这就是:它为一些它无法摆脱的问题所困扰,因为这些问题是由理性自身的本性向自己提出来的,但它又不能回答它们,因为这些问题超越了人类理性的一切能力。"[15]这个矛盾无法自行获得解决,人们不得不忍受这一矛盾。如果我们在一个最终还是陌生的世界里能够与理性融洽相处的话,我们就能够更好地忍受这个矛盾。如果我们可以信任经验和知识,那么我们虽然不能拥有绝对的真理,但是对于在这个世界上取得立足之地而言,我们知道的东西已经足够了。今天我们或许会说,我们的经验形式和知识形式虽然没有给我们提供绝对的认识,可是却向我们提供了适应这个生活世界的种种秩序。

康德的"自在之物"将以一种特殊的方式平步青云。

康德留下了一座理性认识的华屋,可是"自在之物"就像是房子上的一个洞,令人不安的穿堂风就会穿过这个洞钻进屋子里。

可是康德的后来者们就无法像这位柯尼希堡的未婚男子那样以同样顺其自然的态度对"自在之物"置之不理了,他们会不惜一切代价试图紧紧攥住它。按捺不住的好奇心意欲进入事物秘而不宣的核心部分，无论这里隐藏着什么，是费希特的"自我"还是谢林的"自然主体"，是黑格尔的"客观精神"还是费尔巴哈的"肉体"，或者是马克思的"无产者"。这些后来者们都想触摸沉睡中的世界，如果找不到什么符咒的话，他们就会发明自己的咒语；如果发现不了最终的真理，他们就会"创造"真理，或者更加确切地说，他们就会期待自造的历史能够向他们呈现出真理。这种真理在近代的历史上用血书写下了一串字迹，人们就像追踪敌人那样追踪着真理。毕希纳①笔下的丹东高声喊道："我们缺少某种东西，我无法给这个东西命名——但是我们无法彼此从对方的内脏中将这个东西找出来，可是难道我们就应该为此撬开对方的肚腹吗？走吧，我们是可怜的炼金术士！"[16]

年轻的叔本华也不愿满足于康德那种充满怀疑的泰然处之的态度，他也要进入事物的核心部分。叔本华试图用柏拉图来平衡康德的怀疑论，他认为柏拉图不仅仅是守卫真理门户的人，而且还是真理的使徒。康德只是教给人们一些用餐时的规矩，也识得一些饭菜的做法，可是真正带来饮食的还是柏拉图。叔本华在1810年的一则眉批中这样评价康德："如果有人说康德不懂得沉思内省的话，那么这或许是对康德的缺陷的最贴切的表述了。"（HN Ⅰ, 13）

我们已经对汉堡时期的叔本华有所了解，对于他而言"沉思内省"是某种特定的知识类型，它在壮美的高山之巅才有出现的可能，它可以让人摆脱功利的逼迫，摆脱市民阶层所要求

---

① 毕希纳（Georg Büchner, 1813~1837），德国著名作家、戏剧家，散文代表作是批判德国封建社会之黑暗的《黑森快报》，戏剧方面的代表作是《丹东之死》《沃伊采克》，他被认为是后来德国自然主义和表现主义文学的先驱。

的进步，从根本上说，可以让人摆脱为获得自立而不得不进行的拼搏。对于叔本华要找寻的"真理"而言，一套完整的确切判断倒在其次，首要的是一种生存方式。人不拥有真理，人处于真理之中。此处关系认识所带来的幸福，而不是认识的用处。在康德那里找不到叔本华所说的"沉思内省"，在"沉思内省"中已含有某种虔信派"皈依"思想的世俗化形式和"人—世亲缘"获得再生而转化为"人—神亲缘"①的意味。叔本华在寻找一种能够给人带来极乐的灵感（没法用其他的言辞来表达），目前他无法在康德那里满足这一需求。他认可康德作为理性机器论者的地位，在叔本华的眼中，康德在哲学中体现了某种坚实感。正是由于放弃了父亲期望他经商的意愿，叔本华因此也就舍弃了市民生活可以提供给他的坚实感。在这个并非父亲所愿的哲学世界中，康德从某种意义上说是唯一的一位获得父亲授权的人，但也仅仅是如此而已。在哥廷根学习的最后那些日子里，尤其是后来在柏林学习期间，叔本华将再一次发现康德，并在康德的哲学中找到了在生存的激励下进行哲思的维度，而这正是叔本华现在苦苦寻找而未得的东西。他最终会明白康德是一位倡导人类自由的伟大理论家，然而现在他还无法参透这一点。

康德接近了自由这个神秘的国度，他在这方面产生的影响与他的认识论一样是划时代的。作为一位倡导自由的理论家，康德在19世纪初的影响堪与日后的萨特相比。

早在《实践理性批判》问世之前，也就是在他那部认识论代表作中有关"二律背反"的那几个章节（阿图尔·叔本华认

---

① 从宗教史来看，"人–神亲缘"（Gotteskindschaft）一词用来表示在诸神之间或在神与被神选中的人之间具有某种亲缘关系；基督教的"人—神亲缘"（依据新约）指的是上帝和（通过耶稣基督）与上帝达成和解的人之间的人—神关系。

为这几个章节写得简直"绝妙之极")中,康德已经接近了自由的秘密。

我们还记得,康德将"自在之物"理解为我们一切表象的背面。康德以前文中提及的充满怀疑的态度对我们身外的"自在之物"轻易地置之不理。可是康德以一种无与伦比的大胆而坚决的方式将这个"背面"转移到我们自己的身上。

对于我们自己而言,就连我们自身也是一个表象,而且我们也是一种"自在之物"。我们自己像镜子一样发出光亮,而我们与此同时也是镜子的背面。我们是一只眼睛,世界因此可以被眼睛看见,可是眼睛却看不见自己。于是那个曾经崇高的"先验"转变为我们自身生存中的一个盲点,转变为"所经历的瞬间中的黑暗"(布洛赫①语)。我们现在做着某件事情,我们总是可以在事后为现在做的这件事情找到必然性和因果性,在做此事的这一刻我们还是"不确定"的,我们所体验的自己并不是拴在一条因果链上的某个人,而是这个人由于这件事情似乎从无到有地开始了一条新的因果链。就是在这样一个瞬间里,必然性存在的宇宙破灭了。康德用了一个平常的例子来说明这个问题:"如果我现在……完全自由地、不受自然原因的必然规定影响地从椅子上站起来,那么在这个事件中,连同其无限的自然后果一起,就会绝对地开始一个新的序列。"[17]根据这一说法,就这个事件而言,当"我"已经站起身来的时候,"我"就成为种种因果性解释的猎物,于是必然性也就变成可见之物了,可是之所以可以洞察这个必然性,原因就在于起身站立这个事件已经过去了。每一个瞬间都会将"我"放置在一个选择面前,每一个瞬间都会给予"我"选择的自由。

---

① 布洛赫(Ernst Bloch,1885~1977),德国现代哲学家,哲学人本学的代表人物,代表作是《乌托邦精神》《主体-客体》《希望原理》等。

"必然性""因果性",这些都是我们的担负着表象化任务的理性所使用的范畴,即显现着的(erscheinend)、显现在我们面前的这个世界的范畴。只要"我"在观察自己并对自己的行动进行着反思,那么对于"我"自己而言,"我"本身也是一种"现象"(Erscheinung)。与此同时,"我"也可以体验到自己处于自由之中。人置身于两个世界之中:(按照康德的说法)一方面,人是一个"现相"(Phainoumenon),这是感性世界的一个细胞,它按照感性世界的法则生存着;另一方面,人是一个"本体"(Noumenon),一个不附加任何必然性、因果性的"自在之物",它就是某个在"我"可以理解和解释之前就一直存在的东西,它总是无限地超乎(异乎)"我"所能够达到的理解程度。

整个康德哲学的神秘引力中心就在于此。康德在一封信中承认,恰恰是自由这一问题将他从"独断论的迷梦"中唤醒并促使他对理性进行批判。信中写道:"人是自由的,同时恰恰相反:不存在任何自由,一切都是自然法则所规定的必然。"[18]

康德将自由这一事件定性为一个因果链的"无条件"开端。在这里我们又一次听到了卢梭的声音。卢梭曾经思考过这样一个问题:可以想象世界的开端吗?对此他做出了大胆的回答:"这样的一个开端是可以想象的,因为我们自己在每一个时刻都可以重新开始。"他在《爱弥儿》中写道:"你一定会问我,我怎么就知道存在着某种由自身推动而产生的运动呢?我可以告诉你我知道,因为我感觉得到。我想让我的手臂运动起来我就可以让他运动起来,除了我的意志之外没有什么别的直接原因促使这个动作的产生。"[19]

卢梭承认意志是一种自由产生的力。不过值得注意的是,康德在这个问题上走的却是另外的路。在康德那里,"应当"(Sollen)成为此种自由的化身。一个起先错综复杂的论证,可是最终却又是如此简单的想法将他引向了那里:"意志"——这是存在于我们内部的本性。我们内部的本性究竟想做什么,这是本性的必然,而不是自由。作为由本性控制的生灵"我"被那些链条牢牢拴住,只有当我们能够证明自己有力量可以扯断这些链条的时候,我们才是自由的。自由就是战胜我们自己的欲望本性。我们作为受本性控制的生灵隶属于现象王国,可是如果我们倾听自己的良知,如果我们去做那些并非必然性,而是良知逼迫我们去做的事情并就此超越自身(作为受本性控制的生灵)的话,那么我们就已经超越了这个被附加了种种必然性的现象世界。如果在某一次基本的行动中我们为了某个既定的"应当"而下定决心,那么我们的行动就是"无条件的"。于是"应当"就具有了某种力量,可以产生出"欲求"(Wollen),此时在我们的内部"自在之物"大获全胜,而这个"自在之物"正是我们自身——那个一直以来就受到德性控制的生灵。

康德认为这样的行为是"具有德性的"(sittlich)。那些不是从现象世界中获取法则的行为是具有德性的;而我们如果可以超越自身(作为受本性控制的生灵),那么我们也是"具有德性的"。我们的德性(Sittlichkeit)可以将我们送到世界的隐蔽的心脏之中。

在这一点上,道德化了的"自在之物"继承了旧形而上学的遗产。"自在之物"、"自由"和"道德法则"被统统归于"实践理性",后者将用头脑中德性的天空来补偿外部世界中空荡荡的天空。理论理性和实践理性陷入了某种令人吃惊的格局之中。在康德看来,只有将理论理性的各范畴作为有可能发生的经验的条件加以运用,这些范畴才能起作用。而在实践理性中的情况则截然相反:只有当实践理性与实际道德的经验规则(利己、自我实现、追逐幸福等)产生矛盾冲突的时候,它才能使自己获得敬重。假使实践理性要求的只是那些经验对我们的教导和本性逼迫我们去做的那些事情，那么这样的实践理性不可能发源于"自由"，不可能来自位于经验彼岸的"自在之物"，可是实践理性就应当如此才对。因此归根结底，康德的"自由的力量"不是卢梭意义上的"意志"（对于康德而言，这是隶属于本性的），而是"应当"，后者具有足够的力量，可以自律地（也就是说发源于自身）产生出"欲求"。

根据康德的看法，实践理性（来源于神秘的"自在之物"）具有某种力量可引起某些行动的发生，而这些行动之所以可以自己发生恰恰是由于它们本身是合乎理性的。这种力量不需要来自爱好或恐惧的支持，它甚至必须回绝这些支持。康德写道："有一些富有同情心的人……他们以在自己的周围传播快乐而找到内心的愉悦，而且他们也会因为别人的称心如意而感到由衷的快乐，因为这些人的心满意足正是他们的功劳。然而我认为，在此种情况下，无论这类这些行动多么……友好亲切，它们都不具有德性价值。"[20]

就连狂热的康德主义者席勒都觉得这番话有些过头，于是他写下了这段具有嘲讽意味的箴言诗：

> 我乐于为朋友们效劳
> 可惜我这样做乃是出于偏爱
> 可是有一个问题在折磨着我：我是不是不道德？
> 这里没有别的法子，你必须试着去蔑视他们
> 然后心怀厌恶地去做义务要求你去做的事情[21]

在康德那里，实践理性的律令不会承诺什么奖赏，服从这些律令并不是遵循其他目的的手段，这只是为了其自身的纯粹义务。在所有可以设想到的义务序列中，这一义务处于顶端。

在内心的道德法则中我们可以感受到这一义务。

这样看来,被废黜的旧形而上学仿佛被赶出了宇宙广阔的空间,它匆匆收拾自己余下的力量投奔到世俗化了的主体的良知之中,开始在这里起劲儿地折腾。

当我们从形而上学的命运这一角度来观察时,康德所谓的德性的必然是以这样一种面目呈现在我们的面前。反过来,如果从物质的生命世界这一角度来看,德性展现出同样奇怪的面目。在康德的脑海中浮现出某种严格的内部操控机制,它虽然已经试图与当时的良知发展阶段相衔接,但还是无可救药地领先于当时的水准。

在康德生活的那个时代,良知无疑进入了一个高度发展的阶段,在此前它已经经历了一段发展历程。经历了数度的发展,西方的文明进程具备了某种暴力,正是借助这一暴力共同生活的某种秩序得以继续维持,而与此同时良知也开始进入了个体之中。

在近代以前,这种暴力凭借的是自身的力量,它形态各异、无处不在。可是国家暴力处于流动状态,这也就是它无法在所有地方同时发生的原因。在大多数情况下,国家暴力以一种缺席的方式在场,就像天堂和地狱一样。天堂给人们带来的希望和地狱对人们的恐吓创造了重要的交际规则,人们感到自己为这些规则所包裹甚至隐藏,可是这些规则仍然停留在"外部",在教会及其仪式等制度的帮助下,人们最终可以与这些规则达成一致。例如"赎罪券买卖"的交易形式就特别能够减轻人的罪责,这种交易来源于上帝和魔鬼之间达成的协议[①],即"精神和物质之间的一种妥协,通过这种妥协,在理论上宣布

---

① 此处"协议"(Konkordat)一词本指罗马教廷和各个主权国家和地区之间达成的协议,协议涉及保证宗教自由、教会事务自主权等内容。

精神的独裁统治地位，同时又让物质处于这样一种地位，即它可以在实践中行使被剥夺了的一切权力……你可以倾听内心中缠绵悱恻的爱情，永葆一个漂亮的姑娘，但你必须承认那是一种可耻的罪恶，而且你还必须为这种罪恶赎罪"（海涅）。[22] 按照海涅的说法，用卖赎罪券赚来的钱盖起来的彼得大教堂也可以被视作"情欲的纪念碑"[23]，这就如同埃及的一位烟花女子用卖淫赚来的钱建立的那座金字塔一样。

路德是一位伟大的搅局者，他能够成为这样的人物，那是因为他所处的那个时代需要一位知己的、发自内心的上帝。时代之所以有这样的需求其原因就在于，正在形成中的按照劳动分工组织起来的资本主义社会需要和创造这样一些人，这些人可以克制自己，"按照自己的原则"办事，他们这样做不是因为受到了来自外部的逼迫，而是他们可以自己逼迫自己。由个体的行动所构成的链条越来越长，越来越头绪复杂。精密编织的社会网络变成了人们脑中阻碍人们行动的网屏。

康德正是这一发展进程结出的硕果，而与此同时他也高估了这一发展所能带来的成果。作为某种前景的良知在18世纪全面夺取权力虽说是可以想象的，可是夺权并没有发生。康德在他的"绝对律令"中将良知的喃喃低语浓缩成丝毫不容争辩的一句话："你只能依据那个你同时也能够愿意它成为普遍法则的原则行事。"[24] 这个律令是一个假定的二次幂：律令提出的要求是，良知要以这样的形式提出要求。律令并非直接显而易见，作为被提出要求的要求它立即成了盛行一时的决疑论的牺牲品。决疑论者指责这位柯尼希堡的哲学家，他们举例说，每一个小偷都可以依据绝对律令认为自己的行为有道理：我偷窃，我的原则是人们应该放弃个人财产，我愿意别的人也这样做，这样就不再有个人财产，而最终也就不再有小偷了。小偷巧妙地办成了一件棘手的事情：消除偷窃行为。

不得不承认，良知的社会历史还没有发展到那个地步，因为人们（为了调解社会关系）还无法信赖自己的言辞和需求。因此即使受到内部操控机制的阻碍，人们仍然一如既往地失去对自己的控制。康德亲手设计的蓝图是一个乌托邦。与此相似，亚当·斯密认为，资本主义社会可以通过市场以及个体合乎市场规律的行为获得自身的稳定和继续发展，而不需要国家权力的干预；同理，资本主义社会也应该可以找到在道德方面的平衡而无须国家的管束，这将是一个心灵福利（Seelische Wohlfahrt）的自我供给系统。康德希望用他的绝对律令提供某种样板，为的是扩展资本主义社会道德的群落生境①。

资本主义社会与道德世界之间结成联盟，这一联盟此后发展的历史众所周知，它遵奉的格言是：信任不错，监控更好。在我们所处的这个世纪里，诉诸良知的需求急剧减少。国家大规模地鼓励人们丢弃良知，而与此同时，自上而下的监控网络则变得越来越细密。在人们新发现了人类行为的心理背景之后，一种寻觅托词、逃避责任的文化顿时迸发出来。于是良知变得没多少事情可做，它已经重新退回到了近代以前的水平，今天的赎罪券就是罚单和假条。

康德的确恪守道德原则，但是我们不应该忘记，这种恪守还基于这样一个事实：必须对潜意识中的圆滑成分（"似乎"）做出补偿。信任取代了对上帝的信仰，但是信任必须建筑在自身德性力量的基础之上。而反过来德性的力量必须达到这样的效果，即上帝"似乎"还在照管着一切。康德写道："聪明的方式是，就这样去做，似乎另外一种生活……是不容变更的。"[25] 这种不打自招的假定方式将那些在康德那里通常十分

---

① 群落生境（Biotop）借用的是生物（生态）学上的一个术语，指的是多种或某一（动植物或微生物）物种在特定生态系统下的共生空间。

严肃的话题引向一种独特的不明确的状态。此外,这位柯尼希堡的哲学家还敢于说出诸如以下的话:"每一个人都在创造着自己的上帝。这话虽然听起来颇为可疑,然而却一点儿也不应当受到道德的谴责。"[26] 年轻的叔本华从中嗅出了伊壁鸠鲁式的嘲讽意味,在康德那里,所有那些关于"终极"问题的思考都笼罩在这种机智的嘲讽之下。康德写道:"即使是最严肃的智者也不得不在这里承认自己的无知。在这里,理性熄灭了自己的火炬,而我们则留在黑暗之中。只有想象力可以在黑暗之中四处寻找路径并创造出幻象。"[27]

阿图尔·叔本华不愿意信赖想象力,至少不愿相信自己的想象力。柏拉图为他点燃了一束火炬,这束火炬禁止他接近康德。叔本华不断地阅读《理想国》中有关山洞的那段譬喻:我们置身于一个暗室之中,在我们的身后点燃了一堆火,再往后是通向室外的洞口。我们被捆绑着,无法转动自己的头,眼睛看着对面的墙壁。有人在我们身后的火堆之前将某些东西搬来搬去,而我们只能看见这些东西的影子在墙壁上晃来晃去。假设我们可以转过身子,我们就可以看到实实在在的东西和那堆火,于是我们就会获得自由,走出这间暗室来到阳光底下,这时我们就置身于真相之中。这就是柏拉图主义:认识,这同时也意味着另一种存在。这与是否能够更好地认识对象无关,关键在于要置身于阳光之下。甚至可以想象,人由于阳光过于炫目而什么也看不见。相似的事物会彼此接近,或者这样说:通过认识,我们会变得与被认识的事物相似。观看太阳最好的方式是自己变成太阳。永远相同、完善和摆脱一切变化的存在,这就是柏拉图式"理念"的化身,只有通过化为己有的过程才能认识这一理念,即你必须改变你自己的人生。没有批判,没有辩证法,没有逻辑性。这里展现的是一种对真理生出的情欲。这是"幻象"吗?如果它可以使你变样的话,它或许就不是"幻象"了。

阿图尔·叔本华在柏拉图的著作中寻找着某种崇高的镇静态度,除此之外只有他热衷的登山才能给他带来这种镇静。和柏拉图在一起的时候他感到自己置身于高处,在这里他找到了某种被他称之为"优良意识"的东西,这个字眼第一次出现是几个月以后的事情,那是在柏林期间的笔记中。

在哥廷根学习的最后日子里,即1811年夏天的某个时候,叔本华首次尝试着将他挚爱的柏拉图与一心想要摆脱却怎么也无法摆脱的康德联系在一起。他使康德的德性原则听上去颇具柏拉图式的意味,他在日记中写道:"存在着某种令人宽慰的东西,一种可靠的希望,这一点我们可以从道德情感中得到体验。这一情感对我们说得如此明白无误,我们在内心之中可以感觉到如此强烈的动机要作出针对我们自身(表面的)幸福的最大牺牲,既然如此我们真切地明白了这一点:我们还有另外一种幸福,为了这一幸福,我们就应当与尘世间的一切动机对着干……我们在黑暗之中听到的声音来自充满光明的地方。"(HN Ⅰ,14)这种表述说明他尚处于摸索和探寻的阶段。吸引他的并非干巴巴的道德义务,而是康德所宣誓的自由的力量。正是这一力量将扯断由日常理性、纯粹的自我实现和自我维持构成的枷锁,(再回到柏拉图那个有关山洞的譬喻之中)这就是通往露天、通往阳光之下的途径,这就是参与到存在之中。

这一出于自由的行动日后被叔本华冠以另一个名称:对意志的否定。

第八章

> 柏林的生活——学术暴动——施莱尔马赫与费希特之争——第三个哲学场景：费希特，革命浪漫派以及成为自我的乐趣："在人类那里，没有什么东西是不可能的"——发现内心之中的荒野——阿图尔期待着费希特的"电击"

在哥廷根待了四个学期之后，1811年夏天阿图尔·叔本华决定进入1809年新成立的柏林大学。

他在日后写道："1811年我移居柏林，期待着能够结识那位真正的哲学家和杰出的才俊之士费希特。"（B，654）

除了费希特之外，在柏林还有其他学者，他们的鼎鼎大名吸引着叔本华。施莱尔马赫吸引叔本华之处倒并不完全在于他的宗教哲学，而在于他翻译和阐释了柏拉图的哲学。动物学家马丁·欣里希·利希滕施泰因（Martin Hinrich Lichtenstein）在他这一领域堪称翘楚，阿图尔是在母亲的沙龙里认识他的。弗里德里希·奥古斯都·沃尔夫（Friedrich August Wolf）是那个时代最重要的古希腊学家，歌德需要听取什么专业上的建议时就常常向他求教，最终两人甚至成了朋友。

在约翰娜·叔本华的催逼之下，歌德替阿图尔·叔本华向沃尔夫写了一封措辞颇为谨慎的推荐信，信中写道："既然有这样一个摆在面前的契机可以让我打破长时间以来的沉默，那么我就不应当舍弃这个机会。因而我也就不愿意去拒绝一位想去柏林的年轻人的请求，为了他，我向您，我尊敬的朋友写了这封推荐信。他名叫叔本华，他的母亲就是宫廷参事夫人叔本华，她居住在我们这里已经有好几年了。他在哥廷根学习了一段时间，据我所知（多半是听闻别人言讲而非我亲自了解）他颇为严肃认真地对待此事。在学习和研究过程中，他似乎经历了几次波折。如果您出于我们之间的友谊可以为他抽出片刻时间并允许他（在他够格的情况下）再一次见到您的话，您就能够轻而易举地评判出他究竟在哪门专业上取得了怎样的成绩。"

这番话并不那么亲切友好。歌德日后对约翰娜坦陈，他当时之所以会写这封信是因为预料到阿图尔·叔本华从哥廷根去柏林的途中会经过魏玛，歌德想把几本从沃尔夫那里借来的书拜托叔本华带到柏林去。可是阿图尔取道哈尔茨山前往柏林，他不值得为这封模棱两可的推荐信而绕道魏玛。

阿图尔对柏林有所了解，他两次（1800年和1804年）随同父母到过这座城市。在第一次逗留期间，只有经常举行的阅兵式以及戏剧演出给他留下了深刻的印象。他曾亲眼看到普鲁士国王从马上跌下来的样子，当时"一只不幸迷失了方向的兔子穿过熙攘的观众"，人群一下子陷入拥挤推搡之中。他还亲眼见证了著名的伊夫兰德被台下的观众喝倒彩，伊夫兰德随后走到幕布前宣告"他无法再继续演下去了，因为他对类似的排斥行为不甚习惯"。叔本华第二次来这里是因为柏林是那次环游欧洲的终点站，父亲答应阿图尔在学商之前周游欧洲，抵达柏林就意味着延期清偿债务的期限到了。因此关于这座城市，阿图尔在旅行日记中便没有透露什么特别的东西，他只是记道："正午时分终于到达柏林，一切就此结束。"（RT，279）

而此时正值1811年深秋。对于阿图尔·叔本华而言，柏林不再是吃人的陷阱，这座城市是一扇在他面前打开的充满希望的门，这正是他所期望的通向伟大哲学的大门。这一次叔本华对柏林寄予厚望，他希望这座普鲁士的大都市能够为他提供形成精神上的高远之见的制高点。可是他首先必须翻越实实在在的哈尔茨山的高峰，从这里望去山下的景色一览无余，他在诗中写道："他[①]躺

---

① 此处指拟人化了的哈尔茨山。

在山坡之上／安然静卧，身躯舒展／充满幸福，其乐融融。"（Ⅴ，793）从高山进入平原，阿图尔·叔本华来到了柏林。在多风干燥的日子里，柏林看上去就像一座在边区①的沙质土壤上匆忙垒起来的殖民地城市。在当时人写于1806年的一篇游记中有这样的句子："细密的尘土被风扬起形成一团团的尘雾穿过所有的街巷，如果风刮得再稍大一点，行人便仿佛置身于非洲的沙漠之中。尘土被风卷成柱状，这个有房子那么高的尘柱便在各大广场的上空掠过。就有那么一次我站在宫殿的露台上，从宫殿广场前迎面过来这样一个怪物，远处所有的物体都被遮住了。风沙沿着所有的房舍席卷而过，我敢保证三步以外什么人也看不见，这一点儿也不夸张。广场上的所有摊点铺面都被沙尘所笼罩，杂货铺和水果摊上的值钱东西在转瞬间便被尘土所覆盖，商贩们要花上好一阵子工夫才能将自己的货物重新拾掇干净。"[1]

经常的风沙也颇让阿图尔伤脑筋，他整日将窗户关闭，抱怨灰蒙蒙的空气使他生病。在回忆往事的时候，柏林给他的印象更加糟糕。40年之后，他在给弗劳恩施泰特的一封信中写道："在柏林频发自杀事件？还是信其有吧。无论是从自然环境还是从道德上来说，柏林都是一个让人诅咒的偏僻小镇。"（B，338）

沙尘暴让人时不时忘记这样一点：柏林在当时已经打算跻身欧洲大都市的行列。这座城市的人口将近20万，并且仍在继续增加。在大街上散步的人们打扮独特，虽够不上光怪陆离，但已经不再是乡巴佬的模样了。一位同时代的人写道：

---

① 边区（Mark）是一个历史概念。最早在中世纪时期为了保卫法兰克王朝和神圣罗马帝国的疆土而在边境地区设立的军事防御区，此后在这些地区逐渐形成了一些诸侯国，柏林原本就位于北部边区（Nordmark），北部边区后来演变为勃兰登堡边区（Mark Brandenbrg），日后的普鲁士王国就是在此基础上形成的。

"如果一个人头顶着小丑戴的羊角帽骑着马在柏林城中招摇过市，那么其他人绝不会对他予以特别关注。"[2] 自18世纪90年代以来柏林城中开辟了宽阔的林荫道，在这里人们可以欣赏"这个时代的活生生的时尚杂志"。[3]

柏林给人的印象就是所有的东西都是簇新的，就像是制图板上新设计出来的，没有历史可言。到处都在大兴土木，"老法兰克"住宅区不见了，取而代之在城市的边缘诞生了第一批简易租赁房，这些房子排列整齐，就像是列队去参加演武似的。柏林缺乏慢慢生长和逐渐演变的东西，"创造"在这里占据着优势，人们看到的是生造和矫揉造作的东西。熟悉其他那些大城市的人必然能够感觉到柏林的现代性是如此的独一无二，对此斯泰尔夫人写道："柏林这座大城市的街道笔直、宽阔，建筑风格整饬和谐。正因为城市大体上是新建的，因此很难找到旧时代的遗迹……柏林这座完全现代的城市……丝毫没有庄重、严肃之感，它既无法体现这个国家的历史，又无法反映市民们的性格特征。"[4]

大学也是柏林的新事物，阿图尔·叔本华正要转学至此。也只是在他来此之前一年，这所大学才刚刚运转起来。

大学的建立凝聚了不知多少雄心壮志。

1806年普鲁士对拿破仑的战争一败涂地，老牌的哈勒大学也随之蒙受了损失。战争结束后，为了重建国家（也包括从头脑上），普鲁士的改革家们便着眼于塑造人们的头脑。为此人们争取到了威廉·封·洪堡加入筹办柏林大学事宜。按照国王的说法，这所大学"应该通过精神力量取代这个已经失去了体力的国家"。洪堡获准贯彻实施他那雄心勃勃的理念：按照人本主义的观念塑造人。这超越了教育仅仅是为未来职业做准备的观念。大学尤其重视人文学科（即语言文学、哲学和神学等学科），意图网罗在这一领域内的顶尖人物。随着费希特、施莱尔马赫和沃尔夫等人的加盟，这一目的显然达到了。在叔本华抵达前几个星期，费希特当选为校长。

费希特并没有垂涎这一职位，因为他料到，面对学术界里的种种规矩和习惯势力，以自己那雄心勃勃奋发革新的姿态，他很难站稳脚跟。因此上任不久他就陷入了一场面对面的交锋之中。在费希特看来，由来已久的决斗、有关尊严的纠纷、强行劝酒、组建同乡会、佩戴勋章、炫耀取宠等行为都是旧时代的遗存，是不道德的、丧失尊严的举动。就任校长之初，他就对大学生们提出了严正警告。他那篇激情似火的演说的题目是《论唯一可能妨碍学术自由的因素》，然而这无济于事，即便在这所新建的大学里也不可能万象更新。短短几个星期之后，费希特不得不应付第一起骚乱事件。学医的大学生和军医学校的学员之间大打出手，战斗从室内转到了露天，最后不得不出动军队平息。还有一次，一名大学生试图激怒他的犹太人同学与之决斗，然而却徒劳无益，于是他便在光天化日之下用皮鞭抽打这位同学，于是这位名叫布罗吉的受害者便到校长那里申诉。这一案件交送名誉法庭审理，结果不只是行凶者，连挨打的人也受到了处罚。费希特提出抗议，他认为法庭是因为布罗吉拒绝决斗因而对其实施了处罚。没过多久，布罗吉再次成为受害者。这位出身寒微、有些上进心的犹太学生似乎颇招惹暴力袭击，这一次的行凶者是柏林市内的军事枢密顾问克拉奇的公子，在行凶之后他还充满嘲弄地要求受害者到校长那里告状。布罗吉果然去告状，他再一次被荣誉法庭判处接受处罚。此事发生之后，费希特便请求解除自己的校长职务。对于荣誉法庭（由教授和学生组成）的这一裁决，费希特在1812年2月14日递交的辞呈中评价道："这事实上是在引入这样一个原则：一位拒绝决斗而向学校当局申诉的学生应当被视为没有尊严的人。"[5]

在这场费希特与诸位同事的冲突之中,施莱尔马赫是对立一方的代言人。他对这些斗殴行为没有什么非议,在施莱尔马赫看来,这些粗犷而充满自然力的行为正是大学生充满青春活力的表现,他们的生活和风俗本就如此。关于这一点分歧,费希特最终只能将其视作"他的学说与另一个体系间的对立,这一体系建立在虚构的历史和自然哲学的基础之上并将那些行为当作自然和历史的纯粹产物,必须按照习俗的约定来看待这些行为"。[6]这场关于学生骚乱的激烈争论不由得将我们引入了康德之后思想界的错综复杂的关系之中:费希特与浪漫派。

这里涉及的是那个时代最热门的话题:自然抑或道德,顺其自然还是加以改造?是否应该任由学生之间彼此殴斗,无论是费希特还是施莱尔马赫都将这一问题上升到了"大是大非"的高度。阿图尔·叔本华在柏林不仅是在这些伟大思想家们谨遵"科学"的讲堂之上,而且还在那些调皮捣蛋的行为中直观地感受到了时代精神的转变。

叔本华日后回忆说,正是费希特将他吸引到了柏林,除此之外他并不怎么喜欢这座城市。20年以前,费希特的崛起像彗星般耀眼,此后不久他便被人们称作康德的合法接班人。此外他还作为政论家声名鹊起,起初他竭力为法国大革命中的雅各宾派辩护,日后他又鼓吹(作为共和—民族国家的)德国的重生(见《对德意志民族的演讲》,1807)。然而到了叔本华聆听其讲座之时,费希特作为一名活跃于大学讲坛的哲学家已经越过了鼎盛期,声誉和影响已不如以前。

费希特在事业上可谓一举成名。

与康德一样,1762年出身于手工匠人之家的约翰·戈特利布·费希特在大学期间修读神学和法律,毕业之后靠充当家庭教师糊口。一位学生希望他能够传授康德哲学,此时此刻全世界都在议论这一话题。于是费希特便下决心研读几大《批判》，而此前他都由于晦涩难懂的文字在这几本书面前束手。而现在他却被这些著作深深迷住了，于是他就在1791的夏天动身前往柯尼希堡，为的是拜见那位伟大的哲学家。而他遇到的只是一位疲惫的老者，面对费希特，康德显得无动于衷。这并不奇怪，因为这位大名鼎鼎的人物为越来越多的年轻仰慕者所包围。就连女士们也来骚扰他，她们请求这位众所周知的单身汉给她们一些建议：如何在陷入爱情的迷途之时解决道德上的困惑。就像其他那些女士和先生们的遭遇一样，费希特起先被康德打发回家。于是费希特把自己关在家里整整35天，埋头苦干写了一篇题为《试论对一切天启的批判》的论文，他想以这篇文章为敲门砖毛遂自荐。这部作品给康德留下了颇深的印象，他不仅邀请作者共进午餐，而且还为他介绍了出版商。该书于1792年出版，不过是在费希特不情愿的情况下以匿名的形式出版的。出版商出于书刊查禁的原因不得不谨慎从事，此外这也出于某种商业上的考虑。自一段时间以来读者就一直想听一听康德在宗教问题上的论断，而因为这篇论文恰恰暗合康德宗教哲学的精神本质，出版商估计到了这一点，论文一经面世读者自会认为作者就是康德，而相应的就会刺激他们的购买欲。事实上也正是如此。在耶拿出版的《文学汇报》就做了如下的报道："我们有义务告知读者，存在着这样一本无论从哪个方面来说都具有极其重要意义的著作，该书将在今年的复活节书市上问世，其标题是《试论对一切天启的批判》（柯尼希堡哈尔通出版社）。那位生活在柯尼希堡的哲学家通过其著作为人类作出了不朽的贡献，只要稍稍读过一点其作品的读者立即就能够辨认出此书崇高的作者是何许人也。"随后康德便在同一份报纸上对那番充满溢美之词的推测表示感谢并否认他是那位"崇高的作者"，这份殊荣应该归于一位迄今为止默默无闻的人：费希特。随着这篇声明的发表，费希特一夜之间便跻身德国最有名望的哲学作家之列。

在这篇著作中，费希特延续了康德在宗教问题上的主观主义态度：在既没有惩罚的威慑也不存在承诺日后有所报偿的情况下，我们出于自由而选择了我们的德性。在费希特看来，德性因此而高尚，它以某种方式引导着人们的行为，仿佛存在某种来自上天的启示。为了具有德性，我们不需要任何宗教；可是如果我们具有德性，那么在我们的内心中便拥有某种神性的东西。我们通过自身的努力上升到德性上的高层次，也只有在这一德性层次上，宗教的种种启示才显现出来。这是一种马后炮式的宗教，它只是我们自身自律性的点缀而已。并不是宗教奠定了德性，而是恰恰相反：德性，也就是对自身义务的明确使我们可以接受宗教的种种启示。并不是宗教的启示使德性发挥效力（比如通过奖赏或惩罚等手段），宗教的启示只不过给予了德性额外的尊严。

这样一来，费希特回答了一个困扰着众多康德信徒的问题，即依据批判哲学的诸原则是否还能够想象某种天启的存在。费希特以一个明白无误的"是"来回答这一问题，不过前提是并非天启奠定了德性的基础，而是恰恰相反：德性奠定了天启的基础。

这篇处女作清楚地表明了费希特作为康德的信徒打算从怎样的观点出发并向着何种方向继承其导师的学说。对于费希特而言，这是一个关于自由的学说，涉及创造世界的自我如何自律的问题。费希特在康德的批判性和从法国大革命那里获得的灵感之间建立起了某种关联。康德向他传授了先验的立场，其方法就是，面对一切被知觉和被认识的事物首先应该着眼于担负着知觉和认识任务的主体。康德还教导他，要回答那三个经典的问题"我能够知道什么？我应该做什么？我可以期许什么？"那么最好的解答方式就是为第四个问题"什么是人？"

找寻答案。费希特认为他找到了答案，他从康德的"'我思'必须要能够伴随着我的一切想象"[7]这一定理中推导出了一个"无所不能的自我"（allmächtiges Ich）的概念，并且以此为出发点以无与伦比的胆魄发展了另一个与之互补的观点：世界仅仅是这个自我"切实行动"（Tathandlung）之后的产物而已。俯瞰莱茵河的景象佐证了他的观点：历史不是自发的事件（Geschehen），而是被创造出来的产物（Gemachtes），一个理性的主体隐身在历史背后，这个主体在历史事件的汪洋之中操纵着历史向一个确定的目标发展：使世界也具备理性所一贯拥有的德性，当然前提是理性在自我之中始终铭记其自身的存在。自我就是这个世界的心脏，费希特日后回忆道，这一发现对于他而言就像一道闪电划过，费希特总是要求他的学生在这一灵感的感召下改变自己，否则人们就无法理解他那错综复杂的哲学体系。

在费希特看来，康德的出发点是"我思"而不是某种给定的东西，费希特教导人们不能这样干，正确的方法是，如果我们思考"我思"，那么就必须先观察我们自身内部是怎样的情形。"自我"是某种我们在思考的过程中才呈现出来的东西，而与此同时，这种将自我呈现出来的力量正是我们自身中那个之前无法想象出来的自我性（Ichheit）本身。进行着思考的自我（das denkende Ich）和作为思考对象的自我（das gedachte Ich）两者被封闭在一个不断自主行动（Aktivismus）的循环之中。不存在什么我们与之有关联的固定存在（festes Sein），有的只是这种事先无法想象的行动（Aktivität），正是这种行动也同时让我们产生思考。世界正是凭借着这种"有所为"（Tun）而不断上升，而我们称之为"自我"的那种东西也凭借着这种"有所为"而同时上升。

乍看起来，费希特继续推导出的结论显得甚至诡异骇人：

"自我是一切现实的渊薮",费希特如此宣告道,因此"一切非自我的现实仅仅是某种从这个自我传导开来的事实而已"。[8] 非自我(即作为对象的世界)之所以存在,原因在于,自我为了意识到自身的存在必须为自己划定界限。行动只存在于有阻力的地方,因而行动为自己设置了阻力。因此在三重意义上行动成为行动:第一它是最初的行动(primäre Aktivität);第二它是为自己设置阻力的行动;第三它是以遭遇(它自己设置的)阻力的方式察觉到自己身为行动的行动。这种概念上的谵妄想要表明这样一点:限制意味着是对充满无穷活力的自我本身作出限制。如果人们认为这里所论及的似乎是某种可以从经验上或心理上被我们所把握的自我的话,那么这些构想必然显得诡异骇人。于是人们也就会很轻易地对此发出嘲讽,让·保尔就这样写道:"唉,如果每一个自我都是它自己的父亲和创造者,那么它为什么就不能成为它自己的死亡天使呢。"[9] 叔本华对于费希特的勇力之举也发出过嘲笑,这一点我们将在下文中见到。

因此费希特不知疲倦地强调,人们切不要把他所说的自我当作他本人,更不要将其理解为某个(从经验的角度看来)独一无二的"个体性的"自我。人们必须将其理解为"自我性",这一自我性作为感受着自身的活跃力量在每一个个体的自我感觉深处有规律地跳动着。费希特所谓的自我必然铺展得很开(也有人说是"吹得很大"①),因为费希特由此打入了后康德派的阵营之中,这一派的哲学家将可疑的"自在之物"斥为无足轻重的东西,因此仅仅保留了担负着表象化任务的自我(das vorstellende Ich)。

---

① 此处的 aufgeblasen 在德语中也有"妄自尊大"的意思,因此该词在上下文中语含双关。

在戈特洛布·恩斯特·舒尔策（叔本华在哥廷根求学期间的哲学老师，他曾化名埃内希德穆斯发表了对康德的批判文章）和迈蒙[①]的支持下，费希特从康德的"自在之物"中推导出一个错误的结论。他对此的论证是：人们推断呈现在我们面前的这个世界遮蔽了那个自在的世界（An-sich-Welt），我们凭借感官和知性将某种事物改造成了现在呈现在我们面前的这个世界，而那个自在的世界作为"物质"则最终成为这种事物的原因所在。作出这样一种所谓"合乎现实的"推断本身也只有借助因果关系的原则，即借助我们的知性。这个因果关系的原则只有在这个现象的世界中才有效，可是它却被用在一个超越了现象的范围内。人们只有借助这个仅适用于现象世界的因果关系才能维系那个超越经验和知性的"自在之物"。

因此这已经不再是什么"自在之物"了，而是"为我们所用之物"（Ding für uns）。日后，叔本华正是采纳了这一论证来反驳康德。

现在康德将这个位于现象彼岸的"自在之物"安置在我们自身之内，安置在了我们的自由的谜团之中。自由不但不取决于因果关系（即必然性），而且它本身还创造出诸多因果关系。自由发端于虚无之中，它在自我实现的过程中确立自身。康德曾经说过，处于自由之中的人可以参与到超越一切现象（因果关系）的存在物之中。也正是在这一层意义上费希特继承了康德：这个转向内在的"自在之物"，倚仗着这种"自由"，"自我"可以每时每刻借助自身的力量开始存在（anfangen kann zu sein）。

[①] 迈蒙（Salomon Maimon, 1753~1800），哲学家，曾对康德的"自在之物"进行了阐释，代表作为《试论新逻辑学或思维理论》，其哲学对费希特产生了不小的影响。

在此他并不想为那个可以经验的、单个的"自我"所具备的颠覆世界的至上权威做什么辩护（他本人已经不止一次地声讨过类似拿破仑至上的先验观点），而是想表明这样一点：要想理解历史与自然的生命进程的动力，人们只有"以自我的方式"对整体进行思考。在自主的行动和我们的自我的自发行动中，我们体验到了某种力量，而撼动自然和推动历史的力量则与此相同。在这里，费希特大胆地将卢梭的观点发挥到了极致，后者认为"我"知晓世界的开端和运动，因为"我"自己每时每刻都可以开始并使自己运动起来。对自我的体验把我们带到世界之中，而不是一个充满自发性的宇宙之中。"我"就是这个"自在之物"——这个世界的公开的秘密。对于费希特来说，这样的洞察简直就是一道耀眼夺目的"闪电"，这激发着他将哲学思考进行到底。这道"闪电"来自负荷着高压的、寻求解放的精神大气之中，背后推动着这股大气的正是法国大革命。然而费希特并不是凭借这些只有极少数人才能够理解的纷繁推演发挥影响，他所凭借的是另一种东西，以这种东西作为原料可以为由新兴的乐趣所主导的汇率立即打造出通用的硬币，而这一新的乐趣就是：做一个"自我"（ein Ich zu sein）。当然卢梭已经为这一新乐趣的形成做了前期的准备工作，从他那里人们学习到一种关注自我的方式，他正是以这样一种方式执拗地抵抗着社会环境和惯例习俗。卢梭的《忏悔录》在当时很快就成为一本被人们顶礼膜拜的书。他写道，对天地的探究必须从对自我的观察开始，人们喜爱听这样的话。开篇的那几句话犹如吹响的号角："我独自一人。我阅读着自己心中的事。我了解人们。我与那些我所见过的人并不相同。"[10]

这正是人们想做到的：与众不同却又无所不包，对自己、对自己丰富多彩的内心世界了如指掌。歌德笔下的维特就是这样一个人，他宣告"我回归自己并找到了一个世界"。不知多少人在他的身后呼喊并尝试着以他为榜样生活。

费希特在呼啸之中将这个"自我"抬升到了哲学的奥林匹斯山之上,在山顶之上站着一位犹如卡斯帕尔·大卫·弗里德里希画中的人物,世界就延伸在他的脚下,这是一种妙不可言的奇观。[①] 费希特善于运用充满感染力的修辞手法使他那难解的哲学变得通俗化,正是通过费希特本人,"自我"一词获得了别样的光彩,堪与之相比并蕴意同样丰富的怕只有日后尼采和弗洛伊德提出的"本我"(Es)了。通俗化了的费希特于是成为主观主义和无限可行性(grenzlose Machbarkeit)精神的主要见证人。主观创造似乎具有强大的力量,它发出了亢奋的声音。在那个世纪行将结束之时,荷尔德林、黑格尔和谢林欢聚一堂品尝着美酒,他们共同勾勒着一个必须被"创造"出来的新神话的蓝图。何处可以找到这样的神话呢?当然是在自己那里。对于这样的事情人们要相信自己的能力,要"创造意义",要奉献一种建构社会的观念,为的是让这个衰败的社会整体重新融合成为一个强大的"超我"(Über-Ich)。日后人们将在这一次欢快聚会上形成的备忘录称为德国唯心主义的最早系统纲领,这是一份充满青春朝气的文献,促成它的是颠覆世界的创造精神和自我精神,是哲学那个狂野年代的时代精神。

那些强烈地确认着自我身份的人们时常感受到来自世界的威胁和限制,这个世界对"自我"寻求发展的愿望设置了巨大的障碍。"自我"走向前台,而台后往往是苦难和疼痛。年轻的荷尔德林在一封信中写道:"如果世界用拳头向他猛砸过来,

---

① 卡斯帕尔·大卫·弗里德里希(Caspar David Friedrich, 1774~1840),德国著名画家,他善于捕捉自然之中的气氛,在风景画中融入了强烈的内心感受,在这些作品中流淌出来的强烈的主观感受和个体的经验与当时哲学和文学上的浪漫主义思潮殊途同归。文中提到的画作当指画家创作于1818年的代表作品《吕根岛上的石灰岩山崖》(*Kreidefelsen auf Rügen*)。

谁又能够将他的心守护在一个美丽的界限之内呢？虚无就像一个深渊包围在我们左右向我们打着哈欠，此外还有来自社会和人类的千头万绪的事物，这些事物无形地、毫无灵性和爱意地尾随在我们身后并将我们驱散。虚无和这些千头万绪的事物越是困扰着我们，来自我们阵营的抵抗就必须变得愈加充满激情、更加猛烈和强悍……来自外部的窘困和贫乏会让你内心的富足变得贫乏和窘困。"[11]

"内心的富足"需要的是喷涌而出，维护自我会导致致命的结果。精力耗尽之际，等待着荷尔德林的是图宾根城中的那座塔楼，无论是作为一个"高贵的装病者"还是一个病人，他都将在这里默默地度过他那生命中最后的几十年时光。

与荷尔德林一样，在年轻的弗里德里希·施莱格尔那里，自我感也从黑暗之中脱颖而出。在给友人诺瓦利斯的信中，施莱格尔写道："作为流亡者的我没有房子，我被驱逐到了无限之中（宇宙中的该隐①），我要以自己的心脏和头颅作为质料建造这所房子。"[12]

因此与荷尔德林不同，弗里德里希·施莱格尔下定决心，绝不让"内心的富足"在大一统的现实面前沦为"窘困"。被法国大革命激发起来的富足状态受到了这股大一统力量的阻挠，现在施莱格尔要把这股力量拉到自己一边来，将它转化为"否定"（Annihilation）的暴力。人们必须自己否定那个正在否定他们的东西。这不是悲恸的时刻，荷尔德林写下哀歌缅怀逝去的东西，这不合施莱格尔的口味，他在《关于诗的谈话》中将自己描绘成一个"喜欢借助革命性的哲学进行全面否定的人"。当施莱格尔写下这番话的时候，对于他而言"革命性的

---

① 该隐（Kain）是《圣经》中的人物，他是亚当和夏娃的长子，因忌妒而将其弟亚伯（Abel）杀死。

哲学"就是费希特的哲学。费希特于1794~1799年在耶拿任教,所有那些想凭借其"自我"进入"大者"(das Groβe)的人在此短暂的时间内聚集在一起。奥古斯都·威廉·施莱格尔在耶拿讲授文学,他的家成为这一新兴运动的中心。费希特是这里的常客。弗里德里希·施莱格尔就住在兄长的家中。蒂克也在。那位来自魏森费尔斯制盐厂①的候补法官、自称为诺瓦利斯的弗里德里希·封·哈登堡也经常光顾这里。克莱门斯·布伦塔诺在耶拿学习医学。荷尔德林来这里就是为了听费希特的课。谢林则被耶拿大学聘为教授。那位日后成为自然哲学家的亨里克·斯特芬斯②也属于这个圈子,他在回顾那几年时光的时候写道:"(他们)结成了一个亲密无间的同盟,事实上他们也同属一类人。革命是外在的自然事件,费希特的哲学则构成了内在的绝对行动,这个同盟就是要将这两者发展成为纯粹的、进行狂野游戏的幻想。"[13]

时常在耶拿城中小住的歌德也带着某种欣喜观察着这一群人热情高涨的活动,在他看来,这些人都是些天才,有些过于偏激。他认为这些人"有随时坠落的危险",他们的结局可能会很糟糕,如果是这样的话他会很惋惜。弗里德里希·施莱格尔对每一个愿意听的人都会说这样的话:每每论及席勒倡导的"崇高"他都会笑得从椅子上摔下来。在这种情况下,奥林匹斯山上的这位神祇就不得不出面为另一位真神仗义执言了。③弗里德里希·施莱格尔遭到了训斥,于是他迁往柏林,在那里继续着他那充满自我迷恋、讽刺嘲弄和缺乏敬意的行为。他在

---

① 诺瓦利斯的父亲自1784年起担任这家制盐厂的经理。
② 斯特芬斯(Henrik Steffens,1773~1845),自然哲学家、作家,浪漫派自然哲学的代表人物,深受谢林的影响。
③ 此处说的两位神分别指歌德和席勒。

柏林创办了《雅典娜神殿》这一刊物,这份刊物原本打算命名为《大力神》,他想借此表明,"自我"及其"生产性的想象力"在当代的奥吉阿斯王的牛厩面前不必有丝毫恐惧。

费希特已经号召自我夺取在德性方面的权力,然而耶拿的浪漫派所追求的只是富于创造力、开创世界的自我如何在审美上获得自足的享受。"生产性的想象力"在康德那里是操控着统觉磨盘的动力,而在费希特那里则是催生德性世界的助产士,到了那些"狂野新人"处就变成了"神性幻想的原则"。对于既懂得艺术创作,又遵循德性的席勒而言,这一切走得太远了。他写道:"幻想者出于纯粹的任性远离了自然,为的是能够更加不受阻碍地屈服于固执的欲念和想象力的心血来潮……幻想并非自然的放纵无度,而是自由的放纵无度。幻想原本发源于一个值得尊敬的禀性气质,人们可以无穷地完善这一禀性气质,正由于此,它也可以在无穷之中陷入无底的深渊,最终只能以彻底的毁灭结束自己。"[14]

浪漫派不需要这样的谆谆教导。他们总是想凭借着自己在艺术上充满智性的娴熟技巧以反讽的方式超越自己,正是这种驾轻就熟使他们对飞升翱翔本身所具备的风险视而不见。路德维希·蒂克、弗里德里希·施莱格尔、克莱门斯·布伦塔诺具有敏感的嗅觉,他们能够觉察出潜藏在自己奋斗之中的深不可测之物,因此他们还能够从对"虚无主义"(这个词就是在当时产生的)的敏感之中获得特别的享受。蒂克通过其笔下的威廉·洛弗尔之口大声呼喊:"跟我一同飞翔,伊卡鲁斯①,穿过云层,让我们亲如兄弟,一同向着毁灭欢呼。"[15]如果有人对

---

① 伊卡鲁斯是希腊神话中的人物,为了逃离克里特岛上的迷宫,他与父亲代达鲁斯制作了用于飞翔的翅膀,在逃离过程中由于不听父亲的劝告他距离太阳越来越近,结果黏合羽翼的蜡融化了,于是坠入了海中。

他们提出非议，他们会摆出"任性"的样子作出如下的回答：是呀，那还能怎么样，任性是我们最好的那一部分。让·保尔很清楚自己在说什么，因为他自己热衷于诗意的自持和对世界的超越，然而为了不至沦为魔术师的学徒[①]，他挺身站在席勒的一边。他在《美学入门》一书中写道："在现在的时代精神中出现了一种无法无天的任性态度，仅仅为了给自己在虚无之中扫荡出游戏的空间，这一时代精神不惜自我陶醉地毁灭世界和宇宙……结果是，在谈论模仿和研究自然这一话题时，它必然充满鄙夷。"[16]

暂时撇开大师不谈，在费希特的圈子里人们在谈论研究自然时根本没有充满鄙夷。根据费希特的演绎，自我作为"形成力"（Kraft des Werden）深深地向下延伸到了存在的根基之中，凭借着这一演绎人们想要看到自然内部的模样。谢林依靠他那套自然走的是一条系统化的路子。诺瓦利斯这位矿山工程师充满了各种自由奔放、支离破碎、窃窃私语式的想法：不是"通向内心的是一条神秘的路"就是"外在物只是一种隐秘状态下的内在物"，或者是"我们要寻找这个世界的蓝图，这张蓝图就是我们自己"，等等。诺瓦利斯将"向外审视"自然与"向内审视"对立起来，"向外审视"必然到处发掘因果关系，而"向内审视"就会发现种种"可以类比之处"。他解释道，这种"向内"的思考方式（这正是"生产性的想象力"管辖的范围）让我们"认识到自然或外部世界是具备人性的生灵，这表明，只有像理解我们自己、我们的爱人、我们和你们那样，我们才能够并且应该理解这所有的一切"。[17]

[①] 此处借用了歌德的叙事谣曲《魔术师的学徒》（Zauberlehrling）的典故，诗中叙述的故事是，魔术师的学生在师傅离开家后大肆施展自己学到的魔术，最终由于学艺不精导致局面无法收拾。

以这样的类比方法为基础，诺瓦利斯描绘了绚丽的图景，他说，当人类探究的目光扫射到自然之时，自然才会化为岩石。诺瓦利斯不赞成对自然进行无情的分析，他提倡对自然进行近乎情欲式的认识。费希特的"自我"应当是自然的基础，诺瓦利斯将这个"自我"转变成了"你"（Du）。正如在爱人之间一切皆有可能那样，这里也是如此："只要是我想的我就能做到——在人那里，没有一样东西是不可能的。"诺瓦利斯幻想道，既然我们的躯体是距离我们最近的自然，那么我们所具有的爱的力量也应该延伸到那里。如果可以摆脱对躯体的敌意，那么也就不存在什么保持状态了，"于是每个人都可以成为自己的医生，就可以完全、放心、准确地感受自己的身体，随后人……或许甚至有能力修复自己也已失去的肢体，纯粹通过自己的意志将自己杀死，只有通过这样的方式才能够获得对躯体、灵魂、世界、生命、死亡和鬼蜮的真正了解。然后或许只有他能够决定赋予一个死者以灵魂。他会强迫自己的感官，给他一个他要求的形体，这样才会在真正意义上生活在他的世界之中。"[18]

如果有谁像诺瓦利斯那样将其"自我"如此之深地沉入自然的"非我"之中，那么最终他会获得一种奇怪的体验：在他的面前，自然不再是以自我的姿态（ichartig）呈现，而是相反的情形，自我以自然的姿态（naturartig）出现。于是他就将与那个被他当作其"自我"的东西一同陷入"自然那黑暗而充满诱惑的怀抱之中"，他那"可怜的个性"也因此被吞噬，正如诺瓦利斯在《萨伊斯的学徒们》中所说的那样。"自我"想在满世界里重新找到自己的身影并与之重逢，然而此时一下子处于黑暗之中，陷入自然的黑夜之中。在它的自身内部出现了阴曹地府，这片陌生的大陆、无意识的王国变得清晰可见，在新的好奇心驱动下进行的郊游到达了目的地。结果不可能是别的:一个想如此充满直觉地感受和理解自己的人很快就会发现一些无法定义和歧义纷呈的东西。这些充满好奇心的人在自我之中发现的不仅仅是那些呈现出"普遍意义"的流通硬币,这时候"内心的曙光"出现了。就在众多探险家开始研究隐藏在太平洋之后的荒蛮之地的时候,另外的一些人正在探究我们内心之中的荒蛮之所。

这些人乐于做一个"自我",他们将这种乐趣深深地卷入自己内心的荒蛮之中,而他们其中的有些人最终精疲力竭。针对维特那充满诱惑的欢快呼号"我回归自己并找到了一个世界",克莱门斯·布伦塔诺在1802年作出了自己的回答,语气之中已经有了些许悔意:"那个让我回归自我的人就是杀我的人……"

这些精疲力竭的"自我们"都在找寻某个实实在在的东西。毕竟就连那位"自我之彗星"(Ich-Komet)波拿巴也将自己牢牢固定在了尊贵的皇位之上。

奥古斯都·威廉·施莱格尔在丰满而富有的斯泰尔夫人那里找到了庇护所。弗里德里希·施莱格尔也正准备着投入天主教的怀抱。传统又开始走俏,人们开始搜集民歌和童话。感谢上帝,不必什么事情都要自己操心。人们期待着固定的职位和稳固的关系。

只有费希特例外,他还是老样子,仍在用他的长号宣告自我的新的一天的开始。然而跟他一起演奏的人都纷纷离去,留下来陪伴着费希特的只有那个庄严的自我。

阿图尔·叔本华仍想亲耳聆听这位先生的宏论,原因有二:其一,如果想要在哲学上站上时代的高峰,那就必须听听费希特说些什么;其二,叔本华在寻找一种语言,只有借助这种语言,人们才能够理解和表述出柏拉图所说的摆脱经验性的意识这层意思。在费希特那些有关德性的严格概念或在他精心堆砌出来的自我意识的一座座高峰中（无论这些东西是否渗透到了哥廷根，这些都不重要），真正具有吸引力的是费希特反复不断重申的声明：哲学的真理必须借助"闪电"的"昭显"进入日常意识之中；真理只会在一个耀眼的瞬间、在仅有的一次蕴含着无穷力量的爆炸之中才会显现出来；真正的哲学只能由一个唯一的想法组成，只是出于宣告这一想法的目的并且也只有在这种条件下，人们才会将它编织成一条由论证组成的线索。

叔本华自小接受父亲的引导，受到虔信派与世界保持距离的信条的影响。之后他阅读瓦肯罗德尔和蒂克的著作，试图通过艺术摆脱尘世。接着他又用柏拉图的振奋来补偿康德的怀疑论。正如许多同时代的人一样，叔本华在尘世的奢求和上天的乐趣之间徘徊不定。可是在至关重要的一点上，叔本华走了一条与那个时代截然不同的路。那个时代意图麻痹人们的内心矛盾或在矛盾的两极间加以和解。人们在竭力寻找那个阿基米德所说的支点，从这个支点出发，生命又可以重新变成一个整体。于是人们将设想出各种巧妙的方案。黑格尔和马克思的辩证法将让无法和解的东西实现其自身的和解。人们将对旧形而上学的元素进行改造，让它们为创造历史服务。

阿图尔·叔本华则不同。他的目标不是和解，他将其全部的哲学激情投入了一项工程：理解"意识的双重性"，去理解我们为什么以及在何种程度上（必须）在两个世界之间徘徊挣扎。他将毫不留情地把这两种意识严格地区分开来：一个是经验性的意识（das empirische Bewusstsein），在这方面康德进行了开创性的发掘；另外一个我们该叫它什么呢，叔本华自己目前还没有给它命名，他正在寻找和摸索，有时候他会使用各种宗教概念术语来称呼它，一直到在柏林期间他才下定了决心，将其命名为"优良意识"（das bessere Bewusstsein）。

第九章

阿图尔手稿本中的秘密哲学:"优良意识"——圣灵降临——没有阿波罗和狄奥尼索斯加入的心醉神迷状态

叔本华在1813年初的哲学日记中写道:"让我来说,在这个短暂的、感性的、易解的世界里或许就存在着个性和因果关系,不错,这些甚至是必要的。——可是我内心中的优良意识却将我抬升到了另一个世界中,这里不再存在什么个性和因果关系,也不再有什么主体和客体。"(HN Ⅰ,42)

现在叔本华将迄今为止他所体验到的一切可以算作行动或超越愿望的东西全部归于"优良意识"的名称之下。这其中包括:马蒂亚斯·克劳狄乌斯的"这里不是人的家园";在艺术尤其是在音乐之中寻求摆脱尘世;登山的经历;向内的超越,感性和自持通过这种方式仅仅表现为游戏;沉浸于观察之中从而忘却自己,或者恰恰相反,体验到自我是一面镜子,世界在这面镜子中以多种形态出现,然而镜子(自我)本身却不是其中的一部分;柏拉图的"理念",还有康德的"应该"(Sollen)(虽然对此还有些犹豫不定)——这个自由之谜,它将那个"必然存在之世界"(die Welt des notwendigen Seins)扯个粉碎。

为了这种种的超越,叔本华仍在一直寻找一种语言。这应该是理性的语言,可是这种语言却面临着极大的挑战,因为它要表述的是某种自己还没有找到的东西。叔本华心目中的"优良意识"不是某种创造理性的东西,而是某种将要与理性遭遇的东西。它不是某种被创造出来的东西,而是某种被准予纳入的东西。这是某种"一闪而过的念头",不是刻意召唤而来的,这是某种灵感,某种圣灵降临的体验。经验性的意识和优良意识之间隔着鸿沟,两者之间无法跨越,只能渡过。摆渡十分困难,因为这意味着要将"优良意识"翻译成主体的语言,更确切地说,是翻译成反映主—客体关系的语言。① 可是这原本是不可能的事情,因为体验"优良意识"关系"自我"将以某种独一无二的方式消失,此外它还牵涉一个向"自我"发出挑战(要求"自我"采取行动、贯彻自己、进行干预)的世界也随之消失。于是作为"对象"的世界就此消失。"优良意识"不是对某物的意识,不是某种以接近对象的方式企图把握或创造对象而进行的思考。不是为了想要从某个东西那里得到什么才对这个东西反复斟酌。"优良意识"不是在近距离交锋中表现出的机智果断,而是某种警醒状态,它静静地待在那儿,没有任何企图,不担心会发生什么事情,也不期许什么。无我(ichlos)因而没有瓜葛,"优良意识"正是以这样的方式面对世界,只是正因为这个世界再也无法对"自我"起作用了,所以从某种特定的意义上来说,这个世界已经不再"实在"了。正如叔本华在哲学日记中写的那样,这个世界变成了"阿拉贝斯克"②,"重力法则"似乎失去了效力,"其余的一切都还在,可是物体呈现出一种全新的运转方式,每迈出新的一步,那些以前不可能出现的情况都会重新让我们大吃一惊。重的东西变轻了,轻的东西变重了。从看似虚无的东西之中冒出了一个世界,而庞然大物则消失在虚无之中"。(HN Ⅰ, 27)

世界的沉重运转和物体的秩序似乎表现为"游戏"。叔本华在反对自杀行为时这样论证道:"人应该将自己置于生命之上,他应该认识到,一切的过程和事件、喜悦和痛苦都不会触

---

① 在德语中,übersetzen 按照重音落点的不同分别表示"摆渡"和"翻译"两种意思,其本意是"移置",此处作者巧妙地交替使用了该词的两层含义。

② 阿拉贝斯克(Arabeske)有两重含义:1)一种伊斯兰艺术中的装饰风格,以缠绕交错的线条为主要特征;2)一种风格轻快的器乐曲,以富于装饰的旋律为特征。

动他那优良的、内在的自己,所有的一切不过是游戏而已。"
(HN Ⅰ,32)

被缠绕在世界之中的自我以及这个世界本身变成了"游戏",有时候阿图尔·叔本华将这一转变看作某种"审美"经验。这里涉及的并不是康德所说的"毫无利益关切的愉悦",因为这里虽然"毫无利益关切",可是却谈不上什么"愉悦"。"优良意识"在寻常的、理所当然的事物当中划了一道裂痕,是一种充满惊讶的警醒状态,它超越了惬意和疼痛。

"优良意识"是一种置身世外的状态,它对于这个世界没有任何判断,因此既没有肯定也没有否定。叔本华日后带着某种内心的满足得知,古代德国的神秘主义者们(雅各布·伯梅①、埃克哈特大师②、陶勒③)以及在印度的智慧书中都在用相似的言辞围绕着那个不可名状且无法把握的"虚无"(它同时又是"一切")谈论不休。

叔本华在这里谈论的是一种"超越空间和时间"的意识,这又是我们的语言强加给我们的一种自相矛盾的表达词语。如果"我"在某一个瞬间里将注意力完全集中在对象上,那么此时此刻自我与世界之间的区分就被完全取消了。究竟是"我"置身外界与对象在一起,还是对象在"我"的内心之中,无

---

① 伯梅(Jacob Böhme,1575~1624),神秘主义者,其学说是泛神论的自然哲学与德国神秘主义的结合物,他认为自然与上帝一样都是某种神性物的展开,二者都产生于善与恶的对立统一体中,人也是如此,人可以在善与恶之间自由选择。伯梅的哲学思想对日后的虔信派、浪漫派以及黑格尔的哲学都产生了一定的影响。

② 埃克哈特大师(Meister Eckhart,1260前后~1328?),经院主义哲学家和神秘主义者,多明我会的修士,受奥古斯丁影响颇深,以充满神秘和讽喻的布道方式著称于世,其神秘主义哲学富于思辨性,倡导心灵与上帝的和谐统一。埃克哈特大师的哲学思想对神秘主义进一步的发展以及日后德意志唯心主义有着深远的影响。

③ 陶勒(Johannes Tauler,1300前后~1361?),神秘主义者,埃克哈特大师的学生,多明我会的修士,曾在斯特拉斯堡、科隆、巴塞尔等地做牧师,是注重实践伦理和意志的神秘主义一支的代表人物。

论"我"怎么说都无所谓。至关重要的是,"我"此刻体验到的注意力不再是"我"那得以体现的自我本身所具备的一个功能,这种注意力摆脱了时空坐标,而这一坐标的原点正是我们那个得以体现的"自我",此刻的注意力忘却了时空、忘却了自身。神秘主义者们将这一体验命名为 Nunc stans(静止的此刻),它的影响力无始无终,只有当我们从中消失的时候,它的影响力才会消失。当"我"重新受到驱赶回到主体身份的时候,那么所有一切的区分又一次出现了:"我"和其他的人,这个空间,这段时间。如果"我"重新被"我"那个经验性的"自我"所占有,那么"我"就会将这个"集中注意力的瞬间"牢牢地系在"我"的个性、"我"的生命时间、"我"的地盘之上,因而也就此失去了赋予这个瞬间以独特性的要素:这一瞬间的"超时空性"(Nirgendwo und Nirgendwann)。这样的注意力必然会消失,如果"我"可以将它归于某一个具体地点和时间的话。"我"又重新回到个性化进程之中,或者如人们所愿突然出现在这一进程之中。毫无疑问,"优良意识"也是一种心醉神迷的经历,一种清澈透明而不可动摇的心醉神迷状态;一种视觉的极度兴奋,在如此之多可观之物面前,对象在眼前消失。与此种心醉神迷的体验形成鲜明对比的另一极是与狄奥尼索斯的名字相连的迷醉状态:坠入欲望的洪流之中,被躯体裹挟着,自我瓦解在恣意放纵的感性体验之中。在这里躯体不但没有被抛弃,相反被提升为"世界之躯体"(Weltkörper)。在这种情形下"自我"销声匿迹,它在(不具有自我特征的)欲望的强权下甘拜下风。正如艾辛多夫[①]诗

[①] 艾辛多夫(Joseph Freiherr von Eichendorff,1788~1857),德国浪漫派作家,他的抒情诗具有民歌简洁朴素的风格,情景交融,堪称德国浪漫派诗歌的巅峰之作,其小说代表作为《大理石像》(*Das Marmorbild*)(1819)和《一个无用人的生涯》(*Aus dem Leben eines Taugenichts*)(1826)。

中写道的那样："我无法保全自己／你们远处的风将我驱赶／我要在激流之上航行／耀眼的光辉让我双目失明／……／划船！我不想问／旅程的终点在何处！"[1]

在这样的航程中狄奥尼索斯充当保护神，他保护生灵免受"自我"的袭扰。按照神话中的说法，狄奥尼索斯被活生生地撕成碎片后熬成了肉汤。就这样在一段时间里，他存活于众生循环及排泄的液体之中，精液之中，羊水之中，汗液之中，血液之中。最终他又恢复了形体，变化多端，可是充满了疯狂，神魂颠倒地四处游走，四处播撒种子，深受人们喜爱。人们爱戴他，讨厌其他神祇手下那些阴谋家。他是个随时会来的神，他并不是从天而降，而是脏兮兮的、满身油污、一副色相地从土地里钻出来。在疯狂的游戏中，他推动着决定生死的轮盘。凡是遇见他的人都会幸福无比，而此时的他却消失得无影无踪。狄奥尼索斯，他是某种肉体形而上学的"迷醉之神"。这确实堪称形而上学，因为这里涉及的正是那个令人兴奋不已的彼岸世界，躯体的享受把我们送到那里。两性交合的那个紧张时刻也是某种跨越界限的行为，对于我们而言，在这一时刻空间和时间都消失了。就在感官主导我们的时候，意识消失了。在这里"自我"只会造成性交阻碍，因此他必须消失，如果"自我"依然待在那里，那么这位"随时会来的神"——狄奥尼索斯就不会来了。

就在叔本华生活的年代里，出身于牧师或公务员家庭、不免有些拘束谨慎的荷尔德林、谢林、黑格尔（还有稍后的尼采）都向这位"随时会来的神"抛撒过鲜花。可是他们此举的目的无非是想让狄奥尼索斯为他们干活儿，他们想借助他的精神创造新的国家、新的律法、一种新的语言。狄奥尼索斯可以给人们带来幸福，人们不愿意他提前死去。他们要把他捻成一根丝线，用它来编织一张文化交际的网络。这位"迷醉之神"

的存在毫无风险，于是皆大欢喜。可是叔本华却不喜欢这样和稀泥，他不要妥协。狄奥尼索斯让他感到震惊。眼前什么也没有，就像都消失了一样！狄奥尼索斯让他感到震惊，因为眼前的狄奥尼索斯赤裸着身体，一副色相，这尊神让人无法相信《面包和葡萄酒》（荷尔德林）中那个平和的日常宗教仪式。

可是人们要就此以为阿图尔·叔本华倾向于阿波罗（狄奥尼索斯的正式对手）的话那就错了。阿波罗体现了某种具有自身特征的确定形式，某种完美的个性，这种个性可以抵御受欲望的驱使跨越一切界限的"非我"，并将这种能量积蓄起来以推动自己的磨盘。就步履的平和而得体以及形式上的清晰和可塑性而言，阿图尔·叔本华的确颇具阿波罗的风格。而他在哲学上具有自身特征的明确形式则源于由"优良意识"所带来的种种灵感，然而这些灵感却意味着对界限的超越，会消解自我，因而也就有悖于阿波罗的风格。按照荷尔德林的话来说，这些灵感具有"神圣的冷静"。这是一种头脑保持着清醒的心醉神迷，不要将这种状态理解为"恣意放纵过后的沉思"（斯洛特代克①）。同时人们也不要认为，产生这种状态是由于把世界强行纳入理论框架而导致的乐趣衰退，因为这种理论上的享受只是企图把每个星期天才会有的狄奥尼索斯式的乐趣也散播到日常生活之中。与此相对，阿图尔·叔本华的"优良意识"不是某种替代品，也不是某种补偿物，而是某种被赋予了自身力量的"精神上的星期天"（Sonntag des Geistes），甚至是神灵降临的节日。叔本华从摆脱尘世的高度劈下了对抗狄奥尼索斯的闪电，对来自躯体的诱惑极力诋毁，他越是切实地体验到这种躯体所具有的威力，那么这种诋毁就随之越是尖刻。叔

---

① 斯洛特代克（Peter Sloterdijk，1947~），德国当代哲学家，代表作为《玩世理性之批判》。

本华写道:"笑看来自你感性的诱惑,对隐藏在你自身内部的、预先谋划好的、旨在针对你的胡搅蛮缠坐视不理。"(HN Ⅰ,24)由"可笑之人"变成"笑看之人"(HN Ⅰ,24),如果真的能够做到这一点就好了。可是感性也有其严肃的一面,这可不是什么好玩儿的东西。"情欲的的确确很严肃。想想那最美丽迷人的一对儿(动物),它们在美妙的爱的游戏①之中表现得极为优雅,在游戏中它们时而相互吸引,时而退回远处,时而相互追求,时而逃避对方。这真是一场甜蜜的游戏,可爱的玩笑。可是就在它们享受情欲的那一瞬间,就在开始'成事'的最初一刻,一切的玩笑、所有的温文尔雅顿时消失殆尽。这时优雅让位于某种深刻的严肃。那么这是一种怎样的严肃呢?这是一种动物所具有的严肃。动物不会笑,自然的力量随时随地都显得严肃……与这种严肃针锋相对的是某种更高层次的严肃,此种严肃是由于逃避到一个更高的世界所产生的兴奋而引起的。在那里没有什么玩笑,在动物的世界里也没有。"(HN Ⅰ,42)爱的游戏是一种善于自主保持距离的修养,而性交的"动物性严肃"却将"我"扯进了丧失自我的本性之中,将"我"变成了本性的欲望的对象。这时的"我"再也无法自主游戏,"我"变成游戏的参与者。叔本华写道:"我是被动的。""优良意识"造就了某种保持着清醒头脑的心醉神迷状态,这一状态也具有某种被动性,不过这是一种逃脱后的被动状态,是一种遭受驱使的被动状态。叔本华不愿意这样,他感到欲望是对其自主权的侵犯。可是恰恰是在那些清醒的时刻,他在心中感受到强烈的欲望,他无法隐瞒的是,在由性引起的心醉神迷与"优良意识"之间存在某种特别复杂的关系。叔本华首先对自我消解的两个"焦点"(头脑和性器官)进行了对

---

① 爱的游戏(Liebesspiel)在德语中指的是作为性交前奏的爱抚、接吻等亲昵举动。

比，两者都被毛发所覆盖。他对此的观察是："分泌精液的高潮和脑力最为旺盛的状态出现在同时，往往是天空出现满月或新月之时。"（HN Ⅰ，42）对于他而言，性器官是"树根"，而大脑则是"树冠"。要想枝繁叶茂，就必须有汁液上升。大脑和性器官都具有强大的威力，两者间相互激励，刺激着对方力量的发展。"就在欲望变成最强烈的情欲的那几天、那几个钟点里涌现出的不是某种在意识空虚和麻痹情况下出现的疲软的诉求，而是某种炽烈的欲望，某种强烈的发情状态。但恰恰是在这个时候，最高的精神力量，即优良意识随时准备着干一番大事，虽然此时此刻意识正屈服于欲望并完全为其所控制，它处于一种潜在状态。但是优良意识需要的仅仅是使一股劲儿调转方向，放弃那种令人烦恼的、贫乏的、绝望的欲望（这正是黑夜统治下的国度），这时意识将充满最高的精神力量，进入光明统治下的国度"。（HN Ⅰ，54）

这番话确实有些出人意料。将人送入"优良意识"的"光明"之中和把人带进性统治下的"黑夜"的显然是同一个推动物质，在下体和脑袋之间为夺取这一能量进行着战斗，这种能量（要么是向上，要么是向下）将从"自我"的界限之中迸发而出。这场战斗争夺的是一种原本并不十分紧缺的活力储备，在旧的神（作为生态纠纷的调停者）消失之后，没有人再能够凭借绝对的权威拥有分配这一储备的权力了。

既然叔本华在内心之中如此真切地感受到躯体的强权，那么他为什么还会害怕让自己的躯体爆发呢？

我们还记得叔本华大约于1805年在汉堡期间曾经写下了这么一首诗："哦，情欲，哦，地狱/……/从高天之上/你将我拖下/将我摔下/我躺在尘土里/浑身绑缚。"（HN Ⅰ，1）

在爱的体验中，人能够体验到性融入整个人体之中并可以使整个人处于心醉神迷的状态。叔本华很不走运，直到把闪电劈向性欲的这一时刻，他还没有经历过一次这样的爱情。在性可以得到满足的时候他没有爱情，而就在他对异性（例如魏玛的卡罗琳娜·亚格曼）萌发爱情之时，性感受却被排除在外。这造成了双重的后果：要么是性欲如愿以偿，要么是性欲的匮乏，两者都会造成人的分裂。要么性欲降格为并不轻松愉快、充满"动物严肃性"的例行事务，要么欲望无法得到满足，无法实现的内心渴求变成了某种非现实的"阿拉贝斯克"。无论是怎样的情形，性欲只会搅乱游戏：要么得偿所愿的性欲让游戏根本无法进入游戏状态，要么无法得偿的性欲让游戏自行消解于无形之中。在这两种情况下游戏只能终止，这即使不可悲，但无论如何是一件可笑的事情。因此叔本华愤怒地下定决心，由"可笑之人"变成"笑看之人"。他把自己的性欲当作"胡搅蛮缠"坐视不理，仿佛这性欲是他的身外之物，他不愿让自己陷入这一纠缠之中。

与自己的性欲决裂，这虽然只是叔本华个人的遭遇，然而在这一事件当中也反映出了性文化史的一个发展阶段。

这是一个刚刚学会充满享受地说出"自我"的时代，这个时代用自律和内省牢牢稳固住自己，它不愿让自己受到"本性"的突然袭击。人们只要想一想卢梭的《新爱洛漪丝》，他在这部爱情小说中营造了怎样滑稽的情景，为的就是不触及软弱的躯体内部的浓浓爱意。而年轻的浪漫主义者则以放荡不羁、风流潇洒的轻浮面目出现，他们需要热辣的气氛，追求更多的情欲。

虽然如此，或者正是因为如此，一种神秘的、围绕着性的窃窃私语开始传播开来，人们对性产生了全新的好奇心。多少个世纪以来，性存在于一个尽人皆知的、毫无神秘可言的地方，即在一个充满形而上学意味的生命秩序之中，在这一秩序之中活跃着我们那亟待获得拯救的肉体。

只有在那个妄想能够自律的"自我"看来，性才显得神秘而难以捉摸。在"自我"出现后，性才变成我们体内的"本性"，我们忧虑万分，唯恐性会消解我们那独断专行的"自我"。世俗化进程使性从罪孽中摆脱出来，然而却又把它变成了承载着某个危险秘密的东西。福柯写道："性逐渐变成某种具有巨大嫌疑的东西；变成某种普遍的、令人不安的意义，它不顾我们的反抗干扰着我们的行为和生存；变成一个薄弱的环节，灾难从这里发出威胁；变成我们每个人心中都承载着的黑夜。"[2]

人们开始对性产生怀疑，开始对有关于我们的隐秘的真相有所了解。人们要逼迫它承认过错。又过了整整一个世纪，直到弗洛伊德将这一怀疑（我们的性，也只有性才知道我们究竟是怎么回事儿）体系化，而这种怀疑也因此具有了传染性。

在叔本华生活的时代，这种怀疑才刚刚开始产生。叔本华两面出击，他一方面用自己的灵感来对抗性器官，另一方面则对精神对自身的高估发起全面攻击，并从性爱中的"意志焦点"（Brennpunkt des Willens）出发创造出一种宏大的"身体之形而上学"（Metaphysik des Leibes）。他教导我们，一般而言，在与性的对抗中我们没有获胜的机会。性作为"意志"最为刺眼的表现形式乃是行动之中的"自在之物"，性让那个可怜的"自我"颜面扫地，并驱赶着它往前走。阿图尔·叔本华与众多女性的关系都无法令他感到满足，他切身地体会到，性乃是对傲慢自负的羞臊。

他不走运。暂且抛开时代状况不谈，个体的气质也会让一个人不走运。萨特曾举福楼拜为例说明这一点：一个孩子被迫与母亲关在一起，母亲只是出于义务爱着自己的孩子，于是这个孩子无法完全融入自己的躯体之中，无法熟悉自己的躯体，这时他就会与自己保持一定距离，身体对于他来说是陌生的东西，在这种棘手的情况下，内心中的温暖就无法使复苏的自我感与整个躯体融为一体。

年轻的叔本华就有类似的遭遇。对于他而言，他体内活生生的那部分东西是"他者"（das Andere），而不是自己的东西，这是一股寒流，他虽然漂浮其中，但又不愿意向它屈服。当身体发热的时候，"自我"颤抖着寻找庇护，能够给它提供庇护的是某种具有自我特征的自主权。对于阿图尔而言，父亲海因里希·弗洛里斯就是这样的拥有自主权的庇护所。在父亲那里可以学到自我克制这一让人引以为豪的品德，他还激励儿子，无论在什么情况下都要高高昂起自己的头颅。就在阿图尔·叔本华逐渐成熟之时，父母之间已经不存在什么互相吸引对方的情欲了，因此阿图尔对性的冷淡态度越发加剧。就在性欲不可避免地在体内涌动之时，阿图尔（正如我们知道的那样）感受到性是一种充满诱惑而又陌生的暴力。伴随着对"情欲"的诅咒而不是恋爱之中的情感迸发，阿图尔开始了他的色情之旅。在年轻的阿图尔那里似乎没有某种温柔的"心灵"在"赤裸裸"的性与早慧之间加以调和，这种东西原本是可以促成两者之间缔结和约的。叔本华写道，他日后对此的看法是，正是由于强大的精神高歌猛进，"对情欲的追求"才强烈地、极端地爆发出来。对于他而言，某个在性与精神这两个层面之间经过各自让一步从而彼此接近之后形成的中间层面似乎并不存在。这里缺乏某种东西，这就是托马斯·曼在《浮士德博士》中提及的"的确感伤的生命层面"。小说中的主人公阿德里安·勒弗屈恩就不具备这种东西，而阿图尔·叔本华也对此没有多少感觉。托马斯·曼写道："这是一个事实：与极为自尊的精神性近在咫尺、针锋相对的就是动物性、赤裸裸的欲望，前者尊严丧尽地屈从于后者。"[3]

既然以这样的方式堕落下去，人们就会把女人视作某种暴力的共谋者，对贯彻自我构成威胁的正是这样一种暴力。追慕之情把男人带到了女人身边，可是无论是否出于本意，男人都会向女人泼上一瓢凉水让她察觉到他无法原谅她，因为正是由于女人，男人的自负专断受到了伤害。因此男人很难进入这样一种爱的体验之中：在这里幸福挣脱了束缚，精神与性共同消除彼此间所有的敌视和对立。突然之间，那些曾经起作用的东西现在都失去了效力。如果没有这样的体验，那么就会产生一种彻底与性决裂的能量。随着爱的体验越来越渺茫，人们也就陷入其中越来越难以自拔。

阿图尔·叔本华太不谦虚、太渴求强度，因此他无法满足于自己那个经验性的自我并使自己固定于其中，他要超越界限进入"超自主状态"（das Über-Souveräne），进入优良意识造就的"保持头脑清醒"的心醉神迷状态；他要防止自己超越界限进入"潜自主状态"（das Unter-Souveräne），要抵御狄奥尼索斯式的心醉神迷。他用旧形而上学中充满尊严的本体概念稳固自己的哲学根基。这个根基就是"意志"，它成为这一哲学的唯一本体。一切皆是意志的肉体之肉体。"意志"即"一切"，它只有通过"虚无"（即通过"优良意识"）才能获得平衡。

既然"优良意识"超越了经验性自我的界限，那么它不但逃脱了意志的驱赶，而且也超越了世界内部的理性范畴（因果性、个体性、时空概念）。阿图尔·叔本华有时候也会借用宗教术语，例如"仁慈"或"上帝之和谐高于一切理性"。这里涉及的是某种特定的心理状态，它超越了一切可以想象的内在目的，因而无法被降格为达到某一目的的手段。这样的体验使叔本华确信，理念与理念的实现之间的现代关联在此没有任何效力，理念的实现与否不再能够证明理念本身是否具有真理性。这一结论产生了极为深远的影响。"优良意识"之所以无法实现，是因为它本身就是"现实的"（wirklich），而且这一现实让"另外的现实"（das andere Wirkliche）化为乌有。从这一体验出发，叔本华彻底下定了决心反对一切和解的企图，而和解的目的就在于通过改良消除现实中那些让人产生不快的东西。一方面是我们的经验性存在和经验性意识，另一方面是"优良意识"，两者同时出现但彼此之间无法取得和解，这正是叔本华所坚持的观点。他以与死亡的关系为例阐述道："我们在不同的时候对于死亡有不同的看法，这清楚地表明了我们的意识的双重性。在某些时候，我们一个劲儿地想象着死亡，这时候死亡便显得十分可怕，以至于我们无法理解，面临这样的结局人们何以能够有片刻的安宁，既然死亡是必然的事情，难道每个人不是要满怀抱怨地度过一生吗？可是在另一些时候，我们怀着静静的喜悦，甚至是思慕之情想着死亡。在这两种情况下，我们都是对的。在第一种情绪下，我们完全被暂时的意识所控制，我们仅仅是时间之中的现象而已，此时死亡对于我们而言就是毁灭，是最大的不幸，我们对它产生恐惧感是理所当然的事情。而在另外一种情绪下，我们的'优良意识'生机勃勃，它当然高兴地期待着神秘纽带解开的那一刻，正是这一纽带把'优良意识'与经验性意识捆绑在一起并使它们共同构成了一个人的自我同一性。"（HN Ⅰ，68）

两种意识共同出现但彼此之间无法和解，这使得双重视角、双重体验成为可能，对于阿图尔·叔本华而言，这是显而易见的事实。和日后的维特根斯坦一样，叔本华赋予哲学一个否定性的任务：哲学应当用概念推理的语言说出可以言说的东西，而对于语言无法接近的领域，哲学则应该在这一领域周围划定界限。哲学应该一直走到概念推理的界限边缘，为的是让自己明白什么东西是无法用概念加以表述的。在叔本华看来，哲学的任务在于使自己免于诱惑，这种诱惑就来自哲学本身，就来自在哲学中涌动着的概念抽象性。绝不能把不可言说的东西变成可笑的东西。

第十章

阿图尔听费希特讲课——解放战争中的柏林——政治的无上权威——武器中的哲学——阿图尔的逃亡

就是为了要听费希特讲课叔本华才来到了柏林，他期待着能够从费希特那里获得与自己相似的灵感。早在哥廷根期间他就听说，费希特始终强调哲学的开端不是"对象意识"（Gegenstandsbewusstsein），而是"绝对的深思熟虑"（absolute Besonnenheit），在这种情况下"自我"摆脱了自身与时间和空间的关联，只有在所有这些关联被呈现出来的时候，"自我"从某种程度上说才能够静观自身。

可是短短几个星期以后，叔本华就发觉费希特的哲学之中恰恰存在那种概念性哲学对自身的诱惑倾向，而这正是他下定决心要抵御的东西。在他看来，费希特想要借助各种概念构造和寻找那个或许可以"翻译"成概念的东西："优良意识。"

阿图尔·叔本华首先于1811年的秋季学期听了费希特的《意识的诸多事实》这门课。

费希特说，哲学起源于惊诧，而伴随着"彰显事实的闪电"这种惊诧便开始了，对此阿图尔还能够表示赞同。然而费希特认为自我借助经验进行不断反思事实才得以"彰显"，虽然"彰显事实"对叔本华颇有诱惑力，但他对费希特这一关于反思的观点颇有抵触。叔本华的怀疑是，借助对反思的反思或借助对知觉的知觉是否真正能够达到质变（这正是费希特的目标）。对于叔本华而言，这只是重复而已，没有丝毫结果。即使反思或知觉着的主体尝试着直观自身，然而它终归只是反思或知觉着的主体而已。叔本华认为，人无法从内在性（Immanenz）摆脱出来，这种自我反思只是徒劳无益之举。可是不久后费希特便开始了真正的腾飞。叔本华在笔记中写道，费希特在第五次讲座中宣称，意识在自我反思中越来越明确，随之存在便在一种混杂着恐惧和不安的情绪之中消失殆尽。叔本华在这段笔记的旁边写道："我不得不承认，对于我而言，这里所讲的一切过于晦涩，或许我也没有真正理解这番话的意思。"（HN Ⅱ，37）

由于生病，他没有去听之后的几次讲座。病愈之后他又继续听讲，这时费希特解释的问题是，在多大程度上"知识乃是对知觉的提纲挈领"。叔本华对此的批注是："我不知道这是什么意思……"（HN Ⅱ，41）这时的他没有病倒，而是充满愤怒："他在这堂课上……说了一些东西，此时在我心中迸发出一个愿望，我真恨不得能够拿一把枪抵着他的胸膛然后对他说：你去死吧，没人会怜悯你。可是看在你这可怜人的份上，你倒是说说看，你在胡言乱语的时候究竟是没有把问题想明白呢，还是你就是想愚弄我们？"（HN Ⅱ，41）费希特不惜一切地继续飞升，他接着说："原因是维系所见之物与视觉之间的绝对纽带。"听了这番话，叔本华不禁想到了比尔格①的那几行诗句："熄灭我的灯，永永远远地熄灭／到那里去，到黑夜和恐怖中去！"（HN Ⅱ，44）

叔本华不再恐惧概念的谵妄，气愤已经转为嘲弄。他很清楚，如果概念被赋予错误的任务（例如进入"优良意识"，或进入费希特所说的"绝对的深思熟虑"），那么这些概念必然进入迷妄的状态。当费希特在学期末的某次讲座中费尽心力地拐弯抹角，在"自我"的身后突然袭击，这时叔本华言简意赅、充满自信地写道："只有一个直观者，这就是'自我'，也正是由于这个原因，它永远也不可能成为直观的对象。"（HN Ⅱ，68）

---

① 比尔格（Gottfried August Bürger，1747~1794），德国著名诗人，代表作为堪称德国叙事谣曲巅峰之作的《累诺莱》（*Lenore*），此外他还整理改编了《吹牛大王历险记》，成为家喻户晓的故事书。

叔本华在1812年的夏季学期听了费希特的《知识学》，这一时期笔记的眉批更加辛辣："疯狂的呓语"，"简直是胡扯"。（HN Ⅱ，123）叔本华借用莎士比亚的句子作为整篇课堂笔记的标题："虽是疯癫之举，却自有一套方法"，开始以嘲讽"峰巅之举"自娱。费希特说："自我是存在的，因为它正在就座"，于是叔本华就在这句话旁边画上一把椅子。费希特教导说："自我不是通过某个他者而获得澄明，它就是明亮的，它就是光明本身"，对此叔本华写道："因为他今天不是把蜡烛而是把纯粹之光插在了蜡烛台上，因此下面的内容无法继续记录下来。"（HN Ⅱ，193）在以下的几次讲座中，费希特谈论的问题是"能见度的纯粹形式"，然而光线依然昏暗无比。叔本华写道："因为今天的烛光依然无法进入能见范围之内，所以笔记不得不中止。"（HN Ⅱ，195）阿图尔并不赞同那句充满智慧的爱尔兰名言："久久注视黑暗之中，总能在里面发现些什么……"此时的叔本华已经告别了费希特的哲学，他留下了一句卜辞："知识学将长久地安坐于黑暗之中。"

一旦涉及实践德性，尤其是政治德性的问题，费希特的哲学总是能够变得明朗起来。现在这样的伟大时刻已经迫近。1812年末，反对拿破仑的解放战争中人们高涨的爱国主义热情已经日益显现出来。自1806年耶拿和奥尔施泰特战役失败之后，普鲁士沦为法兰西帝国的臣仆。在这几年里，普鲁士不得不巧妙周旋应对困难，它一方面要卑躬屈膝地为拿破仑效劳，另一方面又要妥善处理普鲁士人民的爱国主义情绪，既不能煽动又不能过分伤害。此外国家体制的民主改革（斯泰因[①]、哈登

[①] 斯泰因（Heinrich Friedrich Karl Reichsfreiherr vom und zum Stein，1757~1831），曾在普鲁士政府各部门任要职，是普鲁士改革的倡导者和实践者，日后他又充任俄国沙皇亚历山大一世的顾问，促成了普鲁士和沙俄缔结盟约，拿破仑战败后，他担任盟军占领区管理委员会的主席，后又代表俄国参加了维也纳和会。

堡①）也要兼顾平衡，十分棘手。要把臣仆们也吸纳进来，进而让他们参与到国家管理和政治统治当中来，可是这一切要掌握好分寸。在目前这种事态下，这场民主运动将不可避免地演变为某种德意志爱国主义运动，而爱国主义运动反过来又会发展成争取民主的"放肆行为"，因此必须避免这种情况的发生，这不仅符合统治阶级的政治利益，而且面对法国皇帝也要小心为好。费希特虽然获许公开发表他的《对德意志民族的演说》（1807/1808），但是起初普鲁士新闻检查当局还是不允许印刷出版最初的几次讲稿。组建柏林大学这一举动背后隐藏着爱国主义的动机，大学虽然建立了，但是大学不能声援爱国主义运动。在大学建立之初制定的章程里删去了一切过于突出"德意志情怀"的内容，这些由施莱尔马赫起草的文字中包括如下字句：大学应当成为"培养德意志青年的场所"。由于刊登爱国主义内容的文章，克莱斯特②主办的《柏林晚报》与普鲁士当局之间发生了不少摩擦，这是人所共知的事情。

政府当局特别注意剧院的动向。时任国家剧院经理的伊夫兰德不得不把法国歌唱剧纳入上演剧目之中，有时甚至还让人用法语演出德国戏剧作品，为此在深夜里口头把剧本翻译成法文让抄写员誊写。那些剧院的常客偶尔也有机会宣泄一下他们的爱国主义情绪，比如上演《奥尔良姑娘》③的时候。当演出进

---

① 哈登堡（Karl August Freiherr von Hardenberg，1750~1822），起初效力于汉诺威公国，1782年以后在普鲁士政府中任职，是普鲁士中立政策的制定者之一，1810年后出任普鲁士政府首相，继续推行斯泰因未竟的政治改革，在欧洲各国反拿破仑同盟形成的过程中起到了巨大的作用，在战后的维也纳和会上为普鲁士争得了大片领土。

② 克莱斯特（Heinrich von Kleist，1777~1811），德国著名作家，他的剧作《赫尔曼战役》和《弗里德里希·封·洪堡亲王》就反映了强烈的爱国主义情绪，此外他的代表作还包括喜剧《破罐记》和小说《米夏埃尔·科尔哈斯》《O侯爵夫人》等。

③ 《奥尔良姑娘》（Jungfrau von Orleans）是席勒根据圣女贞德抵抗英国侵略者的故事改编而成的戏剧作品，洋溢着强烈的爱国主义情绪。

行到"加冕"一节的时候,剧中原本的台词是"国王万岁,善良的卡尔!"可是此时观众的欢呼淹没了后半句,只能听到人们在齐声高呼"国王万岁!"

在那些年里,剧院是为数不多的几个人们可以集体表达观点和显示立场的地方之一。通常的情形是,人们分散开来,个人归个人,退缩到自己熟悉的小圈子里。法恩哈根·封·恩泽记录下了当时的情景:"无论见到谁,每个人都心绪不宁、内心矛盾,无论向哪儿看,前途都很渺茫。手工业者和知识阶层徒劳无益地与当政者进行着对抗,当政者必然已经感到承载着他们的大地(市民们)正在摇晃……每个人凭着运气在追逐着眼前的利益,多少全凭老天爷的赏赐。"在这种不确定的时局下,寻找生活支柱的人就会感到"自己受到精神生活的强烈牵引,人们聚集在一起,在交流理想和感受的过程中寻求欢乐,这些理想和感受就是要和现实唱对台戏。"[1]

有那么一段时间,人们在"精神生活"之中寻求欢乐。在1807年至1808年之交的饥荒过去之后物质生活趋向好转,人们的生活相对平静。这一局面在1812年被打破了,就在这一年,拿破仑扩充军备,准备着他迄今为止最强大的一次行动:对俄国开战。拿破仑时代充满戏剧性的尾声就此开始。意图通过大陆封锁政策迫使英国臣服的拿破仑向俄国进军,因为后者退出了与法国结成的共同对付英国的联盟。拿破仑动员起了欧洲迄今为止最庞大的军队,其他的盟友(普鲁士也是其中之一)派出各自的军队加入联军。既然是站在习惯于胜利的拿破仑一边,在柏林人们起初并没有表现出什么特别的不安。柏林的神学家德·威特在一封给弗里斯的信中写道:"我听说外界战事频繁,可是这里政局稳定。这里的人们确信,普鲁士是法国的盟友,我们这里不会有什么危险发生。"[2]这封信写于2月22日,就在这几天里,各国签署了对俄宣战的盟约。爱国者们甚至满怀喜悦地期待着领土的扩张、普鲁士重建辉煌……柏林大学的教授乌登在1812年4月3日的一封信中写道:"我们这里的准备工作越来越充分,当前的政治形势只会给我们带来更多的福祉。"3

1812年春天,拿破仑组建了一支50万人的军队开赴战场。柏林经历了有史以来规模最大的一次行军,全副武装的欧洲军团将整座城市都淹没了。在一段时间内,柏林必须供养这支杀气腾腾的军队,这座城市因为驻军带来的沉重负担而呻吟哀叹,为了安置这些驻军,当局还征收了高额的税费。

东征开始了,城市一下子寂静下来,寂静得让人生疑。人们开始发挥想象力。人们听说莫斯科在燃烧,听说那里严酷的冬天在夏末就开始了。一切听起来都是那么可怕,于是人们尝试着转移自己的注意力。历史学家尼布尔[①]转而沉浸于《罗马史》中有关"无辜研究"的写作之中,按照他自己的说法,这是为了躲避向他迎面袭来的"死人的气味"4。

这时候部队继续向前进军,没有遭遇什么值得一提的抵抗。这次可怕的军事行动在当年冬天以灾难性的溃败而告终。地域的广阔、寒冬、饥饿、俄国军队瓦解敌军斗志的退缩策略以及消耗敌军精力的游击战术等,这一切都导致了拿破仑大军的土崩瓦解,最终这支军队只剩下了几千人,在1812年12月艰难地向西溃退。

在经历了几个月令人不安的寂静之后,此时骇人的消息以燎原之势传播开来。人们在谈论那些丢失了腿脚的士兵,还传说士兵们为了争夺死马身上的一块近于腐烂的肉不惜相互残

---

① 尼布尔(Barthold Georg Niebuhr, 1776~1831),历史学家,曾任普鲁士派驻梵蒂冈公使,任教柏林大学期间讲授罗马史,后著成《罗马史》,此外他还是历史文献考据学的创立者。

杀。1813年1月20日第一批败兵拥进柏林城，野战医院里充斥着伤员和病号。瘟疫的威胁随时存在。柏林的艺术学教授索尔格[①]在给友人劳默[②]的信中写道："这是一个糟糕透顶的时刻，看上去是获得了解脱，却有可能是我们的末日……我再也无法安宁，无论是在白天还是黑夜，我没法不去想这世上发生的事情。"[5]

叔本华则不然，无论白天还是黑夜他都不去想世上的事情，他在自己的小本子里写道："人应当从自己的生活之中升华而出，应当认识到，一切的过程和事件、喜悦和痛苦都无法触动他那优良的、内在的自我，一切不过是一场游戏而已。"（HN Ⅰ, 32）

当1812年大军穿越柏林之时，阿图尔·叔本华正绞尽脑汁地思考着费希特的"知识学"。当莫斯科熊熊燃烧的消息传来的时候，他正在德累斯顿的画廊里静静地看着展览，丝毫不为所动。就在衣着破烂不堪、侥幸逃生的士兵到达柏林的时候，叔本华正在探望一位住在医院里的精神病人并在他的《圣经》扉页上题写献词。就在造成无数人死亡的世界历史向柏林倾倒余渣的时候，阿图尔·叔本华正在思考着日常生活中的死亡现象："人的每一次呼吸都是在驱退随时迫近的死亡，因此我们每一秒钟都在与死亡搏斗。再放大一点，通过每一餐饭、每一次睡眠、每一次取暖……我们都在与死亡搏斗。我们从一出生就距离死亡如此之近，因此我们的整个生命就是一场推迟死亡的行动。"（HN Ⅰ, 75）

[①] 索尔格（Karl Wilhelm Ferdinand Solger, 1780~1819），哲学家、美学家，代表作是《埃尔温——关于美和艺术的四篇谈话》和《哲学谈话》，此外他还翻译了古希腊作家索福克勒斯的悲剧全集。

[②] 劳默（Friedrich von Raumer, 1781~1873），历史学家，代表作是《施陶芬家族及其时代的历史》，其文学价值远远高于史学价值。

生命中的寻常现象就已经让他感受到了寒意，他拒绝对历史进行思考。另外那些思考历史的人则徘徊于震惊与希望之间。索尔格在一封信中写道："残余的大军拥进城里，他们的处境悲惨之极。上帝做出的惩罚真是足以令人吃惊……这种极端的惨状在历史上恐怕还难有类似的先例。究竟如何把握这一时刻，这事关欧洲的前途命运。"

索尔格小心翼翼地（那时候的信都是不封口的）表达出了许多人共同的愿望：人们希望普鲁士改弦更张与俄国联合起来，并借助民众的力量彻底摆脱法国的奴役，以及尽可能以民主的方式推进德意志民族国家的重生。第一步的实现是在1812年12月31日，约克将军[①]未经任何授权自行与俄国方面签署了《陶罗根协定》，德国军团随之保持中立。

普鲁士国王对这一举动表示不满，宫廷里人们的态度还在左右摇摆。民众反对拿破仑的情绪可以加以利用，但是这种情绪也很危险，它有可能超越普鲁士的目标。宫廷里人们倾向于依靠军事力量强大的一方，无论是法国还是俄国，但孰强孰弱现在还不明朗。于是1813年1月底出现了一件让人摸不着头脑的事情，当局呼吁"家境富裕的阶层"自愿报名参军，可是却没有说清楚这项扩军措施究竟针对哪一方。1月柏林城中发生了骚乱，群情激愤的老百姓聚集在一起发动了起义。人们砸碎了法军指挥所的窗玻璃，就连普鲁士卫队的士兵也被人用砖头砸伤。有谣言说，有人正谋划着要攻击波茨坦的王宫，法国和普鲁士的军队随即整队待命。

就在这些日子里，普鲁士的民众爆发出了巨大的政治热

---

① 约克（Hans David Ludwig Yorck von Wartenburg，1759~1830），曾任拿破仑东征军中普鲁士军团的指挥官，战败后与俄国缔结和约，并号召德国全民武装反击拿破仑，1821年后任普鲁士陆军元帅。

情。现在人们在柏林可以强烈感受到政治方面的众多变革，这些改革措施自法国大革命以后便开始推行了。

政治热情迅速膨胀，以前根本无法涉足政治公共领域的种种理想、激情、期许、愿望现在一下子铺天盖地而来。在专制制度下，政治一直为君主制国家所垄断。"专制的"权力要求并不意味着"极权"，因为在当时政治所涵盖的范围很有限：对外巩固王朝的地位并寻求霸权，对内保障安定局面并挖掘资源。君主国家的上层的权力是"专制的"，因为其政治权力是无法分享的。从双重意义上说，社会则不属于政治管辖的范围：（1）一般而言，社会不寻求政治的各种表现形式；（2）社会不会成为来自外部（国家）的政治化的对象。

法国大革命就体现了"旧"政治的危机所在。社会粉碎了君主专制的垄断地位，将政治权力夺了过来。随着夺权，政治所涵盖的范围便发生了改变，政治由此变成了所有的人和大众（Masse）的事务。专制主义晚期的单薄的"政治概念"不复存在了，自此那些原本只是蓄积在社会范围之内以及个人的内心深处的种种激情和抱负一下子淹没了政治，这些激情和抱负（自由、平等、博爱、幸福）此时此刻就可以通过政治手段得以实现了。政治是一种可以加以创造的生活，变成了一桩人们可以把心中所想的一切都投入进去的事业。

人们必须意识到，18世纪末的政治范围的膨胀是一个极其重要的转折。过去只有宗教才负责解答那些"意义问题"（Sinnfragen），现在人们则把这些问题交给政治去回答。世俗化的进程将那些"终极问题"转化成了社会—政治问题。罗伯斯庇尔就导演了一出政治理性的礼拜仪式。在普鲁士解放战争期间民间流传着众多宣扬爱国主义的祈祷书，其中一本书的作者竟然是海因里希·封·克莱斯特。阿图尔·叔本华没有读过这本书。

随着法国大革命席卷而来的发展进程不可逆转。由传统列强结成的同盟起初还是按照老办法("干涉战争")来对付大革命后的法国,然而面对法国那些"满怀政治信念的罪犯们"最终却败下阵来。自狂飙突进运动①以来在文化方面逐渐积累起来的政治民族意识此时一下子爆发了出来。民族②、祖国、自由,人们为之甘愿付出生命。只要比较一下普鲁士国王在1806年战败后发表的个人声明和1813年3月的诏书之间的异同,人们就可以估量出这股政治化进程的威力了。

1806年的声明中说:"国王输掉了一场战役,现在国民的首要义务就是保持安定。"与此相对,1813年的诏书则千方百计地为国王迄今为止的政策进行辩护,紧接着便呼吁人民为民族事业效力:"无论要求每个人作出怎样的牺牲,这些牺牲都无法与神圣的事业相比。如果我们还没有放弃做普鲁士人、做德国人的念头,我们就必须为之作出牺牲,为之战斗并取得胜利。"

这是新政治发出的声音,没有一个人像费希特那样将它移植到哲学之中。

"自我是存在的,因为它正在就座……",把这句话移植到新政治之中就意味着:那些对自我构成侵犯的生活中的规章条例必须在自我的实质性自由面前证明自己的合法性。既然国家的"非自我性"是由"自我"一手造成的,是"自我"强加在自己身上的限制,那么"自我"同样也可以取消这一对自身的

---

① 狂飙突进运动(Sturm und Drang)是德国在1767~1785年期间兴起的一场文学运动,代表人物有歌德、赫尔德、席勒、伦茨、比尔格等,他们不满于启蒙运动对理性的片面崇尚,针锋相对地宣扬主体的情感、提倡回归自然(天性),寻求自由,并在政治上提出德意志民族统一的要求,"狂飙突进"一词来自克林格尔(Friedrich Maximilian von Klinger,1752~1831)创作的同名戏剧作品。

② 德语"民族"(Nation)也指"国家",即由某个民族组成的国家。

限制。拿破仑便是一个这样的例子，他正准备着退出世界历史的舞台，那些勇敢的爱国者们正在背后咒骂他。同样，这番道理也适用于国家本身，比如说普鲁士国家。如果国家可以激发起民众自由意识的自觉和行动，而同时又对此设置某些界限，那么情况就会不错；如果国家形同瘫痪，那么"自我"——或者更确切地说，社会化了的自我—主体（vergesellschaftete Ich-Subjekte）——就必然将国家收回到自己的手中。在1813年3月那些动荡不安的日子里，费希特宣告："社会，这个物质力量的所有者"应当醒悟过来并投入解放行动之中。费希特自告奋勇愿意充当普鲁士军队指挥部的战地布道者，然而当局对之付之一笑、摆了摆手。不过没有当成战地布道者的费希特却丝毫没有气馁，他对部长尼克洛维乌斯说："假使这一尝试得以成功，那么好处不可限量；如果不成功，那么这番意图已经说得再也清楚不过了……回到我此时此刻所处的位置，回到纯粹概念的世界，这对于我而言随时可以做到。"[6] 没过多久，1814年1月29日，这位勇敢正直的人死于伤寒，传染源是那些解放战争中的伤员。

1813年3月28日，按照惯例普鲁士在一次礼拜仪式上对拿破仑正式宣战。之前还因为爱国主义言论受到新闻检查机关干预的施莱尔马赫现在可以侃侃而谈了，他站在讲坛上，台下一身戎装准备出征的听众在聆听他的演讲，枪支就倚着教堂的外墙排列，战马都在法衣室后面的空地上啃着青草。一位同时代的人写道："他的振奋之中透着虔诚，他发自内心的话语说到了人们的心坎儿里，滔滔不绝的演讲饱满而明确，深深打动了所有人的心。"[7] 叔本华没有出席，他极其不信任施莱尔马赫这个人，他发现这位学识渊博的人能够出色地谈论中世纪经院学者的思想，却没有真正读过一部他们的著作。

大学里空空荡荡，有2/3的学生都奔赴前线，教授们纷纷慷慨捐款，并且为自己购置了枪支。尼布尔开始自力更生在自家的花园里操练，不少同事也纷纷效仿。尼布尔的手上长出了老茧，对此他颇为自得，他在一封信中写道："因为只要有一天我的手上还长着学者那娇嫩的皮肤，枪攥在手里就觉得生疼。"[8] 索尔格教授则到处乱跑，无论见到谁都会征询对方的意见，他的婚礼究竟应该是在战役打响之前还是在结束之后举行。那些既不在花园里操练也不上前线的教授们则闭门在家里读圣贤书。伯克①在一封信中写道："除了希腊悲剧和莎士比亚，其他的一切我都读不进去……现在根本没法读歌德和席勒，对于这个时代而言，他们的作品太孱弱了。"[9]

到了 4 月底，人们不得不担心拿破仑的军队包围柏林城。4 月 21 日，战时总动员开始，当局将那些不在服兵役范围内的人都派到城外挖战壕。大学所有院系的学生都在这里干活，那些年轻教师则配备了武器。索尔格已经决定结婚了，为了防备万一，此时他正在张罗着建立一个遗孀保险互助基金。他把新娘打发到了西里西亚，可惜方向有误，那里正是敌军所在。大家都紧张得要命。贝蒂娜·封·阿尔尼姆坚守在业已变成战场的柏林城中，她在一封信中生动地描述了那帮学者的众生相："就在柏林城全民总动员期间，这里的生活真是不同寻常。每天在大街上都会聚集着来自各个阶层的成年男子和孩子（15 岁以上），他们向国王和祖国宣誓以死效忠……不同寻常的还有那些知名人物和朋友们，他们每隔一个小时都会拿着形形色色的武器在大小街道中穿行一番，换在以前怎么也想象不出来

---

① 伯克（August Böckh, 1785~1867），古典语文学家，以古代史学研究享誉学界，代表作是《雅典人的国家财政管理》（*Staatshaushaltung der Athener*）（2 卷）（1817）。他是早期阐释学的代表人物，对后世的狄尔泰、伽达默尔、齐美尔、舍勒等人都产生了较大的影响，此外他数度担任柏林大学校长之职，对柏林大学的扩建和发展贡献巨大。

其中有些人居然也能当兵。比方说你就想象一下萨维尼①会是个什么样子吧。每当大钟敲响三下的时候，他都会像中了魔一样攥着一柄长矛（在全民动员期间非常普遍的一种武器）奔跑着穿过大街，而哲学家费希特则一手擎着盾牌一手拿着短剑，那位长鼻子的语文学家沃尔夫腰系着蒂罗尔②产的皮带，上面挂满了各种物件：手枪、形形色色的刀子、战斧……身着牛皮甲胄……在阿尔尼姆出征之际总有一群年轻女士在场，她们觉得，阿尔尼姆完全适合军旅生活。"10

5月初，局势愈加危机四伏。人们臆测拿破仑距离这里已经很近了；常规军已经全部撤出了柏林，人们担心遭到拿破仑的报复。阿图尔·叔本华再也无法待在柏林了，他要逃离此地前往魏玛。在此之前，他顺应时代精神作出了自己的贡献：他捐了一笔钱，用这笔钱可以装备一名士兵，例如采办战马、军装等。可是打仗他可不愿意，爱国主义对于他而言是个陌生的事物，他可不会把自己的激情投入世间的政治纠纷之中，他与这种形式的世俗行为保持着距离。

依照他的"优良意识"看来，战争只是"噪声和硝烟"的结合物，是一场极其愚蠢的游戏。几个月以后他写信给耶拿大学哲学系主任请求在那里申请博士学位。在信中他回忆起那几个星期发生的事情，他写道："我在柏林学习哲学，可是今年夏初柏林战争的噪声驱散了我的志趣……既然我曾经发誓遵从我的志趣，于是我就追随着我的志趣离开了那里（种种原因决定了我在任何一个地方都是外乡人，因此不必履行什么国民义务，然而我离开柏林的原因并不在于此，真正的原因是我从心底里

---

① 萨维尼（Friedrich Carl von Savigny，1779~1861），法学家，是法学"历史学派"的代表人物，代表作为《当今罗马法之系统》和《中世纪的罗马法》，1842~1848年任普鲁士法务部长，他是德国19世纪最具有影响力的法学家。

② 蒂罗尔（Tirol）位于今天的奥地利境内。

坚信这样一点，即我来到这个世上不是为了用拳头服务于人类，而是用自己的头脑，我的祖国远远不止是德国）。"（B，643）叔本华离开柏林，打算撰写自己的博士学位论文，这件事对于他的意义远远不只是获得一个学位而已，在他的思想中正酝酿着一部鸿篇巨制，他明白，这将是他一生中最重要的作品。

在战火纷飞、政治激情澎湃的日子里，叔本华完全被一种炙热的感觉、一种振奋人心的灵感、一种无与伦比的创造欲摄住了心魄。

在1813年初的某一天，在一个极度兴奋的时刻，叔本华在日记中写道：

> 一部作品在我的笔下，更多的是在我的脑中渐渐成熟，这是哲学、伦理学、形而上学的一体之作，人们迄今为止错误地将它们彼此分隔，就像把人分割为灵魂和躯体一样。就像母体之中的胎儿一样，这部作品在继续生长，慢慢地、逐渐地具体化。我还不知道首先出现的东西是什么，最后出现的是什么，就像母体中的胎儿一样：我——无论是坐在这里的这个我，还是朋友们所熟悉的那个我——无法把握这部作品的形成过程，就像母亲无法把握她自己体内的胎儿一样。我看着这部作品并像母亲那样说："上天将这一果实恩赐予我。"偶然，它就是这个感性世界的统治者！让我活着，让我拥有几年宁静的时光！因为我爱我的作品，就像母亲爱她的孩子一样。当它成熟并降临人世的时候，你就可以行使你的权利并向我索取因拖延时间而应付的利息。（HN Ⅰ，55）

阿图尔带着"上天恩赐的果实"离开了体现着时代发展的伟大趋势的舞台、游戏场和战场，他要待在一个宁静的角落里催生自己的著作。

第二部

第十一章

没有舞台施展才华的思想家——阿图尔在鲁道尔施塔特——第一个哲学避难所——博士论文:《充足理由律的四重根》——论理由本身和诸多具体的理由——理性的界限——阿图尔有意遮掩

阿图尔此时正在路上,他途经魏玛前往鲁道尔施塔特。他将借宿在那里的一家村镇旅店里撰写博士论文《充足理由律的四重根》,叔本华人生中一个新的阶段就此开始了。这个阶段为时五年,就在这五年当中,他的全部哲学"就像走出了清晨的迷雾登上了一个美丽的地方"。他哲学中所有最基本的定理就在这五年之中找到了其最终的表述方式。当他的这一生命阶段告一段落的时候,他意识到平生真正的任务就此完成了。随即他到观众面前,却不得不震惊地发现,竟然没有一个人来聆听。他还没有正式上场,就已经隐退了,作为哲学家他连在舞台上施展才华的机会都没有得到。既然没有人倾听,他干脆放弃哗众取宠。他不必一个劲儿地高价推销自己,他也不必导演一出自我遮掩和自我暴露的闹剧。他也不会不断地使劲儿关上一扇扇的门,然后又去用身体重重地把这些门撞开。他并没有混淆真理与光彩照人的自我表演这两者之间的区别。既然没有人注意他所说的话,他也就不愿毁了自己,太拿自己的话当真。简而言之,他没有亲手导演一出尼采(他那最著名的弟子)的命运悲剧。他不会去扮演众多角色并由此折磨自己,也不会让自己陷入哲学假面舞会的旋涡之中。对于他而言有两张面孔就够了,一张向内,一张朝外;一张沉入事物的内核,一张充满怀疑地观察着世道运转以及运转过程之中的方向扭转。而事实是外界的人无法给予他回应,在经历了起初的失望之后，最终他从这一事实得出的结论是，他的学说是具有真理的价值的。由此他的哲学在观察外界时显得更加辛辣，其哲学中蕴含的灵感让人更加捉摸不透，虽然他的哲学思想是用晶莹剔透的语言表述出来的。

虽然他自己不肯轻易承认，然而他确实在等待回应。他过于自尊，不会为自己去寻找甚至去赢得观众，而在心底他却抱有一线希望，希望观众能够去找寻他。他的自我表演（没有一个舞台让他去表演）是内向的：他把自己看作一个让别人必须去寻找的人。在自己面前，他想要体现的是一种寻求摆脱的真理。在他生命终结之际，人们真的"找到了"他，在回首往事的时候，他将自己长久以来的化名之旅解释为通向真理的漫长之路。

在观察自身的时候，阿图尔·叔本华感受到的只是自己通向哲学的路途是如此漫长，而并没有感受到哲学之中的路途是漫长的。他脱离了原定的人生轨迹，因此他不得不接受绕弯路的事实。可是他一旦在哲学之中站稳了脚跟，所有的一切都进展迅速（这是他的自我感觉）。"优良意识"的种种灵感在与己相似的浪漫派和柏拉图那里寻找着表述语言，而在对经验性意识进行反思时他遵循的则是康德的足迹。就在1815年，他确定自己亲身体验到的"意志"就是康德那个令人生疑的"自在之物"，此时他的哲学从本质上说已经完备了，接下来要做的就是如何进一步发展这一体系。叔本华的博士论文便是此项阐释工作的开端。这篇探讨认识论的论文有一个隐秘的基准点，论文中没有任何一处对此进行了明确的表述，可是在同一时期的私人笔记以及在日后的代表作《作为意志和表象的世界》中却被展现得淋漓尽致：他想给"优良意识"（他在博士论文中丝毫没有提及这个概念）指定一个栖身之所，具体的做法就是将康德的思想推向极端，为经验性意识划定疆界。对于叔本华而言，这是最重要的环节，可是他偏偏不说。他想以自己的方式变成一个康德的追随者，这样他就可以同时（还是以自己的方式）继续做一个柏拉图的追随者了。

在研读费希特时所写的一则札记（1812）中，阿图尔奏响了认识论批判的序曲：

> 这样真正的批判主义就会将优良意识从经验性意识之中分离出来（就像从矿石之中将金子提取出来一样），将它独自放在一边，不要使它与感性或知性混杂在一起，就这样将它独自放在一边。然后将所有那些通过这种方式在意识之中显露出来的东西收集起来并汇集成一个统一体：这样我们就可以将那些经验性的东西也单独放在一边，并根据这些事物的异同进行分类。此项工作要在今后进一步加以完善，还要做得更加精确和细致，要更加易于理解、更加简化，但绝不能半途而废。哲学将存有（daseyn），而哲学史将封闭成一体（geschlossen seyn）。如果人与人之间可以保持长久的和平，文化就会前进，就会提供足够的闲情逸致使所有的机械得以完善。如果是这样的话，就可以像扔掉幼年的襁褓一样抛弃一切的宗教：人类就会巍然屹立，充满无比的自信，哲学的黄金时代也将到来，特尔斐神庙上的号令"gnothi sauton"（认识你自己）也将就此得以实现。（HN Ⅱ，360）

在这里我们第一次（同样也是最后一次）见到某种从历史哲学的角度对意识的双重性（经验性意识与"优良意识"）作出如此过高的评价。如果经验性意识可以体察到自己的能力的话，那么又能有什么作为呢？它可以给我们带来"完善的机械"，可以为我们统治自然（本性）、可以理性地安排我们外在的生活状况。可是所有这一切只是手段之世界,而不是目的之世界。目的就安然位于"闲情逸致"之中。经验性意识卓有成效地处理着实际生活中的种种事物,而它随之也造就了另一种存有方式,虽然它自己无法企及,却为之提供了场地:在"优良意识"这一媒介中认识自己。经验性意识在实际生活中的成功为人们提供了一个生活在真理之中的机会,此时人们不受到经验性利益的干扰,安居于自身之中。叔本华写道:"哲学将存有,而哲学史将封闭成一体。"这番话的意思是,迄今为止,哲学的历史总是与人为生存而抗争的历史纠缠在一起,这样的哲学史行将结束,因为被授予全权的经验将只负责处理实际的问题,而哲学将收回自己的自由去寻找真理,这些真理对实际生活丝毫不感兴趣。两种意识(经验性意识、"优良意识")各管一摊,两者各有好处。这种二分法是批判主义的产物,批判主义一方面鼓励并赋予经验以权利;另一方面又让经验远离那些不属于它的地盘。对于叔本华而言,这种批判主义简直就是在为"优良意识"效劳。经验性意识获准在一定的区域内尽情活动,叔本华要把这片区域照得透亮,并通过这种方式使"优良意识"也获得应有的尊重。

1812年初夏,就在阿图尔·叔本华心情愉悦地写下上面这段话的时候,拿破仑正在扩军准备进军俄国。"如果人与人之间可以保持长久的和平,文化就会前进……",这种乐观主义情绪并非来自叔本华眼前发生的具体事件,而是由于他对自己酝酿中的作品具有高度的自信。由于"上天恩赐的果实",他极度兴奋,因此历史前景也随之被大大美化了。这种兴奋只有片刻的绚烂而已,然而这种绚烂的光辉还是从别处借来的,这种片刻的绚烂与在叔本华心中燃起的灯光交相辉映。

然而转眼间身边的"历史"变得如此粗暴不堪,那些平素里冷静沉稳的人一下子对打斗刺杀产生了兴趣,在这样的时刻，叔本华感到自己又一次完完全全地退回到自己的内心世界之中，而与此同时外部的经验性意识则陶醉于愚蠢好斗之中。当柏林正在厉兵秣马准备抵御拿破仑的报复之际，叔本华却转道德累斯顿前往魏玛，然而魏玛也不过是中转站而已。没过多久他就辞别了母亲隐遁于鲁道尔施塔特，一个极富田园诗意境的地方。1813年6月至11月间，叔本华客居在一家旅店里，他在与世隔绝的状态下撰写自己的博士论文，他陶醉在创作的欢愉之中，可有时候也陷于怀疑之中备受折磨。他一个人与世隔绝，而在这个宁静安逸的山谷之外那些"激愤的人们"正在历史的战场上搏杀，叔本华不禁要问自己，究竟谁的做法是对的。在回顾往事的时候他写道："此外我当时再度陷入痛苦悲伤的心境之中，我感到自己的人生坠入了一个特定的时期，这要求我施展出完全不同的禀赋，可是我感到自己对此无能为力。"（B，654）然而这种心绪只是暂时的，没过多久便消失了，叔本华在这封信中继续写道："在鲁道尔施塔特那段与世隔绝的日子里……那个地方具有无法言说的魅力，因而深深吸引住了我。以我的本性而言，我对军事颇为反感。在那个战火纷飞的夏天，待在这四面环绕着绿树青山的谷地之中，见不到一个士兵、听不见一声战鼓，因此我觉得十分幸福。在深深的寂寞之中没有丝毫的纷扰和诱惑，我将整个身心都投入到了对那些最冷僻不过的问题的探究之中，没有丝毫的间断。"（B，654）

叔本华在博士论文中绞尽脑汁反复探究的那些问题看起来必然是"冷僻的"，不仅仅是从政治热情的立场出发才这么说。这篇论文试图为一种新的认识论奠定基础，这一尝试本身就已经偏离了当时哲学精神的主导方向。这个时代的哲学界自以为已经"超越了康德"，可是叔本华却要"回到康德"，只不过叔本华暂时还保持低调，并没有盛气凌人地与这一时代的哲学精神正面对抗。

为了防止人们形而上学地使用理性，康德设置了层层樊篱。而现在，费希特、谢林、黑格尔相继将这些樊篱一一拆除。他们再一次创造出了将上帝、世界和自我囊括其中的种种体系，这些体系不容人们去反思认识所具有的限度。他们再次赋予主体精神充分的权力，让主体精神可以从自身出发去理解整体。

黑格尔对康德对于认识能力的反思不以为然，他说在旱地上是无法学会游泳的。叔本华没有受到黑格尔的迷惑，不过他不满足于只是铭记康德有关认识论的结论，而是要将这些结论简化和极端化。在康德那里，认识能力是一个结构复杂的齿轮组，现在叔本华仅仅保留其中的一个部件：充足理由律。我们全部的表象化活动（知觉和认识）借助的是某个机械装置，这个装置可以表述为这样一个定理："任何事物的存在都不会没有理由。"

叔本华的简化之举好处在于一目了然。充足理由律表达了这样一个事实：对于进入我们表象之中的一切事物我们都必须追问理由、追问它们之间的关联。我们必须追问，其原因并不在于外部的世界逼迫我们这样做，而是因为我们的知觉和认识能力逼迫我们这样做，在这一点上，叔本华继承了康德的衣钵。

我们可能会与形形色色的"事物"（对象）打交道，与此相应叔本华区分出四种"追问"理由的类型，四种建立关联的类型。他使用的字眼是"充足理由律的四重根"，他的博士论文用的就是这样一个不怎么让人明白的标题。

这四种类型分别是：

针对一切在物质世界之中发生的事情，我要追问这件事之所以发生的理由。在这里，我们追问的是生成的理由

（Grund des Werdens）。从严格的意义上说，这是对因果关系的追问。

针对一切判断（对事物的认识、概念），我们要追问这个判断的依据是什么。在这里，我们要追问的不是某个东西为什么会如此，而是要追问我们凭什么声称这个东西就是如此。我们要追问的是认识的理由（Erkenntnisgrund）。

第三种类型的充足理由律所涉及的领域是纯粹几何和代数。在这里，无论是生成的理由还是认识的理由都无效。为什么紧接着1的实数是2，为什么当弧内三角形的底边与圆周直径重合的时候其对角就是直角，这些现象的理由都可以通过直观的空间（几何）和可以直接体验的时间（计数、代数）得到表现。这里涉及的是无法继续追问的、显而易见的事实。对于叔本华而言，这就是"存在的充足理由律"（Satz vom zureichenden Grunde des Seins）。

第四种类型的充足理由律与人类的行动有关。针对一切正在做的事情，我们要追问做这件事情的动机是什么。博士论文的第二版在内容上进行了大幅度的扩充，叔本华在这一版本中使用了一个极其明白的词语："内部的因果关系。"

这四重追问理由的方式在某一点上是相通的，那就是在我们的表象之中根本不可能有什么"单个的、孤立的东西"。假设某个东西进入了我们的表象（因此对于我们而言，它就存在了），那么这个东西始终被缠绕在众多理由构成的密网之中。莱布尼茨曾经说："自然是不会跳跃的"，那么叔本华或许也会说：我们的表象不允许有任何东西进行"跳跃"。不难想象人们会产生这样的误解："充足理由律"的使用者只不过是我们的进行着反思的理性，即凭借的是意识。而康德也正是这样去理解因果关系原则的。可是在这个问题上，叔本华更加极端，他声称，先于意识的、纯粹生理上的感官知觉就已经凭借着因果关系原则在发生着作用："人们从眼睛、耳朵或其他任何一个感官体察到的变化中推断出一个原因（Ursache），这个原因以某个空间为出发点发挥着其影响力，正是在这个空间内，人们确定这个原因正是这种力量的基础……因果关系这一范畴是真正的转折点，因此是一切经验的条件……我们首先是通过因果关系这一范畴才认识到对象是实在的，也就是说是对我们起着作用的。至于说我们自己并没有意识到那个推断，这并不会造成什么麻烦。"（D，36）当我们用眼睛看的时候，最直接的感受就是视网膜所接受到的刺激，而不是什么其他的。我们之所以能够看见、听见、感觉到空间内的物体，那是因为我们将这些亲身感受解释为某种作用产生结果，于是我们本能地要去寻找某个原因，而我们已经设定这个原因就在空间之中。叔本华认为，正是知性承担着这一最基本的表象化任务。只有通过知性的这一行动，那个直观的、可以通过感性感知到的整体世界才得以进入我们的表象之中。就这个意义上说，动物也具有"知性"，因为（只要）它们可以知觉到自身之外的对象世界。

日后叔本华将这一过程称作"智性直观"，精确的含义是：最直接的观察之中已经融入了知性原则。在没有知性参与的情况下我们或许也能够在自己的身体上感受到某种刺激，但是如果没有知性的参与，我们就无法感知到自身之外的物质世界，因为知性将我们身体上感受到的刺激理解为是某个外界原因在我们身上产生作用后的结果。必须将自己身体上的种种状况理解为某种作用所产生的结果，只有这样，外界对于我们而言才存在现实性。

在我们没有意识到的情况下，知性在发挥着作用。这一构想将产生影响深远的后果：如果知性与感性直观如此紧密地交织在一起，如果知性在毫无意识的情况下如此之深地向下延伸到动物性知觉行为之中,那么传统的有关认识能力的等级秩序将就此发生颠倒。如果是这样的话,在感性直观构成的基座上"材料"被移交给了概念思维能力,材料通过这种能力获得某种形体。不仅如此,在感性直观构成的基座上已经发生了一件至关重要的事情:首先不是概念,而是融入了知性的感性直观正在我们的面前建造一个丰富多彩的形体世界。叔本华写道:"在康德的方法和我所遵循的方法之间有一个本质的区别,这个区别就在于他从间接的、反思性的认识出发,而我则相反,从直接的、直观的认识出发……他跳过了这整个的、围绕在我们周围的、直观可见的、形态万千的、蕴意丰富的世界,他紧紧固守着抽象思维的种种形式。"(Ⅰ,609-610)

在叔本华那里,知性与感性直观之间具有某种关联,于是知性的身价便提高了。与此同时,知性身价的提高导致了理性的作用受到了局限,此举是与当时哲学界的时代精神相悖的,这也正是叔本华的这一观点备受争议的原因。

在叔本华看来,理性所承担的任务既不多,也不少,那就是将直观可见的表象归纳整理为概念("表象之表象")并加以保管,然后借助这些概念(就像借助所略符号那样)进行排列组合。融入了知性的直观为理性提供了某种符号序列,理性只有借助这种符号序列才能够进行艰难的解码工作。没有这一基础,理性必然是空虚的,它不可能呈现任何东西。

在当时那个时代里,人们期待从"理性"那里获得一切:自然的力量(Naturmacht)(谢林)、历史的力量(Geschichtsmacht)(黑格尔)、德性(费希特)、信仰的力量(Glaubensmacht)(雅各比)。因此叔本华的这一原理必然被视作"挑衅之举",然而这篇论文根本没有让人们产生这样的印象。在当时,这篇论文几乎不为人所注意。论文出版后发表了三篇书评,里面的褒奖带有某种恩赐的意味。论文的销售量不到100本,余下的被当作废纸处理,几年后化为纸浆。

这篇论文的第一版不可能引起多大的反响。虽然从以上的观点出发可以得出影响深远的结论,但是这篇论文在归纳这些结论的时候还表现得不够自信,不够坚定有力,因为从论文之中人们还无法识别叔本华的用意何在,人们也无法认识到这篇论文只是华彩乐章之前的序曲而已。

人们今天读到的这篇博士论文大多是以第二版(1847)的面目出现的,它在初版的基础上进行了大幅度的扩充。在第二版中,所有的线条脉络清晰可见,它们一直延伸到代表作(《作为意志和表象的世界》)之中。在这一版本中,不但哲学的传统受到了挑战,而且对哲学的时代精神的攻击也俯拾皆是。

在这篇写于1813年秋天的博士论文初稿中,一方面叔本华还有些遮遮掩掩;另一方面在那个时候他自己还没有完全明白所有的这一切最终会导致怎样的结果。

例如他在论文中对混淆"认识的理由"和"生成的理由"(即因果关系)的做法进行了批判,可是当要进一步阐明这一批判得出的结论时,他却遮遮掩掩。

在追问"认识的理由"时,我们要寻找某种"直观"(我们要将认识建立在这种直观的"基础"之上),或者我们要验证某个陈述在逻辑上的一致性。如果结论是以合乎规范的方式从设置正确的前提中推导而出的,那么这些结论便具备其"理由"。对"认识的理由"的追问一定是以这样的方式随着某个"理由"得到揭示而完毕。对"生成的理由"的追问则不同,在这里只有因果性原则才有效。这个原则绝不容忍任何片刻的中断行为:每一个找到的原因必须被理解为是另一个原因产生作用后的结果,如此类推直到无穷。对于知性而言,在直观可见的对象领域内不存在某个终极原因。叔本华在博士论文的第二版中写道:"因果规律并不像一辆出租马车那样任人摆布,只要达到了目的便可以把它打发走。它更像是歌德诗中的那个魔术师的学徒,他使扫帚活动了起来,可是扫帚一旦动将起来便无休无止地跑来跑去到河边汲水。"(Ⅲ,53)

这是一个长久以来颇受人们重视的问题:万物的开端存在吗,世界的终极原因存在吗?为了回答这个问题,可以将这两种类型的"理由"("认识的理由"和"生成的理由")卓有成效地结合在一起。人们追问万物的起源,也就是追问那些最初"生成的理由"中的一个,随着这个问题的提出人们已经变换了层次,即脱离了现实存在的对象转而投向想象中的对象,对于这些想象中的对象,人们创造了一个概念:"无条件者"(das Unbedingte)。现在通过逻辑推导必然得出这样一个结论:这个"无条件者""绝对之物"(das Absolute)本身是不受制约的,不取决于其他的原因,否则这个概念就自相矛盾了。因此这个"无条件者"就必然制约着其他所有事物,而自己却不受任何制约。由于这个"无条件者"不受其他任何事物的作用影响,而只是对其他事物产生作用,因此它必然就是那个"最初的"原因。人们只要让这个"最初的原因"(die erste Ursache)冠以"上帝"的称号出现,那么人们就拥有了上帝存在的证据。人们通过这番论证又证明了什么呢?人们无法证明存在着世界生成的开端(终极原因),能够证明的只是从一个概念("无条件者")之中可以推导出另一个概念("最初的原因"),能够证明的只是"最初的原因"这个概念具有"认识的理由",这个理由就在"无条件者""绝对之物"这个概念之中。

现在人们又更换了一个层次,重新回到了生成的世界(die Welt des Werdens)之中,将这个从纯粹逻辑推理的角度看来是可以理解的论证带入经验之中,此时人们可以宣称:

世界的绝对的开端是存在的,存在某个最初的原因、存在上帝、存在绝对精神等。

在第一版的博士论文中,叔本华已经暗示了对这一论证方法的批判。可是直到30年以后的第二版中,这一批判才最大限度地以一种充满火药味的方式尖锐地表述出来。在这里,这一论证方法被称为"魔术戏法"。直到第二版,叔本华才敢于断言,谢林和黑格尔围绕着"绝对之物"的整个哲学体系只是魔术戏法经过改进之后的一种变体罢了。

在1813年秋天撰写博士论文的时候,叔本华显然还不愿与安坐在德国各大学教席之上的那些顶尖人物发生冲突,他在给耶拿大学哲学系主任埃希施泰特教授(叔本华向他递交论文以期获得博士学位)的信中写道:"假使这里面(指博士论文——作者注)有什么东西让您憎恶的话,我请求您不要对我有所隐瞒。"(B,644)在这封信中我们感觉不到叔本华多年后那种自以为是的盛气凌人态度,他写道:"我们的人性是如此的脆弱,如果没有别人的赞同支撑着,我们连那些眼前的东西都无法完全确定其真实性,更不用说能够信任自己在哲学问题上所作的判断了。"(B,644)

叔本华在同一时期所写的私人笔记就丝毫也没有那么谦虚了。从这一时期的那些手稿本中可以看出,叔本华言辞激烈地声讨哲学传统,尤其是当代的哲学家。在这里,他丝毫没有受到自我怀疑的折磨。

如果说叔本华在博士论文中遮遮掩掩的话,那么这大概是出于小心谨慎,而不是由于缺乏自信。

在这篇哲学处女作中还有一个颇具争议的内容,那就是对理性的价值重估,叔本华在表述这一点时也保持了同样的小心谨慎。针对同时代哲学家的种种理性哲学,在阿图尔的构想之中潜藏着一个明显的非神化倾向:理性是一种可以从知性直观的原始材料中提炼出概念的能力,理性与经验紧密相连。理性不是一种获得"更高"认识的能力,它也不是行使超验真理的机构。他在论文第一版中小心翼翼地写道:"我知道,对理性和这些概念的此种解释大大偏离了迄今为止所有对此的解释。"(D,50)而在30年后的第二版中,叔本华充满激情地向他的对手发出挑战,他恰恰要着重阐明这一"偏离"并为之辩护:"那些哲学教授们心甘情愿地抛弃了迄今为止赋予这种思维和思考能力(正是这种能力将人与动物区分开来)的名称……不再将其称为理性,而是……称之为知性……他们要征用理性的地盘和名称为自己杜撰和捏造服务,或者更确切、更坦率地说:这是一种完全臆想出来的认识能力……一种更加直接、更加形而上学的认识能力,也就是说这种能力超越了一切可能的经验,它能够把握事物构成的世界本身以及事物之间的关系。因而这种能力首先是'上帝意识'(Gottbewuβtsein),也就是说它可以直接辨认出上帝,先验地设想出上帝创造世界的方式方法,设想出——这种设想或许过于寻常——上帝如何通过一个或多或少有些必要的生命过程从自身之中分离并(从某种程度上说)创造出这个世界的,设想出——这种设想过于简单,同时也非常可笑——上帝……只不过把世界'遣散了出去',因为这样世界就可以赶快动身想去哪儿就去哪儿。最后一种设想当然也只能出自黑格尔这个胡说八道的顽劣无耻之徒的脑中。五十年以来,诸如此类的愚蠢的玩笑被冠之以'理性认识'的名称充斥于皇皇数百卷自称为哲学的书籍之中……人们厚颜无耻地把所有的智慧都置于理性的名下借此欺骗于它,于是理性被人们宣称为是一种'超感觉的能力',或者说是一种'理念'的能力,简而言之,是一种存在于我们内部的、为形而上学量身定做的、类似于卜筮的能力。究竟理性以什么方式知觉所有这些美妙的东西以及那些超感觉的知觉,五十年以来在这个问题上行家们众说纷纭。根据其中某些最为大胆的观点,理性对于"绝对之物",或者全凭自己的兴致对于"无穷之物"及其向"有限性"的进化进程具有一种直接的理性直观。而根据其他那些稍许谨慎的观点,理性在知觉时与其说是视觉式的,还不如说是听觉式的,也就是说,理性不是直接观察到,而只是听见了在云雀国中……发生的事情[①],然后理性将所听到的东西如实地转述给所谓的知性,然后再由知性去撰写哲学简明教科书。"(Ⅲ,135~137)

就在撰写这篇博士论文的时候,叔本华所抨击的那些"理性哲学"的变种已经生机勃发,他的代表人物是费希特、谢林、黑格尔、雅各比。然而在第一版中,叔本华并没有带着某种明显的批判倾向去思考他们的哲学,他的思考对象恰恰是他敬仰的康德,他在论文中对后者的哲学提出了轻微的批判。在叔本华看来,康德在其实践哲学中错误地准许在道德理性与超感觉—先验之物(das Übersinnlich-Transzendentale)之间建立起了某种特有的联系。叔本华写道:"至于……理性,根据我的……判断,理性本身不是道德与圣洁的源泉(这正是康德学说……的本意),理性(作为一种构造概念并依据这些概念付诸行动的能力)只是道德和圣洁的一个必要条件罢了。即便如此,理性也只是一个工具罢了,因为它同样也可以使人变成失足的恶棍。"(D,91)

为什么1813年的秋天叔本华还采取如此退避的姿态、如此小心谨慎呢?

这里有三种解释。

第一种解释:他尚未受到哲学的时代精神的伤害,注定要

[①] 叔本华在原文中添加的注释被本书作者省略,此处指阿里斯托芬的喜剧《云雀》中的某个场景。

被漠视的命运现在还没有侵袭到他。他的哲学批判还不必上升为某种个人的愤懑。

第二种解释：他所继承的财产虽然给他提供了不必依赖哲学过活，而是为了哲学而生活的可能性，但是他还是有意日后在大学里有所作为，原因很简单，他抱着充分的自信踏上了这条哲学之路，因此他必须获得学术界对此的认可，非不得已时他不愿意放弃这一殊荣。虽然他不愿意迎合时流，可是目前他还不想向整个哲学界发出挑战。确切地说，这就是第三种解释：他的羽翼尚未丰满，尚不足以展开正面进攻。

1813年初，虽然他在手稿本中写道，"一部作品在我的笔下，更多的是在我的脑中渐渐成熟，这是哲学、伦理学、形而上学的一体之作"（HN Ⅰ, 55），然而事实上（从笔记中可以看得出）在撰写博士论文的时候，叔本华虽然已经有了强烈的预感，但是此时此刻至关重要的突破尚未发生。

只有等到神秘的"意志"呈现在他面前的时候，这一突破才得以发生。在自己的躯体上、内在体验到的意志将会把他带到世界的心脏之中，这超越了一切致力于对象化的表象（objektivierende Vorstellung）……然而此时的叔本华正在朝着这一方向摸索前进。他知道，有一条可以从玄思中抽身而出的途径，"这就是对理由律的纯粹应用"（HN Ⅰ, 126）。"优良意识"赋予他的灵感使他对这一点深信不疑，但是他还无法用概念推理的语言将其表述出来。柏拉图的理念、康德的"自在之物"、内在体验到的"意志"，这三者之间现在还没有擦出火花。一直到了1815年，即博士论文完成后两年，这一时刻才到来：他在手稿本中记了这么一句言简意赅的话："意志就是康德的自在之物；而柏拉图的理念是对自在之物再合适不过的、最充分的认识。"（HN Ⅰ, 291）

在博士论文中，叔本华仍然在康德所开辟的先验之物的领域内打转转，也就是说，他仍在追寻经验之可能性的诸多条件。他要在这里确定一条界线，他感觉到这条界线正在阻隔他去接近那些对于他而言真正至关重要的识见。他想表明为什么会是这样。他在这里将无法找到他的"真理"，可是他将会理解为什么他在这里找不到。这不是什么搜寻行动，这只是某种提供保障和侧面掩护的行动，就仿佛一个要去探险的人在动身之前要先巩固一下自己的后方一样。这点确定了整个行动的风格：他在阐述、分类、归纳时表现得沉着冷静，在字里行间根本无法直接感觉到同期私人笔记中涌动着的那种兴奋之情（这种情绪往往在他接近"优良意识"的热区时表现出来）。叔本华在挖掘充足理由律的四重根时表现出了一种学究式的一丝不苟，然而促使他这样做的最终原因是，他要事先准确记录下在充足理由律的巨大藏量内部的具体结构，因为当"优良意识"放射出炫目的"闪电"时，所有的一切（空间、时间、因果关系）都将失去效力，而那些结构在这个时候也会像幽灵一样消失得无影无踪。理由律消失了，那么现实的理由便没有了根基，失足落入深渊。

随着这种意志形而上学的发现，叔本华找到了一种相应的语言。这种语言给予他足够的自信，这种足以令人自豪的确信使他可以与传统和当代的哲学一刀两断。虽然在写作博士论文之际他已经感觉到自己的道路是正确的，然而那时他还无法确切知道这条路将通向何方。他心中明白一点：觉醒的那一时刻即将到来。虽然出言谨慎，但是他还是毫不讳言自己对此确信不疑。叔本华在论文的倒数第二节已经为自己下一篇"更宏大的论文"做了预告："打个比方，眼下的这篇论文好比梦境，而那篇论文好比警醒状态。"（D，91）这是哲学的一个老话题了：人生是一场梦，只是纯粹的外表；经验性意识远远无法为意识到的存在（bewuβtes Sein）提供保障。

叔本华在博士论文中对我们的认识、表象化能力进行了冷静、严格的分解，按照上述观点看来，这种分解性的观察颇为独特，它向我们指出必须要做的事情，即如何来把握这个作为"对象"的世界，当我们在对这个世界进行"表象化"的时候如何将其笼罩在由种种理由编织而成的网络之中。人们感觉到在种种"理由"、无穷无尽的"为什么"之中其实隐藏着某个什么（was），然而这种感觉是无法证明其真实与否的。人们不禁心存猜疑，既然认识是针对对象（即使我们自己也变成"对象"）展开的，那么区分、隔离便不可避免，正如海德格尔曾经说的那样，理由律最终引出诸多理由的出现，而不是理由本身。正是从这一怀疑出发，传统哲学才作出了外表（Schein）和本质（Wesen）之间的区分。而在各种宗教中也有类似的区分，并且在这一区分的基础之上建构了一套完整的拯救神话。

我们要对呈现在我们面前的某物（Etwas）进行认识，在每一次对认识方式加以反思后总会产生某种焦虑，让人们产生焦虑的是某种完全不同的他者（ein Anderes），而与此同时，这种焦虑又意图和那个某物（于我们而言，它就是对象）建立起完全不同的关联。我们觉察到了这一认识过程的方式，正是这一再明显不过的发现使我们强烈地意识到这样一点：被表象化了的（即被对象化了的）存在其实仅仅反映出了我们自身意识的结构，而存在本身却没有露面。叔本华将其称为"梦境"，他就是要从这场梦中醒来。陌生的事物以一种梦幻般的方式卷入了熟悉的事物之中，对此他在手稿本中打了一个比方，这一譬喻日后也进入了他的代表作[①]之中："就仿佛……我置身于一次聚会之中，周围尽是些陌生人，他们中的每个人都会把另

---

① 此处指《作为意志和表象的世界》。

外的某个人（他的朋友或表兄弟）介绍与我认识。每次介绍时我都会很高兴，然而与此同时即将脱口而出的问题就是：'见鬼，我为什么要来参加这次聚会呢？'。"（HN Ⅰ，208）陌生的事物就在某种交互关系之中被表象化，通过这种方式，陌生的东西也就变得为人所知了。在聚会中，某个人将另外一个人介绍给他人。① 叔本华的博士论文仿佛就是在分析这种介绍的礼仪（Vorstellungsritual）。在完成博士论文后几个星期，叔本华在手稿本中写道："人们在按照理由律（理由律就像一个可以呈现出四种不同形态的精灵，它戏弄着人们，牵着他们的鼻子走）亦步亦趋，人们希望从知识中获得满足，从生命中获得幸福。于是他们放心大胆地只管一直往前走，就像一个人从某个地方出发向着地平线的方向奔走，他希望最终能够触摸到云彩，就本质而言，这与翻转、按压某个球体试图进入球心的行为一样，最终难以接近目标。这简直就像一只在转轮内奔跑的松鼠一样……在我们看来，无论在哪里，这种观察生命的方式都像是一条水平线。那么我们就可以将第二种观察方式比作一条垂直线，它可以在任何一点上切分水平线并与之分离。"（HN Ⅰ，153）这一从水平线向垂直线的转变意味着从循环不休的梦境之中苏醒过来。垂直线：这条线不会将人们带入旧的彼岸世界，而是将人们领进此地（Hier）和现在（Jetzt）的中心地带。1814年手稿本以最后的这几句话收尾："人们总是在寻找'为什么'，而不是静观'某物'；人们总是在追求遥远的东西，而不去把握近在咫尺无处不在的东西；人们走向外界，尝试一切方向，而不是回归自我，在这里所有的谜团都可以解开。"（HN Ⅰ，154）人们日后在叔本华的代表作中还将听到这番话的回响。

---

① 在德语中，动词 vorstellen 的原意是将某物前置，后引申为"介绍"，而作为哲学术语一般译作"表象化"，名词化形式 Vorstellung 则分别译作"介绍"和"表象"。

第十二章

回到魏玛——与母亲反目成仇——夹缝之中的阿黛拉——阿黛拉隐秘的浪漫插曲

从1813年6月中旬至9月中旬,阿图尔·叔本华借宿鲁道尔施塔特的旅店内与世隔绝,他用了整整三个月的时间撰写博士论文。在此期间,居然还有闲暇不时外出徒步漫游。行程之长以至于脚上都生了伤口,于是他让人把鞋子修理得舒服一些。在养伤期间,他则不时眺望窗外那让他为之心仪的景色。世间的风起云涌没有侵袭到《四重根》的诞生之所,然而当叔本华要将这篇论文带到世间之时,他不得不让自己重新熟悉当世的纷争。打探消息后他获悉,萨克森此时已经成了主战场,从鲁道尔施塔特前往柏林的道路已经被阻断。虽然个人获准旅行,但是论文手稿是否能够安然抵达柏林还是个问题。于是叔本华决定就近在耶拿"缺席"申请博士学位。在没有寄出博士论文之前,他就已经先行将10个普鲁士金币(申请博士学位的手续费)汇给了耶拿大学哲学系主任。两天以后,他将论文手稿连同附件一并寄出,附件中包括一份简历、一篇关于论文主体的论证说明、一篇语气客气而谦恭的附信,如果论文有不当之处,他请求对方不吝批评指正。在这样一个爱国主义情绪高涨的时代里,他必须要交代一下自己何以没有上战场抵抗拿破仑,而是选择了另一个对手:对充足理由律的种种错误观点。在信中对此只字不提是不可能的:"我在柏林学习哲学,可是今年夏初柏林战争的噪声驱散了我的志趣……既然我曾经发誓遵从我的志趣,于是我就追随着我的志趣离开了那里。"(B,644)

约翰娜·叔本华是歌德的朋友,这在耶拿尽人皆知,作为她的儿子阿图尔获得了优待。收到论文手稿之后,身为系主任的海因里希·卡尔·埃希施泰特(古代语言和修辞学教授)立即写了一封信让系中的各位同事传阅,没过几天,就在10月2日,各位同事(或许连这篇论文都没有读过)便一致同意缺席授予叔本华博士学位,评分为"优异"。10月5日,叔本华收到了博士文凭,而博士论文已经在印刷之中了。

印刷的费用(69帝国塔勒)得自己掏,承接出版业务的是鲁道尔施塔特的"宫廷书艺行"。在此之前,叔本华还得打消老板弗里德里希·贝尔图赫在政治倾向方面的顾虑,他在给这位出版商的信中写道:该论文"与宗教没有直接关联,也与国家和政治毫不相干。"(B,3)

第一次印数为500册,这批书在10月底便交付到叔本华的手中。歌德收到了一本,另外一个获得赠书的是耶拿的书商弗罗曼,他为叔本华提供过论文写作所需的文献资料。此外获赠博士论文的还有以下几位:柏林的施莱尔马赫和古希腊学家弗里德里希·奥古斯都·沃尔夫,耶拿的康德主义者卡尔·莱奥波德·赖因霍尔德,阿图尔在哥廷根求学期间的哲学老师戈特洛布·恩斯特·舒尔策。而且出于孝敬之情,阿图尔没有忘记给父亲生前的好友卡布隆(阿图尔在受坚信礼期间曾短期在他的商号当过学徒)送上一本。此时此刻,刚刚获得哲学博士学位的叔本华正在充满和解地向世界挥手示意,而之前他逃离这个世界时则是那么的幸福。

叔本华10月一直都待在鲁道尔施塔特等待着自己著作的问世,在此期间战场上出现了具有决定意义的转折。1813年10月18日,拿破仑在莱比锡附近与由普鲁士、俄国和奥地利组成的联军展开激战,最终联军获胜,但交战双方都付出了惨重的损失,战场上留下的死尸和受重伤的士兵不下十万之众。几个月以前,阿图尔·叔本华就在自己的手稿本中写下了自己未来在哲学方面的打算，他评述道，他的哲学就是要"谴责……一切受激情左右的人"，也包括那些"听凭别人的看法或什么无聊的把戏左右自己的生命，并且在决斗或其他什么自找的危险中任由自己的生命蒙受损失"的人。拿破仑失利之后，举国上下一片爱国主义的欢呼之声，而阿图尔·叔本华则不为所动，让他操心的倒是这样一个问题：在可以预见的这段时间内是否还会"重新出现一批哲学听众。"（致伯蒂格尔的一封信，1813年12月6日，B，9）

溃逃的拿破仑军队向北面和西面撤退，这时候在鲁道尔施塔特的宁静山谷中也能够看见哥萨克人和奥地利人了。现在到了该更换避难所的时候了，可是阿图尔还没有决定接下来的几年里在何处安身。他想先观望一下时局的发展再说，因此他选择了一个过渡方案。1813年11月5日，叔本华离开鲁道尔施塔特返回魏玛。他在鲁道尔施塔特旅店的窗户上刻下了贺拉斯曾经说过的一句话："人们赞美那所能够远眺原野的房屋。"四十年以后，叔本华的崇拜者们将纷纷来此朝圣，他们想亲眼看一看这段铭文。那时的叔本华已经成为闻名遐迩的哲学家，他不无嘲讽地将自己刻上去的这句话称为"圣迹"①（G，186）。

叔本华在返回魏玛时心境颇为复杂，叔本华在1813年5月从柏林出逃来到母亲家，但是他"对家中的某些事情颇为不满"，这也就是促成他随即前往鲁道尔施塔特的原因。让他感觉不舒服的是母亲的一位新朋友。

1813年初，枢密档案顾问封·盖尔斯滕贝尔克先生在约

---

① "圣迹"（Heilige Reliquien），在基督教（尤其是天主教）中，圣人（Heilige）的遗骸、骨灰、生前的衣冠等都可以称为"圣迹"，这些物件都会被教会妥善保管并受到教徒们的膜拜。

翰娜·叔本华的楼上（二楼）租了几间房间。他早中晚三顿都在约翰娜家里用餐，与约翰娜一同外出访客，经常参加约翰娜主办的晚间聚会。三年以前，阿图尔的母亲在罗内堡结识了这位比自己年轻12岁的盖尔斯滕贝尔克先生，后来他们还结伴去了德累斯顿。仅仅这一点就为谣言提供了足够的素材，盛传约翰娜要再度结婚。歌德让自己的妻子密切关注这件事情的进展，克里斯蒂安娜在1810年写信给在卡尔斯巴德温泉疗养的歌德通报此事："叔本华夫人此刻正与米勒（封·盖尔斯滕贝尔克——作者注）在德累斯顿，他的兄弟来我们这里拜望……从他的言谈中我只能得出以下的结论，即她会满怀幸福地嫁给他。在罗内堡期间，她就住在他的家中，他的第一任情人难以接受这一事实，都发疯了。"[1]

歌德在类似的事情上总爱扮演导演的角色，在将这位罗内堡市的法律顾问聘请到魏玛担任政府顾问这件事情上歌德或许也起到了一定的作用，至少盖尔斯滕贝尔克曾经向歌德表达过调任的强烈愿望并向他求援。

盖尔斯滕贝尔克是一个雄心勃勃的公务员，为了能够在魏玛的贵族阶层中立足，他在原本的姓（米勒）后面加上了拥有贵族头衔的舅父的姓氏（封·盖尔斯滕贝尔克）。工作之余他还写了一些小说和诗歌，寻找机会与文艺爱好者们交谈，在这些谈话中他将自己表现为一个多愁善感的坏子。虽然已经33岁了，可是他总是以一个毛头小伙子的面目出现。从他那淡淡的伤感中散发出某种魅力，着实能迷住一些女性，不过另一些女士则把他视为一个狡猾的"善于巧献殷勤的风流公子"。众位女士的夫君们对他尤为不满，例如演员皮乌斯·亚历山大·沃尔夫曾经写道："每当他向内子大献殷勤之时，我……都会把眼睛闭上……作为一个体贴温存的丈夫，我还得容忍他经常给内子写那些再温情脉脉不过的书信。"[2]

毫无疑问的是，盖尔斯滕贝尔克还无法跻身魏玛城中最有魅力的人的行列，但至少约翰娜能够让他和自己一起去歌德家中做客，而且并不会引起主人的不悦。从年龄上来看，这位年轻人正好介于她和阿图尔之间。约翰娜并不爱这个人，不过她倒是颇为喜欢他的亲密忠实。而且这样一位显然在年轻女性当中很有号召力的男子能够如此仰慕自己，约翰娜还是有一些受宠若惊。那位至死受到她悉心照顾的古典学家费尔诺夫于1809年去世，此后她一直在寻找能够心灵相通的新朋友，这种关系应该比寻常的社交关系亲密些，但这层关系绝不能对自己的独立性有所限制。她再也不会有谣传中所说的结婚的打算了，她凭什么要放弃目前享受的这种独立性呢？她在过去的几年中结交过一些可以考虑的结婚对象，他们的家境都颇为殷实。一位法兰克福的富商就曾向她求过婚，而另一位求婚者则是宫廷侍从路易·封·沙尔特，无论怎么说他毕竟还是封·斯泰因夫人的兄弟。她在1807年写给阿图尔的一封信中写道："我不缺少追求者，不过你不必为此紧张。"

她在盖尔斯滕贝尔克那里找到了那种一直在寻找的心灵相通的友谊，虽然谣言纷纷，但是她具有足够的自信来维持这种关系。从外表上看来，这种关系歧义重重，但她对此无所畏惧。她有这样做的资本，因为在社交界初获成功之后，她在魏玛的声望不仅仅是得到了稳固而已，而且有可能是与日俱增。

因为她现在还以作家的身份出现在世人面前。她以书信的形式记录下了1806/1807年之交的战争期间的经历和见闻，这些书信已经在亲朋好友之间作为文学作品流传开了。甚至连不轻易恭维他人的儿子阿图尔也因此对她赞许有加。在费尔诺夫去世之后，她写了一本传记记录深受自己敬佩的人物的人生历程。她写这本书丝毫没有在文学上出人头地的意思，她的初衷只是要用稿费清偿费尔诺夫生前欠出版商科塔的债务。这本书问世后引起了公众不小的兴趣，而且还受到了魏玛圈内人士的热烈赞扬，于是她备受鼓舞，增添了她进一步进行文学创作的信心。当她在晚间茶聚时讲述自己漫长旅行中的种种经历和见闻时，客人们无不对她的叙事天赋啧啧称叹。看来将自己的经历以文学创作的形式记录下来顺理成章。1804~1813年间，她记录1803~1805年间旅行经历的回忆录陆续出版。一时间人们对她大加恭维，甚至将她称作第二个斯泰尔夫人。接下来她的《周游法国南部》于1817年出版。随后她在纯文学方面的处女作于1818年面世，这是一本具有自传性质的中短篇小说集，其中蕴含着细腻的情感，而且用于印刷的纸张也堪称精美。这本书销量不错，约翰娜找到了自己的职业。此后长篇小说接连问世。在20年代末，布罗克豪斯出版社推出了她二十卷本的作品集。在将近十年当中，约翰娜是全德国最著名的女作家。

不过在和盖尔斯滕贝尔克订交之时她还没那么声名显赫，不过她已经向这一方向迈出了第一步。而与此同时，盖尔斯滕贝尔克也正处于文学创作的学步阶段，这也是二人的共同之处。两人彼此将创作手稿念给对方听，互相鼓励、修正、启迪。在自己最为成功的长篇小说《嘉布里埃拉》中，约翰娜采用了盖尔斯滕贝尔克的诗作。另外，盖尔斯滕贝尔克则让阿黛拉借用他的名字发表诗歌作品。盖尔斯滕贝尔克堪称叔本华创作团队中的一员。

盖尔斯滕贝尔克的文学创作天赋和才智有限，但他绝不是人们日后捏造出的那个坏人形象。他追求的不过是一个接近太阳的地方，而约翰娜正可以给他提供这样一个所在，要知道歌德经常在她家中进进出出。日后我们还将看到，盖尔斯滕贝尔克本人也乐于助人：在1819年约翰娜失去大部分财产之际，盖尔斯滕贝尔克曾经向她和阿黛拉提供了经济上的援助。在约翰娜长期外出期间，他代为料理家中的事务，没有任何私利。

在阿图尔早就离开魏玛之后，家中发生了一件难堪的事情。身为母亲的约翰娜试图将盖尔斯滕贝尔克和至今找不到如意郎君的阿黛拉撮合在一起，可是这却导致了严重的后果，这一事件翻开了阿黛拉痛苦人生中的难堪的一个章节。当阿图尔·叔本华在深秋之际回到魏玛的时候，这个计划还没有提上议事日程。这时候还只是母亲和盖尔斯滕贝尔克之间的友谊而已，阿图尔对此大为光火。原因何在呢？

阿图尔不够大度，不仅仅是在这种情况下，他平常也是如此。要是有谁想经得起叔本华的评判，那么这个人必须在方方面面都要显示出自己出众的品质，无论是才智、道德还是艺术修养方面。如果叔本华在这个人身上找不到这些品质，那么对于他而言，这个人只不过是"工厂里生产出来的商品"而已，他一贯以这个字眼来评价那些资质平平的人。

如今他在母亲家中就遇上了这么一个资质平平的人，这个人正在扮演一个让他感觉到盛气凌人的角色，而且这个人就在母亲的身边，这正是那个已经在阿图尔的记忆中走了样儿的父亲生前所占据的位置。在这一点上，阿图尔十分传统。母亲在失去父亲之后焕发出了新的生机，而且找到了真正属于自己的生活，对此他无法原谅母亲。正是在母亲的帮助之下，阿图尔才摆脱了父亲的余威，得以实现自己的哲学使命。可是他却要求母亲忠于父亲并放弃过自己的生活，而他自己（为了自身的幸福）却不这么做。在他看来，母亲身边的那个原先父亲占据的位置应该保持空缺状态，或者更好的情况是：如果一定要补缺的话，那么也应该是他这个儿子来替代自己父亲的角色。身为母亲的约翰娜太了解自己的儿子了，因此在过去的几年中，她不断地打消阿图尔心中的疑虑：母亲有可能会重新和另一个男人结合。然而与此同时，她并不准备因为阿图尔的缘故放弃自己的生活。因为她已经深深喜欢上了自己现在的生活，她坚信自己的独立对儿子也是件好事情，因为她的独立性保证了儿子的自由。儿子虽然信誓旦旦地宣称自己已经自立，然而事实表明这并不能让人完全相信。母亲让儿子走自己的路，可是儿子却没有信心让母亲过自己的生活，他一定要干涉母亲的生活。刚回到魏玛没有几天，母子间便发生了争执。叔本华在日记中提醒自己要宽容，结果还是不行。

他写道："亲爱的，从今往后要记住这一点，放聪明点儿。所有的人都是主观的；不仅不客观，而且彻头彻尾地主观……探究一下你的恋情、友情，仔细观察一下，你的客观判断是否大部分都是经过伪装的主观判断呢？仔细观察一下，对于一个不喜欢你的人，你是否能够不失偏颇地承认他的优点呢？如此种种。这时候你就该宽容大度，这是一种该死的义务。"（HN I，71）

阿图尔无法保持宽容的姿态，他在家中摆出一副自尊自贵的模样。

在全家共进午餐时，阿图尔要么不搭理盖尔斯滕贝尔克，要么就寻衅与之争吵。比如大家在谈最新政局的时候，盖尔斯滕贝尔克顺应潮流，对爱国主义者们的英雄事迹大加颂扬，他还谈到了德国的解放，还说摧毁拿破仑的关键时刻终于来到，如此等等。阿图尔则针锋相对，他将所有的这一切斥为某种更高形式上的舞场斗殴。于是双方展开了激烈的争执，椅子被掀翻了，门也被砸了，母亲被夹在中间左右为难。

虽然同在一个屋檐下，但是母亲和儿子之间很难交流，因此彼此间只能以书信沟通。约翰娜在一封信中写道："尤其让我生气的是，你竟然诋毁那些深受我们这个伟大时代的感染而拿起利剑战斗的人们，虽然他们的天性并非如此。我认为，你应该让其他的人按照他们自己的方式生活，就像其他人也让你按照你自己的方式生活一样。"[3]

1814年1月初，阿图尔·叔本华从柏林招来了大学同窗约瑟夫·冈茨，一位受叔本华资助的犹太穷学生。冈茨虽然对讨论的话题没什么特别的兴趣，不过他倒是乐于在辩论中为阿图尔帮腔助阵。对此约翰娜更加恼火，尤其是阿图尔总是在耳边对她说，她结交了一批平庸之辈为的是能够得到他们的赞佩。针对阿图尔对于爱国主义激情的攻击，她加上了以下评语："冈茨……乐于隐藏在你的身后掩盖他天生的胆怯，他只是在鹦鹉学舌罢了，他根本不具备你的才智。"[4]

对于阿图尔·叔本华的言行，盖尔斯滕贝尔克不得不有所忍气吞声，而且约翰娜往往阻止他以牙还牙，因此他只能将恼火宣泄到写给朋友们的书信当中。他在给费迪南德·海因克（一位被阿黛拉奉若神明的突击队军官）的信中写道："这位哲学家高高在上宣扬他那套宇宙论。他从柏林招来了一个犹太小家伙，他能成为叔本华的朋友的原因就在于他能够每天耐心地服用叔本华开给他的轻度泻药，即什么客观性、四重根之类的东西。如果说他寄希望于您所在的克莱斯特军团占领巴黎的话，那么原因只有一个，那就是也给法国人下一剂泻药。这个犹太人的名字叫冈茨，由于这么一个形迹可疑的、充满主观色彩的家伙的出现，在我们的茶会上安插上了一个货真价实的非我（Nicht-Ich）。"[5]

为了尽量避免这种不愉快的局面，母亲制定了新的规矩。从现在起，盖尔斯滕贝尔克单独用午餐。在约翰娜的安排下，只有在阿图尔不在场的情况下，她才与盖尔斯滕贝尔克会面。不过她还是和以前一样很看重与盖尔斯滕贝尔克的交往，如果减少与他会面，那么她最终只会更伤脑筋，因为这样的话她就不得不时常与儿子打交道，阿图尔总是锱铢必较，心情时常不佳，而且总是觉得自己高人一筹。约翰娜在给儿子的信中写道："在我看来，你对那些不同于你的人总是持否定和蔑视的态度，毫无必要地谴责他人，而且有时候你在我面前讲起大道理来简直喋喋不休。"[6]

新规矩发挥了整整三个月的效力。到了1814年4月中旬，约翰娜·叔本华厌烦了和儿子的共同生活，同时也厌倦了对自己与盖尔斯滕贝尔克之间交往的限制。她起先将开支问题作为借口提了出来，按照她的说法，阿图尔虽然为自己和朋友支付了食宿费用，但是这笔钱不够，而她又不愿意提高食宿费的价码，她倒是情愿自己处在一个不必收取任何供养费用的位置。也就是说最佳方案是阿图尔完全自立。无论怎么说，她有"种种令人信服的理由"重新单独生活，阿图尔应该遵循自己所宣扬的理智，然而在通常情况下，阿图尔并非生活在理智的高度上。他感到自己受到了伤害，他觉得自己被逐出了家门。他提醒母亲记住这一点：他在魏玛暂住期间，当时正是母亲"含着眼泪"请求他住在自己的家里。这虽然是事实，然而阿图尔非常清楚母亲为什么会如此恳求。母亲也提醒他记住这样一点："我的意图是……你应该多花一点时间近距离地观察我的生活方式，这样你就不会闷头胡思乱想了。"[7]可是阿图尔显然无法使自己摆脱"胡思乱想"，他怀疑盖尔斯滕贝尔克是母亲的性伴侣。因为儿子的猜忌，约翰娜备受折磨。

为此约翰娜不得不在儿子面前证明自己的清白，现在她对此已经厌倦了。她在信中写道，她要像几年以前（1807~1809）那样与儿子分开生活，只有这样彼此之间才能和平相处。但是有一个问题她绝对不会考虑，那就是她不会因为儿子的缘故与盖尔斯滕贝尔克绝交。"你们相互无法容忍对方，如果我因此就要为了你而牺牲我的朋友，这样做无论是对他还是对我自己都不公平。"[8]

她并不要求阿图尔虚情假意地与盖尔斯滕贝尔克交好，但是她要求阿图尔接受自己与盖尔斯滕贝尔克之间的友谊。在阿图尔应该与什么人交往的问题上她也没有给他定下什么规矩。不仅如此,她还接纳了那个让她难以忍受的约瑟夫·冈茨在自己的家中居住。

简而言之,阿图尔得卷铺盖走人。如果他愿意留在魏玛的话,母亲将会帮他找住处。阿图尔和冈茨目前居住在约翰娜寓所的后室里,在他们搬出去之后,盖尔斯滕贝尔克将入住于此。"你不必作出答复,没有这个必要。如果你决定离开魏玛的话,那就告诉我一声,不过也不必忙着告诉我,我也不必太早知道你的决定。"侍女奉命将这封信(1814年4月10日)从约翰娜的会客室带到阿图尔居住的后室之中,上述这番话就是这封信的末尾几句。

也正是母子关系极度紧张直至决裂的那几个星期内,他们之间进行了一番颇让人回味的对话。多年之后叔本华还与一位熟人(威廉·封·葛文纳①)谈到了这次谈话的内容。

母亲拿起阿图尔的《论充足理由律的四重根》阅读,边读边说:"这本书给药剂师看似乎很合适。"

阿图尔:"当你的那些作品在废物间里都找不到一本的时候,我的这本书还会有人阅读。"

母亲:"到了那时候,你的这批书还都在库房里堆放着。"(G,17)

最终,母子二人的预测都得到了应验。

在母亲写了上述那封信之后又过了一个月,母子之间的关系彻底破裂了。在这一个月当中又冒出了母子在经济上的纠纷。阿图尔指责母亲动用了他继承的那部分遗产,他认为母亲将他财产中那部分用于供养祖母的钱花光了。

于是双方之间爆发了剧烈的争执。次日(1814年5月17

---

① 参见文献索引。

日）约翰娜依然火冒三丈，她在信中写道：

> 昨天你在你的母亲面前表现得异常无礼，临走时狠狠地将房门带上，这道门永远地将我和你隔开。我不愿再容忍你的肆意无礼，我已经厌倦了。我要到乡下去，在获悉你已经离开之前我不会回家。我有责任维护自己的健康，因为如果再一次出现昨天的场面，我的心脏又会急速跳动，这有可能导致致命的后果。你不知道母亲的心是怎样的东西，这颗心爱得越深切，它感到的痛楚就越深，而这一疼痛恰恰来自它那曾挚爱的人。我在信仰的上帝面前保证，不是米勒（封·盖尔斯滕贝尔克），而是你自己扯断了与我的亲情。你对我的生活以及我为了追求快乐而做出的抉择横加指责；你对我无端猜忌，轻蔑无礼；你对我的家族不屑一顾；对于我享受的快乐你表现出明确的反感；你还表现出强烈的占有欲；当你心情糟糕的时候，你当着我的面对我没有丝毫的敬意，肆意发泄，如此种种。我感到，这些行为举止充满了恶毒，正是这一切将你我分开……你的父亲在临终前几个小时还告诫你要对我表示尊重，绝不要惹我生气。如果他还活着并且亲眼见到你的举止行为，他会说些什么呢？如果死的是我，与你打交道的是父亲，你敢这样对付他吗，你敢决定他的生活、他的交谊吗？难道我就不如他？难道为了你他做得比我多？难道他比我更爱你吗？……我对你的义务已经尽到了。你搬出去吧，我跟你不再有什么瓜葛……留下你的地址，但不要写信给我，从现在起我不再会看你的任何一封信，也不会回信……事情就此结束了……你深深地刺痛了我。保重，尽你所能地让自己幸福生活。[9]

没过几天，阿图尔·叔本华便离开了魏玛。此后他再也没有和母亲见过面，而且日后还会有更加恶毒的书信。

这里爆发出的仇恨、恼怒、轻蔑究竟缘何而起呢？是不是源于某种绝望的情绪呢？在这几个月里，阿图尔以粗暴的态度显示自己的存在，然而母亲根本不愿为了获得儿子的爱进行抗争，她心里只想着如何能够让自己舒舒服服地和儿子和平相处。阿图尔在母亲面前展现的是某种表面的东西，而母亲也正是对此做出了相应的反应。其实这种表象只是阿图尔的面具而已，他处于一种分裂状态，他的外在行为和内心的愿望相互矛盾。最终不是母亲，而是他本人成了这一自我表演的牺牲品。他落入了自己挖的陷阱之中，而母亲则把他逮个正着。母亲在表达彼此分开的愿望时还援引了儿子自己说过的话，他在信中写道："你在许多别的场合里对我说过，我们俩是两种人，这话颇有道理，必定是这样。"[10]然而在这个时刻可以看到，儿子并不愿意母亲把自己的话当真。他想继续待在家里，于是他提出可以支付更高的食宿费用。可以设想一下：起初他还假意推辞表示不愿搬到母亲家中居住，他要让母亲"含泪"恳求他，随后他便住在母亲的家中。可是母亲后来简直忍无可忍，她要将儿子逐出家门。而这时儿子却不愿意走，还提出支付更高的费用。这里隐藏着两种心态：一方面是以此羞辱母亲；另一方面则是绝望之下请求母亲允许他继续待在家中。然而母亲却无法从中听出这一请求，因为阿图尔羞于启齿，于是他采取了一种近乎商人讨价还价的方式，将这一请求掩藏在了强烈而伤人的自尊之中。对于他而言，这一切都变成了一场战斗，在这场战斗中只有胜者和败者。既然是战斗，厮杀之声必然盖住那个缺少疼爱的孩子所发出的哀鸣。因此，他最终与母亲交战时使出了巨大的能量，深深伤害了母亲。而与此同时他却在日记中写道："我们追随着黑暗，听从生命欲求的强烈渴望，我们越走越深，陷入恶习和罪孽之中，陷入死亡和虚妄之中——直到生命的怒火渐渐掉头转向自身，我们终于明白我们选择的究竟是怎样的一条道路，我们心中所想的究竟是怎样的一个世界。通过痛苦、震惊和惊骇，我们才回归自我，走向自我，优良的认识诞生于痛苦之中。"（HN Ⅰ，158）

"优良的认识"——我们熟悉这个字眼："优良意识。"这种"优良意识"应该可以使人顺其自然地生活，可是在阿图尔的生活中，这种顺其自然的态度却在哪里呢？平和的态度高于一切用于维系自我的理性，可是在阿图尔的生活中，这种平和的态度在哪里呢？即便是不喜欢盖尔斯滕贝尔克，可是他为什么就无法容忍母亲的行为呢？他的那些灵感又到哪里去了呢？在某些时刻他的心中会突然产生与人为仇的欲念，而那些灵感却可以将阿图尔从中解脱出来。难道这些灵感所具有的力量只能够让阿图尔撰写那些从沉思冥想中诞生出的哲学作品吗？难道灵感的力量还不足以催生出某种对人生的嘲讽吗？这种嘲讽可以使那些从"似是而非"（das als ob）之中产生的种种曲解和失真化为乌有。叔本华在日记中写道："只有那个愿意存在于生命之中，而不是意图获取生命的人，也就是说不向生命索取什么的人才是真正幸福的人，因为这样他就减轻了自己的负荷。想象一下，所要负载的东西若即若离担在双肩之上，背负的人躬身其下，如果这个人直起身来顶着货物，那么他便承担其所有的重量；可是如果他抽身而出，那么他便什么分量也不必负担，轻松自如。"（HN，102）

在那几个令人不快的星期里，阿图尔丝毫没有日记中表露出的豁达态度。他就像一个狂暴的斗士那样战斗，为争取自己的利益而苦斗，他很少静下心来思考，因此他根本没有察觉他与母亲之间那显而易见的爱恨交加的矛盾关系。除此之外，还有其他的一些东西他也没有察觉出来，例如他对自己来了之后给阿黛拉带来的痛苦也毫无知觉。

他对比自己小9岁的妹妹颇为陌生，这么多年以来，彼此之间要么根本不见面，就是相聚也是很短的时间。两人之间年龄的悬殊就足以妨碍彼此之间的平等交往。可是如今阿黛拉年满17岁，已经出落为一位妙龄女子。她经常列席母亲举办的社交晚会，也时常应邀到上等人家做客。歌德很喜欢与她闲聊。她还不声不响地策划魏玛女性文艺协会的各项活动，会员们是一些贵族人家的千金，她们聚集在一起进行演奏、钩织、朗诵以及绘画等活动。"才华出众"的阿黛拉在魏玛几乎家喻户晓，皮克勒－穆斯考侯爵[①]于1812年间与她结识，他对自己未婚妻说："有这样一种女性，她们要么让人毫无感觉，要么让人不得不对她们产生深沉的、不可逆转的兴趣，阿黛拉就是这样的一个女人……我喜欢她的外表，而她的内心则是自然的美妙造物。"[11]

如此评价阿黛拉的不止皮克勒－穆斯考一人。一般而言，人们欣赏的是她的聪明、端庄、敏慧、艺术天分、活泼的谈吐、善解人意、奇思幻想——总而言之，人们欣赏的是这位妙龄女性的心灵，可是对于她的外表人们却充满惋惜之情。熟悉她的人会告诫那些陌生人不要被她的外表吓倒。母亲约翰娜甚至还为此特意写信给朋友卡尔·封·霍尔泰[②]。雕塑家劳赫在约翰娜的沙龙中结识了阿黛拉，他对阿黛拉的评价是"丑陋得吓人"。在阿黛拉衰老之际，列文·许京（Levin Schücking）为她描绘了一幅几近鬼怪般的画像："在阿黛拉诞生之时……

[①] 皮克勒－穆斯考侯爵（Hermann Fürst von Pückler-Muskau，1785~1871），德国作家，园艺大师，以游记著称一时，代表作品是《一位死者的书简》。

[②] 卡尔·封·霍尔泰（Karl von Holtei，1798~1880），德国作家，创作了大量的戏剧、诗歌和小说，其中比较有名的是方言诗《西里西亚诗集》，在当时他以朗诵家的身份名噪一时。

美丽女神便令人愤慨地与她远远保持着距离。在她那骨瘦如柴的身架上长着一颗异常丑陋的脑袋……她的脑袋圆得就像一个苹果，颇像驼背人的那种类型，只不过这颗脑袋如此固执得与众不同，简直就是对任何一种类型的嘲弄。可是正是这颗头上生着一双散发着光彩的眼睛，严肃而忠诚。没有人能够真正认识她，除非是感觉到被她所吸引，她的性格之中具有一种世间少有的知足和勤奋，她的学养异常精深，全面得令人惊讶。"[12]

而某些人却不喜欢她的聪慧。那位卡尔德隆的译者恩斯特·封·德尔·马尔斯堡在写给蒂克的信中这样描述道：阿黛拉"依仗着自己骇人的学识夸夸其谈，趾高气扬"，而且"把自己所有的本领都拿出来卖弄一番"，[13] 不知疲倦。

著名的法学家费尔巴哈①于1815年在卡尔斯巴德温泉浴场结识了约翰娜母女二人，他不假思索地把18岁的阿黛拉比作一只呱呱叫个不停的"鹅"。

阿黛拉这种内在和外在之间的反差对于周围的男性世界来说终究显得不和谐，而且这种反差不由得成为阿黛拉人生自我经历中的核心成分，她的丑陋使她深感痛苦。她生性十分敏感，渴望获得爱，然而她却深深感到，是自己的躯体将她与有形的爱的世界断绝开来。在阿图尔毅然决然地离开魏玛之后她开始写日记，她在日记中诉说自己的苦恼。她很不走运，与那位日后嫁给了奥古斯都·封·歌德②的美人儿奥蒂莉娥·封·波克维什成了朋友。与阿黛拉一样，奥蒂莉娥一心渴望恋爱，这对形影不离的朋友共同追求那些向她俩献殷勤的年轻男士，然而就情欲

---

① 费尔巴哈（Paul Johann Anselm Ritter von Feuerbach），法学家，（哲学家路德维希·费尔巴哈之父），德国现代刑法的奠基人，提出了刑法的心理威慑理论，此外他还起草了巴伐利亚刑法典（1813），代表作为《自然法之批判》（1796），《反霍布斯》（1797）。

② 诗人歌德之子。

而言，这些人只是对奥蒂莉娥有意而已。对于男士们来说，阿黛拉可惜只是倾诉心曲的对象而已。每当奥蒂莉娥拒人千里之外时，她的爱慕者们便会来到阿黛拉这里以泪洗面；如果奥蒂莉娥答应了这些男士的要求，他们也会在阿黛拉面前喜不自禁。能够获得大家的信任，这着实让阿黛拉受宠若惊了一阵子，可是时间长了她还是无法获得满足。对于阿黛拉而言，这些绯闻总是意味着自己的不幸，当又一次遭遇了这样的事情之后，她在自己的日记中写道："谁会比我更加幸福，谁会比我更懂得如何去爱别人，毫不自负地说，谁比我更能够充满爱意地让人获得幸福？可是——这一切都已成为过去……"[14]。

另一次阿黛拉写道，她被爱包围着，然而没有一个人能够如她自己期望的那样爱她。她感到自己受到了利用，没有人需要她。奥蒂莉娥在情欲方面春风得意，因此在阿黛拉与奥蒂莉娥的亲密友谊之中渐渐地掺进了某种敌意，这本不足为怪。她在日记中以谴责的语气写道："每个肚里空空的英国佬都能（从奥蒂莉娥那里——作者注）听到一部分她的心里话，而这些话她平时只会对我诉说。"[15]可是她却忘了不久前自己还曾经对这样一个"肚里空空的英国佬"心存希望。当那位被歌德谑称为"魔力少年"的查尔斯·斯特林（Charles Sterling）离开魏玛的时候，阿黛拉还在日记中抱怨道："这位天使向我们宣告了上帝的存在，如今他的声音渐渐消退，与此同时他在我的生命中也渐渐消退了……只有通过奥蒂莉娥，他才会与我形影不离。"[16]

她批评自己的朋友奥蒂莉娥"除了爱情以外，什么也不寻找，什么也不思考，什么也不呼吸！"这句评语也适用于她本人，也正是这点酿成了她一生真正的悲剧。阿黛拉在日记中倾诉自己的感受、想法和反思，然而中心主题只有一个愿望，那就是能够在肉体和精神上获得男性的爱。当然迫于母亲和种种传统义务的压力,她也不得不寻找一个有经济实力的伴侣,然而奇怪的是,她被人爱的渴望近乎强迫症,正是这一渴望将她那些平素里为人称道的品质(例如聪明伶俐、心灵手巧)一举击退。她精神高度紧张地四处搜寻着爱的迹象,她始终心存期望地暗中守候,随时迎候每一瞥友好的目光,每一句亲切的话语。然而这些期待几乎总是化为失望,由此便生出了种种伤感和抑郁。

平时她也写几句诗,创作些剪纸作品,读读书、唱唱歌、演演戏。她在这些方面小有所成,因此受到众人的称赞,她的天赋得到人们的承认。这一切虽好,然而不过是细枝末节,并不能使她得到满足。这些兴趣爱好只是为求偶所作的铺垫,是空虚生活的填充剂。"每一天都在阴晴不定的黄昏中流逝,欢乐、痛苦、忧愁、玩笑,就像旅途中身边的景物那样,所有这一切都从我的身边一闪而过,没有一个东西可以牢牢抓住,根本无法平静地感受到自己的存在和作为。"[17]

在这种郁闷的情绪下,她不禁对自己的感觉方式产生了疑虑。她问自己,这些所感所受是不是一种间接的感受,即同感、同情、同乐,而不是某种强烈的触动,因为这种触动只可能来源于自己全心投入的生活之中。她心中想要的生活在她身边一闪而过,她置身于这种生活之外,它只属于别人,属于母亲、奥蒂莉娥——或只存在于舞台之上,生活在这里高度浓缩,以戏剧化的形式得到展现。阿黛拉对戏剧的激情恰恰来源于她对生活的失望,她喜欢在魏玛的业余舞台上表演,她还因为扮演伊菲格涅这一角色获得过歌德的称赞。在聚会中,人们喜欢听她的演唱,她能够如实传达出剧本中所要表达的强烈情绪。然而她在生活中却缺乏这种后盾。在现实生活中,能够打动她的东西总是远离她,当她全身心投入之时便迷失了自己。阿黛拉能说会道,语速很快,几乎连一口气都不喘。由于缺乏在别的方面的触动和认同，语言必然成为一种弥补。阿黛拉的气息很轻柔，因此她特别喜爱剪纸，这种精致小巧的剪纸只能格外小心地触摸，放在玻璃后面观看的效果最佳。在大多数情况下，阿黛拉总是充满忧伤，她逃避到由回忆幻化而成的当前瞬间之中。一件件事情还没来得及展开便已经成了回忆，它们在回忆之中苏醒过来变成了另一种生活，然而这种生活却无法成为当下的现实。

在兄长阿图尔来魏玛之前几个星期便发生了这样一件事情，它让阿黛拉回味了足足十年之久。

在1813年春天普法之间一次规模不大的交锋之后，奥蒂莉娥和阿黛拉有了一次意外的收获，这一发现对她们日后的生活产生了深远的影响。有一次她们在城郊的公园里散步，在树丛中发现了一个负伤的狙击手，这是一位来自吕佐维尔的军官。当时的魏玛还站在拿破仑一方，因此两位年轻女士在这个春日清晨里偶遇的这位军官其实该算作敌人，可是她们却有不同的想法。奥蒂莉娥出身于一个败落的普鲁士贵族之家，对于那些为普鲁士的解放而战的勇敢战士充满了浪漫的思慕之情，而阿黛拉、女性文艺协会的成员们以及另外的那些充满爱国主义情绪的现代魏玛人也都是如此。奥蒂莉娥和阿黛拉由此跨进了一场小小的密谋冒险之中。她俩将这个伤号藏了起来，给他送菜送饭，并且悉心照料他。这两位年轻的女士自然而然地爱上了这位负伤的英雄，此人是一个西里西亚的皮草商家的公子，他的名字很一般：费迪南德·海因克。伤愈之后海因克先回布雷斯劳休假，随后便回归所在部队。在这一年当中，他两度随部队在魏玛驻扎，此时的他已经重新焕发出活力，出人意料的是他居然是一位活跃于沙龙中的翩翩公子。不过在与那些仰慕他的女士们交往时他还是要小心谨慎：他的新娘还在布雷斯劳的家中等着他。

当1813年深秋阿图尔·叔本华抵达魏玛之际，阿黛拉正满怀憧憬地沉浸在这段浪漫插曲之中，在这段插曲之中既有爱情的魔力又充满了火药味儿。阿黛拉丝毫没有受到当前严峻局势的影响，魏玛再度面临糟糕的局面：联军将伤员丢在了魏玛城中，痢疾和伤寒传播开来。到了1813年11月，魏玛城的6000名居民中有500人染上了伤寒。城里缺少医生，人们害怕被传染。城里每天两次烧烤柏油，用熏烟消毒。除此以外食品缺乏，自杀事件频发。阿黛拉也没有受到家中糟糕局面（母亲和兄长之间的紧张关系和争吵）的影响，至少起初是这样。

此时的海因克已经彻底地告别了魏玛，阿黛拉思念着他，对于她而言，这种思念简直变成了一种心灵上的避难所，她的这种感觉还要甚于奥蒂莉娥。海因克是一个意外的发现，这一发现被阿黛拉理想化为真实生活的开端。她在诗中写道："往常的生活是如此贫乏、简单，盛满了久久的渴望／而这一发现恰在生活之中发掘了生机。"接下来她又写道："你充满勇气地过着一种奴隶般的生活／为着自由和祖国／不要仅仅如此／你也要在异乡为自己搭建一间客居的小屋……／品质高尚的男子，满怀幸福地入住吧／……我们总能彼此认得出对方，永永远远。"这是一种理想化、神话了的追忆，充满哀怨的阿黛拉无所顾忌地把自己交给这份回忆，听凭这股力量的摆布。"花儿穿破冰雪的覆盖，绽放而出／……／这些花儿丝毫没有让我停止无时无刻的祈祷／花萼闭合之际，我一无所失／所经历的一切接受着血色阳光的照射／深藏在我的生命之中。"[18]

阿黛拉将这位日后成为布雷斯劳市警察局局长的海因克虔诚地奉为自己生命之中的指路明星。然而就在海因克落入凡间在魏玛逗留的那几个星期里，阿黛拉不得不又一次退到奥蒂莉娥的身后。就在这段浪漫插曲步入高潮阶段之际，阿黛拉致信奥蒂莉娥，信中写道"我们的的确确处在一个令人悲伤的境地……我们俩爱着同一个人……我……保持沉默，因为我已经决定压抑一切对他的念头，他对我的敬意足以让我心满意足……我将竭尽全力去探究他是否爱你……从昨天起，我在他的眼里变得可爱起来，对此我已经受宠若惊了，此外我别无奢求"。[19]

对于阿黛拉而言，海因克变成了一个神话，以至于多年以后阿黛拉在审视自身的时候仍将他作为一个参照点。阿黛拉在1816年除夕那一天的日记中写道："费迪南德，我的所作所为、我的所思所想、我的生活是否都符合你的心意呢？"[20]自此以后，她以海因克为标准去衡量任何一个男人："如果一个男人能够让我产生敬意，即在与海因克相比时他不至于沦为一个腹内空空的草包，只有这样我才会下决心。"（1817年3月4日）[21]又过了十年，即1823年8月她如此写道："此刻我想起费迪南德，就如同想着自己的命运，就如同想着我对彼岸的期望，就如同想着上帝，没有心愿、没有怨悔、没有眼泪。这是命运的安排，我对它言听计从，而此时此刻它也走到了尽头。"[22]

坐在母亲家中的午餐桌旁，阿图尔·叔本华与那位在时代精神的潮流中畅游的盖尔斯滕贝尔克遭遇一处，对母亲毫无敬意，以极为不屑的口吻对拿破仑撤退之后在魏玛城中掀起的爱国主义情绪恶语中伤，在这样的情形下，阿黛拉陷入矛盾之中，不知该效忠于哪一方。一方面，以海因克为标准去衡量盖尔斯滕贝尔克，后者只是一个手无缚鸡之力、夸夸其谈的家伙，他与母亲之间的友谊同样让她感到不舒服，日后当她不得不疑心母亲或许想把她和盖尔斯滕贝尔克撮合到一起时，阿黛拉简直"瞠目结舌"，简而言之：阿图尔对盖尔斯滕贝尔克的反感让她拍手称快。而另一方面，阿图尔针对那些所谓自由斗士而发表的言论使阿黛拉感到深受伤害，这些话无异于在亵渎她的偶像。然而有一点她却蒙在鼓里：盖尔斯滕贝尔克甚至将阿图尔的言行原原本本通报给了海因克。

这种不知该效忠于谁的矛盾冲突使阿黛拉深感痛苦，她觉得自己在对阵双方之间左右为难。当母亲与兄长之间的冲突激化之时，她的反应是既震惊又恐惧。归根结底，与同兄长的关系相比，她毕竟与母亲的关系更为贴近，于是她最终还是与母亲一样表示出愤慨之情。就在母子闹得不可开交的那几天，阿黛拉在给奥蒂莉娥的信中写道："在母亲面前，家兄的言行举止实在不像话，就目前而言，母亲不愿见他。"[23]

排除仅存的几封书信不谈，在阿图尔从家中迁出之后的最初一段时间里，兄妹之间也断绝了关系。两年以后，阿黛拉在日记中写道："我对兄长一无所知。"[24]

第十三章

非凡聚首：歌德与叔本华——两位与黑暗的强势进行斗争的色彩学家——一段棘手关系的来龙去脉——歌德："最终不免分道扬镳"

阿图尔·叔本华从1813年11月至1814年5月间居住在魏玛，就家事而言，这半年实在谈不上愉快。可是从另外一个角度来说，幸运之星还是光顾了他，直到晚年时，当他每每回忆起这件事情的时候总是兴奋异常：那位迄今为止对年轻的叔本华采取漠视态度的歌德生平第一次开始关注他。

叔本华将自己的博士论文寄给了歌德并题写了献词，后者居然阅读了这篇论文，在类似情形下他一般不会这样，或许最初的原因只是由于他觉得作为约翰娜·叔本华的朋友有义务这么做。可是在阅读的过程中他被深深地吸引住了，令他产生好感的是，针对时代精神所推崇的理性反思，这位年轻的哲学家着重强调理智的直观的优先地位。对于在自己的《格言与感想》中教导人们"感官不欺人，欺人者判断也"[1]的歌德而言，这种观点必然使他觉得气味相投。

在晚年，叔本华总是充满自豪地反复对人讲述第一次与歌德会面时的情形。例如听众之一的大卫·阿舍（David Asher）就向我们报道了那次会面的情况。那次见面是在约翰娜主办的某次晚间沙龙上，歌德总是出席这些聚会。"某一天……当这位年轻的哲学博士走进来时他（指歌德——作者注）突然离席而起，一言不发地穿过身边站立着的人群向阿图尔迎面走去与之握手，并且对他的论文（指博士论文）表示赞赏，认为它意义非凡，并且说正是这篇论文使他一下子对这位年轻的学者产生了好感。"[2]这种欢迎方式颇让人受宠若惊，这次会晤必定是在叔本华刚刚抵达魏玛不久之后发生的事情，因为就在1813年11月10日歌德便吩咐秘书里默尔邀请这位年轻的哲学家到自己家中做客。就在叔本华首度拜访之后，歌德便于11月24日在给克内贝尔的信中写道："从他的表现看来，这位小叔本华是一位奇特而有趣的年轻人。"[3]就在同一天，看来叔本华还完全沉浸在这次拜访给他留下的印象之中，他在给古典语文学家弗里德里希·奥古斯都·沃尔夫的信中写道："您的友人，我们伟大的歌德身体健康，开朗、乐群、亲切、友善，他的英名应永远受到人们的颂扬！"（B，7）

歌德偶尔会邀请叔本华参加一些规模较大的社交晚会，但一般情况下他则单独邀请叔本华到自己位于弗劳恩普兰的家中做客，在最初的一段时间里几乎是每周一次。到了1814年2月至4月间，这样的邀请变得越来越稀少了。

歌德与叔本华的往来并不是一种放松和消遣，他曾说过："他与别人是在闲聊，而与这位年轻的阿图尔博士则是在玄思。"[4]只有当处于"极度严肃状态"之时他才会与叔本华会面，因此歌德请求叔本华只有在受到特别邀请时才能去拜访他。歌德与叔本华在一起时想的是工作。他觉得叔本华是一位很好的谈友，与这个人可以就他目前，其实也是很长一段时间以来都十分关注的问题进行思辨：色彩学。

1810年5月16日，歌德那部包罗万象的《色彩学》以两卷八开本另附一卷四开本图册的形式出版。他花费了20年的时间写作这本书，当回顾这段岁月时，他将该书问世的那一天称为自己的"解放日"，此处含沙射影，颇有讥讽的意味，即对于他而言，战胜拿破仑的那一天都算不得什么解放日。当爱国主义激情汹涌澎湃之时，他正埋头思考"原始现象"光亮、黑暗以及两者间的混合——昏暗，作为色彩形式出现在我们的眼睛里。"白昼在右，黑夜在左，万物就从两者的联系之中变化形成，其中也包括我们。"在他看来，他同时代的那些满脑子爱国主义的人们尤其"昏暗"，他不惮于与这些人唇枪舌剑。他禁止自己的儿子奥古斯都作为志愿者加入反拿破仑战争。他的那位大公[①]在战争结束末期匆忙与皇帝[②]脱离干系，这件事情让歌德十分不满。即便是在拿破仑落败之后，歌德仍然充满自豪地佩戴法国军团的十字勋章。作为《色彩学》的作者，歌德喜欢将自己与那位伟大的科西嘉人相提并论。他敬仰拿破仑，将这位皇帝视为光明的化身。一方面，后者不得不继承法国大革命黑暗的遗产并要使其焕发出光明；而另一方面，他又分得了另一笔同样黑暗的遗产，即"牛顿色彩学的谬误"，而这正是亟待澄清的东西。《色彩学》中有部分章节充满火药味，歌德深深地陶醉于战争的画面之中："这里所谈论的并非某次旷日持久的围困或可疑的捍卫名誉之战。在那个世界第八大奇迹（牛顿的《色彩学》。——作者注）之中，我们所发现的是一个荒无人烟、摇摇欲坠的古代世界。我们立即着手拆除工作，从山墙和房顶开始，不费吹灰之力，于是阳光终于可以透进来，照射到老鼠和猫头鹰的巢穴之中。"[5]正如与提耳交战的惯有结局一样，最终所有的侏儒纠集在一起对抗提耳，后者不得不在前者面前败下阵来。就在拿破仑被彻底击败的那些日子里，歌德的愤怒和失望虽然与日俱增，但是他仍然在等待着自己的色彩学杰作能够产生决定性的影响。分娩之痛持续了20年之久，然而公众的反应就如同仅仅诞生了一只小老鼠。友人们对这部著作称颂有加，某些画家（尤其是隆格）从中受到启发。然而科学界却表示拒绝，《哥达学报》对此的评论简明扼要："行家们不会从中找到什么新的东西。"文学界对于他们

[①] 指魏玛公爵奥古斯都。

[②] 指拿破仑。

心目中的伟大代言人完全多余的不务正业之举深表遗憾。而政界中的人们此时正被其他的烦恼困扰着，这些人不禁问道，歌德为何不关注那些重大紧迫的问题，其中多少有一点责难的意味。

歌德认为拿破仑只不过是那些平庸之辈串通密谋的牺牲品而已，但是在通常情况下，他不会大声说出自己的这一观点。然而如今歌德自己（另一位提靶）以及他的《色彩学》也遭遇了同样的命运，对此他要对每一个乐于倾听的人说："如果在课堂里和书肆中有如此之多的魔鬼抵制我……那么他们就不应该阻止我大声地说出我自己认为是正确的东西……牛顿在年轻时自欺欺人，而他毕生都在致力于稳固这一自欺欺人的东西，如果不允许我说出这一点，那么大家为之呐喊和叹息的言论自由又何在呢！"[6]

当然并没有哪一个人试图禁止他发表自己的作品。出版商虽然预料到这部书卖不出去几本，但是他对歌德仍然格外迁就。从外观上看，这本书美轮美奂，至少可以放在图书馆里装点装点门面，这一预期倒是兑现了。

歌德感到自己遭到了误解，而被误解的恰恰是他自认为最重要的东西。就在这个时刻，他请来了年轻的叔本华要听一听他的看法。歌德日后对艾克曼（Eckermann）说道："对于我作为作家所做的一切，丝毫没有什么东西可以让我扬扬自得。在我的身边曾有过杰出的作家，在我之前有过更加杰出的作家，在我身后也会有这样的作家出现。然而在我生活的这个世纪里，在有关色彩这门复杂的科学中，我是唯一正确的人，对此我感到些许自豪，由此我意识到自己优于众多的人。"[7]

歌德深谙意味深长的导演策划之道，在这样四下里人们客客气气一言不发的情势下，他为自己安排了一个角色：一门隐秘学问的守护者。歌德曾经说过，他必须"竭力劝诱他人改变信仰"。就在此时阿图尔·叔本华从天而降来到了魏玛,对于歌德而言,叔本华正是这样一位有可能"改变自身信仰的人"。

人们若要理解色彩学对于歌德的重要意义,那么就必须首先追溯他最初的动机,而不是其研究的结果,几十年来正是这些动机将他牢牢地拴在这项工作之上。

在意大利旅行期间(1786~1788),歌德焕发出不可遏止的精力投身于绘画。他要从主观感伤的洞穴之中逃脱出来,走到客观"直观"的阳光之下。他要用眼睛,而不是只用心灵进行文学创作。起先歌德估计自己在绘画方面有天赋之才,然而最终他不得不承认,他根本不具备这种决定性的天分。歌德十分懂得"当舍则舍",他在这种情形下产生了一个想法,即首先必须穷究色彩的本质。他在意大利期间便坚信:"如果人们为了追求艺术而想要对色彩有所了解的话,那么就必须首先站在自然这一面,将色彩作为物理现象来对待。"[8]因此,"以科学方法"对色彩进行研究这一想法的灵感来源于歌德的补偿心理。不过除此之外,这里还有更为重要的因素。

歌德对自然现象的研究一直可以追溯到他定居魏玛的最初几年,而色彩则一直是他优先研究的对象。色彩现象本身以及他进行自然研究的方式将我们带进了歌德对自我和世界认识的中心地带。

尚在狂飙突进时期,歌德就认为"自然"是某种带有强烈主观情感的自我决断力的代名词。完全与卢梭的观点一致,"自然"站在习俗、社会规范的对立面上。在主观的本性为所欲为之际,人们同时也应该与客观的自然达成一致。人们若要让自身的"自然"得到发展,那么内在的本性与外在的自然就必须和谐共鸣。① 如果有人放任"内在的"本性为所欲为,那

---

① 此处的"本性""自然"在德语中同为 Natur,在翻译时依据上下文有所区别。

么他的生活将难保没有危险。由自发性构成的巨浪会在严峻的现实面前跌得粉身碎骨。在来到魏玛的最初几年中，歌德与年轻的公爵一起自命天才任意驰骋，偶尔产生的摩擦还能够得到化解。自发性找到了一个受到权力庇护的空间，在这个空间内，自发性还能够在风险降低的情况下施展自己的拳脚。这在一段时间内还行，然而后来那些原本对歌德起着庇护作用的东西却越来越多地占用了他的时间：作为部长所担负的职责以及由于其社会地位所带来的声望将他带到了严酷的现实之中。冲突激化了，关系越来越紧张。歌德总是尽量避免冲突最终激化至悲剧性的结局，这一次他远走意大利。在意大利，他学习如何去认可他人（物）。一个人应该在做一件事的同时不放弃另一件事情，应该同时献身于两个神——文学之神与现实之神，既不要让外在的生活受损于内心生活，也不要让内心生活因外在生活而受到损害。日后歌德为此找到了一条公式：对于他而言，真理就是"源自内心、在外部得到发展的某种启示……这是一种世界与精神之间的综合，这种综合达到了存在的永久和谐，它为人们提供了充满福祉的保证"。[9]

只有当人们能够自如地驾驭文学创作与现实存在之间的矛盾时，这种"和谐"才会存在。意大利之行帮助歌德获得了这一和谐，这一点可以从歌德创作的《托尔夸多·塔索》（*Torquato Tasso*）之中看得出来。这部剧作构思于旅行之前，那时的歌德还没有找到世界与文学创作之间起着平衡作用的"中声部"。直到旅行结束之后，他才完成了这个剧本。虽然此时的塔索依然是那个痛苦的诗人，令他产生痛苦就是那个周遭的世界，然而与最初几稿中的描写不同，歌德在定稿中对此的解释是，这种痛苦完全是天才错误地估量现实所造成的后果，因为这个天才在从事文学创作时以一种主观的、理想化的方式表达自己的想法。歌德超越了塔索，对此他颇为自豪，他现在的生活纲领是：既当塔索（作家）又当安东尼奥①（世俗中人）。可是如果世界一天天变得越来越没有诗意，那么诗人如何能够以世界为准绳呢？对于他而言，这个世界变得越来越没有诗意，这不仅仅表现在他日复一日地在社会与政治生活中要履行的职责上，而且首先表现在现代人对现实的认识上。在他看来，这种认识从范式上体现了分析方法所主导的自然科学正高奏凯歌，它对人们提出了许多非分的要求。这个时代具有将事物一分为二的强烈倾向，而歌德则意图在自己的身上将两者维系并结合在一起：分析性的理性与创造性的幻想，抽象的概念与感性的直观，人为设计的实验与亲身的体验，数学的估算与直觉。歌德的心中充满忧虑，他担心在真理的王国里文学创作会失去故园，"柔弱的基于经验的方法"有可能会被强悍的、没有同情心的、可是在实际操作中却行之有效的"科学"方法驱逐出境。可是在这场他认为必须全力抵抗的保卫战中，歌德不愿意成为塔索，后者站在世俗人的对立面，因而从一开始便注定要失败。歌德不是在捍卫那条针对科学而设置的防线，他要做的是将诗意的精神传递到科学之中，他要对科学在自己地盘上的权力要求提出质疑。歌德要的不是防守而是进攻，他要攻入对手的心脏地带。歌德在发动进攻，他之所以能够发动这场进攻完全是受到了某种灵感的启发，这一灵感便是他关于人格理想的精神本质：在歌德看来，任何知识，只要它无法与人的多方面追求和素质和谐一致，只要在这种知识之中"感性与理性、想象力与理智"无法构成一个"坚定的统一体"，那么它就是一种"有伤人的尊严"的知识，就只是为真理之理念所作的一幅漫画而已。对于歌德而言，真理应该服从于某种在一定程度上最基本的范围逻辑法则。只有当真理与人的躯体和生

---

① 《托尔夸多·塔索》中的人物，在剧中的身份是王国的国务秘书。

命，也就是说只有真理在人的感官和感性可以触及的范围之内时，这种真理对于人而言才是有价值的。并非每一种好奇心都会获得人们的赞同。有这样一种好奇心，它将我们带走，使我们离开自身以及所生活的世界，它驱使我们去做一些与我们自身毫不相关的事情，其结果就是人"不断地耗费精力折磨"着自己，在此过程中人迷失了自己。歌德所追求的是一种听得到、看得见的真理。在歌德看来，自然脱胎于那些"原始现象"，即那些"原始形式"，随后千变万化，体态万千。歌德不愿意把这些"原始现象"理解为抽象的种类概念或类型，因为出于对经验材料进行归整的需要，类型和种类概念只能是"思考"的对象，而歌德心目中的"原始现象"必须是可以"直观"的。他认为，应该存在着某种"原始植物"，从这种原型中衍生出了一切植物变体。他甚至认为自己在意大利南部找到了这种"原始植物"。自然究竟是什么，自然在我们眼中何以能够如此"天真无邪"，这一切都完全展现在他的外表之中，这一外在的表现形式并没有必须通过以数学计算为基础的物理学或是某个人为设计的实验才能够挖掘出来的潜在意义。针对那些人为设计的实验，歌德直言不讳地说道："自然备受折磨而一言不发。"而针对近代物理学带来的"灾难"，歌德斥责道：必须追回被物理学所窃取的东西，关键在于"将现象一劳永逸地从充满了隐晦、机械、教条气味的刑讯室之中"解放出来。[10]

曾经有一段时间，他曾试图改善自己与数学，尤其是与缺乏直观的代数之间的紧张关系。他在耶拿期间上过代数课，可是从他不久后放弃这一学习计划的做法上表现出了他那从心所欲的生活艺术，正是这种艺术使歌德的奥林匹斯之神的形象日臻完备，因而深深受到当代和后世人的敬仰。对于中断代数研究这件事，他做了如下解释："此事对我的天性不会有什么裨益。"[11] 这是一种服从于生命旨意而采取的漠视态度，尼采对歌德这一超凡的态度大加赞赏。如果没有这种态度，那么歌德也就不会具备那么巨大的影响力了。这一影响力来源于这样一种人生信条：塑造一个属于自己的世界，将形态万千的各种元素聚合到一起达成某种平衡，某种幸福的平衡，毫不犹豫地将那些"欠缺无益"的东西拒之门外。比如说，歌德根本无法找到自己与死亡的什么瓜葛，而他周围的人也尊重他对此的看法。斯泰因夫人在遗嘱中要求一定要将自己的遗体安葬在弗劳恩普兰的房宅周围。克里斯蒂安娜临终之际，歌德的身体稍有不适，于是便回房休息。这正是某种将"欠缺无益"的东西拒之门外的举动，很难用"抑制"这个概念来解释这一随心所欲的行为。因为在这一行为中看不到困窘、紧张、局促不安。这种行为与某个特定的生活空间密切相关，它给予这个空间以某种充满生机的同质性。之所以可以如此，原因在于举动本身具有可适应性，它在确定界限时不无反讽意味，而且这种拒之门外的行为本身也就意味着某种"放弃"，这隐含着某种清醒的意识，即自己认定某种生命法则，并接受后者的平和统治，明白自己该放弃什么。不过这种行为有时候显得有些滑稽，例如依据歌德的色彩理论，彩虹根本不该存在，于是他将这一现象视作某种"讨厌的恶作剧"，是大自然对他开的一个玩笑。又例如某位著名的物理学家赠给他一台价值不菲的现代偏振仪，这台仪器恰可以证明牛顿关于光的起源的假说，因为它可以将光线分解为光谱色，而歌德则固执地拒绝使用这台仪器，这与两百年前的宗教裁判所不愿透过伽利略的望远镜遥望天空一模一样。对于那些借助知觉的假肢，而不是凭借我们自身健全的感官获得的关于自然的知识，歌德一概拒绝。例如歌德教导我们，在自然界中只存在着光，而没有什么光线，后者只有借助人为的、机械的手段才能够被捕捉到，这是对光施加暴力的行为。人们以这样的方式分解出光线并借此获得了关于光的认识，也正因为这个缘故，这种认识无法切中光的本质。这正是歌德对牛顿的主要指责之一，因为后者的实验场所不是在无所遮蔽的大自然之中，而是强迫光透过一个小洞："朋友们，远离这间黢黑的房间，有人要在这里用钳子把光夹紧让你们瞧。"[12]

歌德对自然的研究总是以人为本，在他看来，这种研究对于完美人生起着平衡作用，这一点尤其体现在他对色彩的研究上，因为对于他而言，色彩是生命本身的最佳象征。对立与增长，这正是生命的法则，也正是这个法则创造了色彩。对立体现为光明与黑暗两者共存。必须将光明视作"我们所认识的事物中最为简单、同质、不可分割的东西"，这番话是针对牛顿说的。也就是说，光乃是一种"原始现象"，人们无法对它再寻根溯源。与光明相对的是黑暗，两者不仅在物质上是实在的，而且也具有某种"形而上"的实在性，它们之间相互对抗。一贯寻求平衡的歌德在此也不例外，他更倾向于将这种对立关系称为"相互作用"，正是由于这种相互作用才产生了色彩。色彩就仿佛生命，"昏暗"这一混合体正是对立双方之间的某种积极平衡。歌德在日记中写道："色彩学的观察和譬喻，爱和恨，希望和恐惧也只是我们昏暗内心之中的不同状态，透过内心，精神将视线投向光面或暗面。"[13]

对于歌德而言，色彩既是主观的又是客观的。在眼睛所担负的工作中体现出了某种对立性，正是这种对立性主宰着人的生命。"我们相信，在这里再一次发现了视网膜巨大的灵活性以及某种无言的矛盾，每一个活生生的东西，只要将它置于任何一个特定的情境之中，它就不得不将这种矛盾表现出来。因此吸气必须以呼气为前提，反之亦然，同理，心肌的收缩与舒张也是这样。这是生命亘古不变的公式，这一公式在这里也体现了出来。眼睛遭遇黑暗时，它便要索取光亮；如果遇着光亮，它便要索取黑暗。正是通过这种方式，眼睛展示着它的活力。"[14]

歌德发现了在眼睛的特征与光的特征之间存在着的某种和

谐一致，他认为人们应该就此满足了："因为就眼睛的感觉而言，色彩乃是某种合乎法则的自然存在，我们除了重复这一点以外没有什么别的事情可做。"[15]

"就眼睛的感觉而言的合乎法则的自然存在"，这就是歌德归纳出来的公式，借助这一公式，歌德意图跨越色彩的主观性与客观性之间的鸿沟。正是在眼睛可以看到色彩这个"法则"之中体现出自然呈现出色彩这一"法则"。

对于年轻的叔本华而言，这一假想必然被他视作某种幼稚的现实主义观点，因为在不久前的博士论文中，他还将康德的先验论发挥到了极致。在与歌德的谈话中，他或许也有些大不敬地表达了自己的看法。多年以后，他谈到了以下这段逸事："可是这位歌德……他是个彻头彻尾的现实主义者，他根本不愿承认，只有当对象被认识着的主体表象化时，对象才成其为对象而存在。他用那双朱庇特般的眼睛看着我，并对我说，难道只有当您去看的时候光才会存在吗？不，如果光看不到您的话，您就不会存在了。"（G，31）

的的确确是在这一场景中，歌德与叔本华之间的核心分歧暴露无遗。如果考虑到他们各自的出发点，这一分歧原本并不会让彼此觉得惊讶，因为在双方合作之前这一分歧就业已存在了。只不过在最初一段时间里，这一分歧被某种激发创造性的误解所遮蔽：歌德之所以欣赏叔本华乃是因为后者固守直观原则，并将这一原则作为一切认识的根本前提，可是歌德却忽视了后者极端地将这种直观的真理价值局限在我们表象化行为的边界之内。而另一方面，叔本华也被歌德的全才和果敢所折服，无论做什么事情，歌德都会凭借着这种果敢遵循他的那个直观原则。歌德的光辉使叔本华眩目，致使他无法看到歌德不仅是在概念的推演上使用这一原则，而且本人也身体力行地体现着这个原则（"朱庇特般的眼睛"）。歌德运用他的色彩理论细致入微地描述色彩在眼睛内形成的机制（色彩生理学），以此为基点，叔本华可以毫不费力地将其纳入自己的精神世界之中。正是这些缘故，也出于哲学家叔本华的心领神会，双方的根本分歧有所削弱。

一连几个星期，双方围绕着色彩相互探讨并一起做了实验。随后歌德于1814年初写下了两行短句："假如学生不是立即变成先生，我仍甘心情愿担负先生的责任。"这首小诗日后被他收录进了《讽刺格言诗集》①的补充版本。事实上也正是如此：谦虚本就不是叔本华的长处，而此刻的他正跃跃欲试地要充当先生。从歌德的色彩生理学出发，叔本华意图要发展出一套有关色彩如何在眼睛中形成的完整理论，而且他认为歌德虽然进行了足以说明问题的观察，然而却还没有提出完整的理论，叔本华对此深信不疑。

直到离开魏玛后一年，叔本华才在短短的几个星期内将这一理论付诸笔端，为此他还中断了正在进行之中的宏大的哲学规划。而有关的想法正是产生于他与歌德交往的那几个月之中。歌德的色彩理论所涉及的是"光的作为与痛苦"，而叔本华的研究最终却完全不同，它所涉及的是"眼睛的作为与痛苦"。光是某种"原始现象"，在这一点上，叔本华赞同自己先生的看法，然而他却认为这无关紧要，因而一笔带过，转而将注意力集中在他最感兴趣的问题上，即眼睛是以什么样的方式对光这一无法进一步测定的现象作出反应的。叔本华凭借某种猜想展开论证，即变换的光线在投射到视网膜时后者对前者作出不同的反应，光现象正是这一反应的产物。视网膜有着

---

① 《讽刺格言诗集》（Xenien）是歌德和席勒在1795~1796年间创作的一组格言体短诗，对同时代的文学和艺术新倾向进行讽刺批评，这组诗后来发表在席勒主编的《缪斯年鉴》（1797）上，激起了轩然大波，对手们发表了大量充满火药味的讽刺短诗应战。

某种"天然的冲动……要将自己的所作所为完全地呈现出来"（Ⅲ，231）。既然每一束经过变换后射入的光线要求的只是视网膜本身所具备的工作潜力中的一部分，那么为了使自己的工作达到最优化，视网膜就会将那些缺省的工作"补充"进来，于是人们就产生了那些对互补色的印象，不过首先产生的还是某种奇特的感觉，即当互补色出现时人们便会感到和谐般配。叔本华在这里套用了音乐中的和声理论，后者同样是一种互补关系，是不同的声音振动之间构成的互补关系。

如同歌德一样，叔本华针对牛顿的观点尖锐地指出，色彩并非"光线被分解"后产生的现象，而是"视网膜的工作被分解"后所产生的现象（Ⅲ，239）。

叔本华有关色彩学的论著在1816年首次出版，他在表述自己与歌德的分歧点时表现得十分谨慎。虽然事实上这些分歧早就存在，然而直到1854年该著作再版时他才将这些分歧尖锐地表达出来。针对歌德将光明与黑暗视作一对"原始现象"这一观点，叔本华写道："真正的、唯一的原始现象是视网膜所具备的能力，即它能够使视网膜上的神经在两个在质量上完全相对的、时而相同、时而不同的方向上发挥作用，并且使这种作用渐渐显露出来。"（Ⅲ，275）

其实歌德是借色彩理论对自己的人生哲学和自然哲学作一番浓墨重彩的"表白"，因此其中也夹杂着他对伦理、美学和形而上学的大量反思。而叔本华则延续着博士论文的思路，他对色彩的兴趣其实是某种认识论上的兴趣，因此他将这篇论文命名为《论视觉与色彩》。在有关视觉的那一章中，他重申自己在博士论文中所做的工作并使之精确化：对"纯粹知性"的运作过程进行描述，在他看来，纯粹知性从躯体（此处便是视网膜）所受到的刺激出发，借助先天的因果性原则建构起一个以感性的方式呈现出来的世界。

如果不是遇见歌德，叔本华一定不会研究色彩问题。对于他而言，这一问题只是一个施展空间而已，他可以在这里推演自己在认识论方面的种种猜想。此刻的叔本华正准备要努力进入自己哲学规划的核心地带——意志哲学，也只是出于对歌德的崇拜才促使他中断计划投身于色彩学研究。为了接近这位心仪已久的大师，叔本华便在这场与牛顿的对抗中为歌德助阵，他相信自己拥有更好的证据。在这种关系中，叔本华扮演的是一个追求者的角色，然而他并不是歌德想听什么他说什么，也不愿讨人欢心。对于别人出于仰慕的追求，歌德一向避而远之。其他的那些追求者们，例如伦茨、克莱斯特等人都领教过这种拒人千里之外的态度，这让他们的心灵遭受了巨大的创伤。可是叔本华则不同，在他与歌德之间进行着某种特殊的"竞争"，在这一过程中，叔本华显示了某种自信，虽然歌德的拒绝态度也曾让他感到痛苦，然而这种自信不会转变为怨恨。一方面，叔本华坚持自己的观点和自己进行哲学思考的方式；而另一方面，他对这位大师的崇敬之情却丝毫不减，虽然后者采取退避态度。无论是对大师的崇敬，还是有时在贯彻自我时表现出局促不安，叔本华都没有迷失自我。

这场竞争始于1815年6月，此时身在德累斯顿的叔本华将写就的《论视觉与色彩》手稿寄给歌德。

此时相距双方分别已经一年有余了，一年前歌德写下了一句格言以示赠别："如果你想扬扬自得于自己的价值，那么你就必须赋予这个世界以价值。"

这种既友好，又颇具警策意味的告别方式使阿图尔感到，自己仍旧有资格维系这种联系，虽然彼此在交往的那段时期已经出现了不和谐。因此他向歌德提出一个请求：作为对那段合作时光的纪念，为了表示对后者的敬意，他提出让歌德担当这部论著的出版人。

此刻的歌德正在旅途之中。他重返故乡法兰克福，叔本华论文的手稿和附信随之也被转递到了这里。歌德与自己的出版商科塔商议新全集的出版事宜。在这里歌德与斯泰因男爵邂逅，他随后便陪同后者沿莱茵河北上前往科隆，恩斯特·莫里茨·阿恩特[①]也结伴同行。歌德在波恩逗留了几天，与莱茵诸省的部长和将军们盘桓在一处，在此期间，他还接受了沙皇的妹妹卡特琳娜、梅克伦堡大公、坎伯兰公爵等人的拜访。在威斯巴登，他被授予一个级别很高的勋章。《少年维特之烦恼》中绿蒂的原型、现寡居在家的凯斯特纳夫人派自己的儿子来拜望歌德。此外，歌德还忙里偷闲地继续创作《西东合集》并校订《意大利游记》。显然，歌德没有时间也没有心情给叔本华回信。于是后者便于1815年9月3日写了一封信以示催促。叔本华在信中写道，他能够想象得到，在大世界里的四处游走必然使歌德觉得那部邮寄的手稿无足轻重，而于他本人而言，这部手稿却让他牵肠挂肚："我从您本人那里知道，文学创作对于您一直不过是余事而已，而现实生活才是您的主业。而我则恰恰相反，对于我来说，那些我所思考的、诉诸笔端的东西才有价值，才是重要的；而我的亲身经历和遭遇则是次要的，是我嘲弄的对象。"（B，16）叔本华以催促的口吻请求歌德至少确认一下已经收到了手稿，如果不愿过问这件事的话就请将原稿寄还给他，"答不答复都可以"。叔本华在痛苦的等待中受着煎熬，他不知道论文是否会丢失或落到其他人手中，他请求歌德出于友情能够消除他的痛苦和疑虑。

叔本华原本指望歌德会认真研究他的论文或者充当该书

[①] 阿恩特（Ernst Moritz Arndt, 1769~1860），德国作家、历史学家、政治家，鼓吹德国统一，1848年革命中曾任国民代表大会议员，代表作有《写给德国人的诗歌》《时代精神》。

的出版人，可是在经过数周的等待之后，叔本华显然放弃了希望。

可是就在1815年9月7日，歌德的回信到了，信写得很有分寸。他在信中写道，他"在兴致高的时候"收到了这部手稿，读过并对此进行了认真的思考。歌德有些言过其实，其实他只是将手稿浏览了一遍，因为他日后曾请求叔本华写一篇摘要以便他在自己的论文中可以引用叔本华的观点。

不管怎么样，当叔本华于9月7日收到这封来信的时候，他心中的希望重新燃起，尤其是歌德答应回到魏玛之后便写下具体的"意见，只要时间许可"。可是他并没有谈及充当出版人的问题。

叔本华于9月16日回信致谢，歌德答应对该论文发表意见使他"暂时宽心"。

接下来又过了一个多月，直到10月23日歌德才回信答复。可是在信中找不到歌德许诺过要发表的"意见"。虽然歌德强调自己在阅读手稿时心情"极为愉悦"，不仅赞扬文风"正派"，而且认为叔本华是一位"有独立见解的人"。在说完了这番恭维的套话之后，歌德切入正题。他说由于论文中涉及诸多差别之处，而自己目前已经远离了色彩学，因此无法理出一个头绪。即便如此，他仍建议叔本华可以与泽贝克[①]教授谈一谈，在色彩学方面，后者可算作同一战壕里的战友。如果叔本华同意的话，歌德愿意将论文手稿转交给泽贝克让他做鉴定。歌德在信中写道："目前我正在进行着一次美妙的精神之旅（创作《西东合集》。——作者注），一路奔波，在我回来

[①] 泽贝克（Thomas Johann Seebeck, 1770~1831），德国物理学家，歌德在撰写《色彩学》时曾求教于他。1810年，他发现了湿氯化银对色彩的敏感性（这一发现为日后彩色摄影奠定了理论基础），1818年发现了糖溶液中的光偏振现象，此外他在热电学上也有重大发明（例如泽贝克效应）。

之前，我最大的心愿就是你们两人能够彼此接近，并能够共同协作。"这封信使阿图尔大失所望，他对此大为恼火。失望的原因在于，歌德既没有对论文提出什么实质性的意见也没有提及充当出版人一事。恼火的原因在于，他觉得歌德让他与泽贝克合作其实是在草草地打发他。1815年11月11日，叔本华给歌德写了一封内容相近的回信。他虽然在信中压住了自己的怒火，可是他还是通过文学典故语含戏谑地将这种愤怒流露出来。歌德的建议让他想起了陶本海因牧师（毕尔格的叙事谣曲中的人物）的女儿："这位姑娘希望得到仁慈的男主人的垂青，可是后者却把她指定给了他手下那位勇敢的猎手；让-雅克·卢梭的遭遇也是如此，他年轻时有一次去拜访一位女士，这位高贵的妇人请他留下来用餐，他事后才发现这位妇人的本意是让他和仆人们一起吃饭。"（B，22）

叔本华可不愿意被人当作主人桌边上的仆役。他充满自尊地回绝了歌德的建议，无论是从内容还是从词句上看，在11月11日的这封长信的字里行间随处可见这份自尊。叔本华恰恰是要将歌德逼人困境之中，他写道，既然在某些问题上存在分歧，那么错误不在自己这一边便是在歌德那一边，如果错误在自己这一边，那么"为何阁下既不让自己心满意足也不让我获得教益，您只需几句话便可以勾勒出一条界线，使我论文中的真伪泾渭分明"（B，19）。话到这里听起来还有几分恭敬，透着几分谦虚，可是叔本华接下来又写道："可是开诚布公地说，我不认为可以勾勒出这样一条界线。我的理论是由某种独一无二的想法发展而来，这种想法无法进行分割，它要么必然是完全错误的，要么必然是完全正确的，这个理论就像是房屋的穹顶，如果从中抽取出一块砖石的话，它不可能不坍塌下来。"（B，19）叔本华认为歌德的色彩学则不同，它是"众多……形形色色的事实组合在一起构成的体系，在这一体系中很容易就会出现一个小小的谬误。"

虽然叔本华在信中不乏恭维之词,但与此同时也毫不掩饰地大大贬低了歌德的色彩学理论。歌德曾写道:"在每一次对世界的注视中,我们都在进行理论思考。"歌德将自己的作品视作某种理论建构的新类型,难道说他的研究只有借助叔本华的这篇论文才上升到了理论高度吗?叔本华的自我评价中充满了自尊,为了表现这一点,他打了一个比方:"如果我拿您的色彩学与金字塔相比的话,那么我的理论就是这座金字塔的塔尖,整个金字塔正是从这个数学上无法分割的点出发向下延伸展开,这个点是如此重要,没有它整个金字塔便不复存在,而与此相对,无论人们从塔基下抽取些什么,金字塔仍旧是金字塔……"(B,21)对于歌德而言,这个比喻实在算不上是什么恭维。叔本华清楚,歌德也了解亚里士多德,因此当然也就知道本质(理念)存在于事物(质料)形式的圆满实现之中。这个比喻所蕴含的建议就是,歌德应当将自己的作品视作"质料",它只有在叔本华的精神的呼唤下才得以激活。

歌德委婉回避的态度激起了叔本华自我评价的登峰造极,他提笔继续写道:"我知道,我是自科学发端以来第一个提出正确的色彩理论的人,对此我确信无疑。"(B,20)

不要忘记的是,歌德认为他本人正是凭借了《色彩学》这部作品进入了世界的历史,在这部著作中,歌德感觉自己就像是精神王国里的拿破仑。而现在居然有这么一个年不满三十、名不见经传的哲学家自称是他将这部著作提升到了理论的高度。这位年轻的哲学家实在是太过分了,居然声称自己只是将色彩学(歌德将其视为扛鼎之作)当作自己理论的副产品。歌德将自己半生的心血倾注在这门学问上,而那位年仅27岁、刚刚完成一篇色彩学论文的作者竟敢厚着脸皮写道:"除了那几个星期以外,我一直只是将它(《论视觉与色彩》。——作者

注）当作余事看待。现在我的脑子思考着色彩学之外的诸多其他理论问题。"（B，22）

在叔本华的信中多种情绪交织在一起：既有压制住的愤慨，也有过分的骄傲；既表达了自己的失望，又不乏真诚的敬仰之情。令人惊讶的是，对于这样一封信，歌德在回信中表现出了一种亲切而镇静的态度，即使细细品味也看不出他因此受到了什么伤害，也察觉不出因为《色彩学》这部凝聚着自己毕生心血的作品受到叔本华这位年轻的哲学家的不高评价而恼火。歌德在信中一开始便安慰叔本华，泽贝克还没有见过论文手稿，而且他也不会违背作者的意愿将文稿交给后者。接下来歌德针对自己与叔本华之间的理论分歧作出自己的评判，其中不乏自信和讽喻的气味。歌德立足叔本华的先验哲学观点施以反讽，他由此出发得出的结论是谬误亦有生存的权利，人生的智慧在于让不同的事物各走各的路，只有这样才能保持"各自的东西"。歌德写道："一个乐于从主体出发去建构世界的人就不会否认这样的观点，即现象世界中的每个主体只是一个个体而已，因此为了保持其自身的独特性，主体自身就需要具有一定成分的真理和谬误。在不同的人身上，这两种成分按照不同的比例被混合在一起，也正因此人和人之间才具备了区别。"

这番话就是歌德对整个这件事作出的评判，除此什么也没有。叔本华不愿意承认这一事实。那么叔本华究竟在期待着什么呢？难道他期待的是歌德这样的话：一点不错，是您把我那些支离破碎的观察结果提升到了真正的理论高度，这真是令人惊讶，年轻人，您竟然在短短的几个星期里就为我那凝聚了毕生心血的作品添上了点睛之笔，我迫不及待地要将您的作品公之于众，正是您的作品让拙作熠熠生辉？

正是如此，这位年轻的哲学家将歌德当作父亲的替身，他想得到的正是后者的赐福：你是我亲爱的儿子，我因你而欣喜，去吧①……叔本华想要得到这样祝福的话语，而这只能是徒劳无益的等待。在此后的一段时间里，叔本华仍然祈求获得赐福，此时的他并没有贬低自己并在这位尊长的面前卑躬屈膝。一方面，他不带半点虚伪地表达自己的尊敬之情；另一方面，他变本加厉地展示自己的自信。叔本华毫无顾忌地称赞自己，他要昂起头颅去迎接赐福。

可是歌德没有任何答复，于是叔本华放弃了希望。他在1816年1月23日的信中写道："我最初的希望是您能多少参与到我的论文之中，并通过这种方式使它为人所知，这个愿望始终是个未知数，现在渐渐破灭了。我原本抱着一线希望……在将近七个月的等待之后，这一丝希望也随之消失了。"（B，23）叔本华写信索回手稿，他又一次作出了出格的举动。儿子没有获得父亲的赐福，于是他便站在父亲面前胆大包天地宣告：你之所以在我面前退却，那是因为你认识到真理在我这一边，谬误在你那一边。如果你对我不友好，那只能说明你不够宽宏大量。叔本华写道："坦率地说，我根本无法想象阁下居然不承认我的理论的正确性。因为我知道，正是通过我真理才开口说了话（在这件小事情上，日后在更大的事情上也会这样），而您又是一个按照规则办事、一丝不苟的人，因此不可能不与我的想法产生共鸣。可是我也能够想象得到，由于我的某些原则与您的某些原则不完全一致，于是您主观上对此产生了反感，正是这种反感使得您没有兴趣研究我的理论，因此您总是把它搁置在一边并拖延下去，于是您既不表示赞同也不表示反对，干脆保持沉默。"（B，23）

在叔本华看来，至少他自欺欺人地认为，歌德的沉默恰

---

① "去吧"（Gehe hin），此语当源于《圣经·新约》中《路加福音》（10，37）耶稣的话"去吧，就照这样做"（So gehe hin und tue desgleichen）。

恰证明了他自己占了上风，至少在这件事情上是这样。他将色彩学研究视作"小菜一碟"，这无形中刺伤了歌德。虽然并非出于故意，但叔本华却一而再，再而三地这么做，这又是为什么呢？对于叔本华而言，他与歌德的私人关系显然要比对色彩问题的研究更加重要，事实上也的确是这样。可是实际情况却是，这层私人关系恰恰是建立和维系在色彩学研究的基础之上。要使这层关系保持平衡的前提是，在"父亲"的强权面前，"儿子"至少能够有机会凭借自己在某个领域的优势获得某种补偿。叔本华要赢得歌德的赐福，于是他便要证明能够给予"父亲"某些东西。可是歌德却不愿充当父亲的角色，他怎么可能这么做呢？就连自己亲生的儿子，他也只是将其视作自己的秘书而已。不过歌德还是敬重叔本华这位"学生"，虽然后者现在以"老师"的面目出现在自己面前。如果不是这样的话，面对叔本华这种无礼之举，歌德早就与他断然绝交或根本不予理睬。

1816年1月28日，歌德将手稿寄回给叔本华，此外还附了一封信，信中语气颇为亲切。歌德说自己多么希望能够在冬日的夜晚和叔本华一起促膝而坐，互相辩论，"谈话……不见得一定总是一团和气"。这番话对于叔本华而言不啻为一种恭维。对于叔本华的自高自大，歌德虽然有所容忍，但是他在信的末尾处还是给了以集色彩学大成者自居的叔本华一记耳光。他说，叔本华最好将自己的"观点简明扼要地表述出来"，这样歌德以后就可以时不时地引用一下这些观点。面对自以为成就了一番事业的叔本华，歌德旁敲侧击、轻描淡写之举显示了他的宽宏大度。与此同时，他也借此将双方之间失衡的关系重新扶正。

叔本华给予了答复：面对如此遭遇，除非对方是歌德或者康德，换了别人，他不会就这么忍气吞声。

于是在没有歌德赐福的情况下，叔本华将色彩学专著交付印刷。他在1816年5月4日给歌德的信中写道："我请求您发表见解，但愿这次不致让我放弃希望……"（B，28）一个星期以后，歌德写信表示感谢，并友好地说："望您能时常通些消息。"对于歌德而言，这只是一次无足轻重的告别，而对于叔本华而言，这种告别方式却令他心痛不已。

歌德日后在自己的《纪年》①中写道："作为一位诚心实意的朋友，叔本华博士站在我的一边。我们在某些方面观点一致，可是最终不免分道扬镳。就像一对一直以来携手同行的好朋友一个要往北、一个要往南，于是他们便很快彼此毫不相干了。"[16]

---

① 系歌德的自传性作品，作于1817~1830年间，1830年出版第一版（科塔斯图加特版手订本）时冠名为《日日年年》(Tag-und Jahreshefte)，在日后出版的各种版本文集中不乏以《纪年或日日年年》(Annalen oder Tag-und Jahreshefte)作标题者。

第十四章

德累斯顿——阿图尔不与同行交往——"非凡构思"的时代——女管家:"您真是芬芳吐艳,博士先生"——稿本中的哲学独语——阿图尔为"优良意识"找到一种语言——发现了作为"自在之物"的意识

1814年春,外界充满了硝烟、喧嚣和尸体腐臭的大小战事已经向西线转移,而与此同时,阿图尔与母亲之间的争斗也达到了高潮。为了能够全身心地投入一部巨著的创作,叔本华要寻觅一个新的落脚之处。他选择了德累斯顿,这座城市在当时被誉为"北方的佛罗伦萨",叔本华此前曾数次到过这里。这里的气候、建筑风格、自然风光、环境气氛、汇聚在这里的众多艺术珍品、大图书馆、社交生活——所有的这一切都合他的心意。

德累斯顿没有大学,不过叔本华一向坚信,他从任何一位活着的哲学家那里都学不到什么有用的东西,因此这个缺憾未见得会影响他的选择。1814年4月24日,叔本华在一封写给卡尔·奥古斯都·伯蒂格(母亲茶会上的座上客,时任德累斯顿王家古代博物馆总监)[①]的信中写道:"我更好的、真正的生活是我的哲学研究,它高高地凌驾于其他所有事物之上,这些东西只是点缀罢了。既然我可以选择,那么我就希望居住在一个自然风光优美、艺术品荟萃并能够为我提供丰富研究资料的地方,而且这个地方也要让我能够获得必要的安宁。在我所去

[①] 伯蒂格(Karl August Böttiger,1760~1835),作家,曾撰写大量有关语言文学、考古学、戏剧方面的文章。他最著名的《文学状况和同时代的人》在其去世后出版,该书是了解、研究魏玛古典文学的珍贵史料。

过的地方，除了德累斯顿以外，没有任何一个地方能够将这几点如此美妙地结合在一起。长久以来我就有这么一个愿望，希望能有那么一次机会在这里常住。因此，对于德累斯顿之行，我怀着巨大的兴趣。"（B，10）

阿图尔向伯蒂格打听战祸之后的德累斯顿是否依旧能够提供如此安逸的环境，因为他听说这座城市在最近的战争中破坏严重。伯蒂格打消了他的顾虑，于是叔本华便于1814年5月移居德累斯顿，这一住就是四年。

德累斯顿的确遭到了战火的摧残，战争的痕迹随处可见。一年以前，这座城市始终处于战火的中心地带。法国军队春季还驻扎在这里，萨克森国王似乎要永远成为拿破仑的附庸了。1813年5月初，在步步进逼的盟军面前，法国军队节节撤退，他们顺势炸毁了在当时就堪称珍迹的奥古斯都大桥。德累斯顿获得了"解放"，民众夹道欢迎胜利之师，诗人们献上欢迎的篇章，学生合唱团放声歌唱。可是"解放之师"只能在这里待上两个星期的时间，5月中旬法国军队就卷土重来，拿破仑曾短期将行营设在这座城市。于是又是民众夹道欢迎，诗人献诗，学生合唱团放声歌唱。1813年8月底，一场大战在德累斯顿周围展开。法军坚守德累斯顿，抵御盟军汹涌如潮的进攻。德累斯顿经历了它有史以来最大的一次炮火洗礼。有两百多座房屋遭到破坏或彻底摧毁，在城外的战场上留下了数万具尸体。一位当时的人哀叹道，这场战争将德累斯顿人的"一切良好品行和道德"彻底埋葬了，他记录道："那些平素被认为是值得尊敬、品行端正的妇人和小姐们，其至有些还出自有教养的人家……与那些女人们混在一起，她们在横七竖八、面目全非的尸体间穿行，就像是在园子里的花丛中穿梭，声色犬马，令人发指。"[1]

虽然法军赢得了这场战斗，可是面临输掉整个战争的厄运，德累斯顿依然遭到围困。

这座城市得不到后方的任何援助，却又要承担驻军的负担，德累斯顿经历了最艰难的几个星期。饿死的马匹充斥街道，饿得半死的人逮着就吃。有人在面包店门前动刀子，伤寒迅速传播开来。每天都有近百人死在医院里，死在街头的人数也差不多。路德维希·里希特，一位擅长绘制"毕德迈耶"田园风光作品的画家在回忆起这段悲惨的日子时写道："我们有一所……房子，每天都有赤身裸体的死尸从二楼和三楼的窗口扔出，大栅栏马车都被塞满了，尸体堆得高高的。这种装尸体的方式简直令人毛骨悚然，干瘦的胳膊、大腿、脑袋和躯体都僵硬住了，于是那些车夫便在上面胡乱踩踏，撸胳膊挽袖子地干，就仿佛他们脚下踩的是些柴火。"[2]

在叔本华于1814年春天抵达德累斯顿的时候，这座城市还没有从这场灾难中恢复过来。粮食储备短缺，物价上涨是必然结果。一向以整洁和富庶繁华著称的德累斯顿如今肮脏不堪，公园破败，穷人和残疾人在街道上凄惨度日，到处是断壁残垣。一年多以后，这座城市才恢复过来。同样是经过了一年多的时间，国王才结束了自己的"拿破仑冒险"挥师返回。1815年6月17日，他再一次进入德累斯顿，为了这一天，全城装扮一新。紧接着又是民众夹道欢迎，诗人献诗，学生合唱团放声歌唱。在政治忠诚方面，德累斯顿人显然慷慨大方得很。那些在政治上誓死效忠的同时代人对此颇为光火。斯泰因男爵称德累斯顿人是一些"紧守自家财产兜售好话的软骨头小商贩"，此外他还写道："相对于自己的祖国受凌辱、遭不幸，倒是战争带来的种种不便……还有德累斯顿大桥遭毁坏更能触动他们，这真是令人作呕。"[3]

德累斯顿人的这种缺乏坚定政治信仰的性格或许正合阿图尔·叔本华的口味，因为正如我们所知，对于他而言，战争是

"杀人的狂欢节",在这种场合下拥护偏袒任何一方只能意味着人们以某种往往是致命的方式拿自己开玩笑。

叔本华的寓所在大麦森巷35号,距离"大黑门"不远,E.T.A.霍夫曼小说《金罐》中的安泽穆斯就是从这个门中奔逃而出,跌入了欢乐和痛苦之中。与半年之前移居柏林的霍夫曼不同的是,年轻的哲学家叔本华没有去参加闹哄哄的社交活动。虽然他频繁光顾戏院和歌剧院,但那里的人们惯常见到的是一位匆匆忙忙冲进剧场的年轻人,他往往迟到早退,对于别人所表现出的不满他满不在乎。他偏爱革新之后的意大利歌剧,罗西尼的作品尤其令他倾倒,对于那位鼓吹德国歌剧的新音乐总指挥卡尔·玛丽亚·封·韦伯所作出的种种努力,叔本华颇不以为然,在他看来,所谓的德国歌剧只是某种经过雄心勃勃的刻意修饰而成的小歌剧罢了。

叔本华完全沉浸在自己的工作之中,他在德累斯顿没有找到什么朋友。这里也不乏欣赏他的人,也有些人欣赏他是因为他与众不同或能从他那里获得启发,叔本华倒是颇喜欢与这些人来往。

创作的乐趣牢牢控制住了他,因此忍受寂寞不是件难事。可是在那些身心疲惫的时刻里,某种孤寂无助之感也会时不时地折磨着他。他要摆脱这种感觉,但是在摆脱孤寂感的同时不能够让自己感到迷失了自我。这位充满自信的年轻哲学家在社交场合生怕迷失自我,这一点着实让人感到惊讶。他在1814年的手稿本中写道:"与任何人相处和交谈的前提是,彼此间相互限制、自我克制,因此每次与人交谈都只能抱着断念的心态。"(HN Ⅰ,95)

叔本华在手稿本的另一处地方给他所遵循的"断念"原则下了一个定义:遏制参与的艺术(Kunst des gebremsten Mitmachens)。如果无法忍受寂寞,那就应该去社交,但是必须将两者——寂寞和社交——结合在一起,"也就是说,即使是在社交场合也必须学会保持寂寞,不要把自己的全部想法都告诉别人,对于别人说的话不要太较真,无论是在道德层面还是在智识层面都不要对别人有太多的指望,对于别人的观点要无动于衷,一定要保持心态平和。虽然身处其中,但不要完全归属其中。只有这样,才不会对他人要求过多……采取折中方式,绝不与他人有什么实质性的接触,总是始终采取某种'保持距离的姿态',这样自己既不会受到别人的伤害,也不会遭人羞辱,同时也能够容忍别人。由此看来,社交就好比是火,聪明人在与之保持一定距离的情况下可以从中获得温暖,可是傻瓜就会伸手去抓,在烧伤自己之后只能逃遁到寂寞寒冷之中,而且还埋怨火会伤人"。(HN Ⅰ,113)

在与人交往之初就担心自己受到"伤害"和"羞辱"的人是不会很快交上朋友的。对于缺乏朋友这一点,叔本华并没有觉得恐惧不安。恰恰相反:他反复玩味着这一缺憾,直到他从中发现了优点:"人们往往以某个人朋友数量的多少作为衡量他贡献和价值大小的佐证,这是一种最不了解人的做法,仿佛一个人是按照其自身贡献和价值的大小来分送自己的友谊似的!仿佛他们与小狗简直没有什么分别,因为狗儿们只爱那些抚摸或给予它们吃食的人,除此之外什么也不烦!——那个善于抚摸它们(哪怕它们是最令人生厌的动物)的人,他一定会有很多的朋友。"

虽然叔本华将缺乏朋友视作某种优点,可是他在1814年的手稿本中却透露了某种观点用于审视自己,他将柏拉图的名言"只有同类才能辨认出同类"作了一番变换:"每个有价值的东西都情愿在属于自己的地方被获取……要赢得他人的友谊、爱情和对自己的亲近,那自己就必须付出友谊,去爱别人,与人亲近……要想知道一个人在一生中能够获得多少幸福,那么他

就要知道自己能够给予他人多少。"（HN Ⅰ，101）

叔本华不无骄傲地自认："我没有朋友，因为没有人配得上我的友谊。"或许他只是想借此来回避这样一种认识，即他没有获得友谊的原因是他无法给予。"我究竟能够给予多少？"这个问题隐藏在这位独行客的坚强外表之下，它暴露了叔本华的弱点：缺乏勇气去信任他人。最终这种不信任感变得无法压制，因为它引向了某种循环式的自我确认之中：不信任感导致了距离，由于距离形成了各种关系，而这些关系又必然再一次引发不信任感。阿黛拉在1820年3月5日的日记中谈及了自己的兄长："如果一个人从不去爱人，那么他就无法信任人。"

阿图尔·叔本华在德累斯顿并不是一个招人喜爱的角色，而是一个怪人，大多数情况下他受人尊敬，有时也会被人欣赏，可人们也经常对他心存畏惧。就像有人所说的那样，叔本华"意图颠覆整个哲学"。究竟他打算给人们以什么样的教诲，没有人知道，也没有人想知道得那么清楚，在德累斯顿，人们暂时用谢林的《论世界之灵魂》（Weltseele）解除在哲学上的饥渴。在叔本华德累斯顿的熟人圈子里，没有人注意到他那篇业已出版的博士论文。他们并没有期待着从叔本华那里获得什么新的福音，可是人们要么惧怕他，要么钦佩他，这皆是源于他在论战中显示出的机敏词锋。叔本华在此期间结识了比登费尔德男爵（Freiherr von Biedenfeld，1788~1862），他日后竭力游说出版商布罗克豪斯出版叔本华的大作①，这位剧院经理兼作家评论道，叔本华"心直口快"，"不拐弯抹角，强硬而粗暴，在学术和文学问题上的看法极其坚定，无论是面对朋友还是敌手，他都直言不讳。喜欢开玩笑，时常玩笑开得有些肆无忌惮。有时候他的样子真是吓人，他的头发金黄，蓝褐色的

---

① 此处指《作为意志和表象的世界》。

眼睛放射出光芒，颧骨上的皱纹长及鼻梁两侧，说话的声音大得刺耳，双手还做出短促而强烈的动作"。

叔本华如此渴望"社交"，就仿佛他毫无社交似的。对于叔本华而言，那些可以满足他争辩欲的地方最能够对他产生吸引力。在一家名叫"齐亚波纳"的意大利饭馆里聚集了当时德累斯顿文学圈里呼风唤雨的人物，在他们的头顶上挂满了用炉烟熏制的色拉米香肠、松露香肠、帕尔马火腿。这些人来自《晚报》(Abendzeitung)，因写消遣作品而全国闻名，他们是弗里德里希·劳恩、特奥多尔·黑尔、弗里德里希·金德（歌剧《魔弹射手》的编剧）、克劳伦。这个小团体自称为"组歌"，他们冒着风险干了一件大事：出版《晚报》。这份报纸在全国范围内受到越来越多人的欢迎，读者是那些注重传统修养的人，他们在政治、哲学或文学方面追求不偏不倚，喜欢那些可供茶余饭后享受的东西。在这里，人的健康理智以一种特别的放纵方式维持着自身的健康。在这份刊物的第一期上引用了编者特奥多尔·黑尔的一首诗："劳作完毕全身疲乏／趁着晚间好好休息／心中时常泛起一个愿望／将诗艺之花好好玩赏／多么想坐在那里阅读／那些歌手们的新作／深吸着它们的芬芳。"[4]

叔本华经常光顾这家餐馆，一来是因为他喜爱各色意大利香肠，二来是因为他知道这几位作家常客对他心存畏惧。他时常与这些德累斯顿的重要人物进行交锋，而且总能找到热心听众和观众，他趁这个机会在那些引领时尚的专家面前发泄自己的怨恨以获得内心的满足。比登费尔德写道："他把晚报、年鉴、歌咏会[①]之类的组织称为文学小山头，他虽然坚决反对这

[①] 歌咏会（Liederkreis 或 Liederkranz）原本是一种自发的组织，出于共同的爱好，爱好歌咏的男子定期聚集在一起练习合唱歌曲，自19世纪初起，在德国西南部地区纷纷成立了类似的组织，它们对社会各个阶层开放，逐渐成为一种流行的社交形式。

些宗派及其成员……可是在那帮人经常消遣娱乐的公共场所内，他总是频频现身。在通常情况下，局面便会一下子紧张起来，在接下来的唇枪舌剑中，他凭借着自己那种不加掩饰的直来直去的方式往往扮演一个让人讨厌的角色，他那尖刻无比的讽刺挖苦就像是在咖啡里撒上了一把盐，他毫无忌惮、没遮没拦地抛出带刺的幽默，引用莎士比亚或歌德作品中那些最恶毒的语句羞臊人家，说话时总是跷着二郎腿坐在牌桌旁，于是对手不免接二连三地出臭牌……大家对他都心存畏惧，可是始终没有哪一个人敢还以颜色。"

叔本华在这群人当中挥剑劈刺，不过他却与"组歌"里的一位成员结成了某种近乎朋友的关系，这个人就是弗里德里希·奥古斯都·舒尔策，众所皆知的是他的笔名弗里德里希·劳恩①。直到晚年叔本华还念叨他"那位善良、可爱、忠诚的老友舒尔策"。舒尔策给这位年轻的哲学家起了个雅号——"雷电朱庇特"，这个绰号一下子便流传开来。而且舒尔策还曾经将叔本华从某桩"风流韵事"中解救出来，但是个中细节就不得而知了。

1816年12月，叔本华写信给童年的友人安蒂姆，他在信中讲述了自己的一桩艳遇（他总是爱在安蒂姆面前吹嘘自己的风流韵事）。安蒂姆在1817年6月1日的回信中写道："我亲爱的朋友，看起来你真的是深陷情网，于是难免情人眼里出西施。作为一个情场老手，我不得不直言相告，我很难相信你那位美人的忠诚能持续多久。因而对此你不要抱什么幻想。"或许此处所指的就是那位阿黛拉在1819年4月27日的日记中

---

① 劳恩（Friedrich Laun，1770~1849），消遣文学作家，在当时拥有众多的读者，代表作为《里森斯泰因城堡》（1807），影响最大的当属他与阿佩尔共同创作的《鬼故事集》。

谈到的"德累斯顿姑娘",此外她还提及这位姑娘"有喜了"。阿黛拉很震惊,因为这个姑娘出身低贱,结婚是不可能的事情。可是阿黛拉写道,阿图尔"却认为自己做得合情合理,没什么错"。

阿图尔在德累斯顿的那些熟人没有留下什么关于他的记述。叔本华心里想的是什么,他在酝酿着什么,这些人对此知之甚少。画家路德维希·希吉斯蒙德·鲁尔①(那张叔本华年轻时期的肖像画就出自他之手)有时可以陪伴阿图尔一起散步,后者偶尔也会把鲁尔带到自己的书斋中,也就是那个最神圣的地方。鲁尔日后回忆道:"然后我们一起坐在你的房中……你以宣讲的口吻对我说这说那,谈到你希望自己的哲学能够获得成功。"在这几年当中,叔本华或许只向一个人稍稍敞开点心扉,这个人就是约翰·戈特洛布·匡特(1787~1859),此人因家境富裕而没有任何职业,但在艺术方面却是一位行家里手。匡特于1815年与约翰娜·叔本华结识并与阿黛拉结为好友,因此匡特总是让叔本华想起那让自己烦恼不已的家庭纠纷。他在别人面前谈及自己的母亲和妹妹时只是说那两个"蠢货",可是与匡特交谈时他不仅仅是放开嗓门痛陈家事,而且还流露出心中的苦闷和所受的伤害。至少匡特的说法是:"我想我感受到了藏在他的内心深处的剧痛,一回忆起他生命中那段可怕的岁月,这种痛苦似乎便随之袭来。尽管他的陈述很隐晦,但是我还是看得清清楚楚,虽然他自己并没有完全意识到……他对母亲的敬意(甚至是一种爱慕)随处可见。"

尽管如此,事实却是:叔本华的社会交往以及他在众人面

---

① 鲁尔(Ludwig Sigismund Ruhl, 1794~1887),画家、艺术史家、小说家,创作过大量当代作家的肖像画以及为他们的作品(也包括莎士比亚戏剧和尼伯龙根传说)绘制插图。他受叔本华悲观哲学的影响颇深,其小说《一桩怪事》卷首标明该作品献给叔本华。

前的表现隐藏了许多东西。正如比登费尔德记述的那样，叔本华的主要精力是在"书本和研究上……几乎是离群索居，生活相当单调"。离群索居的单调生活不啻为一座堡垒，叔本华掩身其后恰好可以从事他一生中的伟大冒险：从"构思之乐"直到最终完成那部巨作。

叔本华的女管家或许是唯一的见证人，她亲身经历了他有时近乎心醉神迷的内心生活的外在表现。有一天，叔本华从大回廊的暖厅①散步回到家中，外衣上别了一朵花。于是女管家说道："您真是芬芳吐艳，博士先生。""是的，"叔本华答道，"树木不开花怎能结出果实呢！"

在回首往事时，叔本华将生活在德累斯顿的这四个年头视作其一生中创作力最旺盛的时期。"优越的环境造就了绝好的时机，头脑处于高度的紧张状态，眼睛似乎想看哪里就能看到哪里，脑子里充满了各种启示。"他在晚年的一封信中写道，整个体系的建立"就某种意义上而言并没有我的积极参与便建立起来……就仿佛水晶呈放射状地聚合在一起（融为一体），我那本代表作的第一卷就是这样迅速完成的"。1818年3月28日，他向出版商推荐此书时说了这么一番话："我的作品是一个新的哲学体系，它不是将已有的东西进行一番新的描述，而是一系列彼此间高度关联的想法，这些想法迄今为止还未在任何一个人的脑中出现过。"（B，29）他这几年里的手稿内容非常详尽，我们可以从中找到这"一系列想法"在他的大脑中形成的轨迹。他的手稿不啻为其思想的另一种集合方式，是一种充满

---

① 回廊（Zwinger）原本是中世纪城堡内墙与外墙之间的空地，一般用于骑士演武、蓄养野兽或用作花园或耕地。德累斯顿著名的回廊就是在老城城郭之间的回廊旧址上兴建的巴洛克式花园（1711~1728），因规模宏大，雕塑精巧而著称于世。暖厅（Orangerie）又称花厅或橙园，是为橙子或其他热带植物越冬而建的暖房，是欧洲园林尤其是巴洛克花园中常见的建筑。

探寻、关注基本问题的思想运动，只不过这些思想此时尚未被调和、安抚到一个具有建设性的体系之中。著作要解决的是问题，而稿本则是要让这些问题的基本意义呈现出来。稿本中包含了那些与人的生命密切相关的问题，而著作则是要为这些问题找出答案。

如我们所知，叔本华将自己引入康德哲学之中，而与此同时，父亲（正是为了逃避他，阿图尔才进入哲学之中）的精神在一定程度上也影响着他。在处理那些形而上学的问题时，父亲采取的是马蒂亚斯·克劳狄乌斯所倡导的孩童的恭顺态度，对于人们在哲学上任意妄为的危险举动，他总是心存不满。在康德的启示下，对于人们在哲学上对"绝对"所进行的种种概念建构，阿图尔·叔本华一概批判，在这一点上他颇有乃父之风。

正是基于这一批判，叔本华与谢林早期的哲学展开了交锋。他在柏林期间就曾研习过谢林的哲学，这时他再次对此展开研究。叔本华在稿本中写道："谢林对待他那个'绝对'的态度与所有那些虔诚的、顿悟的有神论者对待他们的那个上帝的态度别无二致。他们言说'绝对'/上帝在逻辑上的种种不可能性，对于抽象的原理而言，它们只是一种形象化的表述。知性只是一种由感官世界所决定的能力，它只对感官世界有效，而我（顿悟的有神论者）则站在意识的更高层次之上。"（HN Ⅱ，326）

确实存在着某种超越知性的经验，叔本华对此表示认可，但是他警告人们不要赋予这种经验以某种知性上的合法性。如果是这样，那么就会两头不靠：知性在胡言乱语，经验也不会得到显露。正如我们所知，叔本华将那种难以与知性诸范畴调和在一起的经验称为"优良意识"。只是谈及此话题时必须小心谨慎，绝不可当街吆喝。叔本华的这一小心谨慎态度与维特根斯坦出于同一种原因，对于那些能够实实在在打动人的东西，维特根斯坦在《逻辑哲学论》（Tractatus）的末尾处作出了如下判断："对于无法言说的东西，那就保持缄默。"阿图尔·叔本华想确切地知道缄默的起点在哪里，在何处语言（或许是某种业已变化了的语言）仍旧能够起作用。1814~1815年初的日记正是围绕着这一问题。叔本华在寻找一种适合于表达"优良意识"的语言，为此他不惮于使用隐喻化的表达方式。他以球体作比，将这一图像做了一番变化。按照他的说法，以我们"依据理由律而形成的认识"，我们总是在球体表面转来转去，永远无法进入其中心地带。无论我们的知识有多么丰富，面积永远也无法变成体积。只有"优良意识"才开启了新的维度，平面由此变为空间，于是人们仿佛进入了球体的内部。从这幅图像中还可以得出其他各种解释。人们是如何由表入内的呢？答案就是：人必须沉重，因痛苦而沉重，只有这样才能够克服升力，这一升力来源于人贯彻自我的努力，正是它将人维系在表面之上。"为了使一个人在内心中获得崇高的信念……为了使优良意识在他身上充满活力，疼痛、痛苦和失败对于他而言是必需的，正如航船需要使之负重的压载，没有后者就无法达到一定的深度。"（HN Ⅰ，87）可是也不能让这艘船沉没，因此负载不能过重，与此同时又要保持一定的重量使船吃水达到一定的深度，这样就可以避免被风浪掀翻。叔本华描绘了一幅有关适合深度的图像，在这里"优良意识"仍然与"自持"密切相关。

与"优良意识"形成对照的是，它的对立面"经验性的意识"逐渐改变了其含义。与康德一样，叔本华过去对"经验性的意识"所下的定义是：这是一种只与某个"显现着的"、"显现"在他面前的这个世界相关联的意识。在"经验性的意识"面前，"存在"体现为"被表象化"。"经验性的意识"是某种知觉和认识样态（Wahrnehmungs- und Erkenntnismodus）。在康德看来，人必然地深受"显现着的世界"的影响，这绝不是某种虚假生活的标志。康德尤其是在《纯粹理性批判》的第二版中坚持自己的观点，即人们不必将"显现着的"世界理解为迷惑和欺骗人的纯粹幻象（bloβer Schein）。我们生活在一个"自然的、不可避免的幻觉（Illusion）"中，恰恰因为这种幻觉"不可阻挡"，因此它是我们人体基本构造中的组成部分，并且就功能而言，它已经嵌入了我们的生活世界之中。[5]和我们打交道的仅仅是一个"显现着的"世界，在康德看来，就生活实践而言这一点不成问题。可是叔本华却不这么想，在他那里"经验性的意识"获得了双重含义。它一方面（与康德的看法如出一辙）意味着可以凭借先验哲学加以证明的我们在知觉和认识能力方面的局限性，另一方面它也意味着我们被紧紧束缚在某种遭受欺骗的，因而是虚假的生活之中。就这一意义而言，叔本华将"显现着的"世界降格为"充斥着幻象"的世界，因而这是一个充满欺骗的世界。为了阐明这一点，叔本华继续引申他那个围绕着球体的隐喻。他在1814年的日记中写道，"经验性的意识"就好像一只"在滚轮中奔跑的松鼠"。"经验性的意识"曾一度被当作对球体表面的探索，而此刻叔本华把它与我们自身无法满足的欲望导致的运动等同起来，我们为这些欲望所迷惑，在毫无意义、毫无目的地漂泊。在叔本华的博士论文中，"经验性的意识"还仅仅是一个纯粹认识论方面的命题，而现在它已经变成了一个伦理问题，因而它丧失了其在先验哲学上的清白无辜，变成了某种生存意义上的愚蠢之举："人们在理论问题上那么愚蠢，就像我们在实际生活中一样，当一个愿望满足时我们又忙不迭地萌生一个新的愿望，我们希望最终能够找到幸福。可是我们就没有一次走进内心深处，使自己摆脱欲求，固守在优良意识之中。"（HN I，155）

在这篇写于1814年的日记中，叔本华提出了具有决定意义的反命题："优良意识"应当将人从"欲求"中拯救出来。经验乃是"意志"的显现——这一认识在此时还没有明确地表述出来。"意志"尚未成为用以解密这个世界的魔咒，然而此刻它业已成为那些一切阻挠人们生活在真理之中的敌对事物的代名词。在叔本华详细阐明其意志的形而上学（Metaphysik des Willens）之前，其后果之一（即将"对意志的否定"作为拯救的手段）就已经昭然若揭了。首先，叔本华亲身体验的"意志"就是那些他在其中遭受痛苦并希望从中解脱出来的事物，然后他认识到意志就是"自在之物"，就是那个包罗万象的现实性，一切现象皆由此现实性而来。在其代表作中，叔本华发现了意志乃是世界之本质，并由此对意志加以否定；从根本上说，叔本华从对意志的否定（"优良意识"）出发得出以下观点：意志显现在一切现实的东西之中。叔本华以"优良意识"的名义试图摆脱"意志"，通过这种方式，他从中找到了全部存在的统一点。叔本华将敌对事物置于世界的核心，将亲身痛苦体验到的意志与"自在之物"等同起来，叔本华的意志形而上学就以这样的方式诞生了。1814年末或1815年初的某一天，他在手稿本中写下了这样的句子："世界作为自在之物乃是一个巨大的意志，这个意志不知道自己想要些什么，因为它不知道什么，它只是想要，究其原因，意志就是意志，除此之外它什么也不是。"（HN Ⅰ，169）叔本华日后的思想由此发端。①

就此看来，叔本华并没有白白地信奉康德学说一遭，康德仍然是他在理论方面的主心骨，他不断地教导叔本华，我们

---

① 德语中名词"意志"（der Wille）、"欲求"（das Wollen）都源于动词"想（要）"（wollen），叔本华正是围绕着这几个同源词阐述其意志哲学的观点。

绝不能将自己的认识和表象化能力理解为是某种"自在"(an sich)的东西,而是一种"为我们所用"(für uns)的东西。这就意味着:与"自在之物"等同起来的这种"意志"绝不是那种被表象化的、被作为"客体"认识到的意志,即不是叔本华在博士论文中将之置于表象客体的四个层次之一的那个"意志"了。

既然叔本华坚持康德关于"自在之物"不可认识的教条,那么他怎么能够同时又宣称自己解开了"自在之物"这一谜团呢?他之所以可以克服这一难题,那是因为他很清楚作为"自在之物"的"意志"是如何在他面前展现自己的:它不是那个表象化了的、以推理方式可以得到认识并被他与"自在之物"等同起来的意志,而是那个能够在"内在经验"中、在自己的身体上感受到的意志。

对于叔本华而言,关键在于揭示这种"内在经验"的种类并明确地将其从表象化和知觉行为中剔除出去。他这一时期的笔记就是围绕着这一问题展开的。

"我"之外的整个世界只是作为表象呈现在"我"面前。在叔本华看来,只有那么一个唯一的点使"我"能够进入这个世界而不是表象。这个点就在"我"自己身上:如果"我"看着自己的身体,观察并解释它的一举一动,那么在这里知觉和认识到的一切仍然只是表象而已。可是与此同时,"我"在自己的身上感受到动力、欲望、痛苦,无论所有的一切在身体的种种举动中向"我"的表象和他人的表象呈现出些什么。只有在"我"自身之中,"我"才同时是那个在表象之中在"我"(和他人)面前呈现出来的,并引发"我"对其进行思索的东西。只有在"我"自身之中才存在着这样一个双重世界,其正面与反面仿佛。只有在"我"自身之中,"我"才能体验到世界除了作为表象呈现在"我"面前以外它还能是何物。对于

"我"而言,"外在"的世界只有一个表象化了的"内在",只有在"我"自身之中,"我"自己才是这个"内在"。"我"就是这个世界的内在一面。世界除了作为表象之外,它是什么,"我"就是什么。"人们走到外面去四处寻找,而不是回归自身内部,在这里无论什么样的谜团都可以解开。"(HN Ⅰ,154)

叔本华的这一认识使他夙愿得偿,"认识你藏在自己身上的真理……在那里天地相接"(HN Ⅰ,17),这是他在1812年写下的话。这里涉及的并不是传统道德意义上的"自我认识",也并非具有反思哲学风格的"自我认识",后者乃是从主体之思(Denken des Subjektes)出发去认识客观世界的整体。叔本华在自己的身上体验到了意志,他要将这一内在经验转化为理解整个世界的手段。因而叔本华在这里采取了双重行动:一重是沉浸于自身体验(并非沉浸于对自身的思考,反思哲学)的收缩(kontraktiv)行动,另一重是扩张(expansiv)行动,即按照这种内在经验的模式阐释世界之整体。

可是在叔本华提出"优良意识"之际便出现的那个问题现在又一次出现了:如果将(依据理由律原则的)分析性—对象化的思考排除在外,人们如何谈论这个内在被体验到的意志以及它与世界整体之间的同一性呢?叔本华当然无法求助于费希特、谢林、黑格尔的同一性体系并从中获取他所需要的表述方式,因为它们将统一点设置在进行思考的主体之内,而不是设置在那个充满欲求的主体之内。结果叔本华从古印度哲学那里获得了帮助和灵感,这让他自己也吃惊非小,他对这个新发现的精神大陆的了解也仅限于只言片语而已。

发现印度的精神王国,这首先应归功于浪漫派。赫尔德从事了开拓性的工作,而之前的康德也表明自己对此有那么丁点儿了解。他曾经嘲笑藏人对活佛的顶礼膜拜到了无以复加的程度，信徒们竟然连喇嘛的粪便都吃。而赫尔德却对婆罗门教的深刻意义称赞有加，他将婆罗门教视为泛神论，而世界则是这个唯一的灵魂本质（婆罗门）的体现。身为教会中人的赫尔德所称赞的是此种没有上帝、没有彼岸、没有幼稚的赏罚体制的宗教虔诚。他把这种潜心冥想的艺术介绍给终日忙碌的中欧人。可是在他看来，这种沉静柔和的印度精神恰恰对欧洲的那些强奸犯产生了不小的吸引力，而对于人的自我实现而言，这种精神态度没有什么用处。

浪漫派的诸位人物，如施莱格尔兄弟、格雷斯[①]、巴德尔[②]、温迪施曼[③]、诺瓦利斯，他们要冲破那个肩负着肢解和分离任务的理性的界限，凡是可以达到这一目的的东西他们都拿来为我所用，于是他们便在赫尔德的指引之下寻找他们想要的东西。这一时期又有一批原始文献出版，当然只是些译本，这些译本往往曲解文义。其中最重要的或许就是于1801年出版的《奥义书》译本，这是一部佛教出现之前的婆罗门秘密教义的文献汇编。法国人安克蒂尔将集子命名为《奥普耐卡特》（即《奥义书》的梵文"邬波尼煞陀"变形后的发音）。这个拉丁语的译本堪称对原文的双重曲解，因为它的母本是从梵文翻译过来的波斯语译本。

叔本华于1813/1814年之交的那个冬季在魏玛听说了这部

[①] 格雷斯（Johann Joseph von Götrres，1776~1848），德国政论家、学者，因其自由主义的政治观点数度与普鲁士政府发生冲突，他曾搜集整理德国民间文学，并致力于发掘和研究中世纪基督教神秘主义。

[②] 巴德尔（Franz Xaver von Baader，1765~1841），哲学家、天主教神学家，其思想深受伯麦（Jakob Böhme，1575~1624）、埃克哈特大师、诺斯替教派的影响，坚决反对理性主义，认为人要为自己的理性划定界限，哲学必须建立在宗教信仰的基础之上，其思想对谢林产生了巨大的影响。

[③] 温迪施曼（Karl Josef Hieronymus Windischmann，1775~1818），医生、哲学家，在哲学上是谢林的追随者。

著作，那是在他母亲主办的一次沙龙上，叔本华结识了来自耶拿的学者、赫尔德的学生弗里德里希·马耶尔，他作为一名印度学家已经颇有些名气了。

1814年夏天，叔本华第一次研读这部著作，多年以后他对这本书仍旧津津乐道。叔本华在最后一部著作《附录和补遗》（1851）中说，"《奥普耐卡特》散发出何等的芬芳，它充满了天堂里圣洁的气息！那位译者通过勤奋的阅读从而对这部无与伦比的著作的波斯语和拉丁语驾轻就熟，他能够从内心的最深处受到这种精神的感染！字里行间充满了坚定的、确实的、自始至终和谐一致的含义！……这里散发出来的是印度精神，它充满了原始的、贴近自然的生存状态。它在早期曾受到犹太教迷信的深刻影响，后者以及所有沉溺其中的哲学已经在这里扎根。这是世上最值得一阅、最振奋人心的读物（原文除外），它曾是我生命中的慰藉，它也会在我行将死亡时给予我安慰"（V，469）。

叔本华一下子成为印度文化的狂热爱好者。在德累斯顿的大迈森巷居住时，他大概有两年多的时间（1815~1817）与另外一个同样默默无闻的哲学家比邻而居，这个人就是卡尔·克里斯蒂安·弗里德里希·克劳泽（1781~1832）。克劳泽的思想与同时代的哲学主流不合，他试图将自己的思想与印度的哲理结合起来。他的命运比叔本华还要悲惨，因为他至死都没有获得认可，不过他的哲学思想却不可思议地墙外开花流传到了西班牙并由此进入了说西班牙语的拉丁美洲国家，他那种由印度的"同情伦理学"（Mitleidsethik）弱化而成的"团结伦理学"（Solidaritätsethik）在那里被人们称作"克劳泽主义"，这一思想成为当地社会自由进步运动的理论纲领。

与叔本华不同，克劳泽懂得梵文并且自己从事翻译。叔本华从这位对印度文化素有学养的邻居那里获得了专业方面的指导，向他借阅书籍，并与之经常往来。叔本华从克劳泽那里可以学到一些有关沉思默想的技巧方面的知识，而克劳泽本人自己也做一些修炼，而且他还启发自己的学生通过"内在的体验、内在的修为"达到"本性的统一"这一境界。[6]一方面他像浪漫派一样将印度哲学和宗教的只言片语拿来为我所用，将之纳入自己的大胆思辨之中；另一方面他还试图将印度传统引入生存实践之中，在当时他很可能是唯一一个这样做的人。

从1814年起，叔本华开始研读《奥义书》，定期阅读《亚洲杂志》上刊登的有关印度的论文，并且还搜罗他所能够找到的一切有关印度的文献资料。不过直到他完成了自己的代表作以后他才开始认真研究佛教。

叔本华对印度的哲理如此推崇，人们自然会期待在他1814~1818年的日记中发现大量钻研印度哲学和宗教的痕迹。无论是否如此，叔本华在1816年的稿本中透露道："此外我承认，如果事先不是《奥义书》、柏拉图和康德同时将他们的光辉投向一个人的心灵，我无法想象能够形成自己的学说。"（HN Ⅰ，422）

而实际上在稿本中只有很少的记录与印度宗教和哲学直接相关，可是这些仅有的记录却具有非同寻常的分量，因为在这些记录中印度哲学的特定元素与叔本华自己正在形成中的哲学的诸要点发生了正面接触。《奥义书》将世界的过去和未来以及其形态的千变万化称为"幻"（Maja），凡是体验到自己是个体并在其中寻求贯彻自己的东西，它们无一例外地被"幻"散发出的魔力所吸引。对此叔本华在1814年的日记中写道："人……（陷于）迷妄之中，这一迷妄如同生命、如同感性世界本身一样现实，它简直就与之合为一体（印度人所说的幻）：我们所有的愿望和欲望都建立在这一迷妄之上，这些愿望和欲望只是生命的体现，正如生命只是迷惘的体现一样。"（HN

Ⅰ，104）两年以后，叔本华简明扼要地写道："《吠陀》中的'幻'……康德的'现象'是一回事，别无二致……"（HN Ⅰ，380）

叔本华认为自己在《奥义书》中也为那个藏在我们身上并同时作为"自在之物"隐藏在一切现象背后的"意志"找到了相应之物，那就是"梵"（Brahma），世界之灵魂。他在《奥义书》中读到这样的句子："有这样一个东西，所有的生命从中发生，通过它，这些生命得以诞生、生存，它是这些生命寻求、追赶的方向，去找它，因为它就是梵。"读到这里，阿图尔评论道："追求生命的意志是事物的源泉和本质。"（HN Ⅱ，396）

作为"幻"的世界和作为"梵"的世界，对于叔本华而言，这两者似乎是同一种东西，这正道出了他自己的构想：作为"表象"的世界和作为"意志"的世界。来自印度的拯救方式是，人从千变万化的形体世界之中解脱出来并潜沉入"虚无"之中，这似乎和叔本华所说的"对意志的否定"有共通之处。尤其吸引叔本华的是，除了上述世界的两个层面（幻、梵）外，在《奥义书》中找不到与西方文化中的造物主、彼岸、超验这些概念的对应物。叔本华在这里找到了一种没有上帝的宗教，此时的叔本华正在寻找一种没有天国的形而上学，对于他而言，这似乎恰恰证明了他所走的是一条正确的道路。

除此之外，在其哲学体系逐渐形成的那些年里，阿图尔·叔本华没有从其他地方为自己找到如此的证明。他要找到一种自己的语言，他殚精竭虑，要在西方哲学传统的地平线上发展出自己的哲学。他要让借助概念进行认识活动的人能够理解自己的两项发现：对自身意志进行"内在体验"的收缩行动和按照这种内在经验的模式阐释世界的扩张行动。因此叔本华反复强调，他的哲学虽然不是"由概念"所构成的，但其观点却是"借助概念"书写而成，因此他借助印度哲学中的语汇只是为了形象化地说明问题。叔本华日后在回顾自己哲学体系的形成期时写道："我将自在之物、世界的内在本质以那个我们最为确知的东西来命名：意志。当然这是从主观的角度，即顾虑到认识主体而选择的一种表达方式，不过既然我们是在传达认识，那么这一顾虑是十分重要的。因此较之我将之命名为梵、梵天、世界之灵或是什么别的东西，意志一词要强百倍。"

叔本华所做的就是将世界理解（verstehen）为"意志"。这里所强调的是"理解"。理解不是解释（erklären），叔本华必须将两者明确无误地区别开来。解释就意味着我们要去探究原因，我们的知性必须起作用，叔本华在博士论文中已经指出了这一点。"解释"属于表象化行为。我们依据因果关系将对象彼此联系在一起，通过这种方式，意志的行动也就变得可以"解释"。而且叔本华在其博士论文中也明确指出动机如何推动意志产生行动。由此看来，此意志并非那个内在体验到的意志，而是众多对象中的一个对象。至于说"理解"，它并不意味着依据因果关系在这一"作为对象的意志"和其他的对象之间建立起某种关联，理解探究的不是原因和后果，不是为什么，它要把握的是含义，它所追问的是：意志究竟为何物？我们在自己身上就可以独自体验到意志为何物，在我们自己的身上，我们遭遇的那个意志不仅仅是我们的表象的对象，在这里我们还可以从内部去体验它，也就是说，我们自己就是意志。如果我们要理解这个世界，我们就必须理解我们自己。叔本华的意志形而上学并非对经验世界进行分析并借此与自然科学分庭抗礼，它是对存有进行释义的阐释学（Hermeneutik des Daseins）。它不是在解释存在物（das Seiende）彼此之间的因果关联，它是在追问何为存在。

为了和自然科学区别开来，叔本华为这一阐释学勾画出轮廊，他在1816年的日记中写道："迄今为止，人们将最简单物质的各种力当作最为熟知的事物，人们将此作为出发点，试图解释那些人们还不太熟悉的事物，这在自然科学上是一条正确的路……人们想就此解释个中的组织和人的认识与欲求，这样就会拥有完善的自然科学。人们于是顺应了这一方法，以种种'隐秘属性'为出发点，放弃了对这些属性之来龙去脉的探究，因为人们只是想观察它们所造成的后果，对于这些属性的解释和说明人们不再抱什么希望……首先我走的道路与此完全相反。我也想以熟知的事物为出发点，就像那些人一样。他们将最一般的现象和最不完备（因而也就是最简单）的现象当作最为熟知的事物，虽然他们认识到自己对这些事物完全不熟悉；我可不是这样，对于我而言，最熟悉的事物是自然中的现象，它与我的认识最为贴近，同时又是一切能量中至高至善的，因此它最清楚、最完整地表现出了一切事物的本质。这个现象便是人的身体及其行动。那些人要将这些无机物自然界的各种力的隐秘属性解释为最终因素，而我则相反，我是从中去理解人的身体及其行为。在这一过程中，我并不是遵循着因果律行事，这一法则根本不会揭示事物的本质，我是在直接观察这个世界中含义最丰富的现象：人。如果抛开它是我的表象这一点不谈，我觉得人是彻头彻尾的意志：意志就是其本质的自在（das Ansich seines Wesens），这究竟是什么，每个人都最直接地感受到，因为每个人本身都是意志。"（HN Ⅰ，365）

叔本华知道，当他跨出这一步时，他对"意志"这一概念的把握已经与人们通常对此的理解不一样了。无论是在哲学传统中还是在日常会话中，"意志"这一概念总是与"意图""目的""目标"这些字眼相连。我想要某物（Ich will etwas），我设想、想象、见到（诸如此类）这个"某物"。不管怎么说，在我自己将欲求付诸行动（Aktion）之前，这个"所欲之物"（das Gewollte）已经在我的精神之中。按照这种理解，"意志"被赋予了智性（intellektualisiert）。可是叔本华对这一概念的理解恰恰有所不同。叔本华日后被人误解，他吃亏就吃亏在这个概念上。他改变了这个概念的含义并想借此阐明自己的新发现，可是人们仍是死守着那个习以为常的意志概念，因此他们没有发现其新颖之处，也就对此毫不留意。叔本华逆流而进，他试图战胜人们对"意志"这一概念所产生的即兴联想，因为那个被赋予智性的意志只有作为一种模棱两可的情况才能获得他的认可。意志可以与认识结伴而行，但对于他而言，这不是最重要的。意志是一种最基本的、充满生机活力的追求和运动，即使是在模棱两可的情形下，这一追求和运动都能够意识到自己的存在，然后才是意识到某个目标、某个意图、某个目的。在这一点上要正确地理解叔本华，此事至关重要，因为人们通常认为叔本华会采取意识哲学的方式将充满意图的意志（即精神）映射到自然之中。可是实际情况恰恰相反：叔本华并不想将自然精神化（vergeistigen），而是想将精神自然化（naturalisieren）。

对于在传达沟通方面将遭遇到的困难，叔本华已经事先预料到了。他在1816年的手稿本中写道："我大大拓展了'意志'这一概念……一般人只有在认识伴随着他而且动机决定其具体表现的地方才能辨认出意志。可是我却要说，每个运动、形态、追求、存在，所有这一切都是意志的现象和客观呈现。撇开世界是我们的表象这一点不谈，意志就是一切事物的自在，也就是世界上剩下来的那个东西。"（HN Ⅰ，353）

如果我们从我们自身的"自在"（就是那个被内在体验到的意志）出发，我们就可以抵达世界的"自在"。"只有把我做出某个举动时所发生的内心活动与动机导致这一行动的产生方式进行一番比较，按照类比方法，我才能够理解那些僵死的躯体是如何在诱因的作用下发生变化以及它们的内在本质是什么……我之所以可以做到这一点，那是因为我自己、我的身体是我唯一可以辨别出其另一面的东西，我将这一面称之为意志。"（HN Ⅰ，390）接下来是一段大胆的话："斯宾诺莎说，假使那块受到撞击而发生移动的石头有意识的话，那么它会认为自己是出于自身的意志而发生移动。我要说的是，石头的想法或许颇有道理。"

我们是意志的体现，此外意志也意识到自身的存在。仅仅是这一意识（而不是意志的存在）把我们与石头区别开来。

这一思想如何进一步发展，这将会在叔本华的代表作中得到体现。他在日记中主要是围绕着方法问题展开论述。

正如我们看到的那样，作为一名阐释者，叔本华摒弃了自然科学甚至是经验科学的分析方法。为了与哲学传统和当代的哲学同行区别开来，他花费了很大的气力阐明自己的思想。叔本华在1814年写道："迄今为止一切哲学的主要失误与人们将哲学当作科学去寻找有关，这个失误就在于人们总是也在那些存在着直接认识的地方寻找间接的认识，即由种种理由构成的认识。譬如我的身体与我的意志之间存在着同一性，这便是一个直接的认识。"（HN Ⅰ，209）

康德之后的反思哲学就以直接性作为其出发点，而叔本华的这一直接性则与之大不相同。在《纯粹理性批判》的第一版中，康德谨慎地猜测道："作为外在现象之根本的那个某物或许……同时就是思想的主体。"

随之康德尽一切努力阻止思想（认识的主体）从自身出发建构外部世界的内在元素（"自在之物"）。康德之后的哲学家们对"畏惧犯错本身就是错误"这一说法心存怀疑，他们正是沿着康德的这一谨慎猜测留下的足迹继续前行。费希特以及之后的谢林和黑格尔都决定"从意识及其先天的形式中寻找事物的根源，小到微不足道的草茎的构造，大至天体的运动"（费希特）。这就是反思哲学的直接性所在，它总是以思想的运动为出发点。人们必须去探究这一思想运动，认识的主体在认识的过程中应该注视自身，（从某种程度上）应该站到自己的背后，费希特和谢林将之称为"智性直观"。一旦与思想的作坊有了私密的接触，那扇通向世界之奥秘的大门便在人们面前打开。这是一种在自身内部寻找解开世界之谜的方式，这也正是叔本华所宣称的解决方案。可是叔本华所理解的向内之途却有所不同，他的出发点不是认识的主体，而是欲求的主体，即出发点为理性的对立面。

叔本华在其博士论文中就已经明白无误地提出，认识的主体根本无法认识自身，因为每当认识要认识自身（即将自身作为客体）之时，必然总是要以认识的主体为先决条件，最终人们要认识（erkennen）的是认识（Erkenntnis）本身。叔本华在博士论文中写道："因为承担表象化任务的自我、认识的主体——既然它在一切表象之间建立起必要的关联并且也是这些表象的决定者——是不能再成为表象或对象的。因此对认识进行认识（Erkennen des Erkennens）是不可能的。"（D，68）

叔本华对自己提出质疑，那就是他自己的认识论是否也是一种对认识进行认识的尝试呢，这个疑问是显而易见的。叔本华的回答是：他并不是通过（非客观的）自我反思，而是通过将对客体的认识的各种类型进行抽象化，从而获取知觉和认识能力的种种结构，也就是说，他不是俯身观察认识的主体，而是观察认识的潜在客体。

叔本华认为认识之认识只能是双重的徒劳无益，因此早在柏林期间他就已经从费希特的反思弯弯绕中挣脱出来。他由此开辟了一个新的入口通向直接性，即将身体的直接性作为被体现的意志，直到现在他才意识到这一点。

反思哲学将"自在之物"置于"思"（Denken）之内，而叔本华却是在意志之中发现了"自在之物"。表象的背面不是那个在行动过程中仔细观察着的精神，而是自然。后者不是作为外在对象的自然，而是可以在我们自身内部体验到的本性。①

叔本华从反思哲学中抽出身来转向他所理解的自然（本性），这一转所产生的深远的后果是，他不再跟随历史哲学的现代步伐。

反思哲学从精神的种种结构中提取出人类生命和自然生命的整体。从费希特到黑格尔，反思哲学越来越强地赋予历史进程一个任务：让精神复苏。历史被解释为真理的发生，精神的运行。精神在发展，它在实现自身的过程中不断变换着自己的形体并在这一进程中产生异化，在概念和历史的作用下，精神在一个更高的层次上回归自身。在此情形下，在那个被着重理解的历史进程中，审视历史被解释为是这一进程之中的进步元素，被解释为获取自我（Selbstaneignung）的元素。叔本华的观点与此迥然不同。在他看来，意志是一切事物的根本，它恰恰不是什么自我实现的精神，而是某种盲目的、泛滥的、毫无目标的、自我折磨的冲动，看不出这种冲动要表明什么，看不出其中含有什么意义丰富的东西。现实并非受理性，而是受到"意志"的全盘掌控。拿破仑摧毁了德累斯顿这座叔本华深爱着的城市，对于这位哲学家而言，这恰是一个再明显不过的例子："其实波拿巴或许不比其他的人（并不是说绝大多数的人）坏多少，他只是以自我为中心，寻求自己的幸福时以他人为代价，这再寻常不过了。他之所以引人注目，那是因为他具有比别人更强的力量来满足自己的意志……正是由于他被赋予了这一世所罕见的力量，因此他才

---

① 在德语中，Natur一词既可以理解为"自然"也可以理解为"本性"。

将人的意志中的邪恶展露无遗。而他这一时代所遭受的苦难正是这种意志的必然的另一面,这些苦难展现了那种与这一邪恶的意志密不可分的痛苦,而这个世界便是这种邪恶意志的整体现象。"(HN Ⅰ,202)

根本上的改变以及由此而来的希望不可能存在,能够做的就是摆脱意志,在哲学的思考之中、在艺术之中并最终在"优良意识"之中,后者在日后被称作"对意志的否定"。"优良意识"是一个让意志黯然失色的绚烂时刻,它不是黑格尔意义上的否定,即那种在一个更高的层次上寻求和解的矛盾。辩证法思想对于叔本华来说是生疏的,他坚持"优良意识"和经验意识(即由意志所决定的意识)之间的"二重性"无法调和的观点。两者之间的矛盾很难调和,"就仿佛我们要将夏日里某个钟点移到冬日里一样,或者要将一片雪花保存在一间热烘烘的房间里,或者把美梦的一个片段带到现实中来,或者要让余音留下痕迹。"(HN Ⅰ,79)

当叔本华最终找到了其意志形而上学的关键概念的时候,"优良意识"这一表达才从他的笔记之中消失。

当然,消失的只是这一表达而已,而并非其所指。现在叔本华清楚地意识到,他所指的不过只是在程度上不同的东西而已:一方面,他所指的是那个内在世界的超验、那种迷醉状态——就意志形而上学而言——叔本华称之为"对意志的否定";另一方面,这一表达所指的是哲学思考的态度——惊讶,正由于此不言而喻的东西才变得值得质疑。整个形而上学始于惊讶,而否定则是形而上学的结局。

"优良意识"将惊讶和否定联系在了一起,它就在作品之中,虽然以隐匿身份出场,然而却贯穿始终。

第十五章

《作为意志和表象的世界》——阿图尔的没有天国的形而上学——认识论批判的弯路之必要性——不是对世界的解释，而是对世界的理解——对存有的阐释——接近真理——万物归——敌对的统一体——出路——艺术——以静观沉思的生活对抗劳作有为的世界精神

叔本华的代表作于1818年第一次出版，他用以下这段话作为其前言的结尾："那么……我将……这本书奉献出来……安心认命，相信那种一向降临于真理的命运……也会充分地降临在它的身上。这种命运只赐予了真理一个短暂欢庆胜利的时刻，而在此前和此后的两段漫长时间内，真理却要被诅咒为不可理喻的和被贬低为微不足道的。"

的确如此：那时，绝对之物使形而上学焕然一新，那个在先验哲学上被搁置在外的"自在之物"充满了希望，希望让人无法沉静，人们相信通过反思工作和历史工作可以使这些希望付诸实现。在这样一个时代，叔本华的哲学必然显得不可理喻。叔本华的同时代人从先验批判出发，进而通向超验：他们在存在（Sein）的根基处或在其目标点旁发现了某种意义（Sinn），某种透明之物，后者暗示着某种所想所指之物。"自在之物"想要告诉我们些什么，它在意指（bedeuten）。哲学就是要解读这种意义，新动向在于，人们承认这种意义最终只能在自身之中寻找得到。叔本华同样从超验哲学起步，然而他却没有通向任何透明的超验性。在他看来，存在不过是"盲目的意志"而已，是某种精力充沛而又无法看透的东西，它根本暗示不了什么所想所指、所企图之物。它的意指在于它根本没有什么意指，它只是存在。生命的本质在于生命意志（Wille zum Leben)——不得不承认这是一个同义反复的定律——因为意志就是生命，于是"生命意志"这个表达蕴含着一个语言上的重复使用。叔本华正沿着通向"自在之物"的道路前行，这条道路的终点是某种至为幽暗细密的内在性：能够在身体上感觉得到的意志。对于那些向着光明思考和劳作的人来说，这的确不可理喻。

如果这一观点不是出现在这条道路的终点处才形成而是在起点处就被提出了的话，如果从受唯物主义的熏染的生物学观点出发将意志定义为形形色色的生命体从质料之中激发出来的某种力的话，如果不是依据那条运用过滥的"只不过"公式将生命体约减为化学、力学、物理学现象的话，那么叔本华的观点确实变得微不足道了。前者是某种不言自明的、因而是某种浅薄的自然科学意义上的内在性，可是这与阿图尔·叔本华所说的内在性没什么相干。叔本华所说的内在性回答的是某种形而上学的问题（什么是"自在之物"？），而自然科学意义上的内在性从一开始便与任何形而上学的问题一刀两断。叔本华的思考恰好抵达了这样的一个临界点，在此传统哲学将提出"现象世界之后隐藏着什么"的问题，并由此实现向超验的过渡。叔本华同样提出了这一问题，他踏上了那个原本只有上帝、绝对物、精神（等等）才能登台演出的那个舞台。只是从布景后面走上前台的不是那些赋予意义的显赫角色，而是"意志"：这种纯粹的内在性。虽然叔本华将旧形而上学消磨殆尽，可是在这个舞台上，他的"意志"仍然得扮演一个形而上学的角色，因为整出戏的幕后主导恰恰是对形而上学的好奇心。这出末代形而上学的舞台剧带给叔本华的遭遇是，人们认为他的观点微不足道，那是因为人们误解了他的意思。

上承博士论文的思路，叔本华开始走先验哲学的路数：世界是"我"的表象。表象化的工作包含了两极：主体和客体。

它们是一对彼此间相互关联的概念：不存在没有客体的主体，也不存在没有主体的客体。在这场先验哲学的序幕演出中，叔本华十分精心地准备着过渡到下一场次。他要指明一条道路，从先验哲学的封闭世界中摆脱出来，他要通往"自在之物"。同时代的哲学频频选择的两条出路他起初都弃而不用，这条道路既不越过主体，也不越过客体。为了指明这一点，那就要再一次彻底冷静地思考主客体之间的关系。叔本华指出，在这一关系内不存在某种逻辑上的孰先孰后：既不可能用客体来解释主体，也不可能用主体来解释客体。无论是提及二者中的哪一个，人们总是已经跟着想到了另一个并将其作为前提。当我确定自己是进行认识的主体时，我便拥有了客体。反之亦然，只有当我拥有客体时，我才能确定自己是主体。现在看来，那些骗人的出路只不过是些错误的尝试而已：要么是让客体的世界在主体中找到根源（以费希特的主观主义为代表），要么是从客体的世界出发来解释主体（例如爱尔维修和霍尔巴赫的唯物论）。对主观主义的攻击，叔本华没有花费什么笔墨，然而他却一丝不苟地与唯物论客观主义划清界限："它（唯物论。——作者注）肯定物质，与物质一起的时间和空间，都是无条件存在的，这就跳过了（这些东西）同主体的关系，而事实上所有这些东西都是只存在于这关系之中的。然后，唯物论抓住因果律作为前进的线索，把因果律当作事物的现成秩序……这就跳过了知性，而因果性本是只在知性中，仅仅是为了知性而存在的。于是，唯物论就想找到物质最初的、最简单的状态，又从而演绎出其他一切状态；从单纯的机械性上升到化学作用，到磁性的两极化作用，到植物性，到动物性，等等。假定这些都做到了，可是还有这个链条最后的一环——动物的感性，即认识作用；于是这认识作用也只好作为物质状态的一种规定，作为由因果性产生的物质状态而出现。如果我们一直到这里都以直观的表象来追随唯物论的观点,那么在和唯物论一同达到它的顶点时,就会觉察到奥林匹斯诸天神突然发出的、收敛不住的笑声。因为我们如同从梦中觉醒一样,在刹那间,心里明亮了:原来唯物论这个几经艰难所获得的最后结果,这认识作用,在它最初的出发点,在纯物质时,就已被假定为不可少的条件了;并且当我们自以为是在同唯物论一道思维着的物质时,事实上这所思维着的并不是别的,反而是对这一物质进行表象化的主体,是看见这一物质的眼睛,是感触着这一物质的手,是认识着这一物质的知性……最后这一环忽然又表现为最初那一环所系的支点,这条长链也忽然表现为一个圆圈了,于是唯物论者就好像闵希豪森男爵[①]一样,骑着马在水中游泳,用腿夹着马,而自己却揪住搭在额前的辫子,意欲将自己和马一同从水中提起来。"在该书[②]的第三版中,叔本华补充写道:"由此看来,唯物论基本的荒唐之处就在于从客体事物出发……事实上,一切客体事物,既已作客体论,就已是由于认识着的主体通过其'认识'的诸形式从多方面加以规定了的,是早已假定这些形式为前提了的。因此,如果人们撇开主体,一切客体事物便完全消失。"(Ⅰ,61~63)

叔本华认为,若要走出这个圈子(走出主观主义也是一样),那就只有找到一个点,在这一个点上,我们拥有的这个世界不仅仅作为表象存在,不仅仅只存在于主客体关系之中。对这一怪圈的认识所导致的是,"不能再在表象的两个因

---

① 闵希豪森男爵(Karl Friedrich Hieronymus Freiherr von Münchhausen,1720~1797),曾作为军官周游列国,参加过多次战争和冒险,解甲归田之后爱在朋友面前吹嘘自己的传奇冒险经历,多夸大其词。于是后人便将许多离奇夸张的冒险故事附会在他身上,成为后世民间故事中一个重要的题材,随着德国作家比尔格将这些故事编译为《吹牛大王历险记》,这一人物及其故事在德国家喻户晓,流传至今。

② 指《作为意志和表象的世界》。

素（主体和客体。——作者注）中的任何一个里面，而只能在完全不同于表象的东西中去寻求世界最内在的本质，寻求自在之物"。

从这个怪圈中走出来，这正是对哲学好奇心的论证，它的前提是哲学思考的审慎缜密。指向同一方向的还有另外一种更加基本的经验，或许正是因为这一经验如此的基本，以至于在迄今为止的哲学思考中，它始终处于盲点之中。出身于大资产阶级家庭的叔本华较晚才体会到哲学的感召，他在哲学这一行当里没有什么根基，但是他却有足够的自信，无拘无束，因而才能将这一经验显现出来：如果世界此刻是"我"的表象，那么"我"平素与这个世界交往的经验告诉"我"，不仅仅是如此：世界不只是作为表象在我们（认识着的主体）身边经过，它还激起我们心中的某种"兴趣"，这一兴趣"足以吸引我们的全部本质"。（Ⅰ，151）哲学传统将人的本质纳入思考和认识之中，正由于此，曾经对世界的所有"兴趣"必然来源于认识。在斯宾诺莎那里，对对象的加工或者是行为仍然首先是某种形式的"认识"。根据这种解释，冲动的本性是一种被掩盖了的认识。人的形象便是从头脑里勾画出来的。一般来说，正是进行着思维的头脑使人——而这人正是它思维的对象——在思维中成为人。叔本华的看法则不同，他认为"兴趣"并非从认识之中迸发而出，而是先于认识，它不仅是在认识层面，而且还在一个完全不一样的层面上激励着我们。"这个直观的世界，除了它是我的表象之外，还是什么呢？"（Ⅰ，51）叔本华提出了这一问题，并且给出了回答，我们现在已经知道这一答案，那就是：意志。

意志是最确定的东西。"意志"就是对自己身体的自我体验。只有自己的身体才是某种实在性，它不仅作为表象为"我"所有，而且"我"本身就是它。对于自己的躯体，"我"也是采取表象化的姿态,既然如此,对于"我"而言,自己的身体"是以两种方式而存在的:一种是知性的直观中的表象,作为诸多客体中的一个客体……同时还有一种完全不同的方式,即使每个人直接体验到的,即意志这个词所指的那个东西"(Ⅰ,157)。"我"可以对"我"的身体所做行为作出"解释",也就是说,"我"可以依据理由律按照因果关系使其从其他客体之中凸现出来。可是只有在"我"自己的身体上,"我"才是——并且才能同时感觉到——某个"我"的表象化行为可以加以解释的东西。"我"可以使自己置身于客体的世界之中,可是与此同时,"我"还是"自在之物"。对自己身体的自我体验是唯一的那个点,在这里"我"可以体验到,世界除了是"我"的表象之外,它还是什么。

叔本华偶尔也会用一个术语来论证他所定义的这个意志,在经院哲学中人们用这个术语来说明上帝是万物中最确定者。他将这个在自己身体上体验到的"意志"称为"最实在者"(das Realissimum)①。正是对自己身体的这种自我体验使"我"有资格确信,"我"身外的这个世界不仅是而且也不同于纯粹的表象。"这个物体世界只……存在于我们的表象中,如果我们要把我们所知道的一种最大的实在性附置于这个物体世界之旁,那么我们就把那个每个人的身体所具有的那种实在性给它,因为身体对于任何一个人都是最实在的东西。"(Ⅰ,164)

在自己身体上体验到的意志是最实在的,叔本华由此过渡到外在世界。叔本华在这一复杂棘手的过渡中运用的是"类比"的方法:"我们……对于自己的身体的本质和作用……在两种完全不同的方式下所得到的认识……当作一把钥匙使用,

---

① 在《作为意志和表象的世界》的附录《康德哲学批判》中,叔本华多次使用 ens realissimum(最实在的存在者),而不是单独使用 das Realissimum。

以便探讨自然中任何一个现象的本质,并且所有的客体,只要它们不是我们自己的身体,从而在我们的意识中也不是在双重方式下知道的,而只是作为单纯的表象,那么这些客体也要按照我们看待身体的方法来判断。因此一方面,我们要假定这些客体与身体一样也是表象,因而与身体是同类;另一方面,虽则它们是作为主体的表象而实存的,但如果人们把这一面放在一边,那么还剩下的那一面就其本质而言,就必然和那个在我们的身上并被我们称之为意志的东西是同一个东西。我们还能够将另一种实存或实在性附置于其余的物体世界之旁吗?到哪里去找我们构成这样一个世界的因素呢?除了意志和表象之外,根本没有我们可以知道、想象出的东西了。"(Ⅰ,149)

这一思想具有某种诱人的简洁。类比的结论存在于如下假设之中:如果人们不想将自然仅仅局限在我们的表象化能力一侧的话,人们必须给予整个自然以这种双重的存在方式(拥有一个表象化的世界并同时是意志)。如果说这话的不是一个持超级怀疑态度的哲学家的话,那么这一观点一定会被人说成是"疯话"(叔本华语)。

这一思想同样具有诱人的可信度,这得归功于它自始至终固守了先验哲学的原则。后者教导我们:所有一切被认识的、被知觉的世界乃是我们的表象。但是,既然我们所进行的表象化工作不能囊括一切,因此那些表象无法企及的东西(在康德那里便是"自在之物")就必须到其他地方去寻找,在那里,我们自己——首先只有我们自己——不仅是从事表象化的生灵,同时还是别的什么。

从尼采开始一直到今天(比如说盖伦[①]),人们总能听到

[①] 盖伦(Arnold Gehlen,1904~1976),德国哲学家和社会学家,是现代哲学人类学的代表人物。

这样的指责：叔本华的意志哲学本是可以避免走先验哲学这条弯路的。而事实却是：只有走先验哲学这条路才能够避免如下情况的发生，即人们在谈论"意志"时不由自主地就像是在谈论众多客体当中的一个客体。如果是这样，这便不再是叔本华所理解的"意志"了。在叔本华看来，在人们对意志进行表象化之前，他们自身就已经是意志了。就在存在的近旁，先验哲学将那个在表象、客体存在、因果性等范畴中无法呈现的东西牢牢圈住。对于叔本华而言，在这种不被表象化的存在（Sein ohne Vorgestelltsein）中潜藏着"意志"。如果将意志从这一领域中抽取出来，那么意志就变成了众多表象化客体中的一个表象化客体，于是在客体的因果链中，意志也就随之变成了一个解释性的环节。

叔本华不厌其烦地警告人们不要产生如此的误解。他强调，与意志的这层关联并不能解释什么东西，而只是指出：我们除了将世界作为某种（在自然科学上）亟待解释和可以解释的世界而进行表象化并加以应用之外，这个世界还能够是什么。"人们不去提出一个物理的解释，反而求助于意志的客体化或上帝的创造力，这都是不允许的。原来物理学要求的是原因，而意志可绝不是原因。意志对现象的关系完全不遵循理由律，而是就其自在的本身说是意志的东西；在另一方面，它又是作为表象而存在的，也即是现象。作为现象，它服从那些构成现象的形式的规律。"（Ⅰ，208）

叔本华的意志哲学并不是解释性的自然科学的最理想的竞争者。因此，笔者将叔本华的方法（从那个被内在体验到的意志出发去理解世界）称为对存有进行释义的阐释学。叔本华决然地从表象转向意志，他在这里所提出的问题彻头彻尾地体现了阐释学的特征。在以下的这段引文中，笔者将阐释学的有关术语醒目地标示出来："既然完全要指靠直观表象……特别关心的则是理解它本来的真正含义,理解平素里仅仅是感受到的那个含义。借助这种真正的含义,这些图景才不至于完全陌生地、不知所云地在我们面前掠过(不借助这种意义,那就必然如此),而是直接与我们攀谈,为我们所理解,并且使我们对其产生兴趣,这一兴趣要求我们全情投入。"(Ⅰ,137)

如果人们不认真对待在这一问题中所蕴含的阐释学因素,那么叔本华哲学中最出彩的地方之一便丧失了。出奇之处便在于:叔本华以一种寻觅含义(而不是寻觅解释)的姿态前行,随即便在阅读人生这部书的过程中体验到,世界并不指向任何一个在它之外的东西,而是回头指向他这个提问者本人:完完全全的内在性。

在这一瞥之下,世界会是怎样的一副模样呢?自身的内在物(das eigene Innere)在外界重新找到了一些例子说明这种直觉的、阐释学的直观方式:

> 如果我们以研究的眼光观察这些现象(无机世界。——作者注),当我们看到水以强大的不可阻挡的冲力流入深渊;磁针总是固执地指向北极;铁屑有向磁铁飞集的热情;电的两极激烈地要求再结合,并且和人的愿望相类似,激烈的程度是随阻碍的增加而增加的;当我们看到结晶体是那么迅速而突然地形成,它们在结构上又是那么合乎规律,而这个结构显然是完全固定的,精神规定的志向、不同方向的努力被僵化作用捉住而冻结了;当我们看到那些物体由于从固体到液体状态而解除了僵硬的羁绊,获得了自由时借以相互趋避离合的选择作用;最后当我们完全直接地感觉到我们身上负载的东西以其趋附地球的努力妨碍着我们挺直的身体,顺着它唯一的趋向毫不放松地对这身体施加压力;当我们看着所有这一切时,那就无须我们的

想象力费多大的劲,即令有这么大的距离,还是可以识别出我们自己的本质。它是在认识的照明之下追求它的目的,而在这里(自然界)它是在最微弱的现象中盲目地、朦胧地、片面地、不变地向前奔的东西,正因为它无论在哪里都是一个且是同一个东西,好比晨光曦微和正午的阳光共同有着日光这名字一样,那么在我们和在自然这一同一的东西也共同有着意志这个名字。而这个名字标志着既是每一事物在世界中的存在自身,又是每一现象唯一的内核的那东西。(Ⅰ,180)

人们或许会完全彻底地误解这番话,如果他们将这些隐喻仅仅当作修辞上的修饰,而不是将其理解为一种一丝不苟地与某种经验合拍的语言,而这一经验就是:在一切的存有中生活着同一的意志。

在另外一个例子中,涉及的则是对有机自然界的直观:

> 动物比人更质朴,正如植物比人更质朴一样,在动物身上比在人身上更能看到赤裸裸的生命意志,因为人是用许多知识包裹起来的,此外又是被虚伪的本领掩饰起来的,以至他的真正本质几乎只偶然地显露出来。完全赤裸裸的,不过也微弱得多,那是显出于植物的生命意志,那是没有目的和目标、盲目求生存的冲动。这是因为植物显示它全部的本质,是一览无余的,是完全天真无邪的。这种天真无邪,并不因一切禽兽的生殖器官都在隐蔽的部位,而植物却顶戴之以供观赏,便有所损失。植物的天真无邪基于它的无知无识。邪恶并不在欲求之中,而是在有知识陪伴的欲求之中。每一种植物在一开始便吐露了它的家乡所在,吐露这故乡的气候和它生长于其中的土壤的性

质……此外每一种植物还表达了其种族的特殊意志并说出用其他语言无法表达的东西。"（Ⅰ，230）

在这部著作的另一个地方，叔本华更进了一步。他的表述颇为大胆，他试图说出植物对那个陶醉于观察它的人或许要"说"的话："引人注目的是，植物世界尤其激起人们对其进行审美观察……人们要说，这种迎上来的邀请和下面的事实有关，即这些有机生物……需要别的有知性的个体助一臂之力，以便从盲目欲求的世界进入表象的世界……以便至少能够间接地获得他们无法直接得到的东西。"虽然叔本华要把这种"近乎陶醉的想法"搁置起来暂且不论，但是在日后的另一个版本中，他还是引用了圣·奥古斯丁的一句话，这句话听上去与叔本华的想法颇为相似："植物向知觉的感官展现出它们千奇百怪的形式，正是通过后者，这个世界形成了一种外形美观的可见构造。可是植物无法认识自身，显然，它们似乎是想为人所认识。"（Ⅰ，258）

正如叔本华援引奥古斯丁那样，将叔本华视作同道中人的马塞尔·普鲁斯特也在日后与植物的无言交谈之中援引叔本华的观点。这是《追忆似水年华》中的一个著名段落，叙述者正如痴如醉地欣赏着一朵花，这时有种感觉挥之不去，他觉得这花有什么话要对他"说"。[1] 在这一观赏和"倾听"的过程中，叙述者失去了对此时此地的意识，也意识不到他本人的存在。四处寻觅的祖父找到了他，并将他带回了寻常的世界。

叔本华也有过一次跟《追忆似水年华》中叙述者一样的经历。叔本华对一位前来拜访的人说起过自己在德累斯顿时期的一件逸事："很久以前，在德累斯顿植物园的温室中闲逛，如痴如醉地观察着植物的形状。"他问自己，植物这种各不相同的外形与色彩源自何处呢？植物以其独特的形体要对我说些什么呢？或许叔本华大声地自言自语，而且还因为体态动作引起了守园人的注意。守园人很好奇，他想知道这位奇怪的先生是谁，在叔本华离开的时候还对他进行了盘问。对此叔本华答道："好的，如果您能够告诉我我是谁，我会非常感谢您的。"

这种对自然界的观察不是解释性的，而是理解性的，这是一种静观沉思的态度。不过此种直观方式应该是来源于我们所知道的类比法，即将对意志的内在体验引申到外部世界。可是意志是一种摸不透的冲动、盲目的欲望、无意识的存在。意志可以由认识做伴，可是认识恰恰不是意志的实体。只要我们将自己作为"欲求的主体"来体验——如果我们追求在自身之中去把握现象世界的内核，我们就必须这样做——那么我们就距离忘我的、弃绝激情的静观沉思要多远有多远。如果将意志作为"最实在者"来体验，有了这个词就好比有了一个"符咒"，我们就应该能够揭露"自然界中每一事物的最内在本质"（Ⅰ，156）。可是在通过类比法进入外部世界的过渡中，这个"意志"又发生了怎样的变化！在外部世界里，意志无处不对我们"说话"，可是显然只有在静观沉思的状态下，我们才能够体会到这些。对自己身体的体验促使我们去探寻世界的秘密，但是如果要洞悉意志千姿百态的表演，我们就必须摆脱与自己身体之间的联系，按照叔本华的说法，我们必须完完全全地变成"阅世之眼"。从意志的欲望到意志的表演，这绝不是一个顺理成章的过渡。叔本华在这一过渡过程中保持着平衡，从这一思想的运动中可以看出叔本华非凡的想象力，同时也能够看出他的内在动因。

叔本华关注的是某种体验，在这一体验中，自我和世界之间的区分被扬弃了。不再设想进入存在之中。自康德起，这个遁点就有了一个名称："自在之物。"在自己的身体上体验到意志，这向叔本华表明，体验本身就是一种"自在之物"，更确切地说，这种体验以一种令人痛苦的方式将自己强加于他人。的确如此：意志的这种最直接的自我体验使"我"下降到一个低于个体化原理（principium individuationis）的维度。这是一种对经验意识的贬低，经验意识总归还是一种因人而异的东西，对于叔本华而言，这种贬低无法让他满意。人听凭欲望、冲动、渴望、身体上的痛苦的摆布。因此，眼下的"自在之物"便是：因为人就是它，所以人无法从外面看见它。眼睛没法看到它自己。叔本华的意志形而上学围绕的就是这一难题：从一个什么样的地方出发，人能够看见意志，即看见"自在之物"，而自身不需要成为意志？立足点是这里的关键所在，正如意志本身一样，这个立足点同样也越过了个体的界限。因为如果想从纷繁的现象中挣脱出来，人就必须从个体中走出来。于是，这便有了叔本华那机灵的一转：欲求的主体是一种个体层次之下（unter-individuell）的"自在之物"，只有某种超个体之物（das Über-individuelle）才能直观得到它。这种超个体之物就是认识的纯粹主体，"纯粹"在此处的意思是：脱离了意志，并就此脱离了经验性的个体偏好。也就是说：对意志进行直观时不要带丝毫的意志。在个体层次之下和超个体之间形成了某种复杂的互动关系：要纳入直观行为之中的是意志的形而上学魅力（意志超越空间、时间、因果），而不是意志的实体，意志的渴望、欲望、冲动。叔本华娴熟地摆弄着各种概念。现在问题的关键是，他是否能够成功地证明确实存在着这样一种直观方式，而不是编织一个概念的幻想。问题不是能否设想此种直观的存在，问题在于此种直观是否确实存在。为了知道它是否存在，人们之前必须已经在自己的身上有所体验。叔本华体验到了，现在他要用概念来谈论它。他的整个哲学都在谈论这个问题。

在手稿中，叔本华将这种直观方式称为"优良意识"。这是一种退避（Entrückung）的状态：失去空间、失去时间、失去自我，沉浸于观察之中。人处于一种沉静的状态，被观察之物使人沉静下来。在世界中不去捍卫实现自我的利益，在某些时刻里从追求目标、掂量得失、行使权力中摆脱出来，只有这样人才能洞悉这个世界。按照叔本华的说法，在这些时刻里，我们"从可鄙的意志的欲望中解脱出来，我们欢庆这个安息日，在这一天里我们不再受意志的奴役，伊克西翁①之轮停止转动"（Ⅰ，280），在这些时刻里，我们享受着"抛却意志进行直观的欣喜"。（Ⅰ，283）这样的直观是可能的，每个人都能做到，只要他——无论是通过什么样的机缘——在某些时刻能够从忙碌的生活的磨盘旁抽出身来，惊奇地揉着眼睛，并且问自己，所有的这一些原本应该怎样。这是一个真正的进行形而上学思考的时刻。不是什么概念性的工作，而且根本没有什么样的工作能够达到这一境界，只有放弃、停歇、中断劳作才能够达到。叔本华曾说，哲学就是将人人知晓的东西转化为概念，除此之外什么都不是。叔本华以这样的方式获得短暂的停歇："无论在什么地方，除了解释和说明现成的事物，除了把世界的本质具体地（in concreto），亦即作为人人所能体会的"感知"（Gefühl）纳入理性的明确而抽象的认识以外，哲学不能再有什么别的作为。"（Ⅰ，520）

摆脱了意识的认识，真正的形而上学思考，这简直就是一种审美姿态：将世界变成一出戏，以愉悦的心情观赏这出戏时不能带有丝毫的利益关切。艺术请求观察者采取这样的姿态，艺术，或更确切地说，这一姿态正是此种现实性体验方式的范式："对一切美的事物的享受，艺术给予人的安慰，使艺术家

---

① 伊克西翁（Ixion），希腊神话中拉庇泰国王，因为追求赫拉，被宙斯捆绑在永远旋转的车轮上受罚。

忘却人生劳苦的那种热情……这一切都是由于……生命的自在本身，意志，生存自身就是不息的痛苦，一面可哀，一面又可怕。然而如果这一切只是作为表象、在纯粹直观之下或是由艺术复制出来并脱离了痛苦，它们就给我们演出了一出富有意味的戏剧。"（Ⅰ，372）

又过了一代，尼采向世人宣告了同样的想法，不过他摆出一副超越前人一切学说的姿态。他的名言是：人们在为这个世界进行辩解时只能将其作为一个审美的世界。这恰恰就是在说，只有将之变成审美现象，这个世界才能够为人所承受。虽然尼采与叔本华针锋相对，他大声疾呼人们赞同意志，但是他在此指涉的意志已经是一个转变成审美表演的意志了。尼采的"权力意志""眨了一下眼睛"：他凝视着自己，同时又与自己保持着足够的距离，这样就能够好好欣赏自己。

在此之前没有哪个哲学家像叔本华那样赋予了审美以至高的哲学地位。他的哲学不是要解释这个世界，而是要告诉人们这个世界原本是怎样的以及它意味着什么。叔本华认为，这样的哲学来源于对世界的审美体验。关于这一点，手稿本比《作为意志和表象的世界》表达得更明确。在1814年的一则笔记中有这样的话："长久以来，人们一直在拿哲学做试探，却徒劳无益，因为人们总是在科学而不是艺术的道路上去寻找哲学。"（HN Ⅰ，154）

这一用哲学视角观察世界的眼光之所以具有审美意味，是因为它与意志剥离开了。这一脱离了意志的直观方式不仅将直观的客体变成了一出戏，而且还使那个被叔本华称作"意志的纯粹客体化"或"理念"的东西凸显出来。"理念"在这里不是"思想之物"，经过沉思默想，理念是这个直观世界的形体。"当科学追随着四类形态的根据和后果无休止、变动不尽的洪流前进的时候，在每次达到目的之后，总得又往前奔流而永无一个最后的目标,也不可能获得完全的满足,好比人们向前疾走以期达到云天和地平线相接的那一点似的。与此相反的是艺术,艺术在任何地方都到了其目的地。这是因为艺术已把关注的对象从世界历程的洪流中拔出来了,这对象孤立在它面前了。而这一个别的东西,在那洪流中本只是微不足道的一涓滴,在艺术上却是总体的一个代表,是空间时间中无穷'多'的一个对等物。因此艺术就在这里停下来了,守着这个个别的东西,艺术使时间的齿轮停顿了。就艺术来说,那些关系也消失了。只有本质的东西——理念——是艺术的对象。——因此,我们可以把艺术称为独立于理由律之外观察事物的方式,恰和遵循理由律的考察方式相对称,后者乃是经验和科学的道路。后一种考察方式可以比作一根无尽的、与地面平行的横线,而前一种可以比作在任意一点切断这根横线的垂直线。遵循理由律的是理性的考察方式,是在实际生活和科学中唯一有效而有益的考察方式。而撇开这定律的内容不管,则是……在艺术上唯一有效而有益的考察方式……前者好比大风暴,无来由、无目的地向前推进而摇撼着,吹弯了一切,把一切带走;后者好比宁静的阳光,穿透风暴行经的道路而完全不为所动。前者好比瀑布中无数的、有力地搅动着的水点,永远在变换着位置,一瞬也不停留;后者好比一道彩虹,它平静地悬于这汹涌的激流之上。"(Ⅰ,240)

这一切都是在谈论艺术,但是不必对此加以限制,它同样适用于叔本华所理解的哲学。哲学将这样的直观"翻译"到另外一种语言中去:概念的语言。也恰恰由于此,叔本华将哲学视为艺术和科学之间的中介。哲学从美那里获取经验方式,从科学那里获取概念。哲学并非通过概念赢得了真理,而是将真理"用概念记录下来"。正是这一观点把叔本华与黑格尔以及之前与之后的哲学传统区分开来,在后者那里,概念性的东西居于首位，而在叔本华那里，居于首位的则是直观。在后者那里，艺术——不管怎么恭维抬高——顶多只是真理的一个非实在的表达方式；而在叔本华那里则恰恰相反：概念是真理的非实在的表达，而艺术却距离真理更近，因此，日后叔本华以艺术家兼哲学家的身份对后世产生了影响，理查德·瓦格纳、托马斯·曼、马塞尔·普鲁斯特、弗朗茨·卡夫卡、萨缪尔·贝克特一直到沃尔夫冈·希尔德斯海默①均深受其影响。

艺术和哲学，两者同样都基于某种能力，即"立于纯粹直观地位的本领，在直观中遗忘自己，而使原来服务于意志的认识现在摆脱这种劳役，即完全不在自己的兴趣、欲求和目的上着眼，从而一时完全撤销了自己的人格，于是剩下的便是一个纯粹的认识着的主体，明亮的阅世之眼"。（Ⅰ，266）

在叔本华那里，洞察使人感到幸福，但与此紧密相连的是，人要从现实的维持生命的劳作和历史的劳作中解脱出来，要从感性的驱使折磨中摆脱出来。人们曾经将之称为"静观沉思之生活"（Vita contemplativa）。

这种生活方式有着令人尊敬的传统：只有退避才会有机会获得真理。

独立的真理曾经受人尊崇，然而到了19世纪初，其地位声望却一落千丈。这也实属必然，因为对于这个时代而言，政治已经变成了一种宿命，政治开始相信，历史以及幸福都是可以被"创造"的。创造的精神也渗入了形而上学之中。

康德将"毫无利益关切的愉悦"置于理论理性和实践理性之间：人们可以在艺术中热身，为的是一个更高的任务，这一任务是实践理性所赋予的。绝对律令只会吓退那些抱着欣赏态

---

① 希尔德斯海默（Wolfgang Hildesheimer，1916~1991），德国小说家、戏剧家，剧作多具讽刺荒诞风格。

度的无为者或者是那些沉思默想的隐者。

与此相对，浪漫派的艺术宗教将艺术置于人类精神力量的顶端。在他们看来，艺术不应该被"某种普遍的目的和功用"所吞噬（瓦肯罗德尔）。虽说艺术应该"不带有丝毫的利益关切"，可是艺术也获得了某种积极进取的姿态：艺术家就是一个小题大做的创造世界的建筑师。现实就在艺术家的梦境中做梦。艺术的创造力被视作某种范式，日后人们将其称为"不可异化的"生命活动（Lebenstätigkeit）。浪漫派的幻想不仅是救赎的空间和梦想，同时也是一种确保成事的试验规定。对于浪漫派人物而言，存在就是创造（Poiesis）。浪漫主义运动并不是要从行动的世界（die Welt des Handelns）中分离出去，而是将自身理解为具有某种先锋意味的事业，其追求就是在行动中实现自我。

形而上学还像在这个世纪之初那样渴望行动。从康德那里发源的反思哲学是一种实践哲学。康德本人将他那套纷繁复杂的先验哲学理解为一种合乎时代要求的、能够实现的实践伦理学。然而对于他的那些后继者而言，康德还是太谨小慎微了。在他们看来，在康德那里，存在（Sein）和应当（Sollen）之间彼此没有什么关联。他们认为，应该打破应当和存在之间的二元对立。这种被打破了的二元对立于是就变成了一种魔幻表达式——辩证法：存在不仅要应当，而且应当要存在。于是存在就成为自我的活动（Tätigkeit des Ichs）（费希特），或者是精神化了的自然主体的活动（Tätigkeit des vergeistigten Subjekt）（谢林），或者是世界精神的活动（Tätigkeit des Weltgeistes）（黑格尔）。在这样一种氛围当中，勤勉的存在（das fleiβige Sein）基于自身的活力（辩证法）向前奔跑，而目标正是康德的律令所提出的要求。于是，获得和解并因此获得幸福的人类共同体不再仅仅是一个被赋予了将实践道德付诸实现的任务的调节性理念（regulative Idee），而是某种历史发展的内在视角。这一人类共同体就摆在了议事日程之上。上天亲吻了一下大地使之苏醒，于是大地便开始了劳作。今后，历史哲学将会把新教的劳作（Arbeit）概念保藏在神龛之中供奉。

与此相对，在叔本华的意志概念之中，劳作的精神被剔除出去。意志没有目标，它只是盲目的欲望，兜着圈子，无法给人带来什么希望。人们无法放心地把一项历史理性的事业交给意志去完成。意志总是使人处于运动之中，人们受其奴役并为之效劳。在意志的作坊里打造不出未来的幸福，因此更好的办法是去找寻遥远的东西，在那里人们可以无所作为，而且可以欣赏意志的表演。较之从费希特到黑格尔的种种精神主体，叔本华的"意志"要积极能动得多。不过，叔本华的这种能动主义是一种没有前景、没有预言的痛苦折磨。在这样一种背景之下，与在那些渴望行动的哲学家那里相比，静观沉思之生活在此获得了某种完全不同的价值。

几乎就在叔本华的《作为意志和表象的世界》出版的同时，黑格尔开始了他在柏林的讲座，主题是对双重真理的反思："工作日"之真理和"星期日"之真理。"窘迫之旨趣"（Interesse der Not）属于工作日，此处关乎实际的应付生存的问题，在此人们不得不忍受这样的问题："此种认识对我有何益处？"而在星期日，创世的主也放下了手头的工作休息去了，这是一个安逸而适合沉思遐想的日子。在此时，人们可以看看自己的工作究竟有了怎样的效果。星期日的哲学，传统上将其称为"永久的哲学"（philosophia perennis）。在这里，人们不是拥有种种有益的真理，而是就置身于真理之中。星期日哲学的标志不是认识的益处，而是认识所带来的幸福。这是一种在星期日怡然自得的情境下产生的关于存在的理论，黑格尔谈及此处言语间不禁心驰神往。这一理论就是源于工作日的种种烦恼，其所关照也正在于此。但是黑格尔一刻也没有忘记，这种理论的乐趣是一种"需求"，而有这一需求的那些人则将自己的其他各种需求都消除了。正是在这一层意义上，黑格尔将"永久的哲学"称为"无需求之需求"。

黑格尔在柏林的讲座中如是说："钻研纯粹的思想，要满足人的这一需求，人类精神有很长的一段路要走。可以这么说，这是一种在必要性需求得到满足之后的需求，是一种没有需求之后的需求，必须要达到这一步，人们才能钻研纯粹的思想，这是一种将质料……将追求、欲望、意志的具体利益抽象化的过程。"[2] 叔本华获得了一笔遗产而衣食无忧，但黑格尔却没有那么幸运，他不仅要为哲学而生，而且同时还得靠哲学生活。因此，黑格尔尝试着将工作日与星期日放在一起进行思考。他的历史哲学就是某种包含工作日和星期日的哲学，能够使他得到安慰的是：既然人是"创造自身幸福的工匠"，[3] 于是历史的工作日通向历史的星期日。就在历史的星期日这天里，精神完成了"改造的工作"。精神将在己处落脚，并获得欣赏自身的自由（正如我们所知的那样，在马克思那里，人每天早上去捕鱼、打猎……①）。世界精神此刻尚在"劳作"，但是在黑格尔的脑中，它已经到达了星期日在己处落脚的状态。这一状态恰好与另一桩事情同时发生，那就是黑格尔新近在柏林获得了薪俸颇丰的哲学教授职位。

黑格尔确信，历史的劳作就是一桩与真理相关的事件。如

---

① 此话当源自马克思《德意志意识形态》第一章"费尔巴哈"中"历史"一节，其中提到在共产主义社会里，每个人不被固定的职业所束缚，可以自由地发展自己的技能，原文中是"……社会调节着整个生产，因而使我有可能随自己的兴趣今天干这事，明天干那事，上午打猎，下午捕鱼，傍晚从事畜牧……"，本书作者在引用时不甚准确。

果人作为个体抽身退出，面对时间偷偷为自己保留下属于私人的星期天，那么他也就放弃了一切获取真理的机遇。哲学家的任务是，参与到世界精神的历史劳作之中，而在另一边，人们只能获得"臆想的深意"所结出的空心果实。

正如人们所知，在黑格尔看来，劳作中的世界精神呈现出越来越切实具体的形式。

费尔巴哈在实际的"火险和人身保险"中见到了世界精神的劳作。而大卫·弗里德里希·施特劳斯①则在火车的运行中发现了它，他写道："这一现代的惊人成就给人留下了极其深刻的印象，在令人称奇的风驰电掣之中，人仿佛置身于梦境。没有丝毫的畏惧，而是感到，在自身原则与这样的发明创造之间有着如此内在的相似性。"[4]对于马克思而言，工业就是"一本翻开的、展现人类本质力量的书"。[5]但是，即使是在那些能动主义者看来，这样的情形有时候仍不免让人感到有些不舒服。施特劳斯在一封信中写道："我们不要欺骗自己，业已开始的新时代在最初可能有些令人不快。我们迄今为止在其中游刃有余的生存环境不复存在了。在挪亚时代洪水滔滔而来之时，那些飞禽走兽或许也有类似的感受吧。因为我们的生存环境就是……理论，我指的是自由的，而不是指向目的和需求的精神活动。现在，这样的精神活动已经不再可能了，而且今后甚至会遭到唾弃。"[6]

---

① 施特劳斯（David Friedrich Strauss，1808~1874），新教神学家，著《耶稣生平》闻名于世，以历史的眼光对宗教信仰进行批判，晚年完全背弃了基督教。

第十六章

《作为意志和表象的世界》——身体的哲学：愉悦在此止步——自我实现与自我消解——利己主义的力量——国家与法——财产——同情之神奇统一——大大的"不"——音乐——否定的旁观者视角——次后和最后

"自由的而不是指向目的和需求的精神活动"（施特劳斯语）的确是叔本华哲学的"生存环境"。这是一种对世界的整体和生命的俯瞰与直观，这样一种全面的观察需要合适的地点和合适的时间。年少时登山的经历就第一次给了叔本华这样的机会。他在《作为意志和表象的世界》中如此描述哲学的巅峰："但在外来因素或内在情绪突然把我们从欲求的无尽之流中托出来，在认识甩掉了为意志服务的枷锁时，在注意力……把握事物……没有利益关切……完全委心于它们时……那么在欲求的第一条道路上永远寻求，而又永远无法企及的安宁就会在转眼之间自动地光临，而我们也就得到十足的怡悦了。这就是没有痛苦的心境，伊壁鸠鲁誉之为最高的善，为神的心境，原来我们在这样的瞬间从可鄙的意志的欲望中解脱出来，我们欢庆这个安息日，在这一天里我们不再受意志的奴役，伊克西翁之轮停止转动。"（Ⅰ，280）

从"可鄙的意志的欲望"中解脱出来的人获得了自由，可以全身心地观看意志的表演。而身体就是这出戏的主演。叔本华的哲学就是有关身体的哲学，它将传统的二元论（身体—精神）抛在一旁，而这一哲学的令人震惊之处在于：身体就是意志的体现，它成为叔本华整个形而上学的根本原则。"意志的每一个真正的活动都立即而不可避免地也是他身体的动作……意志的活动和身体的活动……是同一事物，只是在两种完全不

同的方式下给予的而已：一种是完全直接给予的，另一种是在直观中给予知性的。"（Ⅰ，157）

　　意志的活动和身体的活动不是同一事物，这一命题正是传统的二元论（身体—精神）赖以成立的基础。自柏拉图以来，意志就被定义为是某种精神的、灵魂的元素，它主宰着人的身体。对于柏拉图而言，认识就是人摆脱身体的控制从而赢得自主独立。这样的认识主宰着身体，因而成为某种"纯粹"欲求的源泉。这种意志是瓦解身体的力量，而身体正是一种死亡的力量、非存在（Nicht-Sein）的力量。柏拉图将身体称为"墓穴"。在西方传统中充满了各种伟大的尝试，试图想象身体不存在。这就必须苦苦寻找到一个能够让身体服从其命令的精神—灵魂的指挥中心。这种想法并不令人惊奇，因为在那样的时代里，人毫无防范地把自己交给身体受其操纵主宰，人还无法真正地控制自己的身体，还不存在监护病房、医疗保险公司、口服免疫法。在这样的时代，至少人们必须通过想象来保护自己，使自己免受来自身体的攻击。宣称精神的至高无上表面看来如此光彩夺目，而实际上它却源于某种退守姿态。这种唯心主义并非像今天人们所怀疑的那样来源于对享乐的敌视，实际的根源在于对死亡、疼痛、疾病、瘟疫、久病不愈的恐惧。人依赖身体，因为人热爱生命。唯心主义的关于生殖能力的种种幻想就是在尝试赢得人对身体的主宰，因为身体被认为是死亡入侵的通道。"战争、暴动、争斗的起因不是别的，正是身体及其欲求"，柏拉图写道。对于保罗①而言，"肉体"臣服于"死亡法则"。他渴望获得救赎，这并非敌视身体，他向那些按照基督的精神改变自己的人许诺，他们将获得一个"新的

---

① 保罗（Paulus，？~60/62？），基督教使徒，《圣经·新约》中《保罗书信》的作者。

身体"。

唯灵论就是想摆脱身体对人的控制，而犬儒派自然总是与此针锋相对。一般而言，犬儒派认为，人能够在自己的身体里找到家的感觉，身处其中人可以惬意自在。即便如此，犬儒派也得服从衰老的规律，身体上的痛苦日益增长，这时人便有摆脱身体的控制获得自主独立的需求。

人们发出肯定身体的呼声，这种闹哄哄的场面中总是充满火药味儿，这种肯定乃是对数世纪之久的唯心主义传统的批判性补充。最明显不过的例子或许就是狂欢节，嬉笑促使人们从身体的控制中解放出来，在这短暂的爆发中世界颠倒了过来。可是，迄今为止还没有一个人认真地考虑过这样一个问题：从对身体的肯定中寻找救赎和救治。这一方案一直为我们保留到了我们的这个世纪，尤其是最近的这十年。整整一代人在历史中寻觅渴望救治的主体，人们将弥赛亚的希望寄托在这些主体身上。就像过去同无产阶级联合团结那样，人们现在应该和自己的身体结成联盟。人们将会书写历史描绘身体的黄金时代，描绘它也许同样黄金般的未来，要教导人与受奴役的身体团结起来。人们发现一种新的阶级斗争，对抗双方是头脑和肚皮。① 身体变成了承担秘密的载体，只要人们去倾听，它就会向你泄露天机。自此之后，人们便聆听它轻轻道出的隐晦言辞，将那个受医疗保险庇护的身体团团围住，对它进行种种阐释。"感觉"（spüren）变成了通向真理的黄金大道。在"自在之物"的发迹之路上，身体成为最新的变化（Metamorphose）。在这个"自在之物"中同样也蕴含了全部的预言。

叔本华如此卖力地将身体推向形而上学的中心，这并不是

---

① 在德语中，头脑（Kopf）和肚皮（Bauch）分别象征着精神与肉体。

因为他要反对唯心主义的灵魂彼岸并建立一个新的此岸宗教，即有关身体的宗教，而是因为他要破除这样一种幻想，即人可以从身体的强势之中逃脱出来。叔本华并没有打算去爱那个主宰着人，也就是主宰着自己身体的那个东西。灵魂升入天国的幻想破灭了，叔本华并不想用另外的一种幻想（身体升入天国）去加以补偿。

意志（灵魂—精神）对身体发号施令，这一传统的构想被叔本华抛在一旁，他将意志的活动与纯粹智性的意志意图区分开来。"指向未来的意志决断只是理性对于人之所欲作出的考虑，原本不是什么意志活动。"（Ⅰ，158）通过理性作出的意志决断是否能够实现，这并非依赖于理性的力量，而是取决于这一意图能否激发起"我"的意志，而意志则体现在"我"的身体存在的整体之中。理性向意志指出动机，但是意志如何对这些动机作出反应，这就不在理性的力量范围内了。决定并不是在行动之前作出的（即在决定和行动之间存在着因果关联），而是和行动本身一同发生的。之前存在一个意图，以某种确定的方式作决定。而只有在行动之中并且通过行动才下定决心。叔本华写道："只有执行才算作出决定。""我"是谁？"我"不能从"我"自己的意图中确定自己是谁，而只能从"我"的生命的现实的——同时也就是说——获得体现的形态中确定自己是谁。人无法逃避到现实世界之后的某个精神世界之中，寄望于这个精神世界能够赋予"我"的现实生命"更加深刻"的意义或者甚至是救免。"我"生命中的所有作为就是一本打开的书，里面记录着"我"的身份。"我"之前的欲求造就了"我"现在的样子。意志就在"我"的内部，它不是什么"我"能够"造"出来的东西，意志，它就是"我"，它就这么发生了。叔本华反对传统的意志自由理论，对此他论证道：

这也就是说：在认识之光的照耀下，人是他自己的创造物。我则相反，我说：在有认识之前，人已是他自己的创造物，认识只是后来附加以照明这创造物的。因此，人不能作出决定要做这样一个人，要做那样一个人，也不能再变成另一个人。他既已是他，便永不更易，然后，逐次认识自己为何物。按旧说，人是要他所认识的东西；依我说，人是认识他所要的东西。（Ⅰ，403）

在叔本华看来，严格地说来，头脑也是身体的一个部分。因此，头脑的所思所想最终也只是意志的某种活动而已。我们完完全全就是意志，然而在我们的身体内部，意志以不同的强度、不同的可感知度表现出来。即便是我们身体内的植物性的生命组成部分也是意志，无论我们是否能够察觉得到它，在此，我们通常只是在功能受阻的情况下（例如疼痛、不适等）察觉到这种意志的存在。在叔本华看来，人的认识能力无法将此种意志与自己身体上的意志的活动区分开来。叔本华将认识定义为意志的器官，通过它人体构造的种种缺陷才得以补偿。与自然界的其他事物相比，人的地位是怎样的，对此叔本华写道："直到这里（在除人之外的自然界里。——作者注），意志是在黑暗里极准确无误地追随着它的冲动，到了现在这一级别（人类。——作者注），它却为自己点燃了一盏明灯。"（Ⅰ，223）这是必要的，为的是让"人，这复杂的、多方面的、有可塑性的、需求最多的、难免不受到无数伤害的生物"（Ⅰ，224）能够生存下去。就我们的认识能力而言，我们在很大程度上还是受到意志的束缚。"认识，从根本上看来，不管是理性的认识也好，或只是纯粹的直观的认识也好……本来就是命定为意志服务的，是为了达成意志的目的的，所以它也几乎始终是驯服而胜任的。"（Ⅰ，225）

叔本华写道："面对大自然的呼啸咆哮，反省思维的能力是微不足道的。"（Ⅰ，389）当描绘到精神遭遇身体的颠覆从而颜面扫地时，叔本华施展出了他那着实可观的讽刺才能，使其发挥得淋漓尽致。除了大自然的呼啸咆哮，能够让精神颜面扫地的绝佳时机就是：性。还能是什么别的吗？叔本华将性器官称为"意志的真正焦点"。（Ⅰ，452）我们内在的自然（本性）固执地遵循着其种属的目的（繁殖），在我们的意识和感受面前，它把自己装扮成恋爱的感觉（Gefühl der Verliebtheit）。不同的性器官之间彼此寻找，而不同的灵魂之间则相信彼此找到了对方。人只能将自身作为个体来体验，因此出于种属的目的，他们必然受到蒙骗。身体上的性欲和精神上的恋爱是促成的因素。于是人们便在充满情欲的氛围中超越了个体之间的边界。性交之后的沮丧通常标志着人从这种混杂感受中走出来回归清醒。摩尔人的事情办完了，摩尔人可以走了。① 在叔本华看来，在动物王国里，自然的表现方式更加"简单"：在交媾完成之后，雄性或被杀死，或者自杀。在人类世界中存在某种神话，即在爱和死亡之间有某种令人着迷的关联，此种关联的日常表现形式就是某种"婚姻家庭的折磨"。"自然……以它全部的力量在鞭策着人和动物去繁殖。在繁殖以后，自然与个体一起达到了其目的，之后自然对个体的死亡就完全不关心了。因为它和生命意志一样，所关心的只是种属的保存，个体对于它而言算不得什么。"（Ⅰ，452）

"认识为意志服务"，这一点尤其适用于性，性作为超越个体的力量能够让人焦心地等待守候。正因为性是"意志的焦

---

① 这句话出自席勒的戏剧《斐耶斯科的谋叛》第三幕第四场结尾处摩尔人（非洲黑人的旧称，剧中的这个摩尔人是斐耶斯科派出的密探）的一句台词。这句台词在现代德语中已经成为一句成语，意为"某人做了该做的一切后觉得自己是个多余的人，感觉不平"。

点",叔本华做了坏的打算,在那些人们猜测不到的、偏僻的生命地带中苦苦寻找那些隐秘的性冲动。叔本华的这些"心理学"观察为后来弗洛伊德和尼采的工作做了前期的准备,这些勤奋的观察大量地散见于日后撰写的《作为意志与表象的世界》的第二卷和《附录和补遗》之中。在第一卷中,叔本华只是一气勾勒出了他整个形而上学的轮廓,可是他既没有时间,也没有搜集到足够的材料,因此无法对此展开逐一细致的研究。虽然在第一卷当中他只用了为数不多的几页纸来讨论性,但是性这一主题却具有核心意义。因为正如他所体验到的那样,对于他而言,性已经变成了某种让人备感折磨的意志行为的模式。正是从这里出发,叔本华对意志的判断便附加上了某种情绪。有一个例子可以说明这一点:之前叔本华谈及了巨石以及将巨石向中心点吸引的重力,而此时在谈到"无尽的追求"这一关键词时,他过渡到了无尽的繁殖这一话题上:"动物的生活过程也是这样的:生育是过程的顶点,在完成这一任务之后,这一代的个体的生命就或快或慢地走下坡路,同时自然地,一个新个体便起而保证了这物种的继续生存且又重演这同一过程。"(Ⅰ,240)在注重代代传承的同时,单个的生命体受到漠视,无足轻重。由于人将自身作为个体来体验,因此他的不幸之处在于,他在自己身上能够意识到自然的这种无所谓的漠视态度。在性问题上,他可以体验到这一点,正是性把他突然抛到了动物王国之中。在性交的这一刻,他变成了隶属于某个属种的动物。叔本华很难承受这种"自下而上"的伤害,要知道他一贯"自上而下"、从"优良意识"出发嘲讽那种胆战心惊地死守个体化原理的行为。在他那秘不示人的手稿本中,叔本华这样写道:"想想那最美丽迷人的一对儿……就在它们享受情欲的那一瞬间,就在开始'成事'的最初一刻,一切的玩笑、所有的温文尔雅顿时消失殆尽。这时优雅让位于某种深刻的严肃。那么这是一种怎样的严肃呢？这是一种动物所具有的严肃。"（HN Ⅰ，42）对于叔本华而言，在这样的"严肃"时刻，愉悦停止了——这是一种情欲带来的愉悦，这是一种那个时代的自然哲学让人感到的愉悦，这种自然哲学以一种近乎情色的方式去体会自然。在手稿本中，叔本华将这些自然哲学家（指的是谢林、斯特芬斯、特洛克斯勒①之流）称为"一类特别的傻子"，他们对自己谈论的东西一窍不通。他们把自然变成了自己柏拉图式的恋人。他们的生活没有什么风险，他们只能通过自然寄托自己的相思。"试试看，让自己完全成为自然，一想起来就让人震惊：如果你下不了决心在紧急情况下毁灭自己，也就是说为了你毁灭所有的自然，那么你就无法获得精神上的安宁。"（HN Ⅰ，27）在《作为意志和表象的世界》中，叔本华以一幅出色的画面捕捉到了这种震惊："正好像一个船夫，他在一望无际的大海上驾着一只小船，山一般的波涛在起伏咆哮，他却信赖这一叶扁舟。一个个安然端坐在充满痛苦的世界正中的人也就是这样信赖着个体化原理……无边的世界到处充满着痛苦，在过去无尽，在将来无穷，那是他体会不到的，在他看来甚至只是一个童话。他本人最终将消失，他的在场没有任何拓展的空间，他的快意稍纵即逝，然而在他看来，他这个人、他的在场、他的快意都是具有真实性……直到这一天到来之前，仅仅只是在他意识的最深处有那十分模糊的冥悟在活跃着，亦即悟到所有那些痛苦究竟并不是那么陌生的，而是与他有关联的。在这种关联之前，个体化原理也不能庇护他。所有的人……所共有的、无法消除的共同的恐怖就是从这种冥悟中产生的。人们如果由于某种偶然事件而在个体

---

① 特洛克斯勒（Ignaz Paul Vital Troxler，1780~1866），瑞士哲学家、医生、政治家，早年信奉谢林学说，之后在雅各比和瓦格纳的影响下走出了谢林哲学的影响。

化原理上被弄昏了头脑……这种恐怖就会把人们摄住。"（Ⅰ，482）

在叔本华那里是令人"恐怖作呕"的东西，到了浪漫派的自然哲学家那里（人们总爱将叔本华归在他们一边）就变成了令人"心旷神怡"的东西。比如说诺瓦利斯同样也描绘了一幅大海的画面，画面所描绘的情绪是日后被弗洛伊德称为自我消解的"海洋感"（ozeanisches Gefühl），这种感觉对于诺瓦利斯本人而言是某种充满诱惑的东西："谁会不动心……大自然的内在生命完完全全地进入了他的心灵，于是心中跳动着喜悦！这种强烈的感觉——找不到比爱和情欲更好的词语来定义它——传遍了全身……在大自然晦暗的、充满诱惑的怀抱中，他处于甜蜜的恐惧之中。在一浪高过一浪的快乐中，可怜的人将自己吞噬。除了那个无限生殖力的焦点、那个巨大海洋中吞噬一切的旋涡之外，一无所剩。"[1]

无论是在诺瓦利斯那里，还是在叔本华那里，在自然超越个体的强力碰撞面前，个体变成了"可怜的人"。尽管如此，浪漫派仍在冒险尝试，在把自己交给自然（"我不会将自己庇护起来"——艾辛多夫）的过程中获取快乐。这种自我消解具有某种诱惑力，这些不请自来的狄奥尼索斯式的旁观者充满幻想以致无法看清这一层，叔本华对此提出了批判。沿着我们自己的内在自然的足迹，我们根本无法抵达某个提供庇护的"母性王国"（Reich der Mütter）（歌德语）。在那里我们经历的不是慰藉，而是骚动。浪漫派人物斯特芬斯写道："我们的大地依偎在我们的身上，它的一举一动都与我们的内心结伴。"[2] 可是叔本华说，大地根本就不愿搭理我们，他以我们之死保存了我们这个种属的生存，不，我们不能和这样的大地结为伙伴。虽然，我们完完全全就是自然——在这一点上，叔本华赞同浪漫派的说法——但是正因为如此，我们听凭自己忍受它的绝情、纷争和分裂。"这样我们在自然界中就到处看到了争斗，斗争和胜败无常，转败为胜，也正是在这种情况下，我们此后还要更清楚地认识到对于意志有着本质上重要性的自我分裂……这种普遍的斗争在以植物为其营养的动物界中达到了最显著的程度。在动物界自身中，每一种动物又为另一种动物的俘虏和食料……每一种动物都只能通过不断取消异类的存在以维持它自己的存在。这样，生命意志就始终一贯是自己在啃着自己，在不同形态中自己为自己的食品，一直到了人类为止，因为人制服了其他一切物种，把自然看作供其使用的一种产品。然而就是在人这一物种中……人把那种斗争，那种意志的自我分裂暴露到最可怕的明显程度，而'人对人，都成了狼'了。"（Ⅰ，218）

受到意识主宰的个体除了利己之外别无他法。因此按照霍布斯（正是他将"人对人，都成了狼"这句谚语作为其国家哲学的人类学基础）的看法，社会就是各种利己主义之间的潜在战场。在此，叔本华有了一个转变，那就是将个体的利己主义概念和他的先验哲学的基本观点联系在了一起。这一转变令人惊讶，但就其本身而言可以理解。他的基本观点是：虽然所有一切事物"就其本身"是意志，但是个体身兼欲求的主体和认识的主体双重身份，它在除己之外的其他一切事物中看到的意志仅仅是"表象"，只有在自己的身上，个体才体验到这个意志同时也是某种内在的实在性。也就是说，所有现象的基础，意志，"也就是真正的实在，它（意志[①]）只能直接在自己的内部找到"。（Ⅰ，454）叔本华继续写道，由此可以说明"每一个个体，尽管它在无边无际的世界里十分渺小，小到近于零，

[①] 原文括号中为"客体"，为本书作者所加。经比对叔本华原著，此处之代词"它"当指"意志"，就此订正。

何以仍然要把自己当作世界的中心,何以在这一自然的立场上不惜为它的生存而牺牲一切,不惜为它自己这沧海一粟得以保存得更长久一点而毁灭这个世界。这种心理就是利己主义,而这是自然界中每一事物本质上的东西。不过也正由于这利己主义,意志和它自己的内在矛盾才得以可怕地公开展现……所以一面是每一个体自己都作为完整的意志和完整的表象化者而直接被知,另一面是其余的个体就得仅仅是作为它的表象而被知;因此对于这一个体,它自己的本质及其保存就要置于一切之上了。对于自己的死,人人都将之视为世界末日似的;对于他那些熟人的死……就只当作一件与己不甚相干的事情听听罢了。在已上升到最高度的意识里,在人的意识里,利己主义也必然和认识、苦乐一样达到了最高的程度。而以利己主义为前提的个体斗争也必然会以最可怕的形式出现。这一点是我们到处看在眼里的,是在大小事情中都看得到的。不过有时是在可怕的方面,在无道的暴君和恶人们的生平之中,在为祸全世界的战争中看到,有时又在滑稽的方面看到……不过这一点表现得最为显著的是任何一群人在一旦解除了一切法律和秩序的约束时,那时立刻就会出现最明显不过的'人自为战'（bellum omnium contra omnes）（所有人针对所有人的战争——作者注）,霍布斯……恰如其分地描绘了这一场面。"（Ⅰ,455）

正是在这一背景下,叔本华依据霍布斯的学说发展出了自己的一套国家理论：国家给"肉食动物"戴上一只"嘴套",它们虽不会因此变得善良些,但这样它们"就会像食草动物那样产生不了什么危害"。（Ⅰ,473）国家在总体上是一个防御性的强制性装置。每个人都想做非义之事,但没有哪个人愿意忍受非义。既然叔本华在人类学上的根本范畴不是道德而是意志,那么对于他而言,首先不存在什么正义感,而只存在人遭受非义时感到的痛苦。当自己的、从个体出发的意志空间

（Willensphäre）受到侵犯、侮辱、伤害时，痛苦就产生了。每个个体随时准备着去侵犯其他个体的意志空间，可与此同时，在自己的意志空间里，他又必须使自身免受这种侵犯。对他人的侵犯必然把个体自己吓坏了，正是这种害怕将个体保护起来使其免受来自其他个体的侵犯。

叔本华明确地反对一切自康德之后形成的国家理论。这些理论要么期望国家能够使人向善，使人变得有道德（谢林、黑格尔），要么认为国家是一种更加高级的人类组织形式（诺瓦利斯、施莱尔马赫等人）。在叔本华看来，国家只能使人免受其自身的伤害，但无法使人向善。国家是一部社会机器，在最好的情况下，它能够将集体的利己主义和集体的求生愿望结合在一起。"国家……既不是根本反对一切利己主义，也不是反对利己主义的利己。而是相反，国家恰好是从总括起来的共同的自私中产生的，并且是专为这种利己主义服务而存在的，此中一切人有着自知之明而按办法办事，从片面立场走向普遍立场。国家是在纯粹道德性的不可期，亦即纯粹出于道德理由的正义行为不可期这一正确前提之下建立起来的，要不然国家本身也就是多余的了。所以国家不是为了反对利己主义，而是为了反对利己主义的那些有害的后果而建立的，亦即反对一众自私的个体彼此互施的伤害，保护他们受此损害的福利。"（Ⅰ，472）

叔本华所希望的国家就是这样一个为了这些目的，并用强大的权力手段装备起来的国家，但是这个国家不应当仅仅是外在的权力。正因为叔本华没有赋予国家某种在道德方面的能力，所以国家与国民的内心无涉，也就无法对其发号施令："国家根本一点也不理会单纯的意志和居心本身，而只关心实际行动……对国家而言，实际行动、事态是唯一的实在。而居心、意图之所以被探究，这只是为了从中可以看出实际行动的含义。因此，国家不会禁止任何人在他的思想中经常藏着谋害毒杀别人的祸心，只要国家已确知对于剑和轧轮的恐惧会不断阻止那祸心真正起作用。国家也没这么个愚蠢的计划，要消灭不法行为的心理倾向，消灭恶毒的居心，而且是在每一种可借以实现不法行为的动机旁边，总要在无可幸免的刑法中列上一个分量更重的、用以打消不法行为的动机。"（Ⅰ，470）

叔本华想要的是一个能够正常运转的国家机器，而不是像浪漫派那样把国家作为一个承载生命意义的装置。叔本华的老师施莱尔马赫曾写道："有谁将人所创造的最美的艺术作品（国家——作者注）……仅仅视作某种必要的坏东西……那么他必然感到这是一种限制，而国家则注定是他生命获得最高层次的有力保障。"[3]

而对于叔本华而言，国家的的确确是某种"必要的坏东西"。

本着荷尔德林的警告"如果人将国家变成了自己的天国，那么他也就将国家变成了地狱"，叔本华想要的不是一个具有某种心灵的国家，因为这样它就有可能将手伸向国民的心灵。叔本华捍卫思想的自由，没有丝毫妥协。在这里，不允许存在维护国家这一准则。因此他把所有的嘲讽一股脑都倾泻到了黑格尔的头上，他揭露说，黑格尔以普鲁士国务部的指令和提纲为素材建立起了他的整个哲学体系。

与其国家理论相关，针对财产问题叔本华还提出了一些极为大胆的观点。叔本华问道，国家应该在多大程度上如何保护财产。用他的术语来说，这个问题就是：个体要求获得财产，那么这份财产在多大程度上属于个体的意志空间呢？叔本华坚定地从与身体紧密相连的意志的层面出发来解答这个问题："因为财产只能是……他的（人的。——作者注）自立劳动的获得。所以如果拿走别人的财产就是从客体化于该人身体中的意志那里拿走这个人的体力，以使这份体力为在另一身体中客

体化了的意志服务。"（Ⅰ，459）

简而言之：正如应该保护身体使之完好无损一样，财产也理应得到保护，财产就是作为"劳动的果实"而存在的。"道德的财产所有权"是"完完全全以劳动加工为根据的"。（Ⅰ，460）根据这种说法，如果不是通过这样的劳动而累积起来的财产就是偷窃。

可是不管怎么说，叔本华就是靠着父亲留下的遗产生活，他向我们呈现了一种戏剧性的冲突：当精神与利益迎面相撞时，丢脸的总是精神。平素叔本华就想过一种收入优厚、无须做什么事情的清闲生活，而他自己建立起来的财产理论则将他置于非义的境地。因此他必须修正自己的理论，以便使自己能够在其中找到一个位置。他只用了唯一的一句话（在他那里，即使是一个借口也要言不烦）就成功地解决了这个问题，但是正是这一句话使他那刚刚建立起来的财产所有权理论失去了所有的锋芒和极端："在道德上有根据的所有权，如我们上面所引申的那样，在其本性上就赋予所有人以支配其所有物的无限权力，和这所有人对于他自己的身体有着无限的支配权一样，因而他可以用交换或赠与的方式把他的财产转让给别人，而别人便拥有了和他一样的道德的权利并占有这份财产。"（Ⅰ，461）

原来如此：他获得了父亲"转让"给他的遗产，他便因此被填入了父亲意志空间的权利之中，而且就财产而言他也与父亲一脉相承，因此对于那份投胎到他那里的财产他便拥有了合法的"不受限制的权力"。也正由于此，他日后将1848年革命视作痞子的暴动，这些痞子们正是冲着他的那些合法财产来的。

叔本华在对正义/非正义和国家进行相应分析时始终强调，他并不想制定什么规则和道德规范，而只是在进行纯粹的描写，只是在观察确实存在的东西。意志统治着世界，不存在什么道德能够有效地阻止意志的所作所为。因此自始至终，叔本华论证的出发点不是正义感，而是承受非义的人身上的不言自明的痛苦，人们可以将其解释为是对不自由的意志空间的伤害。对于叔本华而言，不存在某种可以与之相较的内在自明性（innere Evidenz）能够促使人从事正义的事情。每个人的意志都有潜在的贪得无厌、无所顾忌的特性，对于他人的意志空间毫无敬意。人们害怕承受非义所带来的痛苦，正是这种害怕能够起到一种平衡作用以遏制自身意志的这种贪得无厌。有人一再声称存在这种内在的自明性（"良心"，"绝对律令"），在叔本华看来，这只不过是某种理想的抽象幻觉，这种理想把自己与现实混淆在了一起。

一直以来，人们不仅尝试着改善人与人之间的共处状况，而且还要改善人本身。叔本华当然知道，此类尝试一次又一次蓬勃兴起，尤其是自法国大革命以来。叔本华掩饰着自己的幸灾乐祸，他一贯指出，如果将人类比作病人，每一次所谓的"进步"只是在折磨这个病人，而不是使之痊愈。因此叔本华认为，如果乐观主义仅仅意味着自鸣得意，并且声称人类必须劳作几千年为的就是使当前的这一代人获得成功和幸福的话，那么这种乐观主义简直"卑鄙邪恶"，有时候也很"愚蠢"。鉴于最近这段残酷的历史，充满悲观主义的叔本华似乎站在了时代高点之上。在他看来，历史不是什么有目的性的计划行为，而是——保持适当的距离来观察——同类事件的盛大狂欢。叔本华认为，只要站在意志哲学的立场上就能够发现："在人世正如在戈齐[①]的喜剧中一样，在所有那些剧本中出现的总是

[①] 戈齐（Carlo Gozzi，1720~1806），意大利童话剧作家，其作品多取材于《一千零一夜》和意大利传奇故事，强调剧情的离奇和场面的华美，反对哥尔多尼的现实主义戏剧，其代表作有《三个橙子的爱情》《图兰朵》等。

那些相同的人物，并且那些人物的企图和命运也总是相同的。尽管每一个剧本都有各自的主题和剧情，但剧情的精神总是那么一个，而且这一剧本中的人物也一点儿不知道另一剧本中的情节，虽然他们自己也是那一剧本中的人物。因此尽管有了此前各剧中的所经所历，但是剧中人物班达龙并没有变得敏捷些或者慷慨些，达塔格利亚也没有变得谨慎老实些，布瑞格娜没有变得胆壮些，而戈隆宾涅也没有变得规矩些。"（Ⅰ，263）

阳光之下没有什么新鲜事，意志随时随地将同一出戏搬上舞台，自持的智慧发出指令，不要过度地允许自己站到傻子一边，这太令人痛心了。在叔本华看来，在政治、国家、法律这些领域当中关键的因素是，要巧妙地与意志的强势周旋。政治的任务只能是：避免出现更坏的情况。

在这个时代里，有人（拿破仑）宣告政治就是"天命"；在这个时代里，整个的人意欲通过政治实现自我，而政治也反过来侵犯到整个的人。在这样的一个时代，叔本华所主张的是一种高度精简的政治概念。

坦率地说，叔本华对历史、法律、政治的判断源于他那袖手旁观者的视角，只有从这一视角出发观察，一切才变成了狂欢。哲学家要最后一个才发笑，为的是不让人笑话他。他要提防着圣灰星期三[①]，为此他远远地避开狂欢。这就是叔本华关于幸福的策略。

《作为意志和表象的世界》的前三卷汇集了对人的日常生活和历史的种种分析，这一切的灵感除了源自那个大大的"不"之外还能是什么呢？而这本书的第四卷，也就是结尾的那卷就是献给这个"不"的。

[①] 圣灰星期三（Aschermittwoch），四旬节（斋期）的第一天，狂欢节结束，按习俗要把圣灰撒在忏悔者头上。

直至现在，叔本华向我们介绍的那个意志是一种无法逾越的现实力量。而现在又冒出了一个对意志的否定。这种否定从哪里来，又会引向何处呢？

这种对意志的否定究竟是个什么东西，我们在叔本华对艺术的论述中已经预先尝到了些滋味。按照叔本华的理解，在艺术家和那个让自己受艺术感染的人那里，艺术创造了一个意志丧失的瞬间。也就是说，在艺术诞生和人们观赏艺术的时候，总是会有一种对意志进行否定的意味。可是还是那个问题：既然叔本华的哲学是一种关于意志的形而上学，那么对意志的否定究竟有无可能呢？

意志是我们内在之中的"自在之物"，可是它并不能为我所用。叔本华教导我们，意志就是我们的存在，我们无法逾越它。不要忘记：叔本华无须费劲领会理解便已经对这种意志丧失条件下的心醉神迷状态了如指掌。因此他总是不厌其烦地强调："意志之否定所源出的认识既然是直观的，而不是抽象的，那么这种认识也不能在抽象概念中而只能在实际行动……中得到充分的表现。"（Ⅰ，521）

叔本华不想把对意志的否定作为可能的姿态从概念上予以魔法般的呈现，但是他却想使这种否定能够让人理解——在他那意志形而上学的概念框架之中。

如果叔本华守着这个框架，那么他就必须将意志之否定解释为某种意志事件本身，而不是某种独立于意志，甚至是凌驾于意志的认识所产生的效果。他的意志形而上学所具有的极端的内在性禁止任何更高的强力的干涉，如果他在别人那里发现了这种强力的干涉，那么他一定会对此嘲弄一番。叔本华其实不该说（可是他偶尔会这么做）什么意志被认识"矸伤"的话，而是一定要说：意志"熄灭了"，"转向了"，"回归了自身"，伴随着这一过程的是某种心醉神迷的、否定性的世界认识。简而言之：叔本华要让人们理解意志之否定，但意志之否定首先是存在事件，而不是认识事件。因为意志就是一切，因此意志无法被他物否定，而只能被它自己否定。对于身为意志形而上学家的叔本华而言，对意志的否定只可能是意志的自我扬弃。

叔本华正在为过渡到意志之否定的概念玄思做着准备，他在这一过程中所凭借的乃是他有关同情的理论。

对于叔本华而言，同情不是道德上的要求，而是某种伴随着强烈感受的体验。这种体验有时候仅仅是灵光一闪，这种体验就是：我身外的一切同样是意志，和我自己一样，它们也承受着所有的痛苦和折磨。对于那个能够感受到同情的人而言，"摩耶之幕已经是透明的了，个体化原理再也蒙骗不了他。他在任何生物中，从而也在受苦的生物中辨认出了他自己，他本身，他的意志"。（Ⅰ，508）同情是一种个体的、意志的自我体验，没有个体的、意志的自我贯彻参与其中。同情是一种能力，它可以使人在特定的时刻里将自己身上的意志体验的强度扩展到自己的身体边界之外。"我"内部的意志保存了所有的力量，但是这力量不再是在贯彻自我的前沿阵地上发挥作用。意志处于某种独特的弥散状态，它不再集中于自己的身体之中，而是四处发散开去，它无法区别什么是自己的什么是别人的："Tattwam asi！"（一切皆是你！）[①]。

叔本华借用这句古印度短语描述了同情的同一性体验，他以此为出发点过渡到了否定的玄思之中，这种玄思高于任何的理性，在聪明人看来愚蠢之至。

[①] 梵文"一切皆是你"的意思是，宇宙万物和每个人的灵魂皆是一体，都是同一材质构成。

就是说如果摩耶之幕，个体化原理，在一个人眼前揭开了如此之宽的缝隙，以至这人不再自私地在他本人与别人之间作出区分……于是这样一个人，在一切事物中都看到自己最内在的、真实的自我，他就会自然而然地把一切有生之物的无穷痛苦看作自己的痛苦，也必然要把全世界的创痛作为自己所有的创痛。没有哪一种痛苦对于他来说是陌生的……他认识到了整体，体会了这整体的本质，发现这本质永在不断的生灭中、在无意义的冲动中、在内在的矛盾和挥之不去的痛苦之中。无论向哪里望去，他看到的都是受苦的人类、受苦的动物界和一个正在消逝之中的世界。但是他现在关心这一切，正如利己主义者只关心他本人一样。对于世界既然有了这样的认识，那么怎么教他用不停的意志活动来肯定如此这般的生命，由此而更紧密地把自己束缚在这生命上，总是更紧紧地抱住这生命呢？所以说，如果一个人还被束缚在个体化原理和利己主义之中，只认识到个别事物和这些事物对于他本人的关系，于是这些事物就成为他欲求的动机，而这些动机总是不断地更新；那么相反的是，上述对于整体大全的认识，对于自在之物的本质的认识就会成为一切欲求的和每个欲求的镇静剂。意志从此便背弃生命：生命的享受现在使他战栗，他在这些享受中看到了对生命的肯定。此时，这个人便达到了自动克制欲求且与世无争的状态，达到了真正的泰然自若和完全的意志丧失状态。（Ⅰ，514）

这一过渡的中心点还没有得到充分的表述，容易造成误解。

叔本华写道，"对于世界既有了这样的认识"，那么人应该怎样"用不停的意志活动来肯定如此这般的生命"呢？仿佛任何一种意志都可以从自身之中获得力量，似乎这种认识就可以剪碎那根将我们束缚住的绳索。叔本华的这番表述让人觉得，好像对意志的否定最终不过是这样一个问题似的，即人从理智上能否做到坚定不移。这几乎又回到了康德主义："品德"被极端化后变成了否定此世的禁欲主义，而其源头正是某种充满德性的理性所具有的力量。叔本华写道："对自身本质的充分认识"变成了"一切欲求的镇静剂"。为了防止重新陷入康德主义对理性的虔诚之中，叔本华提醒人们注意"抽象认识"和"直观认识"。一道鸿沟将两种认识分了开来。"直观认识"更多的是与灵感打交道而不是与概念性的理解打交道，更多的是在使人皈依而不是让人信服。在此，叔本华形象化地用克劳狄乌斯那充满虔诚的"复活"概念引证自己的观点。叔本华让人们注意圣徒和禁欲者，他们无论是在精神上还是肉体上都使这种否定成为现实。就是这样：否定根本就不一定要在某种特别的智性认识之中表达出来，它体现在行动和生活方式之中。每一个与此有关的讯息都是一种不完全的翻译，它使用的是一种时间的语言（Sprache der Zeit）：某人将一些教条纳入自己的理性之中，"依据那些教条"，这种否定性的姿态会对自身作出阐释，根据这说话人的身份不同（基督徒、无神论者、佛教徒等），阐释也会大不相同。这种教条主义的自我阐释就是为了"让理性得到满足"。（Ⅰ，520）可是否定本身并不是理性认识的工作。叔本华动用了"恩选"这个基督教的术语，为的是清楚地表明，否定之神秘并不是决心的产物，神秘之处在于这是一种际遇：人无法找到它，它会降临到某个人的头上。叔本华刻画了认识在否定行为中所扮演的角色，但是这种刻画一直摇摆不定，甚至自相矛盾。叔本华刚刚还这样写道："因为如果已经有了生命意志，那么，生命意志作为唯一形而上之物，作为自在之物，就没有一种暴力能够打破它……至于它自身，除了通过认识，什么也无法取消它。"（Ⅰ，544）可是隔了几行，正如一贯的那样，这种认识所具有的力量又被解释为意志被扭转之后所具有的自然之力："大自然正是把意志引向光明，因为意志只有在光明中才能得到救赎。"（Ⅰ，544）那么对意志的否定本身还是某种行动（一次最终的行动？），是这种意志在其自身发展历史上的一次行动。由此看来，对意志的否定并非战胜了生命意志，而是意志的自我扬弃，颇具神秘色彩。在对这一问题进行了翻来覆去的探究之后，叔本华在末尾处写道："意志的某种自由行动最终起到了镇静剂的功效。"（Ⅰ，549）

如果一切都归于宁静，如果世界能够在不偏不倚的观察中映射出自己就像在清澈无澜的水面上映出自己的倒影一样，如果身体不再消磨我而只是一个"微弱的火花"，那么——叔本华喃喃自语——在消逝之中或许也就蕴藏着再一次辉煌的光临："也就是说，在我们的生存后面还隐藏着别的什么东西，只有摆脱了这世界才能接触到这个东西。"（Ⅰ，549）

叔本华的这部著作是以这番话作为结语的："我们……坦率地承认：在彻底地取消意志之后所剩下来的，对于那些通身还是意志的人而言当然就是无。不过反过来看，对于那些意志已经倒戈而否定了自身的人而言，则我们这个非常真实的世界，包括所有的恒星和银河系在内，也就是——无。"（Ⅰ，558）

叔本华知道他自己在说什么吗？他既不是圣徒，也不是禁欲者。就算是在后来的日子里，他也不是法兰克福的"菩萨"。他根本就没有把自己的身体折磨成"微弱的火花"，相反他甚至近乎强迫症似地精心照料和保养着自己的身体。可是他也谈不上洁身自好，哪怕是对于性病的强烈恐惧也无法阻挡他寻欢作乐。他擅长否定，只要涉及的不是他本人的意志。他很善于让别人尊重他的意志，有时候甚至态度粗暴。这个发出敲打之声的幽灵[①]也有表现出"优良意识"的时候。但是他终其一生是一个醉心于否定的旁观者，他发誓要完成自己的功业。也正因为他始终是一个不请自来的旁观者，因此他尤其钟情于那个跨越界限的时刻，对于他而言，这就是艺术。《作为意志和表象的世界》中最动人的地方就是那些谈论音乐（这是一种彻头彻尾的边缘现象）的段落。在音乐之中，"自在之物"，意志，作为一种纯粹的表演在场，它不体现象征着什么。所有的东西再一次汇聚在那里，就像是来参加告别，但是现象世界已经消失了："那么音乐……完全不依赖于现象世界，简直是无视现象世界。从某种意义上说，即令这世界全不存在，音乐却还是存在。"（Ⅰ，359）音乐就是整个世界，可是它没有实在的形体。音乐拿出来的是"事物的核心"，在音乐中，"我们本质中最深处的内在成分被表现了出来"。（Ⅰ，357）"自在之物"，它在音乐之中实实在在地引吭高歌。

如上所述，这一切都是旁观者的视角。意志没有被否定，它只是（在艺术中）暂时失去了压倒一切的强力。在艺术之中被直观的意志也上演了"富有意味的一出戏"——"脱离了痛苦"。（Ⅰ，372）

人不一定要在否定之中离去，如果——在艺术中——有这样的机会出现，让人在看世界的时候仿佛感觉自己已经离开了这个世界，那么他也可以留下来不走。

似是而非的生活，似是而非的否定：既不是禁欲者也不是圣徒的叔本华在两者之间保持着平衡。贪吃的叔本华在享用丰盛的午餐之间总要吹一个小时的笛子，罗西尼的《天籁之声》。

[①] Poltergeist/Klopfgeist，民间迷信中的某种幽灵，他通过发出敲打之声引起人的注意，此处指叔本华。

叔本华的"优良意识"只能让他在短时间内心醉神迷。神圣感或者是长时间的心醉神迷他只能从身体上获得。很可惜，尼采没有从他身上学会这一点。因为叔本华要和最后，即否定同在，因此对于他而言，次后的音乐就变成了最后的。此外，身为哲学家，叔本华要谈论一切。这已经提供了足够的理由让他留下来。毕竟叔本华还必须翘首等待，看看这部被送到世上的著作在读者那里的反响如何，看看他的这份关于否定的公告是否能够获得人们的肯定。

第十七章

与布罗克豪斯的激烈争执——首次意大利之行——艳遇——格雷科咖啡馆内的争吵:"让我们把这家伙扔出去!"——返回德国——财务危机,家庭内的争吵——阿图尔和阿黛拉

1818年春天,修改初稿的工作尚未完成,叔本华通过比登费尔德男爵牵线搭桥与出版商布罗克豪斯建立了联系。就在一年以前,母亲约翰娜就在后者那里出版了自己的第四部书,《躲避到莱茵河畔》。可是由于家庭内部的纷争,叔本华不便利用母亲的关系。虽然这位进行哲学思考的儿子没什么名气,但是叔本华这个名字所享有的声誉还是为他打开了大门。仅凭那充满自信的"报盘"本身或许他尚不足以做到这一点,他在给布罗克豪斯的信中写道:"我的这部作品是一个全新的哲学体系,毫无虚言,说到新,它不在于将现成的东西用新的方式表达出来,它是一系列高度关联的思想,迄今为止,还没有任何一个人有过这样的思想。"(B,29)对待前代和当代的哲学,他措辞激烈。照他的话说,这部书与"当代哲学的毫无意义的鼓噪喧嚣和前康德哲学的平庸之谈"(B,29)有着天壤之别,这部作品原本是无价之宝,因为其中倾注了他的整个生命。因此他向出版商提出要求,首先这部书的外观要有模有样:印刷要精良,校对要仔细,纸张要好。至于润笔费则"不值一提":40杜卡特① 付稿纸钱,40杜卡特则是整本书的稿酬。他认为,从长远看出版商不冒什么风险,因为"这本书……日后会成为其他千百本书创作的源泉和动因"。(B,29)

叔本华并没有事先拿出一些章节给人看看,于是布罗克豪

---

① 杜卡特(Dukaten),一种在13~19世纪间通行于欧洲的金币。

斯只能在不知道内容的情况下购买书稿。但他还是买了。

弗里德里希·阿诺尔德·布罗克豪斯是一位果敢的商人，在短短几年间，他使出版社取得了商业上的成功。《百科全书》项目事后被证明是一座"金矿"，他花了少得可笑的钱从破产的出版家洛伊波尔特那里买断了这部书的版权，然后在自己的组织下于1811年将这一项目最终完成。布罗克豪斯是一位埋头实干的启蒙主义者，他也会遇上新闻检查的麻烦，冒一些风险。在拿破仑占领期间，也和那些具有爱国主义倾向的反对派保持联系。出版社还经营《德意志通讯》，它在1813~1814年成为反拿破仑联盟的半正式的机关刊物。当形势不再那么危险之后，布罗克豪斯又再版了《受奇耻大辱的德国》。多年前，书商帕尔姆就因印制这本宣传小册子被拿破仑下令枪决。布罗克豪斯所冒的风险都是事先掂量过的，他不是那种为了政治理想甘愿以身试法的人。他要涉足文艺的各个领域，比如口袋本的女性图书、游记、纯文学作品、学术论著。哲学的声誉对他颇具吸引力，可是在他出版的图书中哲学作品寥寥无几。于是，一位签约作家的哲学家儿子也在自家出书是个好主意。1818年3月13日，布罗克豪斯在给叔本华的信中写道："阁下的垂询让我……受宠若惊。"（Bw, 14, 224）叔本华回信表示感谢，并且请求签一份正式的合同。他提醒对方，这本书可能会遭遇新闻检查方面的麻烦，因为他的这本著作与"犹太教—基督教的教义"相矛盾，在最坏的情况下，这本书有可能要在别处印刷和出版，也许是在梅尔瑟堡，那里显然要自由些。叔本华认为，这对于出版商而言，反正没什么坏处，"而且众所周知，一本书遭禁根本就不是什么不幸的事情"。（B, 32）

叔本华催促尽快出书。这本书要赶在秋季书市之前出版，之后他就要去意大利旅行了。叔本华在夏天如约交付了书稿，他焦急地等待着第一批校样。叔本华对出版社的内情不甚了解，仅仅过了两个星期，他就认为必须要给布罗克豪斯提个醒。又过了一个星期校样还没有到，于是叔本华便出言不逊。他说，布罗克豪斯不要盘算着像打发那些"《百科全书》的作者和类似的蹩脚多产作家"那样打发他，"除了凑巧大家都用笔墨写字之外"，他与那些人毫无共同之处。那位《百科全书》的出版人对这番侮辱之词没有做出什么反应，他寄出了第一页的清样，此外什么话也没有说。对于叔本华而言，这简直太少了，按照这样的速度，这本书根本无法在书市前出版。他非常恼火，提醒对方遵守约定的时间。"和那些说话不算数的人打交道，对于我而言，没什么比这个更糟糕的事情了。"（B，40）为了证明出版人对这件事情是当真的，他要求立即拿到稿酬，接下来的一句话使得叔本华和出版家之间的信任关系彻底受损："从多方面获悉，您总是拖延稿酬，而且您对此好像并不在意。"（B，41）布罗克豪斯的答复是："您提到，您……听说我拖延稿酬，那么请允许我提出一个要求：您至少说出一个作家的名字让他和我对质，如果您做不到，我就认为您不是一个正人君子。"（Bw 14, 243）叔本华没有接这个茬，他在另一封信中又一次催促稿酬。布罗克豪斯中断了联系，他按照合同将书付印，可是从此再也不愿与这只"拴着链条的狗"（布罗克豪斯在别人面前这样称呼叔本华）打交道。他在1818年9月24日的最后一封信中写道："关于您在前些时候的一封信中那句侮辱人的话，我曾……期望您给出证据或者撤回这句话，可是两者都没有，既然如此，我便依照此前的声明从此将不把您视为正人君子。因此，以后我们彼此之间便不再有书信往来，而且我也将不再接受您有可能的来信，因为您在信中表现出来的粗鲁和缺乏教养，让人觉得您不是一位哲学家，而更像是一个车夫……我担心您的著作印出来只是一堆废纸，我只希望这个担心不会成为现实。"（Bw 14, 244）

可以预见的是，这部书在书市之前是无法问世的了。于是叔本华放弃了等待，1818年10月他开始了计划已久的意大利之行。1819年初，当他在罗马的时候拿到了刚刚印刷出来的新书。

叔本华与布罗克豪斯之间的融洽关系之所以最终破裂，原因很简单：叔本华心中既焦急万分又十分害怕，他无法预料登台亮相的那一刻会是什么样子。

在启程赴意大利之前，叔本华再一次写信给歌德，而后者的《意大利游记》恰在一年前问世。叔本华写道，他完成自己"每天的工作"，他再也不会使其"更好、内容更加充实"，现在他要去那个"柠檬开花"的国度，"在那里我听不到否定的声音、所有文艺报刊否定的声音"。叔本华请求歌德给予他此次的意大利之行一些"建议"和"指导"。正如叔本华在色彩学方面沿着这位"代父亲"的足迹前行一样，他作为一个旅行者也是如此。这样一个话题歌德必然烂熟于心，因为当他南游之际追寻的就是自己父亲的足迹。①

歌德的回信简短而友好，不过没有给予"建议"和"指导"。他写道，自己将拜读"这位值得尊敬的同代人"的大作。此外，他还附上了一封推荐信，收件人是拜伦勋爵。

拜伦勋爵此刻正在威尼斯逗留，阿图尔将于1818年11月初抵达那里。

拜伦正在写作亚美尼亚语—英语比较语法。这时的他正卷入一桩与圭齐奥利伯爵夫人之间的风流韵事，每日清早在海滩边纵马飞驰。叔本华就曾在那里见过他的身影。当时一位女士

---

① 歌德的父亲约翰·卡斯帕尔·歌德（1710~1782）曾在1740年游历意大利，大约在1762~1768年间用意大利语创作了书信体的《意大利游记》，生前未打算发表，此书直至1932/1933年间才在罗马出版，1986年译成德语在慕尼黑出版。

正陪伴着叔本华,当她看见那位策马扬鞭的唐璜时兴奋地发出尖叫。叔本华顿时心生忌妒,于是便放弃了凭借歌德的推荐信与那位爵爷见面的打算。可是日后他会很恼火,因为"女人们"又一次阻止了他去做重要的事情。我们可以看到,叔本华在威尼斯的第一个星期里有更重要的事情要做。他日后在与人的一次谈话中讲述道,他在意大利"不仅仅是欣赏了美,而且还享受了众多的美人"。(G,133)这话不免有些夸大个人魅力之嫌,因为在另一次谈话中,叔本华在回顾意大利之游时犹豫再三之后还是最终承认:"您想想,30岁的年纪,生活正笑着看我。至于说到女人,我对她们保持友好的态度——若是她们想要我就好了。"(G,239)

那位陪伴她的女士是否"想要"他,我们不得而知。或许叔本华自己也不知道,不过最起码他肯定害怕拜伦勋爵这个竞争对手。虽然有这样的不安,阿图尔还是感觉不错。在给妹妹阿黛拉的信中,叔本华写道,威尼斯那种"绝好的柔美氛围"(Bw 14,249)向他扑面而来。

威尼斯之秋——歌德曾经描绘过"快乐的光彩",彼时他正从"雾气沉沉的北方"一路行来:"骄阳当空,我乘着刚朵拉[①]穿过潟湖,靠在舷边,我注意观察穿着五颜六色的船夫摇着桨轻快地在潟湖上行驶,在蓝天碧水中画出美丽的图画,我认为眼前的画面正是威尼斯画派的最好、最新的画作。"[1]

威尼斯共和国已不复存在。圣马可广场立柱上插着翅膀的狮子不再庇护着共和国的元首,而是那位奥地利君主派来的总督梅特涅。因为对烧炭党人的阴谋(人们怀疑拜伦勋爵也卷入其中)心存疑虑,因此威尼斯到处是奥地利的密探。即便如

---

① 刚朵拉(Gondola),一种威尼斯特有的狭长的摇橹小船,穿行在城中纵横交织的河道里。

此，这座城市还是保持了它的感性与欢快。圣马可广场上的咖啡馆座无虚席。威尼斯有八座剧院，比伦敦和巴黎还多。充满了世家子弟的自信，怀揣着歌德的推荐信，叔本华出入威尼斯城中的盛大社交聚会。刚刚走出德累斯顿的书斋陋室，面对这个新世界，叔本华还得重新适应。他在游记中写道，既然所有的一切都吸引着他的眼球，因此他也害怕引人注目。不过，不久之后他也就"融入其中"，他"不必再和自己较劲，完全将自己的注意力转到了周围的环境之中"。他"通过客观、毫无偏见的观察，觉得与周遭的这些人相比自己高人一筹，而不是像以前那样在他们面前感到受压抑"。(HN Ⅲ, 2)

阿图尔以开放的心态面对那些所经历的事情给他留下的种种印象，但是他头脑还是很清醒，清醒到在威尼斯的灯红酒绿之中仍在绞尽脑汁继续进行着他那关于否定的晦暗思辨。此时，威尼斯的狂欢节刚刚拉开帷幕，这幅画面表现了人们以五彩缤纷的形式肆意欢乐地肯定生命意志，表象的世界向生命意志施加压力。叔本华在游记中写道，否定是"根本无法想象"的事情。否定只能在"黑暗和沉默"（HN Ⅲ, 2）之中表达出来，别无他路，对于否定而言，威尼斯实在是太明亮、太喧嚣了。于是他也参与到活动之中，不过他抑制住自己的激动兴奋，总是想着不要丧失自己"高人一筹"之处。11月底，叔本华离开了威尼斯。到了博洛尼亚，他就开始后悔自己没有尽情享受威尼斯的幸福时光。在游记中，他将这一感受转化为对普遍的人生命运的理性思考："正因为所有的幸福都是否定性的，于是便出现了这样一种情况：当我们终于十分健康舒适的时候，我们无法真正地体会到，一切就这么轻轻柔柔地从我们的身边擦过，直到最终消失，对这种缺憾的肯定性感受表明幸福业已逝去。此时我们才发觉，我们错过了将幸福紧紧抓在手中的机会，由于失去了于是心生悔意。"(HN Ⅲ, 3)

11月初,叔本华抵达罗马,在此逗留到1819年2月底。在这座被歌德称为"全世界的首都"的城市,叔本华的日程安排与一般游客相同:古代的建筑遗迹是一定要参观的,文艺复兴的艺术是一定要看的。对于歌德而言,他初次踏进罗马城的那一天是他的"第二个生日,真正的再生"。叔本华充满激情地四处观赏,但是丝毫没有获得"再生"的感觉。他在游记中抒发了自己对于绘画和古代建筑的思考,对于当代艺术的"摇摆不定和虚假"提出了批评。不过他在这里也算是度过了自己的"第二个生日",因为如我们所知,他在罗马收到了《作为意志和表象的世界》的第一本样书。2月,他从阿黛拉的来信中获悉歌德收到了他的书,而且"此刻"已经开始阅读。阿黛拉写道,奥蒂莉娥对她说:"父亲坐在那里看书,非常投入,她还从来没有见过他如此投入。"据她讲,歌德还说:"整整一年里就是此时最开心,因为要从头到尾读完这本书,想着这大概要花不少时间。"(Bw 14,250)

这当然是一种夸张的说法,因为即使是叔本华也不会让他改变一贯的做法:当代的作品只是读开头的几页。初看之下,《作为意志和表象的世界》的确让歌德感到颇为兴奋。他交给阿黛拉一张字条,对书中使他感到"非常愉快"的几处地方写了简单的评语。这几个随手挑出来的地方论述的是"预知"(Antizipation),即艺术家在心灵之中对美的预先推断。叔本华写道,艺术家让自然说话,而自然只是吞吞吐吐。这一关于预知的思想让艺术家受宠若惊,于是歌德便立即着手研究这一命题。几天以后,他在《年日记要》的第一篇中写道:"既然文学家是通过预知对世界作出预知判断……。"[2]

此刻的叔本华收到了自己作品的豪华本,手中拿着阿黛拉的来信,信中有这样一句话:"至少你是第一个能够让歌德如此认真阅读的作家。"(Bw 14,151)叔本华感到飘飘然,进入了精神的厅堂，在这里天才们彼此颔首，进行着跨越千百年的对话。这样的感受需要借助诗歌的形式表达出来："它源自我长久以来深深的痛苦／从我的内心深处蔓生而出／我费力试图将它紧紧抓住／可我知道，最终我获得了成功／你们想怎么做就怎么做／作品的生命你们无法伤及毫毛／你们可以阻止它，但永远无法将其毁灭／后世将会建立一座纪念碑。"（HN Ⅲ，9）

就在这几个星期里，叔本华沉醉于文字抒发之中。在他的旅行日记中充斥着关于"天才"这一主题的笔记。比如他写道："学者是一个学了很多东西的人；而天才呢，人类都要从他那里学习那些他们迄今为止所不知道的东西。"（HN Ⅲ，5）可是叔本华现在遇到一个问题：在罗马居住着一批德国艺术家，叔本华与他们经常往来，可是这些人好像没有显露出要把他视作天才的意思。在这群人经常聚会的格雷科咖啡馆里，他们只是知道他是现如今某位知名的女作家的儿子，甚至现在连他与家庭闹纠纷的消息也传到了这里。格雷科咖啡馆里的一位常客在给家属的信中写道："我与叔本华有不少来往……这里有不少针对他的偏见，涉及的是他和母亲之间的关系……此地的德国人就是这副德性。由于他那自相矛盾的怪论，他把这里的人都得罪光了。不断有人警告我不要与他再来往了。"（G，44）

这封信的作者是卡尔·维特（Karl Witte），叔本华在哥廷根时期的熟人。1800年出生的维特在哥廷根被人们叹为神童。他10岁时就进入大学学习数学，后来转学法律，16岁获得博士学位。一年以后，即1817年他在柏林争取大学执教资格受挫，原因是大学生们不给这位要给他们上课的毛孩子说话的机会。部里批准给予他一项奖学金，于是维特便来到了意大利。之前维特和叔本华之间的关系一定比较密切，有一张阿图尔写给维特的简短留言留存世间，开头的第一句话是："我的宝贝儿！郊游去不成了。4点半我来接你去银鼬（一家罗马的酒馆。——作者注）。"（B，42）叔本华坐在银鼬酒馆和格雷科咖啡馆里弄得大家火冒三丈。十年之后，费利克斯·门德尔松①在一封写给父亲的信中描绘了在这里嬉闹的艺术家们以及这咖啡馆本身："坐在格雷科咖啡馆里看着这群人，他们真是糟糕极了……这是一个黑暗的小房间，大概就八步宽，在这房间的一头可以抽烟，而另一头则不允许。他们坐在长条凳上围成一圈，戴着宽边的帽子，身边跟着高大的屠夫犬，脖子、脸颊和整个脸上覆盖着厚厚的毛发，散发出可怕的气味……相互间讲着一些粗鲁的话，那些狗使得寄生虫滋生蔓延。系上衬领，穿着一身燕尾服就算是换了一身行头。胡子在脸上留下的唯一一块空地还让眼镜给占了。他们在那里喝着咖啡，谈论着提香②和波代诺内③，就仿佛他们俩也蓄着大胡子头戴铁胄坐在他们旁边似的。此外，在他们的画中，圣母病恹恹的、圣徒们身体虚弱、英雄们都成了奶油小生，让人真恨不得上前教训他们一顿。"[3]

这是一个拿撒勒人画派④画家群体，他们有强烈的德意志意识，钟情于圣母和奶油小生，这一群人必然让叔本华感到厌恶。某天晚上，他正在称颂希腊的多神信仰，认为奥林匹斯山上会聚了众神，这给予了艺术家广泛选择个性的机会。这样一

---

① 门德尔松（Felix Mendelssohn Bartholdy，1809~1847），德国早期浪漫派作曲家、钢琴家和指挥家，其作品和声简洁、章法严谨、曲式流利生动，代表作有《仲夏夜之梦》序曲、《赫布里底群岛》序曲、《美丽的梅路西娜》、《第三交响曲》(《苏格兰》)、《第四交响曲》(《意大利》)等。

② 提香（Tizian，1477~1576），本名 Tiziano Vecellio，意大利文艺复兴时期的画家，威尼斯画派的代表人物。

③ 波代诺内（Giovanni Antonio Pordenone，1486~1539），本名 de'Sacchis，意大利文艺复兴时期威尼斯画派的画家。

④ 拿撒勒人画派，19世纪初期德国浪漫派画家的一个派别，他们致力于在宗教的基础上对艺术进行革新。

种对异教的赞美让格雷科咖啡馆里的人大为恼火。他们中的某个人针锋相对地说:"可是我们也有十二门徒!"叔本华回敬道:"您和您那十二门徒给我离开耶路撒冷!"(G,46)

又有那么一次叔本华宣称,德意志民族是所有民族中最愚蠢的一个。对于坐在咖啡馆里的那些具有强烈思想倾向的听众而言,这番话实在太过分了。他们大声嚷嚷:"让我们把这家伙扔出去!"叔本华大概早就逃之夭夭了,回到家中他在自己的旅行日记中写道:"我总是抱着一丝幻想,将这帮阴险狡诈的混蛋视为我的同类。如果能够摆脱这种幻想,那我就解脱了。"(HN Ⅲ,8)

罗马的这群德国人可没因为叔本华有这一丝幻想而受影响,他们才根本不把叔本华视为自己的同类。靠近叔本华时,大家惧怕他;可离得稍微远一点,大家便嘲笑他。一位格雷科咖啡馆的顾客在家信里写道:"在那些此后出场的德国旅游者当中,我注意到了叔本华,他是魏玛那位有学识并且写了不少书的……约翰娜·叔本华的儿子。他真是个彻头彻尾的傻子……"闹了这么多不愉快之后,叔本华干脆避开这些同胞,转而和那些有钱的英国游客交往。这些英国人舒舒服服地旅行,好几辆车子拖着行李,身边带着好酒,自带床具和夜壶。1819年3月,叔本华与他们结伴同行启程去南方,到那不勒斯。歌德在他的《意大利游记》中写道,像在罗马那样,人们在那不勒斯可以学到不少东西,不仅如此,人们还可以在这里生活和恋爱。可是在这里叔本华并没有待多长时间,4月他又回到了罗马。在罗马逗留几日之后继续前往佛罗伦萨,在那里住了一个月。在这里,而不是在那不勒斯,"爱神的神奇臂膀"又一次在他身上轻轻拂了一下。

政府高级顾问爱德华·克吕格尔是哲学家晚年在法兰克福时期的谈友,他曾记述道:"在佛罗伦萨期间,叔本华与一位家境良好的女子订过婚，可是当他听说那位女子有肺病之后便解除了婚约。"（G，197）日后叔本华也曾对喜剧作家格奥尔格·勒默尔（Georg Römer）提起过，他曾有过类似的结婚打算。他说，"若不是当时出现了无法逾越的障碍"，他就"结婚了……半是由于爱恋，半是出于责任感"，"虽然这件事当时让他十分痛苦，但现在看起来，这倒是一件幸事，'因为女人不适合哲学家'"。（G，71）

不过这桩风流韵事是否真的发生在佛罗伦萨尚有疑问。不管怎么说，叔本华在一封给阿黛拉的信（这封信没有保存下来）中一定也表达过类似的想法。他在信中必然描述了1818年11月在威尼斯的一次冒险，因为阿黛拉在1819年5月给兄长的回信中写道："你在那里（指威尼斯。——作者注）的故事让我颇感兴趣，但愿故事有个幸福的结局——那位恋人富有，而且还是个有身份的人，不过你觉得她会跟你一起走吗？"（Jb.1977，160）

打算和一位富有且"有身份"的意大利女子结婚——这不可能是那位名叫特雷莎·福嘉（Teresa Fuga）的威尼斯女郎，叔本华初到威尼斯时便与她厮混在一处。1819年5月，他告诉她不日将回到威尼斯，她随后便给他回了一封信（收信人写成了阿图尔·沙伦豪斯），信中的建议颇为诱人："亲爱的朋友！收到你的信，得知你还没有忘记我，而且还这么在意我，我是多么的高兴。相信我，亲爱的，我也没有把你忘记……我爱你，想见到你，来吧，我等着你，我要拥抱你，在一起过上几天。我已经有了朋友，可他总是出门在外，不在威尼斯，只是偶尔来我这里。星期天他肯定要去乡下，在那里待上15天到20天。你尽可以来，不用担心，我全心全意地等着你。我与那位'经理人'已经没有任何关系了，这么久以来只和那一位朋友来往。那些英国人，他们从英国逃到这里，出于绝望来到威尼

斯，我也不再和这些人有什么风流韵事了。"（Jb.1975，189）

在众多的风流韵事、英国人、经理人以及余下的那些朋友中间，特雷莎要给这位她连姓都记不清楚的阿图尔留一个空隙以便他能钻进来，就那么几天。假如叔本华将这个故事作为一桩严肃的婚事说给阿黛拉听的话，那么他这个牛皮可是吹大了，要么他就是产生了强烈的幻觉。

阿黛拉曾在自己的日记中写道："或许没有一个人会像我爱别人那样来爱我。"她觉得自己具有某种特别的能力，能够区别出"肤浅"的和"深沉"的情欲。此外，她极度不相信男人，不过他的兄长是个例外。对于他的那些冒险，阿黛拉评论道："当你和这些寻常女子混在一起的时候，你可不要完全丧失了尊敬女人这一能力。有朝一日上天会将一位女子带到你的面前，你会感到某些比你现在的躁动更加深沉的东西……"（Jb.1977，160）1819年5月22日，她在给阿图尔的信中写道，她感到"有些痛心，你信中写到的两件风流事都与爱情无关，这一切都不是我希望你做的"。（Jb.1977，160）写信的阿黛拉的确像是一个妹妹，是兄长把她变成了一个可以交心的人。这不禁让人称奇，因为当阿图尔与母亲决裂并于1814年5月22日从魏玛出走之时兄妹之间的关系也被殃及。当时阿黛拉在给朋友奥蒂莉娥·封·歌德的信中写道："兄长在母亲面前的举止令人羞耻。"（Jb.1977，133）不过叔本华可不想把妹妹也牵扯进来，没过多久他就又与之恢复了书信往来，不过他这么做并不是为了向自己的妹妹打开心扉——阿黛拉在1816年的日记中写道："关于兄长我一无所知"[4]——而是为了把她从母亲的控制下拉出来。他似乎曾经一个劲地劝说妹妹结婚，好让她离开这个家。对于这样的建议，阿黛拉并不十分感到兴奋，她曾在1814年夏天对友人奥蒂莉娥抱怨道："阿图尔写信给我……我不能结婚，还早着呢，或许，不，也许永远不。阿图尔在折磨我……"（Jb.1977，134）阿黛拉环顾左右寻找一位男子，可是没有合适的愿意上门。起初，对于兄长的忠告她迟迟不予答复，这丝毫也不奇怪。1815年夏，她对友人奥蒂莉娥坦言："我早就该……答复这些信了……尤其是那封给阿图尔的回信，怎么也不想写。"（J.b.1977，134）

一年以后，阿黛拉有一个打算：她要去德累斯顿，搬到兄长那里住上一段时间。她此去不是为了获得帮助——阿黛拉很有自尊——而是为帮助兄长。她猜想兄长一定过着可怕的离群索居的生活，她感到自己必须将他从中拉出来，此外她还想促成母亲和兄长之间的和解。当然，她也想找个机会避开母亲的情人盖尔斯滕贝尔克一段时间。叔本华对这一计划不以为然，他虽然想把阿黛拉从母亲身边拉出来，但是却不想把她留在自己身边。他一定是写了一封粗暴生硬的回信，因为收到信后阿黛拉在自己的日记中绝望地写道："答复令人火冒三丈。我控制不了自己，立即跑到奥蒂莉娥那里……唉，我对去德累斯顿的计划报以如此之多的希望。我辛辛苦苦准备的一切就这么泡汤了。"[5]

经历了这次失望之后，兄妹之间的书信往来中断了数月之久。1816年10月，阿黛拉在旅行途中路经曼海姆，在当地观看戏剧时听到舞台上的人说了一句话："你可以失去一切，所有的朋友——但是你的兄弟与你在一起。"这句话让她深有感触。她在日记中写道："写给阿图尔的信宽容而温厚。"[6]

叔本华也回信答复，并告诉她自己的著作不久后将完成。他一定是向阿黛拉通报了书中的某些内容，仅仅这些内容就足以让阿黛拉产生恐惧：粗暴的阿图尔挑衅的不仅是自己的家庭，而且他现在还要向时代精神、宗教和道德的常规发出挑战。1818年夏，阿黛拉写信给奥蒂莉娥："早上接到一封兄长的来信，他将在8月重返世间并出版他的书，这真让我感到死

亡一般的恐惧……阿图尔在我的脑海里挥之不去。"（Jb.1977，137）

现在的叔本华完成了他的作品开始了意大利之游，沉浸在适于生活的温和气候之中，他从未像现在这样在自己的妹妹面前表现得如此健谈。不过这其中也有一个实实在在的原因：在德累斯顿期间叔本华与一位婢女之间的风流事还是种下了后果，这位女子怀孕了。就在叔本华逗留意大利期间，她产下了一个女婴。对于叔本华而言，此时妹妹的帮助恰逢其时。他估计，在这件事上妹妹确实能够为他做些事情，于是他便将此事告诉阿黛拉并请她出些主意。这件事当发生在1819年春，因为阿黛拉在1819年4月27日的日记中写道："他那位在德累斯顿的姑娘怀孕了。这真让我震惊——他竟然逍遥自在。"[7]叔本华承认自己就是生父，并且允诺给予经济上的支持。可是阿黛拉对此却持怀疑态度，她警告自己的兄长："不要从通常的狭义上去理解你的义务，你们这班坏家伙就会把自己的义务削减到这种程度——我真希望这孩子根本没有踏入人世，可是她已经来了，关心她吧。"（Jb.1977，157）

叔本华可能在暗示阿黛拉，他希望她不仅能够稍稍照顾一下孩子，而且也能照看一下年轻的母亲。阿黛拉在信中答复道："如果我……能够为这个姑娘做些什么，请不妨直说。"（Jb.1977，137）她立即伸出援手，她可以让人把钱送给孩子的母亲，可是说到去探望，不，现在真的不行。听人说，这个女子现在正和另外一个男人生活在一起。如果阿图尔一定要勉为其难让她前去，那么他一定会有"绝妙的主意"。

1819年夏末，那孩子死了。阿黛拉写信通知阿图尔："你的女儿死了，我很难过，如果她再长大些，一定会给你带来欢乐。"（Jb.1977，182）

上面这封信写于1819年9月8日，此时叔本华已经回到德国，他此刻就在德累斯顿。在此期间，对于叔本华一家而言，一个灾难从天而降。1819年5月，但泽的银行家穆尔停止向叔本华一家支付款项，并且请求债权人不要做出什么过激反应，接受调解，否则就面临彻底破产的危险。要知道，母亲和阿黛拉的全部家当，叔本华1/3的财产都存在那里。叔本华于5月底在威尼斯期间通过阿黛拉获悉此事。阿黛拉惊恐万分，她说"整个命运"将"彻底改变"。（Jb.1977，161）的确如此，阿黛拉有足够的理由害怕。母亲在魏玛的那种生活方式导致日常开销很大，她的那一部分财产已经消耗了很多，而对于母女二人而言，目前阿黛拉的那部分财产已经成为她们共同生活的经济基础，而且今后也得靠它过活。看起来阿黛拉也不太可能通过婚姻使自己获得保障。盖尔斯滕贝尔克愿意提供帮助，可是叔本华一家不愿意接受。于是她们采取了紧急措施，辞掉了侍女、厨子和佣人。她们向人借了一笔数目可观的钱，充当前往但泽的旅费，调解最好是亲自到场。阿黛拉从但泽给阿图尔写信，信中写道："在这个大世界中，我感到痛苦，必须参加形形色色的社交活动……我脑子里总是在想，这是最后一刻了。前方是一条新的道路，一种新的生活！……我们将依靠剩下的那点财产过着一种简单的生活，为了我的那些需求，我要自己挣钱，包括最后治病的钱。……最不济的时候，当然也只有在最不济的时候，我将离开自己的故国，到俄国去当家庭教师……我不能，也不愿接受没有爱情的婚姻。每个人都知道自己有多大的力量，能够让成千上万人低头的困难对我来说不算什么，而成千上万人能够承受的东西也能将我压垮。"（Jb.1977，164）阿黛拉尽力随时向阿图尔通报情况，虽然她对调解的细节讳莫如深，但是她还是暗示，穆尔私下里给予了母女二人特别的条件。她在9月8日的信中写道："我的计划是，将来的某个时候，如果穆尔的经营状况好转了，我会重新拿回我现在损失的那部分钱。"此外，她还请求叔本华作为债权人要保持冷静，如果达成了正式的调解，她希望他能够同意这个条件。因为只有当债权人一方没有任何人反对调解时，调解才能达成。"你……尽管放心……你所得到的好处与我应得的好处相差无几。如果我实在无法为你做些什么了，我会尽力优先争取我的那份。你一定能够理解这一点。不过我向你保证，在我有可能做出什么伤害你的事情之前，我一定把我自己的利益放在一边。你就继续相信我吧。"

叔本华恰恰做不到这一点。有关特别条件的暗示让他产生了怀疑。

破产的威胁原本只是部分地牵连到了他，起初叔本华曾经一时冲动表示愿意提供帮助。他说，他会把"自己剩下来的那部分"拿出来与母亲和妹妹一起用。这封写给妹妹的信中还附上了一封给母亲的信，信中表达了同样的意思，不过其中夹杂了一些伤人的话："您的丈夫、我的父亲，他的儿子和女儿都在思念着他，可是您对他们的这份思念没有表现出敬意。"（Jb.1977，140）

阿黛拉试图将这封附信藏起来不让母亲看见，可是母亲还是看了，随后便"出现了一个非常激烈的场面"，正如阿黛拉事后在日记中写到的那样。阿黛拉还把这件事情告诉了奥蒂莉娥："她（指母亲。——作者注）谈起父亲时的那种方式简直令我心碎，而且针对阿图尔她也说了很多难听的话，并且说：'他原本必须依靠着我才是。'"（Jb.1977，140）

阿黛拉想从这种充满敌对气氛的热锅中逃脱出来，她第一瞬间想到的就是从窗台跳下去。她在日记中写道："死亡曾是与生命重负进行的抗争，可是就在我感觉到这一可怕冲动的时候，上帝给予了我信念和力量。"[8]

在这种状况下，叔本华的援助当然被拒绝了。他也没有再提这件事，相反他的疑虑越来越大。这种疑虑针对的是穆尔，叔本华理所当然地猜想，穆尔想通过调解保全自己。疑虑当然也针对母亲和妹妹，他相信，她们俩一定是想通过那些特别条件让他吃亏。而事实上，双方的确达成了某些特殊的协议。通过调解，约翰娜获得30%的债权，而且还得到了300帝国塔勒的终身养老金"作为补偿"（Jb.1977，142），正如1820年7月8日的一份与此有关的文书上所写的那样。此外她还得到了一幅保罗·韦罗内塞[①]早期的作品，她想将其出售，但未能如愿。

按照阿黛拉的理解，这样的协议并不是针对阿图尔的，在她看来，阿图尔根本就拿不到什么东西。她在信中不是曾写过这样的话吗："如果我实在无法为你做些什么了，我会尽力优先争取我的那份。"

阿黛拉丝毫没有意识到自己有什么做错的地方，阿图尔的不信任深深伤害了她。意大利来信中的亲切言语犹在耳边，她写道："我不想一下子被人抬到天上，然后又受到诅咒，我终于想明白了自己是谁——如果不是，就放弃我吧。"（Jb.1977，173）

可不幸的是，阿黛拉要担负的任务是争取满腹狐疑的阿图尔同意调解结果。阿黛拉苦苦哀求：如果调解失败，所有的一切就都没了，难道他想让所有的人都完蛋吗，包括妹妹和母亲？对此叔本华表现得更加恼火，因为叔本华曾经当过商人，因此阿黛拉不知道的事情他一清二楚：这是在冒险，人要保持冷静。想进行调解的人就会以调解失败相威胁，穆尔就是这么

[①] 韦罗内塞（Paolo Veronese，1528~1588），意大利画家，以壁画见长，擅画神话和圣经题材的作品，作品充满世俗情趣，场面宏大华丽，代表作有《加纳家的婚礼》和《利未家的宴会》等。

做的。可是即便他叔本华不参与，这调解也能达成，穆尔出于自身利益的考虑也一定会这么做。叔本华想出了另外一个策略。他故意忽略穆尔在支付方面的困难，任由他终止汇款，就这么等着，等穆尔通过调解摆脱债务之后，叔本华再向他提出清偿债务的要求。他暂时不去反对调解，恰恰相反：达成调解对于他必然是有利的，因为调解之后穆尔又重新具备了支付能力。

这是一个复杂的格局：穆尔背着约翰娜和阿黛拉保全自己，而叔本华则看穿了穆尔的花招。正是由于母亲和妹妹丧失了 3/4 的财产，叔本华的那一部分财产才百分之百地获救。他在冒险，因为假如穆尔调解之后还是没有支付能力的话，叔本华就会失去所有存在那里的财产。他当然要冒这个险，因为如果他拒绝参加调解的话，这次调解就会流产，这样就会把母亲和妹妹也牵扯进来。叔本华不想让她们蒙受损失，可是他更要避免自己上当受骗，对此的恐惧要远远大于任何的家庭团结感。

所有的事情的确都像他预先估计的那样发展，这使他获得了强烈的满足。穆尔重新具备了支付能力。一年以后，1821 年 5 月 1 日，叔本华展示了他的汇票并说了下面一番话："假如你辩称自己不具备支付能力的话，我可以通过某种奇妙的推论方式向你证明事实正好相反。正是伟大的康德将这种推论方式引入哲学之中，为的是证明人具有道德上的自由，即从应当（Sollen）推理到能够（Können）。也就是说：如果您不乖乖地支付就会被起诉。您瞧，人可以当哲学家，但未必会因此而成为一个傻子。"（B，69）

不，叔本华不是傻子，除了懂得"优良意识"之外，在"经验意识"方面他也很在行。

他以胜利者的姿态从这次事件中走出来，但是却因此失去了他与阿黛拉之间短暂的亲密关系。2月19日，阿黛拉在日记中写道："阿图尔的信终于到了，它使我受到了毁灭性的打击。我还无法答复他，可是我还是写了几句告别的话，因为我的心已经和他分道扬镳了。"[9]

第十八章

在柏林当讲师——"复仇者",没有人愿意听他的——第四个哲学场景:黑格尔的一系列胜利和毕德迈耶尔精神——阿图尔为何没有成功

阿图尔日后宣称,他当时之所以想争取当大学教师,那是因为他以为穆尔那桩灾难性的事件会导致他财产受损,因此必须靠教书弥补收入的不足。这只是一个暂时的困境,后来此事的结局远远好于他最初的预料。他说,在面临窘境的那一段不长的时间里,他想的是不仅要为了哲学生活,而且要依靠哲学过活。

而事实上还有其他的意图。1819年12月,他写信给在柏林执教的利希滕施泰因教授,表达出想"回到……实际的生活中来"(B,44)的愿望。

他还委婉含蓄地表示出了另外一个意图:他现在想作为一名学院里的教师向哲学的时代精神发出挑战,杀杀它的威风。叔本华可不满足于仅仅对后世发挥作用,他还想影响同时代的人。也就是说,他感到自己就是海格立斯①,他的职责就是打扫当代哲学界这座奥基亚斯王的牛厩。叔本华在写给哥廷根的布卢门巴赫教授的信中,用谨慎的言辞表达了自己的这个打算:"如今……求学和漫游时代结束了,我相信……现在会有那么几个人想从我这儿学点儿东西。"(B,43)1819年12月,叔本华从德累斯顿写信给柏林的利希滕施泰因和哥廷根的布卢门巴赫,其目的就是试图打探一下相关大学的情况。他曾在这两所大学学习,情况比较熟悉,对于今后的职业发展而言,他更

---

① 海格立斯(Hercules),希腊神话中的大力神,宙斯之子,曾完成十二项英雄事迹。

倾向于选择这两所大学。1819年秋，他曾一度考虑过海德堡大学。从意大利回来后，1819年7月他曾在那里小住。

促使他去那里的原因不仅是海德堡周边的风景很优美，而且那里还有一个教授职位空缺：一年多以前，黑格尔就是离开那里应聘去柏林任教的。此外那里也可以有所依靠：叔本华在哥达中学的同学和哥廷根大学的同学恩斯特·阿诺尔德·莱瓦尔特（Ernst Anton Lewald）现在已经当上了海德堡大学古典语文学的教授。可是海德堡的其他条件对叔本华不具吸引力。海德堡是浪漫派的老巢，自从科策比于1819年3月23日在邻近的曼海姆被学生社团成员桑德谋杀之后，城市里爱国主义激情空前高涨。城里和学生当中的爱国主义思想首先就表现在粗野的排犹行动中。桑德在海德堡备受尊崇，多少年以后人们仍旧能够感受到这种尊崇。处决桑德的刽子手认为自己不得不杀死一个虔诚、高尚的人。他总是在想这件事以至于什么事儿也干不了了，于是他就用那绞刑架上的木板和架梁在海德堡附近山上的自家葡萄园里搭建了一座小房子，学生社团的成员们经常在那里秘密聚会。在海德堡城里，买卖这位"圣人"遗迹的生意很红火，人们争相购买沾上这位烈士鲜血的木头刨花。在这里还可以买到用桑德的画像装饰的烟斗和咖啡杯。

这一切都不合叔本华的口味，他在这里住了一个月之后便前往德累斯顿。途中，1819年8月19日至20日，他在魏玛稍事停留。他去拜会歌德，事先没有通报。他到歌德家的时候，歌德正在与另外一位客人交谈，他跟叔本华打了个招呼，并冷冷地问他"怎么突然就出现在面前，他估计他（叔本华。——译者注）还在意大利呢"。（G，35）歌德请他一个小时以后再来。叔本华没有料到自己会受到如此的接待，他还很清楚地记得阿黛拉曾经跟他说歌德如何很有兴致地读过他的书。一个小时以后，叔本华再一次来到歌德家里，他丝毫没有掩饰自己的失望之情。歌德一定是暖言暖语地与他达成了谅解,因为阿黛拉在信中写道:"收到了……一封兄长写来的信,信中描绘了他在魏玛逗留的情形,他受到了歌德的接待很兴奋,他隐隐地预感到什么能够给予他爱,他能够成为什么样的人。"[1]

他和歌德在一起度过了一个晚上和一个上午,叔本华讲述了自己的旅行和未来的打算。很快他们又回到了老话题,色彩学。歌德向叔本华演示了一些试验,在《年日记要》里回顾这次(也是最后一次)会面的时候,歌德言语间流露出和善和宽容:"叔本华博士来访,他常常遭人误解,但也确实很难真正了解他,这位年轻人很有本领,他让我感到兴奋激动,我们彼此都受到了教益。"(G,35)

1819年底叔本华重返德累斯顿,在这里他还能清晰地回忆起自己度过的那段极富创造力的时光,因此这让他感到幸福。他刚到没多久,他那只有几个月大的女儿就死了,不过她的死没有让叔本华感到悲痛。他担心的是自己的学术前途。对于他而言,哪里能够给他最好的机会呢?莱瓦尔特从海德堡来信说,叔本华去那里不会遇到什么阻碍,只是人们对他的那部作品还一无所知。美丽的秋天意味着酿酒的葡萄有好收成,除去那些针对犹太人的行动外,现在那里很平静。

叔本华现在更倾向于哥廷根和柏林。布卢门巴赫在信中写道,哥廷根大学是"世界上最值得尊敬的,或许也是世界第一大学"。(B,43)哥廷根大学主要还是依靠实证科学方面获得的成就而获得人们的承认,但是哲学思辨在这里有没有需求呢?他问布卢门巴赫,在这里能指望有听众吗?这位叔本华在自然科学方面的导师回答道:叔本华在这里定能够受到同事们的善意接纳,但是他在这里能否找到听众,这实在很难说,根本没有人听说过"有人想听另外一种哲学讲座"。(Bw14,276)简单一句话:在哥廷根没有哲学创新的需求。利希滕施泰因来自柏林的答复振奋人心一些,虽然他也说:"关于您著作的公开评判我还没有遇见。"可他继续写道:"但是这里一定有人会认识到您的价值,您可以指望这一点。"(Bw14,272)

在给利希滕施泰因的回信中,叔本华一一指出了在他看来去柏林的利与弊。柏林这座大城市的"精神文化高度发达",因此要找到听众并不难,而且听众不仅仅是学生。而且从德累斯顿迁往柏林要比迁往哥廷根和海德堡简单。柏林的弊端在于"居住昂贵",并且"位于沙漠地带"。(B,45)叔本华最终还是决定去柏林,因为利希滕施泰因在回信中的一句评语颇具吸引力:"自从黑格尔到来以后,哲学研究似乎找到了更多的朋友。"(Bw14,272)叔本华偏向虎山行,他就要和这个大对头斗一斗。迄今为止,黑格尔还丝毫没有注意到过叔本华。还在德累斯顿、尚未通过执教资格答辩的叔本华就请求柏林大学的系主任在授课目录里预告他的课程内容,他要讲授"总体的哲学,即关于世界本质和人类精神的学说",至于授课时间嘛,"最好是……与黑格尔教授先生的重点讲座安排在同一个时间段"。(B,55)

叔本华简直胆大包天,他低估了黑格尔思想精神的力量。一边是两百多个学生涌进黑格尔的课堂,另一边却只有区区5个充满热情的学生,他们要在自己来到柏林后的第一个学期里接受叔本华的教诲,听他讲"关于世界本质的学说"。在第一节课就宣布自己是"复仇者",这对叔本华没有什么好处。他来到柏林,是为了将康德之后的哲学从那位虐待者的魔爪之下解放出来,这种哲学已经陷于"自相矛盾",被一种野蛮晦涩的语言败坏了。学生们听着他的宣讲,可是没有人相信他所说的,他们只相信黑格尔,而叔本华旗帜鲜明的复仇计划所针对的就是黑格尔。

在这种情形下,复仇者叔本华就像是一个反对邪教的布道者，他对抗的是如日中天的黑格尔主义教会。稍稍值得安慰的是，延续着执教资格答辩演讲中的话题，他在一次无关紧要的关于"动机"问题的小小辩论中证明了自己在自然科学方面的知识要略胜一筹。

1818年春，黑格尔应聘填补自费希特去世后空缺达四年之久的哲学教席。

相比而言，普鲁士的教育部长阿尔滕施泰因是一个较为自由开明的政治家，他很钦佩黑格尔，因此力主将他延聘到柏林大学任教。阿尔滕施泰因对黑格尔的欣赏引起了大家的关注，这也增添了他在听众当中的魅力，这些听众在经历了过去几年动荡岁月中的激情澎湃之后现在想要休息一下。黑格尔以他特有的方式消化吸收了法国大革命以来的种种现代化思潮，并将之与某种保守的、忠于国家的立场结合在一起。当1820年黑格尔的《法哲学》出版时，前言中赫然写着那句著名的话："凡是合乎理性的就是现实的，凡是现实的就合乎理性。"阿尔滕施泰因随即写信祝贺道："在我看来，您赋予了……哲学唯一正确看待现实的立场。因此您也一定能够使您的听众免于陷入某种有害的傲慢之中，它的表现就是在没有正确认识的情况下就否定现存的事物，尤其是在涉及国家的问题上，它任意提出一些内容空洞的理想并因此沾沾自喜。"[2]

黑格尔的哲学致力于现代性的事业，即在社会进步和社会理性的维度上进行思考，而同时又反对"自命不凡的主体的任意性"。

例如，黑格尔就把那位受到国家当局迫害的哲学家、学生社团的成员称作"浮浅派的首领，他们还自命为哲学家"，他们竟敢把国家——这个历经"理性"数世纪的"劳作"才建构起来的大厦——和"心灵、友谊和热情"放在一起"熬成一锅粥"。[3]

黑格尔的论战受到权力的庇护，他的论点与他的某种信念很合拍。对于他而言，革命是"灿烂的日出"，是对"自由的最内在本质的伟大发现"。正是基于这一信念，每逢7月14日，他都要喝上一杯红葡萄酒以示对法国大革命的纪念，直到他生命的最后几天。1822年，就在黑格尔敦促普鲁士当局针对某份对其哲学提出批评的文艺刊物采取行动的同时，他还谈及了法国革命："只要太阳屹立在天穹之上，只要行星还围绕着它转动，就从没有见到过人以头（也就是思想）立地并且以之为依据建构现实。"而另外一次黑格尔又承认，那只是一次由现代哲学所创造的革命，而主要就是他自己的哲学。

黑格尔否定的是个人的和社会团体的革命行动，他将革命的脉动带入了世界精神那跳动的心脏之中。世界精神履行着自己的工作，而无须哲学家本人卷入其中。他必须而且能够做的只是概念性的工作，即用概念详细地说明那些正在发生的事情。而那些无论如何都正在发生的事情就是必要的、进步的历史进程，就是一段精神在社会生活的物质现实中回归自身的历史。这一切都是真理，因为这一切都会成为真理。在《法哲学》的序言中，黑格尔将法哲学视作一门关于逝去的未来的哲学（Philosophie der vergangenen Zukunft）："无论怎样，哲学总是迟了一步，以至于它无法教导人们这世界应当是怎样的。当现实已经完成了它的形成过程并完成了自身的创造之后，哲学才作为世界的思想显现在时间之中……如果哲学只是悲观地呈现这一进程，那么生命的形体就已经变老了，这种悲观的呈现无法让它变得年轻，而只能让它认识自己。密涅瓦[①]的猫头鹰只是到了夜幕降临之际才开始飞行。"对于黑格尔而言，历史的的确确是世界的裁判所。历史将会对一切幸存事

[①] 密涅瓦（Minerva），罗马神话中的手工业、智慧和艺术女神，相当于希腊神话中的雅典娜。

物，对一切阻挠精神之自我实现的追求的事情提起诉讼。为此根本不需要野蛮的造反者、叛乱者、煽动者，根本不需要那个"主体的任意性"，这样的主体只会坚持顽固的、纯粹的个体利益，它是在毁灭自身，如果人们在这时候还能够再加一把劲儿的话，那一点儿也不值得可惜。黑格尔对于国家的忠诚也就来源于这一思想，而这个国家眼下正在将那些"煽动者"投入监狱。黑格尔在一封写给尼特哈默尔[①]的信中评论道："我坚持的观点是，时代的世界精神发出了前进的命令，要听从这个命令。它就像用装甲防护、队形密集的步兵方阵一样一直向前，无可阻挡，与太阳的步伐相比，这一前进的运动不易察觉，穿越千难万险。无数抵御和支援的轻装部队围绕在这一方阵前后和两翼，大多数人不知道这里发生了什么事情，但是他们感觉到了迎头的撞击，就像是有一只看不见的手在敲打着他们。"[4]

黑格尔与世界精神合谋在一处，因此他无须像勇敢的费希特先前那样将自己卷入日常的纷争之中。黑格尔将费希特最本质的能动主义提高到了拿破仑的高度，他不再把精力分散在众多"小规模的战斗"上，他端坐在统帅指挥作战的高地上。当黑格尔创作完成《精神现象学》这部奠定其声誉的作品时，拿破仑就在附近，这并非偶然。

让我们回到1806年，黑格尔住在耶拿，他正在充满激情地加紧完成这部作品的写作。拿破仑正率领着自己的部队和普鲁士作战，在耶拿人们在做最坏的打算。最坏的情况还是发生了，拿破仑的军队攻入耶拿。黑格尔此时正写到结尾的段落，他看着窗外的士兵，他们就在大街上支起帐篷宿营，用从

[①] 尼特哈默尔（Friedrich Immanuel Niethammer, 1766~1848），德国哲学家、神学家，曾与费希特共同主编《哲学杂志》，代表作为《当代教育课程理论中的博爱主义和人文主义争论》。

集市商铺和肉肆里拆来的木板和木桩生起一大堆火。一阵阵的浓烟钻过窗子的缝隙进入房内，就在这天夜里，黑格尔完成了他的著作。他用以下这几句著名的话作为《精神现象学》的结束语："目标、绝对知识，或知道自己是自己的精神，必须通过对各个精神形态进行回忆的道路……对那些……显现出来的存在方面来看，加以保存就是历史，从它们被概念式地理解了的组织方面来看，就是关于显现的知识的科学。两者会合在一起，被概念式地理解了的历史，就构成绝对精神的回忆和墓地，也构成了它的王座的现实性、真理性和确定性，没有这个王座，绝对精神就会是没有生命的、孤寂的东西；唯有——

　　从这个精神王国的圣餐杯里，他的无限性给他翻涌起泡沫。"[5]

就在这天夜里，耶拿城中燃起了大火。法国人放火烧了剧院，接下来便趁火打劫。黑格尔把书稿装进包里逃离住所。当他回来的时候，屋子里一片狼藉，衣服不见了，哪怕是一张没写过字的小纸片儿都找不到。可是这一切并不妨碍他瞧上罪魁祸首拿破仑一眼："我看见拿破仑——这个世界精神——骑着马穿过城市外出侦察地形。看见他的的确确是一种巧妙的感受，就是这样一个个体，他集中在一点之上，坐在马背上，却能席卷和统治整个世界。"[6]

这一情景让人不禁想起亨利希·曼①作品中的臣仆迪德里希·赫斯林，后者受到一位严厉的少尉的深深伤害。可是他仍然自豪地说："没有人能够像他一样。"黑格尔也是一样，虽然

---

① 亨利希·曼（Heinrich Mann, 1871~1950），德国小说家，托马斯·曼的兄长，文中提到的《臣仆》以及《垃圾教授》和《亨利四世》为其代表作品。

吃了这个"世界精神"的苦头,但是这还是无法阻止黑格尔钦佩他。

世界精神的原则是:哪儿要刨平,哪儿就会落刨屑。在耶拿,黑格尔就是其中的刨屑。① 而在柏林,他却大大地接近了那些使刨刀的人。

黑格尔迷恋上了历史:"真理就是酒神节上的狂欢,身上没有一个部分不是醉了的。"[7]

这一迷恋始于黑格尔尚在图宾根神学院就读之时。攻陷巴士底狱的消息传来,他随后便和同宿舍的室友谢林和荷尔德林来到内卡河畔的草地上,他们一起树立起一棵自由之树。进步的历史就此可以创造,对此的兴奋打破了康德针对形而上学所设下的樊篱。无法理解,为什么要把我们的意识和存在两者之间想象得如此泾渭分明,正如康德教导的那样。历史所具有的强大威力就是在内卡河畔的草地上想象出来的,这便导致了对存在的另外一种定义:对于精神而言,"存在"就是"他自己的";在这几位充满革命信念的神学院学生看来,就像基督一样,精神也进入它自身的"领地"。黑格尔决定自己再加一把劲,让那些"他自己的东西"接纳他,接纳精神。把人钉上十字架的时代已经过去了。荷尔德林在友人当中鼓吹,一定要废除判断之中的那种古老区分,即将思想和存在分离开来。这种寻求和解的动力想要的是另一种理性,这种理性要能够在自己的另一面里,在自然和历史之中辨认出自己。在《精神现象学》中,黑格尔将其刻画成为某种"掘开事物的一切内脏,打开其一切血管",并能够"跳出事物以外"的理性。[8]

革命之后的 1/4 个世纪让那些原先激动万分的人多少感到

---

① 此处是德国的一句谚语,意为"在实施某些非常措施之时难免会无所顾忌,殃及无辜"。

有些失望，因此对于黑格尔而言，最关键的在于以某种方式确定对历史理性的信念，让它从此不再令人失望。这位历史理性的爱人受到了欺骗，但是他却说自己知晓"理性的伎俩"并以此来安慰自己。黑格尔要设计一个绝不令人失望的历史理性的体系，他将全部精力投入其中。当革命转变为拿破仑专制后不久，黑格尔就于1802年写了一篇政论文，文中写道："这篇论文当中包含的思想……就是，理解'存在的事物'，由此使人们对此有一个比较平心静气的看法，并且促使人们在实际接触和言谈中能够以一种温和的态度承受这种看法。除此之外，本文没有什么别的目的，也不会产生什么别的效果。并非存在的事物使我们狂暴和痛苦，而是那个事物显现的并非它应有的样子。如果我们认识到事物就是它必然的那样，也就是说，事物并非受任意性和偶然性的支配，那么我们也就认识到，事物就应当是那样。"[9]

这样，黑格尔又回到了自己那里：不要对现实提出什么要求，因为凡是合乎理性的就一定会发生。应当被存在吞噬了。每一次失望都使我们距离真理更近一步，它瓦解了纯粹的"意谓"（das Meinen），使我们变得成熟，可以和客观理性狼狈为奸。最终为了自己，黑格尔在柏林将这种"成熟"发展到了惬意的程度。

鲁道夫·海姆[①]直接见证了黑格尔在柏林的最后十年，他在回顾黑格尔这段生活时写道："要知晓一个哲学体系在现实中具有怎样的统治地位和效力，人们就必须将自己召回到那个时代去。人们必然会回忆起……黑格尔主义者的激情和说服力，他们一丝不苟地讨论着一个问题：当黑格尔哲学中的世界

[①] 海姆（Rudolf Haym，1821~1901），文学史家，以研究浪漫派著称，代表作为《黑格尔及其时代》和《浪漫派》。

精神冲破一切抵达了它的目的地、了解了它自身之后，那又是什么在构成世界历史的更进一步的内容呢？"[10]就在这样一种世界精神降临的惬意心绪中，黑格尔在柏林期间写下了他的几部大部头著作：《法哲学》、《哲学史》和《历史哲学》，修订了《逻辑学》和《哲学全书》。此时他过的是一种毕德迈耶尔式的生活。他总是说，哲学应当"留在讲台上"。那些与他有私下交往的人起初都会惊讶于黑格尔喜欢的娱乐活动，这些活动低级、寻常甚至有些拙劣乏味。海因里希·霍托①在19世纪20年代与黑格尔结识，他是这样描绘黑格尔的："他未老先衰，有些驼背……他不修边幅，讲求舒适，一件黄灰色的睡袍就这么顺着肩膀经过收缩的腹部一直拖到地上。从外表上丝毫看不出他有什么吸引人的高贵和优雅之处。紧接着人们可以在他的举手投足之间发现他透着一种老派市民阶层所具有的令人尊敬的正直坦率。"[11]

黑格尔并非一个妙趣横生的人，没有什么口才，说话很费劲，说出来的话带着浓重的施瓦本方言，几乎让人听不懂。人们猜谜似地琢磨"eppes"究竟是个什么东西，最终才明白黑格尔要说的是那个举足轻重的哲学范畴"某物"（etwas）。而此前人们也还没有想象过世界精神的模样。不过一旦涉及反对天主教徒的话题，这位来自施瓦本、终其一生都是新教徒的黑格尔也能够表现出牙尖舌利的一面。黑格尔有一次在大课上讲了一个笑话：如果一只老鼠吃了圣饼，那么按照天主教的化体论，这只老鼠就接纳了上帝的身体，因此它就要接受人们的顶礼膜拜。

在说了这番放肆的话之后，教会方面要求国家必须审查一下这样的行为是否合法。黑格尔为自己辩护，声称作为一名路

---

① 霍托（Heinrich Gustav Hotho, 1802~1873），艺术史家，在哲学上深受黑格尔影响，后者的《美学》就是由霍托整理出版的，代表作是《德国和荷兰绘画史》。

德教徒他必须揭露天主教的偶像崇拜,在学生面前他也是这样解释的。一位坐在大教室里听课的神父助手用威胁的目光盯着教授,而黑格尔则以目光相对并说道:"您这样看着我并不会使我对您产生敬佩之情。"[12]

而作为一名哲学家,黑格尔则以一种官方的姿态出现。他于1826年创办《科学批评年鉴》(*Jahrbücher für wissenschaftlithe Kritik*),原本打算安排一名工作人员代表国家参与编辑工作,但是最终没有这么做。虽然如此,这个书评机构还是像政府机关一样运作,无怪乎伯尔纳①对此予以猛烈抨击,并且说,精神正受到国有化的威胁。

自1819年起德意志联邦全境展开了所谓的"围剿煽动者"行动,在这一过程中,有一部分反对派被捕,而另外一些人,例如柏林的神学家德·维特(De Wette)被剥夺了职位。由于这一行动,在20年代,柏林在政治上风平浪静。学生社团遭到禁止。在这一时期,人们喝酒买醉,不问政治,埋头干活,无人骂娘。1824年,当时还是大学生的路德维希·费尔巴哈在给父亲的信中写道:"没有哪个大学像这里一样,大家都在勤奋学习,对高层次的东西而不是那些大学生的闹剧感兴趣,大家都在追求学问,安宁而静谧。其他的大学都是真正的酒馆,而这里则是学习的所在。

黑格尔的哲学将世界精神也作为某种劳作的精神呈现在世人面前,他的哲学与这样的氛围很合拍。劳作之后就是休闲。可是艺术的状况不佳,因为艺术不仅是工作之后休闲而已。

从政治的衰退中受益的是戏剧和歌剧。剧场是大规模社交聚会的场所,这两门艺术起到了阀门的作用。拉埃尔·法恩哈

---

① 伯尔纳(Ludwig Börne, 1786~1837),德国作家、评论家、政论家,因从事民主运动流亡巴黎,撰文抨击德国现状和时政,代表作为《巴黎书简》。

根·封·恩泽①曾写道:"对于我而言,一座城市若没有剧院,就好似一个人被蒙住了双眼,一个地方没有通风口和过道。在我们的时代和这些城市中,剧院是唯一一个汇聚了所有阶层的喜悦、精神、关怀并使他们聚集在一起的公共场所。"[14] 而伯恩斯托夫②部长则要言不烦:"总得给咬人的狗一块骨头啃啃!"[15]

人们对戏剧的热情达到了一个新的高潮。这里有其他地方没有的大辩论。《爽快人》——柏林一份拥有众多读者的娱乐报纸在柏林的街头设置了信箱,人们可以把剧评投进去,它们不久就在报纸上刊出。就连黑格尔也写过剧评。

人们的口味发生了变化,崇高的东西从来没有像今天这样遭遇困境,人们热衷于轻松的东西。在 1815~1834 年间,柏林国家剧院上演了 56 出悲剧和 292 出喜剧。就在拿破仑让整个世界屏住呼吸的时候,在德国出现了一种命运悲剧。随着拿破仑轰然倒下,这种沉重的戏剧形式也就与那些英勇事迹和巨大不幸一起烟消云散了。在舞台上,那些轻松的东西越来越轻松,演员们扮成猴子庆祝胜利。可是舞台却越来越华丽。E.T.A. 霍夫曼的歌剧《温婷娜》就得益于这一潮流,布景的设计者是申克尔③,然而日后上演韦伯④的《自由射手》(1821)

---

① 拉埃尔·法恩哈根·封·恩泽(Rahel Varnhagen von Ense,1771~1833),卡尔·奥古斯都·法恩哈根·封·恩泽(见第六章)之妻,柏林当时著名的沙龙女主人,那里成为浪漫派和青年德意志派文学家的聚会场所,她的日记和书信成为记录当时文坛状况的重要文献。

② 伯恩斯托夫(Christian Günther von Bernstorff,1769~1835),1818~1832 年任普鲁士外交部部长。

③ 申克尔(Karl Friedrich Schinkel,1781~1841),德国建筑家、画家,早期作品深受浪漫主义影响,日后发展为古典主义风格,今天柏林市内的许多历史建筑都出自他之手,1815 年起任宫廷剧院的装饰总监,参与设计了众多的舞台布景。

④ 韦伯(Carl Maria von Weber,1786~1826),德国作曲家,他创作的歌剧《自由射手》成为德国浪漫主义民族歌剧的先驱,此外,他创作的器乐作品也对后世产生了深远的影响。

时，舞台布景之华丽则更胜一筹。最厉害的要数斯蓬蒂尼[①]，他甚至让大象也登上了舞台，而且还让人在台上放炮。

热衷于轻松的东西，这也招来了腿脚轻快的人。当柏林人提及芭蕾舞演员范妮·埃尔斯勒[②]的时候总是说："在她脚下跳出了世界历史。"[16]

通过这种方式，那个在黑格尔的课堂上舒服自在的世界精神显然也可以获得帮助渡过难关。

当叔本华抵达柏林时，这座城市正要休养生息，从过去30年的动荡中恢复过来。就像是中场休息时剧院大厅里的场面一样，柏林也是人声嘈杂，在这样的情形下，不久之前的激动转眼就衰退了，巨大事件给人们留下的印象也在琐碎的日常生活中渐渐消退。这些事件曾经使人们处于惊恐不安之中，而现在都结束了。而黑格尔的哲学就像是对这些事件所作的全面的、赏心悦目的评论。现在是收获的季节，人们通观全局并将保管好自己的财物。这就是毕德迈耶尔时期。

可是时代精神比最初看上去更加狡黠。1815年之后的复辟政策想要将人们的生活带到早已被抛弃的18世纪的秩序之中，并做出一副什么也没有发生的样子。可是还是发生了太多的事情。在这种对持久的、代代相传的东西的信任感中含有某种勉强的成分，意图很明显。于是人们参与到既定的事情当中，但同时又有一种难以捉摸的感觉。信念开始眨起了眼睛，道德则偷偷张望。人们逆来顺受，缩起了脑袋，只图自己快活。可是他们也喜欢"从自家的小房间"（艾辛多夫语）向外张望，那里充满了神秘，光线幽暗。在这些年里，霍夫曼的小

---

① 斯蓬蒂尼（Gaspare Spontini，1774~1851），意大利作曲家，创作的歌剧代表作有《贞洁的修女》《费尔南·科尔泰》，1820~1840年间任普鲁士皇家剧院音乐总监。

② 埃尔斯勒（Fanny Elssler，1810~1884），奥地利著名芭蕾舞演员，足迹遍及欧美，是她那个时代最受欢迎的舞蹈家。

说大行其道。沃尔法尔特①教授当街展示他的那些梦游者，就连叔本华也跑去凑热闹。

《文学报》(Literaturblatt)的一位评论家抱怨这个时代缺乏"质朴"、"深沉"和"英雄主义"。从20年代的视角出发，甚至连浪漫派的反讽都具有"英雄主义"精神，因为在浪漫派那里，毕竟一切还是围绕着整体，也就是围绕着强大自我的升天之旅。批评家写道，而现在这一切都被纯粹的技巧、哗众取宠和"荒唐无聊"所取代。

就连团结一致的尝试也富于技巧。过去浪漫派在迷失方向之中获得乐趣，而现在他们又对寻根发生了兴趣。弗里德里希·施莱格尔和克莱门斯·布伦塔诺变成了天主教徒，霍夫曼也成了高等法院顾问，黑格尔则对国家忠心耿耿。人们踩着钢琴的踏板，现如今这种乐器在资产阶级家庭中已经随处可见。

脚下的土地在晃动，但人们却若无其事，似乎它坚实平稳似的。大家都在空谈闲扯，从未像现在这样有这么多社交活动，人们也从未像现在这样写过和读过这么多东西。在柏林，俱乐部、协会、餐会、茶聚如雨后春笋般出现。比如说有这么一个"不法聚会"，按照霍夫曼的说法，这个聚会除了"按照传统德意志方式吃顿午饭"之外别无他图。还有一个名叫"德国语言协会"的组织，牵头人是格拉赫兄弟②。霍夫曼和他那帮"谢拉皮翁兄弟"聚会。而克莱门斯·布伦塔诺则成立了一个"金龟子协会"，会员们坚持着尘世间的"想法和追求"。还有

---

① 沃尔法尔特（Karl Christian Wolfart, 1778~1832），德国医生，催眠疗法代表人物，曾在柏林开设一家诊所用催眠疗法治疗病人。
② 恩斯特·路德维希·封·格拉赫（Ernst Ludwig Gerlach, 1795~1877），普鲁士政治家，普鲁士保守党的创始人之一，后任帝国议会议员；利奥波德·封·格拉赫（Leopold von Gerlach, 1790~1861），曾任威廉四世的侍卫总长，是普鲁士国王"宫廷党"中一位举足轻重的成员。

那么一个"爱艺者"同盟,他们的宗旨是将"灵魂从沉睡中唤醒"。而"难题辩论协会"的聚会地点则定在弗里德里希大街。

在这些聚会当中,有一部分含有隐蔽的政治倾向,公开场合里对舆论的牵制在这些聚会中得到一定的补偿。但是更多的则是为了一种身心的愉悦,在这里文学创造的是一种让人舒服的恐惧感或者是一种令人感动的不安定感。

柏林的文坛是一潭浑水。一帮大学生聚集在皇家咖啡馆里,他们共同创作,要把歌德的《浮士德》续写完毕。在晚间举行的各类娱乐活动中,那些主要人物向人们展示自己的本领,在众人的大呼小叫下,给个关键词他们就能作出诗来。有那么一个叫奥托·雅各比的大学法律系毕业生,他赌咒发狠要写几十部剧本来展现自查里曼大帝以来的德意志帝国皇帝全史。可是一位名叫恩斯特·劳帕赫[①]的人抢先了一步,他在十年之间为柏林的舞台创作了五十部作品,这些剧作都是以施陶芬王朝的历史为题材的,它们尽数被搬上了舞台。那些出版妇女读物和文学年鉴的书商举办形形色色的作家大赛。沉迷于写作的作家数量虽然很多,但是读者的需求更大。而大学呢,正如年轻的费尔巴哈家书中写到的那样,是"工作的所在"。的确如此:与柏林大学的缔造者威廉·封·洪堡的设想不同,大学工作的中心是面向实际的职业培训。但是这种勤勉和进取的根基还不是很牢固,大家凭借着孜孜不倦、单纯的钻研精神想要弄明白事物的宏观和整体,要弄清楚一切事物从何而来,它们现在又是怎样。那些认定自己将来要做轮盘和螺钉的人,他们满怀新奇、激动不已,他们想要知道机器是如何运转的,这

[①] 劳帕赫(Ernst Benjamin Raupach,1784~1852),德国剧作家,一生创作了117部剧本,是当时德国最受欢迎的剧作家之一,擅长写历史剧和喜剧,代表作为《磨坊主和他的孩子》。

一切究竟有什么用处。人们虽然有如此的好奇心，但是人们并没有做好准备，或许有一天好奇心会让他们感到不安。在这种好奇心中有一种逃避风险的心态，在黑格尔的课堂上正好可以满足人们的这种好奇心。因此形形色色的人涌进他的课堂，其中有兽医、保险经纪人、行政部门的公务员、歌剧演员、商社的职员等。人们或许无法很好地明白黑格尔所说的，但是只要明白一点就够了，那就是，存在这么一个人，他什么都明白，并且认为这一切都是好的。当时人们的情绪和需求就是这样一种状况，因此叔本华的那一套训诫不受欢迎也就不足为怪了。

首先，叔本华的学说追溯到康德，而在当时人们认为康德的先验认识批判已经过时了。人们认为自己现在已经再次确切地知道现实之中的世界是什么，追求舒适自在的人也甘愿这样认为。此外让人们头晕目眩的历史现在也趋于平静。拿破仑曾如此令人信服地体现了某种鬼神之力，人们曾为之倾倒，但这一切都过去了。与此相同，人们对那不可认识的"自在之物"也不再心存敬意。除此之外，人们正昂首阔步开展对自然的经验性认识，在理论上没有什么后顾之忧。人们在这一领域获得的胜利使理性的忧虑显得越来越多余。这种混杂的精神状态，其中既有经验—实用主义的清醒，又有黑格尔式的思辨热情，而后者又和新教的正统观念结合在了一起。这一情势当然不会给叔本华的意志形而上学提供丝毫的机会，因为它是建立在极端化了的康德认识论批判的基础之上，并且是彻头彻尾无神论的。

人们要么是理解了意志形而上学并恰恰因此而拒绝接受它；要么就是忽略了它，而这是因为人们对其产生误解并由于它的独树一帜而对其作出错误的评价。就让我们从后一种情况说起：叔本华著作最初那寥寥几篇书评都认为，意志形而上学是费希特哲学的一个新的翻版，也就是说他们把"意志"理解成某种精神力量、理性力量。这是天大的误解，叔本华在著作中明确地对此提出抗议。人们没有按照他的意思去理解"意志"：意志是理性的对立面。人们还期待着叔本华再谈谈冲动、自然之中的意志、我们自身之中的自然（本性），人们甚至愿意从中听出谢林式的"自然"。可是即便是谢林的"自然"仍然隐藏着精神—主体，隐藏着那种渴求、那种冲动，它要在精神之中、意识之中赢得它最高的、回归自我的形态。如果人们真正理解叔本华的意志形而上学，那么在这样一个被黑格尔的泛逻辑主义所吸引的时代里，叔本华的这一学说必然让人们觉得莫名其妙。按照叔本华的观点，理性只是一个附随现象，并非理性在推动着自然和历史，本质上的现实作为一种"自在之物"是某种非理性的东西。人们不愿意接受这样的观点。

人们要么是对叔本华学说的独特性作出了错误的判断，要么就是认识到了这一点，但是却认为它是一种错误的观点，不值得对此进行讨论。

黑格尔大力激发起了人们对历史性思维的热情，因此叔本华与泛逻辑主义的对抗就显得有些不合时宜。与大多数同时代的哲学界同人不同，叔本华拒绝而且也必须拒绝把历史解释为某种进步的真理事件。叔本华恶毒而大声地诅咒历史，将历史看作永远雷同的激情和信念凑在一起进行的狂欢和举办的化装舞会。在这个时代里，叔本华就像是一块产生于前现代的哲学化石。

其次，叔本华充满了悲观主义，而且他对世界的否定充满了神秘主义气息，或者说显得印度味太浓。这样的观点就算不是令人愤慨也是奇谈怪论，因此必然要吃闭门羹。从这些观点中显露了赤裸裸的无神论，单是这一点就足够让人抵触了。

在这一背景下，虽然叔本华的哲学在当时没有引起人们的重视，但是这对于叔本华甚至还有些好处。如果人们重视了他，那么他必定会因为挖苦讽刺宗教而受到惩罚，因为在那个复辟的年代里，哲学家要是这么做那可吃不消。国家和大学当局对此已经采取干预措施，其实那些事例远比叔本华的言论要无害得多。当然只有在这些玷污国教的言论为民众所注意时，国家才会有所动作。康德就领教过，之后的费希特也不例外。叔本华在柏林期间，爱德华·贝内克①就受到过严厉的训斥。有意思的是，后者曾写过一篇关于《作为意志和表象的世界》的书评，遭到了叔本华恶毒的辱骂。

日后青年黑格尔派和左翼黑格尔派的成员几乎都被禁止在大学任教，就是因为有人指责他们宣扬无神论。

黑格尔将宗教历史化实际上为日后爆发的宗教批判浪潮提供了导火线。由于害怕被人指责宣扬无神论，黑格尔在这种情况下倍加谨慎。他在柏林有关"哲学和宗教"的讲课中说："有人指责哲学将自己置于宗教之上。根据实际情况来看，这种指责是错误的……哲学只是将自己置于信仰的形式之上，而其内容都是一样的。"[17]尽管如此，柏林的正统路德宗的强硬派人物仍然对这位忠于国家的哲学家极度不信任。围绕在艾勒特主教②和亨斯滕贝格③周围的《教会报》的一些人在宫廷里说黑格尔的坏话，但是起初并没有取得什么成效。叔本华宣称意志是唯一的实体，在这种意志形而上学中没有创世之神，没

---

① 贝内克（Friedrich Eduard Beneke, 1798~1854），德国哲学家，近代心理学的奠基人之一，对后世的教育学也产生了不小的影响。

② 艾勒特（Rulemann Friedrich Eylert, 1770~1852），自1817年起任新教主教，兼任普鲁士国家参议会委员和文教部成员，对威廉三世影响很大。

③ 亨斯滕贝格（Ernst Wilhelm Hengstenberg, 1802~1869），柏林大学神学教授，坚定的路德教徒，执掌《教会报》达四十年之久，这份报纸成为反理性主义和自由主义的中心。

有告诉人们世界向何处去,这是一种纯粹的无神论。这一学说不为上述圈内人士所知,而且这一有关意志之否定的学说让人觉得印度气息颇浓、令人费解,因此就连那位耳目众多的艾勒特主教也没有对此产生警觉。艾勒特在一篇写于1819年、被主管大学事务的政客们奉为金科玉律的文章中大发雷霆,批评现代哲学的"怪僻的肆意妄为行径"。他说,现代哲学"自以为是地醉心于创新,它建构出一个体系然后再将之摧毁,在这一轻浮的、持续不断的变换之中,语言和概念被搞乱了"。[18]显然,叔本华的"怪僻的肆意妄为"此时尚不具备竞争力,因此也就不会招来别人的申斥。更重要的原因在于,叔本华的学说不在艾勒特所说的那些"体系"之列,这些体系令人担忧之处在于它们有可能会"越轨"并转化为"革命的政治运动"。[19]

此外,叔本华的艺术哲学也必然让人们觉得不可思议。1815年之后,浪漫派的艺术宗教时代已经过去了。艺术家的激情已经让位给立足现实的清醒态度。世纪之交的那些"狂野人物"要么已经死去,要么已经成为公务人员。人们现在的要求不高,他们希望艺术要有娱乐性。他们欣赏那些让人感到舒服的东西,而不是冒险经历。人们希望自己无须出发就已经到达目的地。人们可以在黑格尔那里学到,艺术只是精神在低级阶段上的再现,宗教和哲学都在艺术之上。不要忘了,艺术要按照客观精神的指令从事,而客观精神最终就是国家。在黑格尔那里,艺术也和宗教一样被吸进了相对主义的历史性思维的旋涡之中,艺术要接受拷问:在内在世界之中有什么用处,是否有道德感化的力量。即便是缪斯女神也应当在市民生活中并为了市民生活而劳作。简而言之:人们不再有那份热情和无忧无虑,愿意将艺术置于一切可能的目的序列之上。人们现在想要让艺术为人服务,它应该是点缀,应该有用。

而叔本华则不同,他既不用历史的方法对待艺术,也不按照现实性原则去掂量艺术是否有用。正如我们所知道的那样，叔本华以一种无以复加的极端方式维护康德对艺术享受的定义："没有利益关切的愉悦。"叔本华热爱艺术，他不是把艺术当作生活之中的装饰和休闲，而是用艺术来与生活对抗，叔本华渴求从生命意志带给人的痛苦和操劳中解脱出来，艺术正体现了这种解脱。在叔本华那里，艺术宗教的全部力量又回来了，但是它是以一种彻底无神论的艺术形而上学的面貌出现。日后的那些艺术家们（从理查德·瓦格纳到普鲁斯特和贝克特）都能够感觉到受到这一哲学的启发而获得升华。可是在这个时代，艺术创作只能是安分守己。艺术家不会竭尽全力孤注一掷，可是也不想在另一个极端中湮没自己。现在的口号是：留在原地。

叔本华哲学思考的风格也注定让他成为一个局外人。作品中自说自话的姿态过于强烈。在《作为意志和表象的世界》的第一版中，叔本华对同时代哲学界的攻击还算是温和的，不友好甚至是敌意体现在叔本华高傲地故意忽略同行的学说。叔本华在书中引用了古代、中世纪、近代直至康德的经典著作。他介入了一场纵跨数千年的对话，并让人们明白：当代的哲学不值一提。他置身于日常的嘈杂和打斗之外，叔本华在自己的著作中就是一位孤军奋战、将所有的一切从根本上重新思考一遍的哲学家。这是他亲手建立起来的一个宏大哲学体系，是他游离于学术界之外闭门造车的成果。无论它怎样具有学术性，他的哲学毕竟缺少学术圈里固有的气味。叔本华的语言清晰优美，不会让人绞尽脑汁，这种风格显然不同于教授们的言说方式。这种哲学甚至无法摆脱某种天真质朴、无忧无虑、赤心坦诚的成分。大家只要想一想，叔本华为自己在柏林大学第一学期课程做预告时所说的话："阿图尔·叔本华要讲授总体的哲学，即关于世界本质和人类精神的学说。"

更加引人注目的是可以被人们称之为叔本华思想中的"最基本"特征的那个东西。在叔本华的"伦理学",在他关于意志之否定的学说中,这种东西或许表现得最不明显。而恰恰是在这里,叔本华强调,"圣者"不是"哲学家","哲学家"也不是"圣者"。正如一位雕塑家可以展现"俊美的人"但不必本人也俊美一样,哲学顶多只能为"世界的本质"和这其中的真正生命给出一幅"反射出来的映像"。(Ⅰ,521)日后克尔凯郭尔对此提出了批评,他认为,叔本华并不是按照自己教导的那样去生活。

与同时代的那些哲学家不同,叔本华的出发点完完全全是生存性的。原因很简单,因为他把对世界的解释与对自己身体的体验联系在了一起,这种体验是真实的、无法混淆的、一次性的。或许今后还会有人设计出一幅展现意志的全景画面,告诉人们意志究竟是什么,但是只有每一个身体和精神达到同一的个体才能体验得到,即叔本华所说的欲求的主体和认识的主体在个体之中达到的同一性。世界是表象和意志,"我"或许知道这一点,但是只有在世界上唯一的一处,"我"才能够体验得到:这就是"我"自己。"我"可以想象别人的思想,作为表象的世界进入"我"之中,而对于别人而言,"我"自己也是表象。这样说来,"我"总是置身在外,在别人那里,在历史那里,诸如此类。但是"我"无法离开自己的身体,"我"无法进入任何一个别的身体之内。存在的整个密度就集中在这一身体的同一性之中,幸福也好、痛苦也罢。

在叔本华的周围,人们的哲学思考与他不同,在他们那里,存在是外在的:在事物和物体那里,在历史进程之中,在精神的发展之中。而最贴近的东西——自己的身体要么变成一个陌生的东西,人们怀着某种探究的心态并保持着一定的距离观察它并将之剖解得支离破碎;要么就变成了某种遥远的东西，要通过精神的诸范畴才能将其推演出来。于是精神就是某种必要的东西；而精神恰好在"我"的身体里落脚，这纯系偶然。虽然叔本华也可以在他的意志宇宙之中设想将个体排除在外，但是他一刻也没有忘记，恰恰是这个存在着的个体，正是它设想着将自己排除在外。在个体存在的尖顶之上，整个世界在寻求平衡，而这个世界就是"我"的世界。因此叔本华将个体之中欲求的主体和认识的主体两者之间的同一性视作一个深不见底、最令人称奇的谜团，这就是"纯粹的"（I，161）哲学问题。

这就是叔本华在1820年夏季学期面对柏林大学教室里的那几个学生要阐明的问题。黑格尔就在隔壁那间座无虚席的大教室里讲课。到了接下来的冬季学期，叔本华已经可以收拾行囊了。没几个人对他的课感兴趣，因此无法开课，对于叔本华而言，这是一个致命的灾难。他的哲学能够帮助他渡过难关吗？叔本华创造了一种哲学，可是这种哲学现在又能够给这位哲学家带来些什么呢？

第十九章

对抗失望的哲学策略——对手稿本的修订——情人卡罗琳娜·梅冬——玛尔奎事件——再度游历意大利——患病——迷途——返回柏林——闹剧收场

1823年前后,叔本华在秘不示人的随笔《写给自己》中写下了这样一段话:

> 如果我曾经感到不幸福,那么原因多半在于谬误,在于自己的糊涂。我把自己当作了另外一个人,他怨天尤人,其实这个人并不是我。有时候,这人是一个当不成教授,又没有听众的无薪俸讲师,或者不是遭到这个市侩的诋毁就是被咖啡馆的女招待飞短流长,或者身陷伤害赔偿官司,或者作为一往情深的情人遭到女孩的拒绝,或者疾病缠身不得不待在家中……这一切都不是我,这一切都只是材料而已,充其量是用它们来做一件上衣,我有时候把它穿在身上,有时候我又脱下来换上另一件。那么我究竟是谁呢?我是《作为意志和表象的世界》的作者,是解答"存有"这一大问题的人……这个人才是我,在接下来的有生之年,还有什么事情能够让他苦恼呢?(HN Ⅳ,2,109)

我们从这段话里可以看到一张清单,上面列着叔本华这些年里所经历的大灾小难:谋求大学教职受挫;因人身伤害被起诉而身陷赔偿官司;与裁缝女工玛尔奎之间的纠缠;与合唱兼舞蹈演员卡罗琳娜·里希特(Caroline Richter,自称梅冬)生出一段风流韵事,并最终不欢而散;患了神经方面的疾病,耳朵出了问题，致使他一年里足不出户。但是我们在这里也看到了——说得俏皮些——叔本华对付这一切的策略。按照叔本华的说法，我遭遇这些事情，但遭遇事情的其实又并不是我，因为我是另外一个人。我是一部伟大哲学著作的作者。外面正上演着一出社会剧，角色戴着假面，是一出喜剧。如果在这一出戏中他扮演的是一个蹩脚的角色并且这让他感到不快，那么叔本华就抽身而出，回到那个作品之我（Werk-Ich）中去。作品之我，它的独特之处在于：它根本就不再是"自我"了。叔本华先是说：我没有在那外面，我是我的作品。接下来他又说：我的作品——它不仅仅是我的自我，它还是别的什么东西。约在1825年前后，叔本华在手稿本中写道："我的哲学命题之所以是真实的，因而是永恒的，那是因为它们不是我生造出来的，而是它们自己创造出来的。它们在我的心中生成，我并没有从旁协助，就在我心中的一切欲求似乎沉沉入睡的那些瞬间里，它们产生了……在这样的瞬间里只有纯粹的认识欲，作为一个纯粹的观察者和见证人，我把在这些瞬间中于我心中呈现出来的东西记录下来，并将其用到我的作品之中。这确保了作品的真实性，这也使我在不受关注和不被认同的情况下不致丧失信心。"（HN Ⅲ，209）

黑格尔在谈到自己时也说过这样的话，他说绝对精神在他的心中占据了一个位子。不过两人的区别在于，人们相信黑格尔的学说，而叔本华却孤独一人，虽然后者如此一意孤行，对自己确信无疑。叔本华必须将众多的思想汇聚在一起，只有这样才能使自己保持自信不致失望。幸好叔本华不缺奇思妙想，困顿使人产生创造力。除此之外，他的哲学给他提供了充足的论据，足以解释——或者也可以说是——剖析其哲学无法获得当代人的重视的缘由。

叔本华于1820年在手稿本中写道："在我生活的这个时

代，我的学说无法发挥影响。这个时代只是一块土壤，站立其上的是我的躯体，然而这仅仅是我这个人身上微不足道的一小部分而已。"（HN Ⅲ，14）这个"完整的"人超过了这个时代的高度。人们无法窥其全貌，就像在云层之上仅仅能够看见高山的尖顶一样。在叔本华那里总是流露出对当代人和同时代人的贬低。这并不是说当代不可能存在影响重大的人物，而是说他们的声音被每日里各种各样稍纵即逝的嘈杂之声掩盖住了，在这样一个人们越来越渴求写作和阅读的时代里，这些杂音汇聚在一起形成了持久不断的隆隆之声。先于加塞特[①]一个世纪，叔本华就诊断出了话语世界之中的"大众的反叛"。在叔本华看来，大众为自己创造了各种可能的表达方式并赢得关注，他们希望保全自己的生命，肯定生活并对生活充满幻想，对他们而言，只有对此有好处的东西才重要。普通人——叔本华称之为"工厂里的产品"或者是"两脚动物"（HN Ⅱ，73）——有恐惧，他想要进入一个比较安全的港湾，在这里某种世界观能够让他产生自信并能够使他平静下来。因此，尽管这样那样地遮掩，人们对上帝的信仰依然存在，上帝照料着人们（或许贯穿人的一生），使一切向最好的一面发展，这上帝叫什么名字无所谓，无论它是叫"历史"、"绝对精神"、"自然"、"科学"或是稍后的"无产阶级"。而真正的哲学家则过着一种"充满危险，但自由"的生活：或新或旧、经过伪装的种种确定性无法为哲学家提供庇护。重要的是，人们要能够忍受那种被抛弃的无家可归状态。这当然不对"公共舆论"的胃口，因为后者注重的是具体实在的东西。

所以，切不可把"公共舆论中闪动的鬼火"视作引导自己

[①] 加塞特（José Ortega y Gasset，1883~1955），西班牙哲学家、社会学家，代表作《大众的反叛》。

前行的"指路明灯"。(HN Ⅲ, 71)

如果说某种哲学的认知只有在念念不忘与生命意志进行对抗的情形下才能获得，那么对于那些为了生命而索取知识的人（这些人当然是绝大多数）而言，这种哲学简直是对牛弹琴。叔本华各种各样的论证正是基于这一思想，他要以此来消除因自己的哲学无人应和所造成的不快。这一思想深深地植根于叔本华哲学的内部。也正由于此，叔本华对神秘异说颇有好感，因为后者给予他反过来解释的可能，他可以自豪地说：我言谈的对象并不是那些忽略我的人。市场漠视我所掌握的真理，不过真理并不是为这市场而存在的。关于希腊秘密宗教仪式中那种对上帝的默默膜拜，叔本华在手稿本中大发了一段议论："古人的那种秘密宗教膜拜仪式是一种杰出的发明创造，它是建立在这样一种想法的基础之上：对于大多数人而言，他们是无法接触到全部真理的，于是就从他们中间选择一些人，告诉他们一定限度的真理，从这些人中间再选择一些人，向他们透露更多的内容，因为这些人能够理解更多的东西，以此类推。"(HN Ⅲ, 211)

以一种神秘异说的姿态出现，其目的可能是达到某种效果，这很精明或者说显得很精明——看看18世纪末秘密社团的历史就知道这是怎么回事了。不过这一姿态也有可能跟某种不同寻常的、前近代的真理概念有关。人们已经越来越习惯于将真理与"起作用"（在听众那里起作用，在历史之中起作用，驾驭自然，等等）以及"有用处"放在一起进行思考，在这样的一个时代里，如果否认经验性的成功标准或多数人的决定是真理标准，如果不顾及真理的用处而是孤注一掷地坚持认识本身所带来的幸福，那么这种否认和坚持就必然变成某种精神上的高贵姿态。在叔本华的身上就能够看到这一姿态，也正是由于这个原因，尼采很欣赏叔本华并追随他，脸上带着那种绝顶聪明之人常有的会心笑容。

与尼采不同,叔本华的学说虽然带有神秘异说的气息和高贵的姿态,但是相比较而言,叔本华还是天真地坚持认为他曾用自己的哲学为"人类"服务:"我不得不将自己的精力抽出来,不让它为我个人服务,不让将它用于谋求个人的幸福,虽然这么做是违背一个人的天性和权利的,但是我这么做是为了将一己的精力奉献出来用于服务人类。我的智力不属于我本人,它属于这个世界。"(HN IV,2,107)

无论这种"为人类服务"的想法多么雄心勃勃,它毕竟同时也是为极其狭隘的、个人的目的服务的。比如说叔本华从这一崇高的想法中寻找根据,为自己在遗产问题上与家人发生纠纷时那固执的行为作辩解,他在1822年写下这样的话:"由于这个原因,我觉得自己有权利看管好父亲留给我的那部分遗产,它一直在支撑着我的生活,我希望在我年老的时候也还能这样,没有它世界上可能就没有我这个人了。"(HN IV,2,107)

19世纪20年代,叔本华在思考,为自己缺乏听众寻找理由,在自己的哲学之中寻找对抗失望的良方,他在咒骂听众并树立自信,不仅如此,他也在探究自身。他虽然感到自己做了一件大事,但还是有众多的问题困扰着他,他想要把这些问题弄明白。他将这些思考写进了日后出版的著作之中,尤其是《作为意志和表象的世界》的第二卷。

他在《作为意志和表象的世界》中把"意志"和"自在之物"等量齐观,这毫无疑问是他哲学之中的核心问题,这个问题无法让他平静下来。按照他的说法,"意志"只是"在一定程度上"是"自在之物"。叔本华于1824年在《文书袋》中写道:"认识自在之物——这本身就是悖论,因为所有的认识都是表象,而自在之物所指的恰恰是那个不是表象的东西。"

(HN Ⅲ, 778)

可是,"自在之物"就以下情况来看却又是"意志":对于经验而言,"显现出我们内心深处的意志活动"(HN Ⅲ, 36)是一个关键点,在这里表象可以最清楚不过地把握现实的自在性,因为这是一种最直接的体验。我们去理解世界的本质——"自在之物"——的依据是,它要能够被我们体验到。"可是恰恰因为意志是自在之物最明白的显现,因此结果就是:假使自在之物的其他显现方式也能够使我们同样地接近自在之物,也就是说,对于它们的认识能够达到与意志同等明白和直接程度的话,那么它们就会像我们内在之中的意志那样将自身展现出来。"(HN Ⅲ, 36)

叔本华继续刨根问底:"可是这意志到底从何而来?"(HN Ⅲ, 68)他打断了自己的话头:这是一个毫无疑义的问题。意志的存在是无法追问的。某物所指的是何物,我们可以通过询问得知;可是此物的确存在,这是无法追问的。哲学迄今为止都是把精神或上帝[即本质(Essenz)]置于实存(Existenz)之前,而叔本华则将这一关系颠倒了过来:实存先于本质。关于这一问题他在手稿本中写下了这么一句果断的话:"世界之本质绝不是认识。"(HN Ⅲ, 70)意志的存在就像是黑洞,它在吞噬认识之光。在叔本华看来,严格的哲学必须把"众多的问题"搁置在一边。他继续写道:"这类问题在索求解答,可是我们的思想无法给出任何形式的答案。"(HN Ⅲ, 70)晚年的谢林也在苦苦思索这无法解答的问题,为这个由"的确"构成的谜团绞尽脑汁。

"我们浑浑噩噩地生活在混沌之中",叔本华在问自己,应该因为这种"混沌"而抱怨吗?他的回答是:"这样的抱怨是没有道理的,它的根源在于某种错误观点所造成的幻觉,这种观点认为,事物的整体是以某种理智为出发点的,在事物的整体变成现实之前，表象就已经存在了，也就是说事物的整体来源于表象，它必须在表象面前毫无遮蔽并且任由表象穷究根底。而事实上，所有那些我们抱怨无法知晓的东西或许本身就是不可知晓的。一切的知识就在表象之中，而表象仅仅是存有的外在一面，只是某种附加进来的东西，对于维持事物和世界整体的存有而言，它不是必要的，它仅仅对于维持每一个被赋予了生命的个体而言是必要的。"（HN Ⅲ，183）简而言之：对于存在（Sein）而言，无论是被认识还是不被认识，这都是外在的。

对于认识而言，存在着区别、区分、个体差异。接下来的问题是：可是在存在自身之中，这一切都还是区别吗？就拿我们自己的存在为例吧："每个人对于自己有怎样的认识呢？身体，感官直接就可以观察得到；然后就是内在之中他自己的欲求，欲求表现为一连串的意志活动，这些活动是在表象的触动下形成的。我们对自身的认识就都在这里了。与此相对，欲求和认识的本质我们根本无法洞察，我们只能向外面看，而里面则是漆黑一片……依据我们认识到的那一部分，（我们知道）每个人和另一个人完全不同。可是难道我们就此便可以肯定，另外的那一部分也是同样的情形吗？难道每一个人自身对那一部分（其实是最本质的部分）就永远一无所知吗？依据那个可以被认识的部分（我们知道）所有一切事物都是可以区分的，如果是这样，那么依据那个我们全然不知的部分，为什么所有一切事物的本质就不可能是统一和一致的呢？"（HN Ⅲ，283）

在我们自身存在的那躲避认识的一面里，我们每个人都是一样的，因为我们每个人都是"意志"。这一想法其实让叔本华感到很不舒服，他在1823年的手稿本中写下了这一感受："一位乐观主义者让我睁开自己的眼睛去看这个世界有多么美

丽，大山、植物、空气、动物等。这些东西看上去固然美丽，可是它们之存在却完全是另外一码事。"（HN Ⅲ，172）

这就是叔本华的哲学激情：躲避存在，去看。

如果主体放弃作为意志存在，那么它就有机会去看这世界显露在外的秘密——意志的无处不在。正是在此处，叔本华的形而上学中有着某种令人棘手的过渡：将从内在体验到的意志这一"热区"作为出发点，然后进入某个被冷却了的意志宇宙，后者将自身呈献给某个审慎的（也就是说，至少是在某些瞬间里摆脱了意志的）认识。某个超越个体之物（"优良意识"）突然察觉到某个处于个体层次之下的东西（自然之中的意志）。在商社里学过手艺的叔本华经过一番估算有了一本明细账：意志在主体中消失，为的是让自身在客体的身上更清楚明白地显现出来：这边是亏的，那边就是赚的。

无意志的主体——难道人们不会就此抱怨主体在存在方面的匮乏吗？叔本华的回答是："人最真实的本质是意志：表象是某种次要的、附加的东西，某种程度上也是外在的东西。可是只有在意志从意识之中消失并仅仅剩下表象单独留在那里的时候，人才找到了自己的福祉。也就是说，应该将本质的东西搁置起来，留下来的是它的显现（表象）和附加在它身上的东西。对此应该多加思考。"（HN Ⅲ，236）

尼采对此进行了思考，他得出的结论是：只有将生命当作审美现象时，生命才找到其存在的根据。叔本华在思考这一问题的时候再一次意识到他的形而上学与伦理学之间的紧密关联：如果认识真理需要某种摆脱了意志冲动的审慎态度的话，那么真理之中的存在就必须从欲求的劳作之中实现更加完善、更加持久的满足。真理的实现过程同时也是意志的生命强力的发展过程。叔本华构想出的真理是与生命对峙的，尼采与之遥相呼应，但是他将之颠倒了过来：因为真理是无法体验的，于是在哲学上给意志恢复名誉必然导致产生错觉，最终问题的实质不再是真理，而变成了强力，生命强力。

如果说叔本华探究到了纯粹的、从意志之中摆脱出来的"看"所带来的"真实福祉"的话，那么他一定清楚地知道，他想要摆脱的是谁：狄奥尼索斯。

尼采和叔本华正好颠倒过来。尼采一头扑进体现着情欲救赎的酒神狄奥尼索斯的怀抱之中，这一点儿也不让人感到奇怪。

在意志之中可以最清楚不过地体验到"自在之物"，可是在哪里可以最清楚不过地体验到意志呢？叔本华答道：在性行为之中。迄今为止还没有任何说法如此直白。他在手稿本中写道："如果有人问我，究竟在哪里可以获取关于世界之内在本质（那个自在之物，就是那个我称之为生命意志的东西）的最私密的认识，或者在哪里能够最清楚不过地意识到那个本质，或者说在哪里人的自我以最纯粹的方式展现出来——那么我就必须向他指出：在性交行为的乐趣之中。就是它！这是一切事物真实的本质和核心，是一切存有的目的和意图。"（HN Ⅲ，240）

叔本华是在1826年写下上述这段话的，截至此刻，他与合唱、戏剧兼舞蹈演员卡罗琳娜·里希特（自称梅冬）的关系已经维持了5个年头。

叔本华于1821年与她结识，那时她19岁。就在此时，他在密不示人的随笔《写给自己》中记下这样的话："对于我而言，天才的构想已经完成，从现在开始，最适合我做的事情就是教书。既然如此，我就必须把我的生活公之于众，必须在社会上找到一个像我这样一个毛头小伙儿无法获得的支撑点。"（HN Ⅳ，2，106）

可是和卡罗琳娜·里希特在一起，叔本华是无法找到他说的那个"支撑点"的,她不是那样的女人。在柏林市郊的舞台上,她扮演的多是第二情妇的角色,作为补偿,她在现实生活中调转方向,与众多的情夫同时保持关系。她的美貌和戏剧界宽松的环境允许她如此行事。叔本华热衷于观看戏剧演出,就在这样的情形下他陷入了情网,可是之后不得不时常接受妒火中烧的煎熬。他于1822年5月起程第二次游历意大利,10个月之后卡罗琳娜把孩子带到了人世。叔本华直到生命的终结仍对卡罗琳娜念念不忘,甚至在遗嘱中也考虑到了她,可是他终生对于这个"导致双方忠诚破裂"的孩子心怀不满。在遗嘱关于遗产支配权的条款中,卡尔·路德维希·古斯塔夫·梅冬(这个1823年3月出生的孩子)被明确排除在外。1823年叔本华想同卡罗琳娜一起离开柏林,可是这个打算最终化为泡影,原因就在于卡罗琳娜想把孩子一起带走,可是叔本华却没有满足她这一心愿。于是叔本华独自一人迁居法兰克福,感到既失望又受伤。

卡罗琳娜1819年来到柏林,当时她只有17岁。大概是受到了某个地位颇高的人物引荐,她受聘于国家剧院担任合唱演员。一个名叫路易·梅冬的机要秘书使她有了身孕,于是她便于1820年初夏生下了自己的第一个儿子。在叔本华结识卡罗琳娜之前,这个孩子就死了。

日后她便用那个机要秘书的姓梅冬来称呼自己。

阿图尔写给卡罗琳娜的信一封也没有保存下来,此外也没有留下什么其他的文字记载这段毕竟持续了十年之久的关系。人们只发现了为数不多的几封19世纪30年代初期卡罗琳娜写给叔本华的书信,而此时叔本华已经在法兰克福生活了一段时间了。在这几封信中,卡罗琳娜埋怨叔本华粗暴地拒绝接受她的儿子,她还表示自己当时是愿意跟叔本华一起迁居的,而叔本华的不信任使她受到了伤害。曾经在经济上资助过卡罗琳娜的叔本华可能说了一些指责的话，说她靠其他几个男人养活。她在回信中是这样答复的："我过去不是个轻浮的人，为此你最好替我的债务提供担保。"[1]

卡罗琳娜的胸部时不时疼痛难当，因此她在20年代中期辞去了国家剧院的职位，只是不定期地在市郊的剧场里演出，不过有时候甚至可以充当主角。

卡罗琳娜的这一怪病把叔本华吓坏了。如果叔本华的话可信的话，他在意大利期间就曾因为遇见一位患肺病的女人而吓得逃之夭夭。

情人的健康状况让叔本华心中充满狐疑，为了打消他的疑虑，卡罗琳娜在1832年的信中写道："我没有病，这位愿意结婚的男士就可以向你证明这一点。"[2] 这样的提示必然又会重新点燃炉火。

这样的事情来来回回多次。叔本华既害怕情人可能身患某种疾病，又忌妒吃醋；既害怕建立家庭之后失去自主，又怀疑卡罗琳娜不是一个适合家庭生活的女人。

在叔本华的手稿本中记录的不仅是这些年里的哲学思考，而且这些文字也展现了这段情事对叔本华产生了怎样的影响。可是结果不会是别的，它只能是：爱情带来的烦恼和喜悦都化成了哲学思考的质料。比如下面这段话："每个新个体的首次出现其实就是在他的父母开始彼此相爱的那个时刻，即怀着某种完全属于个体的倾慕之情追求着对方。在这样一个时刻，在爱的目光彼此交会之际，一个新的个体其实就已经开始成形了：这就像是一个新的理念。就像所有的理念都以最剧烈的方式争取在现象之中显现出来，并且怀着某种渴望紧紧抓住因果法则分配给它们的质料一样，这个由某个个体的人所构成的特别理念也以最剧烈的方式争取自身的显现。这种剧烈的方式就是这两个未来父母彼此之间的激情。"（HN Ⅲ，138）

当叔本华于1822年写下这段话（它还会在日后的《性爱的形而上学》中再次出现）的时候，一个"由某个个体的人所构成的特别理念"正在争取在卡罗琳娜的身上"获得显现"。可是正如后来受到伤害的他所断定的那样，这个"理念"不是他的。

就在第二次游历意大利期间（1822~1823），他感到自责并为此而痛苦：是不是该将卡罗琳娜拴得更紧一些呢？他的忧虑甚至变成了诗句："幸福将某物交到我们手上 / 我们的理智便愚蠢地烟消云散 / 看到此处真是万分痛苦。"（HN Ⅲ，159）

在南方的天空之下，他也会允许自己有一些通达的想法：对于一个女人而言，让她只和一个伴侣生活在一起，这真是一种非分的要求。叔本华在反复掂量，他对卡罗琳娜没有十足把握："女人风光灿烂、才华尽显的时间本就短暂，让她在此期间只守着一个男人，这是一种不自然的状态。她要为这一个人守身如玉，但这样做对这个人毫无用处，而许多其他的人则对此钦羡不已。因为采取这种拒绝的态度，她自己也会感到缺乏活力。设身处地地想一想！"（HN Ⅲ，163）

按照叔本华的设想，一个女人应该同时拥有多个男人，而男人应该被允许先后拥有多个女人。"在单一伴侣关系中，男人会觉得一下子拥有太多，而时间一长又会觉得太少；而女人正好相反。"（HN Ⅲ，162）正因如此，"男人们半生是乱搞的公羊，半生是戴绿帽的王八"。

和卡罗琳娜在一起的时候，叔本华主要得扮演"戴绿帽的王八"这一角色。

作为情人会经常失去理智，对此叔本华深有体会，有一肚子苦水。正是由于失去理智，这导致叔本华陷入了一桩古怪的意外事件之中——这件不同寻常的事情和一个女人有关。

1821年8月12日，叔本华在家中等待卡罗琳娜的光临。

叔本华的邻居是一位47岁、名叫卡罗琳娜·玛尔奎的女裁缝，当天这位邻居和她的女友们占据了前厅，这样她们只会成为自己与女友幽会时充满好奇心的目击者，叔本华可不能容忍这样的事情发生。况且她无权使用前厅，因为前厅属于叔本华。而现在却有陌生人侵入了他的意志领地，因此必须将她们赶出去。叔本华命令三位女士离开这个房间，玛尔奎拒绝离开。关于接下来发生的事情，叔本华在这位女裁缝提起诉讼的庭审中提供了以下证词：

> 最后我威胁道，要把她扔出去。可是她仍然与我对抗，于是便发生了以下的事情。可是并不是像她说的那样，我用双手卡住了她的脖子，我无论如何不会想到这么做；而是我围抱着她的整个身体，当时的情形下也只能这样，把她向外拖，可是她用尽全身的力气反抗。她在门外大声喊叫，说要控告我，而且她还喊着要她的东西，于是我用最快的速度把东西扔给她。可是还有一件我没看见的小东西留在屋内，于是这便成为她很快又一次陡然闯进前厅的借口。我再次把她推出去，她还是拼命反抗，声嘶力竭地喊叫，好像要把整幢房子里的人都惊动了。当我第二次把她推出房门时，她跌倒在地。我认为她是故意的，因为这就是这种人的手法：他们见自己积极的反抗达不到目的，于是便采取消极的方式，尽量让自己多受一些苦，这样他们就有足够的东西可以控诉。她在此之前喊叫要控告我，就已经很说明问题了。现在我声明，她的陈述完全不符合事实，纯系杜撰。按照控方说法，我把她的便帽扯了下来，她随后完全不省人事，我用脚蹬她，用拳头打她。这里面没有一句话是真的，凡是对我稍稍有些了解的人都会先天地（a priori）相信：以我的性格、地位、教育，这

样残酷的粗暴行为是根本无法想象的。(B，75)

可是无论是先天的，还是后天的，受理了玛尔奎赔偿诉讼的柏林高等法院都不愿相信，这位哲学家被指控的"粗暴行为"是"根本无法想象的"。

由于"轻微的、没有造成明显伤害的殴打行为"，最高法院判定叔本华支付20塔勒罚金。可是玛尔奎对此并不满意。因为她自称"整个身体右半边麻痹，使用右臂非常吃力，而且可持续的时间很短"，当获悉叔本华有一笔财产之后，她向判决委员会提起新一轮上诉。她要求叔本华每年承担赡养费并支付康复疗养的费用。除此之外她还申请判处叔本华徒刑。这场诉讼自此变得可怕而复杂，一直持续了数年之久。当叔本华外出旅行期间，他存在柏林银行的财产被没收了。此事发生在1825年，而这场官司已经持续了3年。为了拿回自己的财产并对判决提出申诉，叔本华急急忙忙赶回柏林。他成功了：申诉委员会驳回了支付赡养费的要求。玛尔奎再一次向高等法庭提出上诉，法庭又重新确认了她提出的要求。叔本华写信给司法部部长提出申诉，但没有成功。经过长达5年的诉讼，1827年5月4日作出了最终的判决：根据这一判决，只要玛尔奎的伤势（照这位女裁缝的说法，这伤是殴打和跌跤造成的）不见好转，叔本华就必须每季度支付给她15塔勒。玛尔奎又活了20年。有一回叔本华愤愤地说，玛尔奎"够聪明"，她"一直没有让自己的手臂停止过颤抖"。

叔本华是1820年来到柏林的。仅仅过了两年，他就已经讨厌这座城市了。虽说在这两年里他有了一位情人，但作为一位哲学教师却颇为失败，而且还缠上了一桩讨厌的官司。他在一封给阿黛拉的信（1822年1月15日）中提到自己打算迁居德累斯顿："对于我那并不算高的需求而言，我的财产够用了。

因此我有可能将会在德累斯顿生活，在那里度过此生余下的岁月，而我此生最大的一半已经过去了。在那里我仍会和从前一样从事研究、进行思考，直到有人来聘我执掌教席。"（B，79）究竟日后人生的路该怎么走，此时他还害怕做出最终的决定。他不想完全放弃在柏林获取教席的打算，虽然现在他的讲座已无人问津，也只是还挂在课程目录上而已。他干脆将课程暂停，来个延期偿付：他再一次到意大利去旅行。他在一封写给弗里德里希·奥扎恩（魏玛时期的友人）的信中写道："如果在意大利既没有人认识我，也没有人赏识我，那我还知道是为什么；如果同样的事情发生在德国，那我就必须先探究一下根源，就是那些东西在这里作祟，这些东西也正是让我不喜欢德国的原因。"（B，82）

叔本华于1822年5月27日起程，他让奥扎恩充当自己的"耳目"。在哲学家沐浴在南方的阳光之下无法阅读《耶拿文学汇报》时，奥扎恩作为"留在德国的忠实友人"要帮忙留意一下"在书籍、刊物、文艺报刊以及类似刊物中是否提到我"。（B，83）在这件事情上，奥扎恩没什么可做的，因为依旧毫无动静。

和第一次意大利之行不同，叔本华这次不想当一个"到处游走的匆匆游客"，而是要在仔细参观游览瑞士之后取道米兰前往佛罗伦萨，并在那里"静静地"住上一段时间。（B，84）他也确实是这么做的：1822年的6月和7月叔本华是在瑞士度过的，8月17日抵达米兰，两个星期之后离开了这座城市，然后从1822年9月11日到1823年5月间住在佛罗伦萨——心旷神怡。1822年10月29日，他以一种对于他本人而言简直是十分欢快的语调写信给友人弗里德里希·奥扎恩："又一次，那只大熊现在站在地平线深处；又一次，在静止不动的空气中，深绿色的树冠纹丝不动，它的轮廓与湛蓝天空之间的分界是如此明显，显得即深沉又忧郁；又一次，橄榄树、葡萄藤、五针松、柏树组成了一幅风景画，那些不计其数的小别墅仿佛就在这幅画中游泳；又一次，我来到了这座城市，它的砾石路面就像是某种彩石镶嵌画……又一次，我每天都走在美妙的、到处竖立着雕塑的广场之上。"一番描述之后他最后写道："又一次，我生活在这个声名狼藉的民族之中。"可是他是如何理解自己这句充满诋毁的话的呢？他在同一封信中解释道："在意大利生活，就像是和一个情人生活在一起，今天激烈争吵，明天又捧在手心——而生活在德国，就像是和一位家庭主妇生活在一起，没有冲天的怒火，也没有轰轰烈烈的爱情。"（B，87）

叔本华在这段时间里具体做了些什么，我们无从知晓，对此的记载很少。日后和叔本华谈过话的卡尔·贝尔（Carl Bähr）只是告诉我们以下情况："他只和贵族往来，平时除了读荷马史诗外什么事也不做。"（B，512）叔本华在给奥扎恩的一封信中曾经提到过一位多明我会的修道士，他俩曾一起在波波里花园里散步，在这位修士"哀叹修道院衰落"时在一旁附和赞同过。此外信中还提到过"一位英国女士别墅里烛光灿烂的大厅"，并且他曾向这位女士"献过殷勤"。（B，88）在佛罗伦萨期间，他热衷于观看戏剧、歌剧演出，并参观博物馆（他将之称为"在博物馆值班"）。他"很久以来都没有感到过如此幸福"了。他得以近距离地观察那些"大家闺秀"，她们的"百无聊赖"让人吃不消。在这里，他"增长了阅历，加深了对人的认识"。

1824年5月21日，叔本华自慕尼黑写信给奥扎恩，信中写道："这是一段美好的时光，日后和朋友在一起时我定会时常回想起这些日子。"写此信时，他已经从意大利返回有一年了，这真是糟糕的一年。他在信中告诉奥扎恩："一年以前我回到这里（慕尼黑——作者注），过了6个星期，我刚准备动身之时，一个病接着一个病地向我袭来，将我困在这里整整一个冬天无法脱身。痿痔、痛风、伤寒接踵而至。整整一个冬天我都是在房间里度过的，受尽了苦。"（B，92）

在这一段简短的陈述之后隐藏的是叔本华生命中一次严重的危机，或许是他有生以来最严重的一次。他在意大利生活，无人知晓他的名字是很自然的事情；可是回到了德国，他又猛然感受到了自己还是无人知晓，这简直就是一种强加在他身上的事实。在此期间，一点儿动静都没有，对于公众而言，世上就根本不存在他这么一个哲学家。而对于他本人而言，那个在他进行"天才的构想"的岁月里创造出来的哲学现在只是以一种令人气闷的方式存在着。外界根本不知晓他的作品，这给他的心灵蒙上了阴影，甚至让他气馁。他有时收敛了锐气不得不承认：这不是我能实现的事情。他有这样的感觉，似乎他已经不属于这个时代了。

这几个星期里，他极度忧郁，在《文书袋》（*Brieftasche*）中有这样的话："如果有人说，人生从头至尾就像是个一直在延续的教训，其结论往往是消极的，那么他的回答可能就是：正因为这个原因，我希望人们就让我待在充分虚无的宁静之中，在这里我既不需要什么教训，也不需要什么别的东西。"或者说这样的话："谈论起生活的苦痛，人们用死亡来安慰自己；谈论到死亡，人们用生活的苦痛来安慰自己。这是一种不错的态度。"（HN Ⅲ，170）

经过了一个糟糕的冬天迎来了春天，可是仍然不见什么希望。双手一直还在颤抖，他几乎没有一天是心情愉快的。他感到右耳"完全失聪"了。1824年5月底，他强撑着病体前往加施泰因温泉疗养，在那里住了一个月。随后他不再返回慕尼黑，他对那里"地狱般的气候"心存恐惧。同样他对地处"沙漠"的柏林也心存畏惧，再说那里目前也没有什么东西能够吸引他，就连他的卡罗琳娜也不行，她现在又有了另一个人的孩子。

他想在曼海姆度过这个夏天，不过在此之前他曾小心翼翼地向奥扎恩打听，是否"女士们"（他指的是自己的母亲和妹妹）也会到那里去，无论如何他要避免这种"不愉快的正面遭遇"。想来奥扎恩一定是通报他没有敌情，因为1824年7月至8月间叔本华的确就住在曼海姆。他9月份动身前往德累斯顿，并在那里过冬。叔本华还是避免去柏林，这是他经历失败的战场。

他还是让人预告了一下冬季学期讲座的内容，不过这只不过是形式而已，因为他已经料到没有或者只有为数不多感兴趣的人会报名。事实上也正是如此。

他现在正着手开展另一项新工作：他向布罗克豪斯提出重新翻译斯特恩的《项狄传》。布罗克豪斯拒绝了。此外他还想翻译休谟在宗教批判方面的通俗哲学著作，此项计划也没有得到认可。在德累斯顿的那几个月里，他已经着手写译本前言，并已经写了一些东西，但是这个译本最终还是胎死腹中了。从这些句子中能够看出，叔本华想借用休谟为他自己服务："日后的人们会认识到，为什么我要试图通过这个新的译本引起同时代的人对大卫·休谟这位杰出人物的这些著作的关注。如果同时代的人对我的努力表示赞赏，这完全不必要。"（HN，177）没过多久，在第二次起草的前言中，他毫不掩饰地拿自己的无可奈何打趣："至于说我的职业与这项小小的工作究竟有什么相干，个中的原因只能是：目前我有很多的闲情逸致，我觉得没有必要再将自己的思想进行加工整理向世人传播，因为经验已经证实了我过去预见到和预言过的东西，而我的东西在同时代人中找不到读者。"（HN，182）虽然叔本华的这几项翻译计划最终没有成功，但是这并没有让他却步。在20年代末，他翻译了17世纪早期西班牙怀疑论者格拉西恩（Gracián）的《处世预言》（Lebensmaximen），但直到叔本华去世两年之后该译本才问世。

叔本华还有一个翻译计划，这无疑是最重要也最雄心勃勃的计划，可是最终也夭折了。在《域外观察》（Foreign Review）上刊登了一篇未署名的文章，文中要求应该将康德主要著作翻译成英语。叔本华立即作出了反应，他请求出版社与这位匿名作者取得联系，并毛遂自荐表示愿意充当译者。此人自称名叫弗朗西斯·海伍德，他在回信中提出了另外一个建议：他表示愿意由自己来翻译，校阅译文的工作可以由叔本华来做。叔本华感觉受到了侮辱，于是他直接和《域外观察》的出版人联系并告知他自己的打算，但最终还是没有下文。

叔本华从事翻译当然不是为了钱，而是试图通过这种方式至少能够获得一些反响，哪怕这种影响力非常之小。他在这方面仅获得了一次成功，那就是他亲自操刀将自己的《论视觉与色彩》翻译成拉丁文发表在论文集《眼科通讯》（Scriptores Ophthalmologici Minores，1830年出版）上。这件事多少增强了叔本华的自尊心，不过这样的机会并不多。还有一次这样的机会，那就是让·保尔在发表于1824年的《美学入门补记》（Kleinen Nachschule Zur Ästhetischen Vorschule）中对叔本华著作进行了简短的评论："叔本华的《作为意志和表象的世界》是一部天才哲学家的、大胆的、全面的著作，充满了睿智和深思。深不可测，让人陷入绝望，就好像是挪威那充满忧郁的湖泊，陡峭的岩石构成了一座高墙，将湖水紧紧围住，人从湖面上永远无法看见太阳，由于身在深处，在白天里也只能看见布满星斗的天空，天上没有一只飞鸟和一片云彩掠过。幸好我只能赞叹这本书，而无法在上面签上我的名字表示赞同。"[3]

下断语的是让·保尔,他是浪漫派的良师益友,不过浪漫派运动此时已经成为历史了。在1824~1825年间的这个冬天,叔本华在德累斯顿遇见了浪漫派的另一位人物路德维希·蒂克,并和他发生过争执。卡尔·封·霍尔泰(也是叔本华母亲家中的常客)当时就在场,他在日后的回忆录中写道:"我非常谨慎避免告诉她(约翰娜·叔本华——作者注)这件事情:我曾经和她所指的这位怪人(阿图尔·叔本华。——作者注)一起在德累斯顿蒂克的家中聚会,他的举动着实让我震惊。他和蒂克正在进行讨论,关于各种哲学体系。谈着谈着越过有关雅各比(蒂克的挚爱)的话题渐渐演变成了一场关于宗教问题的激烈争论。在辩论之中蒂克提到了上帝,叔本华就像是被毒蜘蛛蜇了一口似的惊跳了起来,就像陀螺一样原地转圈,夹杂着嘲讽的笑声重复道:'什么?您需要一个上帝?'这句话让蒂克至死都无法忘怀。"(G,53)

1825年春,在离开了三年之后叔本华返回柏林。那桩让人厌烦的官司需要他出庭,或许卡罗琳娜·梅冬也是吸引他回去的原因,因为一到柏林他就重新跟她恢复了联系。依据日后掌管叔本华遗稿的威廉·葛文纳的说法,叔本华甚至再一次考虑过是否要跟卡罗琳娜结婚。

对于叔本华而言,柏林几乎没有什么变化。黑格尔依然如日中天,就连1827年奏凯而归的柏林自然研究者兼世界旅行家亚历山大·封·洪堡也无法改变这种局面。洪堡反对一切形式的推测空想,有学识教养的中产阶级女性将这位收集研究植物的贵族奉为偶像(就连黑格尔的妻子也赶着去听洪堡的讲座,这让黑格尔颇为生气),就连这样一位人物竟然也对那位满口施瓦本方言的哲学国王表示敬意。虽然洪堡语含嘲讽地影射过"毫无真知和经验的形而上学",[4]可是当这话传到黑格尔的耳中后，后者便通过法恩哈根·封·恩泽向洪堡询问此话作何理解，于是洪堡便差人将自己的演讲稿交给那位气势汹汹的哲学家，黑格尔没有发现其中有什么让人反感的东西。可是他哪里知道，狡猾的洪堡交给他的手稿不是真的。跟黑格尔唱对台戏是不受欢迎的，更不用说是叔本华了。过了两年他又在四处寻找一个新的安身之处。他还是没有完全放弃当教授的指望，虽然以往的经历让人沮丧。最近就连校役也对叔本华表现出恶劣的态度，按照叔本华向校方提交的申诉中的说法，校役的行为"明显恶劣"，致使人们不得不"怀疑他一大清早头脑是否清醒"。

1827年9月，叔本华向弗里德里希·威廉·蒂尔施（Friedrich Wilhelm Thiersch）打听消息，蒂尔施是他在慕尼黑期间结识的一位巴伐利亚教育部门的高官。叔本华想知道在"南部德国"有哪个大学能够给他提供或者特设一个教席，"这样就可以对外界产生一定的影响"。他想到的是维尔茨堡，他称赞那里"环境优美"，"天气晴朗，气候温和"。（B，105）

蒂尔施竭力为叔本华争取，并鼓动他提交一份正式的书面申请，巴伐利亚教育部在收到申请书后便派人去实地调查了解情况。巴伐利亚派到柏林的专员在通报中写道，叔本华"无论是作为作家还是教师没有任何名声……据我所知，这位叔本华没有什么吸引人的地方，因此聘任他对于维尔茨堡大学不见得有多大的益处"。（B，516）他也到萨维尼那里询问过情况，后者提供的情况对叔本华也很不利："您最后向我打听无俸讲师叔本华博士的情况。对于他的著作我无法评判，因为我根本就不了解；至于说到这个人，我觉得他总是十分傲慢，而且我听别人谈起他时，说坏话的人比说好话的人多。"（B，516）

去维尔茨堡的计划成为泡影。叔本华还想到海德堡去碰碰运气，他在写给格奥尔格·弗里德里希·克罗依策（Georg

Friedrich Creuzer,著名的古典学和神话学者)的信中说,他想"在市民社会中获得一席之地"(B,106),并询问在海德堡有没有可能性。克罗依策劝阻道:在海德堡人们对哲学的兴趣正在下降。而且他在信中透露出对叔本华的疑虑:不知道叔本华是不是那个能够打消这一疑虑的人。

在这几个月里,他的求职申请一一落空。痛苦愤懑的叔本华向结识不久的阿德尔贝特·封·沙米索(Adelbert von Chamisso)求助,让他提供一些建议。沙米索劝叔本华不要将魔鬼描得太黑,正灰色就够了。可是叔本华依然故我,他认为就是那些漆黑的魔鬼在合伙密谋跟他作对。

当然在这些年里他并没有放弃,他希望自己的著作能够被人们以一种恰如其分的方式接受。他已经强迫自己对所抱的期望持一些怀疑的态度,即便如此,他这些已经打了折扣的期望还是被证明过于乐观了。叔本华希望《作为意志和表象的世界》能够再版,他于1821年起草了第一份再版前言,落款的时间是1828年,他估计在这一年该书就需要再版了。事实证明,太早。就在这一年,叔本华向布罗克豪斯询问销量,后者通报道:第一版800册,目前库存150册;事实上究竟销售了多少册说不清楚,在几年前,数量可观的一批被拿去化浆生产新纸了。

听到这个消息,叔本华重新起草了一篇再版前言,落款日期是1836年。在这篇草稿中,他将读者斥为"愚钝的同代人",并摆出一副骄傲的姿态,仿佛对于他而言这部著作被人们漠视是一件好事情,"因为热爱真理并懂得享受真理的人不需要别人的鼓舞,可是别人的关注,无论是赞同还是反对,很容易产生误导"。(HN Ⅲ,524)第二版注定是留给后世的,而不是给"那群……猴子们"读的。到底谁可以被算作是"猴子",叔本华在1830年起草的另一稿(或许是火气最大的一篇前言稿）中作了解释：就是那些被"浮浅之徒费希特"和"黑格尔笨拙的江湖骗术"（HN Ⅳ，Ⅰ，13）蒙蔽的人。他认为，自己的著作没有被他们接受，这可以被视作"褒奖"。

这一切听上去仿佛是某种充满自信的激愤之词，可是在这种不自然的表达方式之中可以看到，这样一个不为人知、遭人误解的人心中多么痛苦，自尊心受到了多么深的伤害。然而献词《献给父亲的亡灵》（Den Manen meines Vaters）却充满了完全不同的情绪。叔本华想在第二版的前言之前加上这样一篇献词。第一稿写于1828年，就在这一年，叔本华最后一次争取教席的尝试失败了，他不得不直面自己著作令人沮丧的销量，而且即便是想充当译者也总是遭到拒绝，此时他清楚地认识到：在可以预见的时间内，他无法通过自身的努力，通过自己的工作在市民社会中获得属于自己的一席之地。他之所以还生活在市民社会之中，那是因为父亲，他得感谢父亲使他可以为了哲学而生活，而不必为生计奔波。按照市民社会生活的尺度，他是一个失败者，他得以生存完全倚仗父亲遗产的庇护。因此他写下了这样的句子："高贵卓越的英灵！我这个人，我的成就，这一切都得感谢你！你预先为我做好的周密安排支撑和庇护着我，不仅使我度过了无助的童年和粗率的青年时代，而且伴随着我成人并走到今天。因为当你把我这样的儿子带到这个世界上来的时候，你就已经安排好了，要让他在这样一个世界中能够得到发展。你已经想到了这一点，那就是他或许并不适合在这个世界上奋斗打拼……你这位骄傲的共和主义者，你好像已经预见到你的儿子不会有（卑躬屈膝的）天分……为了获得那份应得的干净面包，在那些部长和委员面前奴颜婢膝，向他们乞求，或者向那些自以为了不起的平庸之辈溜须拍马，并与这些江湖骗子的随从们同流合污并恭顺地跟着一起为他们的主子大唱赞歌……因此我要将我的作品献给你，没有你的庇护它不可能产生,在此意义上,它也是你的作品……如果有人在阅读我这部作品时获得了喜悦、慰藉或者教益,那么他也应该知道你的名字。他应该知道,假如海因里希·弗洛里斯·叔本华不是那样一个人,阿图尔·叔本华早就垮掉一百次了……"(HN Ⅲ,380)之后叔本华用了几年时间给这篇献词修改润色,不过他后来删去了"阿图尔·叔本华早就垮掉一百次了"这句话,而最终他还是完全放弃了这篇献词。究竟是谁、究竟是什么使他有可能不靠哲学而是为了哲学而生活,在第二版(1844)和第三版(1859)的前言中无法找到这个问题的答案。

叔本华的柏林岁月以一出滑稽戏收场:在1831年8月为了躲避霍乱离开柏林之前,他向一位自己几乎不了解的17岁女孩求婚。这位女孩名叫弗洛拉·魏斯(Flora Weiβ),在一次乘船外出郊游的时候,叔本华送给这位姑娘一串葡萄。弗洛拉自述道:"可是我不想要,因为叔本华这个讨厌的老家伙用手摸过了,于是我悄悄把葡萄放在身后,顺手让葡萄滑落到水中。"(G,58)

叔本华上门向女孩的父亲提出求婚,后者惊讶万分:"可她还只是一个孩子!"他让未成年的女儿自己做出决定。叔本华并没有透露自己诱人的财产状况。根据女孩家人的说法,她"对叔本华十分反感,而她在叔本华身上注意到的种种小节更增加了她的厌恶,因此求婚的失败是不容置疑的"。(G,59)

在将近20年前,叔本华在自己的手稿本中写道:"我们以严肃的态度处理当前每一件表面上必然显得十分重要的事情,正是这种态度让我们每个人不可避免地成为可笑之人。或许只有少数杰出人物才能够超越它,并从可笑之人变成发笑之人。"(HN Ⅰ,24)

第二十章

从柏林出逃——叔本华敲打家具——法兰克福——对抗恐惧的仪式——生活方式与语言风格——母亲之死和阿黛拉的悲剧命运

在柏林生活的最后一年,叔本华曾经有一个梦。叔本华在手稿本中写道:"为了全面地尊重真实,至死不渝地坚持真实,我要把此事记下来。我在1830/1831年除夕之夜做了一个梦,梦预示着我将会在今年死去。从6岁到10岁之间,我有一个亲密无间的朋友,我们总在一起玩耍,他与我同年,名叫哥特弗里德·耶尼什,他在我10岁那年死了,当时我正在法国。在过去的30年当中,我很少想到过他。但是就是在那一夜,我来到了一个陌生的国度,一群人站在田地上,其中有一个成年的、身材修长的男子,我不知道是怎么回事,有人向我介绍他就是那个哥特弗里德·耶尼什,此时这个人正向我表示欢迎。"(HN Ⅳ,Ⅰ,46)

此时霍乱正在柏林肆虐,叔本华将此梦视为一个警告:如果不逃离,他就会死去。他和卡罗琳娜·梅冬之间的反反复复延缓了他的行程,在与之告别之际,叔本华发现他还是以自己的方式爱着梅冬,因此他还是想带着她一起走。到底逃到哪里去呢?他选择了法兰克福,没有什么别的原因,就是因为有人告诉他那里"没有霍乱流行"。

就在他到达法兰克福不久,1831年9月,他又做了第二个梦:"那是,我想那是我的父母。梦预示母亲会死在我前面。死去的父亲手里托着一盏灯。"(HN Ⅳ,Ⅰ,47)

没过几个星期他就病倒了,就此度过了一个糟糕的冬天。叔本华与世隔绝地生活在这个陌生的城市,他住在美茵河下游岸边的一套房子里，家具是现成的。

他足不出户，也没有人到他这里来。死亡的恐惧侵袭着他，他在没有欢愉的寂寞之中生活。卡罗琳娜在他的脑中萦绕，他在写给柏林的同党封·洛夫佐夫的信中一个劲儿地问：那个女人现在怎么过日子，她现在靠哪个男人养活。他请求封·洛夫佐夫注意这个女人的动向。封·洛夫佐夫试图打消叔本华的疑虑，而且也没少开导他：如果无法努力让自己产生信任感，那只会让自己生活得很累，这完全没有必要，正是因为缺乏信任才毁了他和卡罗琳娜的关系。

叔本华突然产生了疑虑，他怀疑法兰克福不是一个正确的选择。在他的记忆中，曼海姆是个好地方，1824年正是在那里，叔本华从重病和抑郁之中恢复过来。而且他还在那里结识了一些人，虽然只是泛泛之交。于是他决定再次迁居：1832年7月，他搬到曼海姆居住。

叔本华在那里住了一年。在此期间他加入了"和谐会"，这是由本地头面人物组成的一个社团，有自己的酒馆和图书馆。有时候他对所有的人、所有的事情都充满愤怒，而晚间的聚会却无法平抑他胸中的怒火。他晚上很晚才回家，他住在鞋匠米夏埃尔·洛伊斯的家中，他到家后不时会弄醒左邻右舍：他用手杖敲打家具。别人问他为什么要发出这样的动静，叔本华答道："我在传唤自己的灵魂。"（G，64）

1833年，究竟是继续待在曼海姆，还是回到法兰克福，叔本华在账本的封皮上列出去留的各种理由。他最终还是决定回法兰克福。起关键作用的原因是："只有在偶然找到的，而不是你自己选择的社交聚会中，你才比较无拘无束，不太会觉得厌烦。这样你才拥有自由，断绝和避免与那些讨厌的人交往"；"更好的咖啡馆""更多的英国人""没有洪水""手法高明的牙医，少一些蹩脚的医生""气候宜人""少有人注意"。[1]

在经过一年曼海姆的小插曲之后，叔本华于1833年7月6日回到法兰克福。之后除了短暂的（大多情况下只有一天）郊游，他一直没有离开过这里，直到1860年去世。

法兰克福原本是帝国直辖市，在维也纳会议之后宣告成为"自由市"，颁布了一部比较民主的宪法。主要事务还是由市政委员会（由城市贵族组成）决定，不过现在又多了两个与之分庭抗礼的机构："市民联合会"，这个组织相当于"第二议院"；"立法团"，此机构一半的成员是通过市民自由选举产生的。

此外，法兰克福还是德意志联邦的联邦议会所在地，议员是那些领土全部或部分在德意志境内的君主派出的代表。代表们在这座共和体制的城市里无休无止地谈判交涉，在梅特涅的导演下，他们商讨的主题恰恰是如何镇压民主与共和运动。这里聚集了为数众多的诸侯特使，他们频繁涉足那些高档的宾馆和饭店（俾斯麦当时是普鲁士公使，他就常光顾"英吉利饭店"，这里也正是叔本华打发午间时光的主要去处），这使原本就充满上层市民气息的地方更增添了异样的光彩。当时的法兰克福大约有5万居民，其中有半数的居民具有选举权和被选举权。城市贫民生活在老城区弯弯曲曲、不见天日的小巷子里。富裕的居民迁到了老城边缘的新区里，这里原有的老城墙被拆了，继而修建起了宽阔的公园、花园和林荫大道。

法兰克福不仅仅是德意志联邦的政治中心，此外它还是中欧的金融中心：罗特希尔德家族的根基就在法兰克福。海涅在提到阿姆舍尔·迈耶尔·封·罗特希尔德[①]时曾这样写道："金

[①] 罗特希尔德（Amschel Meyer Rothschild，1773~1855），是家族银行创始人老罗特希尔德（Mayer Amschel Rothschild，1744~1812）的长子，他继承了父亲在法兰克福的产业，关于该家族的介绍参见第二章脚注。

钱是我们这个时代的上帝，而罗特希尔德就是他的先知。"² 这位罗特希尔德先生每天身着燕尾服、站在自带的草垫上，在交易市场操控着证券行情。他自己住在蔡尔山上的豪华宫殿里，而他的母亲至死都住在犹太人巷（Judengasse）的小店面里。

在某次谈话中，叔本华曾说法兰克福是欧洲的中心，"所有的人都到法兰克福来，世界上发生了什么，在这里都能看见、听见"。（Jb 68, 112）阿图尔·叔本华现在选择了稳定的生活方式，他不再需要去探访大千世界，在"英吉利饭店"里就可以让世界走到他身边来。法兰克福是一个展会城市，这里外国人云集，对于叔本华而言，这是一件幸运的事情。他对法兰克福本地人没什么好印象："这是一群矮小、呆板、内心粗野、头脑简单的人，他们有一种乡下人似的骄傲，作为法兰克福人就认为自己很了不起，我不愿意和他们接近。"（Jb 68, 112）

此时的法兰克福还没有大学，不过科学，尤其是现代自然科学在这里受到人们的认可和支持，具有实干精神的现实意义受到人们的宠爱。这里有"物理协会""地理学会""历史博物馆"，最重要的是有一个名叫"森肯贝克自然研究会"的团体，叔本华也是会员之一。这个学会建立了一座规模颇大的自然科学图书馆（叔本华在撰写《自然中的意志》（*Der Wille in der Natur*, 1835）时充分利用了这里的藏书），并且拥有当时在德国境内或许是最重要的博物标本馆。对此叔本华评论道："罕见的自然现象""总是在法兰克福最先展出"。（Jb 68, 112）

这座城市总是乐于接受现代的、新生的事物。这里最先铺上了沥青马路。城市规划设计师是一位"经验丰富、不可或缺"的官员，为了表示敬意，人们专门写了一首曲子献给他。新的水管铺设完成，一直可以通到顶层。就在同一年

（1828），城市里开始安装汽灯。到了1845年宪法颁布纪念日那天，马路和高档商店的橱窗里被灯光照得通明。不过城市里的反差依然存在。在城内居住的农民居然连圈内喂养的方法都不用，他们赶着牲畜穿过街道去草场。在尼可莱教堂的外墙上还钉着风干的牛头，这还是上一次屠宰行会举行欢庆活动时留下来的。排水沟携着发臭的废水穿过街道，夜里依然能够听到守夜人大声刺耳的歌声。每当大雨如注之际，德意志联邦议会的议员们要蹚过深深的积水赶往开会地点。各位使节敦促市政委员会改变这种状况。为了清除街道上的垃圾，市政委员会建议那些向家庭提供洗浴用水的"流动洗浴商社"在回来的路上用用过的洗澡水冲洗街道。

在法兰克福的四周建立了不少工厂，但是在城里依然是行会在操控，它们控制手工作坊的数量并且注意保持传统的工艺技术。那些找不到作坊干活的帮工们怨声载道。在那些谈论政治问题的俱乐部里，人们在讨论从法国传过来的圣西门主义。在德意志联邦议会里，议员们抱怨城市里近来"世风日下"，法国七月革命（1830）之后几个星期，法兰克福市内的气氛也开始高涨。在传统欢庆采摘葡萄的"游行"上有射击比赛和焰火表演，然而今年却出现了混乱的局面，其中有不少士兵受了伤，还有人对着某些公使馆扔大粪。1833年，有一小撮大学生占领了法兰克福警察总局，在那里高呼"德国的自由"，他们的呼喊声越来越弱，没有人听得见。最终他们被制服并遭逮捕。

关于这些"乌合之众"从事颠覆活动的消息让叔本华感到有些害怕，他恐怕自己的财产遭到不测，正是这笔财产保证他过着一种平静、独立的生活，让他可以全身心地投入哲学思考。不过他还是想正视这一危险。他每天午饭过后在俱乐部的阅览室里阅读《法兰克福邮报》和《泰晤士报》，从中他可以了解到身边和世界上正在酝酿着哪些危机。他要密切注意、时刻提防，他对于自己的安全要求很高。如果在"英吉利饭店"里出现一位军官，那么平素里脾气糟糕的叔本华会变得很客气友好。

叔本华还是普鲁士的子民，他从来没有争取过享受法兰克福市民的权利。他作为一位"没有入籍的居民"没有选举权，但是他根本没有感到有什么缺憾。他作为一个"获得居住许可的居民"满足于赋予他的居住权，而且对于只需交纳极少的税费他也感到很高兴。在最初的几年里，他经常搬家，他曾经住过的地方有：老施莱辛格巷、施奈特瓦尔（美茵河下游岸边）、新美茵茨街、萨尔巷（一条狭长的小巷，一头是城门，另一头是大教堂背后的面包市场）。1843年他迁入了"美景"街17号，就在美茵河桥和车马巷拐角附近。他在这里一住就是好多年，一直到1859年。为了自己养的那条狗他和房东发生了争吵，于是他便搬到了隔壁的一栋房子里，"房间更大更漂亮"。一年之后，他便在那里去世了。他的家务常年以来都是交给女管家负责。自1849年起，玛格丽特·施奈普（Margarethe Schnepp）承担了这一任务，她的工作让叔本华感到"非常满意"，在叔本华的遗嘱中也对她做了安排。从定居法兰克福的最初几年起，叔本华便过着一种井然有序的生活，一直到去世，他都严格遵守着这一秩序。早上的三个小时用于写作。他在规定自己的日程安排时是这样解释的：如果向大脑索取过多，那么思想就会失去光泽，缺少新意，失去文采。他提醒人们注意黑格尔，这位"满纸荒唐言"的家伙绞尽脑汁地思考他那庞大体系，每天超过十个小时。

三个小时的功课之后，叔本华会拿起自己的笛子吹一个小时的"充满爱意"的曲子。叔本华在晚年几乎只吹奏罗西尼的乐曲，他将罗西尼全部作品中适合笛子演奏的曲目挑选了出来。他在外面用午餐,起先是去"天鹅饭店"和"俄罗斯饭店",后来固定在马市南侧的"英吉利饭店"里用餐。这家饭店是由萨林·德·蒙福建造的,这是全城最高档的饭店。从饭厅高高的窗子向外望去可以俯瞰广场,这个广场堪称法兰克福市民生活的中心。"英吉利饭店"日后成为叔本华的仰慕者们和好奇的人们朝圣的地方,他们要么是想结识叔本华本人,或者只是想亲眼看看这位著名哲学家(此时他已经出名了)。

叔本华的胃口好得让人吃惊,让邻桌的人叹为观止。他用汤勺舀着盘子里很油腻的酱汁往嘴里送,有时候他还点上两份主食。他在吃饭的时候不希望别人打扰他,不过喝咖啡时却饶有兴致地和别人谈话,有时候会在那里坐到5点钟。他器重那些在吃饭时偶然结识的朋友,作家赫尔曼·罗莱特[①]就是这样一位。他是在1846年结识哲学家本人的,他对叔本华的描述是:"他体态匀称,始终衣冠楚楚(只是剪裁有些过时),中等身材,头上留着银白色的短发,两腮的胡子像军人那样向两边翘起,而面部其余地方则刮得很干净,面色红润,两只深蓝色的眼睛熠熠生辉,大多数时候自足地低垂着看着眼前的东西,充满了睿智。他的面庞并不是十分漂亮,但充满智慧,常常做出某种带着嘲讽的微笑表情。他通常给人一种内敛的印象,可是当他表达自己观点的时候,他便显得古怪特别。大家在用餐时聚在一起,每个人的内涵素养参差不齐,有一部分平常规矩本分的人也会变得目空一切,表现古怪的叔本华便为他们提供了谈资,成为他们讽刺的对象。他虽然常常显得有些滑稽、脾气不好,但其实他是一个没有什么恶意的、善良的,只是有些

[①] 罗莱特(Hermann Rollett,1819~1904),奥地利诗人、戏剧家、艺术评论家,早期诗歌作品有很强的政治性,歌颂自由、共和,戏剧成名作是《托马斯·闵采尔》,文艺评论方面的代表作是《歌德肖像》。

不太客气的人。正因为他的这一性格,他成为那些讲究吃喝玩乐的有钱人经常嘲弄(当然并没有什么恶意)的对象,而这些人自己倒是一些无足轻重的人物。"(G,88)

在法兰克福的最初几年里,叔本华在餐会的谈话中经常表现出不耐烦而不是泰然处之的态度,下面是音乐评论家克萨韦尔·施奈德·封·瓦尔腾希有关于此的一段记述,好像没有多少好感:叔本华经常夸耀自己的牙齿又好又多,他认为这是一种外在的征兆,表明他胜过那些"寻常之辈"。他对自然科学大加称赞,认为人们应该将以下这种抵抗性病的"杰出发明"归功于自然科学的成就:将一定剂量的氟化钙溶解于水中,在性交之后将阴茎放在溶液中浸泡,这样就可以防止传染性病。他在餐会时扯着喉咙向大家解释这一方法,不管在场的人想不想听。当他训斥自己的鬈毛狗时,将它唤作"你这个人",然后便将恶狠狠的目光投向邻桌的人。施奈德还讲了一段小故事,描述他和哲学家之间是如何断绝来往的:"我们在一起争论一个有关音乐的问题,上菜的堂倌已经端着碗静候在叔本华旁边有一会儿了,他准备上的菜是牛肉,可是叔本华由于全心投入热烈的辩论之中,因此没有注意到这一点。于是我对他说:您用'先天的'(a priori),这样我就可以用'后天的',(a posteriori)。叔本华眼中流露出一种说不出来的愤怒和蔑视,并对我嚷道:您正在使用的字眼是神圣的,您根本无法理解它们的重要性。"(G,62)自此以后,叔本华避开施奈德不和他闲谈,并让人将他的餐具放到长条桌的另一端,为的是避免和这样一些"无知的人"打交道。

午餐的时间拖得很长,饭后他去俱乐部(也位于马市)的阅览室读报,之后便是固定的散步时间,一般距离比较长。他的步幅很快,风雨无阻,不时自言自语地嘟囔着什么,对身边的行人连看也不看,做伴的是他那条狗。到了城边可以眺望远景的地方，他会驻足很长时间。玩耍的孩子们觉得他很奇怪，有时会用球去砸他。

晚上他待在家里读书。他避免参加聚会，也不在这个时候接待来访者。在最初的几年里，他常去看戏剧、歌剧演出和听音乐会。叔本华是一位非常专注的听众，他曾向当时的乐队指挥兼剧院经理古尔（Guhr）提出请求，让他采取措施防止出现那些干扰序曲演奏的噪声（那些迟到的观众毫无顾忌地用劲关上包厢的门或者放下座椅的折叠坐垫）。如果无法强迫那些不守时的人的意志，那么院方应该在门和座椅的表面上安装上布垫。他在给剧院经理的信中写道："缪斯和观众一定会为您采取的改进措施对您表示感谢的。"（B，218）

叔本华总是很容易受到日常生活中的噪声干扰，他自认为这正是他才智过人的表现。噪声会让人思想不集中，无论是发出噪声还是接纳噪声的人，这只能表明他们的头脑不适合安静、全神贯注地思考。日后在《作为意志和表象的世界》的第二卷中，他对噪声干扰展开了哲学思考："我长久以来就持这样的观点，一个人可以轻松承受的噪声量与他的智力成反比，因此也可以将此视作衡量一个人智力的标准。一群狗在一幢房子的庭院中接连叫了几个小时，我听得心烦意乱。此时我就知道该如何评价这些住户的智力水平了。那些不是用手带上房门而是使劲关上房门的人，或者是允许这种事情发生的人，他们不但没有教养，而且粗鲁、顽固……只有当我们的耳朵不再来者不拒，当我们不再赋予那些发出口哨、哭号、吼叫、敲击、鞭打的声响或者让狗发出叫声（诸如此类）的人这样的权利，让他们可以千百次地干扰、打断另一个正在进行思考的人的思绪，只有做到了这点，我们才是文明开化的人。"（Ⅱ，45）噪声的干扰对叔本华影响很深，决定了他的整个生存状态。

在他的作品世界中，叔本华相信已经将一切问题解释得澄明如白昼。而在那些他无法看透的地方,黑夜便降临了,这对于他根本不是什么诱惑,而是潜藏着某种让人恐惧的东西。不过可以宽慰的是,作品中的宇宙毕竟宽广无限。可是当他缩小范围面对作品周围的生活实际的时候,有限的日常生活一下子变成了黑夜里的丛林,其中潜伏着成千上万的危险。蒙田曾经说过:"为了能够独自生活,人必须将自己视作两者之一,要么是上帝,要么是动物。"在自己的作品中,叔本华就是上帝。可是他必须使出浑身的气力,同时不让自己也变成充满恐惧的动物。在秘不示人的随笔《写给自己》中,他袒露了心事:"大自然做了一件多余的事情,那就是它将我的心灵隔离了开来。它同时赋予我的心灵以猜疑、敏感、暴躁、自尊,这种高度的混合与哲学家的气质几乎无法协调一致。我从父亲那里继承了他的恐惧感,这正是我所诅咒的……并施展我全部的意志力与之抵抗。这种恐惧不时向我汹涌袭来,哪怕是些非常小的事情,有些不可想象的不幸仅仅是可能发生而已,而对我而言却是历历在目。而且可怕的幻想更加剧了这种恐惧,使它发展到令人难以置信的程度。在我6岁那年,一天晚上散步回来的父母发现我陷于极端的绝望之中,因为我固执地认为他们永远地将我抛弃了。在我的青少年时代,我经常臆想自己得了什么病或与人发生了争斗,这种情形折磨着我。当我在柏林求学期间,在很长一段时间里,我觉得自己身体孱弱。当1813年战争爆发时,被强征入伍的恐惧纠缠着我。对天花的恐惧迫使我离开那不勒斯,而离开柏林是因为霍乱。在维罗纳期间,我固执地认为自己吸入了有毒的鼻烟。当我准备离开曼海姆的时候(1833年7月。——作者注),没有任何外在的缘由,但我却感到某种说不出来的恐惧。由于柏林那起意外事件导致的官司困扰了我好些年,我害怕自己的财产受到损失,还害怕母亲对遗产的分配提出异议。如果夜里发出了什么响声,我便立即从床上跳起来，去拿剑或者枪，我总是在枪膛里填充好火药。即便是没有什么特别会刺激我的事情，我也总是怀揣着小心，这份小心谨慎总是能让我看见或促使我去寻找那些根本不存在的危险。正是因为这种恐惧，一点小小的不愉快都会被无限放大，严重妨碍了我与别人的交往。"（HN Ⅳ，2，120）

由于叔本华随时都会产生恐惧，于是他便需要某种仪式，用以驯服难以掌控的日常生活。他向银行提出请求，要求在上门送利息的时候始终派同一个业务员办理此事。鞋匠必须严格按照他的规定要求制作鞋子。写字台上的东西摆放整齐，简直到了不能再严格的程度。如果女管家斗胆打破这一世界格局，那就等着瞧吧！在墨水瓶下面藏着几个金币，以备在危险时刻到来时可以救急。他所有的藏书都让人按照高8开本的规格装订整齐。他还为某些重要的物件找了藏身之处，比如说他把息票藏在旧书信和乐谱中，他在私人的笔记本上写上错误的标题，这样就可以误导那些好奇的目光。没有事先预约的拜访者一般会被拒之门外。对于他而言，去理发不啻超越自我。他可不知道，说不定理发师就会切断他的咽喉。他爱护那尊佛像就像是爱护自己的眼球，有一次他差一点就要把女管家扫地出门，就是因为她有一次胆敢擅自为佛像除尘。他喝酒适量，从不会让自己喝到走路摇晃的程度。

他的语言就和他的思想风格一样。黑格尔说过："真实的东西就像是醉酒后蹒跚踉跄，此时身体上没有一个关节不是醉了的。"对此叔本华的回答是：当然是这样，如果真理是概念的神志昏迷状态的话。让叔本华引以为豪的是，他建构起的形而上学没有离开直观这一坚实的土壤。他认为，只能信任那些来源于直观、有坚实根基的并从其中抽象出来的概念。那些离开这一土壤的概念，比如说什么"绝对""无时间性的存在"，等等这些概念，它们就像是纸币，它们究竟抵多少钱谁也说不清楚。叔本华在《作为意志和表象的世界》的第二卷中写道："遇到了这样的概念，脚下坚实的土地似乎都发生了摇晃，而这土地却承载着我们的全部认识：直观之物。因此，虽然有些时候或者在危急关头哲学思考会引导人们产生这种认识，但是绝不能带着这些认识离开地面。"（Ⅱ，114）叔本华善于发挥语言含义的丰富性，他是19世纪哲学家中最杰出的修辞大家。不过他要驾驭、控制住这种丰富性，像尼采那样让语言恣意张扬，这不是叔本华的风格。他倾听语言，感觉语言自身的运动，但是他要把语言的能量牢牢抓住，让它在那些充满张力、精心编织起来的复句结构中表现出来。要让语言的暴力推动他的磨盘。世界是意志的喧嚣。不存在什么形而上学的秩序可以涵盖一切，不存在什么时间动力推动人们朝着救赎和进步的方向运动，因此对于叔本华而言，建立秩序的语言具有持久的魔力，因此他认为关键在于：凡是可以认识的东西一定可以认识清楚；凡是可以言说的东西就一定可以说得清楚。

只有清楚明晰，意义才能明确。然而到了边缘地带，可以认识的东西渐渐变得模糊不清，可以言说的东西渐渐变得无法言说："无论我们点燃怎样的火把，无论火把在怎样的空间里发出光芒，我们的视野依然被深夜所包围。"（Ⅱ，240）

叔本华一直在努力巩固自己的生活秩序并为之划定一个界限。从柏林出逃之后他有一种大难不死的感觉，这时他又开始与母亲和妹妹重新建立联系。他和妹妹的通信并没有完全中断，但是自1819年起他就再也没有和母亲通过信了。叔本华于1831年底给母亲写了一封信，外在的缘由是一桩跟财产有关的事情。不过在信中他还是添加了一些关于自己近况的内容，因为母亲在1832年1月25日的回信中给了他一些善意的建议："生活要有条理，注意预防感冒，当突然感到不适时，哪怕是再小的不适，也要卧床休养并喝甘菊茶……效果最好。"

(Jb.76，112）她在1832年3月1日的信中写道："两个月都待在房间里，一个人也不见，这样不好，我的儿子，这让我感到很难过，人不能，也不应该这样把自己与外界隔绝开来。"（Jb.76，114）

叔本华在信中一派就事论事的笔调，依然与母亲保持一定的距离，在谈论具体事务的文字中总是夹杂着一种嘲讽伤人的口气。叔本华要让母亲看清楚，最终只是在遗产事务上的抢夺较量将家庭成员捆绑在一起。在存世的唯一一封叔本华在30年代（1835年7月22日）写给母亲的信中有这样的话："你无疑已经得到了这个令人愉快的重大消息，我可以这么说，但泽的这桩事情真是天上掉下来的好事（在此向全家表示祝贺，鞠躬致敬）。可是依我浮浅之见，我们还是不要操之过急，还是考虑周全的好。"（B，142）

此时母亲和阿黛拉已经不住在魏玛了，她们手头的钱已经不够维持一幢大房子了。她们对魏玛的社交圈子推说是出于健康原因才离开的：无法承受这里的气候。1829年，叔本华母女迁居莱茵河沿岸地区。她们夏日居住在温克尔乡间的一所房子里，冬天住在波恩。两处房子都是阿黛拉的一位家境富裕的朋友安排的，她叫希碧蕾·梅尔滕斯-沙夫豪森（Sybille Mertens-Schaaffhausen），是一位银行家夫人，业余喜爱考古和收藏。

此时作为作家的约翰娜·叔本华正处在事业的顶峰，1831年布罗克豪斯出版社推出了她24卷本的作品全集。写作成为她养家糊口的职业，一方面她生活开销很大，另一方面由于穆尔商行的困境导致了她自己财产的损失，于是不仅是她自己继承的那部分遗产，而且就连由她掌管的阿黛拉的那部分遗产也所剩无几了。尚未出嫁的阿黛拉未来的生计没有保障，而此刻的约翰娜已经对自己的收入、财产状况和债务情况完全没有概念。她知道自己正在欠自己女儿的债,而且也知道不应该去碰女儿继承的那部分遗产,因此她剥夺了阿图尔继承其遗产的权利,这样她仅能够剩下的那么点儿财产就可以悉数归阿黛拉所有。

到了30年代中期,女作家约翰娜·叔本华已经开始被人淡忘,经济方面的烦恼与日俱增。关于这一点,叔本华不是从母亲那里知道的,而是从妹妹那里了解到的。母亲生病了,阿黛拉在一旁服侍。魏玛并未完全跟叔本华一家断了联系,公爵恩准给予约翰娜·叔本华一笔数额不大的养老金。1837年秋,母亲带着女儿迁往耶拿居住。自此约翰娜开始写作她的回忆录,从自己的童年一直写到阿图尔的诞生,刚写到这里她就去世了,那一天是1838年4月16日。

在那些年里,阿黛拉的日子可谓苦不堪言。阿黛拉先是在母亲的严格控制下生活,然后母亲病了,她要照料母亲。

在30年代期间,希碧蕾的好友安内特·封·德罗斯特－许尔斯霍夫①有机会从近距离观察这两位叔本华女士。安内特在一封写给苏菲·封·哈克斯特豪森的信中(1837)对她们做了一番刻画,假如约翰娜见了这幅肖像恐怕心里不那么受用:"听着,苏菲,你的记性真像个筛子,否则你一定还能记得我对你说过有关阿黛拉的话:每个人都更喜欢那位母亲,而阿黛拉却让人觉得讨厌。她也的确令人讨厌,很久以来她都让我无法忍受。可是如果你对她们俩有长时间的、深刻的了解,那么你就会觉得这位母亲一点儿也不值得人们尊敬,而那位女儿却显得的确令人敬重。诚然,阿黛拉虚荣心颇强,有时候的确有

---

① 德罗斯特－许尔斯霍夫(Annette von Droste-Hülshoff,1797~1848),德国著名女作家、诗人,描写自然的诗歌观察细致、风格写实而又充满意境,小说的代表作为《犹太人的山毛榉》。

些可笑，可是她绝不会去弄疼一个孩子，没有丝毫坏心思，而且能够做出最大的牺牲，她每天也的确是这么做的，丝毫没有夸耀自己的言行。只要是能够帮助一个可怜人或者一个朋友，她会不假思索地放弃一切期盼已久的娱乐，拿出自己长期以来为了实现她心中最大的愿望而积攒下来的钱。她的忍耐力让人感动万分，可是即便是在最好的朋友面前，她也从没有抱怨过自己那失去了理智的母亲。虽说这位母亲也可以让人感觉很舒服，可是……当一个人感到无聊、情绪糟糕得要死的时候，她便会带着女儿出去一整天。虽然她口口声声说女儿对她多么重要，可实际上她丝毫不关心女儿的心情如何。我就曾目睹过这样的情况：当她感到无聊至极时候，她经常会强迫正在发烧的女儿起床跟着她一起去参加社交聚会。她把女儿的财产（这些都是属于阿黛拉的）挥霍一空或者用来满足自己的享乐，她的这种无所谓的态度令人发指，如果有人当面向她指出这种行为不啻将阿黛拉陷于沿街乞讨的境地时，她的回答很冷酷：阿黛拉人见人爱，一定会找到想要娶她的人的。你的感受如何？阿黛拉默不吭声，想尽一切办法试图掩盖家庭的窘境，一千个人里都找不出一个像她这样的。正因为她具有这样的品性，人们就可以忽略她那一点点可怜的敏感气质和虚荣心，除此之外，她为人规矩正派，并不是天生那种让人一见倾心的人物，只是一个让人（无论是男人还是女人）觉得有趣的人。不要认为是因为她向我表达了爱意这才打动我说出了上面这番话。"（Jb.78，114）

正如我们知道的那样，叔本华没有任何理由抱怨他的母亲。母亲的生命意志无法阻止他的行动，只不过是妨碍了他在父亲去世后扮演一家之长的角色。而阿黛拉却受到了强悍的母亲的压迫，这妨碍了她过自己的生活。兄长与母亲的交恶并没有给妹妹阿黛拉带来什么好处，作为兄长的阿图尔并没有给她提供什么援助，也没有帮着她去对抗母亲。

阿黛拉仍在寻找她生命中的男人，那位1813年的英雄海因克（曾经的突击队军官，现在的布雷斯劳市警察局局长）的影子已经渐渐淡去了。一位名叫施特洛迈耶尔（Stromeyer）的医学系学生向她献过些殷勤，于是她便立即将自己的一件珍藏送给了他：一本歌德送给她的《伊菲格涅》的精印本。这位日后成为著名外科医生的施特洛迈耶尔将这件礼物放在行囊之中离开了此地，随后与另外一位女士结了婚。阿黛拉与哥特弗里德·奥扎恩（Gottfried Osann，一位雄心勃勃的年轻自然科学家，他的兄长弗里德里希与阿图尔·叔本华是朋友）保持了多年的关系，可是到了1826年还是黯然收场了。两人之间的关系已经到了谈婚论嫁的程度，可是男方家长对此并不看好，但是也许这只是阿黛拉自己的担心而已。不管怎么说，两人还是分手了。或许是出于赌气，奥扎恩娶了一位女佣为妻。就在两人分手的那一年，阿黛拉在从耶拿前往魏玛的途中从马车上跌了下来。人们谣传，阿黛拉是想自杀。

叔本华在中断联系相当长一段时间之后于1831年写信给阿黛拉，阿黛拉立即回了信，她在信中向兄长详细地吐露了自己的生活状况。在这封写于1831年10月27日的信中她讲述了自己在过去几年中的所经所历：爱情的不幸福，经济的拮据，如何离开魏玛，在温克尔和波恩的生活，她的心灵在"癫狂和死亡"之间摇摆。现在她心中又获得了宁静，"没有什么充满激情的感受能打动我，没有希望，没有计划——几乎连一个愿望也没有，因为我所有的愿望都无法实现。我已经习惯看着这些愿望飞来又飞走，就像是蓝天上的鸟儿一样。我没有兴致生活，害怕变老，害怕这种对我而言是确定无疑的寂寞生活，我不愿结婚，因为很难找到一个适合我的男人……我够坚强，可以承受这种孤寂，可是假如霍乱能够让我没有什么剧烈的痛楚从这一切中解脱出来的话，那我真是要感谢它。"（Jb.78，133）阿黛拉隐藏在心中的这种转变也影响到了自己的兄长，使他也产生了死亡的愿望。她对此感到很惊奇，她在信中写道，她不明白兄长何以如此留恋生活，为什么要怀着对霍乱的极端恐惧而逃之夭夭……

她继续写道："几乎没有人了解我，因为我的心灵之外披着一件晚礼服，就像是威尼斯化装舞会上的面纱或面具，外人看不到我更多的东西。为什么要让大家感到无聊？他们想要听的仅仅是些肤浅的话，如果我不得不去参加社交聚会的话，那我就说些肤浅的话。"（Jb.78，134）

她在信中暗示希望兄长能够来找她并了解她藏在"晚礼服"后面的心灵。但是她并不想纠缠自己的兄长，如果兄长愿意，她便会去接近他并向他敞开自己的心灵。她不想催逼："不用担心我会窥探你，你如果不愿意说自己的情况，我绝不会试图去无端猜测。"（Jb.78，134）

可是对于阿图尔·叔本华而言，这一切都超过了限度。对于妹妹的全部困苦，他并不想知道这些事情。他采取了守势，不愿意卷入妹妹那痛苦不堪的生活之中。这并不是铁石心肠，而是他害怕自己不得不由此产生怜悯，这会使他丧失活力，因为这会触动他自己也产生忧郁，因此他采取守势。如果不得不做出些姿态的话，那么怜悯往往会出现在那些阿黛拉用不着被怜悯的地方：比如说在阿黛拉写信告诉兄长牙疼病犯了的时候。阿黛拉在回信中颇感惊讶地写道："我的牙疼竟然让你如此难受。"（Jb.78，136）可是她同时又感到失望，因为阿图尔并不想知道她其余的痛苦。

叔本华非常害怕阿黛拉向他提出什么要求，他不想为自己的妹妹承担任何责任。阿黛拉不得不一次又一次地打消兄长在这方面的疑虑："母亲一定会在我之前死去，但是你绝不会碰上一个不知该如何是好、稀里糊涂的妹妹缠着你不放！我知道，我会比你穷得多，但是你放心，我会自己想法子，哪一天我在寂寞之中死去，剩下的那些我整理并悉心保存的东西全部归你。"（Jb.78，137）

阿黛拉开始向兄长敞开自己的心扉，而阿图尔却十分害怕，要求妹妹不要这么做，而且也不允许别人窥视他自己的内心世界。于是书信往来仅限于讨论生意上的事情，叔本华在财产问题上给阿黛拉出谋划策。他毕竟给过妹妹一份自己遗嘱的密封抄件，阿黛拉几乎不敢相信，在一个适当的时机她将这份文件寄还给了兄长。可是叔本华还是又一次把它寄给了阿黛拉。

1840年，阿黛拉在旅途中顺便看望自己的兄长，见面时的气氛很亲切，可是却有那么一种谁也不愿再次见面的味道。虽然双方约定好了下一次会面的时间，可是阿黛拉在回程的途中却没有履约。

阿黛拉生命中最后的十年是在波恩度过的，多亏了那位忠实照顾她的朋友希碧蕾为她提供的庇护。阿黛拉还和这位朋友一起在意大利住了一段时间，在那里她尝试着进行文学创作。走在佛罗伦萨的街头，那些未成年的孩子嘲笑这位奇丑无比的老妇人举手投足竟然还像一个年轻的小姑娘。在社交聚会上人们虽对她嗤之以鼻，但还是颇为认可她，因为她有"思想"，而且还因为她曾是晚年歌德的"宠儿"……

阿黛拉悲惨的人生结束于1849年。在临终之前的几个星期，她在法兰克福见了兄长最后一面。就在去世的当天（1849年8月20日），她还给阿图尔写了一封信，这封纯粹事务性的信函读起来却让人很受感动："如果我突然死了，请允许我委托我的朋友希碧蕾·梅尔滕斯将这些对你来说没有用的东西按照我的意愿（她知道我的意愿）分送给我年轻时的朋友们。即便将这些变卖了，你也无法从中获得多大的收益。"[3]

第二十一章

《论自然中的意志》——确认存在和忘却存在——第五个哲学场景：实践哲学——创造的哲学和现实的现实性哲学——三月革命前的时代精神：从黑格尔到马克思——竞相揭露

1835年4月30日，叔本华再一次向布罗克豪斯打听《作为意志和表象的世界》第一版的销售情况，并询问是否有再版的可能性。"是的，说来你或许不太相信，我仍没有放弃希望，还能够亲身经历此书的再版，并且将我自1819年以来陆续记下来的想法扩充进去。"（B，141）

布罗克豪斯的答复是：在近期此书无人问津，因此大部分库存都已经拿去回收造浆了。

如此看来，根本不用去想再版的事情了。于是在这一年的夏天，叔本华决定将那些积攒在手稿本中的"许多想法"写成一本独立的著作呈现在读者的面前。他没有将这部著作交给布罗克豪斯，一位法兰克福的书商承接了出版业务。叔本华必须支付印费，而且当然也必须放弃稿酬。这部著作于1836年出版，印数500册。它的标题是"论自然中的意志"（Über den Willen in der Natur），副标题是"对本书作者的哲学问世以来通过经验科学获得之证明的阐发"（Eine Erörterung der Bestätigungen, welche die Philosophie des Verfassers seit ihrem Auftreten durch die empirischen Wissenschaften erhaltenhat）。

叔本华一贯着重指出，他的形而上学与自然科学之间不是竞争关系，绝不能将"意志"这一概念用来修补有害的经验解释链（empirische Erklärungsketten）："人们不去提出一个物理的解释，反而求助于意志的客体化或上帝的创造力，这都是不允许的。因为物理学要求的是原因，而意志可绝不是原因。"（Ⅰ，208）意志是对一切动因过程的内在审视，是对通过解释而相互联系在一起的那些材料的阐释，"自然的释因学（对原因的解释。——作者注）和自然的哲学绝不相互损害，而是从不同的观点来考察同一对象，并行不悖"。（Ⅰ，209）

叔本华认真地追踪了在自然科学方面（尤其是在生理学和比较解剖学领域）的最新研究成果，他确信对动物本能行为的观察和有机体功能关联的分析证实了他的种种阐释。为了说明有机体内生机勃勃的植物性过程的性质特征，某些研究者使用了"无意识的意志"这一概念，这使叔本华获得了内心上的满足。日后他还发现，生理学家波兰迪斯（Brandis）借用了他的观点而没有对公众说明情况。这使他很恼火，不仅是因为他感到遭到了剽窃，而且还因为这正是他认为最关键的问题：经验科学从自身出发已经前进到了一个临界点，在这里意志形而上学和自然科学彼此产生了接触。叔本华在《论自然中的意志》的导言中写道："我的形而上学却由此证明了它是唯一真正和物理科学有着交会点的形而上学，物理科学用它自己的方法就在这一点上和我的形而上学相会，以至于它们①真的和我的形而上学相联系，相一致。"（Ⅲ，320）此时的叔本华还不需要用这部著作去冲击所谓的庸俗唯物主义，因为后者高举胜利的旗帜是 50 年代的事情了，那正是哲学的狂野年代走向终结的年代。庸俗唯物主义声名狼藉之处在于用"压力"（Druck）和"撞击"（Stoß）来解释世界，并给出了一个"人吃什么，他就是什

---

① 此处指前文中的"物理科学"（physikalische Wissenschaften），在叔本华的那个年代，德文 physikalisch 不仅是"物理学的"，而且也涵盖当今自然科学中的许多学科，因此原文中用复数形式表明不仅是狭义的"物理学"而已，而是这些学科的总称。

么"①的生活经验。在《论自然中的意志》再版（1854）之际，叔本华在前言之中加入了自己的观点，他将那种时髦的唯物主义斥为"适合剃头匠的帮工和药店学徒的哲学"。

1836年——黑格尔的那只密涅瓦的猫头鹰仍在途中，虽然此时新一天的夜幕已经降临了——叔本华的首要任务仍然是和精神哲学周旋较量。他不仅从经验科学领域中寻找可以帮助证明自己观点的证据，而且他还想再一次（"在沉默了17年之后"）以一种简明扼要的方式阐明自己的哲学原理。在"物理天文学"这一章中，他将自己的观点表达得如此清晰明确，以至于日后他自己也认为没有哪一篇文章能够比这段阐述更加鲜明了。这里涉及的是体验世界的两种视角：对对象的认识，这种认识询问的是因果性；内在的体验，它意识到自身的存在就是意志，并且带着这种"自我意识"去照亮外在世界的内在内容。在叔本华看来，因果性可以较好地解释无机体和植物体生命。在遇到其他的、"更高层次"的生命现象时，我们的知性必然假定某种因果性的存在（先天的），但是当遭遇动物体生命甚至是我们自身时，要想建立这种因果性关联就越发困难了。"但是……由外部指引的具有因果关系形式的知性之光随着不断增长的黑暗逐渐变弱，被归结为微弱的、闪烁的微光。但也正是在这里，来自另一个方面的光线向我们迎来，这是一种来自我们内在自我的一种完全不同的光明，通过偶然的机会，我们这些评判者在这里就是被评判的对象本身……但是恰恰在这一点上，观察者从完全另一个方面，从自己内在的自我中获得了直接的教益，知悉在它们中的动因就是意志，正是这个意志，我们对它的认识比外部直观所能提供的任何东西都更好、更深刻。只有这种认识才是哲学家在无意识的自然中洞

---

① 这是费尔巴哈的著名观点。

察所有这一切过程的实质的钥匙，对此，因果解释——虽然在这里可以肯定，它会比在刚刚被观察到的这些过程中更加充分，而且离这些过程越远，自然过程的因果解释就越清晰——仍然留下了一个未知的 X，而且永远都不可能完全照亮这一过程的内部，而且不能照亮由冲击推动或由重力吸引的物体的内部……这个 X 甚至在最低的等级上也存在，虽然只是刚刚能够察觉到；那么等级越高，它的覆盖面就越广、留下的阴影就越多；最后在最高的等级上，它给万物投上了阴影，以致最后发展到这样的一点：它在我们自己的现象存在中将自身作为意志展现给我们的意识。因此根据我们在这里已经进行的观察，必须认可这一 X 的同一性，这是无法回避的。我们认识中的这两种完全不同的来源，就是说内部的和外部的来源，必须在这一点上通过反思建立起关联。只有从这种关联之中才产生了我们对于自然的、对于我们自身的领悟；于是自然内部的那一面被展现给了我们的理智，而理智本身原本仅能进入自然的外部而已。这样，哲学如此长久以来努力去解决的秘密现在就公开在我们面前……所以我们接着说：即使是在由最明显可知的原因所产生的结果的情况下，在这一过程中这个神秘的 X，它的最深处的真正的核心，真正的动因，一切现象的本质……与我们在我们自己的身体行为中作为意志而直接且内在地被我们所认识的东西本质上是同一个……使得这种认识如此困难的（事实也确实如此）是这么一种情况，即我们是以两种截然不同的方式认识因果关系和意志：因果关系完全是从外部、相当间接地通过知性来认识的；而意志完全是通过内部、相当直接地来认识的；因此在一种特定情况下对两者中的一个认识越清晰，对另外一个认识就越模糊。因此，因果关系最易把握的地方，亦是意志的本质最难解之处；而意志最明白无误之处，因果关系就变得如此模糊不清，以至于粗略之辈都敢于否认它的存在……我们所面对的事物中纯粹现象（也就是表象）的成分越多，表象的先天形式（也就是因果关系）表现得也就越清晰，这是在无生命的自然中的情况；相反，我们对于意志的认识越直接，表象的形式就越退回到幕后，这是在我们自身中的情况。这就是说，世界的一面离我们越近，我们就越看不见它的另一面"。（Ⅲ，414~418）

对于一切对象—解释性认识而言，叔本华所说的"那个X或者真正的内在内容"是一个无法解决的残余问题，只有在充溢流淌着意志的生命体的最直接的自我意识中，我们才能够最清晰地感受得到它。它是确认存在的阿基米德支点，在整个西方哲学传统之中多少人写了形形色色的论著就是在探寻确认存在这一问题。宗教信仰就是确认存在的一种形式。因此，一直以来"认识"不得不扮演一个"从属陪衬"的角色，因为信仰要高于认识，它是在参与存在。在这样的参与中，人们将存在体验为某种力量，任其存在（Seinlassen）和可能存在（Seinkönnen）的力量。存在是和创造相对的，存在是某种让人接受的东西，是一种让我们获得解脱的恩典。

到了近代，这一体验开始土崩瓦解。思维认为自己面临的任务是，从自身出发确认存在。自康德以来，没有哪种本体论不是以主体为出发点，而主体所"思"的正是这样的本体论。"被认识"成了存在的首要范畴。从这一视角出发，那些除此之外也属于我们生命体一部分的、可是模糊的、无法认识的东西，都是无关紧要的存在，不是什么最基本的存在。因为人们想从自身出发创造一切，因此人们害怕那种任由其存在的东西。本体论变成了一间镜厅①：探寻存在这一问题的人到处都能

---

① 在欧洲的不少宫殿中有镜厅，即在某一房间的四周墙壁上装饰着各式各样的镜子，无论置身何处都可以见到自己的影像。

碰见与自己一样的人,或者换句话说:提问的人发现,那个在他内心深处提问的东西同时也在回答。于是这些答案理所当然没有什么秘密可言,它们留在那个被叔本华称之为"表象化"的范围之内。

然而叔本华在心中仍然没有忘记确认存在原本指的是什么:不是那种可以被认识因而只是存在的那种存在,而是那种先于一切认识就已经存在的存在:镜子的背面在我们自身之中。这就是叔本华的思想转换,他转到了进行认识活动的存在和被认识的存在的背后对其发动攻势。我们正在进行认识活动,可是除此之外,而且首要的一点是:我们自身存在。我们周遭的世界、自然和人都在对我们发生作用,毫无疑问,它们的确存在。只要愿意,我们可以扭转自己的身体,而它们对于我们而言仍然是现实的,是正在对我们发生作用的现实。正如康德所言,它们是"现象",或者按照叔本华的说法,它们是"表象"。可是这并无法改变以下事实:我们自然而然地赋予了它们某种独立的现实性;我们认定,它们和我们自身一样是现实的——可是这仅仅是我们的认定而已。对于我们自身而言,我们是现实的,其他事物永远不可能让我们感到如此的现实。我们把在自己身上体验到的存在——叔本华称之为"最实在者"(das Realissimum)——套用到其他一切除我们之外的事物身上。叔本华的问题是:世界除了是我们的表象之外还能是什么?他自己作出的回答是:它是意志,就像我们自己也是意志一样。如果是这样,那么这个问题涉及的首要问题不是某种附加的认识维度(认识总是表象),而是涉及某种不同于认识的东西,即确认存在。叔本华冲破了先验哲学的框架,因为这一框架只适合认识活动,他必须冲破这一认识活动的框架,因为他所关心的是让人们明白,我们一直以来就有的存在体验是怎样的,我们究竟怎样才能够从这个世界被人所认识的(被表象化的)那一面里去理解它的存在,而它的存在也就是我们自身的存在。

人们曾经有过这样的惊讶,即总是存在着什么东西,而不是一无所有。就在这样的惊讶之中潜藏着存在之问题。存在——这究竟是什么?我存在——这究竟是什么?在这样的问题还敢于提出的时候,那时便存在神秘主义,便存在形而上学所建构起来的那些华丽的大教堂。

近代以来逐渐成长起来的对事物的认识可以将对象切分到一个令人称奇的精确程度:凡是存在的事物都可以被切割成其自身最细小的组成部分,生命体正是由这些部分组成从而形成整体的。那种叔本华所说的"未知的X"似乎消失了,因为我们自身的能力已经强大到似乎可以将自己的生命体(叔本华称之为"意志")完全地客体化。从此以后,比方说,从水力学借用过来的心理分析的语言变成了某种隐秘的语言。

担负客体化任务的认识返回到认识的主体那里,并将主体变成了"众多事物中的一个事物"(福柯)。与此同时,创造的权力逐渐增强。原有的存在问题变成了可创造性问题。为什么存在某物而不是一无所有,这个问题已经无法使人产生触动人心的惊讶了。这一问题在文明进程之中获得了某种实用的意义,这一进程具有巨大的摧毁力。

因此,如果没有人理解存在原本是什么,这丝毫不令人感到奇怪。在存在之问题中,存在一直被追问,并由此产生出巨大的惊讶。同样,海德格尔哲学的必然出现也不会令人感到奇怪:这一错综复杂、让人手足无措的哲学绞尽脑汁思考的不是什么其他的问题,仅仅是人们何以"忘却存在"这一问题。这一哲学没有什么别的企图,仅仅是试图重新让人们理解存在之问题的意义何在。

那个"未知的X",那个藏在所有事物"背后"的东西,那个也是我们自身存在的东西,叔本华称之为"意志"。

在叔本华之后，即便没有这个"X"人们也能够过得去。可是在叔本华的那个年代，对存在的追问还很活跃，不过也正是在这个时候，这个问题正在丧失活力，而罪魁祸首正是它自己。康德之后的哲学认定这个"X"就是精神。人们不再将思维（das Denken）理解为存在的本质特征，而是反过来，将存在理解为思维的本质特征。我们可以在思维之中把握存在，因为存在本身就是某种形式的思维。与存在相关联的思维是存在的所有物。从这一意义出发，只有费希特和黑格尔的庞大的、新形而上学的世界蓝图才是具有可能性的。但是因为两者的交点是在思维之中而不是在存在之中，因此这就已经是存在在被创造物之中消失的第一幕。形而上学向劳作着的精神让步，在创造自然和文化的过程中已经可以观察到这种精神的存在。在黑格尔的哲学中，存在之问题从本质上已经在生产技术的层面上被提了出来：精神（我们自己就是精神）是怎样做到这一点的？对精神的追问又回过头来指向了从事生产的人。如果某种形而上学同时被人识破，原来它是一种"被生产出来的"形而上学，那么它一定无法保存住自己。这种情况必然会出现，而事实上后来也的确出现了。

1829年10月，黑格尔被选为柏林大学的校长。政府对他如此信任，以至于同时委任这位哲学家担任国家特命全权大学管理事务专员（这一职位是根据卡尔斯巴德决议[①]内容设立的）。在身兼数职的黑格尔身上体现了某种正反命题的"综合"：他既代表了大学精神的自治，同时又体现了打破这种自

[①] 在科策比遇刺身亡（参见第十八章）之后，1819年梅特涅召集德意志联邦各国部长在卡尔斯巴德（西波希米亚，今捷克境内）举行会议，商讨镇压争取自由和争取民族统一的运动，并形成多项决议，其中包括解散学生社团、追捕"煽动闹事者"、建立一个中央调查委员会监控大学和书刊等。卡尔斯巴德决议窒息了联邦各国的公共生活，1848年爆发了革命，决议被废止。

治的强权。

在黑格尔的任期内，法国发生了七月革命（1830），这也是德国精神和政治生活中的一个重大转折点。起初一切都很平静。1830年8月3日，人们欢庆国主的生日，黑格尔发表了一篇演说。虽然法国那边发生的事件引起了人们的极大关注，但是还没有出现任何针对本国政府的倾向。法恩哈根写道："8月3日……人们彻夜欢庆，欢呼声来自四面八方。我们的观众，来自各个阶层，他们从法国人民的举动中深受鼓舞。他们之所以如此强烈地表现自己对普鲁士君主的敬意，似乎是出于上面这个原因。"[1]

在黑格尔担任校长期间（任期至1830年底）只有一个学生被警察局收押，原因是他佩戴了法国国徽。其他一些违反纪律的行为不至于引起人们的过分担忧：有12名学生在禁止吸烟的地方吸烟，3名学生参加决斗，15名学生意欲参加斗殴，30名学生在酒馆里举止粗野——这一切背后都没有什么政治动机。不过这只是表面现象而已，1830年的事件是莱茵河对岸的第二次大革命，其影响是深层次的。其中的一个后果就是，从现在起人们开始不断地尝试将黑格尔颠倒过来，新的一代人、一种新的狂热激情将上一代形而上学的遗产投入到一个孕育着未来的尘世之中。

这种情势已经显现在日渐增加的政治辩论之中，对此黑格尔在1830年12月13日写给自己的学生格舍尔的一封信（去世前最后几封信之一）中抱怨道："时下人们对政治非常感兴趣，这种兴趣把其他的一切都吞噬了。这里蕴藏着一种危机，在此种形势之下，一切曾经适用的东西现在似乎被打上了一个问号。"[2]的确如此，情况就是这样：过去曾经适用的东西，现在却成了问题，但是这种提出疑问的方法人们还是从黑格尔那里搬过来的。黑格尔于1831年秋死于霍乱。

1830年夏，正在赫尔果兰岛（Helgoland）休假的海涅对法国发生的革命表示欢迎："我根本无法睡觉，由于精神过度兴奋，稀奇古怪的梦接连不断。半梦半醒……简直叫人发疯……昨夜梦中，我走遍了德意志境内大大小小的国家，敲打朋友们的房门把他们从睡梦中叫醒……还有一些肥胖的小市民正在令人生厌地打着呼噜，我重重地捅了他们一下，他们打着哈欠问道：'现在几点了？'在巴黎，我亲爱的朋友，公鸡已经啼鸣了；这就是我所知道的一切。"[3] 在此之后的15年里，公鸡就再也没有停止过啼叫。在哲学界也是同样的情形。1844年，卡尔·马克思在《黑格尔法哲学批判》的"导言"的结尾处写道："哲学不消灭无产阶级，就不能成为现实；无产阶级不把哲学变成现实，就不可能消灭自身。一切内在条件一旦成熟，德国的复活日就会由高卢雄鸡的高鸣来宣布。"[4]

1830年之后，不仅是在马克思那里，几乎整个文化领域关心的问题就是"现实化"。古茨科[①]、维恩巴尔格[②]、海涅、伯尔纳、蒙特[③]这些新一代的文人拼命使自己从"梦境的天国"中挣脱出来。他们说，浪漫派将现实诗化了，现在的任务是将诗现实化。哲学家们的说法是，迄今为止人们都只是在阐释这个世界，而现在的关键是要改变这个世界。古茨科是那个

---

① 古茨科（Karl Gutzkow, 1811~1878），德国作家、评论家，"青年德意志"运动的领军人物之一，文论、政论文笔辛辣，小说也以讽刺见长，代表作有《多疑女人瓦莉》《精神骑士》《罗马魔术师》。

② 维恩巴尔格（Ludolf Wienbarg, 1802~1872），德国作家，因其在《美学进军》的题词中写道"将此文字献给青年德意志，而不是暮年德意志"，日后人们便将这一文化思潮称为"青年德意志"。他在此书中强调文学与政治的结合，这也是此运动的重要特征。其代表作为游记《1831年至1832年间的荷兰》。

③ 蒙特（Theodor Mundt, 1808~1861），德国小说家、文学史家、出版家，"青年德意志"的代表人物，代表作为小说《决斗》《托马斯·闵采尔》及《1789年以来的当代文学史》。

被人称作"青年德意志"的文化运动的发言人,他在自己的剧本《尼禄》中写道:"在那个充满诡辩、被梦幻迷惑的时代/有人用一张虚假的冥币/兑现了空洞的幻想/终于将他抛弃/构筑起一个真实、纯粹的/而且是更好的现实。"[5]

批判的焦点在于:在哲学和文学之中,我们已经拥有了一个关于真理的梦想,我们现在必须将真理拉回到地面之上。我们梦想的那些东西,现在要我们去做。那些被贱价卖到天上的宝藏,我们必须把它们索要回来,让它们成为我们自己的财产。青年德意志运动知道,要想办到这些,我们必须明白三件事情。首先我们要明白,是我们自己在压迫自己,因此我们的格言是:解放肉身。特奥多尔·蒙特在《赤裸的维纳斯》(*Nackte Venus*)中写道:"我对人的身体充满了敬畏,因为灵魂就在其中。"[6] 其次我们要明白,建立真正的人生这项事业既不能让某种传统为之担负责任也不能期许未来给予我们什么承诺,所有的一切都要在此时此刻做出决定。要的就是"现代",这就是这一运动的旗帜。格拉斯布伦纳① 曾写道:"旧事物已经死亡,真实的就是现代的。"而其他一些人则写道:"当下的状况令我们振奋","当前时机正在行使自己的权利。"1832 年去世的歌德在这个圈子里没有什么影响力,他们已经厌烦了他那些要求人们"严守尺度"的呼吁,他们将歌德称作"寻求稳定的愚人"和"效忠君主的奴仆"。人本主义要求人们将自己培养塑造成一个"有个性的人",这对于他们来说还不够,因为要明白的最后一点就是:无法通过单打独斗实现解放,这是一项集体的事业。因此人们经常听到"运动文学"这一关键词。海涅在《论浪漫派》(*Die Romantische Schule*)中略含嘲讽

---

① 格拉斯布伦纳(Adolf Glaβbrenner,1810~1876),德国作家、著名记者,其作品充满讽刺幽默,贴近民众,代表作为《新列那狐》和《柏林的民众生活》。

地写道："我们这些运动中的男子汉。"到了 40 年代，运动越来越具有"党派意识"，人们彼此之间询问对方的"立场"，并喊出口号："支持同党"，头脑要寻找运动的心脏。起初，这心脏就是"民众"，到了马克思那里就是"无产阶级"。德国在此期间的确出现了一个社会运动，具体的例子就是 1832 年的哈姆巴赫集会①和 1844 年的纺织工人起义②。可是另一方面，当毕希纳在《黑森快报》中号召农民起义反抗时，这些农民却跑到了离家最近的警察局报案……

在回首 30 年代时，40 年代的那些行动家很看不起上一代那些在副刊上写文章的文人：那些人只是在酒杯里掀起一些波澜罢了，他们是一些虚荣、自高自大的家伙。弗赖利格拉特③就是他们中的一位，他曾宣告："与那些站在党派城垛的人相比 / 诗人站在更高的瞭望台上。"而赫尔维格④对此的回答是：

---

① 法国七月革命使德国争取民主、自由、统一的情绪重新高涨起来，1832 年 5 月 27 日至 30 日，来自各界的大约 3 万民众在哈姆巴赫集会，他们提出了建立一个自由、统一的德国的要求，并强调民众是担负这一任务的主体而不是各邦国的君主，此外他们还宣告与欧洲其他国家（尤其是法国和波兰）的自由斗士们同仇敌忾。这次历史性的机会促使梅特涅领导下的德意志联邦各国加紧镇压民主运动，压制集会、言论、结社自由，集会的组织者遭逮捕或流亡国外。

② 德国开始工业化以后，手工业者对资本家和工厂主的依附关系日渐增强，后者对前者的剥削也越来越严重，加之英国廉价纺织品的竞争，使得以家庭手工作坊方式进行生产的西里西亚纺织工人受剥削的状况日益加剧。于是他们便联合起来进行反抗，于 1844 年 6 月 4 日举行起义，参加者有 3000 人之众，他们毁坏了资本家的机器，要求提高工资，3 天之后起义遭到了普鲁士当局的血腥镇压。这是 1848 年革命之前德意志地区首次大规模的工人起义，显示了无产阶级的力量，有深远的历史影响。

③ 弗赖利格拉特（Ferdinand Freiligrath，1810~1876），德国诗人、作家、翻译家，早年诗歌深受法国浪漫主义影响，后期的诗歌政治性越来越强，歌颂自由和民主，并因此屡遭迫害，诗歌代表作为《沙漠和狮子的诗歌》《死者致生者》《信仰的自由》等。

④ 赫尔维格（Georg Herwegh，1817~1875），德国诗人、作家，诗歌富于激情和雄辩，讴歌自由和祖国，其散文作品文笔犀利，曾积极参与 1848 年的巴登起义，起义失败后流亡瑞士，诗歌代表作为《仇恨之歌》《最后的战斗》《号召》等。

"党派！党派！谁不支持自己的党派／它是一切胜利之母／一位诗人怎能蔑视这样一个字眼／一个生产出所有美妙事物的字眼／……即便是奥林匹斯众神也要走下山来／在党派城垛上竞赛搏斗！"[7]

他们要避免"个人风格"，他们因此严厉地指责海涅，批评他自我欣赏、暗地里追求奇异的效果。在这样一个充斥着激辩的时代里，海涅还击道："我可以划出漂亮的闪电／你们以为我就不能发出雷鸣／大错特错，因为我也一样拥有／奏响雷鸣的天赋。"

40年代，在这些激进分子之间也存在着竞争。那时盛行某种同义反复："批判性批判"，而到了马克思那里又出现了"对批判性批判之批判"；实实在在的现实；真正的社会主义。竞争十分激烈，甚至到了极端神经过敏的程度，各党各派相互攻击。赫尔维格痛批弗赖利格拉特；恩格斯撰文批评海涅；海涅攻击伯尔纳，伯尔纳予以还击；费尔巴哈批判施特劳斯，鲍威尔[①]批判费尔巴哈，而施蒂纳[②]则要把他们都比下去，可是最终来了个马克思，他把这些人一网打尽，这张网就是《德意志意识形态》。1835年，叔本华完成了《论自然中的意志》的写作。就在这一年，不仅是纽伦堡至费尔特的铁路开通运行，而且在精神世界也出现了标志着现代性取得突破的两件大事。这两件事情都跟揭露真相有关（难道还会是别的吗？），遮羞布被撕去，人们撞见了实实在在的现实。

一件事情是古茨科的长篇小说《多疑女人瓦莉》（*Wally,*

---

① 鲍威尔（Bruno Bauer，1809~1882），黑格尔派左翼哲学家，因对圣经的尖锐批判和将耶稣历史化而被剥夺教职，后来成为坚定的无神论者，其著作《基督和罗马皇帝》对后世影响颇大。

② 施蒂纳（Max Stirner，1806~1856），德国哲学家，属于青年黑格尔派，理论上接近无政府主义，发展出一套极端的个人主义体系，代表作《唯一者及其所有物》。

die Eweiflerin）出版，小说的主题是"肉体的解放"。瓦莉的情人对她说："向我表明你在我面前没有任何秘密，一个秘密也没有，我们是一体的，我便一辈子拥有了尊严！"[8] 瓦莉和作者竭力抗拒，最终两人都让步了。结果作者在小说中安排了一段文字描写瓦莉面对一群读书会的会员"裸露着"站在窗前的场景。对于作者这种淫荡无耻的行为，德意志联邦是不会原谅的，这部小说成为禁书。而且借着这样一个大好的机会，所有那些所谓"青年德意志"作家的著作也被列入了名册。

禁止的理由不仅是这些不被许可的裸露场景的描写，而且瓦莉的那种怀疑倾向也是令人不快的。瓦莉不但是在刚才提到的这一场景中表明自己是自然派的党徒，而且在宗教问题上也是如此。她赞成一种心灵的宗教，反对教会信仰中那些流传下来的教条。作者让瓦莉在自己的日记中这样写道："我们不会拥有一片新的天空和新的土地，但是跨越两者之间的桥梁必须重新建造，看来是这样。"[9]

第二件揭露性的事件则完全与宗教问题相关。1835年，大卫·弗里德里希·施特劳斯（David Friedrich Strauβ）的《耶稣生平》（*Das Leben Jesu*）出版，其影响之大在19世纪几乎很难找到另外一本书可与之相比。

施特劳斯是黑格尔的学生（在大师临终前不久他还去拜访过），他从黑格尔的哲学出发得出了一个极端的结论。黑格尔曾教导过：哲学"只是将自己置于信仰的形式之上，而其内容都是一样的"。这就意味着，哲学思考对宗教的定位是：在历史中精神获得自我启示的某种特定形态。只有到了哲学当中，精神才脱去了其宗教形式的外衣，"纯粹"地回归自身。施特劳斯认真地对待这一宗教的历史化进程，并从中得出了自己的结论。而黑格尔本人却要考虑与现存的强权势力处好关系，因此并没有像施特劳斯那样做。自浪漫派运动之后发展起来了一种先进的文本考据方法，施特劳斯采用了这一方法，从《圣经》记载中抽出史实还原出一幅"现实"中的耶稣画像，并且他将这位可以考证出的历史人物耶稣与那个流传中的基督区分开来。他认为这个"基督"是个神话，不过这个神话也包含着真理。如果按照黑格尔的哲学去理解，这个真理就是：神话要讲述的是一个有关真实人类的理想，可是围绕着这个现实中的人物，这个理念在较长的时间范围内被结晶化了。施特劳斯进一步对这一神话进行了阐释：在基督的身上体现了关于人（作为"类"）的理想。这个"上帝变成了人，无尽的……精神被捐弃成为崇高者"。他既是上帝又是人，一个现实中的母亲将他带到人世，可是创造他的却是一个看不见的父亲，他正是精神和自然的综合体。基督所创造的奇迹正是以下事实的神话性表现："精神越来越完整地将自然据为己有，而自然则委身于精神，乖乖地使自己成为精神的创造活动的质料。"基督是没有原罪的，这意味着，人类的"发展是无可挑剔的；不洁总是发生在个体身上，而且在'类'及其发展之中被扬弃了"。[10] 因此，基督的升天也纯粹是一种充满神话色彩的承诺，承诺人类的进步拥有一个光辉的未来。

《耶稣生平》在一夜之间成为有文化的市民阶级家庭案头必备的书籍，这本书使他们增强了对自己尘世间未来的信念。此书出版后短短的几年里，销量超过了 10 万册，产生了划时代的影响，这种影响基于两个因素的结合，而这种结合恰恰是这一时代的特征。其一是"揭露"的姿态：通过揭露触动了"现实的"内核，并且剥去了神话的外衣。其二是发现了某种"现实"，这种发现促使人们对未来充满乐观：一种人类不断进步的理想。从施特劳斯那里传递出一种令人欢欣鼓舞的情绪，日后费尔巴哈将这一情绪用语言表述了出来："彼岸的选民"最终将成为"尘世的大学生"。

施特劳斯建立起了一种相信尘世间进步的"宗教",他的宗教批判正是以此为基础的。随着时间的推移,他对自己建立起来的这种宗教感到越来越满意。数十年之后,尼采对此进行了毁灭性的批判,他将之称为"有体系的、被送上统治地位的市侩作风"。[11] 众所周知,尼采要在世俗化的结果中品尝悲剧性的生命感受。施特劳斯可没有尼采这样的激情,他怀着某种"不动声色的泥腿子激情"[12]把家安在了一个他始终相信能够让他称心如意的世界之上。尼采还狠狠地讽刺挖苦了施特劳斯晚年的一句名言(或许他在年轻时就说过):"我们要求人们对我们的宇宙也怀着同样的敬畏之心,就像老派的虔诚信徒敬畏他的上帝一样。"[13]

施特劳斯对宗教的批判在随后的一段时间内引发了黑格尔学派内部的分裂:保守的(或者是老派的)黑格尔信徒与左翼(或者是青年)黑格尔派针锋相对。后者义无反顾地投身于现代性工程之中,他们将宗教批判推向了极致,然后从对天国的批判转向了对尘世的批判。

1840年,战鼓再度响起:费尔巴哈的《基督教的本质》(*Das Wesen des Christentums*)出版。施特劳斯在宗教中发现了将历史神化的进程,而费尔巴哈对此的阐释是,这是人将自身异化的过程。就这一点而言,费尔巴哈超越了施特劳斯。隐藏在自身之中最优秀的东西、愿望、对自身可能性的深切体验、潜在的充裕的本质力量,人将这一切都"投射"到了天国之中。人类以自身潜在的一切可能性为蓝本创造出了形形色色的神,然后甘愿让自己受这些神祇的统治。"能够"被异化为"应当"。神是人创造出的产品,然而这些产品却对它们的创造者行使权力。批判的任务在于揭露真相:宗教是一种"投射"。要重新建立起人的自我意识,要将那些贱卖到天国的宝藏重新拿回来。神学应该重新回到他的本质核心:人本学。费尔巴哈在对宗教进行批判的过程中尝试着自己的"转换"方法：人变成造物主，上帝变成创造物。接下来费尔巴哈便使用这一方法对黑格尔进行了猛烈的攻击，按照今天时髦的话说，他要进行"解构"。他奋力将黑格尔哲学中被打入深渊的那部分内容提升到表层上来，卢梭曾在这一层面上将笛卡儿的"我思故我在"颠倒过来，变成了"我在故我思"。而现在到了费尔巴哈那里，"我在"获得了新的含义：我是我的身体。

不过费尔巴哈所说的身体与叔本华所说的身体不同。在叔本华那里，身体和意志是一对可以互换的概念：在内部体验到的身体性是意志的自我体验，是"最实在者"，它同时也让我们陷入整个意志宇宙的混沌之中，置身其中没有幸福、没有满足，只有无穷无尽、毫无目的的欲望和追求。因为我们是身体，因此我们就始终处于存在之悲剧的焦点之中。

费尔巴哈顺应时代精神将黑格尔颠倒过来，并通过一系列螺旋式的思考过渡到对身体之存在的感知，然后他将自己的这一努力（同样顺应了时代的潮流）作为献给尘世间的救赎展现给人们。在费尔巴哈那里，救赎的承诺就藏在身体之中，他将身体称作"形而上学的最高原理，造物的秘密……世界之根本"。[14] 和叔本华一样，费尔巴哈批判将"思维着的我"绝对化的做法。与此相对，他强调"作为身体的我"也是一切认识的基础。借助思维我们去理解有可能存在的事物，思维与"可能存在"有关。可是究竟存在着什么，我们只有通过自己的感官去体验。感官本身只和当下的事物结合，排斥一切逃遁到想象之中的行为。感性赋予我们现实性，借助感性我们可以捕捉到现实之物，借助感性我们可以将现实之物呈现出来："最深层的、最高的真理就潜藏在感知之中，即在日常的感知之中。因此爱就是我们头脑之外有对象存在的真正的、本体论意义上的明证，除了爱、感知，世上没有任何别的东西可以作为存在的明证。如果某物的存在给你带来喜悦,他的不存在让你痛苦,那么只有这个事物是存在的。"[15]

这个用整个身体体验到的爱保证了我们拥有身体界限之外的现实。费尔巴哈对黑格尔的批判是,后者的精神现实性只不过是那个正在寂寞思维着的自我的一个长篇独白罢了。在黑格尔那里,一个特定的、日常的、本质的挑衅因素没有贯彻进入哲学体系之中:只有在自我与他的同类(众多其他的自我)打交道并且同时与完全的他者("你")发生交锋的地方,自我才存在。"单个的人在自己身上并不拥有人的本质,在自己身上,人既不是道德的本质,也不是思维的本质。人的本质只包含在共同体之中,在人与人构成的统一体之中。我和你之间存在着区别,这个现实是统一体存在的唯一基础。"[16]

费尔巴哈要对付的是一个很难攻破的神话:在谈及"主体"时(仅凭语言对心灵的感应)就已经做出假定,所有的"主体"都是一致的。与此相对,费尔巴哈的想法很简单,但又是最根本的:对于"我"而言那个完全不同的"他者"属于其他众多的"我"的世界之中,这个"我"与他者之间的"重大区别"就是"我"和"你"之间的区别。

这个在日常生活中体验到的区别(就像身体一样)完全是一种久远到人类无法忆及的区别,这种区别先于一切思维。

正如身体哲学一样,费尔巴哈的"你—哲学"引发了解放的激情:经历了"神秘化""投射""异化"之后,现在的任务是发现"现实"。这种发现有助于人们抵抗自我欺骗对人的阻碍并阐明现实。费尔巴哈的哲学人本主义并不想提出某种假设,而是对那些阻挠(人本学意义上的)现实真实地表达自身的教条和假设提出批判。

费尔巴哈在谈及自己时说道:"上帝是我的第一个想法,理性是第二个,而人是我第三个,也是最终的想法。"[17]对于他而言，这并不是幻想破灭的各个阶段。他教导我们，我们自身也隐藏着，连自己也看不见，于是我们就为自己创造了一个上帝，一个绝对的理性（等等），并屈从听命于它们。我们必须首先发现自己，这样我们才能获得解放。我们害怕自己的身体，因为我们把它变成了陌生的东西。让我们占有自己的身体！我们害怕那个"他者"，因为我们没有把这些他者当作"你"，而是当作了我们自己的"我"的变异体加以体验。让我们明白，这个"你"给了我们一个冒险的机会：体验爱的奥秘，共同体的奥秘。

对于费尔巴哈而言，从上帝经过理性最终过渡到人的这一征程是一条通向光明的道路。费尔巴哈带着一种近乎宗教般的激情谈及了他自己的至圣：身体、你、共同体。他以此向我们表明，从某种意义上说，他在这条从上帝到人的路途上重新折返：从人到神，更确切地说，从人到被神化的人。他将身体上的感官称作"绝对的器官"，在论及"你"和"共同体"的时候他写道："孤独是有穷尽和有局限的，共同体是自由的、无穷无尽的。独自一个人是（通常意义上的）人，人与人在一起（我和你的统一体）是上帝。"[18]

接下来马克思登场了。他也属于历史上那个所谓"三月革命前奏"的运动思潮，这一运动在追寻现实的过程中将黑格尔颠倒过来，并且相信通过这样的方式便可以触及"实实在在的现实"。

正如费尔巴哈"发现了"身体、你、共同体，马克思也"发现了"社会的身体及其焦点：无产阶级。在这个政治上躁动不安的时代里有一种政治上的冲动。法国革命所倡导的自由权利在德国一直还没有实现，除此之外又加上了某种社会体验：城市中出现了早期资本主义所带来的贫困。马克思当时在柏林大学修读法律和哲学，这一现状瞒不过他的眼睛，而且这种状况在绝食抗议和毁坏机器运动中表现得尤为明显。即便如此，他并不是从现实的贫困出发去研究哲学，而是正好相反：他从对哲学之贫困的批判出发去研究现实中的贫困。这是一种关注社会苦难的哲学激情，这是一种投身现实的思想。出身于资产阶级家庭的马克思之所以为无产阶级所吸引，那是因为他为无产阶级确定了他们在哲学上所扮演的角色。在费尔巴哈那里，人们几乎感觉不到他在谈及现实中的身体，而是让身体扮演一个哲学上的角色；同样，马克思关注的也不是什么现实中的无产阶级，而是一个长着许多腿脚的范畴。马克思那句名言针对的不仅仅是费尔巴哈，而是整个哲学传统："哲学家只是用不同的方式解释世界，而问题在于改变世界。"[19] 这句话的核心意思是：改变也是一种哲学的延续，不过采取的是另外的手段，改变是最前卫的解释方式。"实践"是行动中的哲学，但它仍然是哲学。假如有人把马克思称作社会政治家的话，他本人只会将其理解为是对他的侮辱。

40年代期间的马克思正在全力将自己从黑格尔那里解放出来。他在那篇关于伊壁鸠鲁和德谟克利特的博士论文中勾勒出了一幅哲学场景，并且给人传达出一种印象：这一场景此时正再度上演，而他本人则在其中扮演着一个角色。在那些"柏拉图式的、亚里士多德式的、将自我膨胀为整体的哲学家们"[20] 纷纷登台之后，其他的那些哲学家（比如德谟克利特和伊壁鸠鲁）也登场了，他们又重新用一些非常简单、最基本的问题向精神宇宙提出质问，并就此冲破了这个宇宙。这位充满雄心壮志的年轻哲学家暗示——鉴于黑格尔的总体性特征——这个任务落到了他的肩头：必须回归最简单的源头，但这又是极其困难的：存在决定意识。

可是什么是存在？在马克思那里，存在就是：人与自然之间的物质变换、劳动着的人、在劳动中社会化的人。人在劳动中体现了他的本质力量，通过劳动他使自身和社会都得到了发展。可是劳动在发展中发生了"异化"，人尚处在必然王国之中，还没有通过努力进入自由王国，人创造的产品和在劳动中结成的社会关系统治着人。费尔巴哈对宗教的批判在这里又回来了，但是正如马克思所言，这种批判应该从对神圣异化的批判突破到对非神圣异化的批判之中："因此，真理的彼岸世界消逝以后，历史的任务就是确立此岸世界的真理。人的自我异化的神圣形象被揭穿以后，揭露具有非神圣形象的自我异化，就成了为历史服务的哲学的迫切任务。于是，对天国的批判变成对尘世的批判，对宗教的批判变成对法的批判，对神学的批判变成对政治的批判。"[21]

在这样的批判之中贯穿着一种狂暴，这又一次展现了哲学狂野年代的整个激情。但是这种批判自认为是最后的批判：这是哲学的最后一次亮相，然后它就可以在现实的幸福之中消失了。在黑格尔那里，当现实的自我消解之后，密涅瓦的猫头鹰才被放出去飞行；而在马克思那里，密涅瓦的猫头鹰要迎着朝霞振翅飞翔。马克思说："这种批判撕碎锁链上那些虚构的花朵，不是要人依旧戴上没有幻想没有慰藉的锁链，而是要人扔掉它，采摘新鲜的花朵。"[22]

"新鲜的花朵"——这正是诺瓦利斯在梦中寻找的东西。而马克思则超过了浪漫派，他宣告："对意识的改造只是在于，人们要将世界……从飘浮在自己头上的梦中唤醒，并向世界解释它自身的行为……然后就会看到，世界早就占有了某个事物的梦想，为了能够真正地占有它，世界只需占有这个事物的意识就可以了。"[23]

每个梦想都会被现实的占有所超越，这就是马克思哲学给人的承诺。这就是对人类自由的灿烂未来的神圣化。这声号角也传到了叔本华的耳中，但是这种"乐观主义"在他看来只是一种"肆无忌惮"的观点。1858年，叔本华在一次与法国哲学家莫林（Morin）的谈话中说道："在某种哲学中，如果你听不到哭泣、号叫、咬牙切齿以及对立的双方之间在相互残杀时发出的可怕的撕心裂肺的呼吼，那么这样的哲学根本不是什么哲学。"（G，325）

第二十二章

第六个哲学场景：自由之神秘及这一神秘的由来——伦理学的两个基本问题：个体化之痛苦和罪责——四八年革命期间的叔本华：食利者的命运

黑格尔在谈及哲学时曾说，哲学就是要用思想去把握这个时代。此举不仅给历史添上了哲学的光环，同时也赋予了时局判断以哲学的荣耀，而且还鼓励人们在政治动荡之中并且为了政治而进行哲学思考。因此他那句名言"凡是合理的，就是现实的；凡是现实的，就是合理的"也产生了政治影响，不过褒贬不一。一方认为，这是对现存事物的合法化；而另一方（卢格、鲍威尔、恩格斯、马克思）认为，这是一种呼吁，人们要让那个只是现存的事物与"理性"协调一致，并以此将之转化为"现实"。对于一些人而言，这句话表述的是一种存在的状况；而对于另一些人而言，它表述的是一种应当的状况。不过大家在一点上是完全一致的：他们都坚信，社会和历史展现了真理发生的一个重要维度。无论是试图克服还是超越黑格尔，人们仍然是沿着他的足迹前行。

自黑格尔之后，出现了一种哲学思考的新类型。在黑格尔之前占主导地位的思考方式是将个体和整体直接对立起来：上帝和人，人和自然，人和存在。

在过去，复数形式的人（die Menschen）不是什么特别的范畴，只不过是那些总是能够在单个人身上表现出来的特征的累积总和罢了。而"人类"（die Menschheit）这一概念很少表示复数形式的、历史性的、动态的主体，人们在应用这一概念时想着的是"人性的"（das Menschliche），因此在18世纪的时候，人们还可以这样说：某人有责任呵护好自己内在的人性（Menschheit）。

至迟自黑格尔起，在个体和整体的这一对立体之间又挤进了一个新的世界，一个中间世界：社会和行动中的社会，也就是说，历史。这个中间世界在蚕食这个对立体中的成分：在关于社会和历史的形而上学的兴起中，旧的、关于整体和存在的形而上学正在消失，谈论个体变得毫无意义且没有了对象，因为个体似乎总是被社会和历史所决定。这个社会—历史构成的中间世界只允许一个唯一高于它的事物出现：与人相关的"自然"——人本学。人作为自然中的"类"当然更多的不是个体。此外，在马克思那里，社会—历史概念占主导地位，就连"自然"也卷入其中。

自此之后，人既逃不出社会—历史构成的中间世界，也逃不出"自然"。于是人便被拴牢在襻带上，在自然的必然性和社会必然性之间来回摇摆。争论的焦点是，这两种必然性之间究竟哪一个是占主导地位的。黑格尔和之后的马克思相信社会必然性必然战胜自然的必然性。黑格尔曾谈到"回归自身的精神"，马克思曾说过"扬弃天真质朴"，对于这两个人来说，这是通往自由的途径。在他们那里，"自由"被理解为某种历史的社会产物。

与此相对，唯物主义者相信自然的必然性胜过社会必然性，但是他们通常会将旧形而上学的救赎承诺世俗化：他们将自然的进化史解释为从低到高的进步。对于处于机器时代开端的哲学思考而言，遗留下来的存在的两个层面（自然和社会）开始发生转变，变为某种形式的"机器"。人们可以将创造成功人生的愿望放心地交给这些"机器"，但是有一个前提条件：这个人的行为必须符合功能要求。黑格尔说："自由就是对必然性的洞察理解。"而《共产党宣言》中是这么说："它首先生产的是它（资产阶级）自身的掘墓人。资产阶级的灭亡和无产阶级的胜利是同样不可避免的。"[1]如果让历史法则的"机器"不受阻碍地运行，这个胜利将是"不可避免的"。所有阻碍因素必须被排除，因此必须有一个将这样一些宣言传播到民众中去的"政党"。

在当时，为了反对政治压迫和社会贫困，人们有一系列的"自由"要争取：将农民从半封建的租税重负中解放出来、将手工业帮工和工场工人从行会压迫中解放出来；取消扼杀市场的境内关税；言论自由；从国家的专制独裁中解放出来；可以组织和贯彻政治意志的自由；学术自由；自我决定道德生活的自由，等等。

人们估计完全达到这些要求需要一个比较长的时间，长期的斗争就要求有行动的策略：人们计划行动的步骤，盘算着结成联盟，对行动的发展走向做出预先判断。可以想见，所有这一切将使人受到具体事务的限制，因此这一情况强迫每位参与者要效忠于"远大目标"，绝不能因为自发行为而拿这些目标去冒险。自由运动要让社会这台"机器"为己所用，它必须使自己的行动受到一定的限制；因此就要抨击那些可疑分子（比如说海涅），因此就要谴责捣毁机器的行为，因此就有马克思和恩格斯攻击"立即自由派"理论家马克斯·施蒂纳和之后米夏尔·巴枯宁的事件。无论是谁，只要他将自由视为自己的目标，一切空间都向他敞开。

多么奇怪的一件事情：意识先前还想给自由开辟出一条小径，而现在却在暗地里大规模地剥夺自由。意识想获得自由，可是它从来没有像现在这样清楚地知道，那个想象中自由的、自发的行动受到社会和自然决定因素的束缚制约。这就是现代性：一方面要求获得自由，而同时又意识到必然性的存在（各门科学都在告诫我们）；天真质朴的自发性和排除了一切幻想的玩世不恭就这么混合在一起。在社会学和心理分析的钳形攻势之下，其实已经没有什么自由空间了，在对自我的阐释中，我们就像是一副在经济因素支配下的性格面具，一个社会角色，受本能支配的动物——对任何一种自由意识而言，这是一种无休无止的耻辱。即便如此，人们仍在不断地要求获得自由，恰恰也包括那些善于从社会学及心理分析学的角度对自己的自发行为发出"追问"的人们。原因或许在于，要求获得自由胜过了承担责任的勇气和能力。人想要得到自由，可以做一切可能做的事情，为满足自己的需求开辟畅通无阻的道路，可是如果情况不好，如果要承担后果，这个时候话语性的剥夺自由便大行其道了。人们可以解释说，这是必然要来的，于是便没有什么责任了。"可以解释"成为一种文化，这一文化得到了发展，它在一个可疑的灰色区域内发生作用：从解释到辩解之间的界限是模糊的。人们甚至可以把事后的"可以解释"置于一次行动的开端，作为一种预先的赦免防备将来可能出现的坏局面。人们预先估计到了这一情况，并已经开始做准备了："当时不是那样的。"

这个由社会—历史构成的"中间世界"被赋予了新的哲学尊严。它一方面是真理发生（不断增长的自由）的现场，另一方面，当自由遇到灾难时，这里也是开脱和辩解的所在。如果有那么一个极端邪恶的人存在，今天的人们是不会那么站在那里一动不动的（比方说，对于希特勒这一现象必须做出解释：童年不幸、对尸体产生性冲动、小市民的恐惧、对资本产生兴趣、现代化给人带来的震惊等，鉴于他犯下的暴行，这一切解释最终或许还是能给人一些安慰……）。

开脱性的解释，这一文化现象并不是什么新生事物。在此之前的多少世纪里，形而上学的需求就乐于将存在之物归结为某种必然存在，归结为某种宇宙。早在人们理解现实秩序及其法则和必然性之前，某种对秩序的猜想就已经存在了。存在和混沌是无法放在一起进行思考的。即便是牛顿也花费了半生的时间用于反驳被维利科夫斯基（Velikowsky）重新炒热的流浪行星理论，在这一过程中，他并没有完全采用自己发现的万有引力法则，到了最关键的时候，他还是宁可相信上帝。狄德罗也不得不忍受最为猛烈的攻击，因为他居然胆敢将偶然性置于世界的心脏之中。或许人们宁可在其中看见鬼怪，因为以鬼怪的行为方式人们还可预见，有着某种必然性，行事前后一致（德·萨德向人们展现了某种"否定性"神学，让人印象深刻）。

形而上学的必然性存在概念，对上帝的宗教性理解，两者都是必然性的科学概念的前身。今天和过去一样，人们都在对秩序进行预先的猜想，尤其是当人们还不能理解秩序具体是如何运作的时候，更是乐于这样去做。信仰被世俗化了，成为某种关于可解释性的假说。

在前现代时期，对秩序的猜想具有某种强力，以至于在当时"自由"成为最为棘手的一个问题。一方面，作为造物的人需要有自由的意志，这样世界中的恶势力就不会损害仁慈的造物主的作品；另一方面，造物是无法对造物主唱反调的，这样他就损害了造物主的无限权力。因此不能有自由意志存在，可是如果人执意要摆脱上帝的控制，那么上帝就必须为人做好计划安排。从奥古斯丁到莱布尼茨都在争论这一问题，往往还有火刑和拷打在一旁助阵。

保罗教导我们："基督使你们从罪孽和死亡的法则中解放出来。"路德接受了这一阐释。人受制于自己的原罪，并非自愿地陷入了邪恶的魔掌，可是自从基督说可以宽恕赦免之后，人们便可以选择：不受任何阻碍地通过宗教并在宗教之中让自己获得自由。人虽然还被肉体的罪孽束缚着，但是精神却可以不受阻碍地寻求解放。没有哪一种自由是人们可以拿来据为己有的，但是却只有一种自由人们可以接受。自由不是我们可以作为的事情，自由是一种"任由发生"。人们可以拒绝接受恩赐的自由礼物，那么就必须为他自己由原罪所导致的不自由承担责任。将不自由和责任放在一起进行思考，这是一种非常大胆的思考方式，与我们今天的想法简直形成了巨大的反差，因为现在我们已经习惯于将自由和不承担责任联系在一起。从自担责任的形而上学发展到无法负责的体验，这是一条漫长的道路。

自由问题曾经是最大的挑战，不仅仅是对神学家，对于哲学家也是如此。正因为自由涉嫌给上帝造成麻烦，因此哲学家们必须认真对待这一问题。哲学家隐藏着的某种怨气正好可以在此得到排遣，因为他们平时只是屈尊充当配角，而现在却可以冲上前去为那个遭遇危险的上帝排忧解难，或者落井下石，就看他们怎么做了。

斯宾诺莎把自由意识作为某种直接性幻想加以分析：人们自我感觉在自己的决定和行动中是自由的，原因以及前提是，人们固执地坚持这一直接性。"人……清楚地意识到自己的欲求，但是决定自由的原因是什么他们不知道"，只有在这种情形下，自由才存在。这种自由是一种自我欺骗。可是，发现原因也是自由，而且是真正的自由，因为在斯宾诺莎看来，这种自由正是从自我欺骗中解放出来后获得的自由。我们只有将自己从对自由的幻想中解放出来，我们才是自由的。我们通过对自由进行批判从而获得自由，在这一过程中，我们获得了那个崇高的必然性，这种必然性就是整体。

涉及自由这一问题，笛卡儿也是左思右想、绞尽脑汁。他在自由行动和任意行动之间作出了区分。"任意"是人的一种情绪波动，不是受理性制约的，没有被理性赋予任何"理由"。因此，"任意"是我们内在的一种没有什么理由的东西。没有理由的东西就是没有"必然性"的东西。我们的理智栖居在"必然"之中，因此"任意"是一种对理智施暴的外来者。因为理智是我们身上最具人性的成分（因为是神性的），所以"任意"必然危及人性本身。人们在"任意"之中丧失自律，变成某一桩事情的牺牲品，人们虽然并没有直接促成这一事件的发生，但是它会让人们遭罪吃苦，毫不留情。

哲学界就这样以近似的方式围绕着这个问题讨论了几百年。这确实很神秘：自由之问题。在这个炙热而又晦暗的地带，哲学讨论总是在原地转圈。

康德没有解决这个关于自由的问题，也没有揭开它的神秘面纱，而是正好相反：他的功劳在于明确地让人们认识到，自由问题原则上是无法解决或者化解的。

康德认为，存在也必然存在着某种双重视角。如果我们把自身当作时间之中的生命去体验，那么每一个"现在"都是和一个时间序列联系在一起的，也就是说和之前发生的事情联系在一起。可是既然我总是存在于现在之中，而且过去发生的事情不"在我的掌控之中"，因此凡是那些被"我之现在"定义为过去发生的事情，它们也就根本无法在我目前的掌控之中。如前所述，只有在将自身体验为时间性的生命的时候，上面的解释才适用。可是我们知道，根据康德的观点，"时间"不属于"自在"的世界，而是我们（内在）感性的某种直观形式罢了。世界之"自在"和我们的自身是与时间无关的。不过这种"不受时间制约性（Zeitlosigkeit）"是我们现在无法想象的，可是我们又能怎么想象呢？"时间"只是我们的想象力的一种直观方式，人们无法对它穷究根底。可是康德认为，在我们自身之中有一个唯一的触点，一种唯一的体验，它可以将我们从决定性的时间序列（只要它还附随在我们身后）中拉扯出来，并将我们与尚未存在或应该存在的事物联系在一起。尽管

"我们之现在"在很大程度上仍受到"先前"决定的影响，可是只要我们愿意，我们就可以体验到，"我们之现在"和某种"可能存在"的事物联系在了一起。这是某种颠倒过来了的决定行为：我们愿意让自己成为什么，这是我们决定自身的基础。可是在康德看来，这种欲求之中不能掺进我们自身内部的欲望根源。如果是这样，我们就成了我们自身感性的牺牲品，我们会受到它的控制支配。因此这种欲求必然是一种应当。不应该用欲求的自然力量来充实应当，而是正好相反：应当要在与欲求的自然力量的对抗中脱颖而出，并从自身的力量中产生出欲求。你愿意，那是因为你应当。你应当愿意。而且应当也不必对"可能"有所顾忌，而且跟上面的情况一样，应当要证明自己的力量，从自身之中产生可能。康德不是从可能之中推导出应当，而是从应当之中推导出可能。"你应当做的事，你就可能做得到"，这就是良知的严厉律令。在良知之中（也只有在这里），我们就可以从必然王国之中解脱出来，在良知之中显露出了"自在之物"，它就是我们自己。在这里，我们抓住了我们自身超验的实存（transzendente Existenz）的末端；在这里，我们体验到某种"自由的绝对自发性"（康德），它就是我们自己。

　　自由问题的秘密并没有就此解决，依然模糊不清，因为自我体验的双重视角并没有消失。一个人按照自己所理解的良知采取行动，从经验性的视角来看，每一个这样的行动都基于先前的多种决定性的原因，它必然作为前面这些原因的后果出现，因此必然被理解为是非自由的行动。而且在经验性的视角下，"良知"也可以被理解为是众多因果关系中的一种。即便如此，在每一个"现在"之中，"良知"都在提醒我们，我们也可能做别的，因为我们应当做别的。某种悖论在这里起作用：良知使我们获得自由，因为它并没有宣告我们是自由的。反过来：因果性思维宣告我们是自由的，因为它让我们在必然性存在中沉沦。

康德将这种通过良知显露出来的存在称为"理智的"存在（intelligibles Sein）。对于康德而言，在我们经验性的存在和我们"理智的"存在之间有某种断裂性的紧张关系。为什么一定是这样，为什么不能舒缓这种紧张关系，人为什么可以承受——要对这一切做出明白的解释，这就是康德整个先验哲学事业的目的所在。像康德那样在这一问题的尖端之处保持平衡，这既需要哲学的技艺也需要有生活的艺术。通常来说，他的后来者们无法保持这种平衡。他们从上面摔下来，抓住彼此间充满张力的两极中的一端并将自身固定其上：有的人抓住经验性存在，有的人守着"理智的"存在。最先登场的是"理智派"——主体形而上学家。

费希特（正如后来的萨特一样）的论证完全从"自由的绝对自发性"（康德）出发："如果有谁意识到自己是自主的、不依赖于身外的事物——能够做到这一点的前提是，人们不依赖于任何事物、完全通过自身的努力有所成就——那么他就不需要外物来支撑他的自我，他不能够用这些东西，因为它们会消灭他的自主性并将之变成空洞的假象。他所拥有的自我以及那个能够引起他兴趣的东西可以消灭那种对外物的信仰。"[2]

谢林和费希特的分道扬镳着实被感兴趣的公众大肆渲染了一番，1809年，谢林的《论人类自由的本质》（*Über das Wesen der menschlichen Freiheit*）正式出版。在康德那里，自由和必然性的孪生结构只适用于人类的体验，而谢林则将这一令人棘手的结构转到了存在问题的探讨上。就像在斯宾诺莎那里一样，存在和上帝是一对可以互换的概念。可是和斯宾诺莎不同的是，在谢林那里存在不是由事物构成的宇宙，而是由进程、事件、行动构成的宇宙。事物相当于结晶现象，是对事件的凝固化。人们必须将物化过程消解掉，使事物还原到作为其根本的进程之中。通过这种方式，谢林完成了一个绝妙的转变，发展出了他的"无条件"概念。"那个无法被化作事物的东西就是无条件的。"[3]这句话在谢林早年的著作中就已经出现过——不过当时还深受费希特的影响——是针对"自我"说的。到了1809年这本论述自由的著作出版时，谢林已经超越了费希特。他在书中写道，这本书的任务是要揭示"一切现实之物（自然、由事物构成的世界）都是以行动、生命和自由为基础的……不仅仅自我性是一切，而且反过来也是一样，一切皆是自我性"。[4]

这个"一切"，整体的存在和（尤其是）"自然"，应该被理解为"自我"。谢林将这种整体与自我的类似性命名为"上帝"。于是这种人们在自身之中体验到的自由之神秘性就必然变成了存在本身之中、上帝之中的神秘性。于是自我体验之中的必然性和自由的孪生结构（康德）就变成了存在、上帝之中的包罗万象的矛盾结构。

谢林写道："只有尝到过自由滋味的人才能够感受到有这样的要求，即把自由类推到所有的领域，把自由传播到整个宇宙。"这同样适用于对必然性的体验。这种体验如此显著，因此也要将其"传播到整个宇宙"。存在被约束在秩序、规则、规律中，也就是说，被约束在必然性之中，但是之所以有这种井然有序的秩序，自发性是最终的原因。这就是谢林的核心思想。井然有序的存在是绝对自发性（谢林称之为"上帝"）自我约束的结果。谢林写道，这个世界呈现给我们的表面现象是，"所有的一切"都是"规则、秩序和形式。但是在底层之中仍然存在着无规则，仿佛一下子就会将一切秩序规则重新打破……这是实在性的基础，它存在于所有的事物之中，难以把握。它是某种永远无法除尽的残余，哪怕是付出最大的努力也无法让它化解在理智之中，它永远存在于底层之中"。[5]

底层上的无规则性——也就是自由——是存在的深渊，这个深渊同时也存在于每个人身上。谢林这种追根溯源的形而上学思考的目的就在于对深不可测的自我进行反思。日后的弗洛伊德在探讨人深层中的本能的时候，他便会娓娓道来，讲述摩西、俄狄浦斯、埃莱科特拉以及其他那些著名的神话人物的故事。而谢林也一样，他也不厌其烦地讲述久远的事情而不能自拔。他向我们"讲述"上帝中的两种本质：既是上帝又是破坏分子。在他自己构建的秩序之中，一方面上帝提醒自己要遵守秩序，另一方面他又是一个反叛者，与那个循规蹈矩的自我进行对抗。

叔本华却提醒谢林要遵守秩序，在他那篇获奖的论文《论意志的自由》（1841）中，叔本华对谢林有关自由的著作进行了如下评论："其主要内容是……一份关于上帝的详细报告，该文的作者先生透露他对这位上帝是非常熟悉的，因为他甚至向我们描述了上帝是如何产生的，只有一点遗憾的是，他只字未提自己是如何结识这位上帝的。"（Ⅲ，609）

此话并不确切，谢林是通过与自身之中的深渊亲密接触后"结识"上帝之中、存在之中的深渊的。之所以说这是一部大胆的著作，是因为它将在自我身上体验到的自由之神秘扩展成为有关混沌（世界之根本）的形而上学，并（在叔本华之前）对依据康德的观点从主体中发展出来的泛逻辑论表示异议。在发现了人之自然（本性）可能具有某种不可救药的摧毁力之后，谢林试图重新把握自然的本质究竟是什么。在叔本华的同辈人之中，谢林是最接近叔本华的意志概念的人。谢林曾写道："欲求是原始的存在，它的所有谓项（无需任何理由、永恒、独立于时间之外、自我肯定）都与这个原始的存在相匹配。"[6]

在谢林那里，意志不再是知性的一个功能，而是正好相反：知性是意志的一个功能。因此知性的秩序被制造混乱的意志所打破，但是更强的是"精神"（这是谢林关于这个问题的最终观点),"爱"就是在"精神"中发挥作用。"爱是极致。在大地和(分开的)存在物出现之前,爱就存在了……"谢林又变换了一个方向。更深一层、在深渊之下有"爱"存在,这是"上帝之爱",它承载着我们并将我们联系在一起。我们受到必然性的束缚,这是第一个层次;我们发现了自己的自由,然而在自由之中同时又有一个混沌的深渊在威胁着我们,这是第二个层次。

再深入下去,我们有一种感觉:一切皆是一体,皆是善的。这种感觉承载着我们,并将我们联系在一起。这就是第三个层次。

或者说:你必须——你可能——你可以。①

自由充满神秘。人们可能已经注意到了:在谢林这部著作中,自由问题的模糊性再一次得到了精彩的展现。这或许就是谢林这部著作最大的成绩。

1838年,叔本华也开始关注自由这一问题。

1837年,他无意间在《哈雷文艺报》(Hallische Literatur-zeitung)上看到了挪威皇家科学学会(位于特隆德海姆)有奖征文的消息。到处都在喊着"自由的口号"(弗赖利格拉特),因此有奖征文的题目也正好顺应潮流:"人类意志的自由能从自我意识中得到证明吗?"

叔本华全身心地投入这项任务之中,此外他刚刚经历的一次小小的成功也对此产生了一定的激励作用。

叔本华于1837年夏天给新版康德文集的主编(舒伯特、罗森克兰茨教授)写了一封详尽的信,请求他们采用第一版、未经删节的《理论理性批判》为底本。叔本华详细地指出了第

---

① 此处的可能(können)指的是"可能性""具备某种能力",而"可以"(dürfen)则是指"被许可"。

二版（1787）中有明显的删节，删去了原来文本中一些极端的内容，而且第二版还刻意迎合宗教和共识。两位主编听从了叔本华的建议，而且在前言中还附上了这封信的主体部分。现在叔本华至少可以感到，自己作为一名研究康德的权威受到了别人的认可。这种认可一方面给了他勇气，另一方面也可以减轻另外一则消息给他带来的不快。

1837年6月，《论自然中的意志》的出版商来信告诉他，该书目前的销量只有125册。带着某种被重新激起的创作欲，叔本华开始有奖征文的写作。在他还没有写完的时候，他又听说了另一则有奖征文的消息，主题同样是与哲学伦理学有关。丹麦皇家科学协会向哲学界有奖征答，只是问题稍显啰唆："道德的来源和基础可否在直接蕴含于意识（或良知）之中的德行的理念中和在对其他由此生发的道德基本概念的分析中探得，抑或可否在另一个认识根据中探得？"

叔本华于1838年底将第一篇应征论文寄出，1839年1月，叔本华的论文获得了一等奖。他获奖后兴奋得像一个孩子（霍恩施泰因语），焦急地等候颁发奖章。在接下来的几个月里，他差点把挪威驻法兰克福领馆的大门踏破了。在此期间，他投入了第二篇应征论文的创作。1839年春天，他将论文寄出。1839年7月，他就迫不及待地写信给"尊敬的协会"（位于哥本哈根），在信中表现出胜利的自信："我请求您将获奖的消息立即通过信函通知我，至于颁授给我的奖励，我则希望……通过外交途径送达。"（B，675）

可是位于哥本哈根的"尊敬的协会"却另有一番想法。协会认为叔本华的论文（唯一应征的论文）根本不值得获奖，而且还在评语中写道："不可不提的是，好几个近代杰出哲学家竟以某种不得体的方式被提及，这理所当然地让人感到十分不快。"

1841年，叔本华将两篇论文合在一处交给法兰克福的一家小出版社出版，标题是《伦理学的两个基本问题：包含了两篇应征学院的有奖征文》(*Dei beiden Grundprobleme der Ethik, behandelt in zwei akademischen Preisschriften*)。叔本华在扉页的标题上做了明确的标示：第一篇，"获奖，特隆德海姆，1839年1月26日"，第二篇，"未获奖，哥本哈根，1840年1月30日"。这样做是为了给后者一记耳光。十年之后，叔本华声名鹊起，这时候他就可以借此给人留下印象了。

在这两篇论文中，叔本华不能够将其整个形而上学体系作为立论的前提（因为提交论文必须是匿名的），因此叔本华采取了"归纳法"，即从问题出发形成自己的观点。对于挪威皇家学会提出的问题（"人类意志的自由能从自我意识中得到证明吗？"），叔本华是这样回答的：人们或许会在自我意识之中翻来覆去地寻找，可是在那里找不到任何自由，找到的只能是对自由产生的幻想。

他要证明自己的这一观点，那就必须首先澄清一个问题：如何理解"自我意识"。毕竟人们得知道，究竟要在什么范围内去寻找自由意志的实存或非实存。

叔本华首先要给"自我意识"下定义：自我意识就是将"他物意识"（Bewusstsein von andern Dingen）排除之后剩余下来的那个意识。"他物意识"几乎将我们完全填满了，那么"剩余之物"又能包含着些什么呢？就像是这个字眼本身告诉我们的那样：它是对固有的"自我"（只要它还不是一个"他物"）的意识。叔本华问道："人是怎样直接感知他的固有的自我的？"对此他回答道："完全是作为一个有欲求的人（Wollender）。"如果自我可以直接感受到自己的意识不是"针对外部"的，那么这个自我就是一个"有欲求的"自我。人内在之中的"欲求"不会仅仅局限于那些即将付诸行动的意志活动和"正规的决定"之中，而且还包括了蕴含着一切"情绪和激情"的广大领域："一切渴望、努力、愿望、要求、向往、希望、爱好、愉悦、欢呼等，以及不想要或反对、厌恶、逃跑、害怕、愤怒、憎恨、悲哀、痛苦。"（Ⅲ，529）无论这些意志的追求和激动是多么内在的，它们当然总是与外界的事物相关，不是以外物为目标就是受到外物的刺激。可是无论怎样，外在的东西无法进入自我意识的领地，而是归属于"他物意识"的范围之内。表面上看来，这不是一种学究气很浓、钻牛角尖式的区分方式。从对"自我意识"的严格含义（一种直接伴随着意志事件的意识）出发，叔本华可以这样解释自由之幻想：如果自我意识是一种对自身意志行为的直接意识，那么这也就仅仅局限于是一种可以内在体验到的行为。对于自我意识而言，从自身上体验到的意志是某种一开始就存在的东西，而且也必然是如此，因为对外物的意识在最初阶段是受阻的，在此之后外物才开始发生激发、促进作用并对意志产生刺激。

"每个人都可以在其内心中听见"自己的意志活动，而自我意识对这种意志活动的陈述则"源于其纯粹的内容"，这种陈述可以表达为："我能做我想要的：如果我想要向左走，那我就向左走；如果我要向右走，那我就向右走。这完全取决于我的意志，我因而是自由的。"在叔本华看来，这完全是自欺欺人。因为谁也不清楚，我在自我意识之中体验到的那个一直发生活动的意志本身是否是自由的。在此提出的问题是：如果我能够自由地做某些事情的话，那么我也可以自由地想要些什么吗？从直接自我意识这一视角出发，不可能有任何答案，因为对于自我意识而言，意志是某种一开始就存在的东西。正因为它一开始就存在，因此严格来说，人必须首先知道他在此之前想要的是什么，然后他自己才能够知道，他现在想要什么。对自身意志的意识总是"滞后的"。

此刻意识本身是不是自由的，对于这个问题的答案人们是无法从自我意识之中获得的。自我意识只能把"我"引向那个"黑暗的内部世界"，我们心中的意志就生活在这里。要想得到答案，人们只有超越直接的自我意识，向着"外物意识"的方向前进，也就是说，人们要把自身看作众多事物之中的一个，从外部来观察。这样的话，局面就发生了变化。于是在"我"的周围就存在这么一个整体世界，这个世界由事物、人等构成，它们对"我"的意志产生影响，决定意志的情绪，给意志提供各种对象和动机。叔本华认为，从这一视角来观察，"周围的世界"和"我的意志"之间的关系可以被看作一种严格的因果关系。就像石头落地、植物有所反应一样，人的一举一动都必然源于特定的动机。动机是某种通过广义上的认识（也通过无意识的知觉）而产生的因果关系。如果特定的动机进入了意志的"视野"，意志就一定会以某种特定的方式产生反应。在对意志产生影响的动机和意志的动作之间存在严格的因果关系、某种必然性，这就排除了自由的可能性。可是人可以"依靠他的思维能力想象他感受到的影响他意志的动机；任意的、交互重复地加以想象，以便让它们面对意志，这就叫作思考。人是有思考能力的，并依靠这种能力，有可能比动物做更广泛的选择。因此，他确实是相对自由的，即不受直观的、当前的、作为动机而作用于他的客体的直接的强制，而动物却是完全屈从于这种强制的；而他则相反，他独立于当前客体而作出决定，并依照他的动机的思想来做决定。这种相对的自由大致上就是那些受过教育的，然而并不进行深刻思考的人们所理解的自由，他们认为人显然就是拥有了这种自由而优于动物。"（Ⅲ，554）可是这种"思考能力"无法改变的是："我"的意志和那个对其产生影响的最强动机相聚在一起，在这个动机和"我"的行动之间存在某种严格的因果关系，一种严格的必然性。

　　一方面，存在"我"的意志，它就是"我"自己。按照叔本华的说法，这就是"我"的"性格"。这种"性格"的真实性是无法从内部辨认出来的，但是它又是如此坚实、如此确定、如此无法改变，就像是一块石头的真实性一样。另一方面，存在一个整体世界，它对意志产生影响，并且以这样或那样的方式让意志产生活动，就像是一块石头，当它受力被抛出去之后就会划出一道确定的飞行轨迹并最终落到地上。石头被抛出去就必然会飞行，同理，如果"我"的意志受到特定动机的推动，"我"就必然以某种特定的方式产生欲求。

　　这就是叔本华为这个冷酷无情的必然性宇宙所描绘的图像，但是正如我们前面所说的那样，这是从"外物意识"（即某种正在从事客体化活动的意识）的视角出发观察后得出的图像。

　　可是，叔本华并没有就此结束，他不畏艰难地又重新回到了直接自我意识这一问题上来。先前看上去还是自由之幻想的那个东西现在却获得了其真实性。叔本华在结尾篇章之前的过渡段落中写道："现在，如果我们根据迄今为止的论述，完全放弃了人的行为的一切自由，并把人的行为看作完全服从于极其严格的必然性的，那么我们就达到了这样一点，在这一点上，我们能把握作为更高级别的、真正的道德自由。"（Ⅲ，618）和康德一样，叔本华依据的是一种"敢作敢当"的意识，是一种与此相连的责任感。这种感觉固守在自我意识之中，即便（而且恰恰）是在这种意识可以通过解释免除自身责任的时候。"由于这种意识，任何一个人——包括深信（迄今为止所讲到的）我们的行为的出现具有必然性的那些人——都不会有这样的想法，即用这种必然性为自己的过错开脱，把罪责推到动机身上，凭借的理由是，动机出现时行为就无可避免。"

(Ⅲ,618)叔本华当然知道,人总是试图为自己的过错开脱。他想要说的其实是:重负是无法卸除的,责任感最终是无法被驱赶掉的,无论这种责任感被怎样扭曲变形,它依然顽固地存在着。人以一种极端的方式对自己的行为负责。叔本华以下的这句话充满了矛盾:"在行为中不可能看到的自由,必须寓于存在之中。"(Ⅲ,622)

这样,在考察行将结束之际,在考察之初被驳回的自由之幻想和为所欲为在此获得了某种合理性。在对直接自我意识的考察结果之中显现出了某种令人惊讶的真理:"任意和原初的意识不可否认地伴随着我们所有的行为(尽管它们是依附于动机的),依靠这种意识,行为才是我们的行为,因此这种意识不是虚妄的,但是其真正内容绝不只是行为,其发端也更高远,这是由于一切行为(在动机的推动下)都是以我们的存在和本质自身为出发点的,而事实上我们的存在和本质也就包含在这些行为之中。正是在这种意义上,我们可以把那种任意和原初的意识,以及伴随着我们行为的责任意识比作一根指针,它似乎正在指着一个距离较近的对象,而事实上它所指的是在同一指向上距离更远的某个对象。"(Ⅲ,623)

这种感觉要求我们承担责任,尽管认识到自己的行为已经被事先确定了,但是这种感觉仍然让我们背负着某种罪责。可是这种感觉所指的究竟是哪个方向,叔本华在这篇论文中几乎无法给予我们什么暗示,否则他就必须将他那整个形而上学体系完全展开论述。于是他就只让我们窥见一些端倪:紧紧挨着这种充满矛盾的负罪感、充满矛盾的责任感的是某种个体化的罪责。这种罪责就是:自己就是那个人,通过自己的身份、通过自己纯粹的实存,成为意志宇宙中的一个微小粒子,这个内在分裂的意志宇宙在全面的挣扎中消耗着自己。人可以在自身之中同时体验到意志的这种冲动和消耗,直接自我意识中填满了这种自我体验，无论是在自由和责任感之中还是在悔恨感之中，直接自我意识都可以体察到这种罪责。

叔本华回归到直接自我意识之中并在那里揭开了隐藏在幻想背后的真理，此时他又在重新描写某种内在形而上学的怪圈，即便是在对体验的批判中，这种形而上学也不泄露体验究竟是什么。一种方式是通过解释（必然性的环环相扣）获得某种明确性（自由感和责任感），另一种方式是通过自我意识获得明确性，叔本华在消解了前者之后回归了后者。无论怎样解释，自由感和责任感都明确地存在，不会消失，于是他便试图去理解这种明确性，他提出的问题是：如果有一种不愿休止的声音在宣告我们有罪，要我们自己承担自己的行为，那么这究竟意味着什么。

在这里又存在两个层面：一方面是通过解释获得安慰并从罪责中解脱出来；另一方面又始终处于不安之中，无论怎样解释都会遗留下那个"未知的 X"，因此要在理解之中将这个"未知的 X"融合进来。叔本华通过解释渗入必然性存在之中，并借此将自由之幻想化解掉，然后又兜了一个圈子回到了这种必然性存在的存在（Sein dieses notwendigen Seins）之中。这种通过分析的方式被化解的最初体验现在要告诉我们的是：伴随着我并在我之中，这个存在总是重新发端。

在这种情形下，海德格尔会说"泰然处之"。而阿多诺则会说"非同一性"，这是对同一性强行进行具体化行为的抗拒。

叔本华的内在形而上学"从未完完全全地从体验之中挣脱出来，它始终只是对体验的纯粹阐发和诠释"。（Ⅱ，237）这就是叔本华在《作为意志和表象的世界》第二卷中对自己的形而上学纲领所作的表述。

针对自由问题，他的观点是：解释向"我"展示的是，为什么"我"去做以及曾经做过某件事。而理解所提的问题是，做这件事情的"我"究竟是什么。

在这里我们可以看到：在叔本华那里，自由也是一个充满神秘的东西。可是它同时又距离我们如此之近，与我们的日常生活紧密相关，因此急需一整套化解文化用以躲避这个谜团，比如说有关行动主体（社会/历史）的神话，我们可以将我们自身的责任转交给这个神话并从它那里索要种种自由，这样我们就可以摆脱掉我们自己的自由了。

叔本华在《论意志的自由》的结尾处提到了"真正的道德自由"。而"道德的基础"则是他第二篇应征论文的主题，只不过这篇论文"没有获奖"。

叔本华充满自信地在导言中写道，如果"有人已认识到迄今走过的道路都未能达到目的，那么他必将更愿意和我一起踏上一条与它们根本不同的路径——迄今为止，这条路径不是没有人注意，就是人们不屑一顾；也许就是因为它是条最自然的路径"。（Ⅲ，640）

叔本华首先回顾了一下那些无法通达目的地的路径，尤其是康德选择的路径。他对这些路径所作的批判可以被简化为以下两个方面：一是对高估理性在道德问题上的能力提出批判，二是对道德和利己主义暗中结盟提出批判。

首先来看第一个方面：长久以来，人们错误地在智性之中寻找道德的基础。在"人生的严峻时刻和欲望之中"（Ⅲ，670），没有人会理睬这种智性道德。面对强大的意志和激情，这样一种道德就像是"熊熊烈火之中的一枚灌肠注射器"一样无济于事。借助康德"实践理性"所建构的"先天的纸糊楼阁"什么也达不到，因为人天生就不可能"忽然产生念头，四下里去寻找某项能够让自己的意志甘心服从和效命的法则"。（Ⅲ，669）叔本华认为，康德犯了一个不可原谅的错误，后者将自己杰出的理解力普遍化为我们每个人先天所具有的认识能力。理论理性的力量可以捕捉经验材料使之转化为各种范畴，康德错误地将这种力量也扩大到了道德领域。他建构起某种理性，它可以先天地作为某种道德理性统领实践行为，正如理论理性可以统领经验一样。由此导致的后果就是——正如一般情形下的道德说教都或多或少地有伪饰成分一样——在理论上为利己主义进行辩护，这正是叔本华要批判的第二个方面。

利己主义根本就是我们的意志实存的自然强力。意志从自身而言就是利己的，它就是要掌握自身的"祸福命运"，不需要任何道德帮手。利己主义就是这么自然的事情。如果说某种道德为一己的利益服务，那么它就根本不是道德，而是披着道德外衣的利己主义。如果某人做善事是寄希望于得到彼岸的奖赏的话，那么他的这一行为也并非有道德的行为，而是利己的行为。那些信徒是在发放贷款，因为他在做投机买卖，他希望得到的是彼岸的高额利息。在叔本华看来，康德本人在反反复复地论证之后也是在给那些服从其"绝对道德律令"的人们以希望，让他们看到未来的奖赏，因此他还是将道德建立在了利己主义的基础之上。

在对道德假象的批判方面，叔本华和日后的尼采一样，是一位揭露人类心理的大师。他追踪利己主义在隐蔽的小路上留下的痕迹，揭开其面具和交替变化的伪装。他对"真正有道德价值"的行为所下的定义言简意赅："自愿的公正行为、纯粹的仁爱行为以及真正的高尚行为。"（Ⅲ，726）就是那些与利己主义动机相对抗的行为，它们不是——哪怕间接的也不是——以谋求自我的幸福为目标。可是即便是这些行为也需要一个动机（对于叔本华而言，这一点至关重要），纯粹智性的"灌肠注射器"根本无法让这些行为发生。叔本华在导言中提到，道德有一个基础，人们忽略了这一点，因为这是最自然不过的，这个基础就是：同情。

同情也许很"自然",但是对于叔本华而言还是很"神秘",这种"神秘"一直伸入了他的形而上学的核心之中。

在《论意志的自由》中,叔本华触及了个体化的罪责,而现在问题则围绕着个体化的痛苦。

同情就发生在意志本身的领域之中,并非发生在反思之中。"摩耶之幕"在同情之中被撕破,在看到他人的痛苦时,"我"也体验到"自我和非自我之间的障碍暂时得以打破","我"也在一同承受着别人的痛苦,正如"我"平素只"感受到我的痛苦"一样。(Ⅲ,763)

这一过程是"神秘的,因为针对这一过程,理性不能给以直接解释,而且它的起因在经验范围以外"。(Ⅲ,763)

在同情之中,"我"在与那个充满苦厄的世界联系在一起时自己也感到痛苦。这就是叔本华对病情的描述:存在就是痛苦,因为它就是意志;在从个体的界限、从"我"的意志的利己的自我实现的界限中、从解脱出来的那些瞬间中,"我"获得了自由,可以加入那个正在承受着痛苦的存在之中。在发出同情之时,这种与存在的合一并不是某种凝神静观、普遍主义的理解把握,而是对单个"事件"的具体介入。要想有所行为,那么首先必须要体验过才行。同情是无法像教义那样宣传的,人要么同情,要么不同情。这是某种与存在发生关联的类型,它高于一切自我实现的理性。同情发生在意志的层面上。意志受到自身的折磨,当看到他人的痛苦时候,意志暂时放弃了自怨自艾的欲求。

对于叔本华而言,同情是一种"原始现象,其界石只有形而上学的思辨才敢逾越一步"。(Ⅲ,741)

人们有理由将叔本华的同情伦理学称为某种"实践性的神秘主义"(吕特克豪斯语)。这种同情来源于对"个体化原理"在心灵上的超越,它并不是在期许盘算得到尘世或彼岸的奖赏。这是一种极端意义上的"无私",但首先它体现的是一种"置历史于不顾"的"休戚相关":这种"同情"不把希望寄托在历史身上,不指望历史能够克服痛苦和困厄。在全面铺开的改良理论和零零星星的同情行为之间存在某种紧张的关系,人们对此很清楚。在通常情况下,人们会非难这种同情行为,因为它前途渺茫,因为它会转移人们对"主要弊端"的视线,只有通过既有手段又有策略的"解放"行动才能消除这些弊端。从这一视角出发,同情只是一种面对"症状"而产生的感伤而已。人们要在"心灵的粥汤"中搅拌进某种能量,并将这种能量用于铲除病根的艰苦工作。日后霍克海默在对过度策略化、工具化的"解放"理性提出批判时又援引了叔本华的同情伦理学:"如果有人声称,人要么只能为宏大的整体提供帮助、要么就根本爱莫能助,那么对说这话的人一定要持怀疑态度。这就是那些人的谎言,他们事实上根本不愿提供帮助,要他们在具体情况下承担责任的时候,他们就用宏大的理论来搪塞。他们将自己的毫无人道合理化了。"[7]

叔本华的同情伦理学是一种"尽管如此"之伦理学(Ethik des Trotzdem),它不需要精神哲学为其掩护和辩解,它以一种丝毫不能给人以慰藉的形而上学为依靠,为某种"自发性"进行申辩,因为后者至少愿意减轻人们没完没了的痛苦。这种伦理学激励人们去和痛苦进行抗争,可是它同时又宣布,消除痛苦是不可能的。吕特克豪斯(Lütkehaus)一语中的,他将这一伦理学称作"似是而非之实践哲学"(Praxisphilosophie des als ob)。

叔本华描绘的画卷展现了无边的痛苦,这些画卷不仅尺幅巨大,而且它们也清醒地见证了那个时代的社会苦难。

在《作为意志和表象的世界》的第二卷中,叔本华将世界描绘成了一个"地狱,它比但丁笔下的那个地狱更有过之而无不及，因为在这里，每一个人对于其他人而言都必然是魔鬼。"（Ⅱ，740）造就这一"地狱"的罪魁祸首就是"无边的利己主义"，或者根本就是某种存心故意的"恶毒"。叔本华在指出了"对黑人的奴役"之后接着说道："根本就不用走那么远：5岁的孩子就进入了棉纺厂或者什么别的工厂，从此之后便坐在那里干活，起先是每天10个小时，然后是12个小时，最后加到14个小时，从事着相同的机械劳动，想喘一口气都要付出昂贵的代价。可是这就是千百万人的命运，而别处的千百万人也有着类似的命运。"（Ⅱ，740）

在1848年这个革命之年里，社会上这一承受苦难的群体开始行动，变得叛逆起来，他们构筑街垒，在某些地方有些人还拿起了武器。叔本华怀着愤怒之情用浓墨重彩描绘着这些人物，在他的反应之中丝毫看不到同情，有的只是愤怒和恐惧。

3月，法兰克福城里和德国其他地方一样，出现了社会和政治骚乱。

早在1847年底，普鲁士公使就向法兰克福市政府发出了警告：政治社团的数量增长迅猛，有人在挑动叛乱，人们对现存状况极其不满，共产主义和社会主义思想在手工业者中传播，市民们也听信"那些煽动民主者"的宣传。警察局在回信中的答复是：在法兰克福这样一个繁荣富裕的城市里，不存在什么心存不满的无产阶级，那些贫困的人得到很好的照顾，市民们团结友爱，忠实地遵守1816年通过的宪法；只要有城市的自由存在，那些"蛊惑民心者"就无机可乘。

可是情况根本就不是这样的，1848年3月间发生的事情就是明证。

在整个德国，人们提出了各种各样的要求，这样的呼声在法兰克福也高涨起来：要求新闻自由、集会自由，限制主要是由城市贵族所把持的市政府的权力，扩大市民联合会的权限，赋予犹太人同等权利，设立刑事陪审法庭。

各种社团遍地开花，例如什么"周一茶话会""市民协会"等。体育协会现在更名为"劳动者协会"。"歌咏会"的成员现在戴上了黑、红、黄①三色的帽子。手工业者举行了代表大会，通过了一个"百万受害者抗议行业自由化的正式声明"，他们主张由行会来调节规范就业，反对资本家推行的"法国式的自由化"。此时奠定发言基调的还是那些"师傅们"，可是5月又出版了一份更加极端的《法兰克福劳动者报》(*Frakfurter Arbeiterzeitung*)。报纸的编辑们遭到了驱逐，因为他们破口大骂"自由主义的钱袋"。4月2日，在邻近的奥芬巴赫召开了"德国劳动者同盟"的全体大会，在会上决定发动革命，这一决议于次日传到法兰克福并引起了轰动："德国的劳动者还不是共产主义者，他们并不想对富人和私有财产宣战，他们只是要求工作，要求获得足以养家糊口的工资以支付他们付出的辛苦和劳动，因此他们想得到的是和平。"[8] 法兰克福的劳动者协会感受到了鼓舞，他们提出要求：应该准许劳动者代表进入保罗大教堂。他们将自己称为人民之中"最优秀、最正直、最忠诚、最有德行"的成员。言语之中越来越自信，越来越具有威吓性。在一张散布全市的传单上写着这样的话："与诸侯们那些可怜的阴谋诡计作斗争，反对金钱贵族统治，反对资产阶级，反对一切人民之敌，无论他们叫什么名字。"在此期间，德国第一个自由选举产生的议会在法兰克福的保罗大教堂召开，商议讨论人权宪章。大门上的那句话引人注目："祖国之伟大、祖国之幸福/将其亲手造就，将其归还人民。"

---

① 在其成为统一后的德国的国旗（一直沿用至今）的颜色之前，它是19世纪德国统一运动中经常被使用的颜色搭配。

叔本华——正如他在 7 月 11 日写给弗劳恩施泰特的信中所描述的那样——在 1848 年 3 月间 "紧缩一切开支"。他削减了日常支出，取消了订购的书籍。此时必须要把财产守住，"暴风雨来临，就要把所有的帆篷都收起来"。（B，231）

此时保罗大教堂内的代表大会已经选出了一位摄政官，他就是大公爵约翰。对于叔本华而言，这一选举结果是地平线上的一线曙光：或许会重新恢复秩序。他在给弗劳恩施泰特的信中写道，他不得不承受这一糟糕的局面，"在这四个月当中，我在精神上承受着巨大的痛苦，原因是恐惧和忧虑：我所有的财产，受法律保护的状况遭到了威胁！到了这把年纪，我还要受到如此严重的刺激——眼见着自己一辈子积攒下来并且保持了原有价值的财产岌岌可危。"（B，231）

叔本华对这场革命的厌恶与日俱增，其中的原因是多层次的，表现形式也是多种多样。有时候他极度恐惧，害怕革命会夺去他的财产，正是这笔财产才让他能够为哲学而生。有时候这种厌恶会转而变成一种暴跳如雷，每当此时他都会成为"英吉利饭店"（保守派和立宪派首选的聚会地点）里其他人的笑料。这里的人们认为他"与民主派不共戴天"的言论有些过分。罗伯特·封·霍恩施泰因（Robert von Hornstein）写道，就连叔本华的那些"宠儿，那些在英吉利饭店与他同桌用餐的贵族派军官（叔本华对他们关心有加，称他们是社会的拯救者）也并不总是对他很礼貌"。叔本华举起酒杯对那位双手沾满鲜血的反革命者"高贵的温迪什格莱茨侯爵"[①]表示敬意，而且扯着喉咙对他的"过于心慈手软"深表惋惜。叔本华还说，"不应该枪毙布鲁姆（一位极端民主派。——作者注），而

[①] 温迪什格莱茨（Alfred Windischgrätz，1787~1862），奥地利陆军元帅，在 1848 年革命中血腥镇压多处人民起义。

应该对其施以绞刑"。(B,222)

1848年9月,法兰克福议会表决同意马尔默停火协议。此前普鲁士出兵征伐丹麦,因为后者对石勒苏益格提出领土要求。人们认为征伐之举是爱国行动,因此普鲁士撤军被视为背叛行为,而赞同停火被人们认为是议会昏庸和忘记民族尊严的明证。在社会和政治上对三月革命寄予厚望的民众十分失望,并由此产生了普遍的不满情绪。

1848年9月18日,所有的不满借助暴力喷发而出。一群愤怒的民众要冲进议会,马路上构筑起了街垒,双方发生了激烈的交火。两位反对革命的著名代表人物(里西诺夫斯基侯爵和奥尔斯瓦尔德将军)被这群民众以残酷的方式结果了性命,一个人被砍掉了脑袋,另一个人被砍断了双臂,然后人们把他们当作靶子射击。年迈的恩斯特·莫里茨·阿恩特(Ernst Moritz Arndt)哀叹道:"洪水铺天盖地地向我们袭来,其中汇集了积蓄了一辈子的愚蠢、贪婪和统治欲,它终于决堤而出,带着来自最深处的泥浆和污垢浇灌在我们头上。"[9]

叔本华的运气不佳,就在风起云涌的这一天,他陷入了相互争斗的两派之间。他向警察局报告当天发生的事情,并且愿意指认叛乱者的身份:"就在今年9月18日大约12点半前后,我看见窗外有一大帮扛着粪叉、棍棒,还有一些手拿长枪的暴民经过,队伍前列有人举着一面红旗,他们从萨克森豪森方向来,经过大桥向前进发……大概有8到10个人装备了长枪……有一部分人留在大桥的入口处,有一部分人留在大桥中间的圆形碉楼,他们躲在一辆翻倒在那里的马车后面,十分冷静而审慎地向巷子里射击,命中率很高。其中的一位射手身着一件灰色马甲,留着红色的大胡子,尤其卖力……"(Bw 16, 164)

在这封写给弗劳恩施泰特的信中,叔本华描写了一个非常典型的细节:"突然在我紧锁的房门之外有人说话,我想一定是那些无法无天的乌合之众拿着棍棒聚集在我的门前。这时响起了危险的撞门声。终于我那位聪明伶俐的女管家开口说话了:'只是些奥地利人!'于是我立即为这些珍贵的朋友们打开房门:20个穿着蓝色长裤的波希米亚士兵拥进房内,对着窗外那些无法无天的家伙们射击。没过多久他们意识到,另外一幢房子地势更好。那位军官从二层楼向下看,侦察街垒背后的敌情,我赶紧递给他一副观看歌剧时使用的双筒大望远镜。"(B,234)

叔本华对那些"无法无天的乌合之众"充满愤恨,其实首先还是针对为这些人代言的知识分子。因此从某种程度上说,他的厌恶之情有"哲学上的"根源,因为他将当下的情形与"改良世界的狂妄自负"和乐观主义的"无耻思想"联系起来。对于他而言,这些"无法无天的乌合之众"是一群被误导的暴徒,他们相信自己的悲惨生活应该由国家机关承担罪责,只要摧毁现存的国家并建立另外一个国家取而代之,这样就有可能获得幸福。在叔本华看来,这是一种顺应民众的左倾黑格尔主义思想。国家不是促进进步的机器,如果有人想把国家变成这样的机器,那么就不可避免地将国家神圣化。叔本华一方面为强权国家辩护,另一方面又指出(按照今天的话来说)"集权主义"的危险。

在《道德的基础》(*Moral-Schrift*,1841)一书中,叔本华认为国家唯一的用途在于"保护它的庶民,个人方面互不侵犯,集体方面不受外敌侵犯。这一腐败时代的少数自诩为德国哲学家的人,确实希望把国家歪曲成发展道德、教育和陶冶教化的机构。但是背后……暗藏的目的却是,废除人身自由和个性发展,仅仅把人变成类似于中国的国家机器和宗教机器上的一个齿轮。而这就是过去导致宗教裁判所……导致宗教战争的

途径"。(Ⅲ,750)

在观察街垒背后的"流氓"时,叔本华察觉到了人们正在将国家神圣化。而且他在那里还看到了这个时代的第二个"病症":庸俗的唯物主义。人们抱着这样一种幻想:只要能够满足物质上的需求,人就有指望从生存的困境之中摆脱出来。按照叔本华的话来说,这场运动的代言人其实是些"道德败坏的大学生",确切来说是些"青年黑格尔派分子",他们"完全堕落到从物质的观点出发看问题,导致的结论就是:吃吧,喝吧,死后便不再有享乐了。我们可以认为这种观点类同禽兽"。(Ⅱ,592)

虽说叔本华的厌恶之情有这些"哲学上的"原因,但是这一切还是不能解释他时而出现的恐惧和暴怒情绪。其实这里最核心的问题依然是,叔本华害怕自己的财产受损。

恰恰是在爆发革命的这些日子里,他时时挂在心上的是如何维护和保全自己,这种心态使他变得对社会贫困和政治压迫所造成的痛苦麻木不仁,若在平常,在他的同情哲学之中总能够找到让人动容的言辞来表达这些痛苦。此时他则蜷缩在自己的房间(美景街17号)里,以自己的方式捍卫着他的"个体化原理",若堂·吉诃德也能这么做定会赢得人们的赞叹。叔本华的财产的确毫发未损,没有人想对他下手。而他自己则吓得要命,紧紧守着自己的钱袋。

他需要钱袋,这样他就不必依靠哲学为生,不必看着哪个出版商、哪个部门以及掏钱的读者的脸色行事。只要有人愿意听,他都会解释给人听,哪怕是面对自己,他也是这样为自己辩解。此话虽说不错,但是还是掩盖了某种隐藏在深处的不真实。钱袋虽然使他保持独立,但是在这几个星期当中,钱袋至少阻碍了他按照自己的哲学见解(同情之哲学,"实践性的神秘主义"哲学)去生活。诚然,他的哲学并不主张人们同情革命，但是却要求人们对革命的社会和政治动机进行深刻的理解。如果他能够理解这些动机，那么他就不该把自己"看歌剧用的望远镜"当作瞄准镜提供给他人。在爆发革命的那些日子里，叔本华蜷缩成一团，只想着如何维护自己。人们见到的是一位进行着哲学思考的食利者。

三年之后，同情心再度复苏。1852年6月26日，他在遗嘱中确定了单独继承人，这是一个"在柏林设立的基金，旨在资助那些在1848年和1849年骚乱和暴动期间为了维护和建立德国的法律秩序而伤残的普鲁士士兵以及在战斗中阵亡将士的遗属"。

第二十三章

大山向先知走来——门徒、传播福音者、广大的听众——叔本华"献给世界的哲学":《人生智慧箴言》——唯实论的精神——"似乎"——为"不彻底"唱赞歌——第七个哲学场景:叔本华及其后果

叔本华在革命当中保住了自己的财产,而革命却消亡了。革命并不彻底,结果是颁布了一部君主立宪制的宪法,提议普鲁士国王自此继任由民众赐予的皇位。这一事件发生在1849年3月28日。普鲁士国王拒绝了这一动议,一方面是由于他忠实于上帝的恩赐,另一方面则是出于对哈布斯堡家族拥有皇权这一合法地位的尊重。对于普鲁士国王而言,国民议会授予的这项用"污秽和泥巴"做成的皇冠不啻"套在狗脖子上的皮带,人们想用它把我和1848年的革命拴在一起"。

弗里德里希·威廉四世的拒绝是出于现实政治方面的考虑,因为如果他接受这顶立宪制的新德意志帝国的皇冠,那么他就必须应对俄国和奥地利的反抗,甚至要备战。不过对于他而言,决定性的因素还是,他不愿意与温和的自由主义革命有什么瓜葛。

在普鲁士国王拒绝接受皇位之后,议会的一部分成员放弃了初衷,不再致力于推行和贯彻已经形成决议的帝国宪法。立宪派人士离开了法兰克福,剩下了由左派组成的没有实权的光杆议会,它随后迁往斯图加特。1849年6月18日,符腾堡政府封锁了议会的会址,德国议会制的历史便随之暂时告终。就在这几个星期里,在所谓"保宪运动"的感召下某些地方再度发生了暴动。例如在德累斯顿,日后成为叔本华门徒的理查德·瓦格纳与巴枯宁一起走上街头参加抗议活动。各地政府采取了各种

措施（动用严厉的军事手段，设立临时军事法庭，提起叛国罪诉讼，判处徒刑、死刑）重新恢复了平静和秩序。脑中酝酿着《尼伯龙根指环》的理查德·瓦格纳逃往瑞士。此时身处法兰克福的叔本华终于可以长出一口气了：美景街17号门前不再有那些"无法无天的乌合之众吵嚷喧哗。叔本华继续过着与从前一样的生活：清晨写作，饭前吹笛，中午在"英吉利饭店"用餐，下午去俱乐部读报，然后是散步，晚上读书，临睡前对照《奥义书》凝神静想。哲学界的卡斯帕尔·豪泽尔仍隐而未出，不过出头之日已经指日可待了。

1844年3月，《作为意志和表象的世界》印行了第二版，全书扩充至两卷。出版商起先表示反对，然而最终还是作出了让步，不过叔本华要放弃稿酬。叔本华在前言中写道："不是为了当代人，也不是为了举国同胞，而是为了人类，我才将这部今日终于大功告成的书献出来。"他和出版商预料到的局面还是出现了：他仍然无法战胜"这个迟钝的世界"对此书的"抵制"。针对这部著作只有唯一一篇有分量的评论，这篇由卡尔·福特拉格（Carl Fortlage）撰写的书评刊登在《耶拿文艺报》上。作者摆出一副施恩者的姿态称这部著作在康德和费希特之间起到了"承启补充"的作用。而哲学家叔本华自认为开启了哲学上的一个新时代，因此这番评论不会使他感到受宠若惊。

1846年叔本华询问此书的销量如何，布罗克豪斯的回答是："（我只能）十分遗憾地告诉您，我因此做了一笔折本的生意，接下来的事情您就不必再说了。"（Bw 14, 609）

可是到了19世纪40年代，在叔本华的周围开始聚集起一伙能言善辩的坚定信众，叔本华把他们戏称为"福音传播者"和"门徒"。马格德堡地方高等法院参事弗里德里希·多尔古特（Friedrich Dorguth）堪称其中"元老级的福音传播者"，哲学是他的业余爱好。他曾在华沙担任政府顾问，并与同样担任政府顾问的 E.T.A. 霍夫曼颇有些交情。他撰写了大量的"评论"文章，既有批评"唯心主义"的，也有批评"唯实论"的。他的这些评论让公众的耳朵磨出了老茧，他们不愿再听他喋喋不休了。30 年代末他发现了叔本华之后便开始夸夸其谈："我不得不承认，在整个文学史中叔本华是第一个真正有体系的思想家。"[1] 仅凭多尔古特这样的赞歌是起不到什么效果的。

接下来的一位"福音传播者"是在柏林教授哲学的无俸讲师尤里乌斯·弗劳恩施泰特（1813~1879）。他在大学学习期间对叔本华一无所知，后来在翻阅一本哲学百科全书的时候看到了几行字，其中提到了"充满睿智、别具一格的《作为意志和表象的世界》"。于是他便买了这本书，深深为之吸引。1841 年，他在《哈雷年鉴》中宣布："据我所知，在当今的哲学家之中，能够建立起一套纯粹的、见识深刻、洞察敏锐的哲学的，叔本华是第一个。这一哲学迄今为止虽然还鲜有人或根本不为人所看重，但是正因此它的前途是确定无疑的，正如他本人对此确定无疑并充满自信一样。"[2]

1844 年第二版问世之后，叔本华又赢得了两位年轻人：约翰·奥古斯都·贝克尔（Johann August Becker，1803~1881）和亚当·封·多斯（1820~1873），叔本华对他俩尤为钟爱。

两人都不在哲学圈子里，他们是法律界的人。贝克尔是美茵茨的一名律师，他于 1844 年写信向叔本华求教，他向叔本华展示了一些"两难问题"。从信中可以看出，他对叔本华的著作有很深的了解，因此叔本华非常乐意通过书信方式与之进行详尽的探讨，叔本华本人唯一看重的就是与贝克尔之间进行的研讨。贝克尔不仅从叔本华那里学会了对问题的怀疑，而且也潜移默化地开始对康德之后的哲学表示不满，他也因此获得了叔本华的宠爱。贝克尔是唯一一个能够让叔本华离开法兰克福城的人,在天气晴朗的夏日,叔本华会乘坐火车去美茵茨看望贝克尔。不过让叔本华感到惋惜的是,贝克尔只是一个"门徒"而已,他终究无法振奋精神通过著述充当"传播福音的人"。

相形之下,亚当·封·多斯就要实干得多。

多斯在读完《作为意志和表象的世界》后,于1849年前往法兰克福朝圣,此时的他作为法律系的学生刚刚通过资格考试。叔本华接待了他,这位狂热的信徒让他感到深深的陶醉,他把多斯称作自己的"门徒约翰"①。他此时的信徒尚不多,为了鞭策激励他们,叔本华写信给弗劳恩施泰特,将自己接待的这次愉快的来访向后者作了通报:"他对于我所有的著作都了如指掌,而且确信我说的都是真理,在这一点上,如果说他还比不上你的话,那么至少跟你也是一样的:他所表现出的激情难以言表,让我非常欣慰……我要告诉您,他是一位狂热的信徒。"(B,240)

多斯虽然也不是一位"福音传播者",但是作为"门徒",他常给那些连他自己都未曾谋面的有学识的知名人士写信,告诉他们是到了该读一读叔本华著作的时候了……

在这群信徒之中,尤里乌斯·弗劳恩施泰特是最活跃的分子,虽说叔本华把他看作自己的"福音传播者",可是实际上叔本华待他最不好。对于叔本华而言,弗劳恩施泰特是一位勇敢能干的助手,他拼命地发表文章,评论师傅的学说,与那些反对者作斗争。

他四下搜寻专著和期刊中有关叔本华的评论,并如实地向

---

① 约翰是耶稣的十二门徒之一,又被称作"最受宠爱的门徒",耶稣死后,他与彼得和雅各布在耶路撒冷传教。

叔本华通报自己的发现。他为叔本华采集图书资料，有时候还向他提供证券市场行情方面的消息。即便是这样，他还是经常受到叔本华的无情训斥。弗劳恩施泰特生性多变、草率、过于激动，他的好奇心有余，然而理解力却不足，因此常常会产生形形色色的误解。比如说，他会将"意志"曲解为某种"超越经验的绝对之物"，这么做可能就是为了让神学家对这个概念产生兴趣。叔本华教训道："亲爱的朋友，为了传播我的哲学，您着实作出了众多不小的功劳，我必须念及此事才能不让自己失去耐心和理智……我曾写信提醒您（却徒劳无益）：在'云中的布谷鸟家园'，①（犹太人的上帝就端坐在那里）中您是找不到自在之物的，而是要到这个世界上的事物之中去寻找，比方说在您写字的桌子之中，在您坐下的椅子之中……我的哲学从来不谈论'云中的布谷鸟家园'，而是谈论这个世界，也就是说，这种哲学是内在性的，而不是超验性的。"（B，290）

有一回叔本华指责弗劳恩施泰特暗中喜欢上了"可憎的"唯物主义所宣扬的道德，这一次面对叔本华的粗暴态度，弗劳恩施泰特进行了自卫，结果叔本华中断了两人之间的书信往来。可是弗劳恩施泰特依旧忠心耿耿，一直充当着"福音传播者"。几年之后——1859年叔本华向他表示感谢，并且让他继承自己的著作和遗稿。

在这个起初由门徒和"福音传播者"组成的小圈子里，叔本华享受着自己所扮演的"教主"角色。这是一个"少数派宗教"圈子，由叔本华和那些对哲学教条主义持批判态度的人组成，然而有时候他们也以一种教条主义的方式严格维护自己的

---

① 这是古希腊喜剧家阿里斯托芬对有人提出按照几何规律进行城市规划所作的嘲讽，柏拉图由此得出的结论是，数学法则提供的是某种理想形式，人们感知到的物质世界并不遵循这些数学形式和法则，而是偏离了理想形式，它是依据本身的质料构成而自然形成的。

学说。叔本华很难忍受别人的批评，尤其是当这种批评来自内部的时候，此时他就要求他们"立即闭嘴"。当听说信徒们要聚会的时候，他就会说："只要有两个人是以我的名义聚在一起，那么我就在他们中间。"（G，139）

在声名鹊起之前，叔本华精心维持着这种秘密结社聚会的交往形式，长时间以来的默默无闻使他养成了自负的坏脾气，因此这种交往方式让他感到颇为得意。一直到50年代初期，自负的叔本华还得承受公众那种让他心寒的排斥态度。

1850年，叔本华完成了耗时六年的《附录和补遗》。按照叔本华的话来说，这是一些"次要著作"和"剩下来的东西"，虽然"零散，不过这些对具体事物产生的思考是按照一定的体系组织在一起的"，这其中就有日后闻名遐迩的《人生智慧箴言》。

1850年7月26日，叔本华写信给布罗克豪斯联系出版事宜："完成这部著作之后，我打算封笔，因为一个上了年纪的人只会生出身体虚弱的孩子，这些孩子不仅会抱怨他们的父亲而且还会有损他的名声，我要避免这种情况的发生。"（B，242）他继续写道，这部著作"与此前的书相比要通俗得多"，从某种意义上说，它是一种"献给世界的哲学"。（B，244）布罗克豪斯不愿相信他说的话，拒绝出版此书。而且其他的出版社也对此不感兴趣。这时候弗劳恩施泰特自告奋勇，他说服了柏林的一家出版社出版此书。1851年11月，两卷本的《附录和补遗》问世。这是一个转折点，正是凭借着这本"献给世界的哲学"著作，叔本华终于取得了突破。不过这一突破依靠的并不仅仅是他的一人之力，转变了的时代精神与叔本华在途中不期而遇。于是两者终于走到了一起：叔本华和他的时代。

有这样一种流行的观点：在革命失败之后，世界之痛、失望之情、普遍的灰心丧气、悲观情绪统治了整个文化界，于是叔本华的伟大时代就此来临。这种观点根本不符合事实。

那些积极参与革命的人（尤其是那些比较极端的分子）当然产生了失望、郁闷的情绪，他们感到所做的一切徒劳无益。叔本华的哲学在这些人那里当然找到了肥沃的土壤，赫尔维格就是一个很好的例子。这位赞颂"党派城垛"的歌手曾是一位武装斗争分子，在1848年4月间，他参加了巴登地区的武装暴动，革命失败流亡到瑞士之后，他一头扎进了叔本华的著作之中，而且他还使自己的朋友理查德·瓦格纳对这位哲学家产生了激情。

叔本华"献给世界的哲学"首先是在那些有学识的市民读者之中产生影响的，在他们那里察觉不到什么悲观情绪。恰恰相反，对进步的信仰依然十分普遍，甚至有增无减。不过信仰在形式上发生了转变，按照当时人的说法，这种信仰趋于"现实"。告别偏激之举，不再进行空洞的思辨，勉强、不自然的东西只会显得可笑。人们终于不再对现实提出过分的要求，要让自己有耐心。摒弃精神的主观倾向，现在强调的是事物和关系本身之中的"客观"倾向。从任何一个角落，无论是在政治界、文学界、科学界，还是在日常生活之中，当然也包括哲学界在内，都发出了这样的呼声：回到事实的土地之上！自由派人士路德维希·奥古斯都·封·罗豪的著作《现实政治原理》（*Grundsätze der Realpolitik*）于1853年出版，他向这个时代贡献了一个具有顽强生命力的关键词——"现实政治"。为了让政治能够有所作为、有所改变，就要适应既定局面，因此这个关键词具体化之后就变成了：由普鲁士来解决"民族问题"。就连马克思也开始脚踏实地，以事实为落脚点，无产阶级拯救世界的想法退居幕后。他开始从事一些费力的细小工作，解剖社会这个躯体，发现其灵魂就是"资本"。于是接下来的问题便是：或许历史的创造者不是人，而是结构？

50年代之初，图书市场上充斥着一些庸俗唯物主义的畅销书：摩勒绍特①的《生命之循环》(Kreislauf des Lebens)、福格特②的《动物世界里的图像》(Bilder aus dem Tierleben)等，最重要的还是路德维希·毕希纳③的《力量和质料》。它们摆出再清楚明白不过的事实依据，对形而上学和思辨思想进行攻击。这些书教导人们，思想与大脑之间的关系就仿佛是胆汁与肝脏或是尿液与肾脏之间的关系。

1855年，佐尔贝④在书中的一段话在一个更高的哲学水准上体现了唯物主义的这种怡然自得之态："臆想出一个超感觉的世界来改造这个可以认识的世界，给人附加上某种超感觉的成分把人变成某种超越自然的生命体，这些都是……（某种）狂妄和虚荣的……明证。当然，对现象世界的不满是导致这种超感觉观念的深刻原因，但是这种原因毫无道德可言，而是一种道德上的缺陷。"[3]

这一番思考最后落实到一句话："满足于这个既定的世界吧。"[4]对于佐尔贝（以及与他同时代的那些人）而言，存在某

---

① 摩勒绍特（Jakob Moleschott, 1822~1893），德国哲学家，经验论和机械唯物主义的代表人物，他认为一切认识都应该基于体验，基于对感官知觉的思维总结，代表作有《物质交换生理学》《生命之循环》《生命之统一体》。

② 福格特（Karl Vogt, 1817~1895），德国哲学家，唯物主义的代表人物，反对灵魂不死论，强调人的意识心理受到大脑生理功能的制约，代表作有《生理学书简》《宇宙创造之自然史》《迷信与科学》。

③ 毕希纳（Ludwig Büchner, 1824~1899），德国唯物主义哲学家，他认为自然科学是所有哲学的基础，反对区分灵魂与肉体、精神与物质的二元论，力量和质料是唯一的存在，代表作《力量和质料》《自然与精神》《人在自然中的地位》《未来生命和现代科学》。

④ 佐尔贝（Heinrich Czolbe, 1819~1873），德国哲学家，曾任军医，是感觉论和自然论的代表人物，其主要观点是哲学认识应该放弃一切超感觉之物，而应该基于直观和经验性的东西，其代表作有《感觉论新说》《自我意识的形成》《人类认识的界限和起源》。

种合乎道德的义务:"唯实。"

此时就连冯塔纳①(以及和他的名字联系在一起的整个文学思潮)也将表现现实当作自己的职责。1848年革命期间他在一家剧院的道具室中弄到了一支木头火枪,没过几年他就写下了自己的美学纲领:"无论从哪个方面看,我们这个时代的特点就是它的唯实倾向。医生们抛弃了一切推论和联想,他们想要的是体验;(所有党派的)政治家都将他们的目光集中在现实的需求上,把那些精巧的模型锁在台板下面……我们这个时代的现实主义在艺术之中不仅获得了最坚定的反响,而且或许恰恰就是在这里(与我们生活中的其他领域相比)体现得最为明显……现实主义是一切陈词滥调和情感泛滥的死敌……它就是要将谎言和做作淘汰出局。"[5]

在哲学界,黑格尔已经过时了。在三月革命之前,人们就已经让黑格尔"自己管自己"了。人们曾想要挤进"现实性"之中,可是它具有某种与众不同的光芒,必须进行思辨才能进入其中。在费尔巴哈的"身体"和马克思的"无产阶级"概念之中毕竟还藏着某种形而上学的增值部分。将思辨的道路倒过来走一遍,人们就发现了"现实性",从费尔巴哈、马克思和晚年的谢林那里都可以看到这一点。思辨的遗产不可忽视,必须把它解决干净。这种"现实性"只是一种思慕的目标而已,绝不是"四八后哲学"中那种理所当然的现实性,后者在第一个阶段的交锋过后就会很快变得平庸无聊。

黑格尔彻底过时了,人们甚至都不必事先去消解他精心编制的文本就可以将他的著作抛在一边了。弗里德里希·阿尔伯

---

① 冯塔纳(Theodor Fontane, 1819~1898),德国作家、诗人,现实主义文学的代表人物,其小说作品如实地描绘了19世纪下半叶德国上层社会的生活画面,具有较强的批判性,代表作有《艾菲·布里斯特》《燕妮·特莱贝尔夫人》《施泰希林》,此外,他创作的《勃兰登堡游记》也享有盛誉。

特·朗格①1875年所下的断语具有典型的时代特征:"德意志概念浪漫主义的退化。"⁶

站在事实的土地上,人们想要获得成功、取得进步,无论是在哲学上、政治上,还是在文学上、科学上。首先是在科学上。化学家尤斯图斯·利比希②向人们展示了他的做法:他在自己位于吉森的实验室里开垦了精确实验科学的新田地"有机化学",通过一系列发现,他又取得了一大批成果:农业化学、合成肥料等。由于获得了实际的成果,这就使他敢于对医学教育中的自然哲学残余发起攻击,其锋芒无人可以匹敌。他把自然哲学称为"我们这个世纪的鼠疫",并继续说道:"如果一个人因为自身的疯癫状态而杀害他人,那么就应该把这个人关起来。今天人们居然还准许用自然哲学来培养我们的医生,并向他们传授自身所具有的疯癫状态,它使那些医生们可以心安理得地按照这些原则来杀害成千上万的人。"⁷人们发现这是在秋后算账:太久以来,严密科学一直处于思辨知识的阴影之下,积蓄下来的怨气现在(在这个唯实的新时代)终于可以发泄出来了。

人们辛勤地翻耕着事实的土壤,为的是让现实性在此发育成长。

首先,人们必须通过体验确定事实的存在。在黑格尔那里,这根本不是什么理所当然的事情。在他看来,即便体验可

---

① 朗格(Friedrich Albert Lange, 1828~1875),德国哲学家、社会政治家,在其代表作《唯物主义的历史》中,他一方面肯定唯物主义在自然科学方法论方面的意义,另一方面又拒绝承认其在哲学和世界观方面的作用。此外,他认为宗教、形而上学、艺术的意义不在于传递真理而是对于人有实用价值,由此奠定了德国实用主义的基础。

② 利比希(Justus von Liebig, 1803~1873),德国化学家,在有机化学领域获得了一系列重要的发明和发现,开创了有机化学元素分析的简单方法。此外,他还是农业化学的奠基者。

以确保具体事物的存在，具体事物还是无法找到。必须在建构性的概念之中捕捉到具体事物，此时具体事物具有"现实性"。

其次，必须确保体验是真实可靠的。它必须是一种受到操控的体验，必须可以通过实验得到反复验证。也就是说，它必须具有共通性。这就是蕴含在经验科学内部的形式上的民主：在既定的（实验中给定的）条件下，每个人都可以体验的东西才是真实的。在科学的经验中不存在精神上的贵族统治，每个人都只是研究过程中的成员，这是大势所趋。在经验科学的内部，资产阶级的进步要求以一种复杂的方式得到了部分实现。不仅是经验科学所取得的实际成果，而且它的体验结构必须时时牢记进步的观念。对此人们并不感到惊讶。

再次，人们必须将这些"事实"切分为一个个细小的部分，这样就可以知道，"事实"究竟是由哪些成分组成的，或许用那些新发现的元素又可以组成新的"事实"。

自从生理学发现细胞是最小的生命单位之后，人们现在可以用一种完全不同的方式来谈论"生命"这个宏大的、综合性的、包罗一切的概念了。这简直就是莱布尼茨单子论的复活，不过既然人们把有机体解释为细胞分裂的过程（这也是一个新的发现），也就不必再来援引莱布尼茨"先定和谐"（prästabilierte Harmonie）的观点了。同样是在一个小的单位中，人们找到了生命的敌对因素，侦察敌情后发现了元凶：细菌。医学开始向它宣战，这场战斗中的统帅就是鲁道夫·维尔绍夫[①]。

是什么决定人的生与死，现在可以在显微镜下观察得到：

[①] 维尔绍夫（Rudolf Virchow，1821~1902），德国病理学家、人类学家、政治家，显微病理解剖学的奠基人，其细胞病理学理论的影响一直延伸到20世纪。此外，他还是德国进步党的创始人之一，曾任帝国议会议员。

这是一个与形而上学无关的自然现象，那种关于存在某种与心灵相通的"生命力"的设想已经大势已去。

在达尔文进化论的冲击之下，一切残余的创世信仰也都同样大势已去。

达尔文的大作《物种起源》于1859年出版，对于（在现实中）顺应现存事物的时代精神而言，这部著作为其提供了充分的养料。生命体为了适应环境而发生种种变异并因此在"生命的搏斗"中增大了存活的机会，达尔文将这一现象视作进化历史的推动力。适应者获得了继续存活下去的奖赏，因此，进化的历史完全可以被解释为物质进步的历史。不过这样的一种进步并没有为弱者着想，在这里折射出了英国当时经济上的自由主义的本来面目。后来人们把这种思想称为"社会达尔文主义"。

历史主义是当时的另外一种潮流，它同样在促进"唯实论"的发展，具有破除神话的功效。历史主义对待真理的方式就像拿破仑的作风，一切"精神上的诸侯"都必须置于统一的王权之下。现在有的是五花八门的"哲学史"，而不是哲学；在一个文学贫乏的时代中，涌现出了众多宏大的"文学史"。兰克①的声誉甚至渗透到了中小学的阅读书目之中。

"唯实论"已经扩展到了文化的各个领域，着实给人留下了深刻的印象。它其实是一轮新的世俗化运动，内里空洞冷漠。恰恰是在自然科学家那里，人们察觉到了这一点。1854年在哥廷根召开了自然研究者大会，会上出现了一次大论战。

---

① 兰克（Leopold von Ranke，1795~1886），德国历史学家，历史主义学派的代表人物，他认为历史学家的任务不是说教，而是还原历史的本来面目。他强调修史必须以原始材料为据并对其进行考证，不应用当下的眼光而应该从具体历史时期的语境中评价历史。其历史学思想对后世影响深远，代表作有《普鲁士史》《英国史》《德国宗教改革史》《世界史》。

有一派科学家试图拯救"心灵",然而他们不得不忍受别人指责他们"迷信"。

在唯物主义和自然论的燎原之势下,科学家们躲在"心灵"这一掩体的背后。这种情形正体现了人们的某种不满,正是这种不满情绪促使人们愿意去理解叔本华的形而上学。人们在他的哲学中找到了一种思想,它很久以来就在与刚刚遭到人们摒弃的精神哲学对峙交锋,但是它又没有倒向彻底的唯物主义和自然论一边。虽然人们也有可能从唯物主义的视角出发对叔本华的哲学产生误解,但是显而易见的是,意志哲学与时代精神中粗莽的唯物主义形成鲜明的对照,并由此产生了一个不同的尺度。人们相信,在叔本华的哲学中可以发现某种潜藏着的活力论(Vitalismus),后者赋予那种经验性的、富于理性的"内在性"(这正是人们坚定拥护支持的)以某种深度,怀着不满情绪的人们需要的正是这样的深度。

人们发现,叔本华对冷静现实的头脑、唯物主义的解释方式持赞赏态度,此外,他也赞同人们承接康德的观点论证我们经验性的好奇心何以就必然在这样的轨道上起作用。此外,唯物主义的某些做法也可以从叔本华那里得到证实。不过与此同时,叔本华特别强调通向现实性的门径不止一个。而且以物质形态显现出的表象世界也仅仅是表象而已。叔本华带动了新一轮的康德复兴,并且同时开创了某种"似乎—唯物主义"的可能性。人们可以信赖严格的经验科学,以唯物主义精神为支柱,但又不必完全成为它的俘虏。人们仅仅是从物质层面上去理解把握内在性,而在叔本华那里,"彼岸"就是在自身上体验到的意志,人们借助它就可以与内在性抗衡。

与"似乎—唯物主义"相比,叔本华在自己那部"献给世界的哲学"著作中所创立的"似乎—伦理学"的影响力更大。1850年之后,叔本华的《人生智慧箴言》很快就成了那些有学识的市民家中必备的书籍。

我们知道，叔本华将自己"真正的"伦理学归结到了神秘的"同情"之中：与全部存有之痛苦合为一体，打破个体化原理的樊篱，在保存自我的战斗中削减自己的武装。当个体允许他人之痛苦进入自身的时候，他实际上已经与某种否定性（对生命意志大声说不）私下里结为联盟。如果意志带着同情，那么这种意志就已经做好了"转变"的准备。如前所述，这一切是无法通过索取达到的，没有哪种人生的智慧命令我们这样做，要么同情，要么就不同情。利己思想使人紧张焦虑，而同情心则减轻了这种情绪，然而从维护自我的理性角度来衡量，同情是不理智的。同情伦理学与寻求自己的幸福毫不相干，叔本华在《人生智慧箴言》中谋划的"似乎一伦理学"有完全不同的幸福观。叔本华在书中要求人们主动适应"维护自我的原则"，要求人们能够过一种适度的"幸福"生活。可是叔本华也只能有所保留地指导人们如何幸福生活，他的"更高的形而上学—伦理学的立场"是要引导人们否定生命，因此他在前言中再次提醒人们这一点："在某种程度上说，我在探讨这一切时都基于某种折中态度，前提是，这一探讨是从寻常经验的立场出发并记录下这一立场的错误。"（IV，375）

在这里，悲观主义的厚重底色有所弱化。苟活保命的智慧平素里遭到人们的非难，在叔本华那里，这种智慧平添了某种实用主义的价值：权当我们的生命是有价值的，那么为了从中获取可以企及的最大限度的幸福，我们应该怎样生活呢？这就是叔本华在《人生智慧箴言》中要回答的问题。这是一部"献给世界的哲学"著作，它不想造就一次哲学上的轰动事件。在叔本华的其他著作中，对生命的否定充满玄机，然而在《人生智慧箴言》中这种否定被弱化转而变成了某种充满玄机的、有限度的肯定：如果我们无法避免随大溜，那么至少要持某种怀疑态度，要经得起失望，在博弈中将投入控制在最低限度，尽量少放贷。如果必须（或者愿意）参加表演，不管是喜剧还是悲剧，那么至少要做到一点，即让自己"既是观众，同时又是演员"。（Ⅳ，525）

叔本华鼓励人们采取一种"似乎"态度，按今天的话说就是："你没有机会，但是要利用它！"

这是一种相对的"幸福"，但是这种幸福从何而来呢？

叔本华给出了三个来源：它来自"人是什么"，来自"人有什么"，还来自"人给他人的形象如何"。在叔本华看来，寻求幸福的喜剧正是在这三个层面（自身的存在、占有、他人的评价）中上演。

正如斯多葛学派的作风，叔本华要依据可信度和可靠性进行权衡。别人可以从"我"这里夺去什么，"我"所依赖的是什么，在哪方面"我"的影响力最小？

"他人的评价"是"我"之实存在他人眼中产生的镜像，对此"我"可以施加的影响力微乎其微。如果我们期望从这里获取幸福的话，那么我们不啻在最不牢靠的地基上盖房子。为了别人而决定自己的存在，这样很容易导致我们迷失自我。

我们所"占有"的东西可以为我们提供舒适和庇护（这是叔本华的肺腑之言），但是这也很容易被他人夺走。而且"占有"具有某种反作用力：我们最终会被"占有"所占有。最佳的方式是："占有，就似乎我们没有占有。"

叔本华号召人们"返璞归真"，缩短战线，尽量缩小可能受到攻击的区域。"返璞归真"所赢得的幸福就是"回归自身"。（Ⅳ，428）我们应当发现自己究竟是什么，我们或许无法与自己遭遇，但绝对不可能摆脱自己。理想是某种自给自足的状态：从自身之中，从精神气质、幻想、想象力之中，从自身的秉性之中获取享受，而且要获得这种享受必须具备一种能力,即通过有意识地摒弃个性、通过自我塑造对上述这一切施加有利的影响。当然这样就会与自身意志的权力产生矛盾,因为意志并非老老实实地待在那里,意志是某种渴望,它会表明自己的态度,它会将"我"牵扯进占有物的世界,牵扯进他人的世界。要达到这种自给自足的境界,首先就要削弱自己的意志。某种深思熟虑的态度必须在此占主导地位,它不仅仅来源于某种恪守现实原则的人生智慧,而且其中还混合进了对意志的否定态度。因此从某种意义上说,叔本华将那个"更高的形而上学—伦理学的立场"作为前提,而这其实正是他在此书中想排除在外的东西。

叔本华在此采取了存在主义的手法,把自我从所有物的"非真实"世界中、从他人的评价中剥离出来,为的是在《人生智慧箴言》中以主要篇幅来思考人与这个"外在的"世界所进行的抗争。这样做自有其道理:只有使劲地将自我剥离出来,我们才能够痛苦地感觉到我们与外界有千丝万缕的牵扯。叔本华自己也承认:在我们自身中存在他人的世界,后者好似"生在我们肉中作痛的刺"(Ⅳ,427),我们很难将它取出来。这一次与斯多葛学派的做法不同,叔本华承认社会因素的主导地位。但是他的观点依旧:并非通过社会,而是置社会于不顾而获得幸福。

身陷于社会之中的人如何从社会中争得自己那一点点幸福,叔本华正是要在这方面给人们提供些建议。叔本华用一幅画面形象地展示了最重要的一条建议,其他的建议都是从中引申出来的。叔本华将"社会比作一团火,聪明人与之保持适当的距离而得以取暖;傻瓜则不是因为靠得太近而被灼伤,就是抱怨火的灼热而逃之夭夭,在孤寂寒冷之中哀号"(Ⅳ,514),叔本华早在40年前的手稿本中就已经捕捉到了这样的场景。

《附录和补遗》中那则关于豪猪的譬喻已经脍炙人口，叔本华第一次讲述这则寓言是在30年代初期，第一位听众是他当时正在追求的卡罗琳娜·亚格曼。这则寓言给我们的教诲是："在一个寒冷的冬日，一群豪猪为免挨冻而挤在一起互相取暖。然而不久它们便感觉到了对方身上的刺，于是它们便彼此分开。可是相互取暖的需求又把它们聚在一起，接着又发生了同样的不快。于是它们不断地在刺痛和寒冷这两种痛苦之间徘徊，最终它们找到了彼此应该保持的恰当距离。"（Ⅴ，765）叔本华提出的所有其他建议都与这一"保持适当距离"的人生艺术有关。人们应该将自己的寂寞也带到社会当中去。叔本华主张人们要"彬彬有礼"，他认为这是一种"默契"，即"对于人们可悲的缺点，无论是道德上的抑或是才智上的，要视而不见、充耳不闻，更不加任何谴责"。（Ⅳ，552）他还建议人们保守自己的秘密，因为有朝一日别人会利用这些秘密来跟你作对，哪怕是那些我们现在还爱着的人。他还警告人们不要陷入愚蠢的"民族自尊"，因为它"暴露出个人没有什么值得骄傲的品质，否则的话，他就不会去与自己千百万的同胞们分享某些品质了"。（Ⅳ，429）

  叔本华这些建议的前提是，社会是由种种潜在的人与人之间的敌对和彼此间的恶意组成的。爱情和友情虽然是友好亲善的两座堡垒，但是在通常情况下，它们很容易就会被平毁，比人们想象的要快。正确的做法是，把爱情和友情置于人应有的财富之下，就像没有它们一样。如果爱情被固定在婚姻之中，那么情况就更不妙了。叔本华愤愤地丢下一句简明扼要的话："我并没有把妻室儿女包括在个人的所有物中，倒不如这么说，人是妻室儿女的所有物。"（Ⅳ，420）所以说，婚姻与适度的幸福没有关系。

  叔本华在《人生智慧箴言》中不仅是在给人们提出建议，

而且他还在为自己画像，当然是带着一种放松的心态，与自己保持着一定的距离，尤其是在他写到人如何保养自己的身体（人最大的财富）的时候。他告诉人们应当如何经营自己的人生；他建议人们要审慎周密地管理好自己的财产，这样就可以把风险降到最低限度；他在思考人如何准备应付死亡；他长篇大论地阐述人对名声的贪恋和虚荣心。很长一段时间内，叔本华苦于不被人们认可，因此他对自己下面的这番话有深切的体会："从人类幸福的观点来看，名声只不过是可以让我们的自尊和虚荣得到满足的一小口稀有、美味的食物。这种自尊和虚荣大量地存在于绝大多数人身上，虽然他们将其隐藏了起来，或许在那些追逐名声的人身上尤为明显，他们很长一段时间不太清楚自己最重要的价值在哪里，一旦机遇出现，他们便让自己的价值接受考验并最终获得人们对这一价值的认可。直到这一情形出现之前，他们感到自己受到了某种隐秘的不公正待遇。"(Ⅳ, 475)

在临终之前，叔本华在书页的空白处又加上了这样的话："我们最大的快乐在于得到别人的赏识。那些人——无论他们出于什么样的缘由赏识我们——也不愿意立刻表现出他们的赏识。因此只有那个能够真诚地赏识自己的人——不管他是怎样做到这一点的——才是最幸福的人。前提是，其他人不得去误导他。"(Ⅳ, 475)

叔本华的确做到了这一点。在最终获得别人的认可（主要是因为这本《人生智慧箴言》）之前，他始终孤芳自赏。

可为什么偏偏是这部著作呢？

在叔本华这部"献给世界的哲学"著作中，悲观主义打了个对折。虽然贯穿了全书的悲观主义构成了这部著作的基调，但是其中对生命的否定并不是完全彻底的。书中虽然隐隐指出了人生在世大有不惬意之事，但为了生命，将不惬意排除在外。为了取悦生命，叔本华给予人们某种人生指导，教人们如何继续做自己的事情，不去管其他的事情。毕竟叔本华自己就一直是我行我素。由此生发出来的是一种人生教诲，它要人们做好最坏的打算，它教会人们一种智慧，如何在众多不快中选择最小的那个。"对幸福的思慕"受到了压抑，人们转而求其次：如何聪明地应付"不幸给人带来的忧虑"。（Ⅳ，523）

受到叔本华影响的是那些不想把自己的人生完全交付给某项事业的人们。他们既不沮丧绝望，也不对进步充满信心，他们是一群循规蹈矩的人，脚踏实地，大部分人在人生中都获得了一定的成功。这些人成为叔本华的第一批追随者。难道叔本华这一"献给世界的哲学"就因此是一种毕德迈耶尔式的哲学吗？确定无疑的是，如果拒绝从理论中得出极端的、实际的彻底结论，那么确实可以指责这种哲学是毕德迈耶尔式的。但笔者怀疑这种看法。尼采日后有一种观点：存在着一些真理，但是人们被告诫不要将这些真理"现实化"，而且对这些真理最好守口如瓶，千万不要彻底贯彻它们。为什么要彻底呢？

一般认为，思想在行动中产生，人应当始终如一，并以认识到的真理为依据生活。可是，这样的彻底性不是导致了自我约束的产生吗？最终人们只敢思考他们认为可能的生活方式。或者恰恰相反：人们要不惜一切代价（哪怕是毁灭）去过一种生活，只是因为人们曾经思考过这样生活。人们一会儿思想不够极端，一会儿又为了某种纯粹的思想而采取各种各样的现实行动。为了使思想和行动获得各自的公正和真理，人们难道一定要将两者强行分开吗？斯宾诺莎说过这样一句话，大意是：正因为不能事事都做，所以我可以事事思考。假定这样一种情况：必须保护极端的思想，使之在付诸行动时不接受任何妥协；同时也要保护妥协行动能够实施，使之不受极端思想的干扰。在这种情况下就必须放弃彻底性。

存在两种真理，一种可以体验，一种无法体验。人们必须两者都坚持，要做到这一点，那就必须放弃两者之间可以相互转换这一危险的幻想。要保持平衡非常困难，只有不会产生眩晕的人才敢于低头看一眼脚下的深渊。只有具有坚定的生命意志的人才有勇气对深渊、对否定生命进行彻底思考。叔本华的哲学就是这样，在他那里，否定意志这一思想是不受意志干扰的。在这一否定行动中，叔本华只是一个旁观者，他将其他人吸引到自己身旁一同旁观，这些人对当代文化日益不满。作为一名看客，人们不必担心被完全套牢。为了躲避肯定性，人们可以逃避到否定性之中，反过来也可以。"如此生活，就似乎"始终是一种使人免于狂热的最佳生活方式，它使人不会陷于自己亲手建造的囚牢之中，使人不会如饥似渴地投身于各种规划之中，这些破釜沉舟的规划往往蕴含着灾难性的后果。

叔本华的哲学中含有某种歧义性：它一方面参与实际生活的谋划并指导人们如何维持个体生命，另一方面又解释说："其实"不存在什么单纯的个体，"其实"不存在什么单纯的生命，一切皆为一体。不仅仅是狭义上的叔本华艺术哲学具有影响力，他的哲学中的这种歧义性对19世纪下半叶直至当今的艺术家也产生了深远的影响。歧义性涉及的是一种审美意义，是一种对人生的审美态度，它赋予严峻的生命以否定性基调。虽然每个人都必须"在人生这出场面宏大的木偶戏中参加演出"并且"感受到那根牵出他并使他做出动作的线索"（V，495），但是哲学却赐予他某种视角，让他可以看到整出戏。在这些瞬间里，他暂时停止充当演员，转而变成了观众。这是一个哲学的瞬间，而同时又是一个审美瞬间：置身事外的观看，不必认真，认真只能让人什么也看不见。托马斯·曼的反讽正是源于这种态度，他深知这一点，因此他感谢叔本华给予了自己一种视角，让他可以观察到世界"也可能是那样"。

正是从这一审美视角出发,叔本华描绘了一幅令人叹为观止的画面,《作为意志和表象的世界》正是以这幅画面为开端的:"在无尽的空间之中,不计其数的星球熠熠生辉,围绕着每一个这样的星球都有大约十几个更小的星球转动,它们接受着前者的光辉。这些小星球内部炙热,被一层凝固的、寒冷的外壳所覆盖,其上生长着一层霉菌,正是这层霉菌创造出了一群生活着的、认识着的生命。这就是经验性的真理、现实、世界。"(Ⅱ,11)

很显然,如果从这一视角出发观察一切,那么在谈及"霉菌层"上人们自以为是的忙忙碌碌时,只能采取一种嘲讽的态度,甚至是带着一种粗俗的诙谐口吻。乌尔里希·霍尔斯特曼(Ulrich Horstmann)将其称作"人类赋格曲式的思考"[8](anthropofugales Denken),他推断其中含有某种消灭自我的兴致。

无处不与我们作对的严峻人生要向我们发起毁灭性的攻势,那么从审美视角出发宣布一切皆是虚无,是一种先发制人之举吗?或许恰恰相反,或许从审美宣布一切皆是虚无正可以使严峻的人生变得松弛,这样它就没有多少兴趣发起真正的毁灭性的进攻。

叔本华正是凭借这种"松弛"的方式发挥了影响。不仅仅是托马斯·曼的反讽笔调,19世纪下半叶德国伟大的现实主义作家们(威廉·布施①、特奥多尔·冯塔纳、威廉·拉贝②)

---

① 布施(Wilhelm Busch,1832~1908),德国诗人、画家,以创作配诗连环画而著称于世,作品充满了讽刺意味,揭露了农民和小市民的种种陋习和性格缺陷,代表作有《马克斯和莫里茨》《汉斯·胡克拜因》《虔诚的海伦娜》等。

② 拉贝(Wilhelm Raabe,1831~1910),德国作家,一生创作了大量的小说,以幽默的笔调反映了19世纪下半叶德国社会的现实并融入了自己的思考,代表作有《雀巷春秋》《饥饿牧师》等。

的幽默文风都得益于叔本华。

在读完叔本华的著作之后，威廉·布施在一封信中提到自己的幽默风格来源于某种反差："理智端坐脑袋里，观察着下面的一举一动。它对意志说：'老家伙！算了吧！这是自寻烦恼！'可是意志不听它的。失望，乐趣持续的时间很短，而烦恼却长久存在，衰老、疾病、死亡。这一切都无法把意志拖垮，它仍埋头继续。就算是无数次被撞得头破血流，它还是从头再来，不得不再次付出代价。"叔本华教会他要保持一定的距离进行观察，而布施则大胆地采取这一视角审视大师本人："克制节欲也是一种愉悦，是从我们无法得到的东西那里所获得的愉悦。"

冯塔纳从叔本华哲学的歧义性中获得启发，这还得归功于叔本华的"门徒"维希克。维希克是普劳恩的一位庄园主，他建了一所房子（就像是个小教堂）把叔本华供起来，每当后者的寿诞之日他都会宴请宾朋。1874年冯塔纳受邀出席，他记述道："当在场的所有人都断定咖啡是赐予人类的最重要的礼物之后，大家才开始享用它。"[9]

冯塔纳在1888年写给儿子的一封信中谈到了自己对叔本华悲观主义的态度："人们也可以将他的悲观主义……转化为某种轻松愉快的情绪。不仅如此，人们确实可以重新变得愉快起来……最终人们在一切事物之中了解到一个法则，并且自己确信不可能出现别的情况，于是人们便在工作和尽义务之中获得了某种个人的满足。目光敏锐地直面对象，在当时确实是一件可怕的事情，可是渐渐人们不仅会习惯于此，而且还会从中赢得某种认识，哪怕理想因此而破灭，但是通过这种认识人们可以获得不小的满足。"[10] 在写下这番话的时候，冯塔纳正在进行《施泰希林》(*Stechlin*)的创作。

施泰希林临终前曾说："自我本身什么也不是，人们必须甘心知足。"小说中的一位伯爵夫人名叫美露西娜(传说中水妖的名字),水妖流落到人间,站在坚实的土地上,可是她终究还是得回到海洋中去。美露西娜伯爵夫人阻止乡警翁克在冻结的湖面上凿洞,她害怕会有一只手从洞中伸出来抓住她并把她拽下去。不,自我是靠不住的,某种强力就可以将它夺走。暮年的施泰希林对此已经很明智了,他对一切都泰然处之。意志就是一切,它始终循环往复。如果在世界的某个角落发出了高卢雄鸡的鸣叫,那么从施泰希林湖底浮出水面的也会是意志。

大约在同一时期,威廉·拉贝正在创作《好吃懒做的人》(*Stopfkuchen*),他要借这部作品向那位生活在法兰克福的哲学家表达敬意。小说的主角名叫海因里希·绍曼,他躺在自家"红垒"庄园的"树丛下"保持着恰当的距离静观世事,袒露自己的肚皮晒太阳。从外面的"世界"来了一位过去的同学爱德华——拉贝赋予这位人物一个颇具象征意味的符号——他在"充足理由律"的转轮里奔跑,这是一位经验主义者,他那永远无法满足的追求使他跑遍了整个世界。海因里希·绍曼则留在原地,他与作者的观点一致:"是的,其实结局都是一样,无论你是待在自家的树丛下听人讲述世界中的冒险经历,或者自己……走出去,到……外面去寻求冒险经历。"这位"红垒"庄园里的菩萨躺在"树丛下"仰望星空,面对着"不计其数的星斗","人间的友谊"相形见绌。在这样的时刻里,他"惬意地蔑视这个世界"。

毫无疑问,在这些"现实主义作家"那里,悲观主义的底色上散发出某种惬意的光泽。

然而叔本华的另一位(无疑是最重要的)弟子尼采却强烈抗议这种惬意的态度,他认为自己必须得保护叔本华,让他免受那种"泥腿子"悲观主义的污染。用尼采的话说,"道德高尚的气息，浮士德式的魅力，十字架、死亡和墓穴"，这些才是叔本华吸引他的地方。尼采是一位倔强的"不合时宜者"，一位精神上的贵族，他对那些有知识的贱民的时髦玩意儿不感兴趣。

叔本华将康德对认识的批判极端化了，尼采对此感到巨大的鼓舞。如果如此狭隘和严格地界定认识的边界，那么哲学就只能够是某种用思想进行的文学创作。给予这只"胆怯的雄鹰"（罗斯语）以勇气的不仅仅是理查德·瓦格纳，还有叔本华，正是有了这份勇气，尼采才写出了《悲剧的诞生》(Geburt der Tragödie) 向钻故纸堆的"雕虫小技"发出挑战。

尼采循着叔本华留下的足迹前行，他继承了前者的意志哲学并带着英雄般的激情将其变换为"强力意志"。面对叔本华的"否定"，尼采高声喊出了"肯定"的声音。斯洛特代克细致入微地体察到，这声"肯定"多么牵强，尼采必须得先说服自己，让自己也能够做到这一点。

至于说到上帝之死，尼采发现叔本华已经悄无声息、顺理成章地埋葬了上帝，而尼采本人则大张旗鼓地宣告死讯。在尼采那里，上帝之死给人带来的痛楚与新上帝诞生之际的阵痛混合在一起，这个新上帝就是：查拉图斯特拉。这位上帝具有完美的内在性，永恒不变，循环往复。在尼采的著作《善恶的彼岸》(Jenseits von Gut und Böse) 中，尼采将之称作"上帝的永世轮回"。[11]

叔本华认为同情使人心灵相通，尼采摒弃了叔本华这种与酒神精神相悖的做法。对于尼采而言，塑造超人，克服可怜、分裂的自我，进入生命的汹涌洪流之中，这才是认识和存在的乐趣。由此看来，尼采和叔本华虽然站在两个不同的极端，但是他们有着一致的见解：存在，既不能把它设想为可怕的"自我"（主体），也不能设想为"木料"（客体），存在是"它"。

19世纪末，弗洛伊德以及他的后继者们将对"它"（本我）的本体研究从心理学的角度作了些变换并进行了艰苦细致的研究。于是叔本华的哲学便融入了对心灵的自然科学研究之中，而后者在研究心灵时恰恰是摒弃一切形而上学因素的。在这一过程中，"本我"被具体化，成为众多客体中的一个，成为心理诊疗手段的对象。从内在体验到的意志那里，叔本华证实了存在，也就是说，他赢得了某种超越具体化经验的形而上学。然而今天的做法恰恰相反，人寻求与"他自己的"无意识进行对话。无意识一下子变得毫无顾忌、侃侃而谈，将别人以前教给他的那些无聊故事统统都说出来了。这又是一次破除魔力的行动。

叔本华对19世纪下半叶所产生的影响也另有奇特的一面，这与两个人的名字分不开：爱德华·封·哈特曼（Eduard von Hartmann）和菲利普·迈因兰德（Philipp Mainländer）。哈特曼是一名退役军官，叔本华关于意志之否定的论述无法让他信服。对于叔本华本人而言，"否定"其实充满了无法解释的神秘，只能在苦行僧和圣徒的身上得到体现。而在哈特曼看来，这一"否定"必须凭借有力的证据加以证实，并"有体系地加以实施"。为了获得这一体系性，他求助的不是别人，偏偏是黑格尔。就在这样一种奇怪的综合之下便产生了一部怪异的著作《无意识哲学》（Die Philosophie des Unbewußten，1869），哈特曼在其中精心描绘出了一个如何破除生命意志幻觉的三阶段理论。其核心内容就是：个体是无法亲手否定自己的生命意志的，人们只能将此任务交给历史进程（好一个黑格尔式的设想）。哈特曼盛赞"人类悲观主义意识所具有的力量"。他认为，悲观主义的世界精神现在还是"无意识地"发生作用，当它将一切有关幸福的幻想（幻想着彼岸、来世、今生的幸福）统统扫清，然后将世界收归自有并最终消失之时，它就会清醒地意识到自己。哈特曼承认："可是我们的认识太不完全……因此我们无法肯定地想象出这一进程的终点是个什么样子。"[12]

悲观主义的世界精神所具有的不懈的工作热情显得滑稽可笑，不仅如此，哈特曼在精确实施他那否定计划时表现出的对未来所抱的欢欣鼓舞态度也同样显得滑稽可笑。可是在这样一个核弹时代，今天的人们在接受他所提供的这一人类自我消灭的历史前景时不由得感到几分压抑。

迈因兰德建构起了一种死亡意志哲学，而他自己也的的确确是一位忧伤之人。在他看来，生命意志的存在就是为了自我消磨，直至化为乌有。显然，他是从刚刚被发现的熵定律那里受到了启发。

人们错误地认为只有那些高高悬挂的葡萄才要舍弃，为了使人摆脱这种错觉，迈因兰德设计出了一个让民众普遍获得幸福的方案，这一方案要让每个人都认识到，生命的财富根本无足轻重。迈因兰德的著作《救赎之哲学》（*Philosophie der Erlösung*，1879）出版时正值社会民主党遭禁，这本书关心的正是如何"解决社会问题"：如果给人们他们渴望得到的东西，那么他们必然会因为缺少某些东西而感到失望。这样他们自己就会确信生命没有什么意义，并最终与所有的一切一刀两断。

迈因兰德本人也不会等待多久，他选择了自杀。

在第二帝国建立初期人们的建设热情高涨之际，这些逐渐扩张的"否定的体系"如影随形，并如同这种高涨的建设热情一样给人们留下了深刻的印象。否定的呼声充满激情，听起来跃跃欲试。到了今天，人们对此产生了怀疑和疑虑。人们在问自己，哲学还是否能够应付奥斯威辛和广岛的体验。或许冈特·安德尔斯①的哲学能够做到这一点。法兰克福学派的实践哲学——虽然小心翼翼——仍然坚持着和解的乌托邦。尤其是霍克海默（Horkheimer），他的脑中盘旋着某种"似乎之乌托邦设想"，这时他想到的不是黑格尔，而是叔本华。霍克海默写道："这种理论上的悲观主义可以和某种并非不具有乐观主义精神的实践活动联系在一起，这一实践活动铭记着无处不在的灾祸并尽一切可能试图改善局面。"[13]

阿多诺对叔本华评价不高，不过却以另外一种奇特的方式与叔本华心心相印：在对音乐的思考上。阿多诺主要尝试在艺术之中，尤其是音乐之中理解社会之"真理"，领会过去有关人生的形而上学式的"真理"，而现在这样的人生真理已经萎缩殆尽，只剩下一些残片了。对于阿多诺而言，音乐描摹的就是存在于其自身内部的那些东西，恰恰是因为这个缘故，音乐在其自身的逻辑之中贯彻了历史瞬间的"逻辑"。按照叔本华的话来说就是：音乐不是对现象的描摹，在音乐内部起作用的是意志，是没有物质、没有现象、与外物没有关联的意志。音乐是没有物质的意志行为，因此音乐道出了"事物的心声"，它是能够发出声音的"自在之物"。音乐指涉的仅仅是自身而已，音乐完完全全是自己本身。阿多诺的说法是："艺术作品摆脱了同一性的强迫，达成了与自身的一致。"[14]

正如阿多诺在音乐之中找寻整体的"真理"一样，叔本华对形而上学的好奇心也在音乐中得到了满足："谁要是跟上了我而把握了我的思想方式，他就会觉得我在下面要说的话并不矛盾。我要说的是：假定我们能够充分正确地、完全地、细致

---

① 安德尔斯（Günther Anders，1902~1992），奥地利哲学家、作家，曾师从卡西尔、海德格尔和胡塞尔学习哲学，一生创作了大量文化和技术批判的散文作品（其中包括一系列反核、反越战的文章），代表作为《人的过时性》。

入微地对音乐做出解释,也就是说,能够用概念原原本本地复述出音乐所要表达的东西,而且紧接着能够用概念充分地复述和解释这个世界……那么这将会是真正的哲学。"(Ⅰ,368)

对于叔本华(对于阿多诺也是一样)而言,对音乐的思考触及了世界的秘密,而且原因恰恰在于,音乐描摹的不是现象世界,音乐本身就直接是现象世界。

这样的音乐哲学简直让音乐家受宠若惊,叔本华在世之时,理查德·瓦格纳便充满激情地接受了这一思想。此外他还要"完善"叔本华的思想,他要用"爱"来拯救意志(谁会对此感到惊奇呢)。

较之瓦格纳,勋伯格(阿多诺总是援引他的观点)更加严格地继承了叔本华的音乐哲学,他的要求是,音乐必须放弃一切描摹之举。音乐的"真理"在于,它只是与自身有关。

路德维希·维特根斯坦也属于20世纪之初维也纳这一圈子中的人物,他效仿叔本华的音乐哲学创立了自己的逻辑神秘主义,写下了《逻辑哲学论》。与叔本华一样,维特根斯坦从逻辑思维中截取出了某种"优良意志";与叔本华一样,维特根斯坦要表明可言说之物与不可言说之物之间的界限。我们借助语言逻辑指涉语言逻辑之外的"事件",然而语言逻辑本身也是"事件"。语言逻辑自我指涉,它自己耍着语言游戏。语言游戏之于维特根斯坦就等同于音乐之于叔本华。语言在指涉事物之时,它在"说明"着什么,而与此同时,语言也在展现自己,它把自己展现为某种东西,这种东西可以创造出"意义",而本身却不是"意义"。

音乐言说的是自己,语言言说的是自己。在它们各自言说自己的时候,那种不可言说的存在通过它们得到了贯彻。我们本身就一直是这种不可言说的存在,然而我们自己从来无法将之带到我们面前,因此我们也就从来无法看见,从来无法言说。如果我们让音乐言说音乐、让语言言说语言，我们或许就能够接近这个界限。

　　意志（叔本华称之为"最实在者"）在音乐中游戏，那么意志也正在游戏中消失吗？那么这场游戏不就是某种准备性的训练吗？意志准备进入在它看来是"虚无"的世界，然而反过来在"虚无"看来，一切是意志的东西也都是"虚无"。"对于无法言说的东西就必须保持沉默。"（维特根斯坦）

第二十四章

"人类从我这里学到了一些他们将永世不忘的东西"——
风烛残年——成名之喜剧——死亡：尼罗河流到了开罗

在临终前不久，叔本华曾说过这么一番话："人类从我这里学到了一些他们将永世不忘的东西。"人们确实从他那里学到了一些东西，但是却也忘了曾经从他那里学到过东西。叔本华作为一名哲学家经历了世俗化进程带来的阵痛，失去了形而上学的庇护，失去了最原始的信任。在他的哲学中，没有"天空静静地亲吻了大地，在繁花映月之中，大地也定然梦想着天空"如此的美景，天空上一无所有。不过在他那里还是能够找到某种形而上学式的惊奇，生命意志不知彼岸为何物，它具有某种赤裸裸的内在性，叔本华对此感到震惊。就在人们纷纷开始逃避到那些新的、可行的"宗教"（自然理性、历史理性、唯物主义、实证主义）中的时候，叔本华正与这些顶替上帝的事物一刀两断。

他试图设想世界和人生的"整体"，却不指望这个"整体"能够救世。他的问题是：如果不存在预先设定的意义界限，不能保证意义一定存在，那么人怎样才能生活呢？于是他便试图过一种没有保障的生活，要懂得在众多不利情况下选择害处最小的一个。

叔本华对人类的狂妄自大进行了全盘、彻底的挖苦。

这些挖苦涉及以下各个方面。宇宙空间方面：我们的世界只是无尽空间中不计其数的星球中的一个，在这个星球上"生长着一层霉菌，它造就了一群生活着的、认识着的生命"；生物学方面：人只是动物中的一种，他缺乏本能，自身存在缺陷很难适应生存环境，因此人类的智力只不过是对这种缺陷的补偿而已；心理学方面：控制着我们自身的并不是那个有意识的自我。

叔本华将长久以来在西方占统治地位的意识哲学扭转了过来，这几乎比弗洛伊德早了近一个世纪。叔本华的哲学对意识和身体进行了详尽的论述，这还是第一次。存在决定意识，然而这种存在不同于马克思所理解的社会性的存在，而是我们自己实实在在的身体，身体把我们与所有生命体划为同类，但又使我们与所有生命体为敌。叔本华谈到了身体，谈到了意志，谈到了生命，就是没有谈到救世主。我们的身体不会拯救我们，我们的理性也不会。他明确地指出了理性在意志面前的软弱无能。然而正如托曼斯·曼所言，叔本华是"非理性哲学家中最理性的一个"。叔本华知道，人们必须站在弱者（理性）一边。释放意志这个巨人，任其为所欲为，对于这样一个愚蠢的行为，叔本华表示蔑视。他可不愿意让自己成为狗屁股后面的尾巴跟着摇摆。

叔本华还有另外一个梦想：或许理性能够暂时摆脱意志，以便让意志充分地自我表演，而理性则获得片刻放松并冷眼旁观。他在哲学、艺术，尤其是音乐之中做着这个梦。叔本华对音乐展开了哲学思考，其激动人心的程度可谓前无古人后无来者。

可是他最大的梦想是：对意志的否定，意志的消亡。叔本华的梦想方式也可谓前无古人，他将西方的神秘主义传统与东方的智慧结合在了一起。在他自己的人生中也曾有短暂自我消失的经历，在这些时候，那个"优良意识"让叔本华感受到它的存在，而平时叔本华只能把它挂在嘴上或诉诸笔端。

叔本华想凭借自己的著作揭开"摩耶之幕"，然而通过这部著作他还是被拴在"个体化原理"之上。他闯进了一切可以不必说、不必听的领域之内，然而他本人却渴望别人听他言说。向前的这一步自相矛盾,他无法继续走下去。对于别人的沉默或发笑,他没有学会泰然处之。他没有变成法兰克福的菩萨。他无法承受周围人的沉默态度。他想得到回应,他在倾听有没有敲门的动静。当人们蜂拥而至的时候,他就可以撒手归天了。

叔本华不是菩萨,为了自身的幸福,他也不愿强迫自己成为菩萨。遵循自己的灵感和自己的见解生活是一种悲剧,他很聪明,避免这出悲剧发生在自己的身上。叔本华没有混淆自己和自己本身之间的区别。明确的、有力量的见解和灵感是某种活生生的东西,它会贯穿我们的心灵。这是一个未知数,没有人可以将其占为己有。如果明知如此还要尝试这么做的话,那么就只会出现勉强和做作,于是活生生的东西变得僵硬,人在不知不觉中便走向毁灭。如果人们相信自己的灵感并试图依此行事,如果人们试图"实现""贯彻""吸收"灵感,那就不会有什么好结果。人们应该让其自然发生。任其自然发生,不要把它据为己有,这才是创造性的秘密所在,叔本华知道这一点。正由于此,虽然让他感到惊奇的是总是那些与众不同的东西造就了他哲学中的精华,然而他对此并不感到诧异和恐惧。叔本华在垂暮之年曾对弗劳恩施泰特说道:"您相信……一个人能够做到每时每刻都在总结自己做过的事情吗?有时候我自己都感到惊讶,所有的这些事情居然都让我做成了。寻常生活中的人与处于创作高峰时的人根本就是两样。"(G,124)

叔本华并不想让这两种不同的生活步调一致,这只能是自寻烦恼,顺其自然对两者("创造力"和"寻常生活")都有好处。

他的寻常人生行将终结。在《附录和补遗》出版以及在《福斯报》上刊载了那篇英国人写的文章之后,叔本华突然间成为众人的焦点,人们的兴趣不仅仅局限于哲学方面。拜访者与日俱增,他们都想受到叔本华亲自接见。好奇的人们来到"英吉利饭店",想一睹这位哲学家的风采。理查德·瓦格纳托人邀请叔本华做客苏黎世,他在瑞士政治避难无法回到德国。叔本华拒绝了邀请。瓦格纳将《尼伯龙根指环》的文本寄给叔本华并题写了献词,后者托人向瓦格纳转达了这样一番评论:"请您转告您的朋友,非常感谢他寄赠的尼伯龙根文稿,只是最好将音乐搁在一边,因为他更有文学天分!我叔本华还是忠实于罗西尼和莫扎特……。"(G,199)

弗里德里希·黑贝尔①也前来拜望叔本华,当着他的面,叔本华将自己的成名精彩地比喻为一出喜剧:"在如今的盛名之下,连我都觉得自己很奇怪。您一定见到过这样的场景,就像是在演出之前,剧场里灯光暗下来,幕布徐徐上升,那一位点灯人还站在舞台前忙着灯光,于是他急忙逃向后台,就在这个时候幕升起。我觉得自己就这么登场了,一个迟到者,一个剩余下来的人,而我的成名之喜剧才刚刚开幕。"(G,308)

有些事情的确滑稽。一位私淑弟子奥古斯都·基尔策(August Kilzer)四处搜寻《作为意志和表象的世界》的最初版本,为的是找到那些删掉的文字,他是第一位对叔本华著作进行文字考订的研究者。还有一个人买了三套叔本华的著作:一套供自己参悟,一套给儿子看,还有一套供别人借阅。有个人前往鲁道尔施塔特,在叔本华1813年住过的房间的窗玻璃上搜索到了他当年刻在上面的文字。上文中提到过的那位庄园主维希克购得了叔本华的第一张肖像,并特别为此营造了一所房子。一位牧师给叔本华寄来了自己写的箴言诗以示敬意。一

---

① 黑贝尔(Friedrich Hebbel,1813~1863),德国作家,以剧作著称于世,在戏剧创作中融入了心理描写,主题为人与世界之间的悲剧性冲突,代表作为《玛丽亚·玛格达莱娜》《阿格尼斯·贝尔瑙厄》《吉格斯和他的指环》。

位造车的工匠希望叔本华给他推荐些读物。一位家住波希米亚的先生每天都用新的花冠装饰叔本华的画像。某所军校的学生整夜不睡觉，他们私下里反复阅读《性爱的形而上学》。来自临近的霍姆堡的某个协会的全体会员来到法兰克福拜会叔本华，这个协会以德国人的严谨方式投身于促进悲观主义的事业之中。甚至连哲学界的同行们如今也在一起聚会，他们知道叔本华的火气很大，在英吉利饭店里，他们坐在叔本华的邻桌，以隐姓埋名的方式参与谈话。有一位哲学教授斗胆深入虎穴，叔本华给他讲了一个有关蝎子的故事：当蝎子见到光又找不到遁入黑暗之中的出路时，它们就会把自己有毒的钳子刺进脑袋寻死。"亲爱的朋友，您瞧这支蜡烛，这就是我的哲学。蝎子们已经抓地很久了，现在既然逃不出光亮，它们就该拿出勇气自行消灭。"（G，181）黑格尔派分子罗森克兰茨不怀好意地称叔本华是"新当选的德国哲学皇帝"。德国的哲学教授们开始对叔本华的著作进行注解诠释。莱比锡大学哲学系组织了征文竞赛，题目是《对叔本华哲学的阐述和批判》。

而且让叔本华感到惊奇的是，他的著作受到了女士们的欢迎。一位西里西亚的姑娘写了一首诗献给他，标题是《祖国中的陌生人》。在英吉利饭店里，叔本华与几位女士畅谈数小时之久，她们是来自罗马的吉泽拉·尼克罗蒂（Gisella Niclotti）、来自汉堡的丽珂·封·哈瑟（Rike von Hasse）、来自阿姆斯特丹的阿达·范·崔伦（Ada van Zuylen）。在这样的聚会中，叔本华谈到逻辑问题（比如同一性原理 A = A）的时候就像是一个处于热恋中的人。叔本华对女士的看法开始发生动摇。在与玛尔维达·封·迈森布克（Malwida von Meysenbug，理查德·瓦格纳的女友）谈话时，叔本华说："对于女性，我还没有下最后的定论。我认为，如果一位女性能够做到避开大众，或者能够使自身获得升华，那么她就能够不断地成长，并超过男性。"(G,376)对女性的欣赏在他身上复苏,因此伊丽莎白·奈伊的魅力一下子就感染了他,这位年轻的女雕塑家1859年10月来到法兰克福,为的是给他制作半身雕像。她在叔本华家住了四个星期,阿图尔如沐春风。他对一位访客说:"她整天都在我这里工作,我吃完饭回来,我们便在一起喝咖啡,我们一起坐在沙发上,我感觉自己就像是结了婚的人。"(G,225)

就算是没有读过他的作品,人们也能认出牵着那只形影不离的鬈毛犬散步的人就是叔本华。在法兰克福,人们开始纷纷效仿,竞相购买鬈毛犬。

1857年,叔本华在散步途中跌倒了,对于法兰克福报界而言这则消息很有新闻价值:"生活在本地的哲学家叔本华意外受伤,额部伤势不轻,不过(应读者询问,我们作出以下说明)一定能够在短期内痊愈。"

1860年4月末的一天,他午饭后在回家的路上感到呼吸困难和心悸,在随后几个月里这种情况反复出现。由于他不愿改变自己疾走的习惯,于是他便缩短了散步的距离。可是除此之外,他没有改变自己的生活方式,甚至没有放弃在美茵河里洗冷水澡的习惯。9月18日,再次出现强烈的窒息。威廉·葛文纳来访并与之交谈,这是叔本华生前最后一次谈话。他们谈到了神秘主义者雅各布·伯梅以及叔本华自己一生的成就。

"病魔不久就要将他的身体吞噬一尽,这对他来说没有什么大不了的,不过当他想到自己的思想落到了那些'哲学教授'手中的情景时不免担心害怕。"(G,394)

叔本华回忆起自己年轻的时候,那段"天才构想"的岁月,他还自得地说,70岁时为《作为意志和表象的世界》所写的那些增补文字仍然显示出了"同样的鲜活""同样的流畅"。谈着谈着天黑了,女管家点燃了一支蜡烛,叔本华神态逐渐柔和下来。葛文纳写道:"他的目光明亮,从中看不出疾病和衰老的迹象,对此我感到欣慰。他说,现在就死简直太不幸了,他还要为《附录和补遗》作重要的增补。"(G,395)葛文纳起身告辞,叔本华在与他告别时说:"对他来说,如果死后能够进入绝对的虚无状态倒是件好事情,可惜死亡让人看不到这一前景。老天想怎样就怎样,他'至少有理智,问心无愧'……"(G,396)

三天之后,9月21日(和他出生那天一样是星期五),叔本华起床比平时稍晚一些。女管家打开窗户接纳初秋清晨的空气,随后便离开了。没过多久,医生来了,叔本华背靠在沙发角上,已经死了。面部没有任何异样,丝毫没有挣扎的迹象。

尼罗河流过了开罗,入海了。

作品版本、参考文献、缩略语凡例

文集

《全集》(五卷本考订版)(编订者：沃尔夫冈·福莱海尔·冯·吕耐森)斯图加特/法兰克福——1986年重印法兰克福[①](苏尔坎普-平装本)

《作为意志和表象的世界(一)》 I
《作为意志和表象的世界(二)》 II
《短篇著作集》 III
《附录和补遗》(一) IV
《附录和补遗》(二) V
《论充足理由律的四重根》(博士论文1813年，初稿)收于《全集》 D
(编者：佛尔克·施皮尔林)(第7卷)威斯巴登1950年
《哲学讲义》(四卷)(编者：佛尔克·施皮尔林)慕尼黑/苏黎世1985(皮佩文库版)

 讲座：总体表象、思维与认识之理 VTE
 讲座：自然之形而上学 VMN
 讲座：美之形而上学 VMSch
 讲座：道德之形而上学 VMS

《遗稿》(五卷)(编者：A·许伯舍尔)法兰克福1966年后陆续出版——1985年重印(德国袖珍图书出版社)

《早年手稿(1804~1818)》 HN I
《争鸣》(1809~1818) HN II
《柏林时期手稿(1818~1830)》 HN III
《1830—1852稿本》 HN IV, 1
《晚年手稿·格拉西恩〈处世预言〉》 HN IV, 2
《读书批注》 HN V

日记

《1803—1804旅行日记》(编者：夏洛蒂·冯·戈文内尔)莱比锡 RT 1923

---

① 若非特别注明，均指美茵河畔之法兰克福。

书信

《书信集》（编者：A·许伯舍尔）波恩 1978　B
《往来书函》（三卷）（编者：C·盖伯哈特/A·许伯舍尔）收于鲍尔·多伊森倡议编纂的《叔本华文集》1929 年后陆续出版
《第一卷》（1799~1849）　Bw 14
《第二卷》（1849~1860）　Bw 15
《第三卷》（拾遗·注释）　Bw 16

谈话录

《谈话录》（编者：A·许伯舍尔）斯图加特 1971　G

年鉴

《叔本华研究会年鉴》（1912~1944），之后《叔本华年鉴》[主编：Jb（加出版鲍尔·多伊森等）法兰克福　年份]

参考文献

在所有参考文献中，我将下列文献着重列出，因为它们曾给予我特别的灵感：
安德尔斯·冈特：《人的过时性》，2 卷本，慕尼黑 1956/1980 年版。
福柯·米歇尔：《物之秩序》[1]，法兰克福 1974 年版。
海德格尔·马丁：《论人本主义》，法兰克福 1947 年版。
亨里希·迪特：《自我关系》，斯图加特 1982 年版。
莱姆·斯坦尼斯拉夫：《索拉里斯星》，杜塞尔多夫 1972 年版。
马尔克瓦尔德·奥多：《告别原则性》，斯图加特 1981 年版。
萨特·让·保尔：《自我之超越》，莱因贝克－汉堡 1982 年版。
斯洛特代克·彼得：《舞台上的思想家——尼采之唯物论》，法兰克福 1986 年版。

文献索引

许伯舍尔·阿图尔：《叔本华文献索引》，斯图加特 1981 年版。

---

[1] 中译本译作《词与物》。

（补充部分定期刊登在《叔本华年鉴》上）

有关叔本华的著述

阿本德洛特·瓦尔特：《叔本华》，莱因贝克－汉堡1967年版。（罗沃尔特传记丛书版）

奥特鲁姆·汉斯约亨：《自然中的意志和当今生物学》，刊载于《叔本华年鉴》1969年。

巴尔·汉斯·迪特：《被束缚的责任感，论叔本华沉思美学之意识形态》，波恩1970年版。

贝克·阿洛伊斯：《叔本华与弗洛伊德——两者共同思想结构的历史和性格基础》，刊载于《叔本华年鉴》1971年。

波尔希·鲁道尔夫：《叔本华——自述、书信和记述中的生平》，柏林1941年版。

——：《在哥达期间的叔本华》，刊于《年鉴》1944年。

布勒金．W.：《叔本华与1848年9月18日的巷战》，刊于《年鉴》1922年。

布赫尔·埃瓦尔德（主编）《论叔本华的现实性》（A·许伯舍尔贺寿文集），法兰克福1972年版。

卡西尔·恩斯特：《近代哲学和科学中的认识问题》，《文集》第3卷，达姆施塔特1971年版。

迪默尔·阿尔文：《叔本华和现代生存哲学》，刊于《年鉴》1962年。

多尔古特·弗里德里希：《真实的叔本华》，马格德堡1845年版。

艾伯林·汉斯／吕特克豪斯·卢德格尔（主编）：《叔本华与马克思——贫困的哲学——哲学的贫困》，柯尼施泰因1980年版。

埃尔里希·瓦尔特：《康德和叔本华的自由概念》，柏林1920年版。

菲舍尔·库诺：《叔本华之生平、著作和学说》，海德堡1934年（第四）版。

弗劳恩施泰特·尤里乌斯：《论叔本华哲学书简》，莱比锡1854年版。

——：《论叔本华哲学新书简》，莱比锡1876年版。

弗罗斯特·劳拉：《约翰娜·叔本华——古典时代一位女性的生活》，莱比锡1920年版。

格拉泽纳普·赫尔穆特·封：《德国思想家的印度观》，斯图加特1960年版。

葛文纳·威廉·冯：《叔本华生平》，莱比锡1910年版。

哈里希·沃尔夫冈（主编）：《叔本华》，（东）柏林1955年版。

哈尔特曼·赫尔曼：《叔本华和当今自然科学》，刊于《年鉴》1964年。

哈塞·海因里希：《阿图尔·叔本华》，慕尼黑1926年版。

——：《作为理性与非理性共同体系的叔本华的认识论——一次历史考证的尝试》，莱比锡1913年版。

——：《叔本华的宗教哲学》，法兰克福1924年版。

海姆·鲁道夫：《叔本华》，柏林1864年版。

海特曼·伯恩哈德：《叔本华哲学中的悲观主义与历史》，柏林1969年版。

霍夫曼·保尔·Th.:《叔本华与汉堡》,刊于《年鉴》1932年。
霍克海默·马克斯:《叔本华之现实性》,刊于《年鉴》1961年。
——:《叔本华与社会》,刊于《年鉴》1955年。
H.H.霍本:《约翰娜·叔本华——魏玛当年》,莱比锡1924年版。
许伯舍尔·阿图尔:《逆流而动的思想家——昨日、今日、明日之阿图尔·叔本华》,波恩1973年版。
——:(主编)《唯物主义、马克思主义、悲观主义》,刊于《年鉴》1977年。
——:《阿图尔·叔本华——世界观之传记》,莱比锡1952年版。
——:《阿图尔·叔本华——生平事略》,威斯巴登1949年版。
——:《叔本华逸事》,法兰克福1981年版。
——:《叔本华与存在哲学》,刊于《年鉴》1962年。
——:《作为大学教师的叔本华》,刊于《年鉴》1958年。
——:《一位被遗忘的叔本华的同窗好友》,刊于《年鉴》1965年。
雅斯贝斯·卡尔:《纪念叔本华诞辰100周年》,收录于《吸取与辩论》,慕尼黑1968年版。
克劳斯·英格丽特:《叔本华及19世纪德国文学中的悲观主义研究》,伯尔尼1931年版。
兰德曼·米夏埃尔:《今日之叔本华》,刊于《年鉴》1958年。
吕特克豪斯·卢德格尔:《叔本华——形而上学的悲观主义和"社会"问题》,波恩1980年版。
马尔西塔勒·希尔德加德·封:《劳伦茨·麦耶尔的日记》,刊于《年鉴》1968年。
米勒塔勒·雅各布:《叔本华的神秘主义》,柏林1910年版。
普法伊弗尔-贝利·沃尔夫冈:《叔本华和大亚洲的人性论》,巴德-韦利斯霍芬1948年版。
皮萨·卡尔:《叔本华——精神与感性》,慕尼黑1978年版(袖珍版)。
伯塔斯特·乌尔里希:《事实上的形而上学事业——论叔本华的美学和萨缪尔·贝克特对其美学的运用》,法兰克福1982年版。
萨拉瓜尔达·约尔格:《伦理学思考——叔本华与康德的批判性对话以及当前的讨论》,刊于《年鉴》1975年。
——:《论当前对叔本华和尼采的排斥》,刊于《年鉴》1984年。
——(主编)《研究之路——叔本华专辑》,达姆施塔特1985年版。
希尔马赫·沃尔夫冈(主编)《叔本华与尼采——当今理性批判的根源》,刊于《年鉴》1984年。
——:《新近哲学家思想中的尼采》,刊于《年鉴》1983年。
——主编《收获的时节——叔本华研究近况之研究》,斯图加特1982年版。
施密特·阿尔弗雷德:《唯物主义研究三篇——叔本华、霍克海默、幸福问题》,

法兰克福/柏林/维也纳1979年版。（乌尔施泰因版）

——：《谎言外衣之下的真理——叔本华的宗教哲学》，慕尼黑/苏黎世1986年版。

施耐德·瓦尔特：《叔本华》，维也纳1937年版。

舍恩道尔夫·哈拉尔德：《叔本华与费希特思想中的身体》，慕尼黑1982版。

叔本华·阿黛拉：《诗歌和剪纸》（H.H.·霍本/H.·瓦尔编），莱比锡1920年版。

——：《一位孤独者的日记》（H.H.·霍本编），慕尼黑1985年版（影印本）。

——：《日记》（2卷），莱比锡1909年版。

叔本华·约翰娜：《她那双幸福的眼睛——童年回忆、日记、书信》（R·韦伯选编），（东）柏林1978年版。

——：《英格兰、苏格兰之游法兰克福1980年版。

——：《嘉布里埃拉》，慕尼黑1985年版（德同袖珍图书出版社版）。

舒尔茨·瓦尔特：《论叔本华》，刊于W.S.（主编）《自然与历史》（卡尔·勒维特古稀纪念文集），斯图加特1967年版。

齐美尔·格奥尔格：《叔本华与尼采》，慕尼黑/莱比锡1920年版。

索尔格·伯恩哈特：《论叔本华在19世纪文学中的接受》，海德堡1975年版。

施皮尔林·沃尔克（选编）：《叔本华〈作为意志和表象的世界〉资料汇编》，法兰克福1984年版。

——：《叔本华超验唯心主义的自我误解》，慕尼黑1977年版。

腾格勒·里夏德：《叔本华和浪漫派》，柏林1923年。

法特纳姆·特奥多尔：《叔本华的法兰克福岁月》，刊于《年鉴》1968年。

沃伊格特·汉斯：《意志与能量》，刊于《年鉴》1970年。

沃尔克尔特·约翰内斯：《叔本华——生平、学说、信仰》，斯图加特1900年。

魏默尔·沃尔夫冈：《叔本华——研究成果》，达姆施塔特1982年。

齐默尔·海因里希：《叔本华和印度》，刊于《年鉴》1938年。

其他文献

阿多诺·特奥多尔·W.：《审美理论》，法兰克福1973年版。

——：《否定辩证法》，法兰克福1975年版。

——/霍克海默·马克斯：《启蒙辩证法》，法兰克福1969年版。

安德尔斯·冈特：《人的过时性》，2卷本，慕尼黑1956/1980年版。

阿伦特·迪特（主编）：《虚无主义的开端——从雅各比到尼采》，科隆1970年版。

阿特博姆·佩尔·达尼尔：《游历浪漫的德国》，柏林1867年版（1970年翻印）。

布卢门贝格·汉斯：《神话研究》，法兰克福1981年版。

——:《世界之可读性》,法兰克福1986年版(袖珍本)。
伯恩·马克斯·封:《毕德迈耶尔》,柏林(无出版年份)。
波特·弗里德里希:《法兰克福(美茵河畔)城市史》,法兰克福1977年版。
毕希纳·格奥尔格:《全集》(主编:P.施塔普夫),柏林1963年版。
克劳狄乌斯·马蒂亚斯:《全集》(主编:H.盖格尔),柏林1972年版。
艾辛多夫·约瑟夫·冯:《文集》,慕尼黑1966年版。(汉瑟尔经典文库本)
埃德曼·约翰·爱德华:《近代哲学》,莱因贝克-汉堡1971年版(罗沃尔特百科知识文库本)。
费尔巴哈·路德维希:《文集》(W.沙芬豪尔主编),(东)柏林1971年版。
——:《未来哲学原理》,法兰克福1983年版(影印本)。
费希特·约翰·戈特利布:《文集》(主编:I.H.费希特),柏林1971年版(影印本)。
福柯·米歇尔:《物之秩序》,法兰克福1974年版。
——:《性与真理》[①],法兰克福1979年版。
弗里代尔·埃贡:《近代文化史》,慕尼黑1965年版。
弗里登塔尔·理查德:《歌德——生平与时代》,慕尼黑1963年版。
格拉泽纳普·赫尔穆特·封:《德国思想家的印度观》,斯图加特1960年版。
歌德:《文集》(汉堡版),慕尼黑1981年版。
G.京特/L.瓦尔拉夫(主编)《魏玛城市史》,魏玛1975年版。
京策·克劳斯:《浪漫派之王,诗人路德维希·蒂克的生平——书信、自述、记述汇编》,图宾根1981年版。
古留加·阿尔森:《黑格尔传》,法兰克福1981年版。
——:《康德传》,法兰克福1985年版。
古茨科·卡尔:《多疑女人瓦莉》,哥廷根1965年(影印)版。
哈贝马斯·于尔根:《现代性哲学话语》,法兰克福1985年版。
海内尔·E./卡尔克施密特,E.(主编):《德累斯顿往昔》,法兰克福1977年(影印)版。
哈特曼·爱德华·封:《无意识哲学》,两卷本,莱比锡1913年版。
豪泽尔·阿尔诺德:《艺术和文学的社会史》,慕尼黑1953年版。
海姆·鲁道夫:《黑格尔及其时代》,柏林1857年版。
黑格尔·G.W.F.:《全集》(格罗克纳主编),斯图加特,1927年起陆续出版。
海德格尔·马丁:《论人道主义》,法兰克福1947年版。
——:《原因律》,福林根1957年版。
——:《存在与时间》,图宾根1963年版。
——:《泰然处之》,福林根1959年版。

---

① 中译本译作《性经验史》。

海涅·海因里希:《全集》(主编:K·布里格雷伯),慕尼黑1976年版。
海斯·罗伯特:《精神的发展》,柏林1959年版。
黑勒·埃里希:《剥夺了继承权的精神》,法兰克福1981年版。
亨里希·迪特:《自我关系》,斯图加特1982年版。
赫尔曼德·J.(主编):《三月革命之前的德国——文本和史料》,斯图加特1967年版(雷克拉姆万有文库版)
——(主编):《青年德意志——文本和史料》,斯图加特1966年版(雷克拉姆万有文库版)
荷尔德林·弗里德里希:《作品与书信全集》(主编G.密特),慕尼黑1970年版。(汉瑟尔经典文库本)
霍克海默·马克斯:《晨昏时分——德国笔记》(雷吉乌斯选编),苏黎世1934年版。
霍尔斯特曼·乌尔里希:《怪兽——为一种躲避人群的哲学剪影》,法兰克福1985年版。
胡伊森·A.(选编):《资产阶级现实主义》(《德国文学:文本和概述》第11卷),斯图加特1974年版。(雷克拉姆万有文库版)
雅各布斯·威廉G.:《费希特传》,莱因贝克-汉堡1984年版。(罗沃尔人物传记丛书本)
雅斯贝斯·卡尔:《世界观之心理学》,柏林/哥廷根/海德堡1960年版。
康德·伊曼努埃尔:《文集》(12卷)(主编:W.威舍德尔),法兰克福1964年版。
凯泽尔·埃里希:《但泽史》,基青根(美茵河畔)1951年版。
凯斯滕·赫尔曼:《咖啡馆中的文学家》,法兰克福1983年版。
R.克勒/W.里希特(选编):《1806年至1847年间的柏林生活——回忆、记述》,(东)柏林1954年版。
柯皮奇·弗兰克林:《莱辛与汉堡》,收录于《沃尔芬比特研究论丛》(二),1975年。
科尔夫·赫尔曼·奥古斯都:《歌德时代的精神》(4卷),莱比锡1959年版。
克塞莱克,莱茵哈特:《批评与危机》,弗莱堡/慕尼黑1959年版。
克劳斯·沃尔夫冈:《当今的虚无主义或世界历史的忍耐》,法兰克福1985年版。
朗格·弗里德里希·阿尔伯特:《唯物主义的历史》(2卷),法兰克福1974年版(重印本)。
莱姆·斯坦尼斯拉夫:《索拉里斯星》,杜塞尔多夫1972年版。
伦茨·马克斯:《柏林大学史》(3卷),哈勒1910年版。
勒彭尼斯·沃尔夫:《忧郁与社会》,法兰克福1972年版。
莱辛·G.E.:《文集》(主编:H.格普费尔特),慕尼黑1971年起。
略维特·卡尔:《从黑格尔到尼采——19世纪思想中的革命性决裂》,斯图加特

1953年版。

洛伦茨·卡尔:《镜子的背面——试论人类认识的自然历史》,慕尼黑1973年版。

卢卡奇·乔治:《理性的毁灭》,柏林1954年版。

马德尔·约翰:《在黑格尔和马克思之间——论哲学的现实化》,维也纳/慕尼黑1975年版。

迈因兰德·菲利普:《救赎之哲学》,柏林1879年版。

曼·托马斯:《浮士德博士》,法兰克福1974年版。

麦耶尔·弗里德里希:《印度婆罗门的梵及宗教》,莱比锡1818年。

马尔库塞·路德维希:《不幸哲学》,苏黎世1981年版。

——:《幸福哲学》,苏黎世1972年版。

马尔克瓦尔德·奥多:《告别原则性》,斯图加特1981年版。

马克思·卡尔/恩格斯·弗里德里希:《全集》,东柏林1956年起陆续出版。

茅斯·海茵茨:《批判中庸之道——社会哲学研究》,伯特罗普1940年。

密格·瓦尔特:《歌德时代之魏玛》,魏玛1961年版。

蒙田·米歇尔·德:《随笔》(A.弗朗茨选编),斯图加特1969年版(雷克拉姆万有文库版)。

缪尔·阿尔弗雷德:《禁卫军市须知》,奥登堡1965年版。

尼采·弗里德里希:《文集》(K.施莱赫塔选编),法兰克福/柏林/维也纳1979年版(袖珍本)。

尼佩代·托马斯:《德国史1800—1866》,慕尼黑1983年版。

尼森·瓦尔特:《哥廷根今昔》,哥廷根1972年版。

诺瓦利斯:《文集》(H.J.迈尔/R.萨姆埃尔选编),慕尼黑1978年版(汉瑟尔经典文库本)。

奥珀曼·海因里希·阿尔贝特:《1770年至1870年间的一百年》,法兰克福1982年版(影印本)。

奥斯瓦尔德·汉斯:《柏林文化风俗史》,柏林1924年版。

帕斯卡尔:《感想录》,维也纳1981年版。

让·保尔:《文集》(N.米勒主编),慕尼黑,自1960年后陆续出版。

皮德拉谢克,K.O.:《悲观主义之法哲学》,慕尼黑1929年版。

柏拉图:《全集》(瓦尔特·F.奥托等主编),莱因贝克–汉堡1957年版(罗沃尔特百科知识文库版)。

H.普莱蒂查(选编)《古典时期的魏玛——作品与文献》,慕尼黑1983年版。

波普尔·卡尔·R./约翰·C.埃克斯:《自我及其大脑》,慕尼黑/苏黎世1982年版。

波斯特·维尔纳:《批判理论和先验悲观主义》,慕尼黑1971年版。

普莱茨·马克斯:《弗里德里希·施莱格尔与诺瓦利斯——书信中展现出的浪漫派友情》,达姆施塔特1957年版。

普鲁斯特·马塞尔:《追忆似水年华》,法兰克福1964年版。
赖歇尔·奥尔特鲁德:《以德累斯顿为例》,法兰克福1964年版。
里希特·路德维希:《一位德国画家的生平回忆》,法兰克福1980年版。
里德尔·曼弗雷德:《黑格尔思想中的理论与实践》,法兰克福/柏林/维也纳1976年版。
H.K. 略特尔:《汉莎同盟诸城》,慕尼黑1955年版。
罗蒂·理查德:《自然之镜》,法兰克福1981年版。
罗斯·维尔纳:《胆怯的雄鹰——弗里德里希·尼采生平》,慕尼黑1984年版。
卢梭·让·雅克:《忏悔录》,慕尼黑1981年版(德国袖珍图书出版社古典丛书版)。
——:《爱弥儿或论教育》,斯图加特1963年版(雷克拉姆万有文库版)。
萨特·让·保尔:《自我之超越》,莱因贝克-汉堡1982年版。
——:《意识与自我认识》,莱因贝克-汉堡1973年版。
谢林·F.W.J.:《选集》(6卷本)(曼弗雷德·弗兰克选编),法兰克福1985年版。
——:《论人类自由的本质》,法兰克福1975年版(袖珍本)。
席勒·弗里德里希:《全集》(百年纪念版)(E.v.d. 赫伦主编),柏林。
施莱格尔·弗里德里希:《论印度人的语言和智慧》,海德堡1809年版。
施密特·阿尔弗雷德:《被解放的感性》,慕尼黑1973年版。
施密特·库尔特:《哥达》,哥达1931年版。
施密茨·赫尔曼:《哲学体系——身体》,波恩1965年版。
施奈德巴赫·赫尔伯特:《1831—1933年间的德_哲学》,法兰克福1983年版。
施耐德·弗兰茨:《新闻自由和政治性公共空间》,诺伊维德1966年版。
舒尔茨·格尔哈特:《法国大革命至复辟期间的德国文学》,慕尼黑1983年版。
舒尔茨·瓦尔特:《变化世界中的哲学》,富林根1974年版。
舒尔策·弗里德里希:《德意志国家中的法国占领期》,莱比锡1908年版。
塞内特·理查德:《公共生活的衰落与终结——私密性之为所欲为》,法兰克福1983年版。
斯洛特代克·彼得:《舞台上的思想家——尼采之唯物论》,法兰克福1986年版。
——:《玩世理性之批判》(2卷本),法兰克福1983年版。
索莱·雅克:《西方文化中的爱》,法兰克福/柏林/维也纳1979年版。
施佩曼·罗伯特/略夫·莱茵哈特:《究竟为何?》,慕尼黑/苏黎世1985年版。
德·斯泰尔·热尔梅娜(斯泰尔夫人)《论德国》,斯图加特1962年版(雷克拉姆万有文库版)。
斯特芬斯·亨利克:《人之本质》,第1卷,布雷斯劳1822年版。
斯特恩·阿道夫:《法国革命对德国精神生活的影响》,斯图加特/柏林1928年版。

B. 施图特/H. 奥尔森：《汉堡——一座城市的历史》，汉堡1951年版。

蒂克·路德维希：《文集》（四卷本）（M. 塔尔曼主编），达姆施塔特1977年版。

蒂里希·保罗：《存在之勇气》，收录于（同作者）《存在与意义》，法兰克福1982年版。

《吠陀——印度人的神秘学说》（A. 希勒布兰特选编），杜塞尔多福/科隆1977年版（迪德里希黄皮书系列）。

费辛格·汉斯：《似乎之哲学》，柏林1913年版。

法恩哈根·冯·恩泽·卡尔·奥古斯都：《我一生中值得回忆的事情》，柏林1922年版。

法森·弗罗里安（选编）：《复辟、三月革命前、1848年革命》（《德国文学：文本和概述》第10卷），斯图加特1975年版（雷克拉姆万有文库版）。

瓦肯罗德尔·威廉·亨利希：《文集》，莱因贝克-汉堡1968年版（罗沃尔特经典文库本）。

魏格尔斯豪斯·罗尔夫：《法兰克福学派》，慕尼黑1986年版。

维特根斯坦·路德维希：《逻辑哲学论》，法兰克福1963年版。

齐格勒·特奥巴尔德：《19世纪的精神和社会潮流》，柏林1910年版。

齐默尔·海因里希：《印度之哲学与宗教》，法兰克福1973年版。

——：《摩耶——印度之神话》，法兰克福1978年版。

注 释

第一章

1. 葛文纳·威廉·封:《叔本华生平》,第349页。
2. 同上书,第350页。
3. 许伯舍尔·阿图尔:《阿图尔·叔本华——生平事略》,第115页。
4. 叔本华·约翰娜:《她那双幸福的眼睛——童年回忆、日记、书信》,第204页。
5. 转引自凯泽尔《但泽史》,第24页。
6. 叔本华·约翰娜:《她那双幸福的眼睛——童年回忆、日记、书信》,第83页。
7. 同上书,第203页。
8. 同上书,第5页。
9. 同上书,第82页。
10. 转引自凯泽尔:《但泽史》,第180页。
11. 叔本华·约翰娜:《她那双幸福的眼睛——童年回忆、日记、书信》,第241页。
12. 同上书,第242页。
13. 同上书,第243页。
14. 同上书,第243页。
15. 同上书,第189页。
16. 同上书,第189页。
17. 同上书,第177页,
18. 同上书,第172页。
19. 同上书,第177页。
20. 同上书,第146页。
21. 同上书,第177页。
22. 同上书,第253页。
23. 同上书,第190页。
24. 同上书,第261页。
25. 同上书,第262页,
26. 同上书,第261页。

27. 叔本华·约翰娜:《她那双幸福的眼睛——童年回忆、日记、书信》,第190页。

28. 参见Bw14,第15页。

第二章

1. 转引自B.施图特/H.奥尔森《汉堡——一座城市的历史》,第159页。

2. 同上书,第128页。

3. 转引自Jb,1932年,第210页。

4. 转引自B.施图特/H.奥尔森《汉堡——一座城市的历史》,第120页。

5. 同上书,第156页。

6. 同上书,第155页。

7. 转引自H.K.略特尔《汉萨同盟诸城》,第95页。

8. 同上书,第327页。

9. JB,1932年,第218页。

10. 海涅:《全集》第1卷,第515页。

11. 同上书,第516页。

12. Bw 14,第109页。

13. 转引自B.施图特/H.奥尔森《汉堡——一座城市的历史》,第253页。

14. 莱辛:《文集》第4卷,第233页。

15. 同上书,第257页。

16. 转引自F.柯皮奇《莱辛与汉堡》,第60页。

17. 转引自B.施图特/H.奥尔森《汉堡——一座城市的历史》,第153页。

18. 转引自H.K.略特尔《汉萨同盟诸城》,第314页。

19. 同上。

20. 转引自B.施图特/H.奥尔森《汉堡——一座城市的历史》,第151页。

21. 同上。

22. 转引自H.K.略特尔《汉萨同盟诸城》,第325页。

23. Bw 14,第19页。

24. 转引自K·皮萨《叔本华——精神与感性》,第81页。25

25. Bw 14,第5页。

26. Jb.1971年,第84页。

27. Jb.1970年,第32页。

28. 同上书,第33页。

29. Bw 14,第3页。

30. Jb.1968年，第102页。

31. 同上。

32. 同上书，第103页。

33. 同上。

34. 同上书，第104页。

35. 同上书，第108页。

36. 同上书，第103页。

37. 同上书，第105页。

第三章

1. 转引自H.K.略特尔《汉萨同盟诸城》，第115页。

2. 转引自Jb.1932年，第211页。

3. 转引自Jb.1968年，第99页。

4. Jb.1971年，第88页。

5. Jb.1971年，第85页。

6. Bw 14，第16页。

7. 约翰娜:《英格兰、苏格兰之游》，第168页。

8. 转引自皮萨《叔本华——精神与感性》，第120页。

9. 转引自Jb.1971年，第88页。

10. 荷尔德林:《作品与书信全集》第2卷，第931页。

11. 荷尔德林:《作品与书信全集》第1卷，第389页。

第四章

1. Bw 14，第14页。

2. Bw 14，第16页。

3. 同上。

4. 同上。

5. 转引自皮萨《叔本华——精神与感性》，第136页。

6. 转引自葛文纳·威廉·封《叔本华生平》，第27页。

7. Jb.1971，第86页。

8. Jb.1971，第89页。

9. 转引自皮萨:《叔本华——精神与感性》，第142页。

10. 阿黛拉·叔本华:《日记》第2卷，第32页。

11. Bw 14，第18页。

12. Bw 14，第19页。

13. Bw 14，第27页。

14. 转引自 W. 勒彭尼斯《忧郁与社会》，第103页。

15. 克劳狄乌斯：《全集》，第507页。

16. 同上书，第506页。

17. 同上书，第507页。

18. 同上书，第506页。

19. 转引自京策尔《浪漫派之王》，第63页。

20. 瓦肯罗德尔：《文集》，第153页。

21. 同上书，第171页。

22. 诺瓦利斯：《文集》第2卷，第749页。

23. 转引自 E. 弗里代尔《近代文化史》，第920页。

24. 转引自 G. 舒尔茨《法国大革命至复辟期间的德国文学》，第211页。

25. 同上书，第209页。

26. 同上书，第208页。

27. 瓦肯罗德尔：《文集》，第167页。

28. 蒂克：《文集》第1卷，第238页。

29. 瓦肯罗德尔：《文集》，第156页。

30. Jb.1932，第217页。

31. 同上。

第五章

1. Bw 14，第34页。

2. 同上书，第130页。

3. 同上书，第110页。

4. 同上书，第91页。

5. 同上。

6. 同上书，第108页。

7. 让·保尔：《书信集》第3卷，第236页。

8. 转引自 H. 普莱蒂查（主编）《古典时期的魏玛》，第16页。

9. 同上书，第12页。

10. 转引自 G. 京特/L. 瓦尔拉夫（主编）《魏玛城市史》，第231页。

11. 歌德：《文集》（魏玛版）第4部分第12卷，第50页。

12. 转引自 G. 京特 /L. 瓦尔拉夫（主编）《魏玛城市史》，第 231 页。

13. 转引自 H. 普莱蒂查（主编）《古典时期的魏玛》，第 13 页。

14. 同上。

15. 同上书，第 18 页。

16. 同上书，第 13 页。

17. 转引自弗里登塔尔《歌德》，第 397 页。

18. 转引自 H. 普莱蒂查（主编）《古典时期的魏玛》，第 287 页。

19. 同上书，第 65 页。

20. 同上书，第 17 页。

21. 同上。

22. 转引自弗里登塔尔《歌德》，第 417 页。

23. 同上书，第 399 页。

24. Bw 14，第 64 页。

25. 同上书，第 69 页。

26. 同上。

27. Bw 14，第 36 页。

28. 歌德:《文集》第 10 卷，第 491 页。

29. Bw 14，第 42 页。

30. Bw 14，第 46 页。

31. 同上书，第 49 页。

32. 同上书，第 50 页。

33. 同上书，第 52 页。

34. 同上。

35. 同上书，第 56 页。

36. 同上书，第 62 页。

37. 同上书，第 63 页。

38. 同上。

39. 同上书，第 64 页。

40. 同上书，第 43 页。

41. 转引自 H. 布卢门贝格《神话研究》，第 537 页。

42. 歌德:《文集》第 1 卷，第 45 页。

43. 转引自 H.H. 霍本《约翰娜·叔本华——魏玛当年》，第 47 页。

44. 转引自 H. 普莱蒂查（主编）《古典时期的魏玛》，第 264 页。

45. 转引自 H. 布卢门贝格《神话研究》，第 535 页。

46. Bw 14，第 69 页。

47. 转引自弗里登塔尔《歌德》，第 438 页。

48. 转引自 H. 普莱蒂查（主编）《古典时期的魏玛》，第 289 页。

49. Bw 14，第 69 页。

50. 同上书，第 87 页。

51. 同上书，第 130 页。

52. 同上书，第 116 页。

53. 同上书，第 125 页。

54. 同上书，第 120 页。

55. 同上书，第 125 页。

56. 同上书，第 135 页。

57. 同上书，第 130 页。

58. 同上书，第 132 页。

59. 同上。

60. 同上。

61. 同上。

62. 转引自葛文纳·威廉·封《叔本华生平》，第 44 页。

第六章

1. Bw 14，第 137 页。

2. 同上书，第 138 页。

3. 同上。

4. Bw 16，第 620 页。

5. 同上。

6. 同上。

7. 转引自葛文纳·威廉·封《叔本华生平》，第 289 页。

8. Bw 16，第 4 页。

9. Jb.1971，第 92 页。

10. Bw 16，第 4 页。

11. Jb.1971，第 94 页。

12. 同上。

13. 同上书，第 104 页。

14. Bw 14，第 134 页。

15. Jb.1971，第 94 页。

16. Bw 14，第 72 页。

17. Jb.1971，第 94 页。

18. Bw 14，第 124 页。

19. Jb.1971，第 99 页。

20. 同上书，第 971 页。

21. 同上书，第 95 页。

22. 同上书，第 99 页。

23. 同上书，第 101 页。

24. 同上书，第 103 页。

25. 同上书，第 104 页。

26. 同上。

27. Bw 14，第 88 页。

28. 转引自 H.H.霍本《约翰娜·叔本华——魏玛当年》，第 56 页。

29. 同上书，第 91 页。

30. 同上。

31. 同上。

32. 转引自 H.普莱蒂查（主编）《古典时期的魏玛》，第 105 页。

33. 转引自 H.H.霍本《约翰娜·叔本华——魏玛当年》，第 176 页。

34. 转引自 H.普莱蒂查（主编）《古典时期的魏玛》，第 106 页。

35. 同上书，第 187 页。

36. Jb.1971，第 92 页。

第七章

1. 转引自 K.皮萨《叔本华——精神与感性》，第 200 页。

2. 奥珀曼：《1770 年至 1870 年间的一百年》，第 5 部分，第 272 页。

3. 海涅：《全集》第 3 卷，第 104 页。

4. 转引自施耐德：《叔本华》，第 126 页。

5. 海涅:《全集》第 3 卷，第 103 页。

6. 转引自施耐德《叔本华》，第 123 页。

7. 同上。

8. 转引自许伯舍尔《逆流之中的思想家——昨日、今日、明日之阿图尔·叔本华》，第 111 页。

9. 康德：《文集》第 3 卷，第 25 页。

10. 同上书，第 63 页。

11. 同上书，第 149 页。

12. 康德:《文集》第 3 卷, 第 176 页。

13. 同上书, 第 136 页。

14. 同上书, 第 267 页。

15. 同上书, 第 11 页。

16 毕希纳:《全集》, 第 33 页。

17. 康德:《文集》第 4 卷, 第 432 页。

18. 转引自古留加《康德传》, 第 143 页。

19. 卢梭:《爱弥儿》, 第 557 页。

20. 转引自古留加《康德传》, 第 186 页。

21. 同上书, 第 187 页。

22. 海涅:《全集》第 3 卷, 第 531 页。(原注误为第 5 卷, 现据所引原版更正为第 3 卷)

23. 同上书, 第 532 页。

24. 康德:《文集》第 7 卷, 第 51 页。

25. 转引自古留加《康德传》, 第 249 页。

26. 同上书, 第 243 页。

27. 同上。

第八章

1. 转引自 R.克勒/W.里希特(主编)《1806 年至 1847 年间的柏林生活——回忆、记述》, 第 301 页。

2. 同上书, 第 308 页。

3. 阿特博姆:《游历浪漫的德国》, 第 48 页。

4. 斯泰尔夫人:《论德国》, 第 101 页。

5. 雅各布斯:《费希特传》, 第 122 页。

6. 伦茨:《柏林大学史》第 1 卷, 第 416 页。

7. 康德:《文集》第 3 卷, 第 136 页。

8. 费希特:《一切知识学的基础——为听众撰写的手册》, 第 55 页。

9. 让·保尔:《齐本凯斯》(见《文集》第 1 编, 第 2 卷, 第 270 页——译者注)。

10. 卢梭:《忏悔录》, 第 9 页。

11. 荷尔德林:《作品与书信全集》第 2 卷, 第 743~744 页。

12. 转引自普莱茨《弗里德里希·施莱格尔与诺瓦利斯——书信中展现出的浪漫派友情》, 第 43 页。

13. 转引自阿伦特《虚无主义的开端——从雅各比到尼采》, 第 33 页。

14. 席勒:《全集》第 12 卷,第 263 页。
15. 蒂克:《文集》第 1 卷,第 670 页。
16. 让·保尔:《美学入门》(见《文集》第 5 卷,第 31 页——译者注)。
17. 诺瓦利斯:《文集》第 2 卷,第 201 页及以下诸页。
18. 转引自科尔夫《歌德时代的精神》,第 3 卷,第 253 页。

第九章

1. 艾辛多夫:《文集》,第 9 页。
2. 福柯:《性与真理》,第 89 页。
3. 托马斯·曼:《浮士德博士》,第 197 页。

第十章

1. 法恩哈根·封·恩泽:《我一生中值得回忆的事情》,第 1 卷,第 244 页。
2. 转引自伦茨《柏林大学史》第 1 卷,第 469 页。
3. 同上。
4. 转引自伦茨《柏林大学史》第 1 卷,第 471 页。
5. 同上书,第 482 页。
6. 同上书,第 499 页。
7. 同上书,第 495 页。
8. 同上。
9. 转引自伦茨《柏林大学史》第 1 卷,第 496 页。
10. 同上书,第 505 页。

第十二章

1. 转引自 H.H.霍本《约翰娜·叔本华——魏玛当年》,第 183 页。
2. 阿黛拉·叔本华:《日记》,第 1 卷,第 128 页,
3. Jb.1973 年,第 175 页。
4. 同上。
5. 转引自皮萨《叔本华——精神与感性》,第 264 页。
6. 同上书,第 125 页。
7. 同上书,第 124 页。
8. 同上书,第 125 页。

9. 转引自皮萨《叔本华——精神与感性》，第128页。

10. 转引自皮萨《叔本华——精神与感性》，第126页。

11. 转引自阿黛拉·叔本华《一位孤独者的日记》（H.H.霍本编），第XIV页。

12. 同上书，第XV页。

13. 同上书，第XIX页。

14. 阿黛拉·叔本华：《日记》，第2卷，第46页。

15. 转引自阿黛拉·叔本华《一位孤独者的日记》（H.H.霍本编），第132页。

16. 同上书，第98页。

17. 阿黛拉·叔本华：《日记》，第2卷，第5页。

18. 阿黛拉·叔本华：《日记》，第1卷，第148页。

19. 阿黛拉·叔本华：《一位孤独者的日记》（H.H.霍本编），第290页。

20. 阿黛拉·叔本华：《日记》，第1卷，第85页。

21. 同上书，第93页。

22. 阿黛拉·叔本华：《一位孤独者的日记》（H.H.霍本编），第49页。

23. Jb.1977年，第133页。

24. Jb.1977年，第134页。

第十三章

1. 歌德：《文集》，第12卷，第406页。

2. G，26。

3. G，28。

4. G，27。

5. 歌德：《文集》，第13卷，第318页。

6. 转引自弗里登塔尔《歌德——生平与时代》，第456页。

7. 同上书，第455页。

8. 歌德：《文集》，第14卷，第256页。

9. 转引自黑勒《剥夺了继承权的精神》，第56页。

10. 同上书，第44页。

11. 转引自布卢门贝格《世界之可读性》，第215页。

12. 歌德：《文集》，第13卷，第614页。

13. 同上书，第629页。

14. 同上书，第337页。

15. 同上书，第324页。

16. 歌德：《全集》（魏玛版），第36卷，第112页。

第十四章

1. 转引自黑内尔,E./卡尔克施密特,E.(主编)《历史上的德累斯顿》,第165页。
2. 里希特:《一位德国画家的生平回忆》,第40页。
3. 转引自黑内尔,E./卡尔克施密特,E.(主编)《历史上的德累斯顿》,第151页。
4. 同上书,第245页。
5. 康德:《文集》,第3卷,第311页。
6. 转引自格拉泽纳普《德国思想家的印度观》,第65页。

第十五章

1. 参见普鲁斯特《追忆似水年华》,第一部,第185页。
2. 黑格尔:《全集》,第4卷,第23页。
3. 黑格尔:《全集》,第2卷,第244页。
4. 引自里德尔《黑格尔思想中的理论与实践》,第219页。
5. 马克思、恩格斯:《全集》,第40卷,第542页。
6. 引自里德尔《黑格尔思想中的理论与实践》,第223页。

第十六章

1. 诺瓦利斯:《文集》,第一卷,第227页。
2. 斯特芬斯:《人之本质》,第14页。
3. 施莱尔马赫:《独白》。

第十七章

1. 歌德:《文集》,第11卷,第87页。
2. 转引自许伯舍尔《逆流而动的思想家——昨日、今日、明日之阿图尔·叔本华》,第78页。
3. 转引自凯斯滕《咖啡馆中的文学家》,第316页。
4. 阿黛拉·叔本华:《日记》,第1卷,第3页。
5. 同上书,第12页。
6. 同上书,第63页。
7. 阿黛拉·叔本华:《日记》,第2卷,第20页。
8. 同上书,第32页。

9. 阿黛拉·叔本华:《日记》,第2卷,第42页。

第十八章

1. 阿黛拉·叔本华:《日记》,第2卷,第35页。
2. 古留加:《黑格尔传》,第167页。
3. 同上书,第163页。
4. 转引自伦茨《柏林大学史》,第2卷,第220页。
5. 黑格尔:《精神现象学》,第564页。
6. 古留加:《黑格尔传》,第81页。
7. 转引自埃德曼《近代哲学》,第168页。
8. 黑格尔:《全集》,第2卷,第191页。
9. 黑格尔:《全集》。(原书缺卷标和页码,经译者根据其他版本的黑格尔文集查对,这段文字当出自黑格尔早期作品《德国宪法》导言第6段)
10. 海姆:《黑格尔及其时代》,第4页。
11 转引自古留加《黑格尔传》,第246页。
12. 同上书,第279页。
13. 转引自伦茨《柏林大学史》,第2卷第1分册,第183页。
14. 转引自伯《毕德迈耶尔》,第440页。
15. 同上。
16. 同上书,第454页。
17. 黑格尔:《全集》,第16卷,第353页。
18. 转引自伦茨《柏林大学史》,第2卷第1分册,第118页。
19. 同上。

第十九章

1. Jb.1974,第47页。
2. 同上。
3. 转引自皮萨《叔本华——精神与感性》,第342页。
4. 转引自古留加《黑格尔传》,第272页。

第二十章

1. 转引自葛文纳·威廉·封《叔本华生平》,第242页。

2. 转引自波特《法兰克福（美茵河畔）城市史》，第273页。

3. 阿黛拉·叔本华：《一位孤独者的日记》，第 L XI 页。

第二十一章

1. 转引自伦茨《柏林大学史》，第2卷第1分册，第395页。
2. 黑格尔：《书信集》，第3卷，第323页。
3. 海涅：《全集》，第7卷，第55页。
4. 马克思/恩格斯：《全集》，第1卷，第391页。
5. 转引自齐格勒《十九世纪的精神和社会潮流》，第179页。
6. 转引自赫尔曼德《青年德意志——文本和史料》，第185页。
7. 转引自法森《复辟、三月革命前、1848年革命》，第174页。
8. 古茨科：《多疑女人瓦莉》，第114页。
9. 同上书，第302页。
10. 转引自齐格勒《十九世纪的精神和社会潮流》，第195页。
11. 尼采：《文集》，第1卷，第143页。
12. 同上书，第157页。
13. 同上书，第163页。
14. 费尔巴哈：《哲学的开端》，第152页。
15. 费尔巴哈：《未来哲学原理》§34。
16. 同上书，§61。
17. 转引自齐格勒《十九世纪的精神和社会潮流》，第203页。
18. 费尔巴哈：《未来哲学原理》§62。
19. 马克思/恩格斯：《全集》，第3卷，第7页。
20. 马克思/恩格斯：《全集》《补遗》，第1卷，第267页。
21. 马克思/恩格斯：《全集》，第1卷，第379页。
22. 同上。
23. 马克思/恩格斯：《全集》，第1卷，第346页。

第二十二章

1. 马克思/恩格斯：《全集》，第4卷，第474页。
2. 费希特：《文集》，第433页。
3. 谢林：《选集》，第1卷，第56页。
4. 谢林：《论人类自由的本质》，第46页。

5. 谢林:《论人类自由的本质》,第54页。
6. 同上书,第46页。
7. 霍克海默:《晨昏时分——德国笔记》,第251页。
8. 转引自波特《法兰克福(美茵河畔)城市史》,第295页。
9. 同上书,第296页。

第二十三章

1. 转引自许伯舍尔《阿图尔·叔本华——生平事略》,第107页。
2. 同上。
3. 转引自朗格《唯物主义的历史》,第2卷,第557页。
4. 同上书,第554页。
5. 转引自胡伊森《资产阶级现实主义》,第52页。
6. 朗格:《唯物主义的历史》,第2卷,第592页。
7. 尼佩代:《德国史1800—1866》,第488页。
8. 参见霍尔斯特曼《怪兽——为一种躲避人群的哲学剪影》。
9. 转引自Jb.1970,第155页。
10. 同上书,第158页。
11. 尼采:《文集》,第3卷,第617页。
12. 哈特曼:《无意识哲学》,第2卷,第222页。
13. Jb.1971,第6页。
14. 阿多诺:《审美理论》,第190页。

年　表

1788 年	2月22日：阿图尔·叔本华出生于但泽。父亲是巨商海因里希·弗洛里斯·叔本华；母亲约翰娜·叔本华，娘家姓特罗西纳。
1793 年	普鲁士占领但泽前夕，举家迁往汉堡。
1797 年	阿黛拉·叔本华出生。 7月：阿图尔随父亲游历巴黎、勒阿弗尔。在勒阿弗尔，阿图尔寄居在格雷瓜尔·德·布莱希玛家，与其子安蒂姆成为好友。
1799 年	8月：回到汉堡。入隆格私立学校，直至1803年。
1803 年	3月：阿图尔决定放弃上高级文科中学日后成为学者的想法，依照父亲的意愿学商。作为对这一决定的褒奖，阿图尔获准陪同父母游历欧洲，途经荷兰、英国、法国、瑞士、奥地利。 5月3日：启程。
1804 年	8月25日：结束旅行。 9月：跟随但泽商人卡布隆学商（直至12月）。
1805 年	跟随汉堡巨商耶尼什学商。 4月20日：父亲自杀（？）。
1806 年	9月：商行解散后，母亲携带女儿阿黛

	拉移居魏玛。
	10月：约翰娜与歌德的友谊从此开始。约翰娜创办茶会。
1807年	5月：在母亲的支持下，阿图尔中断学商，离开汉堡，求学于哥达高级文科中学，准备获得大学入学资格。
	12月：由于写讽刺诗，不得不离开学校。迁居魏玛，并未随母亲居住，接受私人授课。爱恋上卡洛琳娜·亚格曼。
1809年	完成中学课业。获得父亲的遗产，之前由母亲掌管。
1809~1811年	在哥廷根上大学，学习自然科学，接触柏拉图、康德哲学。
1811年	复活节：拜访魏玛，叔本华对维兰德说："生命是一件不愉快的事情，我下定决心，用思考生命的方式度过一生。"
1811~1813年	在柏林求学。听费希特、施莱尔马赫、沃尔夫的课。
1813年	5月2日：阿图尔·叔本华逃离战前骚动不安的柏林，在魏玛短期逗留。与母亲发生争执，迁往邻近的鲁道尔施塔特。
	7月至11月，撰写博士学位论文《论充足理由律的四重根》。
	11月5日：回到母亲家中。
1814年	4月：叔本华与母亲及母亲的朋友盖尔斯滕贝尔克的冲突达到高潮。
	5月：与母亲决裂，叔本华离开魏玛。

1814~1818 年	定居于德累斯顿。
1815 年	《论视觉与色彩》构思并正式写作其代表作《作为意志和表象的世界》第一稿。
1818 年	4 月：手稿完成。争取到布罗克豪斯为其出版该书。
	秋季：开始意大利之行，游历佛罗伦萨、罗马、那不勒斯、威尼斯。
1819 年	1 月：《作为意志和表象的世界》出版。
	夏季：由于但泽穆尔商行的倒闭，全家陷入财政危机。因此叔本华返回德国，与母亲产生新的冲突，并与妹妹阿黛拉决裂。
	8 月 25 日：返回德累斯顿。
	申请柏林大学教职，获准。
1820 年	3 月 23 日：开始授课，听众寥寥。
1821 年	爱上女歌手卡罗琳娜·梅冬，陷入玛尔奎事件（与裁缝女工动武，身陷赔偿官司）。
1822 年	5 月 27 日：再赴意大利，游历米兰、佛罗伦萨、威尼斯。
1323 年	5 月：返回德国，到达慕尼黑。病情严重，忧郁症（在哲学界默默无闻）。
1824 年	在加施泰因温泉、曼海姆、德累斯顿短期居住。
1825 年	4 月：回到柏林。再次尝试授课，无功而返。试作翻译，未果。
1831 年	8 月：因暴发流行性霍乱而逃离柏林，

	暂居法兰克福（美茵河畔）。
1832~1833 年	暂居曼海姆（1832 年 7 月至 1833 年 6 月）。
1833 年	6 月 6 日：叔本华定居于法兰克福，为期 28 年，直至去世。
1835 年	《论自然中的意志》。
1838 年	母亲去世。
1839 年	参加有奖征文，以《论人类意志中的自由》而获奖。
1840 年	参加有奖征文，《论道德的基础》未获奖。
1844 年	《作为意志和表象的世界》扩充一卷，印行第二版。
1849 年	妹妹阿黛拉去世。
1851 年	《附录和补遗》。
1853 年	叔本华声名渐起。
1859 年	《作为意志和表象的世界》第三版问世。
1860 年	9 月 21 日，阿图尔·叔本华辞世。

索 引

Adorno, Theodor W[iesengrund] 12, 472, 506f
d'Alembert, Jean le Rond 135
Alexander I. Pawlowitsch, Zar 119
Altenstein, Karl, Freiherr von Stein zum 376
Anders, Günther 506
Anna Amalia, Herzogin von Sachsen-Weimar 117, 154
Anquetil-Duperron, Abraham Hyacinthe 302
Anselmus, Person in E.T.A. Hoffmanns »Der Goldene Topf« 290
Antonio, Person in »Torquato Tasso« von Goethe 271
Apoll, griechischer Gott 205
Aristoteles 282
Arndt, Ernst Moritz 279, 479
Arnim, Achim von 131, 150, 223
Arnim, Bettina (Bettine) von 223
Asher, David 266
Astor, Johann Jakob 158
Astor, William Backhouse 158
Auerswald, Hans Jakob von 479
Augustin, Aurelius 322, 458

Baader, Franz von 301
Bach, Johann Sebastian 165
Bähr, Carl 407
Bakunin, Michail Aleksandrowitsch 456, 483
Bartels, Hamburger Familie 45
Basedow, Johann Bernhard 52f
Bauer, Bruno 444, 454
Becher, Johann August 485f
Beckett, Samuel 328, 390
Beneke, Eduard 388

Bernstorff, Christian Günther, Graf von 383
Bertuch, Friedrich Johann Justin 113, 115, 247
Biedenfeld, Freiherr von 292, 295
Bismarck, Otto, Fürst von 418
Bloch, Ernst 174
Blum, Robert 478
Blumenbach, Johann Friedrich 156, 159, 372, 374f
Boeckh, August 222
Böhl, Doris 55
Böhl, Malchen 55
Böhl, Marianne 55
Böhme, Jakob 203, 514
Börne, Ludwig 382, 442, 444
Böttiger, Karl August 248, 287f
Bonaparte, s. Napoleon
Bonaventura [Pseud.] »Nachtwachen des B.«, Titel einer romantischen Erzählung 98
Brandis, Joachim Dietrich 435
Braun, Scharfrichter 373
Brentano, Bettina 150
Brentano, Clemens von 131, 150, 195, 197, 199, 385
Brockes, Barthold Hinrich 44
Brockhaus, Friedrich Arnold 292, 354–357, 409, 413, 428, 434, 484, 487f
Brogi, Berliner Student 1806 187
Buddha, s. Gautama
Büchner, Georg 173, 444
Büchner, Ludwig 489
Bürger, Gottfried August 214, 281
Buff, Charlotte 118
Bunsen, Karl Josias von 157f

Busch, Wilhelm 501
Byron, George Gordon Noel, Lord 357f

Calderon de la Barca, Pedro 259
Campe, Joachim Heinrich 52
Carl August, Herzog von Sachsen-Weimar 119, 154, 268
Chamisso, Adelbert von 413
Chevalier, Mme 40, 46
Claudius, Matthias 45, 85, 92-94, 97f, 100-102, 201, 296, 350
Clauren, Heinrich 293
Cook, James 73
Cotta, Johann Friedrich, Freiherr von 125, 250, 279
Couvray, Jean Baptiste Louvet de 61
Creuzer, Georg Friedrich 412
Crüger, Eduard 363
Czolbe, Heinrich 489

Dante Alighieri 476
Danton, Titelfigur von Georg Büchners Drama »Dantons Tod« 173
Danton, Georges 75
Darwin, Charles 492
Demokrit 451
Demosthenes 131
Descartes, René 155, 163f, 169, 448, 459
De Wette, Wilhelm Martin Leberecht 217, 382
Diderot, Denis 458
Dionysos, griechischer Gott 66, 204f, 211, 340, 400
Doering, Theodor 136, 140
Don Quichote, Titelheld eines Romans von Cervantes 481
Dorguth, Friedrich 484f
Doß, Adam von 485f

Droste-Hülshoff, Annette von 429
Eckermann, Johann Peter 269
Eckhart, Meister 203
Eichendorff, Josef, Freiherr von 204, 340, 384
Eichstädt, Heinrich Karl Abraham 239, 247
Elektra 463
Elßler, Fanny 384
Emile, Titel eines Werkes von Jean-Jacques Rousseau 175
Engels, Friedrich 444, 454, 456
Epikur 162, 333, 451
Eylert, Rulemann Friedrich 388f

Fahrenkrüger, Johann Anton 42
Falk, Johannes Daniel 152
Faublas, Chevalier, Titel eines Romans von Jean Baptiste Louvet de Couvray 61
Fernow, Karl Ludwig 109f, 127ff, 130-132, 139, 249, 250
Feuerbach, Anselm von 259
Feuerbach, Ludwig 11, 172, 331, 386, 444, 446-451, 490
Fichte, Johann Gottlieb 11, 101, 155, 162, 172, 183, 186-199, 213ff, 221, 223, 231, 233, 237, 241, 301, 309f, 315, 329f, 376, 378, 387f, 413, 440, 462, 484
Fitz-James, Bauchredner 73
Flaubert, Gustave 209
Flohr, B. 55
Fontane, Theodor 489, 501f
Fortlage, Carl 484
Foucault, Michel 101, 170, 208, 440
Frauenstädt, Julius 56, 146f, 185, 478f, 485ff, 511
Freiligrath, Ferdinand 444

Freud, Sigmund 194, 338, 340, 463, 504
Friedrich II., König von Preußen (der Große) 19f, 34, 38
Friedrich Wilhelm III., König von Preußen 119, 184, 219
Friedrich Wilhelm IV., König von Preußen 483
Friedrich, Caspar David 194
Fries, Jakob Friedrich 217, 377
Frommann, Friedrich 247
Fuga, Teresa 364

Gabriele, Titel eines Romans von Johanna Schopenhauer 251
Galilei, Galileo 274
Gall, Franz Joseph 88
Gans, Josef 253, 255
Gauß, Carl Friedrich 155
Gautama Buddha 67, 70, 511
Gehlen, Arnold 319
Gerlach, Ernst Ludwig, und Leopold von 385
Gerstenbergk, Georg Friedrich Conrad Ludwig Müller 248, 249–251, 253, 255f, 258, 264, 365, 367
Godeffroy, Hamburger Handelshaus 37
Godeffroy, Karl 55–57, 61
Göchhausen, Louise von 120
Görres, Joseph von 301
Goeschel, K. Fr. 442
Goethe, August von 116, 125, 260, 268
Goethe, Johann Wolfgang von 23, 27, 44, 108–113, 115–119, 122–126, 131f, 140, 144f, 147–149, 150–153, 159, 183f, 194, 222, 238, 246–249, 251, 260f, 266–273, 276–286, 293, 341, 357–359, 373f, 385, 443

Goethe, Ottilie von 260–264, 360, 365, 369
Gontard, Susanne (Susette) 76
Gozzi, Carlo 346
Gracián, Baltasar 133, 409
Grégoires de Blésimaire, Familie 47–50, 75
Grégoire, Anthime 47, 49, 52, 55, 75, 89f, 106, 131–133, 137, 294
Guhr, Karl Wilhelm Ferdinand 423
Guiccioli, Gräfin 357
Gutzkow, Karl Ferdinand 442, 444
Gwinner, Wilhelm 255, 411, 514

Händel, Georg Friedrich 43
Haller, Albrecht von 155
Hamilton, Lady, geb. Lyon 59
Hardenberg, Friedrich von, s. Novalis
Hardenberg, Karl August, Fürst von 215
Hartmann, Eduard von 504f
Hartung, Gottfried Lebrecht 189
Hasse, Rike von 513
Hauptmann, Lehrer 53
Hauser, Kaspar 17, 484
Haxthausen, Sophie von 429
Haym, Rudolf 381
Haywood, Francis 410
Hebbel, Friedrich 512
Hegel, Georg Wilhelm Friedrich 11, 101, 162, 172, 194, 200, 204, 233, 239, 241, 301, 309f, 327, 329–331, 343f, 372f, 375–389, 392, 394, 411, 413, 421, 426, 434, 436, 440–442, 445–452, 454f, 490f, 505f
Hegel, Marie, geb. Tucher von Simmelsdorf 237, 411

Heidegger, Martin 244, 440, 472
Heine, Heinrich 40, 157, 178, 418, 442–444, 456
Heinke, Ferdinand 259, 262–264, 430
Hell, Theodor 293
Helvétius, Claude Adrien 135, 315
Hengstenberg, Ernst Wilhelm 388
Herder, Johann Gottfried 59, 110, 115–117, 301 f
Herder, Karoline, geb. Flachsland 122
Herwegh, Georg 444, 488
Herzlieb, Minnchen 150
Heßling, Dietrich, Person in Heinrich Manns Roman »Der Untertan« 379
Hildesheimer, Wolfgang 328
Hitler, Adolf 457
Hobbes, Thomas 341 f
Hölderlin, Friedrich 76 f, 98, 194 f, 204 f, 344, 380
Hoffmann, Ernst Theodor Amadeus 88, 150, 290, 383–385, 485
Holbach, Paul-Henri Thiry d' 315
Holtei, Karl von 259, 410
Horkheimer, Max 475, 506
Hornstein, Robert von 89, 466, 478
Horstmann, Ulrich 501
Hotho, Heinrich 381
Humboldt, Alexander von 150, 411
Humboldt, Wilhelm von 117, 150, 186, 386
Hume, David 165 f

Iffland, August Wilhelm 150, 184, 216

Iphigenie, Titel eines Schauspiels von J. W. von Goethe 261

Jacobi, Friedrich Heinrich 103, 237, 241, 411
Jacobi, Otto 385
Jacobs, Friedrich 131, 136
Jänisch, Gottfried 50 f, 416
Jagemann, Caroline, spätere Gräfin von Heygendorff 116, 154, 207, 497
Jameson 9
Jean Paul [eigentl. Johann Paul Friedrich Richter] 98, 105, 110, 131 f, 192, 197, 410
Jenisch, Hamburger Handelshaus (auch Martin Johann Jenisch) 37, 61, 63, 65, 85 f, 90, 107, 130
Jesus Christus 380, 446, 458
Johann von Österreich, Erzherzog, Feldmarschall und Reichsverweser 478
John, Carl 140

Kabrun, Großkaufmann aus Danzig 85 f, 247
Kafka, Franz 328
Kalckreuth, Friedrich Adolf, Graf von 120
Kant, Immanuel 11, 17, 31, 92, 101, 155, 158 f, 162 f, 165–180, 182, 188–191, 196, 200–202, 230, 233–236, 241 f, 275, 285, 296, 298–301, 303 f, 309, 319, 324, 328 f, 343, 350, 354, 370, 380, 386–390, 410, 438 f, 460–465, 470, 472 f, 484, 493, 503
Karl der Große 385
Karl II., Wilhelm Ferdinand, Herzog von Braunschweig-Wolfenbüttel 120

Katharina, Schwester des Zaren Alexanders I. 279
Kierkegaard, Sören 391
Kilzer, August 512
Kind, Friedrich 293
Klaatsch (Student) 187
Kleistsche Korps 254
Kleist, Heinrich von 220, 278
Klopstock, Friedrich 38f, 45, 60
Knebel, Karl Ludwig 267
Knebel, Henriette von 124
Komarnicki, Jan 167
Kotzebue, August von 110, 117, 149, 373
Krause, Karl Christian Friedrich 303
Kühns, Weimarer Familie 122
Kühn, Johann Friedrich 122

Lachmann, Karl 158
Lafontaine, August Heinrich Julius 149
Lancester 73
Lange, Friedrich Albert 490
Laun, Friedrich [eigentl. Friedrich August Schulze] 293f
Lear, König, Titelfigur eines Schauspiels von William Shakespeare 123
Leibniz, Gottfried Wilhelm 95f, 165, 235, 458
Lenz, Jakob Michael Reinhold 278
Lenz, Karl Gotthold 132
Lessing, Gotthold Ephraim 41–45
Leupold, F. A. 355
Leverkühn, Adrian, Person in Thomas Manns »Doktor Faustus« 210
Lewald, Ernst Arnold 140, 158, 373f
Lichnowsky, Felix Fürst 479
Lichtenberg, Georg Christoph 155
Lichtenstein, Martin Hinrich 183, 372, 375
Liebig, Justus 490
Locke, John 165, 409
Lovell, William, Titelheld eines Romans von Ludwig Tieck, »Geschichte des Herrn William Lovell« 197
Lowtzow, von 417
Ludecus, Hofrätin 138, 149
Ludwig XIV., König von Frankreich 79
Lüttkehaus, Ludger 475f
Luise von Mecklenburg-Strelitz, Königin von Preußen 120
Luther, Martin 102, 136, 150, 178, 458

Mainländer, Philipp 504–506
Majer, Friedrich 302
Malsburg, Ernst von 259
Mann, Heinrich 379
Mann, Thomas 12, 210, 328, 510
Marquet, Caroline 393, 404f, 411
Marx, Karl 11, 101, 172, 200, 331, 434, 442f, 450f, 452, 454f, 489, 490, 510
Medon, Carl Ludwig 401
Medon, s. Caroline Richter
Medon, Louis 401
Meißner, August Gottlieb 46
Melusine, Person in Fontanes »Stechlin« 502
Mendelssohn-Bartholdy, Felix 362
Mercier, Louis-Sébastien 75
Mertens-Schaafhausen, Sybille 428f, 433

Metternich, Klemens Wenzel Lothar, Fürst von 358, 418
Meyer, Daniel Christoph 41, 76
Meyer, Hans Heinrich 122
Meyer, Lorenz 46, 53–57, 61, 74, 76, 110
Meysenbug, Malwida von 513
Moleschott, Jakob 489
Montaigne, Michel Eyquem de 165, 424
Montfort, Salin de 421
Morin 453
Moses 463
Mozart, Wolfgang Amadeus 512
Müller von Gerstenbergk, s. Gerstenbergk
Münchhausen, Karl Friedrich Hieronymus, Freiherr von 316
Muhl, Bankhaus 367–369, 372, 428
Mundt, Theodor 442 f

Napoleon Bonaparte 36, 48 f, 58, 71 f, 75, 102, 118 f, 121, 123–125, 152, 186, 215–217, 221–223, 232, 246–248, 253, 262, 264, 267–269, 288, 311, 347, 355, 378 f, 383, 386
Nelson, Horatio, Viscount 59 f, 73
Newton, Sir Isaac 268 f, 274, 277, 458
Ney, Elisabeth 513
Nicoletti, Gisella 513
Nicolovius, Georg Heinrich Ludwig 222
Niebuhr, Barthold Georg 217, 222
Niethammer, Friedrich Immanuel 378
Nietzsche, Friedrich 194, 204, 229, 273, 319, 326, 338, 353, 396, 399–401, 447, 474, 499, 503
Noah 331
Novalis [Friedrich von Hardenberg] 102, 195, 197–199, 302, 340, 343, 452

Ödipus 463
Ortega y Gasset, José 395
Osann, Friedrich Gotthilf 158, 406–408, 430
Osann, Gottfried 430

Palm, Johann Philipp 355
Pascal, Blaise 96, 165
Passow, Franz Ludwig 146, 151 f
Paulus 458
Pistor, Hermann Andreas 223
Platon 155, 161, 167 f, 173, 180–182, 201, 303, 334
Pogwisch, Ottilie von, s. Ottilie von Goethe
Pordone, Giovanni Antonio [eigentl. de Sacchi] 362
Proust, Marcel 322, 328, 390
Pückler-Muskau, Hermann Ludwig Heinrich, Fürst von 259
Pütter, Johann Stephan 156

Quandt, Johann Gottlob 294 f

Raabe, Wilhelm 501–503
Ranke, Leopold von 493
Rauch, Christian Daniel 259
Raumer, Friedrich von 34, 218
Raupach, Ernst 385
Reimarus, Gattin von Hermann Samuel 40
Reimarus, Hermann Samuel 41
Reimarus, Johann Albert Heinrich 45

Reinhard, Graf, Karl Friedrich 46
Reinhold, Carl Leonhard 247
Rembrandt, Harmeneszoon van Rijn 42
Reuß, Michael 417
Richardson, Samuel 59
Richter, Caroline, genannt Medon 393, 400–403, 408, 411, 416f
Richter, Ludwig Adrian 289
Ridel 117
Ridels, Weimarer Familie 122
Riemer, Friedrich Wilhelm 124f, 152f, 267
Robespierre, Maximilien de 39, 75
Rochau, Ludwig August von 489
Römer, Georg 363
Rollet, Hermann 422
Rosenkranz, Karl 465, 513
Ross, Ludwig 503
Rossini, Gioacchino Antonio 290, 421, 512
Rothschilds 418
Rothschild, Amschel Meyer von (46), 418
Rothschild, James Baron de 38
Rousseau, Jean-Jacques 20, 62, 75, 168–170, 175f, 193, 270, 281, 448
Rubens, Peter Paul 42
Rückert, Friedrich 116f
Ruge, Arnold 454
Ruhl, Ludwig Sigismund 294
Runge, Johann Heinrich Christian 52f, 54, 58, 61, 268

Sade, (Louis) Donatien-Alphonse-François, Marquis de 458
Sand, Karl Ludwig 373
Sartre, Jean Paul 174, 209, 462
Savigny, Friedrich Carl von 223, 412
Schardt, Louis von 250
Schaumann, Heinrich, Figur in Wilhelm Raabes »Stopfkuchen« 503
Schelling, Friedrich Joseph Wilhelm 11, 155, 159, 162, 172, 194, 197, 204, 233, 237, 239, 241, 292, 296, 301, 309, 329, 339, 380, 387, 398, 462–465, 490
Schiller, Friedrich von 110, 117, 132, 150, 152, 155, 177, 196f, 222, 343
Schinkel, Karl Friedrich 383
Schlegel, August Wilhelm 155f, 195, 199, 301
Schleiermacher, Friedrich Daniel Ernst 103, 183, 186–188, 216, 222, 247, 343f
Schlözer, Ludwig 156
Schnepp, Margarethe 421
Schnyder von Wartensee, Xaver 422f
Schönberg, Arnold 507
Schopenhauer, Adele 37, 46, 62, 69, 89, 120f, 122f, 126, 133, 138, 147, 246, 253, 258–261, 262–265, 294, 354, 358, 360, 363–371, 374, 406, 416, 428–430
Schopenhauer, Heinrich Floris 17f, 20, 22–25, 29–31, 34, 36, 38, 46, 60–62, 67f, 76, 85, 86–89, 91f, 126, 160, 173, 184, 209, 252, 256, 296, 430
Schopenhauer, Johanna, geb. Trosiener 17–31, 39, 41, 45f, 50f, 55, 59f, 62f, 66, 68, 73, 85–91, 107–110, 116–129, 132f, 135, 137–139, 142–155,

183f, 232, 246, 248–257, 259, 261, 264, 266, 295, 363, 365f, 369f, 410, 416, 429f
Schrader, Prof. 158
Schröders, Hamburger Familie 55
Schröder, Friedrich Ludwig 44
Schubert, Friedrich Wilhelm 465
Schücking, Levin 259
Schütze, Stefan (Stephan) 110, 124, 127, 148
Schulze, Christian Ferdinand 140
Schulze, Friedrich August, s. Friedrich Laun
Schulze, Gottlob Ernst, gen. Aenesidemus-Schulze 161, 192, 247
Seebeck, Thomas 281, 283
Serlo 44
Shandy, Tristram, Titel eines Romans von Laurence Sterne 409
Shakespeare, William 43, 73, 214, 293
Sieveking, Hamburger Handelshaus 37, 45
Sieveking, Georg Heinrich 38
Sieveking, Hannchen 46
Sieyès, Emanuel Joseph 35
Sloterdijk, Peter 205, 504
Smith, Adam 179
Solger, Karl Wilhelm Ferdinand 218f, 222f
Sophie 120f, 147
Spinoza, Baruch de 165, 308, 317, 459, 462, 499
Spontini, Gaspare [Luigi Pacifico] 384
Stael-Holstein, schwedischer Gesandter 39, 46
Stael-Holstein, Anna Luise Germaine, Baronne de 39, 150, 186, 199, 250
»Stechlin«, Roman von Th. Fontane 502
Steffens, Heinrich (Henrik) 195, 339, 341
Stein, Charlotte von 116, 250, 273
Stein, Heinrich Friedrich Karl, Reichsfreiherr vom und zum 215, 279
Sterling, Charles 260
Sterne, Laurence 58, 409
Stirner, Max 444, 456
Strauß, David Friedrich 331, 333, 444–447
Stromeyer 430
Swedenborg, Emanuel 166f.

Tasso, Torquato, Schauspiel von J. W. von Goethe 271f
Tauler, Johannes 203
Thekla, Person in Schillers »Wallenstein« 154
Thiersch, Friedrich Wilhelm 412
Tieck, Johann Ludwig 98f, 104, 132, 145, 195, 197, 200, 259, 410f
Tischbein, Wilhelm 45, 117
Tizian [eigentl. Tiziano Vecelli(o)] 362
Tocqueville, Alexis de 48
Trosinier, Christian Heinrich 21f, 29
Troxler, Ignaz Paul Vital 339

Uncke, Gendarm in Fontanes Roman »Der Stechlin« 502

Varnhagen von Ense, Karl-August 140, 216, 411
Varnhagen von Ense, Rahel 383

Velikowsky 458
Veronese, Paolo 369
Virchow, Rudolf 490
Voghts, Hamburger Familie 45
Voght, Caspar 45
Vogt 489
Voigt, Christian Gottlob 113
Voltaire, [eigentl. François-Marie Arouet] 20, 62, 67, 95
Voß, Heinrich 125
Vulpius, Christian August 110
Vulpius, Christiane (spätere Christiane Goethe) 113, 115f, 124–126, 249, 273

Wackenroder, Wilhelm Heinrich 98f, 101–104, 145, 200, 328
Wagner, Richard 102, 328, 390, 483f, 488, 503, 507, 512f
Weber, Carl Maria von 290, 384
Weiß, Flora 415
Werner, Zacharias 150f
Werther, Roman von J. W. von Goethe 194, 199
Westphalen, Hamburger Handelshaus 37

Westphalen, Johann E. F. 36
Wette, s. De Wette
Wieland, Christoph Martin 110, 116f, 128, 160
Wienbarg, Ludolf [Pseud. Ludolf Vineta] 442
Wiesike, Gutsbesitzer in Th. Fontanes Roman »Der Stechlin« 502, 512
Willinck 103
Windischmann, Karl Joseph Hieronymus 301
Witte, Karl 158, 361
Wittgenstein, Ludwig 12, 213, 297, 507f
Wölfling 111, 114f
Wolf, Pius Alexander 249
Wolf, Friedrich August 183f, 186, 223, 247, 267
Wolfart, Karl Christian 384
Wolff, Christian, Freiherr von 165

Yorck, Ludwig Graf 219

Zarathustra, Titel eines Werkes von Friedrich Nietzsche 504
Zuylen, Ada van 513

图书在版编目(CIP)数据

叔本华及哲学的狂野年代 /(德) 吕迪格尔·萨弗兰斯基著;钦文译. -- 北京:社会科学文献出版社,2022.4

书名原文:Schopenhauer und Die wilden Jahre der Philosophie

ISBN 978-7-5201-9155-5

Ⅰ.①叔… Ⅱ.①吕… ②钦… Ⅲ.①叔本华(Schopenhauer, Arthur 1788-1860) – 传记 Ⅳ.①B516.41

中国版本图书馆CIP数据核字(2021)第198060号

叔本华及哲学的狂野年代

| 著　　者 / | 〔德〕吕迪格尔·萨弗兰斯基(Rüdiger Safranski) |
| 译　　者 / | 钦　文 |

出 版 人 /	王利民
组稿编辑 /	段其刚
责任编辑 /	周方茹
文稿编辑 /	陈嘉瑜
责任印制 /	王京美

出　　版 /	社会科学文献出版社·联合出版中心(010)59367151
	地址:北京市北三环中路甲29号院华龙大厦　邮编:100029
	网址:www.ssap.com.cn
发　　行 /	社会科学文献出版社(010)59367028
印　　装 /	北京盛通印刷股份有限公司

规　　格 /	开　本:889mm×1194mm 1/32
	印　张:18.5　字　数:459千字
版　　次 /	2022年4月第1版　2022年4月第1次印刷
书　　号 /	ISBN 978-7-5201-9155-5
著作权合同登 记 号 /	图字01-2022-1089号
定　　价 /	118.00元

读者服务电话:4008918866

▲版权所有 翻印必究